Droit de la famille

Dans la même collection

Droit privé

Introduction au droit, J.-L. Aubert et É. Savaux
Droit civil. Les obligations :
– vol. 1 : *L'acte juridique*, J. Flour, J.-L. Aubert et É. Savaux
– vol. 2 : *Le fait juridique*, J. Flour, J.-L. Aubert et É. Savaux
– vol. 3 : *Le rapport d'obligation*, J. Flour, J.-L. Aubert et É. Savaux
Droit civil. Introduction. Biens. Personnes. Famille, Y. Buffelan-Lanore et V. Larribau-Terneyre
Droit civil. Les biens, M.-L. Mathieu
Droit civil. Les obligations, Y. Buffelan-Lanore et V. Larribau-Terneyre
Droit commercial et des affaires, D. Legeais
Droit commercial. Actes de commerce. Commerçants. Fonds de commerce. Contrats commerciaux. Concurrence. Instruments de paiement et de crédit, D. Houtcieff
Droit des entreprises en difficulté, P.-M. Le Corre et E. Le Corre-Broly
Droit de la concurrence interne et européen, M. Malaurie-Vignal
Droit de la consommation, Y. Picod
Droit des contrats internationaux, M.-É. Ancel, P. Deumier et M. Laazouzi
Droit de la distribution, M. Malaurie-Vignal
Droit de la famille, P. Courbe et A. Gouttenoire
Droit des sûretés, M. Bourassin, V. Brémond et M.-N. Jobard-Bachellier
Droit du travail, A. Cœuret, B. Gauriau et M. Miné
Droit international privé, T. Vignal
Droit pénal spécial, M. Véron
Gestion des ressources humaines, J.-P. Citeau et Y. Barel
Procédure civile, G. Couchez et X. Lagarde
Voies d'exécution, G. Couchez et D. Lebeau

Droit public

Droit administratif, P. Chrétien, N. Chifflot et M. Tourbe
Droit administratif des biens, Ph. Godfrin et M. Degoffe
Droit constitutionnel, B. Chantebout
Droit constitutionnel, F. Mélin-Soucramanien et P. Pactet
Droit européen des droits de l'Homme, C. Gauthier, S. Platon et D. Szymczak
Droit général de l'Union européenne, G. Isaac et M. Blanquet
Les institutions administratives, H. Oberdorff et N. Kada
Libertés publiques et droits de l'Homme, G. Lebreton

Patrick Courbe

Adeline Gouttenoire
Professeur à l'Université Montesquieu – Bordeaux IV

Droit de la famille

7e édition

2017

SIREY

Le pictogramme qui figure ci-contre mérite une explication. Son objet est d'alerter le lecteur sur la menace que représente pour l'avenir de l'écrit, particulièrement dans le domaine de l'édition technique et universitaire, le développement massif du photocopillage.

Le Code de la propriété intellectuelle du 1er juillet 1992 interdit en effet expressément la photocopie à usage collectif sans autorisation des ayants droit. Or, cette pratique s'est généralisée dans les établissements d'enseignement supérieur, provoquant une baisse brutale des achats de livres et de revues, au point que la possibilité même pour les auteurs de créer des oeuvres nouvelles et de les faire éditer correctement est aujourd'hui menacée.

Nous rappelons donc que toute reproduction, partielle ou totale, de la présente publication est interdite sans autorisation de l'auteur, de son éditeur ou du Centre français d'exploitation du droit de copie (CFC, 20 rue des Grands-Augustins, 75006 Paris).

DALLOZ

31-35, rue Froidevaux – 75685 PARIS CEDEX 14

ISBN 978-2-247-16268-0

Sommaire

Une table des matières détaillée figure à la fin de l'ouvrage.

Première partie

Les couples

Livre 1

La formation du couple

Livre 2

La vie du couple

Livre 3

La séparation du couple

Seconde partie

L'enfant

Livre 1

La filiation

Livre 2

Les relations entre parents et enfants

Principales abréviations

AJ fam.	*Actualité juridique famille* (Dalloz)
ass. plén.	Assemblée plénière de la Cour de cassation
Bull. civ.	*Bulletin des arrêts des chambres civiles de la Cour de cassation*
C. civ.	Code civil
C. fam.	Code de la famille et de l'aide sociale
C. pén.	Code pénal
C. pr. civ.	Code de procédure civile
CASF	Code de l'action sociale et des familles
CEDH	Cour européenne des droits de l'Homme
CESEDA	Code de l'entrée et du séjour des étrangers et du droit d'asile (depuis janv. 2008 ; anc. C. étrangers)
cf.	*confer*
Chron.	Chronique
Civ. (1re, 2e, 3e)	Chambre civile de la Cour de cassation (première, deuxième, troisième)
CJCE	Cour de justice des Communautés européennes
Const. const.	Conseil constitutionnel
CPI	Code de la propriété intellectuelle
C. santé publ.	Code de la santé publique
CSS	Code de la sécurité sociale
D.	*Recueil Dalloz*
DC	*Recueil critique de jurisprudence et de législation Dalloz*
Décr.	Décret
Defrénois	*Répertoire du notariat Defrénois*
DH	*Recueil hebdomadaire de jurisprudence Dalloz*
Dict. perm.	*Dictionnaire permanent*
dir.	Sous la direction de
DP	*Recueil périodique et critique Dalloz*
Dr. fam.	*Droit de la famille*
Gaz. Pal.	*Gazette du Palais*
IR	Informations rapides (du *Recueil Dalloz*)
J.-Cl. Civ.	*Juris-classeur de droit civil*
JCP N	*Juris-classeur périodique (Semaine juridique), édition notariale*
JCP	*Juris-classeur périodique (Semaine juridique), édition générale*
JDI	*Journal de droit international (Clunet)*
JO Sénat	*Journal officiel, Sénat*
JO	*Journal officiel*
JOAN	*Journal officiel, Assemblée nationale*
L.	Loi
LPA	*Les Petites Affiches*
NCPC	Nouveau Code de procédure civile
op. cit.	*Opus citatum* (œuvre citée) ou *opere citato* (dans l'œuvre citée)

Pan.	Panorama
préc.	Précité
Rép. civ.	*Répertoire de droit civil* (Dalloz)
Req.	Chambre des requêtes de la Cour de cassation
Rev. crit. DIP	*Revue critique de droit international privé* (Dalloz)
RFDA	*Revue française de droit administratif* (Dalloz)
RJPF	*Revue juridique personnes et famille*
RLDC	*Revue Lamy droit civil*
RTD civ.	*Revue trimestrielle de droit civil* (Dalloz)
S.	*Recueil Sirey*
Somm.	Sommaires
ss	Sous
t.	Tome
TGI	Tribunal de grande instance
v.	Voir
v°	*Verbo* (mot)

Bibliographie générale

BATTEUR A., *Droit des personnes, des familles et des majeurs protégés*, 7e éd., LGDJ, coll. « Manuels », 2015.

BÉNABENT A., *Droit de la famille*, 3e éd., Montchrestien, coll. « Précis Domat », 2014.

BONFILS Ph. et GOUTTENOIRE A., *Droit des mineurs*, 2e éd., Dalloz, coll. « Précis », 2014.

BONNET V., *Droit de la famille*, 5e éd., Paradigme, coll. « Manuel », 2016.

BOULANGER F., *Droit civil de la famille*

– tome 1 : *Aspects internes et internationaux*, Economica, 1990.

– tome 2 : *Aspects comparatifs et internationaux*, Economica, 1994.

CARBONNIER J., *Droit civil*, tome 2 : *La famille, l'enfant, le couple*, 21e éd., PUF, coll. « Thémis », 2002.

CORNU G., *Droit civil. La famille*, 9e éd., Montchrestien, coll. « Précis Domat », 2006.

HAUSER J. et HUET-WEILLER D., (dir.) GHESTIN J., *Traité de droit civil. La famille* :

– tome 1 : *Fondation et vie de la famille*, 2e éd., LGDJ, 1998.

– tome 2 : *Dissolution de la famille*, LGDJ, 1991.

LEMOULANT J.-J., *Droit de la famille*, Ellipses, 2014.

MALAURIE Ph. et AYNÈS L., *Droit civil. La famille*, 5e éd., par MALAURIE Ph. et FULCHIRON H., Defrénois, 2016.

MURAT P. (dir.), *La famille*, 7e éd., Dalloz, coll. « Dalloz Action », 2016-2017.

TERRÉ F. et FENOUILLET D., *Droit civil. La famille*, 8e éd., Dalloz, coll. « Précis », 2011.

Avant-propos à la septième édition

Cet ouvrage de *Droit de la famille*, couronné par l'Académie des sciences morales et politiques – Prix Berriat-Saint-Prix, a été conçu et rédigé par le professeur Patrick Courbe (1949-2010), qui a, notamment, exercé ses fonctions d'universitaire au sein de la Faculté de droit, de sciences économiques et de gestion de l'Université de Rouen.

Les sixième et septième éditions ont été réalisées par Adeline Gouttenoire, agrégée de droit privé et de sciences criminelles, professeur à l'Université de Bordeaux, directrice du Centre européen d'études et de recherches en droit de la famille, des assurances, des personnes et de la santé (CERFAPS) et de l'Institut des mineurs.

Introduction

§ 1. La famille

1. ***Groupement fondamental.*** La famille est un groupe de personnes que réunit un ou plusieurs éléments, tels qu'un fait biologique (parenté), un acte juridique (mariage, adoption) ou un comportement social (concubinage). C'est, dans l'organisation de la vie sociale, le groupement fondamental. Pour autant, il est difficile d'en donner une définition très précise, tant sont nombreuses et variées les situations. Qu'ont de commun entre elles, par exemple, une famille au nom illustre dont les membres se rattachent, par une généalogie prouvée, à un ancêtre vivant il y a près de mille ans [1], avec la famille monoparentale composée de la mère célibataire et de son enfant ou d'un enfant vivant avec un couple d'hommes ? Il apparaît, pourtant, quelques rapprochements : l'existence d'un lien, dans le temps et dans l'espace, qui réunit certaines personnes et qui, par voie de conséquence, les distingue des autres. Et puis la famille est pour tous un lieu privilégié d'épanouissement des sentiments et des émotions : en bref, elle est le cœur de la vie privée. En cela, c'est une entité irréductible : les régimes totalitaires qui ont tenté de l'abolir ont tous échoué [2]. C'est aussi pourquoi elle est toujours l'objet de l'attention des sociologues.

2. ***Phénomène social.*** L'existence, dans les sociétés primitives, d'un groupe fondamental structuré, d'une cellule de base dans l'organisation de la vie collective, a été soulignée par les ethnologues. Il y a là comme une constante de l'histoire humaine. Dans les sociétés modernes, le sociologue dresse un constat de diversité des formes apparentes de famille : jeunes mariés, couples âgés, concubins, familles nombreuses, familles sans enfant, veufs, divorcés, ménages ruraux, ménages urbains, composent une mosaïque exprimant des réalités sociales différentes [3]. D'où l'ambiguïté du mot « famille » dans notre langage, que les sociologues tentent de surmonter en opposant deux types caractérisés. D'un côté, la famille désigne les personnes liées par le sang et éventuellement les alliés : « mes oncles, mes tantes, mes grands-parents, mes cousins constituent ma famille » [4]. D'un autre côté, la famille c'est le groupe de gens qui vivent ensemble dans le même foyer, généralement les parents et les enfants. Dans le premier sens, on remplace le terme de famille par celui de « parenté », dans le second par « groupe domestique ».

Pour le sociologue, la parenté est un phénomène social, non un phénomène biologique. C'est la façon dont la société traite le fait biologique qui l'intéresse. Son objet d'étude est

---

1. Civ. 1re, 31 janv. 1978, *D.* 1979. 182, note R. Savatier.
2. J. Carbonnier, « Terre et ciel dans le droit français du mariage », *in Études Ripert*, t. 1, p. 325 s., LGDJ, 1950.
3. M. Giacobbi et J.-P. Roux, *Initiation à la sociologie*, Hatier, 1990, p. 13.
4. H. Mendras, *Éléments de sociologie*, 10e éd., A. Colin, 1975, p. 155.

« la filiation sociale organisée par le système de parenté et non la filiation biologique [1] ». Précisément, cette organisation est, en grande partie, le fruit des normes juridiques présentées dans cet ouvrage.

3. ***Inceste***. Pour l'observateur, la famille se traduit par deux réalités essentielles : le couple, d'une part, les relations parents-enfants, d'autre part. Chacune est perçue de façon très différente suivant l'état des structures sociales. Toutefois, le tabou de l'inceste est commun à la plupart des sociétés : pour Lévi-Strauss, il marque le passage de la nature à la culture [2]. Ces deux réalités sociales ont connu, à l'époque contemporaine, une évolution remarquable.

4. ***Mariage***. Longtemps le couple a été fondé exclusivement, ou presque, sur le mariage. Le but de celui-ci, selon les ethnologues, est de favoriser l'échange des femmes, d'un groupe social à l'autre.

Pour le christianisme, le mariage est avant tout un sacrement. Il ne peut donc être dissous, ce qui contribue à renforcer la structure du groupe familial. Mais l'idée d'échange demeure : le mariage est traditionnellement un arrangement entre les deux familles des futurs époux, un pacte dont la dimension patrimoniale est dominante. C'est encore ainsi que se présente, socialement, le mariage au cours du XIXe siècle.

Aujourd'hui, les conjoints se choisissent eux-mêmes. Mais cette liberté, théoriquement non limitée, est en fait étroitement dépendante des milieux socioculturels auxquels appartiennent les futurs époux [3] : ceux-ci se trouvent plus qu'ils ne se choisissent. Surtout, l'époque contemporaine est caractérisée par le développement considérable de l'union libre, aux formes diverses : « cohabitation juvénile », vécue comme prélude au mariage (90 % des mariages sont aujourd'hui précédés d'une cohabitation) ou en tant que substitut de l'institution conjugale traditionnelle ; « cohabitation post-matrimoniale » réunissant des personnes plus âgées qui ont connu le mariage, puis sa dissolution par la mort d'un conjoint ou le divorce [4] ; couples homosexuels affichant leur différence. Cette évolution s'est traduite par une chute flagrante du nombre des mariages célébrés annuellement. Les causes de cette désaffection sont multiples : individuelles, comme la récusation de la soumission à un statut ou la recherche du bonheur personnel [5], et collectives, comme l'émancipation des femmes, qui trouvent désormais la sécurité matérielle dans une activité professionnelle, et non plus dans le mariage. Joue aussi l'exaltation de l'éphémère par la société de consommation. Considérations qui expliquent, corrélativement, le nombre élevé des divorces.

L'ouverture du mariage aux couples homosexuels par la loi n° 2013-404 du 17 mai 2013 [6] a évidemment modifié considérablement la physionomie du mariage. Le choix opéré par le législateur témoigne de la volonté de ce dernier d'offrir aux couples homosexuels une égalité des droits et de statut. Dans sa décision du 17 mai 2013 [7], le Conseil

1. H. Mendras, *op. cit.*, p. 156.
2. C. Lévi-Strauss, *Les structures élémentaires de la parenté*, PUF, 1949.
3. A. Girard, *Le choix du conjoint*, 2e éd., PUF, 1980.
4. M. Segalen, *Sociologie de la famille*, 4e éd., A. Colin, 1996.
5. Comp. M.-T. Meulders-Klein, « L'évolution du mariage et le sens de l'histoire : de l'institution au contrat, et au-delà », *in Le droit de la famille en Europe*, R. Ganghofer (dir.), PU Strasbourg, 1992, p. 215.
6. Loi n° 2013-404, *JORF* n° 0114 du 18 mai 2013, p. 8253, texte n° 3.
7. Décis. n° 2013-669 DC du 17 mai 2013.

constitutionnel considère que ce choix ne heurte aucun principe fondamental : « *si la législation républicaine antérieure à 1946 et les lois postérieures ont, jusqu'à la loi déférée, regardé le mariage comme l'union d'un homme et d'une femme, cette règle qui n'intéresse ni les droits et libertés, ni la souveraineté nationale, ni l'organisation des pouvoirs publics, ne peut constituer un principe fondamental reconnu par les lois de la République au sens du premier alinéa du Préambule de 1946 ; qu'en outre, doit en tout état de cause être écarté le grief tiré de ce que le mariage serait « naturellement » l'union d'un homme et d'une femme* ». Le Conseil constitutionnel précise que les règles relatives au mariage relevant de l'état des personnes, l'article 34 de la Constitution confère au législateur la compétence pour fixer les qualités et conditions requises pour pouvoir contracter mariage. Autrement dit, si la définition du mariage était jusqu'à présent l'union d'un homme et d'une femme, rien n'interdit au législateur d'en changer... Le Conseil s'en remet ainsi à l'appréciation du législateur à laquelle il ne lui appartient pas de se substituer. De même qu'il avait affirmé, dans sa décision du 28 janvier 2011 [1], qu'il appartenait au seul législateur de définir le mariage comme l'union d'un homme et d'une femme, il considère dans sa décision du 17 mai 2013 que le législateur est libre d'estimer que « *la différence entre les couples formés d'un homme et d'une femme et les couples de personnes de même sexe, ne justifiait plus que ces derniers ne puissent accéder au statut et à la protection juridique attachés au mariage* ».

La libéralisation progressive du divorce jusqu'à l'admission par la loi n° 2016-1547 du 18 novembre 2016, de modernisation de la justice du XXIe siècle, du divorce sans juge, qui entrera en vigueur le 1er janvier 2017 a également contribué à modifier la physionomie du mariage qui est passé d'un statut rigide à un statut plus souple dont il n'est plus impossible de sortir par le jeu de la volonté des époux dès lors qu'elle est concordante Cette évolution du mariage est sans doute aussi, au moins indirectement, liée à la reconnaissance en droit français d'autres modes de conjugalité plus ouverts et moins marqués par les impératifs légaux.

Autres modes de conjugalité. Accompagnant l'évolution de la société, le droit est peu à peu passé du rejet des couples non mariés à leur reconnaissance, en offrant à partir de 1999 aux couples hétérosexuels et homosexuels une alternative au mariage, qui a totalement bouleversé le droit de la famille du XXIe siècle. Le mariage est devenu un mode de conjugalité parmi d'autres même s'il conserve encore certaines spécificités, notamment parce qu'il est le seul à entretenir un lien avec la filiation.

5. *Filiation*. Les relations parents-enfants prennent appui sur la filiation et se manifestent par l'autorité parentale. La filiation légitime, fondée sur le mariage, est restée très longtemps majoritaire : 5 à 8 % seulement des enfants étaient naturels. À partir de 2007, plus de la moitié (50,5 %) des enfants naissent hors mariage contre 48,4 en 2005 ; cette proportion continue à augmenter : 53,7 en 2009, 55,8 en 2011 et 57,9 en 2015 selon l'INSEE. La famille dite naguère « naturelle » n'est plus hors norme, elle devient une concurrente de la famille appelée « légitime » [2]. De sorte que, pour certains sociologues,

1. Décis. n° 2010-92 QPC du 28 janv. 2011 (*RTD civ*. 2011. 326, obs. J. Hauser ; *Dr. fam*. 2011, comm. n° 32, R. Ouedraogo ; *AJ fam*. 2011. 157, obs. F. Chénedé ; Lexbase N4960BR7, obs. A. Gouttenoire).
2. F. Dekeuwer-Défossez, « Propos hétérodoxes sur les familles naturelles », *in Mélanges D. Huet-Weiller*, 1994, p. 67.

c'est désormais « *la naissance d'un enfant qui crée socialement la famille* »[1], quelle que soit la situation juridique du couple, et tel point que les qualificatifs de « naturel » et « légitime » vont disparaître, en 2005, du vocabulaire juridique, la filiation des enfants devenant indifférent au statut matrimonial de leurs parents.

6. *Éducation*. Quant à la fonction d'éducation des enfants qu'assument traditionnellement les parents, elle joue toujours son rôle essentiel de socialisation. Mais, plus que jamais, elle inscrit l'enfant dans son milieu, elle apparaît comme « un marqueur durable du statut social[2] ». L'effacement du père, d'un côté, l'intervention croissante des autorités publiques, de l'autre, accentuant la fragilisation de la cellule familiale, ne sont pas de nature à bouleverser, au fond, cette donnée. D'un autre côté, les grands-parents jouent un rôle croissant, tant sur le plan matériel que sur le plan affectif, donnant une extension verticale aux liens de famille vécus[3].

7. *Familles recomposées*. Notre époque se distingue enfin, par deux phénomènes spécifiques. C'est, d'abord, l'apparition des « *familles recomposées* »[4]. La fréquence du concubinage, la facilité du divorce rendent instables un nombre croissant de couples. Les unions se succèdent, avec des partenaires différents. Les enfants qui en naissent vivront ainsi avec l'un de leurs parents et son nouveau conjoint. Est alors posée la question du rôle de celui-ci : est-il possible et opportun de l'associer à l'exercice de l'autorité parentale sur l'enfant[5] ? Les enfants résidant avec un couple n'ont pas toujours, en conséquence, les mêmes parents. Corrélativement, l'enfant aura le sentiment d'avoir deux foyers, deux familles, par le maintien des contacts avec l'autre parent. C'est ensuite le recul de l'autonomie des enfants : l'allongement de la durée des études, comme les difficultés à trouver un premier emploi, conduisent beaucoup de jeunes adultes à vivre, seuls ou en couple, sous le toit familial. Situation qui valorise, auprès des jeunes générations, le rôle social de la famille[6], quelle qu'en soit finalement la forme.

8. *Familles monoparentales*. On assiste enfin *au* développement des familles monoparentales, dans lesquelles un seul parent élève l'enfant[7]. La proportion des familles monoparentales est passée de 13 % des familles avec enfant de moins de 25 ans en 1990 à 22 % aujourd'hui.

9. *Familles homosexuelles*. Dès avant l'entrée en vigueur de la loi du 17 mai 2013 ouvrant le mariage aux couples de même sexe, les auteurs avaient prédit que la

---

1. I. Théry, « Couple, filiation et parenté aujourd'hui, Le droit face aux mutations de la famille et de la vie privée », Rapport, Odile Jacob, La Documentation française, 1998, p. 63.
2. M. Giacobbi et J.-P. Roux, *op. cit.*, p. 28.
3. M. Segalen et N. Lapierre, *Le nouvel esprit de famille*, Odile Jacob, 2002.
4. Sur cette question, et M.-T. Meulders-Klein et I. Théry (dir.), *Quels repères pour les familles recomposées ?*, LGDJ, 1995 ; F. Dekeuwer-Défossez, « Familles éclatées, familles reconstituées », *D.* 1992. Chron. 133 ; G. Gautier, *Familles monoparentales, familles recomposées : un défi pour la société française*, Rapport d'activité, Sénat, 2005-2006, n° 388 ; M. Rebourg, « Familles recomposées et liens inter-personnels », *JCP N* 2013, n° 19, p. 25.
5. H. Fulchiron, « Autorité parentale et familles recomposées », *in Mélanges D. Huet-Weiller*, p. 141.
6. Celle-ci joue alors le rôle de refuge (on évoque la « famille-cocon »), ce qui renforce son attrait et conduit les jeunes couples devenus indépendants à fonder eux-mêmes une famille. Laquelle, finalement, reste bien vivante.
7. J.-J. Hyest, *Les nouvelles formes de parentalité et le droit*, Rapport Sénat, 2005-2006, n° 392.

physionomie de la famille pourrait être bouleversée si étaient admises les revendications des homosexuels à l'adoption ou à l'exercice partagé de l'autorité parentale sur l'enfant du partenaire [1]. En effet, l'ouverture du mariage aux couples de personnes de même sexe, conjuguée avec la règle de l'article 6-1 du Code civil qui confère au mariage les mêmes effets que les époux soient de même sexe ou de sexe différent, aboutit incontestablement à permettre l'adoption par les couples de même sexe ainsi que l'adoption au sein de tels couples. La famille homosexuelle bénéficie donc désormais d'une consécration juridique, même si elle est limitée à la filiation adoptive. L'évolution est sans aucun doute remarquable puisque désormais il n'existe plus pour l'établissement d'un lien de filiation adoptive, de différence entre les couples de personnes de même sexe et les couples formés d'un homme et d'une femme. Pour la première fois, le droit français admet que soit établie une filiation doublement maternelle ou doublement paternelle. Dans sa décision du 17 mai 2013 [2], le Conseil constitutionnel considère, pour valider ce choix législatif, qu'aucun principe fondamental reconnu par les lois de la République ne consacre le caractère bilinéaire de la filiation fondé sur l'altérité sexuelle et qu'aucun principe constitutionnel ne garantit le droit de tout enfant de voir sa filiation concurremment établie à l'égard d'un père et d'une mère. L'admission progressive de la filiation des enfants nés de conventions de gestation pour autrui à l'étranger devrait renforcer l'accroissement des familles homosexuelles qui trouve dans ce mode de procréation un fondement sans doute plus accessible que l'adoption.

10. ***Code civil***. Il n'existe pas de définition légale de la famille : celle-ci revêt des formes trop variées pour qu'une formule unique embrasse, avec pertinence, cette réalité complexe. Le Code civil, notamment, ne précise pas le sens de la notion, même s'il mentionne explicitement le mot (art. 310, 311-1) et l'utilise dans des expressions telles que « livret de famille » (art. 28-1), « l'entretien de la famille » (art. 114), « nom de famille » (art. 311-21 s.), « direction de la famille » (art. 213), « résidence » et « logement de la famille » (art. 215), « famille d'origine » (art. 352), « famille par le sang » (art. 356), « conseil de famille » (art. 407 s.), « droit de la famille et des successions » (art. 1108-2), « bon père de famille » (art. 1137) ou « intérêt de la famille » (art. 217 ou 1397). Ce ne sont pas, du reste, les mêmes personnes qui sont ainsi implicitement visées. C'est que le Code, à dire vrai, ne prend pas en considération la famille en tant qu'objet. Il prévoit les institutions et régit les mécanismes qui en dessinent la structure. Mais il ne s'attache pas à l'entité. Il ne détermine que des rapports individuels (entre époux, parents et enfants, ascendants et descendants...), comme si la famille en tant que telle n'apparaissait pas sur la scène juridique [3]. La Cour européenne des droits de l'Homme dans sa jurisprudence abondante sur la question aborde également la famille, dans le cadre de la notion autonome de vie familiale, davantage comme un ensemble de rapports inter-individuels, que comme un groupe.

11. ***Cercles concentriques***. Il est donc revenu à la doctrine de définir la famille. Elle l'a fait en décrivant les deux ou trois cercles concentriques qui permettent de cerner la

1. F. Millet, « L'homoparentalité : essai d'une approche juridique », *Defrénois* 2005. 743 ; P. Murat, « Vers la famille homosexuelle par adoption ? », *Dr. fam.* 2000, n° 8 ; C. Neirinck, « Homoparentalité et adoption », *in Mélanges P. Catala*, 2001, p. 353.
2. Décis. n° 2013-669 DC du 17 mai 2013.
3. J. Hilaire, « Le droit de la famille... », *in Le droit de la famille en Europe*, préc., p. 3.

notion. Au sens large, la famille désigne toutes les personnes unies par le mariage ou la filiation, ainsi que par la parenté et l'alliance qui dérivent elles-mêmes du mariage ou de la filiation. Ainsi entendu, le terme englobe tous ceux qui descendent d'un auteur commun. C'était la « *gens* » en droit romain, le « lignage » dans l'ancien droit coutumier. C'est la « parenté » des sociologues. Au sens étroit, la famille désigne les personnes vivant sous le même toit. C'est-à-dire, en règle générale, les parents et leurs enfants mineurs, le « cercle conjugal »[1]. Éventuellement aussi les enfants majeurs qui n'ont pas encore acquis leur indépendance. C'est la *domus* en droit romain, le « groupe domestique » ou la « famille nucléaire » des sociologues[2], le « foyer » en termes courants. Il existe, enfin, un sens intermédiaire, peu usité, dans lequel la famille comprend les parents et les enfants, quel que soit leur âge, même lorsqu'il n'y a aucune cohabitation. La notion apparaît peu en droit positif[3].

En définitive, la famille dont le droit est l'objet du présent ouvrage, nous intéresse à deux points de vue.

D'un côté, par ses deux composantes fondamentales : le couple et l'enfant. D'un autre côté, par les relations qui s'établissent entre les personnes vivant sous le même toit. Mais celles-ci font-elles partie de la même famille ? C'est ce qu'il convient d'apprécier en décrivant la composition de la famille.

§ 2. La composition de la famille

12. Certains des membres de la famille sont unis par un lien biologique : la parenté, d'autres seulement par un lien de droit.

A. Les liens de parenté

13. Le lien de parenté unit deux personnes descendant l'une de l'autre ou d'un auteur commun. L'article 741 du Code civil précise que la proximité de la parenté s'établit par le nombre de générations qui séparent deux membres d'une même famille : chaque génération représente un degré. La suite des degrés forme une ligne.

1) La parenté en ligne directe

14. Il s'agit de la ligne formée par les personnes qui descendent les unes des autres. La ligne est descendante ou ascendante. Cette dernière est elle-même divisée en lignes ascendante paternelle et ascendante maternelle. Ainsi, dans la parenté en ligne directe, le père et le fils sont-ils parents au premier degré, le grand-père et le petit-fils au deuxième degré.

2) La parenté collatérale

15. ***Auteur commun***. C'est le lien qui unit les personnes qui ont un auteur commun : frères, sœurs, cousins… Entre frères et sœurs, le lien existe, en général, dans les deux

---

1. F. Terré et D. Fenouillet, *Droit civil. La famille*, 8e éd., Dalloz, coll. « Précis », 2011, n° 24.
2. J. Carbonnier, *op. cit.*, p. 10 ; Ph. Malaurie et H. Fulchiron, *op. cit.*, n° 8.
3. Essentiellement pour déterminer les bénéficiaires de la réserve héréditaire, d'un côté, ceux de l'obligation alimentaire, de l'autre.

lignes s'ils ont les deux parents en commun : il s'agit des frères germains. Il peut n'exister que dans une seule ligne : les frères consanguins n'ont que leur père en commun, les frères utérins n'ont que leur mère en commun.

16. ***Degré.*** Pour déterminer le degré de parenté entre deux membres de la famille, on doit partir du premier intéressé, remonter à l'auteur commun, redescendre jusqu'à l'autre parent intéressé. Chaque génération représente un degré : les frères sont parents au deuxième degré, oncle ou tante et nièces ou neveux le sont au troisième degré, les cousins au quatrième degré...

Dans les cas qui viennent d'être envisagés, les liens du sang sont aussi des liens de droit. Mais un lien de droit peut exister en dehors des liens du sang.

B. Les liens familiaux en dehors des liens du sang

17. ***Lien conjugal.*** Le lien conjugal est la conséquence de l'acte juridique de mariage. Le lien conjugal est toujours un lien de droit, même si, exceptionnellement, il unit deux membres d'une même famille (cousins, par exemple).

18. ***Lien d'alliance.*** Le lien d'alliance unit chaque époux aux membres de la famille de son conjoint. À l'instar du lien conjugal, il est purement juridique, même si, exceptionnellement, les alliés peuvent avoir un lien de parenté (dans le cas d'un mariage entre cousins, par exemple). L'alliance est en ligne directe **:** elle unit un époux aux ascendants de son conjoint (par ex. gendre et belle-mère) ; ou en ligne collatérale **:** elle unit un époux aux collatéraux de son conjoint (par ex. mari et belle-sœur). Les degrés se calculent comme pour la parenté. On peut se demander si le lien établi par le pacte civil de solidarité entre deux partenaires constitue un lien d'alliance. Sans doute pas au sens strict. Toutefois la jurisprudence de la Cour européenne admet désormais qu'existe une vie familiale entre les membres d'un couple non marié.

19. ***Adoption.*** L'adoption crée, entre l'adoptant et l'adopté, un lien de filiation en dehors de tout lien biologique. Ce lien juridique se double exceptionnellement d'un lien du sang, lorsqu'une personne adopte son propre enfant. Dans le cas de l'adoption simple, le lien de parenté n'est créé qu'entre l'adoptant et l'adopté et les descendants de celui-ci. La parenté ne remonte pas au-delà du premier degré.

§ 3. L'HISTOIRE DU DROIT DE LA FAMILLE

20. ***L'histoire du droit de la famille***, en Occident, est souvent présentée comme dominée par une « loi de rétrécissement continu »[1]. Peut-être faudrait-il aussi parler, de la famille traditionnelle à la famille contemporaine, d'un affaiblissement constant.

A. La famille traditionnelle

21. ***Droit romain.*** Le droit romain révèle la prédominance d'une conception patriarcale de la famille : la *gens*. Tous les descendants d'un ancêtre commun appartiennent à la

1. A. Lefebvre-Teillard, *Introduction historique au droit des personnes et de la famille*, PUF, 1996.

domus et sont réunis sous l'autorité du *pater familias*. Le culte des ancêtres donne à cette famille étendue un caractère religieux, tandis qu'elle joue, dans une société agraire, un rôle économique essentiel. Bien plus, l'organisation de la cité, qui groupe des familles, révèle son importance politique.

22. ***Ancien droit***. Ces traits dominants se retrouvent sous l'ancien droit. La richesse provient de la terre, qu'il faut conserver dans les familles [1]. Elle assure, pour l'essentiel, la subsistance de ses membres. La cohésion du groupe familial reste d'autant plus assurée, que le christianisme a fait du mariage un sacrement et lui a conféré par là même un caractère indissoluble. L'autorité du chef de famille, mari et père, est très forte et les enfants naturels sont exclus de cette famille [2].

23. ***Révolution***. Le droit intermédiaire, celui de la Révolution, rompt avec cette tradition. Au nom des idéaux de liberté et d'égalité, il affaiblit l'autorité du chef de famille, admet le divorce (même par consentement mutuel ou pour incompatibilité d'humeur) et proclame l'égalité des enfants naturels et des enfants légitimes. En vertu de cette conception laïque des institutions familiales, le mariage n'est plus considéré par la loi que comme un contrat civil (Constitution de 1791).

24. ***Code civil***. Comme dans bien des domaines, le Code civil va réaliser, en 1804, un compromis entre les tendances autoritaires de l'ancien droit et les proclamations individualistes du droit intermédiaire. D'un côté, le mariage reste la base de la famille, qui exclut les enfants naturels. Elle est, à la fois étendue, proche de la famille-souche, du lignage, et soumise à l'autorité de son chef. La femme mariée, assimilée à un être privé de raison, est juridiquement incapable et doit obéissance à son mari. L'adultère est inégalement puni selon qu'il est commis par le mari ou par la femme. D'un autre côté, le Code admet le divorce, en réduisant cependant le libéralisme révolutionnaire [3], et maintient la conception laïque du mariage.

25. ***XIXe siècle***. C'est au XIXe siècle que les changements les plus importants vont se produire, dans les mœurs, et au siècle suivant dans le droit de la famille. La révolution industrielle, l'exode rural, l'urbanisation vont contribuer à faire éclater le lignage. La famille tend à se réduire aux personnes qui vivent sous le même toit. À ces facteurs s'ajoute l'expansion des idées libérales qui conduisent à fragiliser les liens familiaux. C'est ainsi que le divorce, aboli en 1816, est réintroduit dans le Code civil en 1884. Quelques années plus tard, l'enfant naturel voit ses droits augmenter tandis que le conjoint fait son entrée dans le cercle des héritiers, bien qu'étranger par le sang au défunt. Très vite, du reste, ce cercle est réduit de moitié : le lignage s'efface au profit du foyer, dans lequel le chef de famille voit ses prérogatives peu à peu diminuer.

Mais c'est surtout après la Seconde Guerre mondiale que les transformations vont s'opérer brutalement, et faire apparaître une famille différente.

---

1. Entendues au sens large, c'est-à-dire réunissant tous ceux qui descendent d'un auteur commun. C'est le lignage.

2. J. Flour, *Cours d'introduction à l'étude du droit et droit civil*, « Les Cours de droit », 1963-1964, p. 618. L'auteur explique que cette exclusion « est tempérée par le double fait que leurs parents sont tenus de pourvoir à leur entretien et que la preuve de leur filiation est relativement facile ».

3. Il supprime le divorce pour incompatibilité d'humeur et rend beaucoup plus difficile le divorce par consentement mutuel.

B. La famille contemporaine

26. ***Foyer***. Dans sa composition, la famille aujourd'hui prise en considération par le droit est essentiellement le foyer. Il regroupe les parents et les enfants mineurs, vivant sous le même toit, dans le « logement de la famille », dont les lois modernes vont s'attacher à assurer la protection. Ce sont les membres de cette famille restreinte qui bénéficient des avantages multiples que l'État-providence accorde sous forme de prestations sociales. Mais sa caractéristique essentielle est la fragilité.

27. ***Égalité***. Les fondements traditionnels de la famille ont été mis en cause, à l'époque contemporaine, par l'influence des idées dominantes. Cristallisées au moment des événements du printemps 1968, mais apparues antérieurement [1], celles-ci mettent en exergue les valeurs de liberté et d'égalité, non seulement pour régir l'organisation de la vie politique, mais aussi pour déterminer les structures familiales. Le bouleversement du Code civil, à partir de 1964, traduit cette domination idéologique en instituant l'égalité des époux, assurée par l'autonomie juridique de la femme mariée (1965) et la disparition du chef de famille (1970), puis l'égalité des enfants légitimes et des enfants naturels (1972). C'est ensuite la libéralisation du divorce (1975, 2004 et 2017), l'égalité des père et mère dans la gestion des biens des enfants mineurs (1985), l'alignement sur celui de l'enfant légitime du régime de l'autorité parentale s'exerçant sur l'enfant naturel (1987, puis 2002), l'institution du juge aux affaires familiales pour résoudre les litiges d'autorité parentale dans la famille légitime comme dans la famille naturelle (1993). Enfin, une nouvelle réforme du droit de la filiation, réalisée par voie d'ordonnance, a fait disparaître les catégories d'enfant légitime et d'enfant naturel (2005).

28. ***Assistance médicale à la procréation***. Par ailleurs, tenant compte des progrès scientifiques, qui permettent la reproduction humaine en dehors du processus naturel, est réglementé l'accès des couples, mariés ou non, à l'assistance médicale à la procréation (1994, puis 2004 et 2011). Cet encadrement ne suffit cependant pas à limiter le recours à des modes d'assistance médicale à la procréation non reconnus par le droit français, ce qui contraint les autorités françaises à s'interroger sur les conséquences de la naissance des enfants conçus à l'étranger dans un tel cadre sur leur territoire.

29. ***Concubinage***. Ainsi, la famille contemporaine n'est plus fondée seulement sur le mariage, elle résulte également du concubinage. Phénomène qui traduit une certaine contestation de l'institution, censée aliéner la liberté des individus. Laquelle explique l'apparition des familles monoparentales [2] et la multiplication des familles recomposées, nouveaux types de famille qui s'ajoutent au modèle traditionnel et que le droit prend peu à peu en considération. L'admission du pluralisme est du reste l'un des caractères marquants du droit contemporain de la famille.

---

1. J. Flour, *Cours*, *op. cit.*, p. 620.
2. Et même de familles « unilinéaires » (v. G. Cornu, *op. cit.*, n° 13) dans lesquelles l'enfant est rattaché juridiquement à un seul parent ; v. G. Cornu, « La famille unilinéaire », *in Mélanges P. Raynaud*, p. 137 s.

§ 4. Les caractères généraux du droit de la famille

30. Enraciné dans une très longue histoire, le droit de la famille fait preuve d'originalité. Il est dominé par la diversité, traversé de contradictions et impressionniste aujourd'hui dans ses prescriptions.

A. Diversité

31. C'est sans doute la caractéristique la moins contestable : le droit de la famille vit sous le régime de la diversité. Ses manifestations sont légion. On relèvera les plus significatives.

1) Droit comparé

32. ***Mariage***. Le droit de la famille existe dans chaque pays, parce que la famille est une réalité sociale sous toutes les latitudes. Or, une vue même superficielle du droit comparé révèle des disparités considérables suivant les systèmes juridiques. Quelques exemples suffiront à s'en convaincre. Le mariage, ainsi, est monogamique dans les pays de civilisation chrétienne. Ailleurs, il est polygamique : comme dans les États musulmans (le Coran autorise le mari à avoir simultanément quatre épouses)[1] ou dans les droits coutumiers africains[2]. Fréquemment, la polygamie s'accompagne d'un mode de dissolution du mariage réservé au mari et discrétionnaire : la répudiation. Les pays occidentaux ne l'admettent pas. Ces derniers sont partagés, en revanche, sur la valeur d'une célébration religieuse du mariage : jugée suffisante en Italie, ainsi qu'en Espagne, elle ne vaut que comme cérémonie privée dans beaucoup d'autres, qui imposent la célébration devant une autorité civile[3]. C'est le cas en France et en Allemagne. Il en est de même dans les pays d'Europe centrale et orientale.

33. ***Adoption***. Dans le domaine de la filiation, le développement de l'adoption internationale, à l'époque contemporaine, a mis en lumière la division des États en deux groupes caractérisés. Certains admettent l'adoption, mode de création d'une filiation qui ne repose pas sur un lien biologique : ainsi dans les pays occidentaux. D'autres ignorent l'institution, ou la prohibent, comme les États musulmans.

34. ***Égalité***. Plus généralement, les principes qui président à l'organisation de l'union conjugale s'opposent suivant qu'ils affirment l'égalité des époux, comme dans les pays européens aujourd'hui, ou prônent la suprématie du mari, comme en Europe hier et dans d'autres États, en Afrique et en Asie, à l'heure actuelle. Cette diversité est à l'origine, dans les situations privées internationales, de conflits de lois, pris en charge par les règles de droit international privé[4].

---

1. L. Milliot, *Introduction à l'étude du droit musulman*, Sirey, 1970.
2. A. R. Radcliffe-Brown et D. Forde, *Systèmes familiaux et matrimoniaux en Afrique*, PUF, 1953.
3. F. Boulanger, *Droit civil de la famille*, tome 1 : *Aspects internes et internationaux*, Economica, 1990, n°s 147 s.
4. P. Courbe, *Droit international privé*, Hachette Supérieur, 2007.

2) Influences

35. Aucune branche du droit n'est, plus que le droit de la famille, aussi directement dépendante des divers facteurs, éthique, politique et économique, qui conditionnent son élaboration.

36. ***Facteur éthique***. À côté de problèmes traditionnels (faut-il admettre le divorce ou respecter le dogme de l'indissolubilité du mariage posé par le droit canon ? l'adultère est-il une faute conjugale plus grave que les autres ?...), des questions nouvelles découlent aujourd'hui des progrès des sciences biologiques et médicales. Ainsi doit-on valider les conventions relatives à la maternité de substitution ? L'embryon conçu avec les gamètes d'un couple peut-il être donné à un autre couple ? Chacun comprendra qu'il n'appartient pas aux scientifiques d'apporter des réponses. C'est au législateur de se prononcer, car c'est à lui que revient la charge d'organiser la société. De plus, il appartient aux pouvoirs publics d'indiquer les conséquences licites des progrès scientifiques. Mais qui ne voit que les solutions adoptées seront nécessairement influencées par des considérations morales ? La consultation par le législateur de comités d'éthique, c'est-à-dire de morale, le démontre amplement.

37. ***Facteur politique***. Le contenu du droit de la famille dépend étroitement de certaines options politiques exercées par les gouvernants. Les règles de droit sont différentes suivant que l'on souhaite favoriser la natalité ou inciter les femmes à l'autonomie, rechercher la stabilité des familles ou promouvoir la liberté de chacun au sein du foyer. Plus largement, ce sont les pouvoirs publics qui feront le choix de réaliser, ou non, une modification du droit pour introduire un nouveau principe traduisant l'évolution de la mentalité collective. Quel est, le gouvernement qui pourrait aujourd'hui confesser n'avoir aucune politique familiale ?

38. ***Facteur économique***. L'influence du facteur économique n'est pas moins évidente. Ainsi, la révolution industrielle puis la société de consommation, le travail des femmes et l'élévation du niveau de vie, l'urbanisation et la déshumanisation de l'habitat, la situation de l'emploi et, plus généralement, la « crise économique » ont des répercussions sur la dimension du cercle familial, la solidarité entre ses membres, le nombre des divorces et la fréquence de l'union libre, les drames de l'enfance malheureuse... conduisant tôt ou tard le législateur à adapter le droit de la famille. Les problèmes étant aujourd'hui amplifiés par les médias, les pouvoirs publics ont plutôt tendance à intervenir souvent, mais les transformations sont si rapides que les lois se multiplient sans être suffisantes...

3) Sources

39. La diversité des sources du droit de la famille a pris une dimension insoupçonnée. Quelques illustrations permettent d'en prendre la mesure.

40. ***Réformes***. Depuis 1964, presque tous les domaines du droit civil de la famille ont été l'objet de réformes, qui désormais se superposent. Plusieurs lois ont ainsi modifié l'autorité parentale (en 1970, 1987, 1993 et 2002), l'adoption (en 1966, 1976, 1996), les rapports pécuniaires entre époux (en 1965, 1985), le divorce (en 1975, 1993, 2000, 2004,

2017)… De surcroît, lorsque les réformes sont déjà trop nombreuses, comme pour la filiation (en 1972, 1976, 1982, 1993, 1994, 2005…), la jurisprudence s'en mêle et contribue, par touches successives, à altérer l'ordonnancement voulu par le législateur. De nouveaux textes sont, alors, à prévoir [1] : d'où la réforme réalisée en 2005, par voie d'ordonnance, du droit de la filiation.

41. ***Droits voisins***. Le droit de la famille, objet de cet ouvrage, est l'un des chapitres majeurs du droit civil, qui régit les relations que nouent les particuliers dans la vie sociale. Mais les « politiques familiales » prennent appui, aussi, sur les droits voisins, dont les résultats concrets sont immédiatement perceptibles, car généralement pécuniaires. C'est le cas notamment du droit social (prestations et allocations familiales), du droit fiscal (quotient familial, abattements [2]), du droit de l'aide sociale (adoption…), de la sécurité sociale (retraites, pensions de réversion…), mais aussi du droit pénal qui à travers les infractions dessinent en creux les contours de la famille et les obligations de ses membres ou des tiers vis-à-vis de ces derniers.

42. ***Droit international***. La diversité des sources du droit de la famille est remarquable par la multiplication des textes issus des traités internationaux, qui s'ajoutent aux lois internes, aux règlements, à la jurisprudence, sans omettre le Préambule de la Constitution du 4 octobre 1958 [3] – le Conseil constitutionnel a d'ailleurs développé une jurisprudence qui constitue une source de plus en plus importante du droit de la famille contemporain. Ainsi, la Déclaration universelle des droits de l'Homme, adoptée par l'Assemblée générale des Nations unies le 10 décembre 1948, proclame : « La famille est l'élément naturel et fondamental de la société et a droit à la protection de la société et de l'État » (art. 16, § 3). De même, l'Assemblée générale des Nations unies a adopté le 20 novembre 1989 la Convention sur les droits de l'enfant, entrée en vigueur le 2 septembre 1990. Plus importante encore par ses implications, la Convention européenne des droits de l'Homme et des libertés fondamentales, signée le 4 novembre 1950, assure le droit au respect de la vie privée et familiale (art. 8, § 1), le droit pour l'homme et la femme de se marier et de fonder une famille (art. 12) ; elle affirme, dans son Protocole n° 7, que les époux jouissent de l'égalité des droits et des devoirs, entre eux et dans leurs relations avec leurs enfants (art. 5). Or, ces proclamations ne sont pas de pure forme. En effet, interprétant extensivement les dispositions de la Convention « à la lumière des conditions d'aujourd'hui » (arrêt *Marckx*, 13 juin 1979), la Cour européenne des droits de l'Homme, dont les décisions s'imposent en France, a élaboré un statut juridique d'égalité pour les enfants naturels, ou proclamé le droit pour les transsexuels d'obtenir la rectification de leur état civil et de se marier avec une personne du même sexe génétique. Peu à peu, parfois avec un certain retard le droit français s'est aligné sur les exigences européennes même si certaines questions restent encore en suspens…

---

1. Le rapport du groupe de travail dirigé par F. Dekeuwer-Défossez, *Rénover le droit de la famille. Propositions pour un droit adapté aux réalités et aux aspirations de notre temps*, La Documentation française, 1999.

2. J.-J. Lemouland, *Rép. civ.*, Dalloz, v° *Famille*, n°s 132 s.

3. Préambule de la Constitution de 1946 auquel renvoie le Préambule de la Constitution de 1958 : « La loi garantit à la femme, dans tous les domaines, des droits égaux à ceux de l'homme ».

B. Contradictions

43. ***Valeurs communes***. La diversité des influences et des sources du droit de la famille rend complexe, aujourd'hui, la mise au jour des principes directeurs. Par suite des profondes mutations sociales et économiques, comme de l'évolution des mentalités, les valeurs traditionnelles se sont effondrées à partir des années soixante : l'autorité du chef de famille, la suprématie du mari et la dépendance corrélative de l'épouse, la supériorité de la filiation légitime fondée sur le mariage, le caractère restrictif du divorce, conçu exclusivement comme une sanction, vont s'effacer. Deux décennies, approximativement, suffiront. Dans un premier temps, ces principes du passé seront relayés par d'autres : égalité et autonomie des époux, égalité des enfants, primauté de la vérité biologique dans l'établissement de la filiation, divorce par accord des conjoints. Ce sont les valeurs émergentes qui vont dominer, et pas seulement en France. Car les pays européens connaissent une évolution semblable, de sorte que leurs droits respectifs dessinent peu à peu les contours d'une famille commune, ou reposant, au moins, sur les mêmes valeurs.

44. ***Revendications individuelles***. Parallèlement, apparaissent des revendications, mises en exergue par les médias, formulées en termes de droits subjectifs : droit à l'enfant, à l'adoption, à l'interruption volontaire de grossesse, à la procréation assistée, à la connaissance de ses origines, à l'égalité des couples, à la réglementation de l'union libre, à la reconnaissance des couples homosexuels... Certaines requêtes feront fléchir le législateur, si bien que le droit positif oscille désormais entre des contraires : défense de la famille ou absolutisme de l'individu, vérité biologique ou secret des origines, faveur au mariage ou indifférence, exaltation de l'intérêt de l'enfant ou satisfaction du désir des adultes [1]. La découverte des principes généraux, si nécessaires à l'interprétation, devient une entreprise périlleuse. Il peut même arriver que deux lois promulguées le même jour reposent sur des philosophies contradictoires [2].

Les tribunaux, pourtant, montrent encore un attachement indéniable à certains points d'ancrage. C'est la jurisprudence du droit international privé qui le révèle clairement, dans les situations où il s'agit de trancher entre les conceptions opposées du droit français et de certaines lois étrangères. Sont, ainsi, écartées au nom de l'ordre public celles qui admettent la répudiation unilatérale, ou privent la femme divorcée de toute compensation pécuniaire, qui interdisent l'établissement de la paternité naturelle ou dénient à un enfant le droit d'obtenir une pension alimentaire de ses parents. Dans le même sens, le législateur contemporain proclame, dans les lois bioéthiques, certains dogmes : primauté de la personne, respect de sa dignité, protection du corps humain, nullité des conventions relatives à la maternité de substitution.

L'ensemble du droit de la famille vogue, en somme, d'hésitations en certitudes, de principes en contestations, sans résoudre ses contradictions. Il est vrai que cet impressionnisme semble avoir été voulu par le législateur.

---

1. F. Dekeuwer-Défossez, « Réflexions sur les mythes fondateurs du droit contemporain de la famille », *RTD civ.* 1995. 249 ; « Modèles et normes en droit contemporain de la famille », *in Mélanges C. Mouly*, Paris, Litec, 1998, p. 281.

2. V. l'analyse de Mme J. Rochfeld, commentant les lois du 4 mars 2002 relatives respectivement au nom de famille (L. n° 2002-304) et à l'autorité parentale (L. n° 2002-305), *RTD civ.* 2002. 377.

C. Impressionnisme

45. La méthode juridique ainsi qualifiée d'« impressionnisme » est opposée à celle, classique, fondée sur le dogmatisme et la déduction. « Recherchant la meilleure solution dans chaque cas concret, elle se recommande d'un réalisme plus poussé »[1].

46. ***Absence de modèle***. C'est cette méthode qui domine aujourd'hui en droit de la famille, depuis que le législateur a entrepris, en 1964, de réformer par pans entiers le Code civil. Jusque-là régnait l'ordre public. Le droit de la famille était impératif et la société civile devait se conformer au modèle choisi par le législateur : la famille légitime organisée sous l'autorité de son chef. Or, abandonnant ce modèle, les réformateurs n'ont pas voulu lui en substituer un autre. Ils n'imposent plus une référence unique, mais laissent aux juges et aux particuliers le soin d'adapter les normes édictées à chaque situation.

47. ***Pluralisme***. Le législateur propose, la famille dispose. Le droit civil est entré dans l'ère du pluralisme[2] : partant du constat qu'il existe plusieurs courants d'opinions en France, la loi n'exige plus le respect d'un modèle, même si elle paraît rester attachée à la famille fondée sur le mariage. Elle admet que chacun puisse mettre en œuvre ses conceptions morales, religieuses et philosophiques de l'organisation du groupement familial. En bref, un choix est proposé entre différents statuts.

48. ***Faculté de choix***. Ainsi les couples peuvent-ils choisir entre le mariage, le concubinage ou le Pacs. De même, la disparition du mariage peut résulter de son annulation ou bien du divorce. Pour celui-ci, quatre voies judiciaires d'accès sont ouvertes et surtout, les époux peuvent depuis 2017 divorcer sans être soumis à une procédure judiciaire. Les époux peuvent également opter pour la séparation de corps, diminutif du divorce. Une faculté de choix existe également en matière d'adoption : plénière ou simple ; sans omettre une forme atténuée : la délégation de l'autorité parentale. Cette liberté existe aussi dans le domaine de la filiation. Mais là, elle porte en germe des désordres préjudiciables à l'enfant. Son statut juridique dépend, en effet, de certains choix exercés par les adultes. C'est le cas, notamment, quand la succession des partenaires de la mère entraîne des variations dans l'état de l'enfant. Pourtant, à l'évidence, « l'état des personnes ne peut demeurer incertain, sans qu'il en résulte un trouble profond dans les familles et une atteinte grave à l'ordre social »[3]. Cette législation « à option » est dite « sociologique », c'est-à-dire apte à coïncider avec les aspirations de chacun et les mœurs des groupes sociaux. Elle traduit le « désengagement du droit »[4]. C'est-à-dire que ce n'est plus la loi, mais la morale et la conscience individuelle qui dirigent les citoyens, sous leur propre responsabilité.

49. ***Rôle du juge***. Préoccupé par l'adaptation des normes à la diversité des situations particulières, le législateur confie au juge le soin d'en réaliser la mise en œuvre. Deux

---

1. Y. Loussouarn, P. Bourel et P. de Vareilles-Sommières, *Droit international privé*, 9e éd., Dalloz, 2007, no 134.
2. Comp. Ph. Malaurie et H. Fulchiron, *op. cit.*, no 94 et J. Carbonnier, *op. cit.*, p. 18 s.
3. Civ. 9 mai 1900, *JDI* 1900. 613.
4. J. Carbonnier, *Sociologie juridique*, PUF, 1994. Pour une critique de l'idéologie qui sous-tend une telle conception, v. F. G. Dreyfus, « La Ve République et la famille », *in Le droit de la famille en Europe*, p. 203.

manifestations remarquables peuvent être soulignées. D'un côté, la loi multiplie les références à des notions indéterminées : intérêt de l'enfant, intérêt de la famille, acte usuel de l'autorité parentale, motifs graves… Il appartient au juge (ou plutôt « aux juges », car il existe plusieurs juridictions compétentes en droit de la famille [1]) d'apprécier, dans chaque cas d'espèce, le contenu concret de telles notions. D'un autre côté, lorsque la loi est considérée, par celui-là même qui l'édicte, comme trop rigide, est conféré au juge le pouvoir de l'écarter, au nom de l'équité. Recours salutaire, car le droit ne doit pas tourner le dos à l'équité. Mais, d'une part, il accroît l'incertitude de la règle de droit, alors que la prévisibilité est « une exigence démocratique » [2]. D'autre part, il ouvre la voie au sentiment d'arbitraire.

50. ***Privatisation***. Le droit contemporain est marqué, enfin, par la « privatisation » de la famille [3]. Les volontés individuelles se voient octroyer le pouvoir de régler, par des conventions, les conflits familiaux. Ainsi lors des procédures de divorce et de séparation de corps, ou pour l'exercice de l'autorité parentale. Plus largement, se développent les contrats d'organisation du concubinage et, dans une moindre mesure, de gestion des séparations de fait, tandis qu'est admis le pacte civil de solidarité (Pacs), ou encore la convention de divorce notariée. Sans doute certaines conventions restent-elles illicites, comme celle ayant pour objet la « maternité de substitution ».

51. ***« À chacun sa famille, à chacun son droit »***. Mais la pénétration de l'autonomie de la volonté contribue à assouplir le droit de la famille. Si bien que certains considèrent aujourd'hui que la famille fait partie du domaine privé qui doit, dans la mesure du possible, échapper à l'emprise étatique [4]. Cette privatisation de la famille s'inscrit dans la logique de l'individualisme qui s'impose aujourd'hui dans les couples : chacun y recherche la liberté, source de bonheur. Ce qui conduit à favoriser le recours à la médiation familiale, afin de faciliter la recherche d'un règlement consensuel du litige, prenant la place d'une décision judiciaire imposée. Conception qui peut prendre appui sur le particularisme des relations de famille. Se développant dans la sphère la plus intime de la vie privée, elles sont en partie réfractaires à l'application des règles de droit : peut-on réglementer minutieusement, avec effectivité, la vie quotidienne des familles ? Elles résistent, aussi, à l'effet des décisions judiciaires, d'où l'impression que le droit se résume à cette formule : « À chacun sa famille, à chacun son droit » [5].

52. ***Sécurité juridique***. Cet impressionnisme est certes favorable à l'adaptation de la loi générale aux cas concrets, mais n'est pas sans danger. Parce que, en droit de la famille, la neutralité de la loi n'est pas bienveillante. Lorsque surgissent des conflits d'intérêts, il faut bien trancher, établir une hiérarchie entre les intérêts en jeu. Or, la décision ne sera acceptable que si elle est rendue au nom de principes supérieurs, de valeurs connues,

---

1. En effet, la loi de 1993 qui a créé le juge aux affaires familiales n'a pas complètement réalisé l'unification du contentieux : ont également vocation à intervenir le tribunal de grande instance en formation collégiale, le juge des tutelles ainsi que le juge des enfants.
2. J. Hauser, « Décadence et grandeur du droit civil français des personnes et de la famille à la fin du XXe siècle », *in Mélanges D. Huet-Weiller*, 1994, p. 238.
3. Ph. Malaurie et H. Fulchiron, *op. cit.*, n° 92.
4. A. Bénabent, *Droit de la famille*, 2e éd., Montchrestien, 2012, Domat Droit privé, n° 17.
5. J. Carbonnier, « À chacun sa famille, à chacun son droit », *in Essais sur les lois*, Defrénois, 1979, p. 167.

affichées par le législateur. Ainsi, les justiciables sauront, à l'avance, si leur comportement est conforme ou contraire à la norme. La sécurité juridique l'impose. En posant des principes fermes, fussent-ils par certains discutés, les lois bioéthiques se sont inscrites dans une telle perspective.

53. ***Plan***. Se plaçant à un niveau suffisant de généralité, il apparaît finalement que le droit de la famille ne peut être bâti que sur deux piliers : **le couple** (Première partie) et **l'enfant** (Seconde partie).

Première partie

Les couples

54. ***Notion***. Les liens amoureux prennent des formes sociales diverses. Certaines sont éphémères. D'autres, plus stables, peuvent aboutir à la création d'un couple (du latin *copula*, « tout ce qui sert à attacher, lien, chaîne », « groupe de deux personnes unies par l'amitié ou l'amour »). Le couple peut se définir comme un ensemble de deux personnes de sexe différent ou de même sexe qui entretiennent des relations amoureuses et sexuelles dans le cadre d'une vie commune. La notion de couple en droit civil est apparue avec la première loi bioéthique du 29 juillet 1994[1]. Cette notion recouvre aujourd'hui, plus précisément depuis l'entrée en vigueur de la loi du 15 novembre 1999, deux réalités : le couple qui par un engagement public adhère à un statut proposé par la loi, mariage ou pacte civil de solidarité et le couple qui vit en concubinage, lequel constitue une union de fait (C. civ., art. 515-8). Même si le terme était au départ réservé au mariage, il est désormais admis que ces différents couples puissent être qualifiés de mode de conjugalité[2].

55. ***Historique***. Le droit des couples a fait l'objet d'une évolution constante vers une libéralisation et une diversification, le mariage passant de la seule forme d'union possible à une forme d'union parmi d'autres. En effet la préférence du législateur pour le mariage s'est atténuée avec le temps et parallèlement la situation des couples non mariés a été de plus en plus pris en compte par le droit. En outre, les revendications des couples homosexuels ont été progressivement entendues et admises dans la structure sociale comme juridique. Si dans cette évolution, la loi du 19 novembre 1999 qui a créé le Pacs et définit le concubinage dans le Code civil, constitue une étape essentielle, les textes ultérieurs qui ont rapproché les effets du Pacs de ceux du mariage et qui ont finalement ouvert ce dernier aux couples homosexuels ont largement contribué à une transformation du droit des couples, dans le sens d'un véritable pluralisme et d'un rapprochement des couples, au moins de certains d'entre eux. Les différents couples ont bénéficié d'un double mouvement conjugué, constitué d'une part d'une libéralisation du mariage et d'autre part d'une institutionnalisation du couple non marié.

56. ***Chiffres***[3]. Selon les chiffres de l'INSEE, en 2011, parmi les 47,8 millions de personnes majeures vivant en France métropolitaine, 66,4 % soit 31,8 millions de personnes, vivent en couple. 23,2 millions d'entre elles sont mariées, 1,4 million sont pacsés et

---

1. C. Brunetti-Pons, « L'émergence d'une notion de couple en droit civil », *RTD civ.* 1999. 26.
2. M. Lamarche, « La conjugalité », *in* H. Fulchiron, *Mariage-conjugalité-Parenté– parentalités*, Dalloz, 2009, p. 27.
3. INSEE, « Statistique public, Couples et familles », édition 2015.

7 millions vivent en concubinage. La grande majorité des personnes en couples partagent le même logement. Parmi ces couples, 100 000 d'entre eux étaient des couples de même sexe, dont 43 % étaient pacsés.

Même si le mariage reste le statut le plus fréquemment choisi par les couples, les chiffres montrent la progression considérable du nombre de couples non mariés à l'époque contemporaine. En 1968, le nombre de couples de concubins était de 314 000. Il est passé, en 1990, à 1 707 000 (un couple sur trois dans les générations de 25 à 39 ans et un sur huit pour la population générale). Aujourd'hui, plus de 50 % des naissances sont des naissances hors mariage. Corrélativement, les statistiques révèlent une désaffection certaine pour le mariage. En 1974, on recensait 394 000 mariages ; en 1993, le chiffre était tombé à 254 000. Une progression est, toutefois, perceptible entre 1995 et 2001 : 287 000 mariages ont été célébrés en 1996 et 305 300 en 2001 puis le nombre de mariage diminue à nouveau : 282 000 en 2003, 278 000 en 2004 et 267 000 en 2007. 236 826 mariages ont été célébrés en 2011, ce qui représente une baisse de 6 % par rapport à 2010 ; le nombre de mariage atteint alors son niveau le plus bas depuis le début du XXe siècle en dehors des années de guerre. Depuis le « pic » des mariages en l'an 2000, le nombre de mariages célébrés est en baisse constante [1].

Parallèlement, on constate une augmentation très sensible des divorces (53 000 en 1972, 108 000 en 1992 et 120 000 en 1995), puis une stagnation (119 000 en 1999, 115 000 en 2001), et une remontée (134 000 en 2004 et 139 000 en 2006) et enfin une stabilisation ces dernières années (130 600 en 2009, 133 900 en 2010 et 132 977 en 2011 [2]) ainsi qu'une volonté croissante des divorcés de se remarier.

57. ***Diversité de régimes***. Le régime juridique auquel est soumis le couple selon son statut est différent et « l'adhésion à un couple engendre des devoirs à géométrie variable » [3]. La Cour européenne admet que les couples soient traités différemment en fonction de leur statut. Elle considère notamment qu'il est légitime pour les États de reconnaître aux couples qui ont contracté un engagement public, mariage ou partenariat, des avantages qui sont déniés aux concubins [4]. Les couples mariés continuent à bénéficier du statut le plus avantageux, tandis que les partenaires sont mieux traités que les concubins.

58. ***Droit commun***. Toutefois on observe l'émergence de règles communes à l'ensemble des couples et un rapprochement de plus en plus marqué du mariage et du Pacs. Formellement le droit commun du couple est constitué par un certain nombre de règles éparses, mais de plus en plus nombreuses, qui s'appliquent à l'ensemble des couples. Cette assimilation se traduit généralement par une énumération dans le texte de toutes les formes de couples : ainsi, par exemple, les articles du Code pénal relatifs à la violence dans le couple, visent le conjoint, le partenaire lié par un pacte civil de solidarité et le concubin et l'article 449 du Code civil prévoit que sera désigné comme tuteur ou curateur le conjoint de la personne protégée, le partenaire avec qui elle a conclu un pacte civil de solidarité ou son concubin sous réserve du maintien de la vie commune. D'autres

---

1. INSEE Résultats, n° 140, *Société*, févr. 2013.
2. *Répertoire général civil*, SDSE, ministère de la Justice.
3. C. Philippe, « Un droit de la famille résolument tourné vers la diversité », *Dr. fam.* 2007, n° 1 p. 21.
4. *Burden c/ Royaume-Uni*, 29 avr. 2008, *RTDH* 2009. 513, obs. J.-P. Marguénaud ; *Van Heidjen c/ Pays Bas*, 3 avr. 2012, *Dr. fam.* 2013, étude n° 3, obs. A. Gouttenoire.

textes énoncent que pour l'application de telle disposition, il sera procédé à une assimilation entre plusieurs sortes de couple. Ainsi, l'article R. 351-29 du Code de construction et de l'habitation énonce que « *La notion de couple mentionnée à l'article R. 351-16 s'applique aux personnes mariées, vivant en concubinage ou liées par un pacte civil de solidarité* ».

59. ***Autonomie***. Malgré une faveur persistante pour le mariage, le droit contemporain offre désormais un réel choix aux couples, en proposant des statuts différents et autonomes, qui ne manquent cependant pas de points communs plus ou marqués selon les couples.

60. ***Accès à l'ensemble des statuts***. Depuis 1999, non seulement le droit français offre une pluralité de statuts de couple, mais il se caractérise depuis l'entrée en vigueur de la loi du 17 mai 2013 par la possibilité pour les couples d'accéder à tous les statuts, y compris le mariage. Le choix de tel ou tel statut relève désormais de la liberté de chaque couple, quelle que soit sa composition.

61. ***Liberté de rester ou non en couple***. Ce qui caractérise en outre et de plus en plus le droit contemporain du couple est la liberté de l'engagement, à la fois, au départ, dans la possibilité de s'engager ou non et ensuite, au final dans la possibilité de plus en plus grande de mettre fin à cet engagement. La volonté commune voire unilatérale des membres du couple de mettre fin à la relation a été progressivement de plus en plus prise en compte par le droit au point de devenir toute-puissante dans certaines hypothèses. La liberté de mettre fin à la relation de couple d'un commun accord a atteint son paroxysme dans la loi n° 2016-1547 du 18 novembre 2016 n° 2016-1547 du 18 novembre 2016 de modernisation de la justice du XXIe siècle qui consacre le divorce sans juge, qui entrera en vigueur le 1er janvier 2017.

62. ***Plan***. Cette évolution vers une diversification effective des statuts de couples, aboutit à modifier profondément le paysage contemporain du droit des couples. Elle justifie que son étude ne soit plus organisée en fonction de chacun des statuts offerts au couple par le droit mais, de manière transversale, à partir d'une comparaison entre ces différents statuts, selon les trois étapes de la vie du couple : la formation (Livre 1), la vie (Livre 2) et la séparation (Livre 3).

Livre 1

La formation du couple

La formation du couple s'entend du processus qui permet de passer de deux individualités à un ensemble formé de deux personnes et reconnu, de manière plus ou moins importante, par le droit. Le droit français, sous l'impulsion notamment du droit européen, reconnaît désormais à toute personne le droit d'accéder au couple, et lui offre un choix quant à la nature du couple qu'il entend former.

§ 1. L'accès au couple

63. ***Objectifs***. Les personnes désireuses de former un couple peuvent être animées d'intentions diverses. Elles peuvent souhaiter organiser leur vie commune, fonder une famille, vouloir se transmettre des biens de leur vivant ou après leur décès, et pouvoir être assuré de pouvoir compter sur l'autre en certaines circonstances. Les membres du couple peuvent également souhaiter que leur relation soit reconnue des tiers, administrations, familles, employeurs etc., qu'elle leur soit opposable, ce qui peut aller de pair avec des obligations communes à l'égard des tiers. Les trois statuts offerts aux couples par le droit français satisfont ces différents objectifs à des degrés divers. Si le concubinage entraîne certains effets, et notamment certaines garanties pour le couple, ils restent limités compte tenu du fait qu'il s'agit seulement d'une union de fait. On peut affirmer que seuls le mariage et le pacte civil de solidarité qui constituent une situation juridique offrent une véritable sécurité aux couples qui le choisissent.

64. ***Droit fondamental***. Le droit pour tous les couples, qu'ils soient de sexe différent ou de même sexe de bénéficier d'un statut constitue désormais un droit fondamental. Ce droit est issu de la revendication des années 1990, marquées par la demande des couples de même sexe de se voir reconnus par le droit et satisfaite en France par la loi du 15 novembre 1999 qui a à la fois instauré le Pacs et définit le concubinage dans la loi. Ce droit de bénéficier d'un statut a été consacré par la Cour européenne des droits de l'Homme dans l'arrêt *Olliari et autres c/ Italie* du 21 juillet 2015 [1]. Rendu à l'unanimité, cet arrêt est la suite logique de la jurisprudence antérieure du juge de Strasbourg qui avait préalablement jugé dans l'arrêt *Schalk et Kopf c/ Autriche* du 24 juin 2010 [2] que la relation qu'entretient un couple homosexuel relève de la notion de vie familiale au sens de l'article 8, et reconnu que les couples de même sexe se trouvent dans une situation comparable à celle des couples hétérosexuels pour ce qui est de leur besoin de reconnaissance juridique et de protection de leur relation. Franchissant un pas supplémentaire, la Cour de Strasbourg, dans l'arrêt *Olliari* érige en obligation positive pour les États du Conseil de l'Europe, l'instauration dans leur ordre juridique d'un statut pour les couples de même sexe, imposant ainsi aux États d'offrir à tous les couples et donc aux couples de même sexe un statut leur conférant une certaine sécurité juridique. Cette évolution majeure se fonde sur l'existence, au sein des États membres du Conseil de l'Europe, d'une tendance à la reconnaissance juridique des couples homosexuels, vingt-quatre des quarante-sept États membres ayant adopté une législation permettant pareille reconnaissance. La Cour limite cependant ses exigences à la reconnaissance d'un statut pour les couples de même sexe sans préciser ce qu'il doit être.

---

1. *D.* 2015. 2160, obs. H. Fulchiron.
2. Confirmé ultérieurement, par l'arrêt *Hämäläinen c/ Finlande* 16 juill. 2014, n° 37359/0, *JCP* 2014. 971, A. Schahmaneche.

65. ***Accès aux différents statuts***. Si tous les couples se voient reconnaître par la Cour européenne des droits de l'Homme, le droit de bénéficier d'un statut, leur accès aux différents statuts et particulièrement au mariage n'est pas imposé aux États. Dans l'arrêt *Olliari*, le juge européen réitère le refus exprimé dans l'arrêt *Schalk et Kopf c/ Autriche* du 24 juin 2010 d'imposer aux États européens l'ouverture du mariage aux couples de même sexe, en dépit de l'évolution progressive des États en la matière. En effet, la Cour relève que onze États ont ouvert le mariage aux couples de personnes de même sexe (pour six au moment de l'arrêt *Schalk et Kopf c/ Autriche* du 24 juin 2010), ce qui est encore loin de former un consensus.

Le droit français est plus avancé que le droit européen puisque depuis 2013, il offre aux différents couples l'accès aux différents statuts sans distinction. Le mariage est effet accessible depuis la loi du 17 mai 2013 aux couples de même sexe comme aux couples de sexe opposés. Par ailleurs, en 1999, les promoteurs du Pacs ont souhaité que cette nouvelle organisation du couple ne soit pas réservée aux homosexuels. Aussi la loi offre-t-elle aux personnes de sexe différent la liberté de conclure un Pacs. Le succès de cette forme d'union – en 2006, plus de 77 000 couples avaient choisi ce type d'union tandis qu'on dénombrait plus de 205 000 Pacs en 2010 – est incontestable auprès des couples hétérosexuels qui concernaient en 2010, 95 % des Pacs.

§ 2. La nature du couple

66. ***Acte ou fait juridique***. Parmi les trois formes de couple du droit français, deux d'entre eux, le mariage et le Pacs sont des actes juridiques tandis que le troisième, le concubinage est un fait juridique. Cette différence de nature a des incidences essentielles sur la formation du couple. Le mariage et le Pacs sont en effet formés par une manifestation de volontés soumise à un certain formalisme qui a une date précise. Le concubinage, quant à lui, est constitué par une vie commune qui s'inscrit dans la durée et constitue un fait dont découlent certains effets de droit.

67. ***Nature du mariage***. D'après la conception classique, celle du droit canonique, le mariage est un contrat. Il en présente les caractères essentiels puisqu'il est un accord de volontés qui produit des effets juridiques. Dans le droit fil du droit canonique, le Code civil met en relief l'importance du consentement dans la formation du mariage (art. 146). Cependant, la conception contractuelle du mariage se heurte à une double objection. D'une part, le mariage ne saurait être assimilé à un contrat parce qu'il n'engendre pas seulement des obligations : il crée l'état d'époux et fonde une famille. D'autre part, un contrat peut toujours être défait par la volonté commune des contractants et les contrats conclus pour une durée indéterminée peuvent être rompus par la volonté unilatérale de l'une des parties. Or, jusqu'à une date récente, le divorce, même prononcé du consentement mutuel des époux, ne pouvait résulter que d'un jugement, le mariage ne pouvant être résilié par déclaration unilatérale. Cet argument est moins convaincant depuis l'admission du divorce sans juge. Une autre explication, institutionnelle, a été proposée au début du XXe siècle. La conception institutionnelle du mariage prend en considération l'importance de l'ordre public en ce domaine et le rôle éminent de l'autorité publique dans la formation et la dissolution de l'union. Dans cette perspective, on applique au mariage la notion d'institution, définie comme un groupement de personnes unies en vue de réaliser une œuvre commune. En décidant de se marier, deux personnes adhèrent à un statut impératif. Selon les tenants de la thèse institutionnelle, les finalités de cette institution sont la procréation, l'éducation des enfants et la moralisation des rapports sexuels. Dans la mesure où les fins poursuivies dépassent les volontés individuelles, l'institution devrait être indissoluble du vivant des époux.

Aujourd'hui, l'accord se fait pour considérer que le mariage participe à la fois du contrat et de l'institution. C'est un contrat puisque la volonté est essentielle dans la formation et aussi dans la dissolution du lien, depuis l'admission du divorce par consentement mutuel, surtout depuis 2016, a accentué le caractère contractuel du mariage. Mais c'est aussi une institution, comme le révèle l'intervention nécessaire de l'autorité publique et parce que les droits et obligations qu'il fait naître échappent à la volonté privée. Manifestation de volonté individuelle destinée à produire des effets de droit, le mariage est un acte juridique. Mais, créateur d'un état, il présente des caractères spécifiques par rapport au droit commun des actes juridiques.

Cependant, l'étude de la pratique contemporaine du mariage fait incontestablement apparaître un renouveau de l'aspect contractuel. Des nouveaux principes d'égalité, mais aussi de liberté, des personnes dans le couple et de neutralité des autorités publiques résulteraient une diminution des effets légaux du mariage. Le reflux actuel de l'ordre public, favorise l'émergence de l'autonomie de la volonté dans les relations entre époux et dans la dissolution du mariage.

68. *Définition du mariage*. Portalis définissait ainsi le mariage : « la société de l'homme et de la femme qui s'unissent pour perpétuer leur espèce, pour s'aider par des secours mutuels à porter le poids de la vie et pour partager leur commune destinée ». Avant l'entrée en vigueur de la loi n° 2013-404 du 17 mai 2013 [1], le Code civil, tout en précisant ses caractères et en réglementant ses conditions et ses effets, ne donnait pas de définition précise du mariage. On pouvait cependant induire de ses dispositions que le mariage était un acte juridique solennel par lequel un homme et une femme, d'un commun accord, décidaient de s'unir et d'adhérer à un statut légal préétabli, celui de gens mariés. Désormais, l'article 143 du Code civil, tel qu'issu de la loi du 17 mai 2013 dispose que « *le mariage est contracté par deux personnes de sexe différent ou de même sexe* ». Même si le Code civil ne fournit toujours pas de définition formelle du mariage, il modifie celle qui était induite des dispositions antérieures. Le mariage est depuis l'entrée en vigueur de la loi du 17 mai 2013, l'acte juridique solennel par lequel deux personnes de sexe différent ou de même sexe décide d'adhérer au statut légal de personnes mariées.

69. *Nature du Pacs*. Entré dans le Code civil en 1999 dans le Livre premier sur les personnes, à la suite du titre relatif aux majeurs incapables, le Pacs, est défini comme « *un contrat conclu entre deux personnes physiques* » par l'article 515-1 du Code civil. C'est ainsi un nouveau contrat nommé qui est introduit dans le Code civil. Mais, pour le Conseil constitutionnel, c'est « un contrat spécifique », car conclu par deux personnes majeures « en vue d'organiser leur vie commune ». De fait, si le Pacs était un contrat comme les autres, on ne préciserait pas le sexe des contractants ! Parce que c'est un contrat, le Conseil constitutionnel a jugé « *que les dispositions générales du Code civil relatives aux contrats et aux obligations conventionnelles auront par ailleurs vocation à s'appliquer, sous le contrôle du juge, sauf pour ce qu'elles ont de nécessairement contraires à la présente loi ; qu'en particulier, les articles 1109 et suivants du Code civil,*

1. *JORF* n° 0114 du 18 mai 2013, p. 8253, texte n° 3.

relatifs au consentement, sont applicables au pacte civil de solidarité »[1]. Mais ce contrat obéit certainement aussi à d'autres dispositions, comme celles de l'article 1134 (pour ce qui concerne l'exécution des contrats de bonne foi, mais pas pour l'autonomie de la volonté puisque les articles du Code civil établissant le Pacs sont d'ordre public), 1135 (caractère obligatoire des suites du contrat imposées par l'équité), 1147 (responsabilité contractuelle), 1152 (clause pénale), notamment.

Cependant, le Pacs comme le mariage est de nature hybride, relevant à la fois du contrat et de l'institution. Si la nature contractuelle ou institutionnelle du Pacs a été discutée dès son origine, c'est plutôt son rapprochement avec le contrat qui l'a emporté dans un premier temps, accentué par l'absence d'effets personnels. L'évolution du régime juridique du Pacs au gré des textes successifs a accentué son aspect institutionnel, en le rapprochant du mariage, notamment par la reconnaissance d'effets personnels du Pacs, même si, contrairement au mariage, le Pacs n'a aucune incidence sur la filiation. Le Pacs est « *un statut dont l'entrée est subordonnée à la conclusion d'un contrat, ou plus largement à une manifestation de volonté qui produira des effets de droit, c'est-à-dire à un acte juridique, comme le mariage* »[2].

70. ***Nature du concubinage***. Le concubinage est un fait juridique, c'est-à-dire un fait dont découlent des effets de droit. Les concubins n'ont de prise ni sur la caractérisation du concubinage, qui doit pour exister correspondre à la définition de l'article 515-8 du Code civil, ni sur les effets du concubinage qui sont contenus dans la loi. Le concubinage n'est pas ignoré du droit mais il n'apparaît dans les textes juridiques que de manière parcellaire. La loi définit le concubinage mais ne lui fait pas correspondre un statut, elle ne le régit pas. Toutefois, des textes épars relevant ou non du droit civil, et qui sont de plus en plus nombreux, prévoient les effets que peut avoir le concubinage.

71. ***Plan***. La formation est sans aucun doute le domaine dans lequel les différences entre les couples sont les plus marquées. Le droit contemporain maintient en effet une différence essentielle entre les couples qui souhaitent que leur union soit reconnue et consacrée devant et par une autorité publique et ceux qui souhaitent conserver leur engagement dans la sphère privée de leurs relations. La différence essentielle de nature entre le concubinage d'une part qui est un fait juridique et le mariage et le Pacs d'autre part qui sont des actes juridiques, impose de procéder à une analyse séparée de leur formation. La caractérisation du concubinage (Titre 1) relève en effet d'une démarche très différente de la réunion des conditions de formation du mariage ou du Pacs (Titre 2).

---

1. Cons. const., décision préc., considérant n° 27.
2. M. Lamarche, *Rép. civ.*, Dalloz, v°*Pacte civil de solidarité*, 2012, n° 28.

Titre 1
La caractérisation du concubinage

72. *Enjeu*. Le concubinage ne fait l'objet d'aucun acte de formation, d'aucune cérémonie. Le début du concubinage ne donne lieu à la réalisation d'aucun acte juridique. La caractérisation du concubinage est l'opération constituant à qualifier une situation de fait, vécue par un couple, de concubinage au sens légal. L'enjeu de cette qualification réside dans la possibilité pour le couple de bénéficier des effets que la loi attache au concubinage. La question de la définition du concubinage a été posée à la Cour de cassation dans l'arrêt du 17 décembre 1997 [1], lorsqu'il s'est agi de savoir si le transfert du bail au concubin devait ou non bénéficier à la personne de même sexe qui vivait avec le titulaire du bail. Pour répondre par la négative, la Cour de cassation a défini le concubinage de manière restrictive, comme une relation stable et continue entre un homme et une femme. C'est pour contrer cette approche limitative du concubinage que la loi du 15 novembre 1999 a introduit dans l'article 515-8 du Code civil une définition du concubinage selon laquelle « *le concubinage est une union de fait, caractérisée par une vie commune présentant un caractère de stabilité et de continuité, entre deux personnes, de sexe différent ou de même sexe, qui vivent en couple* ». Au-delà de cette généralisation du concubinage à tous les couples, l'article 515-8 du Code civil reprend les éléments constitutifs du concubinage énoncés depuis longtemps par la jurisprudence.

73. *Volonté*. La formation du concubinage relève de la seule volonté des concubins et échappe au droit. Elle ne donne lieu à aucun écrit, aucun constat officiel, et ne fait intervenir aucune autorité. Peut cependant être qualifié de concubinage une union qui donné lieu à un certain formalisme, religieux ou rituel, mais qui ne satisfaisait pas les conditions de formation du mariage. Ainsi dans l'arrêt *Serife Yigit c/ Turquie*, la Cour européenne des droits de l'Homme, a qualifié de concubinage, un mariage religieux ne pouvant être qualifié de mariage civil [2].

74. *Plan*. De cette définition, il résulte que le concubinage n'est soumis à aucune condition relative aux membres du couple (Chapitre 1) et qu'il se caractérise seulement par une vie commune stable et continue (Chapitre 2), dont la preuve relève du régime des faits juridiques (Chapitre 3).

---

1. Pourvoi n° 95-20779, *D.* 1998. 111, obs. J. Aubert, *Dr. fam.* 1998, n° 3 p. 11, obs. H. Lecuyer.
2. CEDH 20 janv. 2009, req. n° 3976/05, *JCP* 2009. I. 115, obs. A. Gouttenoire.

Chapitre 1

L'absence de condition relative aux membres du couple

75. ***Différence ou identité de sexe.*** La différence de sexe entre les concubins imposée par la Cour de cassation dans l'arrêt du 17 décembre 1997, a été expressément écartée par l'article 515-8 du Code civil, introduit par la loi n° 99-944 du 15 novembre 1999, à l'initiative du Sénat. Le Conseil constitutionnel a ainsi affirmé, dans sa décision du 9 novembre 1999, que « *cette définition a pour objet de préciser que la notion de concubinage peut s'appliquer indifféremment à un couple formé par des personnes de sexe différent ou de même sexe ; que pour le surplus, la définition des éléments constitutifs du concubinage reprend celle donnée par la jurisprudence* » [1]. Souhaitant rendre sans objet la proposition de loi votée par l'Assemblée nationale relative au Pacs, le Sénat a voté cette disposition introduisant la définition du concubinage dans le Code civil, afin que les couples homosexuels puissent bénéficier des droits accordés par la loi aux couples hétérosexuels dans leur vie quotidienne. Mais cette reconnaissance légale du concubinage en tant qu'union de fait n'a pas empêché l'Assemblée nationale de voter la proposition relative au Pacs. Cette définition du concubinage indifférente à l'orientation sexuelle des concubins est conforme à la jurisprudence de la Cour européenne des droits de l'Homme qui a qualifié de discriminatoire l'exclusion du concubin homosexuel du bénéfice du droit au transfert du bail, sur le fondement du droit au respect du domicile [2].

76. ***Âge et capacité.*** Parce qu'il constitue un fait juridique, le concubinage n'est soumis, à aucune condition d'âge ou de capacité. En outre, la définition légale du concubinage ne fait aucune référence à l'âge ou la capacité des concubins alors que les textes relatifs au Pacs et au mariage exigent que les membres du couple soit des personnes majeures [3] ou âgées de 18 ans révolus [4]. Ainsi peut-on considérer que le concubinage «juvénile» entre mineurs, ou le concubinage entre une personne majeure et une personne mineure, peut produire des effets, de même que le concubinage entre personnes dont l'une au moins est placée sous un régime de tutelle [5]. Le concubinage se distinguerait ainsi du mariage et du Pacs. Toutefois certains auteurs considèrent que la condition de majorité doit s'appliquer

1. Cons. const. 9 nov. 1999, n° 99-419 DC, *LPA* 1er déc. 1999, p. 6, note J.-E. Schoettl ; N. Molfessis, « La réécriture de la loi relative au Pacs par le Conseil constitutionnel », *JCP* 2000. I. 210.
2. *Karner c/ Autriche*, 24 juill. 2003, *RTDH* 2004, 663, note P. Frumer ; *Kosak c/ Pologne*, 2 mars 2010.
3. C. civ., art. 515-1, pour le Pacs.
4. C. civ., art. 144, pour le mariage.
5. M. Lamarche, *Rép. civ.*, Dalloz, v° *Pacte civil de solidarité*.

au concubinage et qu'un concubinage entre personnes dont l'une au moins est mineure ne saurait produire d'effets [1]. Il est vrai notamment qu'il paraît contestable qu'un mineur puisse accéder à une procréation médicalement assistée en vertu de l'article L. 152-2 du Code de la santé publique, en invoquant son concubinage. Mais c'est alors davantage la qualité de mineur et l'incapacité corrélative d'exercer ses droits qui empêche le concubinage de produire certains de ses effets et non la qualification même de concubinage.

77. ***Liens entre les concubins***. La définition légale ne donnant aucune précision quant aux liens familiaux entre les concubins, contrairement à ce qu'elle prévoit pour le mariage [2] et le Pacs [3], on peut en déduire que le concubinage peut exister entre personnes ayant entre elles un lien de famille, même proches. Toutefois, on peut considérer qu'un concubinage incestueux porterait atteinte à l'ordre public en ce qu'il est contraire à la moralité et aux bonnes mœurs, et qu'en conséquence il ne pourrait pas produire d'effets. Ainsi, dans le cadre d'une analyse globale du couple, certains auteurs affirment que le lien incestueux qui unirait deux personnes ferait obstacle à la qualification de concubinage [4].

78. ***Existence d'un autre couple***. La loi n'exclut pas non plus l'existence d'un concubinage alors que l'un des membres du couple forme un couple avec un tiers, dans le cadre d'un mariage, d'un Pacs ou d'un autre concubinage. La reconnaissance par le droit du concubinage adultérin pourrait ressortir de la jurisprudence contemporaine admettant que les donations faites par un homme marié à sa concubine ne sont pas contraires aux bonnes mœurs [5]. Le fait de vivre en concubinage n'a pas non plus d'influence sur la validité du mariage ou du Pacs que pourrait avoir conclu l'un des membres du couple. Le concubinage est ainsi la seule forme de couple qui peut se cumuler avec l'existence d'un autre couple. Toutefois l'exclusivité est une condition de la stabilité du couple, laquelle est une condition du concubinage. Ainsi le fait d'entretenir plusieurs relations en même temps reviendrait à disqualifier le concubinage. Il n'en va pas de même lorsqu'une personne vit de manière continue et stable en concubinage mais qu'elle est encore mariée ou pacsée par ailleurs sans plus entretenir de relations affectives avec son époux ou partenaire.

---

1. M. Saulier, *Le droit commun des couples*, thèse, Paris 1, 2014, n° 139.
2. V. ss 130 s.
3. V. ss 130 s.
4. M. Saulier, *op. cit.*
5. Ass. plén. 29 oct. 2004, pourvoi n° 03-11.238, *RTD civ.* 2005. 104, obs. J. Hauser, *LPA* 2005, n° 112, p. 17, obs. S. Pimont.

Chapitre 2

L'exigence d'une vie de couple stable et continue

Le concubinage est une relation constituée d'une vie de couple qui présente certains caractères énumérés par la loi, que sont la stabilité et la continuité, lesquels confèrent à la vie commune une force qui enlève à cette forme de conjugalité tout caractère précaire[1].

Section 1 La vie commune

79. ***Cohabitation démontrée***. La cohabitation qui est commune à tous les couples, revêt une importance d'autant plus grande en matière de concubinage que la formation du couple ne fait l'objet d'aucune formalisation : « *la cohabitation devient donc un instrument de publicité de l'union sexuelle qui affirme sa durabilité et la transforme en fait social*[2] ». Dans le concubinage, la vie commune est un élément constitutif du couple, alors que dans le mariage et le Pacs, elle est un effet du couple. On peut ainsi considérer que « *cette communauté de vie n'est pas présumée entre concubins [...], elle doit être démontrée pour permettre le bénéfice de droits, alors que dans le mariage elle est supposée*[3] ».

La vie commune visée par l'article 515-8 du Code civil implique que les concubins cohabitent et qu'ils entretiennent une relation amoureuse et sexuelle. Le Conseil constitutionnel dans sa décision du 9 novembre 1999[4] a ainsi affirmé que : « *La notion de vie commune ne couvre pas seulement une communauté d'intérêts et ne se limite pas à l'exigence d'une simple cohabitation entre deux personnes* ». En effet, le concubinage doit être distingué de la colocation qui se caractérise par une cohabitation mais sans relations affectives entre les colocataires. Le concubinage est une forme de vie de couple qui, comme le mariage et le Pacs implique des relations charnelles entre ses membres. Le concubinage implique une communauté de vie matérielle et affective sans laquelle il n'existe pas, contrairement au mariage ou au Pacs qui peuvent l'un et l'autre perdurer alors que les époux ou les partenaires sont séparés affectivement et matériellement[5].

---

1. S. Ben Hadj Yahia, *Rép. civ.*, Dalloz, v° *Concubinage*.
2. F. Dekeuwer-Defossez, « Couple et cohabitation », *in* C. Brunetti-Pons, *La notion juridique de couple*, Economica, p. 61.
3. S. Ben Hadj Yahia, article préc., n° 37.
4. *Ibidem*.
5. Dans le même sens Y. Favier, Dalloz Action n° 141.13.

Le Conseil d'État a pu considérer que le fait que deux personnes soient propriétaires indivis d'un même bien ne suffit pas à établir qu'elles vivaient en concubinage [1]. À l'inverse, il a pu être admis que le concubinage pouvait être caractérisé alors que l'un des concubins avait conservé un domicile personnel [2].

Section 2
Le caractère stable et continu de la relation

80. ***Stabilité.*** Les tribunaux avaient [3], bien avant la loi du 15 novembre 1999, jugé que l'union libre n'est susceptible de produire certains effets juridiques que lorsque la situation des concubins est empreinte d'une certaine stabilité imitée du mariage [4]. Ainsi, un concubinage stable donne à la concubine qualité suffisante pour, en connaissance de la volonté du défunt, organiser ses obsèques [5], ou se voir restituer les cendres de son compagnon défunt [6]. La stabilité implique une exclusivité de la relation. L'exclusivité de la relation affective est une caractéristique de tous les couples auxquels la loi reconnaît des effets. Si l'un des membres du couple entretient plusieurs relations en même temps, il ne pourrait s'agir de concubinage. Toutefois, on peut admettre qu'existe un concubinage si l'un des membres du couple est marié par ailleurs, dès lors qu'il vit de manière permanente avec l'autre. Il s'agira alors d'un concubinage adultérin.

81. ***Continuité.*** Dès 1954, le Conseil d'État définissait le concubinage comme une « union ayant au su des tiers, du fait de sa durée, un certain caractère de stabilité laissant présumer sa continuation dans l'avenir et entraînant une communauté de vie et d'intérêts » [7]. C'est la durée de la vie commune qui transforme une relation éphémère en concubinage. Alors que la formation du mariage et du Pacs se réalise instantanément, la formation du concubinage s'inscrit dans le temps, sachant que « le début et la fin de l'union ne s'inscrivent dans le tableau que de façon assez floue et [que] seule la durée pourra institutionnaliser ici le temps conjugal ». Certains textes, toutefois de moins en moins nombreux, exigent une durée particulière. Il en était ainsi avant 2011 de l'article L. 152-2 du Code de la santé publique qui n'ouvrait l'accès à l'assistance médicale à la procréation qu'aux concubins ayant vécu ensemble plus de deux ans. Cette exigence de continuité n'est pas seulement une exigence matérielle, de maintien d'une cohabitation. Elle implique le renouvellement dans le temps de la volonté des concubins de vivre ensemble et implique une certaine intensité de leur lien.

82. ***Concubinage notoire.*** Certains textes font état d'un concubinage « notoire » (par ex., L. du 6 juill. 1989, sur les rapports locatifs, art. 14 et 15 ; C. pén., art. 434-1, sur l'immunité pour non-dénonciation de crime). La notion de concubinage notoire suppose

---

1. CE 12 juin 2002, req. nº 216066, *RTD civ.* 2002. 785, obs. J. Hauser.

2. Douai, 12 déc. 2002, *Dr. fam.* 2003, nºs 86 et 139, note H. Lécuyer.

3. M. Lamarche, « La conjugalité », *in* H. Fulchiron, *Mariage-conjugalité-Parenté– parentalités*, Dalloz, 2009, p. 27.

4. Montpellier, 8 juin 1982, *D.* 1983. 607.

5. Douai, 7 juill. 1998, *JCP* 1998. II. 10173, note X. Labbée ; Versailles, 26 mars 1999, *Dr. fam.* 2001, nº 9, note B. Beignier.

6. Agen, 20 janv. 1999, *JCP* 1999. II. 10159, note T. Garé.

7. CE 8 déc. 1954, *Lebon* 274.

une relation stable, hors mariage, qui est connue des tiers [1]. La condition de notoriété est également parfois exigée dans les contrats d'assurance-décès, ou en matière fiscale [2]. Elle peut également être contenue dans une convention de divorce, qui prévoit par exemple que la prestation compensatoire cessera d'être versée en cas de concubinage notoire d'un des ex-époux. La Cour de cassation a admis que le juge du fond estime souverainement que « *l'existence d'un concubinage notoire, au sens de la convention, s'entendait de la vie en commun avec un tiers impliquant une mise en commun de moyens matériels* [3] ». Toutefois cette condition de notoriété n'est pas contenue dans la définition légale du concubinage. On peut cependant considérer que la notoriété du concubinage fait partie de la notion de stabilité au sens où une relation de couple d'une certaine importance est forcément connue de l'entourage de ses membres. La notoriété peut en outre permettre la preuve du concubinage.

---

1. Paris, 16 janv. 2001, *D*. 2002. Somm. 536, obs. J.-J. Lemouland.

2. Y. Favier, *op. cit.*, n° 141.22.

3. Civ. 1re, 28 févr. 2006, n° 04-13.786, *RTD civ*. 2006. 285, obs. J. Hauser, *D*. 2007. Pan. 1568, obs. J.-J. Lemouland et D. Vigneau.

Chapitre 3

La preuve du concubinage

83. ***Fait juridique***. Par nature, le concubinage reste une union de fait, en ce sens que son existence ne suppose aucun formalisme : ni déclaration, ni cérémonie. En tant que fait juridique, il peut être prouvé par tous moyens, aussi bien par les concubins eux-mêmes[1] que par les tiers[2]. Sur cette question de la preuve, la différence est importante entre les couples institués que sont le mariage et le Pacs pour lesquels la preuve est précisément encadrée au regard de leur nature d'actes juridiques spéciaux, et les couples qui se constituent sans formalisme pour lesquels la preuve est libre[3].

84. ***Modes de preuve***. Par hypothèse aucun écrit n'a été établi lors de la formation du concubinage et la situation du couple ne fait l'objet d'aucune mention sur l'état civil. Celui-ci ne dispose donc d'aucune preuve préconstituée du concubinage, qui doit être recherchée au moment où elle est nécessaire. La personne qui prétend établir l'existence d'un concubinage peut utiliser tous les modes de preuve, sachant que ceux-ci sont soumis à l'appréciation souveraine du juge. Tel n'est pas le cas pour la preuve préconstituée du mariage et du Pacs qui, elle, n'est pas subordonnée à l'intime conviction du juge[4]. Différentes pratiques sont apparues pour faciliter la preuve du concubinage tel que les certificats de concubinage ou de vie commune qui ont pu être établis par certaines mairies, ou les déclarations sur l'honneur. Toutefois aucun de ces documents ne bénéficie d'une portée probatoire obligatoire et la personne à qui cet élément de preuve est opposé peut, ou non, considérer qu'elle établit la réalité du concubinage. En réalité, le plus souvent, c'est la preuve de la résidence commune qui est apportée, notamment par des factures d'électricité ou autres. La difficulté de la preuve du concubinage est directement liée à la liberté qui caractérise ce mode de conjugalité. La connaissance par les tiers de l'existence du concubinage, autrement dit sa notoriété, peut permettre d'établir son existence par le biais du témoignage, sous la forme d'attestation, de ces tiers. Un faisceau d'indices peut également permettre d'établir la réalité d'un concubinage.

85. ***Charge de la preuve***. La preuve du concubinage peut être exigée pour obtenir les effets légaux d'un concubinage existant, elle devra alors être rapportée par les concubins eux-mêmes. Il peut s'agir également d'établir qu'un concubinage a existé entre deux personnes, dont l'une est décédée ou après leur séparation, c'est alors à celui qui revendique

1. Civ. 1re, 10 oct. 1984, *RTD civ.* 1985. 733, obs. J. Mestre. Des « certificats de concubinage » peuvent être délivrés par les mairies.
2. V. Y. Favier, *in Droit de la famille*, Dalloz Action, 2010-2011, nos 141.31 s. ; cf. spéc. Paris, 5 nov. 1981, *D.* 1982. 342, note J. Massip.
3. P. Hilt, « Preuves en droit de la famille : la preuve de l'existence d'un couple », *AJ fam.* 2007. 452.
4. P. Hilt, préc.

un droit (indemnité d'un tiers, remboursement d'une dette par l'ancien concubin, etc.) découlant de ce concubinage passé d'établir la preuve de son existence. Enfin, un tiers peut invoquer l'existence d'un concubinage, généralement pour priver l'un des concubins d'une prestation financière (dans le cadre d'un divorceou d'une prestation sociale). Il doit alors établir la preuve du concubinage sans disposer des ressources dont disposent les concubins eux-mêmes et sans porter atteinte au droit au respect de la vie privée des concubins.

Titre 2

Les conditions de formation du mariage et du pacte civil de solidarité

86. À l'inverse du concubinage qui constitue un fait juridique, le mariage et le Pacs constituent des actes juridiques spécifiques dont les conditions de formation sont déterminées par la loi. L'évolution du droit récent dans le sens d'un rapprochement du mariage et du Pacs se traduit incontestablement par des exigences légales communes relatives aux conditions de fond auxquelles ils sont soumis (Chapitre 1). En revanche, même si le Pacs est soumis à un certain formalisme, les conditions de forme du mariage et du Pacs sont davantage empreintes de particularisme propre à chacun des couples (Chapitre 2), de même que les sanctions des conditions de formation de l'une et l'autre formes d'union (Chapitre 3)

Chapitre 1

Les conditions de fond du mariage et du Pacs

87. Le mariage et le Pacs, quoique à un degré moindre, sont précisément définis et encadrés par loi. Parce que le mariage et le Pacs sont des actes juridiques touchant l'état des personnes, et qu'il entraîne un engagement public, le consentement à la formation du couple fait l'objet d'une attention particulière du droit (Section 1). Le Code civil subordonne en outre le mariage et le Pacs à des conditions relatives aux membres du couple, qui sont pour l'essentiel, les mêmes depuis que la loi de 2013 a ouvert le mariage aux personnes de même sexe (Section 2).

Section 1
Le consentement à la formation du couple

88. Le mariage et le Pacs se forment par une manifestation de volonté des deux membres du couple. Toutefois, l'antériorité du mariage par rapport au Pacs, ainsi que ses effets, qui restent malgré une certaine convergence, plus importants, expliquent que le consentement au mariage fasse l'objet de règles plus détaillées et complètes (§ 1) que le consentement au Pacs (§ 2).

§ 1. Le consentement au mariage

89. La volonté des futurs époux joue un rôle fondamental dans la formation du mariage, car elle est l'expression de la liberté individuelle de chacun. Le mariage n'est un acte de volonté que si les futurs époux peuvent jouir d'une liberté matrimoniale complète (A) et consentir pleinement au mariage, ce qui suppose l'existence (B) et l'intégrité (C) du consentement des futurs époux.

A. La liberté matrimoniale

90. ***Liberté fondamentale.*** Le mariage est un acte fondamental pour un individu. La liberté matrimoniale est le prolongement indispensable de la liberté individuelle affirmée par la Déclaration des droits de l'Homme et du citoyen de 1789. Elle est reconnue dans des textes internationaux comme la Déclaration universelle des droits de l'Homme et la Convention européenne des droits de l'Homme qui, dans son article 12, dispose qu'« *À partir de l'âge nubile, l'homme et la femme ont le droit de se marier et de fonder* *une famille selon les lois nationales régissant l'exercice de ce droit* »[1]. La Charte des droits fondamentaux de l'Union européenne prévoit également dans son article 9 que « *Le droit de se marier et le droit de fonder une famille sont garantis selon les lois nationales qui en régissent l'exercice* »[2].

91. ***Valeur constitutionnelle***. Le Conseil constitutionnel a reconnu une valeur constitutionnelle à la liberté matrimoniale[3] et la Cour de cassation a, plusieurs fois, affirmé la nécessité de respecter cette liberté publique fondamentale[4]. La liberté matrimoniale s'entend de la liberté de se marier et de la liberté de refuser le mariage.

92. ***Conditions au mariage***. Le Conseil constitutionnel a précisé que les règles relatives au mariage relevant de l'état des personnes, l'article 34 de la Constitution confère au législateur la compétence pour fixer les qualités et conditions requises pour pouvoir contracter mariage sans porter atteinte à la liberté matrimoniale. De même qu'il avait affirmé, dans sa décision du 28 janvier 2011[5], qu'il appartenait au seul législateur de définir le mariage comme l'union d'un homme et d'une femme, il considère dans sa décision du 17 mai 2013 que le législateur est libre d'estimer que « *la différence entre les couples formés d'un homme et d'une femme et les couples de personnes de même sexe, ne justifiait plus que ces derniers ne puissent accéder au statut et à la protection juridique attachés au mariage* ».

1) La protection de la liberté de se marier

a) La protection du droit de se marier par la Cour européenne des droits de l'Homme

93. ***Existence d'un contrôle***. La Cour européenne fonde son contrôle des limitations au droit de se marier émanant des législations nationales sur l'affirmation que les limitations à l'article 12 résultant des lois nationales « *ne doivent pas le restreindre ou réduire le droit de se marier d'une manière ou à un degré qui l'atteindraient dans sa substance même* et que la marge d'appréciation de l'État ne saurait « *aller jusqu'à interdire en pratique l'exercice du droit de se marier* »[6]. La législation nationale ne saurait ainsi priver une catégorie de personnes du droit de se marier avec la personne de leur choix. La Cour européenne a ainsi condamné une législation interdisant aux détenus de se marier dans l'arrêt *Frasik c/ Pologne* du 5 janvier 2010[7] et l'impossibilité des personnes transsexuelles d'accéder au mariage dans l'arrêt *Goodwin c/ Royaume Uni* du 11 juillet 2002[8].

---

1. F. Sudre (dir.), *Les grands arrêts de la Cour européenne des droits de l'Homme*, 7e éd., PUF, 2015, (*GACEDH*) n° 50.
2. P. Murat, « Article 9 », *in Traité établissant une Constitution pour l'Europe. Commentaire article par article*, L. Burgorgue-Larsen, A. Levade et F. Picod (dir.), Bruylant, 2005, p. 332.
3. Décis. du 13 août 1993 (*JO* 18 août 1993) ; *JCP* 1993. III. 66372, proclamant que « la liberté du mariage… est l'une des composantes de la liberté individuelle » ; P. Murat, « La Constitution et le mariage, regard d'un privatiste », *Nouv. Cah. Cons. const.* 2013, n° 39, p. 19.
4. Notamment dans la célèbre affaire *Cours Sainte-Marthe* : Ass. plén. 19 mai 1978, *D.* 1978. 541, concl. Schmelck, note Ph. Ardant ; *JCP* 1978. II. 19009, note R. Lindon ; *RTD civ.* 1979. 370, obs. R. Nerson ; v. également, à propos d'une clause limitative de la liberté du mariage dans le règlement intérieur d'une société, Soc. 10 juin 1982, *JCP* 1984. II. 20230, note S. Hennion-Moreau.
5. Cons. const., Décis. n° 2010-92 QPC du 28 janv. 2011, *RTD civ.* 2011. 326, obs. J. Hauser ; *Dr. fam.* 2011, comm. n° 32, R. ouedraogo ; *AJ fam.* 2011. 157, obs. F. Chénedé.
6. *Goodwin et I c/ Royaume Uni* du 11 juillet 2002, *GACEDH*, comm. n° 49.
7. *JCP* 2010, act. 131, obs. B. Belda.
8. Préc.

94. ***Contenu du contrôle.*** Certaines limitations au mariage sont admises par la Cour européenne des droits de l'Homme. Une limitation au mariage relative à l'âge des époux est d'ailleurs contenue dans le texte même de l'article 12 qui exige que ceux-ci aient atteint l'âge nubile, ce qui a permis à la Commission d'affirmer que ne constitue pas une atteinte excessive au droit au mariage l'obligation de respecter l'âge nubile légal même si la religion de l'intéressée autorise le mariage à un âge inférieur [1]. La Cour européenne refuse de condamner dans l'arrêt *Z.H. et R.H. c/ Suisse* du 8 décembre 2015 [2], le défaut de reconnaissance par la Suisse – dans le contexte d'une demande d'asile – d'un mariage religieux, conclu en Iran, d'une mineur de 14 ans avec un jeune homme de 18 ans. La Cour met en avant l'objectif de lutte contre les mariages trop précoces et les nécessités de protection de l'enfance.

La Cour européenne admet en outre que les États soumettent le mariage à certaines exigences de forme et dans l'arrêt *Serife Yigit c/ Turquie* du 2 novembre 2010 la Cour affirme que l'article 8 ne saurait s'interpréter comme imposant à l'État l'obligation de reconnaître le mariage religieux. Les dispositifs de lutte contre les mariages fictifs figurent également parmi les limitations au droit au mariage admises par la cour. Les législations nationales ayant pour but d'éviter les mariages de complaisance ne sont pas en elles-mêmes contraires à l'article 12 mais la Cour européenne vérifie cependant que les modalités nationales de lutte contre les mariages de complaisance n'aboutissent pas à priver les individus relevant du contrôle de l'immigration de leur droit au mariage [3]. Dans le même sens, le Conseil constitutionnel a condamné les dispositions permettant d'ériger le seul caractère irrégulier du séjour de l'étranger en indice sérieux de l'absence de consentement et celle prévoyant le signalement à l'autorité préfectorale de la situation irrégulière d'un étranger accomplissant les formalités du mariage [4]. L'empêchement à mariage existant entre un beau-père et sa belle-fille a, en revanche, de manière surprenante, compte tenu du consensus existant sur ce point en Europe, été condamné par la Cour européenne dans l'arrêt *B. L. c/ Royaume-Uni* du 13 septembre 2005 [5].

b) La protection de la liberté de se marier en droit interne

95. ***Clauses de célibat dans les actes à titre gratuit.*** Ces clauses peuvent parfois être insérées dans des donations ou dans des legs. Elles stipulent que le donataire ou le légataire ne pourra bénéficier de la libéralité s'il se marie ou se remarie. Il s'agit alors, sans conteste, d'une pression exercée sur le libre arbitre du bénéficiaire qui doit choisir entre le mariage et les avantages qu'il retire de la libéralité. Cependant, la jurisprudence française fait preuve d'une certaine bienveillance à l'égard de ces clauses, en recherchant le mobile qui les a inspirées. La clause de célibat est présumée valable si elle trouve sa source dans l'intérêt du bénéficiaire ou dans l'affection du disposant. Le juge ne l'annule que s'il est démontré qu'elle a été inspirée par un mobile illégitime. Par exemple, si l'auteur de la libéralité a été animé d'un sentiment de malveillance ou de jalousie posthume qui l'a conduit à imposer à son conjoint survivant de ne pas se remarier. En revanche, si le

---

1. Décis. du 7 juill. 1986, *Janis Khan c/ Royaume-Uni*.
2. Req. nº 60119/12, *Dr. fam.* nº 2, alerte 10, obs. M. Lamarche.
3. *O'Donoghue et al. c/ Royaume-Uni*, du 14 déc. 2010, *JCP* 2010. act. 1321, obs. C. Picheral.
4. Décis. nº 2003-484 du 20 nov. 2003, loi relative à la maîtrise de l'immigration, au séjour des étrangers en France et à la nationalité, *D.* 2003. 1405, obs. O. Lecuq.
5. *Dr. fam.* 2005, comm. n° 234, obs. A. Gouttenoire et M. Lamarche.

mobile n'est pas illégitime, la clause n'est pas annulée [1]. Les mêmes solutions sont applicables aux clauses de célibat, moins fréquentes en pratique. Elles ne sont annulées que si le mobile de l'auteur de la libéralité est répréhensible. Ces clauses bénéficient, en somme, d'une présomption de validité [2]. Cette jurisprudence est toutefois ancienne (l'arrêt rendu le plus récemment par la Cour de cassation date de 1965...) et elle paraît contraire à l'affirmation, par le Conseil constitutionnel, que la liberté du mariage est une composante de la liberté individuelle que la loi doit respecter [3].

96. ***Clauses de célibat dans les contrats à titre onéreux*****.** Le problème a été posé du fait de l'insertion de clauses de célibat dans des contrats de travail. La perte subie par la personne à laquelle on impose une telle clause, si elle passe outre, est encore plus lourde que dans le cas précédent, puisqu'il s'agit ici de la privation d'une situation professionnelle et de ressources essentielles. La jurisprudence s'est prononcée à propos d'une clause contenue dans le règlement du personnel navigant de la Compagnie Air France. Ce règlement précisait que les candidates aux fonctions d'hôtesses de l'air devaient être célibataires, veuves ou divorcées, sauf dérogations laissées à l'appréciation discrétionnaire de la Compagnie. La survenance du mariage, en cours d'emploi, entraînait automatiquement la rupture du contrat de travail. La cour d'appel de Paris, dans une décision du 30 avril 1963, a affirmé la nullité d'une telle clause [4]. Dans une décision du 7 février 1968 [5], la chambre sociale de la Cour de cassation a adopté la même solution au sujet d'une clause de célibat imposée à des assistantes sociales en milieu rural : elle approuve les juges du fond d'avoir considéré que cette clause était contraire à l'ordre public et que le licenciement de l'assistante sociale fondé sur son mariage était abusif. Cependant, dans les deux décisions, il est fait allusion à des raisons impérieuses qui pourraient justifier, dans certaines hypothèses, l'application d'une telle clause [6].

La jurisprudence reconnaît cependant que la clause de célibat peut être valable dans des circonstances exceptionnelles. Cette validité a été reconnue dans la célèbre affaire du *Cours Sainte-Marthe*, qui s'est terminée par un arrêt de rejet de l'Assemblée plénière de la Cour de cassation [7]. La Haute juridiction affirme, tout d'abord, le principe selon lequel l'employeur abuse de son droit s'il porte atteinte à la liberté du mariage d'un de ses salariés. Cependant, ce principe n'est pas absolu et il peut être écarté dans des cas

---

1. Il en est ainsi lorsqu'elle a été dictée par le souci d'assurer l'avenir des enfants issus du mariage, de protéger le conjoint contre sa faiblesse, d'empêcher le survivant d'épouser le complice de l'adultère... ; pour des exemples tirés de la jurisprudence, A. Huet, « Les atteintes à la liberté nuptiale dans les actes juridiques », *RTD civ.* 1967. 45 ; A. Bénabent, « La liberté individuelle et le mariage », *RTD civ.* 1973. 440, n°s 18 s.

2. V. en ce sens, A. Huet, article préc. proposant l'instauration d'une présomption de nullité de ces clauses, présomption qui ne céderait que devant la preuve d'un mobile respectable.

3. Cons. const. 13 août 1993, préc.

4. *D.* 1963. 428, note A. Rouast ; *S.* 1963. 179 ; *RTD civ.* 1963. 570, obs. G. Cornu et *ibid.* 697, obs. H. Desbois : « Le droit au mariage est un droit individuel d'ordre public qui ne peut se limiter ni s'aliéner [...] la liberté du mariage doit en principe être sauvegardée et [...] à moins de raisons impérieuses évidentes, une clause de célibat doit être déclarée nulle comme attentatoire à un droit fondamental de la personnalité » ; v. également, sur cette question, R. Voirin, « Marion pleure, Marion crie, Marion veut qu'on la marie », *D.* 1963. Chron. 247.

5. *D.* 1968. 428 ; dans le même sens, v. Soc. 21 nov. 1990, *Bull. civ.* V, n° 597.

6. Dans l'arrêt du 7 février 1968, la chambre sociale évoque « les nécessités impérieuses tirées de la nature des fonctions ou de leurs conditions d'exercice ».

7. Ass. plén. 19 mai 1978, *D.* 1978. 546, concl. Schmelck, note Ph. Ardant ; *JCP* 1978. II. 19009, rapport Sauvageot, note R. Lindon ; *RTD civ.* 1979. 370, obs. R. Nerson et J. Rubellin-Devichi.

très exceptionnels où les nécessités des fonctions l'exigent impérieusement. Les deux expressions « très exceptionnelles » et « impérieusement » suggèrent que les hypothèses dans lesquelles l'employeur pourrait porter atteinte à la liberté du mariage sont très rares. Cependant, dans ce cas précis, l'Assemblée plénière estime que les juges du fond ont relevé l'existence de circonstances très exceptionnelles justifiant l'atteinte à la liberté du mariage en énonçant que les convictions religieuses de l'institutrice avaient été prises en considération lors de la conclusion du contrat de travail ; il s'agissait donc d'une qualité essentielle que l'employeur avait eue en vue. Le contrat de travail est, en effet, un contrat *intuitu personae*. Si cette qualité essentielle venait à disparaître, l'employeur pouvait en tirer les conséquences et se séparer de son employée.

97. ***Étrangers***. La protection de la liberté matrimoniale pourrait trouver un nouveau champ d'application au bénéfice des étrangers revendiquant le droit de se marier en France en vertu de l'article 202-1 du Code civil issu de la loi du 17 mai 2013 selon lequel « *Deux personnes de même sexe peuvent contracter mariage lorsque, pour au moins l'une d'elles, soit sa loi personnelle, soit la loi de l'État sur le territoire duquel elle a son domicile ou sa résidence le permet* ». Le Conseil d'État a en effet considéré que le refus de visa sollicité par un citoyen sénégalais (qui vivait avec un ressortissant français au Maroc) pour venir se marier en France faute de pouvoir obtenir une célébration par les autorités diplomatiques et consulaires françaises au Maroc portait atteinte à la liberté de se marier [1].

2) La protection de la liberté de ne pas se marier

La liberté de ne pas se marier implique que l'un des futurs époux puisse changer d'avis jusqu'à la célébration et qu'il ne soit pas soumis à aucune pression que pourraient constituer les fiançailles ou le recours au courtage matrimonial. En outre, la question peut prendre la forme d'atteintes à la liberté de choisir son conjoint dans le cadre des relations de travail.

a) Les fiançailles

98. ***Qualification***. Définies comme « la promesse réciproque de se prendre plus tard pour époux » [2], les fiançailles constituent seulement un fait juridique. La preuve des fiançailles ou de la promesse de mariage peut donc être faite par tous moyens. En cas de décès d'un fiancé, et malgré l'absence de tout lien juridique, l'autre fiancé peut obtenir réparation du préjudice matériel [3] et (ou) moral subi du fait de la disparition de l'être cher. Le fiancé pourra donc agir contre le tiers ayant causé le décès [4].

99. ***Rupture***. En elle-même, la rupture des fiançailles ne saurait constituer une faute car ce serait alors une entrave à l'exercice de la liberté de refuser le mariage. Le refus de procéder à la célébration du mariage n'engage pas, de plein droit, la responsabilité du

1. CE, ord. réf., 9 juill. 2014, n° 382145, M. A.
2. J. Flour, J.-L. Aubert et É. Savaux, *Les obligations*, vol. 1, *L'acte juridique*, coll. « Université », Sirey, n°s 190 s., p. 648.
3. Dépenses engagées en vue du mariage, perte d'une chance de bénéficier d'avantages matériels liés au mariage (devoir de secours, par ex.).
4. Crim. 5 janv. 1956, *D.* 1956. 216 ; *JCP* 1956. II. 9146.

fiancé récalcitrant et n'entraîne pas automatiquement sa condamnation à des dommages et intérêts comme la Cour de cassation l'a affirmé dans deux arrêts des 30 mai et 11 juin 1838 et rappelé dans un arrêt du 4 janvier 1995 [1]. Cependant, le droit de rompre ne doit pas être exercé abusivement. selon une jurisprudence constante depuis un arrêt du 30 mai 1838 [2]. La faute peut résulter des circonstances de la rupture et résider dans la manière de rompre : rupture par caprice ou légèreté [3], rupture brutale ou tardive [4]. La faute pourrait également être caractérisée par le manque de franchise ou l'attitude déloyale de l'auteur de la rupture [5]. Si le demandeur fait état d'une rupture tardive, le défendeur pourra invoquer un motif légitime justifiant celle-ci [6]. L'existence d'une faute est appréciée souverainement par les juges du fond, mais elle doit être suffisamment caractérisée, sous peine de censure par la Cour de cassation [7]. Le demandeur doit faire état d'un préjudice matériel et (ou) moral, apprécié souverainement par les juges du fond. Le préjudice matériel peut consister dans les frais engagés en vue de la cérémonie, les frais d'installation d'un nouveau logement ou l'abandon d'un emploi par le fiancé délaissé. Quant au préjudice moral, il est lié au chagrin éprouvé du fait de la rupture, ou bien résulte de l'atteinte portée à la réputation ou à l'honneur vis-à-vis de l'entourage. Le préjudice moral sera plus important s'il ne s'agit pas d'une simple promesse restée secrète mais que les fiançailles ont fait l'objet d'une publicité ou que la fiancée a été abandonnée avec un enfant né ou à naître [8]. Si les conditions sont remplies, le demandeur pourra obtenir le versement de dommages et intérêts. En outre, la rupture pourra donner lieu à des restitutions entre ex-fiancés. La rupture des fiançailles peut en effet être l'occasion de remettre en cause les cadeaux que s'étaient consentis les futurs époux. La jurisprudence applique aux cadeaux importants l'article 1088 du Code civil qui affirme la caducité d'une donation faite en faveur du mariage si celui-ci n'est pas célébré. Ils doivent donc être restitués car ils sont subordonnés à la conclusion du mariage et affectés d'une condition résolutoire tacite [9]. Quant aux présents d'usage, d'une valeur peu importante, ils sont définitivement acquis [10].

100. ***Bague de fiançailles***. En ce qui concerne le cas particulier de la bague de fiançailles, on peut hésiter quant à la qualification : donation ou présent d'usage ? S'il s'agit

---

1. Civ. 1re, 4 janv. 1995, *D*. 1995. 251, note A. Bénabent, *RTD civ*. 1995. 604, obs. J. Hauser ; pour une critique de la qualification retenue par la jurisprudence.

2. *S*. 1838. 1. 492.

3. Colmar, 12 juin 1970, *D*. 1971. 407, note G. Wiederkehr et, sur pourvoi, Civ. 2e, 18 janv. 1973, *JCP* 1974. II. 17794, pour une rupture signifiée par une simple lettre dépourvue de toute formule de courtoisie et qui tranche par rapport au ton des lettres précédentes.

4. Paris, 8 nov. 1957, *D*. 1958. 45, note E. Blanc, *RTD civ*. 1958. 232, obs. H. Desbois, pour une rupture une heure avant la célébration ; Civ. 2e, 2 juill. 1970, *D*. 1970. 743, pour une rupture cinq jours avant la célébration ; Rouen, 15 juin 2005, *Juris-Data* no 2005-278689 : la future mariée et les invités ont vainement attendu à la mairie le futur mari qui s'est dérobé au dernier moment et n'a donné aucune explication à la soudaineté de son refus de dernière heure.

5. V. par ex., Civ. 2e, 22 oct. 1970, *Bull. civ*. II, no 285 ; Civ. 1re, 20 juill. 1971, *Bull. civ*. I, no 247 ; Paris, 3 déc. 1976, *D*. 1978. 339 ; Civ. 1re, 3 nov. 1976, *Bull. civ*. I, no 322 : rupture brutale après avoir entretenu l'espoir d'un mariage et abandon de la fiancée quelques jours avant la naissance de l'enfant ; Civ. 1re, 29 avr. 1981, *Bull. civ*. I, no 144 (grossesse de la fiancée).

6. Peuvent être ainsi retenus comme motifs légitimes de rupture : la découverte d'un fait de nature à entacher la réputation, d'une condamnation pénale, de l'existence d'une liaison ou de la future naissance d'un enfant dont le fiancé ne serait pas le père.

7. Civ. 1re, 4 janv. 1995, préc.

8. Civ. 1re, 3 nov. 1976, *Bull. civ*. I, no 322 ; 29 avr. 1981, *Bull. civ*. I, no 144.

9. Paris, 3 déc. 1976, préc.

10. Paris, 3 déc. 1976, préc.

d'une donation, elle devrait être restituée en vertu de l'article 1088 [1], sauf dans l'hypothèse d'une faute du donateur [2] ou de son décès [3]. Cependant, la jurisprudence a tendance à considérer la bague comme un présent d'usage qui peut être conservé, sauf si le montant du bijou s'avère disproportionné par rapport aux possibilités financières du donateur [4] ou s'il s'agit d'un bijou de famille [5]. Dans cette dernière hypothèse, la bague doit être restituée car on considère qu'elle est seulement portée par la fiancée en vertu d'un prêt à usage [6].

b) Le courtage matrimonial

101. Dans le contrat de courtage matrimonial, un professionnel s'engage, moyennant une contrepartie financière, à provoquer la rencontre de deux personnes en vue du mariage. Alors qu'au XIXe siècle, la jurisprudence jugeait le courtage matrimonial contraire à l'ordre public par son objet [7], elle admet aujourd'hui, la validité de ce contrat [8]. Celui-ci est, d'ailleurs, réglementé par une loi du 23 juin 1989 qui applique à toute « *offre de rencontres en vue de la réalisation d'un mariage ou d'une union stable, proposée par un professionnel* » (art. 6, § I) les mécanismes protecteurs du droit de la consommation. La loi régit également les modalités de diffusion des annonces [9]. Sont prévus une durée légalement limitée à un an, une faculté mutuelle de résiliation unilatérale pour motif légitime, des conditions de forme à respecter (exigence d'un écrit en double exemplaire), des mentions obligatoires sur l'exemplaire remis au client ainsi que son droit de repentir dans le délai de sept jours à compter de la signature du contrat [10]. Pendant ce délai, aucun paiement ne peut avoir lieu [11], même pour des prestations parallèles (analyses graphologiques) [12]. Toute inexactitude concernant la date entraîne la nullité du contrat [13]. Toutefois, la Cour de cassation a considéré que le fait que le client n'était pas encore divorcé lors de la signature du contrat de courtage matrimonial n'entraîne pas la nullité de celui-ci [14].

---

1. Douai, 17 sept. 1985, *D.* 1986. 301, note J.-P. Langlade.

2. Paris, 3 déc. 1976, préc.

3. J. Carbonnier, *La famille*, p. 402 ; J. Hauser et D. Huet-Weiller, *op. cit.*, n° 73.

4. Paris, 25 juin 1985, *RTD civ.* 1989. 280, obs. J. Rubellin-Devichi, pour la restitution d'une bague représentant six mois de salaire du donateur ; dans le même sens, Versailles, 22 nov. 2002, *BICC* 1er août 2003, n° 1013.

5. Civ. 1re, 19 déc. 1979, *D.* 1981. 449, note C. I. Foulon-Piganiol.

6. Civ. 1re, 23 mars 1983, *D.* 1984. 81, note A. Breton, *RTD civ.* 1989. 280, obs. J. Rubellin-Devichi ; 30 oct. 2007, *D.* 2008. Pan. 1787, obs. J.-J. Lemouland et D. Vigneau.

7. Civ. 1er mai 1855, *S.* 55. 1. 337, rapp. Laborie.

8. Req. 27 déc. 1944, *S.* 1945. 1. 32 ; *DC* 1945. 121.

9. G. Heidsieck, « Le marché de la solitude et le droit », *JCP* 1990. I. 3432. Le décret d'application est le décret n° 90-422 du 16 mai 1990 (*D.* 1990. 245).

10. La résolution du contrat est prononcée aux torts du professionnel qui s'est abstenu de vérifier l'âge de ses adhérents, pour violation de ses obligations de conseil et d'information : Civ. 1re, 13 avr. 1999, *D.* 1999. Somm. 371, obs. J.-J. Lemouland ; *adde* : Civ. 1re, 19 juin 2007, *D.* 2008. Pan. 1788, obs. J.-J. Lemouland et D. Vigneau.

11. La signature d'une offre préalable de crédit est une forme de paiement : Civ. 1re, 12 juill. 2007, *D.* 2008. Pan. 1788, obs. J.-J. Lemouland et D. Vigneau.

12. Crim. 20 mars 2001, *RTD civ.* 2001. 564, obs. J. Hauser ; *Dr. fam.* 2001, n° 104, obs. H. Lécuyer.

13. Civ. 1re, 13 janv. 1998, *Dr. fam.* 1998, n° 48, obs. H. Lécuyer. En revanche, la Cour de cassation dans un arrêt du 4 novembre 2011 (n° 10-20.114) a estimé que « *le contrat proposé par un professionnel, relatif à l'offre de rencontres en vue de la réalisation d'un mariage ou d'une union stable, qui ne se confond pas avec une telle réalisation, n'est pas nul, comme ayant une cause contraire à l'ordre public et aux bonnes mœurs, du fait qu'il est conclu par une personne mariée* ».

14. Civ. 1re, 4 nov. 2012, pourvoi n° 10-20114, *D.* 2012. 971, obs. J.-J. Lemouland.

Dans une décision du 9 juillet 2015 [1], la Cour de cassation a étendu les obligations du courtier en estimant que si rien n'interdit de proposer des candidatures d'adhérentes qui se trouvaient dans des agences multiples, il convenait toutefois, au-delà des indications que la loi impose (comme « *le sexe, l'âge, la situation familiale, le secteur d'activité professionnelle* »), vérifier « si les personnes présentes, sous un même nom, sur d'autres sites de rencontre, n'y figuraient pas avec des âge et profession différents ».

c) Mariage et relations de travail

102. La Cour de cassation sanctionne les pressions qui seraient faites sur une personne, dans le cadre des relations de travail, aux fins d'entraver sa liberté de choix du conjoint. Un employeur ne peut interdire à un(e) salarié(e) d'épouser l'employé(e) d'une entreprise concurrente [2]. *A fortiori*, un employeur ne saurait insérer dans le règlement intérieur de son entreprise une clause interdisant à ses employés de se marier entre eux [3].

B. L'existence du consentement au mariage

103. ***Condition de formation***. L'article 146 du Code civil dispose : « *Il n'y a pas de mariage lorsqu'il n'y a point de consentement* ». L'existence d'un consentement des deux futurs époux est donc une condition de formation du mariage. Même les incapables ont à consentir personnellement à leur mariage. Les futurs époux doivent exprimer un consentement conscient et manifester une réelle intention conjugale.

1) L'expression du consentement au mariage

104. ***Liberté d'expression***. Il arrive que certains individus souffrent d'une altération de leurs facultés corporelles qui les empêchent d'exprimer leur consentement dans les formes habituelles. Si l'altération empêche l'expression de la volonté d'une personne, son mariage n'est pas possible. Célébré, il ne serait pas valable. En dehors de ces cas, le principe est la liberté d'expression du consentement : il suffit que la personne fasse connaître sa volonté de façon indubitable [4]. C'est à l'officier de l'état civil et, le cas échéant, au juge, qu'il appartient d'apprécier la valeur des signes d'expression [5]. Même un mourant peut contracter un mariage *in extremis* à condition qu'il puisse exprimer sa volonté et que cette expression traduise un choix conscient [6].

---

1. Civ. 1re, 9 juill. 2015, n° 14-23.109, *JCP* 2016. 992 obs. M. Lamarche.
2. Soc. 29 nov. 1990, n° 87-40184.
3. Soc. 10 juin 1982, *JCP* 1984. II. 20230, note S. Henion-Moreau. Il est intéressant de noter que, dans cette décision, la Chambre sociale reprend les termes de l'attendu de principe de l'arrêt rendu par l'Assemblée plénière dans l'affaire *Sainte-Marthe :* « Il ne peut être porté atteinte à la liberté du mariage par un employeur hormis les cas très exceptionnels où les nécessités des fonctions l'exigent impérieusement ». Mais en l'espèce, la chambre sociale fait respecter scrupuleusement la liberté nuptiale.
4. Ainsi un sourd-muet peut-il exprimer son consentement au mariage par écrit ou par signes.
5. Civ. 1re, 22 janv. 1968, *D*. 1968. 309 ; *JCP* 1968. II. 15442, note R.L.
6. Civ. 1re, 31 janv. 2006, *D*. 2006. Pan. 1416, obs. J.-J. Lemouland et D. Vigneau ; *RTD civ*. 2006. 283, obs. J. Hauser : le râle émis par le mari au moment où l'officier de l'état civil lui pose la question du consentement au mariage peut être interprété comme une volonté d'épouser sa femme, volonté consacrant une vie commune antérieure très unie.

105. ***Étranger***. L'article 202-1 du Code civil issu de la loi du 4 août 2014 énonce que « *quelle que soit la loi personnelle applicable, le mariage requiert le consentement des deux époux, au sens de l'article 146 et du premier alinéa de l'article 180* ». Ces dispositions permettent au juge d'écarter la loi personnelle lorsque le consentement au mariage qui y est requis ne correspond pas à la notion de consentement au sens des articles 146 et 180, alinéa 1er, du Code civil lorsque le droit étranger ignore la notion d'intention matrimoniale, et le cas échéant, la victime d'un mariage forcé pourra plus facilement en obtenir l'annulation [1].

106. ***Trouble mental***. L'existence d'un trouble mental au moment de la célébration rend le consentement inexistant et entraîne la nullité absolue du mariage. Il en est ainsi lorsque le futur époux n'est pas en mesure de comprendre le sens et la portée de l'engagement qu'il est en train de souscrire [2]. En revanche, un majeur souffrant d'une altération des facultés mentales peut se marier si son consentement a été recueilli au cours d'un intervalle lucide [3]. Néanmoins, s'il est placé sous un régime de protection, il doit avoir obtenu les autorisations nécessaires [4], lesquels visent à vérifier qu'il est apte à exprimer son consentement, et protègent ainsi sa liberté matrimoniale comme l'a affirmé le Conseil constitutionnel dans sa décision du 29 juin 2012 [5]. Toutefois même dans ces hypothèses, l'autorisation du juge des tutelles (ou du conseil de famille) ne saurait suffire, le consentement de l'intéressé devant être en premier lieu recueilli [6]. La lucidité est présumée et c'est à celui qui conteste la validité du mariage de faire la preuve de l'absence du consentement au moment de la célébration [7]. Les juges du fond apprécient souverainement si le demandeur a rapporté une telle preuve [8]. Le mariage peut ainsi être annulé s'il est démontré qu'au moment de la cérémonie, l'un des futurs époux était en état d'ivresse [9] ou sous l'influence de stupéfiants ou sous hypnose et ne pouvait donc comprendre la portée de son acte [10].

2) L'exigence d'une intention conjugale

107. ***Vie conjugale***. Le consentement au mariage ne doit pas être réduit à un « oui » prononcé par les futurs époux devant l'officier de l'état civil. Il doit être aussi l'affirmation

---

1. V. Dervieux, La loi du 4 août 2014 et le droit de la famille, *AJ fam*. 2014. 486.
2. Civ. 1re, 4 mai 2011, pourvoi n° 09-68983, *D*. 2012. 971, obs. obs. J.-J. Lemouland et D. Vigneau, *AJ fam*. 2011. 330, obs. Siffrein-Blanc ; *RTD civ*. 2011. 515, obs. J. Hauser.
3. Ch. réunies 21 juin 1892, *D*. 92. 1. 369 ; la solution a été réaffirmée un siècle plus tard : Civ. 1re, 2 déc. 1992, *Bull. civ*. I, n° 299 ; *D*. 1993. 409, note F. Boulanger ; 24 mars 1998, *D*. 1999. 19, note J.-J. Lemouland ; Nîmes, 10 janv. 2006 : *Juris-Data*, n° 2006-294966.
4. L'absence d'autorisation au mariage d'un majeur sous curatelle du curateur ou du juge des tutelles équivaut à une absence de consentement au sens de l'article 146 du Code civil : Lyon, juin 2009, *Dr. fam*. 2009, comm. n° 161, obs. I. Maria ; sur ces autorisations, v. ss 136 s.
5. Décis. n° 2012-260 QPC du 29 juin 2012.
6. Civ. 1re, 2 déc. 2015.
7. Civ. 1re, 2 déc. 1992, préc.
8. Civ. 1re, 29 janv. 1975, *Bull. civ*. I, n° 42 ; v. Aix-en-Provence, 23 avr. 1996, *Dr. fam*. déc. 1996, p. 9, note H. Lécuyer : les juges estiment que l'état mental du futur époux, prouvé par une expertise psychiatrique antérieure de deux mois à la célébration, fait présumer l'absence de lucidité au cours de celle-ci. Néanmoins, cette présomption aurait pu être renversée par la preuve contraire.
9. Besançon, 12 juin 1931, *Gaz. Pal*. 1931. 2. 553.
10. Les juges du fond apprécient souverainement si la preuve de l'absence de consentement lors du mariage est ou non rapportée : Civ. 1re, 30 nov. 1965, *Bull. civ*. I, n° 665.

de leur intention de vivre une vraie vie conjugale et d'assumer toutes les conséquences, personnelles et patrimoniales, de l'engagement qu'ils vont prendre.

108. ***Mariage fictif.*** Certaines personnes recherchent, par le biais de la célébration d'un mariage, à obtenir un avantage précis sans qu'il y ait, de leur part, de véritable volonté de se marier. Il s'agit alors d'un mariage simulé ou fictif. Selon la Cour de cassation[1], lorsque les époux n'ont eu en vue que des avantages étrangers à l'union matrimoniale, leur mariage est nul sur le fondement de l'article 146 du Code civil, faute de véritable consentement. En revanche, le mariage est valide lorsqu'au moins un effet a été recherché ; il en était ainsi du mariage visant à légitimer un enfant[2]. Le mariage est fictif si les époux ont recherché un effet secondaire, étranger au but de l'institution, et ont eu la volonté délibérée de se soustraire aux conséquences légales du mariage. Dans un certain nombre de décisions, la Cour de cassation semblait se retrancher derrière le pouvoir d'appréciation des juges du fond[3], mais elle semble avoir opéré un sérieux infléchissement de sa jurisprudence traditionnelle dans un arrêt du 28 octobre 2003[4] dans laquelle elle affirme, que « *le mariage est nul lorsque les époux ne se sont prêtés à la cérémonie en vue d'atteindre un but étranger à l'union matrimoniale* ». On peut induire de cet arrêt que toute union qui ne poursuit pas une fin consubstantielle à l'essence du mariage (fidélité, secours, assistance et vie commune) est nulle, même si le but recherché correspond à l'un des effets majeurs de l'institution (communauté des biens, finalité successorale). Dans un arrêt du 19 décembre 2012[5], la Cour de cassation, sans reprendre la formule de l'arrêt de 2003, a approuvé une cour d'appel d'avoir annulé le mariage alors que l'épouse, condamnée pour coups et blessures ayant entraîné la mort de son mari, s'était mariée dans le but exclusif d'appréhender le patrimoine de ce dernier, sans aucune intention de se soumettre aux obligations découlant de l'union. La décision précise que le contrôle de l'intention des époux ne porte pas atteinte à la liberté matrimoniale.

109. ***Nullité du mariage.*** Le mariage fictif est en principe frappé de nullité absolue lorsqu'est établie l'absence d'intention conjugale[6]. Mais le refus de faire produire au mariage, qui reste valable, l'effet secondaire frauduleusement recherché a été parfois ordonné[7].

110. ***Lutte contre les « Mariage blanc ».*** Le législateur français a entrepris de lutter contre les mariages fictifs ou « de complaisance » célébrés en vue de l'obtention de la nationalité française, ou d'un titre de séjour, en fraude à la loi.

---

1. Civ. 1re, 20 nov. 1963, *Appietto*, *D.* 1964. 465, note G. Raymond, *JCP* 1964. II. 13498, note J. Mazeaud, *RTD civ.* 1964. 286, obs. H. Desbois.
2. Comme dans l'affaire *Appietto :* le mari n'avait consenti à cette union que dans le but de conférer la légitimité à l'enfant dont il était le père.
3. P. Murat (dir.), *Droit de la famille*, Dalloz Action, 2016-2017, n° 111.37.
4. Civ. 1re, 28 oct. 2003, *Bull. civ.* I, n° 215 ; *D.* 2004. 21, note J.-P. Gridel ; *Defrénois* 2004. 143, obs. J. Massip ; *Dr. fam.* 2004, n° 15, note V. Larribau-Terneyre ; *RTD civ.* 2004. 66, obs. J. Hauser.
5. N° 09-15.606, *Dr. fam.* 2013, comm. n° 24, obs. V. Larribau-Terneyre.
6. C'est au demandeur en nullité du mariage de rapporter la preuve de l'absence d'intention matrimoniale : Civ. 1re, 22 nov. 2005, *RTD civ.* 2006. 92, obs. J. Hauser.
7. Civ. 1re, 17 nov. 1981, *Taleb*, *D.* 1982. 573, note P. Guiho ; *JCP* 1982. II. 19842, note M. Gobert ; *RTD civ.* 1983. 334, obs. R. Nerson et J. Rubellin-Devichi.

111. ***Nationalité.*** Selon l'article 21-2 du Code civil issu de la loi n° 2011-672 du 16 juin 2011, « *L'étranger ou apatride qui contracte mariage avec un conjoint de nationalité française peut, après un délai de quatre ans à compter du mariage, acquérir la nationalité française par déclaration à condition qu'à la date de cette déclaration la communauté de vie tant affective que matérielle n'ait pas cessé entre les époux depuis le mariage et que le conjoint français ait conservé sa nationalité* ». Le délai est porté à cinq ans en cas d'absence de résidence permanente en France et le conjoint étranger doit justifier en outre d'une connaissance suffisante de la langue française.

112. ***Carte de résident.*** Quant à la carte de résident, l'article L. 314-9, 3°, du Code de l'entrée et du séjour des étrangers et du droit d'asile prévoit qu'elle peut être obtenue par l'étranger ou l'apatride qui a contracté mariage avec un Français, après trois ans de mariage, à condition que la communauté de vie n'ait pas cessé entre les époux. Le Conseil d'État[1] a décidé qu'un préfet est en droit, pour faire échec à une fraude, de refuser la carte de résident à l'intéressé, s'il est établi de façon certaine que le mariage a été contracté dans le but exclusif d'obtenir un titre de séjour. Le mariage célébré dans ce but est nul pour défaut de consentement.

113. ***Mesures préventives.*** L'article 175-2 du Code civil prévoit que le ministère public peut faire opposition au mariage lorsqu'il aura été prévenu par l'officier de l'état civil qu'il existe des indices sérieux laissant présumer qu'un mariage fictif va être célébré. En outre, l'article L. 623-1 du CESEDA érige en délit « *Le fait de contracter un mariage aux seules fins d'obtenir, ou de faire obtenir, un titre de séjour, ou aux seules fins d'acquérir, ou de faire acquérir, la nationalité française* ».

114. ***Nullité pour défaut d'intention matrimoniale.*** Le mariage contracté à la seule fin d'obtenir la nationalité française ou une carte de résident peut être annulé pour défaut d'intention matrimoniale. Lorsque la question de l'existence de l'intention conjugale est posée après la célébration du mariage, les juges examinent le comportement des époux : ont-ils eu une vie commune ou bien se sont-ils séparés immédiatement après la cérémonie ? L'existence d'une possession d'état d'époux doit conduire le juge à refuser d'annuler l'union. S'il y a un doute, celui-ci doit profiter aux époux et le mariage doit être maintenu.

C. L'intégrité du consentement au mariage

115. ***Vices du consentement.*** Le consentement au mariage des futurs époux doit être exempt de vices. C'est dire qu'il doit être exprimé en toute liberté et donné en connaissance de cause. La théorie des vices du consentement a été élaborée à partir des dispositions du Code civil relatives aux contrats[2] et la tentation de l'assimilation est grande puisque le mariage est un acte juridique. Mais il ne peut être réduit à un simple contrat parce qu'il est aussi un acte solennel. Tout doit donc être fait pour éviter son annulation

---

1. CE, avis, 9 oct. 1992, *D.* 1993. 251, note D. Maillard Desgrées du Loû ; *JCP* 1993. II. 22025, note F. Laroche-Gisserot ; *RTD civ.* 1993. 328, obs. J. Hauser ; v. également J. Rubellin-Devichi, « Les mariages blancs, aspects de droit privé et de droit public », *RFDA* 1993. 166.

2. V., à cet égard, J. Flour, J.-L. Aubert et É. Savaux, *Les obligations*, vol. 1, *L'acte juridique*, coll. « Université », Sirey, n°s 190 s.

tant les conséquences de celle-ci sont graves pour les époux. C'est pourquoi les règles relatives à l'intégrité du consentement au mariage sont spécifiques. Notamment le dol n'est pas une cause de nullité du mariage [1]. Deux vices peuvent porter atteinte à l'intégrité du consentement : l'erreur et la violence.

1) L'erreur

116. ***Erreur déterminante***. L'erreur peut être définie comme une fausse représentation de la réalité. Elle consiste à croire vrai ce qui est faux et inversement. C'est un vice du consentement en droit commun des contrats. En matière de mariage, l'erreur est régie par des règles particulières. Cependant, comme en matière de contrat, le demandeur doit démontrer que l'erreur a été déterminante de son consentement, pour obtenir la nullité du mariage [2].

En vertu de l'article 180, alinéa 2, du Code civil, modifié par la loi du 11 juillet 1975, il est possible de voir prononcée la nullité du mariage en invoquant l'erreur sur l'identité ou sur une qualité essentielle du conjoint.

a) L'erreur sur l'identité

117. ***Erreur dans la personne***. À l'origine, les rédacteurs du Code civil ont seulement évoqué, dans l'article 180, alinéa 2, « l'erreur dans la personne ». Elle concerne, d'abord, l'erreur sur l'identité physique de la personne : une personne se substitue à une autre. L'hypothèse est peu probable et n'a, semble-t-il, jamais été jugée. Elle entraînerait, sans aucun doute, l'annulation du mariage.

Pourrait être également invoquée une erreur sur l'identité civile : l'époux a bien voulu épouser son conjoint mais il lui attribuait une autre identité. Il en est ainsi lorsqu'une personne se fait passer pour une autre en utilisant de faux papiers ou se présente comme faisant partie d'une famille qui n'est pas la sienne [3]. Quant à l'erreur sur certains éléments de l'état civil, une telle méprise pourrait relever de l'erreur sur une qualité essentielle du conjoint.

b) L'erreur sur une qualité essentielle

118. ***Histoire***. Susceptible de plusieurs sens, le concept d'erreur « *dans la personne* » utilisé à l'origine par les rédacteurs du Code civil a été interprété restrictivement par la Cour de cassation dans un arrêt du 24 avril 1862 [4]. Elle a considéré que l'article 180, alinéa 2, était seulement applicable à une erreur sur l'identité physique ou civile du conjoint. La Haute juridiction a ainsi refusé de prononcer la nullité du mariage à la demande d'une femme qui avait découvert, après la célébration, qu'elle avait épousé un forçat libéré. Il faut naturellement replacer cette décision dans son contexte historique : la Cour suprême avait le souci de préserver la stabilité du mariage [5] et d'éviter que la nullité ne devienne

---

1. Selon la tradition de l'ancien droit résumée dans l'adage bien connu de Loysel : *En mariage trompe qui peut*. Explication : artifices et manœuvres contribuent à la séduction.
2. Civ. 1re, 19 févr. 1975, *Bull. civ.* I, nº 70.
3. Paris, 12 mars 1903, *DP* 1903. 2. 191 ; *S.* 1904. 2. 47 : en usurpant un état civil, l'époux s'était présenté comme un membre de la famille Toulouse-Lautrec.
4. *Berthon*, *DP* 1962. 1. 153, concl. Dupin.
5. V. les conclusions de l'avocat général Dupin (préc.) qui veut éviter que « le caprice prenne la place du droit ».

le moyen détourné de mettre fin à un mariage à une époque où le divorce était prohibé. Néanmoins, cette jurisprudence n'a pas empêché certaines juridictions du fond de retenir une interprétation plus libérale de l'article 180 et d'accueillir des demandes en nullité de mariage pour erreur sur une qualité essentielle du conjoint [1]. Cette interprétation, que la Cour de cassation n'a jamais adoptée, a été consacrée par le législateur qui, en 1975, a modifié l'article 180 : est désormais reconnue par la loi la possibilité d'invoquer une erreur sur une qualité essentielle du conjoint.

119. ***Qualité essentielle de la personne***. La dimension sociale du mariage contraint à une appréciation sociologique et objective de la notion de qualité essentielle. Il s'agit d'une qualité que l'on s'attend, communément, à trouver chez un conjoint [2]. Cependant, l'erreur revêt un caractère subjectif dans la mesure où l'*errans* doit démontrer que la qualité attendue a été déterminante de son consentement. En outre, le juge, saisi d'une action en nullité, apprécie l'éventuelle répercussion de la découverte de l'erreur sur la vie du couple et ne prononce la nullité que si la vie commune est devenue impossible [3].

120. ***Applications***. Depuis la loi du 11 juillet 1975, ont été retenues en jurisprudence [4] : l'erreur sur l'honorabilité [5], sur la qualité de divorcé [6], sur l'existence de convictions religieuses [7] ou la célébration d'un premier mariage religieux [8], sur l'aptitude aux rapports sexuels et sur la santé mentale du conjoint [9], ou encore sur l'activité de prostituée de l'épouse avant le mariage [10]. En revanche, est rejetée la demande en nullité du mariage formulée par l'épouse qui soutenait avoir découvert, le soir de son mariage, que son mari entretenait une liaison avec une femme mariée [11]. Il semble que la jurisprudence s'oriente

---

1. Certaines juridictions du fond ont prononcé la nullité d'un mariage pour erreur sur l'état mental du conjoint ou sur son aptitude à avoir des rapports sexuels. En revanche, les erreurs sur la religion, la race, la fortune, le caractère, la virginité de la femme n'avaient pas été retenues en tant que causes de nullité du mariage.

2. H. L. et J. Mazeaud et L. Leveneur, *La famille*, t. 1, vol. 3, 7e éd., 1995, Montchrestien, n° 736 : « [...] les « qualités essentielles » sont celles qui participent de l'essence du mariage et dont l'absence est de nature à perturber gravement une vie normale de couple ».

3. V. en ce sens, P. Guiho, note sous Paris, 7 juin 1973, préc., spéc. p. 178 ; J. Hauser et D. Huet-Weiller, n° 260 ; dnas le même sens, Douai, 17 nov. 2008 (cf. *infra*) qui relève que l'erreur sur la virginité de la mariée n'a pas d'incidence sur la vie matrimoniale.

4. Pour une analyse détaillée de cette jurisprudence, v. J.-J. Lemouland, *in Droit de la famille*, Dalloz Action, nos 111.95 s.

5. TGI Paris, 23 mars 1982, *Gaz. Pal.* 1982. 2. Somm. 385 ; *Defrénois* 1983, art. 33022, p. 313, obs. J. Massip ; Rennes, 11 déc. 2000, *Dr. fam.* 2001, n° 67, note H. Lécuyer : l'un des époux a été tenu dans l'ignorance d'une liaison que son conjoint n'avait nullement l'intention de rompre ; TGI Paris, 13 févr. 2001, *Dr. fam.* 2002, n° 1, note H. Lécuyer : le mari ignorait que son épouse se livrait à la prostitution.

6. TGI Paris, 5 janv. 1982, *RTD civ.* 1983. 327, obs. R. Nerson et J. Rubellin-Devichi ; Civ. 1re, 2 déc. 1997, *LPA* 11 déc. 1998, obs. J. Massip ; *RTD civ.* 1998. 659, obs. J. Hauser ; Rennes, 11 déc. 2000, *Dr. fam.* 2001, n° 67, obs. H. Lécuyer.

7. TGI Le Mans, 7 déc. 1981, *JCP* 1986. II. 20573, note J.-J. Lemouland.

8. Civ. 1re, 2 déc. 1997, préc.

9. TGI Rennes, 9 nov. 1976, *D.* 1977. 539, note H.-D. Cosnard ; TGI Tarascon, 8 juill. 1981, *Gaz. Pal.* 1982. 1. Somm. 91 ; *Defrénois* 1982. 1240, obs. J. Massip ; TGI Vesoul, 28 nov. 1989, *D.* 1990. 590, note C. Philippe ; *RTD civ.* 1991. 298, obs. J. Hauser : le mari ignorait que son épouse était sous curatelle. Pau, 30 août 1990, *RTD civ.* 1991. 708, obs. J Hauser. On peut se heurter ici à un problème de preuve : Aix-en-Provence, 31 mars 2005, *Dr. fam.* 2005, n° 176, obs. V. Larribau-Terneyre.

10. Nîmes, 8 févr. 2012, *AJ fam.* 2012. 151, obs. B. de Boysson, *JCP* 2012. 592, obs. P.-J. Delage.

11. Civ. 1re, 13 déc. 2005, *AJ fam.* 2006. 75, obs. F. Chénedé ; *D.* 2006. 1417, obs. J.-J. Lemouland et D. Vigneau.

plutôt vers une conception objective des qualités essentielles de la personne. Ainsi la cour d'appel de Douai, dans une affaire dans laquelle le mari voulait obtenir la nullité du mariage en raison d'un mensonge de l'épouse sur sa virginité a considéré que « *l'appréciation des qualités essentielles au sens de l'article 180, alinéa 2, du Code civil relève du contrôle de l'ordre public dès lors qu'elle ne peut être laissée à la libre disposition des parties* [1] ». Sans doute peut-on considérer, que l'erreur sur l'orientation sexuelle d'un époux ou son identité sexuelle pourrait constituer une erreur sur une qualité essentielle de la personne.

121. ***Régime de l'action***. L'action en nullité relative pour erreur dans la personne ou sur ses qualités essentielles est exclusivement attachée à la personne : elle ne peut être exercée que par l'époux dont le consentement a été vicié, et non par ses héritiers [2].

2) La violence

122. ***Menace***. L'article 180, alinéa 1er, autorise un époux dont le consentement n'a pas été libre à agir en nullité du mariage. L'époux victime d'une violence doit avoir été menacé dans sa personne ou dans ses biens. Mais la violence en matière de mariage présente une certaine originalité par rapport au même vice du consentement en matière de contrat.

123. ***Violence physique ou morale***. La violence physique contemporaine de la célébration étant difficilement concevable du fait de la solennité de celle-ci, c'est la violence morale qui est susceptible de vicier le consentement [3]. Elle s'entend de pressions exercées sur une personne pour la contraindre à se marier. La violence est prise en compte si elle présente une certaine gravité [4]. En outre, elle doit avoir été injuste. Il n'en est pas ainsi de la menace d'exercer une voie de droit [5] du moins si les moyens employés et le but poursuivi ne sont pas blâmables. La menace peut venir du conjoint [6] mais, la plupart du temps, elle émanera d'un tiers (parents [7], entourage, autorité hiérarchique [8]...).

124. ***Lutte contre les mariages forcés***. Le passage de l'âge matrimonial des femmes de 15 à 18 ans [9] participe de la lutte contre les mariages forcés. Les violences, les actes de torture et de barbarie, le meurtre font en outre l'objet d'une répression aggravée lorsqu'ils sont commis « *contre une personne afin de la contraindre à contracter un mariage ou*

---

1. Douai, 17 nov. 2008, *D.* 2008. 2938, note V. Egea, *D.* 2010. 729, obs. J.-J. Lemouland et D. Vigneau, *RTD civ.* 2009. 98, obs. J. Hauser, *JCP* 2009. I. 102, obs. A. Gouttenoire, *Dr. fam.* 2008, comm. n° 167, obs. V. Larribeau-Terneyre.

2. Civ. 1re, 4 juill. 1995, *D.* 1996. 233, note F. Boulanger ; *RTD civ.* 1995. 866, obs. J. Hauser.

3. La violence morale peut résulter d'une violence physique antérieure à la célébration ; Agen, 14 juin 1890, *D.* 91. II. 153 : le consentement de la jeune fille avait été obtenu à coups de bâton !

4. Pour une menace de dénonciation à la Gestapo : Toulouse, 30 déc. 1947, *Gaz. Pal.* 1948. I. 128 ; v. également, Bastia, 27 juin 1949, *D.* 1949. 417 ; *JCP* 1949. II. 5083, note J. S. : pour des menaces de mort proférées à l'encontre du futur marié pour qu'il répare ce qui était considéré comme un déshonneur.

5. Aix-en-Provence, 29 nov. 1932, *DH* 1933. Somm. 19, pour la menace de recourir à des poursuites correctionnelles.

6. Civ. 1re, 2 déc. 1997, *LPA* 11 déc. 1998, obs. J. Massip.

7. TGI Versailles, 25 avr. 1979, *Gaz. Pal.* 1979. 2. 532 ; *RTD civ.* 1981. 142, obs. crit. J. Rubellin-Devichi ; Colmar, 28 avr. 2005, *Dr. fam.* 2006, n° 1, note V. Larribau-Terneyre.

8. T. civ. Montpellier, 16 juill. 1946, *Gaz. Pal.* 1946. 2. 183, pour des menaces émanant du père du futur marié et de son supérieur hiérarchique.

9. V. ss 132.

à conclure une union » ou « *contre une personne en raison de son refus de contracter un mariage ou de conclure une union* » (C. pén., art. 221-4-10°, 222-8-6°, 222-10-6°, 222-12-6°, 222-13-6°). L'article 515-13 du Code civil prévoit également qu'une ordonnance de protection[1] peut être délivrée par le juge aux affaires familiales à la personne majeure menacée de mariage forcé. Ce dernier peut également ordonner, à sa demande, l'interdiction de sortie du territoire de la personne menacée.

125. ***Crainte révérencielle.*** La seule crainte révérencielle envers les ascendants n'était pas, traditionnellement, et conformément au droit commun, de nature à pouvoir vicier le consentement (C. civ., art. 1114), à moins qu'il n'y ait eu de vraies menaces de la part du père ou de la mère. Toutefois, la pratique des mariages forcés a conduit le législateur à déroger à l'article 1114 du Code civil afin de protéger le consentement des futurs époux. C'est la raison pour laquelle l'article 180 prévoit désormais[2] que « *L'exercice d'une contrainte sur les époux ou l'un d'eux, y compris par crainte révérencielle envers un ascendant, constitue un cas de nullité du mariage* ». Le législateur intervient ici pour protéger l'individu contre sa famille, en vue de rappeler, à titre préventif, que le poids des traditions ne peut justifier un mariage « arrangé ».

126. ***Violence déterminante.*** Les juges du fond doivent tenir compte de la personnalité de l'époux victime de la violence. Ils apprécient souverainement si elle est établie[3] et si elle a été déterminante du consentement. Ainsi, les pressions financières exercées sur le futur époux ou son entourage ne sont pas jugées illicites par la jurisprudence[4].

§ 2. Le consentement au Pacs

Même si le consentement au Pacs ne fait pas l'objet, à l'instar du mariage, de dispositions spécifiques de la loi, il est impératif qu'il existe (A) et soit exempt de vice (B) comme le consentement au mariage puisque le Pacs est un acte juridique. Faute de dispositions spéciales, le Pacs est soumis aux exigences de droit commun relatives au consentement, en l'occurrence les articles 1109 et suivants[5] à l'acte juridique comme l'a précisé le Conseil constitutionnel dans sa décision du 9 décembre 1999.

A. L'existence du consentement au Pacs

127. ***Altération de volonté.*** Le consentement au Pacs exige que chacun des partenaires soit apte à exprimer la volonté libre et éclairée de s'engager dans un Pacs ; en conséquence il ne peut émaner d'une personne dont les facultés sont altérées de manière définitive ou temporaire, conformément à l'article 414-1 du Code civil selon lequel « pour faire un acte valable, il faut être sain d'esprit ». Un Pacs conclu sous l'emprise d'un

---

1. V. ss 350.
2. Loi du 4 avril 2006 renforçant la prévention et la répression des violences au sein du couple ou commises contre les mineurs : v. A.-M. Leroyer, obs. *RTD civ.* 2006. 402.
3. Civ. 1re, 17 déc. 1968, *D.* 1969. 410 ; v. Toulouse, 30 déc. 1947, préc., rejetant la demande en nullité au motif que la violence n'a pas été démontrée.
4. Civ. 1re, 4 avr. 1978, *Bull. civ.* I, no 137, pour le versement d'une somme d'argent sous condition résolutoire par le futur mari au père de la future épouse.
5. Devenus C. civ., art. 1128 s.

trouble mental pourra faire l'objet d'une nullité relative, alors que le défaut de respect de l'article 146 du Code civil qui prévoit la même règle pour le mariage est sanctionné par une nullité absolue[1].

128. ***Intention d'organiser une vie de couple***. Outre son existence formelle, qui se traduit par la signature du Pacs et son enregistrement, le consentement au Pacs doit être réel, et fondé sur une intention de vive en couple dans le cadre du Pacs. En effet le Pacs est un contrat spécifique par son objet : organiser la vie commune de deux personnes. Pour qu'il n'y ait pas d'ambiguïté, le Conseil constitutionnel a précisé « *que la notion de vie commune ne recouvre pas seulement une communauté d'intérêts et ne se limite pas à l'exigence d'une simple cohabitation entre deux personnes ; que la vie commune mentionnée par la loi déférée suppose, outre une résidence commune, une vie de couple...* » (consid. n° 26). D'où la primauté de l'union sexuelle dans ce contrat, qui en justifie la raison d'être, et permet en même temps de lutter contre les Pacs de complaisance. On peut, en effet, envisager que des partenaires concluent un Pacs dans un but étranger à l'organisation d'une vie commune consistant notamment à bénéficier de certains avantages de nature civile, sociale ou fiscale. Il peut s'agir notamment de faciliter l'obtention d'une mutation professionnelle. Pour lutter contre ces «faux Pacs», la loi du 23 juin 2006 a soumis l'octroi, pour les partenaires, de certains avantages à une déclaration commune d'imposition sur le revenu. En revanche, la question d'éventuels « pactes blancs », qui seraient l'équivalent des « mariages blancs »[2] ne se pose pas dès lors que le pacte n'emporte aucun effet en matière de nationalité et que, pour le droit des étrangers, le pacte ne constitue qu'un indice d'une situation de fait[3]. La preuve du défaut d'intention d'organiser une vie commune découlera essentiellement l'absence de cohabitation des partenaires d'un pacte.

B. L'intégrité du consentement au Pacs

129. ***Droit commun***. Comme pour tout acte juridique, le consentement au Pacs doit être exempt de vice et se voit appliquer, à défaut de texte spécial, les dispositions relatives aux vices du consentement de droit commun. Les trois vices du consentement que sont l'erreur, la violence et le dol semblent donc applicables au consentement au Pacs même s'il paraît difficile de les mettre en œuvre dans ce cadre en faisant totalement abstraction de la nature particulière du contrat de Pacs et d'une certaine analogie avec le mariage[4]. On rappellera par ailleurs que la rupture du Pacs peut être unilatérale et non motivée ce qui limite fortement l'intérêt de son annulation. Celle-ci peut cependant revêtir un certain intérêt pour effacer une conséquence du Pacs notamment en termes de solidarité. Une décision de juge du fond a admis la recevabilité d'une demande en annulation pour erreur sans toutefois retenir la caractérisation de celle-ci[5].

---

1. V. ss 265.
2. V. ss 108.
3. V. ss 115.
4. M. Lamarche, *Rép. civ.*, Dalloz, préc.
5. Paris, 9 nov. 2006, *Dr. fam.* 2007, n° 30, note V. Larribau-Terneyre : refus d'annulation d'un Pacs pour vice du consentement, l'erreur déterminante sur les mobiles de l'un des partenaires n'étant pas démontrée.

Section 2
Les conditions relatives aux membres du couple

§ 1. L'ÂGE ET LA CAPACITÉ DES MEMBRES DU COUPLE

130. ***Limite d'âge.*** La question de l'âge des futurs époux et partenaires n'est envisagée par le droit que sous l'angle d'un minimum. Il n'existe en effet aucune limite d'âge supérieur pour se marier ou contracter un pacte civil de solidarité. L'âge avancé d'un des futurs conjoints ne suffirait pas, à lui seul, pour entraîner la nullité du mariage, il n'en serait autrement que si l'âge avancé avait empêché l'expression d'un véritable consentement ou du Pacs. Le mariage *in extremis* est lui-même valable en droit français [1], car ce qui fonde le mariage c'est le consentement conjugal abstrait, sans considération des conséquences (relations charnelles, fondation d'une famille…), et indépendamment de la faculté de procréer.

131. ***Certificat prénuptial.*** Aucune maladie, aucune infirmité ne peut empêcher une personne de se marier. Même l'imminence de la mort d'un des futurs époux n'est pas un obstacle à la célébration du mariage puisque le mariage *in extremis* est autorisé. Néanmoins, le droit français imposait auparavant aux futurs époux un examen médical en exigeant la production d'un certificat prénuptial datant de moins de deux mois (C. civ., art. 63, al. 2). Cependant, les certificats attestaient seulement que les futurs époux avaient subi les examens obligatoires et non le résultat de ces examens Cette exigence n'avait donc rien de contraignant. C'est la raison pour laquelle l'exigence d'un certificat prénuptial, remis préalablement à la publication par l'officier de l'état civil, a été supprimée par la loi du 20 décembre 2007 relative à la simplification du droit.

A. Le principe de l'exigence de majorité

132. ***Âge matrimonial.*** Avant 2006, l'article 144 du Code Napoléon disposait que, pour contracter mariage, la femme doit être âgée de quinze ans et l'homme de dix-huit ans révolus. Cette disposition était contraire au principe d'égalité des sexes. En outre, elle ne permettait pas de garantir le respect des droits de l'enfant, alors que, juridiquement, la jeune fille est un enfant jusqu'à dix-huit ans. Cette disposition, enfin, n'était pas en accord avec la pratique sociale : d'un côté, l'âge du mariage est de plus en plus tardif ; d'un autre côté, il convenait de libérer le mariage de la pression familiale. En effet, le texte permettait à certaines familles de marier contre leur gré des jeunes filles mineures, qui se trouvaient dans l'incapacité de refuser un mariage forcé – lequel est souvent le prélude à des violences conjugales – et qui ne pouvaient décider librement de leur destin, notamment en poursuivant des études. C'est pourquoi il a paru indispensable de relever l'âge matrimonial des jeunes filles à dix-huit ans. C'est ce que prévoit, désormais, l'article 144 du Code civil, modifié par la loi du 4 avril 2006 [2]. Cet article connaît depuis l'entrée en vigueur de

---

1. Sur la question, v. Civ. 1re, 4 juill. 1995, *Bull. civ.* I, no 291 ; *D.* 1996. 233, note F. Boulanger ; *RTD civ.* 1995. 866, obs. J. Hauser ; *Defrénois* 1996. 321, obs. J. Massip, et *ibid.* 407, obs. G. Champenois.

2. V. les commentaires de cette loi : *RTD civ.* 2006. 402, obs. A.-M. Leroyer ; *D.* 2006. 1415, obs. J.-J. Lemouland et D. Vigneau ; *D.* 2006. 2350, comm. D. Viriot-Barrial ; *Dr. fam.* mai 2005, p. 3, comm. V. Larribau-Terneyre.

la loi du 17 mai 2013, une formulation qui exclut toute référence à l'homme et à la femme selon laquelle « *le mariage ne peut être contracté avant dix-huit ans révolus* ».

133. ***Pacs***. La loi n'autorise le Pacs qu'entre deux personnes majeures comme le précise l'article 515-1 du Code civil. Il en résulte qu'un Pacs entre mineurs même émancipés [1] est exclu sans exception possible (Cons. const., Décis. préc., consid. nº 55).

B. Le mariage exceptionnel des mineurs

134. ***Dispense***. L'article 145 du Code civil issu de la loi du 23 décembre 1970, maintenue après la réforme de 2006, prévoit qu'une dispense peut être accordée « *pour motifs graves* » par le procureur de la République du lieu de célébration du mariage. Une dispense équivalente n'est pas prévue pour le Pacs qui n'est jamais ouvert au mineur.

135. ***Motifs graves***. L'article 145 du Code civil a trouvé essentiellement à s'appliquer en cas de grossesse de la femme, puisqu'il était ainsi démontré que la condition de puberté est satisfaite.

136. ***Autorisation d'un parent***. En vertu de l'article 148 du Code civil, un mineur [2] doit, pour se marier, obtenir l'autorisation d'un au moins de ses parents. Depuis que la majorité a été fixée à dix-huit ans en 1974, le champ d'application des autorisations familiales a été considérablement réduit. Il faut préciser que l'exigence posée par l'article 148 concerne également le mineur émancipé qui n'est pas autorisé à consentir seul à son mariage (C. civ., art. 413-6).

137. ***Prérogative parentale***. Le droit de donner l'autorisation est un attribut de l'autorité parentale : l'objectif est de protéger les enfants mineurs. Ce sont les père et mère qui ont qualité pour autoriser son mariage s'ils sont vivants et en état de manifester leur volonté. L'article 148 du Code civil impose l'autorisation des deux parents. Même si l'un des parents a déjà donné son autorisation, le mineur doit consulter l'autre. Cependant, il n'est pas nécessaire qu'il obtienne les deux autorisations puisque, selon le même texte, « *en cas de dissentiment entre le père et la mère, ce partage emporte consentement* » [3]. Ce principe est applicable dans tous les cas, y compris celui où les parents sont séparés. L'article 149, alinéa 1er, du Code civil prévoit qu'en cas de décès de l'un des parents, le consentement de l'autre suffit [4]. Il en est de même lorsque l'un des parents est dans l'impossibilité de manifester sa volonté. Les dispositions relatives à l'autorisation au mariage sont applicables à la filiation charnelle et à la filiation adoptive. En cas d'adoption est simple, ce sont le ou les adoptants qui donnent l'autorisation, car ils exercent l'autorité parentale, et non les parents par le sang. Lorsqu'il s'agit de l'adoption de l'enfant du conjoint, celui-ci conserve seul l'exercice de l'autorité parentale, donc doit consentir au mariage. Il en va toutefois différemment en cas de déclaration conjointe avec l'adoptant : les deux parents doivent alors être consultés, mais le partage vaut consentement.

---

1. H. Bosse-Platière, *in* Dalloz Action, *Droit de la famille* 2016-2017, n° 151.13.
2. C'est-à-dire, depuis la loi du 5 juillet 1974, toute personne n'ayant pas atteint l'âge de dix-huit ans.
3. Cette rédaction est issue de la loi du 17 juillet 1927. Avant cette loi, en cas de dissentiment, la prépondérance revenait au père. Aujourd'hui, « dissentiment vaut consentement ».
4. À condition, bien sûr, que l'autorité parentale n'ait pas été retirée au parent survivant.

138. ***Décès des parents***. Si les deux parents sont décédés ou dans l'impossibilité de manifester leur volonté, l'autorisation doit être donnée par les ascendants les plus proches dans chaque ligne (C. civ., art. 150, al. 1er). En fait, avec la règle selon laquelle « *le dissentiment vaut consentement* », l'approbation d'un seul des ascendants consultés est suffisante. La règle est donc peu contraignante. Lorsque tous les ascendants sont décédés ou dans l'impossibilité de manifester leur volonté, l'autorisation doit être donnée par le conseil de famille (C. civ., art. 159, al. 1er).

139. ***Autorisation spéciale***. L'autorisation doit être donnée pour le mariage du mineur avec une personne déterminée. Une autorisation générale permettant au mineur de se marier avec n'importe quelle personne serait sans valeur car elle ne le protégerait pas suffisamment.

140. ***Décision discrétionnaire***. La décision des père et mère et des ascendants d'autoriser le mariage est souveraine et n'est susceptible, en principe, d'aucun recours devant les tribunaux, le droit de refuser le mariage restant l'un des rares droits discrétionnaires ne pouvant faire l'objet d'un contrôle du juge, au titre de l'abus de droit. Le juge n'a donc pas la possibilité de contrôler les motifs de la décision parentale. Jusqu'au moment même du mariage, le parent qui a donné son autorisation peut la retirer, la révoquer. En revanche, le cas échéant, la décision du conseil de famille doit être motivée et peut faire l'objet d'un recours devant le tribunal de grande instance[1].

141. ***Conditions de forme***. En règle générale, l'autorisation des parents ou des autres ascendants est donnée oralement lors de la célébration du mariage, sur interpellation de l'officier de l'état civil. Celui-ci fait état de l'autorisation dans l'acte de mariage signé par les parents ou les ascendants. Si ceux-ci ne veulent pas ou ne peuvent pas assister à la célébration, les modalités de constatation de l'autorisation sont prévues par l'article 73 du Code civil : elle doit être donnée par acte authentique. Lorsqu'il y a dissentiment entre les parents ou les autres ascendants, il faut prouver que ceux qui devaient être consultés l'ont bien été. L'ascendant qui refuse son autorisation peut adresser une lettre à l'officier de l'état civil qui doit célébrer le mariage ou faire constater ce refus selon les modalités prévues par l'article 73 du Code civil pour la constatation de l'autorisation.

C. Le mariage et le Pacs des personnes protégées

1) Le majeur sous curatelle

142. ***Mariage***. L'article 460 du Code civil, alinéa 1er, prévoit que le curateur doit consentir au mariage[2]. À défaut de ce consentement, l'autorisation est donnée par le juge des tutelles dont la décision peut faire l'objet d'un appel, dans un délai de quinze jours (C. pr. civ., art. 1239). Aucun avis médical n'est exigé. Dans une décision QPC du 28 juin 2012[3], le Conseil constitutionnel a considéré « *qu'en subordonnant le mariage d'une*

---

1. C. pr. civ., art. 1222.

2. Si le curateur a donné son consentement, il ne pourra plus, par la suite, agir en nullité du mariage (Civ. 1re, 17 mai 1988, *JCP* 1989. II. 21197, note F. Boulanger).

3. Décis. n° 2012-260 QPC, *AJ fam*. 2012. 463, obs. T. Verheyde ; *Dr. fam*. 2012, comm. 148, obs. I. Maria ; *JCP* 2012. 46, obs. M. Lamarche.

personne en curatelle à l'autorisation du curateur ou à défaut à celle du juge, le législateur n'a pas privé la liberté du mariage de garanties légales et que les restrictions dont il a accompagné son exercice, afin de protéger les intérêts de la personne, n'ont pas porté à cette liberté une atteinte disproportionnée ».

143. ***Pacs***. Selon l'article 461 du Code civil, « *la personne en curatelle ne peut, sans l'assistance du curateur, signer la convention par laquelle elle conclut un pacte civil de solidarité* ». Le texte précise cependant que l'assistance du curateur n'est pas requise lors de la déclaration conjointe au greffe du tribunal d'instance ou devant le notaire.

2) Le majeur sous tutelle

144. ***Mariage***. Depuis la réforme de la protection juridique des majeurs du 5 mars 2007, l'article 460, alinéa 2, du Code civil soumet le mariage du majeur sous tutelle au consentement du juge des tutelles ou du Conseil de famille. Le texte prévoit en outre que les futurs époux soient entendus et que, le cas échéant, l'avis des parents et de l'entourage soit recueilli. Sur le fondement des articles 458 et 460, la Cour de cassation rappelle cependant que « *si le mariage d'un majeur en tutelle doit être autorisé par le juge des tutelles, il constitue un acte dont la nature implique un consentement strictement personnel et qui ne peut donner lieu à représentation* ». *Dès lors, la demande d'autorisation présentée par la tutrice pour ce mariage était irrecevable*, le consentement du majeur sous tutelle ne pouvant être présumé par son représentant [1].

145. ***Pacs***. La conclusion d'un Pacs par un majeur en tutelle est soumise à la même règle que le mariage. L'article 462 subordonne le mariage à l'autorisation du juge des tutelles ou du conseil de famille, après audition des futurs partenaires et le recueil, le cas échéant, de l'avis des parents. Comme pour la personne en curatelle, le majeur en tutelle n'a besoin d'aucune assistance lors de la déclaration conjointe du Pacs au greffe du tribunal d'instance ou devant le notaire (art. 462, al. 2).

§ 2. Le sexe des membres du couple

En supprimant l'exigence de différence de sexe dans le mariage, la loi du 17 mai 2013 a révolutionné le droit des couples en permettant à tous les couples d'accéder au mariage et donc de pouvoir choisir entre les trois modes de conjugalité. En effet, alors que l'égalité ou la différence de sexe a été dès l'origine indifférente pour accéder au Pacs, la différence de sexes est restée longtemps une condition de la formation du mariage.

A. L'indifférence du sexe des membres du couple inhérente au Pacs

146. ***Droit français***. Le Pacs a été instauré en droit français pour répondre aux revendications des couples homosexuels en demande de statut. Il est donc logique qu'il soit ouvert aux couples de même sexe. Toutefois le législateur n'a pas limité son accès aux couples de même sexe, l'article 515-1 du Code civil le définissant comme un contrat conclu entre «*deux personnes physiques majeures, de sexe différent ou de même sexe*».

---

1. Civ. 1re, 2 déc. 2015, n° 14-25.777, *JCP* 2016. 62, obs. M. Lamarche.

Les statistiques établissent d'ailleurs que sur le million de personnes pacsées, seules 6 % d'entre elles sont en couple avec une personne de même sexe [1].

147. ***Cour européenne des droits de l'Homme***. Dans l'arrêt *Vallianatos et autres c/ Grèce* du 7 novembre 2013 [2], la Grande chambre de la Cour européenne a jugé discriminatoire le fait de réserver aux couples de sexe différent l'accès au « pacte de vie commune » défini comme le contrat entre deux personnes physiques majeures de sexe opposé par lequel elles organisent leur vie commune. Selon la cour, la situation des requérants est comparable à celle d'un couple hétérosexuel pour ce qui est de leur besoin de reconnaissance juridique et de protection de leur relation de couple ; elle considère qu'en excluant tacitement les personnes physiques de même sexe de son champ d'application la loi en cause introduit une différence de traitement fondée sur l'orientation sexuelle des intéressés. La Cour estime que cette différence de traitement n'est ni justifiée ni proportionnelle.

B. La condition de différence de sexe supprimée pour le mariage

148. ***Condition implicite antérieure***. L'exigence de différence de sexe entre les époux n'était qu'implicitement contenue dans le Code civil avant 2013 [3]. Toutefois, dans l'affaire du « mariage de Bègles », la Cour de cassation avait très clairement affirmé « que, selon la loi française, le mariage est l'union d'un homme et d'une femme ; que ce principe n'est contredit par aucune des dispositions de la Convention européenne des droits de l'Homme et de la Charte des droits fondamentaux de l'Union européenne qui n'a pas en France de force obligatoire » [4]. La Cour européenne a refusé de condamner cette décision dans un arrêt *Chapin et Charpentier c/ France* du 9 juin 2016 [5].

149. ***Cour européenne des droits de l'Homme***. La Cour européenne, dans plusieurs arrêts [6] a refusé d'imposer aux États d'ouvrir le mariage entre personnes du même sexe en se fondant sur l'absence de consensus parmi les États membres du Conseil de l'Europe sur la question du mariage homosexuel. Elle considère en outre que si l'article 9, par lequel la Charte des droits fondamentaux consacre le droit de se marier, ne limite pas le mariage aux couples de sexe opposé, il laisse à chaque État membre le soin de décider si, dans son ordre juridique, le mariage homosexuel doit être permis. La Cour européenne, admet toutefois que le mariage homosexuel peut relever de l'article 12 de la Convention et que les législations nationales puissent entendre le mariage comme l'union de deux personnes de sexe différent ou de même sexe.

150. ***Conseil constitutionnel***. Saisi de la question du mariage homosexuel par une question prioritaire de constitutionnalité, le Conseil constitutionnel a logiquement considéré

---

1. *Insee Première*, févr. 2011.
2. *RJPF* 2014/1 p. 127, obs. V. Egea ; *JCP* 2013, act. 1281, obs. F. Sudre.
3. Art. 75, *in fine*, art. 108, art. 144.
4. Civ. 1re, 13 mars 2007, *D.* 2007. 1389, rapp. G. Pluyette, note E. Agostini ; *D.* 2007. Pan. 1561, obs. J.-J. Lemouland et D. Vigneau ; *AJ fam.* 2007. 227, obs. Chénedé ; *Dr. fam.* 2007, n° 76, note Azavant ; *RJPF* 2007-5/22, note Leborgne.
5. *JCP* 2016, n° 26, 760 obs. F. Sudre.
6. *Schalk et Kopf c/ Autriche* du 24 juin 2010 ; *Oliari et autres c/ Italie* du 21 juill. 2015, *Hämäläinen c/ Finlande* du 16 juill. 2014, n° 37359/0, *JCP* 2014. 971, A. Schahmaneche.

dans une décision du 28 janvier 2011 [1] que les articles 75 et 144 du Code civil, tels qu'interprétés par la Cour de cassation dans son arrêt du 13 mars 2007, ne portaient atteinte ni à la liberté matrimoniale ni au principe d'égalité.

151. ***Genèse de la réforme.*** Ce qui était traditionnellement une évidence a pourtant progressivement subi un infléchissement face aux revendications des couples homosexuels. Comme l'affirme l'exposé des motifs du projet de loi, « *l'idée de l'ouverture du mariage aux personnes de même sexe a constamment progressé depuis le vote de la loi n° 99-944 du 15 novembre 1999 relative au pacte civil de solidarité, une majorité de français y étant aujourd'hui favorable* ». L'ouverture du mariage aux couples de même sexe constituait une promesse de campagne de François Hollande qui s'inscrivait dans la perspective d'une reconnaissance d'une égalité de droits et de statut entre les couples qu'ils soient composés de personnes de sexe différent ou de même sexe. Il ne s'agissait pas d'une évolution auquel le législateur français était contraint par une autorité supranationale puisque ni la Cour européenne des droits de l'Homme ni le Conseil constitutionnel [2] n'avait considéré que l'exigence d'une différence de sexe pour adhérer au mariage ne constituait une atteinte aux droits et libertés fondamentaux. Cette réforme a finalement été adoptée le 23 avril 2013, aux termes d'un processus législatif particulièrement laborieux et émaillé de propos parfois regrettables. Soumis au Conseil constitutionnel par plus de soixante députés et plus de soixante sénateurs, le texte a été validé par celui-ci dans une décision du 17 mai 2013 [3] et promulgué par le président de la République le même jour.

152. ***Indifférence de la différence de sexe.*** L'apport essentiel de la loi du 17 mai 2013 réside dans le nouvel article 143 du Code civil selon lequel « *le mariage est contracté par deux personnes de sexe différent ou de même sexe* ». Le mariage est donc désormais ouvert aux couples de même sexe comme aux couples de sexe différent ; la différence de sexe n'est plus une condition du mariage. De même qu'il avait affirmé, dans sa décision du 28 janvier 2011 [4], qu'il appartenait au seul législateur de définir le mariage comme l'union d'un homme et d'une femme, le Conseil constitutionnel a considéré dans sa décision du 17 mai 2013 que le législateur est libre d'estimer que « *la différence entre les couples formés d'un homme et d'une femme et les couples de personnes de même sexe, ne justifiait plus que ces derniers ne puissent accéder au statut et à la protection juridique attachés au mariage* ». Dans une autre décision du 18 octobre 2013 [5], le Conseil constitutionnel a rejeté toute possibilité pour les maires des communes de France de refuser de célébrer des mariages homosexuels au nom d'une prétendue « clause de conscience ».

153. ***Étrangers.*** Dans son article 21, la loi précise que « *le mariage entre personnes de même sexe contracté avant l'entrée en vigueur de la présente loi est reconnu, dans ses effets à l'égard des époux et des enfants, en France* », à condition qu'il satisfasse les conditions de fond du mariage. Cette disposition permet de reconnaître les effets en France de mariages entre personnes de même sexe, célébrés à l'étranger avant l'entrée en vigueur de la loi du

---

1. Décis. n° 2010-92 QPC du 28 janv. 2011 (*RTD civ.* 2011. 326, obs. J. Hauser ; *Dr. fam.* 2011, comm. n° 32, R. Ouedraogo ; *AJ fam.* 2011. 157, obs. F. Chénedé ; Lexbase N4960BR7, obs. A. Gouttenoire).
2. V. ss 149, 150.
3. Décis. n° 2013-669 DC du 17 mai 2013.
4. V. ss 150.
5. Cons. const., Décis. n° 2013-353 QPC du 18 oct. 2013, *Dr. fam.* 2013, comm. 159, obs. J.-R. Binet.

17 mai 2013. En effet, avant cette date, un mariage célébré à l'étranger entre un ressortissant français et un citoyen d'un État qui reconnaissait aux couples de même sexe le droit de se marier n'était pas reconnu par le droit français. Par ailleurs, les étrangers dont la loi nationale prohibe le mariage entre personnes du même sexe, pourront, de manière dérogatoire au principe selon lequel les conditions du mariage sont régies par la loi personnelle des époux, se marier en France lorsque l'un d'entre eux réside sur le territoire national (C. civ., art. 202-1).

154. ***Transsexualisme***. À la suite de la condamnation, de la France par la Cour européenne des droits de l'Homme [1], l'Assemblée plénière de la Cour de cassation a, le 11 décembre 1992 [2], admis la rectification de l'état civil des transsexuels afin que soit indiqué le sexe dont ces personnes ont l'apparence. S'est trouvée ainsi posée la question de leur mariage, célébré après ou avant leur conversion sexuelle, qui n'a pas été encore soumise à la Cour de cassation.

155. ***Mariage postérieur à la conversion sexuelle***. Avant même l'entrée en vigueur de la loi du 17 mai 2013, il était logique de reconnaître qu'à partir du moment où la rectification de l'état civil était autorisée, le transsexuel pouvait épouser une personne dont le sexe physiologique (et donc apparent) était opposé, même si le sexe génétique de celle-ci était identique. C'est le sexe constaté sur l'acte d'état civil, le « sexe légal » qui devait être pris en compte [3]. Aussi la Cour européenne des droits de l'Homme a-t-elle tiré la conséquence logique de la rectification de l'état civil des transsexuels, en jugeant que la conversion sexuelle doit déboucher sur une pleine consécration en droit. Elle considère que la non-concordance des facteurs biologiques chez un transsexuel opéré ne peut plus constituer un motif suffisant de refus de faire produire au changement de sexe de l'intéressé toutes les conséquences qui s'y attachent. Elle retient, en conséquence, une définition psychologique et sociale du sexe des personnes. Aussi la Cour condamne-t-elle, pour violation de l'article 8 de la Convention EDH énonçant le droit au respect de la vie privée, le Royaume-Uni dont le droit national retient, dans les conditions de formation du mariage, le sexe enregistré à la naissance, ce fait constituant une limitation portant atteinte à la substance même du droit de se marier [4]. La Cour de justice des Communautés européennes a interprété dans le même sens le droit communautaire [5].

---

1. CEDH 25 mars 1992, aff. *Botella/France*, *JCP* 1992. II. 21955, note T. Garé ; *D.* 1993. 101, note J.-P. Marguenaud ; *RTD civ.* 1992. 540, obs. J. Hauser. Cette condamnation a pour fondement la violation de l'article 8 de la Convention relatif au respect de la vie privée.

2. *JCP* 1993. II. 21991, concl. Jéol, note G. Memeteau ; *RTD civ.* 1993. 97, obs. J. Hauser ; *Defrénois* 1993. 431, note J. Massip.

3. V. en ce sens, T. Garé, note sous CEDH 25 mars 1992, préc. ; G. Raymond, *J.-Cl. Civ.*, art. 144 à 147, *Mariage, conditions à réunir dans la personne des époux*, 1995, n° 27 ; J. Hauser et D. Huet-Weiller, n° 130. Ces auteurs posent la question du contrôle qui pourrait être exercé sur la non-conformité du sexe légal au sexe génétique : qui serait habilité à exercer un tel contrôle ? ; J.-P. Branlard, *Le sexe et l'état des personnes : aspects historiques, sociologiques et juridiques*, thèse, Paris II, 1991.

4. CEDH 11 juill. 2002. *Goodwin c/ Royaume-Uni*, *D.* 2003. 2032, note A.-S. Chavent-Leclere ; *D.* 2003. Somm. 525, obs. C. Birsan ; *D.* 2003. Somm. 1935, obs. J.-J. Lemouland ; *Dr. fam.* 2002, n° 133, note A. Gouttenoire-Cornut ; *RTD civ.* 2002. 782, obs. J. Hauser et *ibid.* 862, obs. J.-P. Marguénaud.

5. CJCE 7 janv. 2004, *D.* 2004. 979, note P. Icart ; *Dr. fam.* 2004, n° 62, note A. Gouttenoire ; *RTD civ.* 2004. 166. obs. J. Hauser. La cour juge que le droit communautaire s'oppose à la législation d'un État membre qui empêche un couple, composé d'une femme et d'un homme transsexuel né de sexe féminin et enregistré comme tel à l'état civil qui, à la suite d'une opération médicale de changement de sexe, est devenu un homme, de remplir la condition de mariage nécessaire pour que chacun puisse bénéficier de la pension de réversion qui est accordée aux conjoints mariés.

156. ***Mariage antérieur à la conversion sexuelle.*** Que décider dans le cas d'une personne ayant subi une intervention chirurgicale après son mariage lorsque le mariage ne pouvait être qu'hétérosexuel ? On se trouvait alors en présence d'un mariage, régulièrement célébré entre deux personnes de sexe différent, mais qui unissait deux personnes du même sexe, au regard de l'état civil. Un tel mariage ne semblait pas constituer un obstacle au changement de sexe à l'état civil[1]. Avant la réforme consacrant la possibilité d'un mariage entre personne de même sexe, le maintien d'une telle union était inconcevable après la rectification de l'état civil puisqu'elle constituait un mariage homosexuel. Cependant, la nullité ne pouvait être prononcée, puisque celle-ci sanctionne un vice de formation contemporain de la célébration. Il était possible d'envisager un divorce par consentement mutuel ou accepté ou prononcé aux torts du transsexuel dans l'hypothèse où il n'a pas informé son conjoint de sa conversion sexuelle[2]. Si le divorce n'était pas demandé, la solution aurait pu être alors la caducité du mariage (dissolution du mariage pour l'avenir) demandée par le conjoint ou le ministère public. Dès lors que le mariage entre personnes de même sexe a été admis par la loi du 17 mai 2013, le mariage du transsexuel qui a changé de sexe est conforme aux exigences légales et peut être maintenu. Le conjoint de la personne transsexuelle peut toutefois le remettre en cause dans le cadre d'un divorce ou même d'une action en nullité, fondée sur l'ignorance de la qualité de transsexuel de son époux.

La Cour européenne des droits de l'Homme a jugé qu'une législation qui subordonnait la reconnaissance juridique du changement de sexe de la personne transsexuelle à la remise en cause de son mariage antérieur par un divorce[3] ou à la transformation de celui-ci en partenariat enregistré[4], ne porte pas une atteinte disproportionnée aux articles 8 et 12 de la Convention européenne des droits de l'Homme.

§ 3. L'absence de liens familiaux entre les membres du couple

157. Pour des raisons d'ordre eugénique mais également des considérations morales, telle la réprobation de l'inceste, et le souci de préserver la paix des familles, le Code civil posent un certain nombre d'interdictions de se marier ou de se pacser entre personnes appartenant à la même famille. Toutefois le régime de ces empêchements à mariage ou à Pacs n'est, pour certains d'entre eux pas le même, qu'il s'agisse d'une prohibition du mariage entre parents en ligne directe (A) ou entre collatéraux (B).

A. L'interdiction de se marier ou de conclure un Pacs entre parents en ligne directe

1) La filiation charnelle

158. L'article 161 du Code civil prohibe le mariage à l'infini entre parents en ligne directe : il est interdit à une personne de se marier avec l'un de ses ascendants ou descendants. De même, l'article 515-2 du Code civil énonce que « *il ne peut y avoir de pacte civil de solidarité entre ascendant et descendant en ligne directe* ». Le Conseil constitutionnel

---

1. Rennes, 16 oct. 2012, RG n° 11/08743, 1453 et 12/00535, *JCP* 2012. 47, obs. M. Lamarche.
2. V. en ce sens, Nîmes, 7 juin 2000, *Dr. fam.* 2001, n° 4, note H. Lécuyer ; *RTD civ.* 2001. 335, obs. J. Hauser ; TGI Caen, 28 mai 2001, *D.* 2002. 124, note L. Mauger-Vielpeau.
3. CEDH 28 nov. 2006, *Parry c/ Royaume Uni*, *RTD civ.* 2007. 287, obs. J.-P. Marguénaud.
4. *Hämäläinen c/ Finlande* du 16 juill. 2014.

a en effet jugé que « le législateur, afin de prendre en compte l'intérêt général tenant à la prohibition de l'inceste, a pu interdire la conclusion d'un pacte civil de solidarité, sous peine de nullité absolue, entre des personnes entre lesquelles existe l'un des liens de parenté ou d'alliance mentionnés par l'article 515-2 nouveau du Code civil »[1].

Dans le mariage comme dans le Pacs cette interdiction ne peut faire l'objet de dispense. Elle est sanctionnée par une nullité absolue. Ce régime de nullité est fondé sur l'article 184 pour le mariage et a été précisé par le Conseil constitutionnel dans sa décision de 1999 pour le Pacs.

159. ***Alliés***. Les empêchements à mariage et à Pacs s'appliquent également au lien d'alliance. En vertu de l'article 161 une personne ne peut se marier avec l'un des ascendants ou descendants de son conjoint : la veuve ne peut épouser le fils de son mari défunt. De même, le mariage est interdit entre un père ou une mère et la personne qui a été le conjoint de son enfant (beau-père et belle-fille, gendre et belle-mère). Il en va de même pour le Pacs selon l'article 515-2 du Code civil. Ce ne sont pas ici des raisons physiologiques qui justifient cette interdiction mais le souci d'éviter les désordres à l'intérieur des familles. La prohibition est limitée aux parents du conjoint et ne s'étend pas à leurs alliés.

160. ***Dispense***. Dans le cadre du mariage, l'article 164, 1° du Code civil prévoit que le mariage entre alliés peut être autorisé lorsque le mariage qui produisait l'alliance a été dissous par décès. Une telle possibilité n'a pas été prévue pour le Pacs. L'intérêt des enfants reste la cause le plus souvent retenue : déjà nés ou à naître, ils seront rattachés au mariage. Il pourrait s'agir également d'intérêts économiques[2]. La dispense est accordée par un décret du président de la République. La décision de celui-ci est souveraine[3].

161. ***Condamnation européenne***. La Cour européenne des droits de l'Homme a condamné le Royaume Uni au motif que la prohibition du mariage entre beaux-parents et beaux-enfants, qui ne peut être levée qu'en cas de décès du conjoint créant l'alliance, imposait une limitation au droit d'un homme et d'une femme de se marier et de fonder une famille d'une sévérité telle que le droit s'en trouvait atteint dans sa substance même[4]. Pourtant, la législation anglaise instituait une procédure d'autorisation exceptionnelle accordée par le Parlement en cas de dissolution par divorce du mariage créant l'alliance, jugée insuffisante par le juge européen.

162. ***Validation d'un mariage entre alliés au nom du droit au respect de la vie familiale***. Dans un arrêt du 4 décembre 2013[5], la Cour de cassation a créé la surprise en refuser d'annuler le mariage conclu entre un beau-père et sa bru alors que l'un et l'autre étaient divorcés de leur conjoint respectif aux motifs que le prononcé de la nullité du mariage revêtait, à l'égard de l'épouse (devenue veuve), le caractère d'une ingérence injustifiée dans l'exercice de son droit au respect de sa vie privée et familiale dès lors que cette union, célébrée sans opposition, avait duré plus de vingt ans.

---

1. Décis. préc., consid. n° 55.
2. Ainsi le mariage pourrait-il empêcher le partage d'une exploitation agricole, industrielle ou commerciale.
3. Aucun recours ne peut donc être exercé.
4. CEDH 13 sept. 2005, *B et L. c/ Royaume Uni*, *D.* 2006. Pan. 1418, obs. J.-J. Lemouland et D. Vigneau ; *JCP* 2006. I. 109, n° 11, obs. F. Sudre ; *Dr. fam.* 2005, n° 234, note A. Gouttenoire et M. Lamarche ; *RTD civ.* 2005. 735, obs. J.-P. Marguénaud.
5. N° 11301389 *JCP* 2014. 139, obs. M. Lamarche : *D.* 2014. 179, obs. F. Chénedé.

163. ***Absence de lien de filiation***. Doit-on prohiber le mariage entre personnes qui sont parentes en ligne directe ou en ligne collatérale sans que le lien de parenté ait été juridiquement établi[1] ? Les termes généraux des articles 161 et 162 semblent l'exclure mais la jurisprudence, très ancienne, est divisée[2]. Il existe pourtant un cas dans lequel le législateur a édicté une interdiction bien que le lien de filiation ne soit pas juridiquement établi : l'article 342-7 du Code civil dispose, en effet, que, dans l'hypothèse où un homme a été condamné à verser des subsides à l'enfant d'une femme avec laquelle il a eu des relations intimes pendant la période légale de conception, la prohibition au mariage joue de la même façon que si la filiation était établie. Les exceptions étant d'interprétation stricte, il serait hasardeux d'en déduire l'existence d'une règle générale. La question présente, aujourd'hui, un intérêt accru du fait du développement des procréations médicalement assistées puisque les risques de consanguinité occulte se trouvent aggravés.

164. ***Absence de prohibition en cas de concubinage ou de Pacs***. Le concubinage et le Pacs ne créent pas un lien d'alliance constitutif d'un empêchement au mariage : un homme peut ainsi épouser la fille de sa concubine[3].

2) La filiation adoptive

165. ***Famille adoptive***. Dans la famille adoptive, en cas d'adoption plénière, les prohibitions absolues sont les mêmes que dans la famille par le sang. Ce principe n'est pas énoncé expressément dans un texte ni pour le mariage ni pour le Pacs. Il peut, cependant, être déduit, tout d'abord, de l'article 356, alinéa 1er, du Code civil, qui énonce que « *L'adoption confère à l'enfant une filiation qui se substitue à sa filiation d'origine* » et de l'article 358 qui dispose que « *L'adopté a, dans la famille de l'adoptant, les mêmes droits et les mêmes obligations qu'un enfant* » par le sang.

Les empêchements à mariage font l'objet de dispositions spécifiques dans le cadre de l'adoption simple. L'article 366 du Code civil dispose en effet que le mariage est prohibé entre l'adoptant d'une part et l'adopté ou l'un de ses descendants d'autre part. En revanche, le mariage est possible entre l'adopté et un ascendant de l'adoptant. Le mariage est également prohibé entre l'adopté et le conjoint de l'adoptant et réciproquement entre l'adoptant et le conjoint de l'adopté. Ces dernières prohibitions peuvent être levées par une dispense du Président de la République. Faute de disposition particulière, on peut considérer que les liens fondés sur l'adoption simple ne constituent pas un obstacle à la conclusion d'un pacte civil de solidarité[4].

166. ***Famille par le sang***. En vertu de l'article 356 du Code civil, les empêchements à mariage des articles 161 à 164 du Code civil s'appliquent également, en cas d'adoption, dans la famille par le sang. Dans le cadre de l'adoption simple l'article 364, alinéa 2, prévoit en effet cette application « *entre l'adopté et sa famille d'origine* », ce qui est logique puisque les liens avec la famille d'origine sont maintenus. C'est plus étonnant dans le

---

1. Sur l'ensemble de la question, M. Lamarche et J.-J. Lemouland, v° *Mariage* (2° Conditions de formation), *Rép. civ.*, Dalloz, 2010, n°s 352 s.
2. V. à cet égard, H. L. et J. Mazeaud et L. Leveneur, *La famille*, t. 1, vol. 3, 7e éd., 1995, Montchrestien, n° 759.
3. J.-J. Lemouland, *in Droit de la famille*, 6e éd., Dalloz Action, 2011-2012, n° 112.35.
4. Toutefois certains auteurs prônent la solution inverse : M. Lamarche, *Rép. civ.*, Dalloz, v° *Pacte civil de solidarité*, préc.

cas d'adoption plénière du fait de la rupture avec la famille d'origine mais le législateur l'a néanmoins prévu à l'article 356, alinéa 1er, du Code civil, faisant ainsi prévaloir des raisons eugéniques. La mise en œuvre de cette prohibition risque cependant de se heurter à l'absence d'indication des liens de l'adopté avec sa famille d'origine sur les registres d'état civil.

B. L'interdiction de se marier ou de conclure un Pacs entre collatéraux

167. ***Fratrie***. L'article 162 dispose que le mariage est prohibé entre membre d'une même fratrie[1]. En interdisant, à peine de nullité, le Pacs entre collatéraux jusqu'au troisième degré, l'article 515-2 du Code civil vise notamment les Pacs entre membre d'une même fratrie. Cette interdiction est absolue dans le mariage comme dans le Pacs. Elle concerne les frères et sœurs germains, consanguins ou utérins. Depuis la loi du 11 juillet 1975, le mariage n'est plus interdit entre alliés en ligne collatérale (beau-frère et belle-sœur). La sanction de cette interdiction est la nullité du mariage ou du Pacs.

168. ***Adoption***. Alors que l'on peut considérer que les empêchements au mariage et au Pacs entre collatéraux sont applicables dans le cadre de l'adoption plénière qui est soumise au même régime que la filiation charnelle, dans le cadre de l'adoption simple, l'article 366 prohibe seulement le mariage entre « *les enfants adopté du même individu* » et entre l'adopté et les enfants de l'adoptant. Toutefois ces empêchements peuvent être levés en cas de cause grave par une dispense du Président de la République. Aucune disposition ne concerne l'adoption simple dans le cadre du Pacs.

169. ***Collatéraux au troisième degré***. L'article 163 du Code civil qui prohibe le mariage entre « *l'oncle et la nièce ou le neveu et entre la tante et le neveu ou la nièce* »[2] trouve son équivalent dans l'article 515-2 du même code qui interdit le Pacs entre collatéraux jusqu'au troisième degré inclus. Toutefois le régime de cette prohibition est différent dans le cadre du mariage et du Pacs. Le mariage entre un oncle ou une tante d'un côté, et un neveu ou une nièce de l'autre peut, selon l'article 164 du Code civil être autorisé par le Président de la République pour causes graves, alors qu'une telle exception n'est pas prévue pour le Pacs entre personnes parentes au même degré.

§ 4. La conception monopolistique du couple

A. La prohibition de la bigamie dans le mariage

170. ***Principe monogamique***. Le principe monogamique est inséparable de la notion de mariage connue dans la civilisation européenne, d'inspiration chrétienne. Dans les pays occidentaux, il est interdit à un homme d'avoir simultanément plusieurs épouses

---

1. Sur l'absence d'atteinte disproportionnée par l'article 163 du Code civil au droit au mariage protégé par l'article 12 de la Conv. EDH, dès lors qu'une dispense peut être accordée, Paris, 3 avr. 2008, *D*. 2010. Pan. 728, obs. Lemouland et Vigneau.

2. La prohibition a été étendue par la Cour de cassation (Req. 28 nov. 1877, *S*. 78. 1. 337 ; *DP* 78. 1. 209), jusqu'au quatrième degré, au mariage entre grand-oncle et petite-nièce, grand-tante et petit-neveu.

(polygynie)[1] et à une femme d'être unie à plusieurs maris (polyandrie). Le principe monogamique est exprimé dans l'article 147 du Code civil : « *On ne peut contracter un second mariage avant la dissolution du premier* ». Il est impossible à une personne déjà mariée de contracter un second mariage si le premier n'a pas été dissous par le décès du premier conjoint ou par divorce[2]. Cette prohibition est absolue et ne peut faire l'objet de dispense.

171. ***Absence***. Dans l'hypothèse particulière de l'absence, la loi du 28 décembre 1977 prévoit que le jugement déclaratif d'absence produit les effets d'un décès : le conjoint de l'absent peut donc se remarier (C. civ., art. 128, al. 3) et ce second mariage reste valable même si le jugement déclaratif d'absence se trouve annulé du fait du retour de l'absent (art. 132). La même solution est retenue dans l'hypothèse de la disparition lorsque le décès a été judiciairement déclaré (l'article 92, alinéa 2, du Code civil renvoie à l'article 132).

Le législateur s'est efforcé de prévenir la bigamie et d'en assurer la sanction.

172. ***Prévention***. Selon l'article 70 du Code civil, les futurs époux doivent, avant la célébration du mariage, produire chacun une copie intégrale de leur acte de naissance (al. 1er), copie datant de moins de trois mois si elle a été délivrée en France, et de moins de six mois si elle a été délivrée dans un consulat (al. 2). Or, le mariage est mentionné en marge de l'acte de naissance de chaque époux. Il est donc possible, par ce moyen, de déceler les candidats éventuels à la bigamie. La prévention de la bigamie est également assurée par la possibilité d'une opposition exercée par le conjoint d'un candidat au mariage. Néanmoins, des cas de bigamie sont parfois constatés[3].

173. ***Sanction***. La bigamie est sanctionnée civilement par la nullité absolue du second mariage. Des sanctions pénales sont également prévues[4].

174. ***Droit international***. Des problèmes particuliers peuvent naître lorsque le mariage a une dimension internationale. En effet certains pays musulmans admettent, que l'homme puisse contracter mariage avec plusieurs épouses[5]. Un tel mariage ne pourrait être célébré devant les autorités françaises : une telle célébration heurterait l'ordre public international français. Faut-il, pour autant, annuler un mariage polygamique régulièrement célébré, dans un pays étranger qui l'autorise, entre des époux dont la loi nationale l'admet aussi ? La question a été longuement discutée. S'opposent, d'un côté, l'ordre public au nom duquel la bigamie est réprimée, et d'un autre côté, la nécessité de

---

1. Les juristes emploient souvent le terme « polygamie » comme synonyme de « polygynie », les cas de polyandrie étant, en France, pratiquement inexistants.

2. La circonstance que le premier et le second mariage ont été contractés entre les mêmes époux n'est pas de nature, pour la Cour de cassation, à faire obstacle à l'application de l'article 147 du Code civil (Civ. 1re, 3 févr. 2004, *Bull. civ.* I, n° 33, *Rev. crit. DIP* 2004. 395, obs. B. A. ; *D.* 2005. Pan. 1194, obs. P. Courbe).

3. Les cas constatés en pratique concernent des étrangers (leur état civil est plus difficilement contrôlable) ou sont le résultat d'erreurs commises (par ex. délivrance d'un certificat de non-appel contre un jugement de divorce alors qu'un appel a été effectivement interjeté).

4. La bigamie, qui était initialement qualifiée de crime, est devenue un délit prévu et réprimé aujourd'hui par l'article 433-20 du Code pénal qui prévoit un an d'emprisonnement et une amende, outre certaines peines complémentaires (C. pén., art. 433-22).

5. Au maximum quatre, selon la tradition issue du Coran.

permanence de l'état des personnes, considération selon laquelle doit être assurée, dans la mesure du possible, la continuité de la vie juridique des personnes privées malgré leurs déplacements à travers les frontières. Aussi la jurisprudence a-t-elle finalement considéré que de tels mariages pourraient, sans contrevenir à l'ordre public, produire, en France, certains effets (droits alimentaires, droits successoraux)[1]. On parle alors d'ordre public atténué[2].

175. ***Droit des étrangers***. Le problème est aujourd'hui moins aigu puisque la loi du 24 août 1993, relative à la maîtrise de l'immigration, a exclu du bénéfice du regroupement familial en France pour plusieurs épouses (CESEDA, art. L. 411-7). Cette solution a été jugée conforme à la Constitution car, selon le Conseil constitutionnel, « *les conditions d'une vie familiale normale sont celles qui prévalent en France, pays d'accueil, lesquelles excluent la polygamie* »[3]. En outre, la carte de résident ne peut être délivrée à un ressortissant étranger qui vit en état de polygamie, ni aux conjoints d'un tel ressortissant (art. 15 *bis* introduit dans l'ordonnance du 2 novembre 1945 par la loi du 24 août 1993, devenu CESEDA, art. L. 314-5).

176. ***Mariage et concubinage***. En lui-même le concubinage d'un époux avec un tiers ne remet pas en cause le mariage. Il s'agira d'un concubinage adultérin susceptible de produire des effets sous réserve de remplir les conditions du concubinage et notamment son caractère stable et continu.

B. Le caractère exclusif du Pacs

177. ***Pacs unique***. L'article 515-2, 3°, exclut tout Pacs « entre deux personnes dont l'une au moins est déjà liée par un pacte civil de solidarité ». Le Conseil a affirmé que cette interdiction était sanctionnée par une nullité absolue (considérant n° 91), elle n'est, comme dans le cadre du mariage, susceptible d'aucune dispense. Ainsi selon la formule des professeurs Malaurie et Fulchiron[4], « *la loi prohibe la "polypacsie" ; mais il est facile de répudier son partenaire pour contracter un nouveau Pacs* ».

178. ***Mariage et Pacs***. En outre, selon l'article 515-2, 2°, il ne peut y avoir de pacte civil de solidarité « *entre deux personnes dont l'une au moins est engagée dans les liens du mariage* ». Là encore, la sanction est la nullité absolue du Pacs.

179. ***Pacs et mariage***. En revanche, il est possible pour une personne qui a conclu un Pacs de se marier avec la même personne ou une personne différente, mais le mariage entraînera la dissolution automatique du Pacs en vertu de l'article 515-7 du Code civil.

---

1. Le mari polygame pourra, par exemple, être condamné par un juge français à verser à sa seconde épouse une pension alimentaire s'il cesse d'exécuter le devoir de secours qui lui incombe ; cf. Civ. 1re, 3 janv. 1980, *Bull. civ.* I, n° 4, accordant des droits successoraux aux deux épouses du mari bigame décédé. Mais dès lors que l'épouse est française, donc soumise aux dispositions de l'article 147 du Code civil, un tel mariage ne peut produire d'effet en France : Civ. 1re, 24 sept. 2002, *Bull. civ.* I, n° 214 ; *D.* 2003. Somm. 1935, obs. J.-J. Lemouland ; *LPA* 15 oct. 2003, note C. Brière ; *Rev. crit. DIP* 2003. 271, note B. Bourdelois.
2. P. Courbe, *Droit international privé*, Hachette Supérieur, 2007.
3. Cons. const. 13 août 1993, *JCP* 1993. III. 66372.
4. *Droit de la famille*, 3e éd., LGDJ, n° 368.

180. ***Pacs et concubinage*.** Le concubinage d'un des partenaires avec un tiers n'aura aucun effet sur le Pacs. Inversement le fait qu'un des concubins ait antérieurement conclu un Pacs n'exclut pas le concubinage sauf à influer sur le caractère stable de ce dernier.

C. La licéité des unions successives

181. ***Remariage*.** Il est, en revanche, licite de contracter un nouveau mariage après la dissolution du premier par le décès du conjoint ou par divorce. Le nombre d'unions successives n'est, en outre, pas limité ! Cependant, avant 2004, la loi imposait à la femme souhaitant se remarier de respecter un délai de trois cents jours, appelé délai de viduité, prévu par l'article 228, alinéa 1er, du Code civil. Dans l'arrêt *V. K. c/Croatie* du 27 novembre 2012, la Cour européenne semble conférer au droit de se marier une dimension nouvelle. En effet, elle maintient que le droit au divorce ne peut pas être déduit de l'article 12 de la Convention qui consacre le droit au mariage comme elle l'a affirmé dans l'arrêt *Johnston c/Irlande* [1] mais elle considère que si la législation nationale autorise le divorce, les personnes divorcées doivent bénéficier du droit de se remarier sans restrictions excessives. Dans sa décision du 29 juillet 2016 [2], le Conseil constitutionnel a considéré que le fait de subordonner le divorce à la constitution d'une garantie par l'époux débiteur de la prestation compensatoire ne portait pas une atteinte disproportionnée à la liberté de mettre fin au mariage.

182. ***Pacs*.** De la même manière, il est possible de contracter plusieurs Pacs successifs dès lors que le Pacs précédent a été dénoncé. Un époux divorcé peut en outre contracter ensuite un Pacs.

---

1. CEDH 18 déc. 1986, *AFDI* 1987. 239, obs. V. Coussirat-Coustère.
2. Décis. DC n° 2016-557 QPC, *M. Bruno B.*

Chapitre 2

Les conditions de forme du mariage et du Pacs

Quoique tous deux soumis à un formalisme légal précis, le mariage et le Pacs font chacun l'objet d'un formalisme spécifique précisément prévu par la loi.

Section 1
Le formalisme du mariage

183. En raison de l'importance, pour la société comme pour les individus, de l'institution matrimoniale, et pour vérifier la conformité du mariage aux conditions de fond, un certain nombre de formalités (§ 1) doivent précéder la célébration du mariage (§ 3), qui peut cependant être empêchée par certains obstacles (§ 2).

§ 1. Les formalités antérieures à la célébration

184. Les formalités antérieures à la célébration ont pour finalité de renseigner l'officier de l'état civil sur la situation des futurs époux, ce qui lui permettra de vérifier que les conditions de fond du mariage sont bien remplies. La loi impose, ainsi, une publicité du projet de mariage. En outre, certaines pièces doivent être produites par les futurs époux. Mais ces formalités, désormais précédées dans certains cas de l'audition des futurs époux par l'officier de l'état civil, ont fait l'objet de plusieurs modifications législatives destinées à lutter plus efficacement contre la fraude au mariage.

A. La publicité du projet de mariage

185. ***Objectif***. La publication du mariage tend, indirectement, à informer l'officier de l'état civil des empêchements qui pourraient exister et à susciter d'éventuelles oppositions de la part des proches des futurs époux.

186. ***Forme***. Aujourd'hui, la publication est effectuée par voie d'affichage à la porte de la mairie (C. civ., art. 63) du lieu où sera célébré le mariage et du lieu, s'il est différent du précédent, où chacun des époux a son domicile ou sa résidence (C. civ., art. 166). Si des publications ont été effectuées dans des communes différentes, les futurs époux produiront les certificats de publication et les certificats de non-opposition délivrés par les officiers de l'état civil de ces communes.

187. ***Délai.*** L'article 64 du Code civil prévoit qu'un délai minimum de dix jours doit être respecté avant que le mariage soit célébré. Le jour de la publication n'est pas compris dans le délai. En outre, la célébration doit avoir lieu dans l'année qui suit l'expiration du délai de dix jours (C. civ., art. 65) [1], faute de quoi une nouvelle publication est nécessaire.

188. ***Dispenses.*** En vertu de l'article 169 du Code civil, le procureur de la République dans l'arrondissement duquel doit être célébré le mariage peut, pour cause grave, dispenser les futurs époux de la publicité du projet de mariage. Il en serait ainsi en cas de mariage *in extremis*, dans le cas d'une grossesse très avancée ou d'un départ forcé (ex. : mobilisation en cas de guerre). Il pourrait également dispenser les futurs époux de l'affichage, tout en maintenant l'exigence du délai, lorsque la révélation aux tiers du projet de mariage paraît inopportune. Dans ces hypothèses, le procureur de la République exerce un pouvoir discrétionnaire. Mais cette publicité organisée par le Code civil est d'une efficacité douteuse car peu de gens lisent les affichages en mairie.

B. La production des pièces indispensables

1) Pièces à produire en toute hypothèse

189. ***Copie intégrale de son acte de naissance.*** Aux termes de l'article 70 du Code civil, chaque époux doit remettre à l'officier de l'état civil une copie intégrale de son acte de naissance, datant de moins de trois mois si elle a été délivrée en France ou de moins de six mois si elle a été délivrée dans un consulat. C'est le moyen de vérifier, outre la filiation des futurs époux, qu'ils ne sont pas déjà mariés, qu'il n'existe, entre eux, aucun empêchement lié à la parenté et qu'ils ont l'âge requis pour pouvoir se marier.

190. ***Justification d'identité.*** Les futurs époux doivent, depuis la loi du 14 novembre 2006, relative au contrôle de la validité des mariages [2], justifier de leur identité au moyen d'une pièce délivrée par une autorité publique, et indiquer à l'avance l'identité de leurs témoins, afin qu'apparaissent plus facilement les cas de nullité objective (art. 63, al. 2, 1°).

2) Pièces à produire dans certaines hypothèses

191. ***Autorisation.*** Le futur époux qui doit obtenir une autorisation est tenu de produire l'acte qui en justifie [3]. Le majeur en tutelle doit présenter l'autorisation donnée par le conseil de famille ou le juge des tutelles, et le majeur en curatelle celle du curateur ou du juge des tutelles. Lorsque le mariage est célébré moyennant dispense, l'expédition authentique accordant cette dispense, soit en raison de l'âge, soit en raison d'un lien de parenté ou d'alliance, doit être remise à l'officier de l'état civil. La décision du procureur de la République dispensant des publications est aussi à produire.

192. ***Remariage.*** En cas de remariage, il faut justifier de la dissolution de la première union, soit par le décès du conjoint, soit par le divorce. Si le premier conjoint est décédé,

---

1. En effet, des empêchements au mariage peuvent naître depuis la publication.
2. A.-M. Leroyer, obs. *RTD civ.* 2007. 189.
3. Sauf si l'autorisation requise est celle des parents ou ascendants et que ceux-ci assistent au mariage.

il doit être remis un acte de décès ou une expédition du jugement déclaratif de décès. Mais ces documents peuvent être remplacés par la présentation du livret de famille. En cas de divorce, il faut produire l'acte d'état civil du précédent mariage avec, en marge, la mention du jugement de divorce.

193. ***Contrat de mariage***. Dans l'hypothèse où un contrat de mariage a été rédigé, les futurs époux doivent remettre le certificat rédigé par le notaire qui l'a reçu.

194. ***Opposition***. Par ailleurs, s'il a été fait opposition au mariage, le futur époux a l'obligation de présenter l'acte ou le jugement portant mainlevée de l'opposition.

C. L'audition des futurs époux

195. ***Prévention des mariages blancs***. Afin de lutter contre les mariages de complaisance, la loi du 26 novembre 2003 relative à la maîtrise de l'immigration, au séjour des étrangers en France et à la nationalité, renforce le contrôle préventif des mariages, et spécialement ceux des étrangers. Une disposition nouvelle a donc été introduite pour satisfaire à « *une revendication de nombreux maires désemparés à l'idée de célébrer des mariages forcés* »[1]. À cette fin, le Code civil prévoit désormais que l'officier de l'état civil ne pourra procéder à la publication du mariage ni, en cas de dispense de publication, à la célébration du mariage, qu'après « *l'audition commune des futurs époux* » (art. 63, al. 2, 2°). Il est toutefois fait exception à cette exigence « *en cas d'impossibilité ou s'il apparaît, au vu des pièces fournies, que cette audition n'est pas nécessaire au regard de l'article 146* ». La loi prévoit que, s'il l'estime nécessaire, l'officier de l'état civil peut également demander à s'entretenir séparément avec l'un ou l'autre des futurs époux. L'audition du futur conjoint mineur se fait hors la présence de ses père et mère et de son futur conjoint. Le même contrôle a été étendu au mariage célébré, à l'étranger, entre Français ou entre Français et étranger (C. civ., art. 171-3)[2].

§ 2. Les obstacles à la célébration du mariage

196. L'officier de l'état civil peut être contraint de surseoir à la célébration du mariage en présence d'indices laissant présumer que le mariage qui va être célébré est fictif. Il en va de même s'il a reçu une opposition.

A. Indices d'un mariage fictif

197. ***Évolution de la législation***. La loi du 30 décembre 1993 a inséré un article 175-2 dans le Code civil, pour lutter contre les mariages fictifs[3]. La loi du 26 novembre 2003

---

1. *JO Sénat* 16 oct. 2003, p. 6789.

2. S. Corneloup, « Maîtrise de l'immigration et célébration du mariage », *in Mélanges P. Lagarde*, Dalloz, 2005, p. 207 s.

3. Sur cette question, v. F. Laroche-Gisserot, « Le crépuscule des mariages naturalisants : lois des 22 juillet, 24 août et 30 décembre 1993 », *Gaz. Pal.* 1994. 1. Doctr. 629, et J.-J. Lemouland, « À propos de l'article 175-2 du Code civil », *LPA* 1994, n° 105, p. 13 ; Paris, 25 avr. 1997, *JCP* 1998. I. 101, n° 1, obs. Farge.

relative à la maîtrise de l'immigration a durci le dispositif existant. De nouvelles mesures ont été instituées par les lois des 4 avril et 14 novembre 2006.

198. ***Procureur de la République.*** Lorsqu'il existe des indices sérieux donnant à penser que le mariage qui va être célébré est un mariage simulé au regard de l'article 146 (par exemple, un mariage « naturalisant »), ou un mariage forcé au regard de l'article 180, l'officier de l'état civil peut saisir le procureur de la République. Il en informe les intéressés. Le procureur de la République a la faculté, dans un délai de quinze jours, soit de laisser procéder au mariage, soit de faire opposition à celui-ci, soit de décider qu'il sera sursis à la célébration. Il fait connaître sa décision motivée à l'officier de l'état civil et aux intéressés. Le sursis ne peut excéder un mois. Depuis la loi du 26 novembre 2003, ce délai peut être renouvelé une fois par décision spécialement motivée (C. civ., art. 175-2, al. 3).

Le mariage ne peut, ensuite, être célébré que lorsque le procureur de la République a fait connaître à l'officier de l'état civil sa décision de laisser procéder au mariage ; ou si, dans le délai de quinze jours dont il dispose, il n'a pas fait connaître à l'officier de l'état civil sa décision de surseoir à la célébration ou de s'y opposer ; ou si, à l'expiration du sursis qu'il a imposé, il n'a pas fait connaître à l'officier de l'état civil qu'il s'opposait à sa célébration (art. 175-2, al. 4). La loi du 26 novembre 2003 a prévu que le procureur de la République, lorsqu'il a été saisi par l'officier de l'état civil, doit faire procéder à une enquête (al. 2). Le sursis est susceptible de recours par l'un ou l'autre des futurs époux, même mineur, devant le président du tribunal de grande instance qui doit, alors, se prononcer dans un délai de dix jours. Sa décision peut être déférée à la cour d'appel qui statuera dans un délai identique (art. 175-2, al. 5)[1].

199. ***Conseil constitutionnel.*** Le Conseil constitutionnel a jugé que « le respect de la liberté du mariage, composante de la liberté personnelle protégée par les articles 2 et 4 de la Déclaration de 1789, s'oppose à ce que le caractère irrégulier du séjour fasse obstacle, par lui-même, au mariage de l'intéressé »[2]. Toutefois, la nécessité pour les futurs époux, depuis la loi du 14 novembre 2006, de justifier de leur identité « au moyen d'une pièce délivrée par une autorité publique » (art. 63), pourrait conduire les officiers de l'état civil à refuser de célébrer le mariage de l'étranger en situation irrégulière[3].

B. Opposition au mariage

200. ***Sursis à la célébration.*** L'opposition est un acte juridique qui oblige l'officier de l'état civil à surseoir à la célébration du mariage jusqu'à ce que la mainlevée en soit obtenue. Elle est régie par les articles 172 à 179 du Code civil.

---

1. L'officier de l'état civil ne peut refuser de procéder à la célébration du mariage à la date fixée, en l'absence d'opposition ou de décision de sursis du procureur de la République : Civ. 1re, 6 févr. 2007, *D.* 2007. Pan. 1563, obs. J.-J. Lemouland et D. Vigneau ; *Dr. fam.* 2007, nº 53, note V. Larribau-Terneyre.

2. Cons. const. 20 nov. 2003, *JO* 27 nov. 2003, p. 20154 ; cf. TGI Paris, 5 juill. 2002, *BICC* 15 sept. 2002, nº 912 ; *Dr. fam.* 2002, nº 138, note H. Lécuyer : ni la situation irrégulière du futur époux sur le territoire français, ni la différence d'âge entre les futurs époux (17 ans) ne constituant des indices sérieux au sens de l'article 175-2, mainlevée doit être donnée de la décision de sursis à la célébration ; v. aussi, Paris, 23 avr. 2003, *D.* 2003. 2716, note J.-J. Lemouland.

3. A.-M. Leroyer, obs. préc., p. 191.

L'opposition diffère de l'avis officieux. Celui-ci ne constitue qu'un avertissement donné à l'officier de l'état civil, avertissement faisant état d'un empêchement au mariage. L'avis officieux peut être adressé par toute personne et selon une forme quelconque. Il n'a pas la force obligatoire de l'opposition. En théorie, l'officier de l'état civil reste libre de célébrer le mariage mais, en pratique, il vérifiera, par prudence, le bien-fondé de cet avis.

201. ***Historique***. En droit canon, le droit de faire opposition permettait à tout fidèle, informé du projet d'union, d'informer le prêtre de l'existence d'un empêchement. Dans le Code civil, le droit de faire opposition a été limité. Cependant, l'opposition restait encore un moyen pour les ascendants d'exercer une influence sur leurs enfants, même au-delà de leur accession à la majorité. Leurs prérogatives étaient alors importantes. Au XXe siècle, deux lois ont contribué à les réduire : l'une du 8 avril 1927 qui leur impose d'indiquer, dans l'acte, le motif de leur opposition, l'autre du 15 mars 1933, prévoyant que l'acte d'opposition cesse de produire effet après une année révolue.

202. Certaines personnes peuvent faire opposition pour tous motifs, d'autres seulement pour des motifs déterminés. Dans tous les cas, la liste des personnes habilitées à faire opposition est limitative.

1) Personnes pouvant s'opposer au mariage

a) Opposition pour tous motifs

203. ***Père et mère***. Sont d'abord titulaires du droit d'opposition les père et mère, par le sang ou adoptifs, dans l'adoption plénière ou simple (art. 173, al. 1er). Ont également le droit de faire opposition les ascendants (aïeuls et aïeules) lorsque les père et mère sont morts, absents ou dans l'impossibilité de manifester leur volonté.

204. ***Motifs***. L'opposition peut être exercée même si les futurs époux sont majeurs (art. 173) : c'est d'ailleurs dans ce cas qu'elle présente surtout de l'intérêt. Elle peut aussi se révéler intéressante lorsque le futur époux est mineur, pour le parent qui n'avait pas consenti au mariage et auquel on a opposé la règle selon laquelle le partage vaut consentement. Les parents ou ascendants doivent préciser le motif de leur opposition et l'empêchement légal sur lequel elle est fondée. Mais ils n'ont pas, dans l'acte d'opposition, à démontrer la pertinence du motif invoqué. C'est seulement, en cas de recours devant le juge, que celui qui fait opposition à un mariage doit rapporter la preuve de l'empêchement [1].

Des motifs d'ordre moral, religieux, familial ou de convenance personnelle ne sont donc pas suffisants mais un vice du consentement [2] ou la démence d'un des futurs époux peuvent toujours être invoqués. Les ascendants n'engagent pas leur responsabilité dans l'exercice de ce droit, même si le motif invoqué est inexact.

---

1. V. en ce sens, Versailles, 15 juin 1990, *D.* 1991. 268, note J. Hauser ; *JCP* 1991. II. 21759, note F. Laroche-Gisserot et Colmar, 29 juin 1994, *JCP* 1995. II. 22462, note F. Boulanger : dans les deux cas, l'opposition était fondée sur le soupçon d'un mariage fictif.

2. Par ex., l'erreur sur une qualité essentielle du conjoint ; v., pour une opposition fondée sur un changement de sexe de l'un des futurs conjoints, Paris, 17 févr. 1984, *D.* 1984. 350, note M.-L. Rassat.

b) Oppositions pour motifs déterminés

205. ***Liste exhaustive.*** Certaines personnes sont recevables à faire opposition au mariage mais seulement pour des motifs déterminés. Il s'agit du conjoint, de certains collatéraux, du tuteur ou du curateur de l'un des futurs époux et du ministère public.

206. ***Conjoint.*** L'article 172 du Code civil accorde au conjoint non divorcé de l'un des futurs époux le droit de faire opposition au mariage. Il s'agit alors de prévenir un cas de bigamie. L'opposant éventuel aura donc à démontrer l'existence d'un mariage antérieur non dissous. L'exigence de la production de l'acte de naissance, avant la célébration, réduit considérablement les risques de bigamie, sauf à envisager le cas d'une fraude (production d'un faux acte de naissance). Le conjoint divorcé doit prouver qu'il a un intérêt à agir en nullité du mariage pour bigamie [1].

207. ***Collatéraux.*** L'article 174 du Code civil énumère limitativement les collatéraux titulaires du droit de faire opposition au mariage : il s'agit du frère ou de la sœur, de l'oncle ou de la tante, du cousin ou de la cousine germaine de l'un des futurs conjoints. Ce droit peut être exercé par n'importe lequel d'entre eux, même s'il existe un collatéral plus proche en degré. Les collatéraux peuvent agir, soit individuellement, soit collectivement.

Les collatéraux désignés par l'article 174 ne peuvent faire opposition que pour des motifs déterminés, énoncés par le texte. En dehors de ces hypothèses, ils ne peuvent donner que des avis officieux. Lorsque le futur époux est un mineur dont les parents et les ascendants sont décédés, ils peuvent invoquer le défaut d'autorisation du conseil de famille. Il faut supposer alors que l'officier de l'état civil ait accepté de célébrer le mariage sans l'autorisation requise ou bien qu'un faux acte de naissance ait été produit [2]. Le collatéral opposant peut également faire état de la démence du futur conjoint.

208. ***Tuteur.*** L'article 175 dispose que, pendant la tutelle, le tuteur peut faire opposition au mariage dans les mêmes cas que les collatéraux mais à la condition d'avoir été autorisé par le conseil de famille, qu'il peut convoquer.

209. ***Ministère public.*** La jurisprudence avait déjà reconnu au ministère public le droit de faire opposition au mariage pour la défense de l'ordre public [3]. Ce droit a été consacré par la loi du 24 août 1993 relative à la maîtrise de l'immigration. En ce sens, l'article 175-1 du Code civil dispose : « *Le ministère public peut former opposition pour les cas où il pourrait demander la nullité du mariage* », c'est-à-dire dans les cas susceptibles d'entraîner une nullité absolue de l'union. Est particulièrement visée l'hypothèse où l'intention conjugale fait défaut chez les futurs époux qui s'apprêtent à contracter un mariage fictif. Afin d'éviter que des mariages de complaisance ne passent « au travers des mailles du filet », l'article 175-2 du Code civil prévoit que le ministère public peut faire opposition au mariage lorsqu'il aura été prévenu par l'officier de l'état civil qu'il existe des indices sérieux laissant présumer qu'un mariage fictif va être célébré. Le Conseil constitutionnel a admis la constitutionnalité de l'opposition du ministère public [4]. Les dispositifs de lutte

---

1. Civ. 1re, 12 avr. 2012, pourvoi n° 11-11116, *RLDC* 2012. 40, obs. E. Pouliquen.
2. Dans ce cas, un avis officieux aurait suffi.
3. Civ. 21 mai 1856, *DP* 56. 1. 208 ; *S.* 57. 1. 111.
4. Décis. n° 2012-261 du 22 juin 2012, *Dr. fam.* 2012, comm. n° 132, obs. V. Larribau-Terneyre ; *JCP* 2012. 47, obs. M. Lamarche.

contre les mariages fictifs figurent également parmi les limitations au droit au mariage admises par la Cour européenne des droits de l'Homme qui vérifie cependant que les modalités nationales de lutte contre les mariages de complaisance n'aboutissent pas à priver les individus relevant du contrôle de l'immigration de leur droit au mariage [1].

2) Les conditions de forme de l'opposition

210. L'opposition est formée par acte d'huissier, au moyen d'un acte extrajudiciaire qui doit répondre aux exigences des articles 66 et 176 du Code civil.

Devront être mentionnés, à peine de nullité, la qualité de l'opposant, les motifs invoqués et le texte fondant l'opposition [2]. En outre, l'acte doit être signé, non seulement par l'huissier mais aussi par l'opposant. Enfin, l'acte doit être signifié au futur époux, à son futur conjoint et à l'officier de l'état civil de la commune où le mariage doit être célébré, commune dans laquelle l'opposant doit avoir élu domicile.

3) Les effets de l'opposition

211. ***Obstacle à la célébration du mariage.*** L'effet de l'opposition est énergique : elle fait obstacle à la célébration du mariage. Mais encore faut-il qu'elle soit régulière.

Lorsqu'elle est conforme à la loi, l'officier de l'état civil est tenu de surseoir à la célébration jusqu'à la mainlevée éventuelle de l'opposition [3]. S'il passait outre, il pourrait se voir appliquer les sanctions prévues par l'article 68 du Code civil (amende et condamnation éventuelle à des dommages et intérêts). En effet, il n'est pas juge du motif invoqué. Cependant, le non-respect de l'opposition n'est pas susceptible, en tant que tel, de provoquer la nullité du mariage : elle ne peut être prononcée que si le motif invoqué et vérifié est lui-même une cause de nullité [4].

L'opposition irrégulière est, par principe, sans valeur.

4) La disparition de l'opposition

a) La mainlevée de l'opposition

212. ***Origine.*** La mainlevée de l'opposition peut être volontaire, l'auteur de l'opposition pouvant revenir sur celle-ci [5]. Mais le plus souvent, la mainlevée sera judiciaire. La mainlevée peut être demandée par le futur époux directement visé, même si celui-ci est mineur, son futur conjoint pouvant se joindre à son action. Celui-ci aurait également un intérêt à agir seul.

213. ***Action en mainlevée.*** L'action en mainlevée judiciaire est une action d'état qui relève de la compétence exclusive du tribunal de grande instance [6]. Le demandeur

---

1. *O'Donoghue et al. c/ Royaume-Uni* du 14 déc. 2010, *JCP* 2010, act. 1321, obs. C. Picheral ; *GACEDH*, n° 50.
2. Civ. 1re, 7 avr. 1998, *Dr. fam.* 1998, n° 130, note H. Lécuyer.
3. Paris, 29 avr. 2003, *D.* 2003. Somm. 1938, obs. J.-J. Lemouland.
4. Paris, 20 juin 1995, *D.* 1995. IR 192.
5. L'article 67 du Code civil prévoit la remise d'une expédition pour obtenir mainlevée mais les auteurs estiment que la mainlevée volontaire pourrait être verbale ou même tacite ; v. J. Hauser et D. Huet-Weiller, *op. cit.*, n° 224.
6. À l'exclusion du juge des référés : Paris, 23 avr. 2003, *D.* 2003. 2716, note J.-J. Lemouland.

peut choisir de porter son action, soit devant le tribunal du lieu où l'opposant aura élu domicile, soit devant le tribunal du lieu de son domicile réel. En vertu de l'article 177 du Code civil, le tribunal doit statuer dans le délai de dix jours [1]. Cette exigence de délai n'est pas sanctionnée. Il siège en audience publique.

214. ***Recours***. Le jugement qui valide une opposition ou qui en donne mainlevée peut être frappé d'appel, la cour d'appel devant également statuer dans le délai de dix jours [2]. Enfin, un pourvoi en cassation peut être formé contre l'arrêt d'appel [3].

215. ***Effets***. Si le juge ordonne la mainlevée de l'opposition, le mariage peut être célébré. Lorsqu'il aura été donné mainlevée judiciaire d'une première opposition formée par un ascendant, aucune opposition d'un autre ascendant ne sera recevable, même si la seconde est fondée sur un motif différent (C. civ., art. 173, al. 2).

L'article 179 du Code civil prévoit la possibilité d'engager la responsabilité de l'opposant sur le fondement de l'abus du droit d'agir. En revanche, la responsabilité des ascendants est exclue. Leur droit de faire opposition au mariage apparaît donc comme un droit discrétionnaire.

b) La péremption de l'opposition

216. ***Automaticité***. L'article 176, alinéa 3, du Code civil dispose que l'opposition cesse de produire effet au bout d'un an. L'opposition peut alors être renouvelée. Cependant, le même texte interdit ce renouvellement lorsqu'une opposition formée par un ascendant a fait l'objet d'une mainlevée judiciaire, un autre ascendant ne pouvant former une nouvelle opposition. La péremption de l'opposition produit donc les effets d'une mainlevée judiciaire.

217. ***Action judiciaire***. Afin de renforcer les pouvoirs du ministère public, la loi du 14 novembre 2006 supprime la caducité automatique de l'opposition faite par le procureur de la République après le délai d'un an, en exigeant dorénavant une mainlevée judiciaire (art. 176, al. 4). Les effets d'une opposition formée par le ministère public sont ainsi accrus, puisque les candidats au mariage doivent obtenir du tribunal la mainlevée de l'opposition pour renouveler leur demande de mariage.

Lorsque les obstacles à la célébration du mariage ont été levés, la cérémonie peut avoir lieu.

§ 3. La célébration du mariage

218. ***Autorité publique***. Le mariage est un acte solennel qui exige pour sa formation l'intervention de l'autorité publique : il est célébré « *publiquement lors d'une cérémonie républicaine par l'officier de l'état civil* » en vertu de l'article 165 du Code civil. C'est, du moins, la forme habituelle. Mais la célébration peut aussi se dérouler selon des modalités particulières.

---

1. Pau, 19 janv. 2004, *Dr. fam.* 2004, n° 46, note V. Larribau-Terneyre : il n'incombe pas aux futurs époux de démontrer la sincérité de l'union envisagée, mais au ministère public de prouver l'absence de volonté matrimoniale.
2. Cette exigence n'est pas non plus sanctionnée (Req. 26 juin 1911, *DP* 1912. 1. 149).
3. Civ. 1re, 19 nov. 1991, *Bull. civ.* I, n° 319. Le pourvoi n'ayant pas d'effet suspensif, le mariage peut être célébré. Si l'existence d'un empêchement est confirmée, le mariage est susceptible d'annulation.

A. La cérémonie républicaine du mariage

219. ***Mairie du domicile***. La célébration du mariage a lieu, au choix des époux, dans la commune où l'un des époux ou l'un de leurs parents a son domicile ou sa résidence continue depuis au minimum un mois à la date de la publication (C. civ., art. 74 et 165). La cérémonie se déroule, en principe, à la mairie. Elle est publique, les portes de la mairie et de la salle de mariage devant rester ouvertes. La présence de l'officier de l'état civil [1], des époux et des témoins majeurs (deux au minimum, quatre au maximum) est requise. La loi n° 2016-1547 du 18 novembre 2016 a précisé dans l'article L. 2121-30 du Code général des collectivités territoriales, « *Pour l'application de l'article 75 du Code civil, le maire peut, sauf opposition du procureur de la République, affecter à la célébration de mariages tout bâtiment communal, autre que celui de la maison commune, situé sur le territoire de la commune* ». « *Le procureur de la République veille à ce que la décision du maire garantisse les conditions d'une célébration solennelle, publique et républicaine. Il s'assure également que les conditions relatives à la bonne tenue de l'état civil sont satisfaites* ».

220. ***Présence des époux***. L'article 146-1 du Code civil, issu de la loi du 24 août 1993, prévoit que le mariage d'un Français, même célébré à l'étranger, requiert sa présence [2]. Cette disposition formule un principe bien établi : la comparution personnelle des époux est requise, parce qu'on ne se marie pas par procuration. Elle a essentiellement pour but de lutter contre les mariages fictifs contractés par des Français avec des étrangers pour permettre à ceux-ci d'acquérir la nationalité française.

221. ***Célébration en dehors de la mairie***. Exceptionnellement, la célébration pourrait avoir lieu en dehors de la mairie. En effet, l'article 75, alinéa 2, du Code civil envisage le cas d'empêchement grave interdisant le déplacement de l'un des futurs conjoints : l'officier de l'état civil se transporte alors au domicile ou à la résidence du futur époux, sur réquisition du procureur de la République. Il pourrait le faire d'office en cas de péril imminent de mort. Le mariage peut également être célébré dans un établissement pénitentiaire lorsque l'un des futurs époux est incarcéré [3].

222. ***Date***. Le mariage ne peut être célébré moins de dix jours ou plus d'un an après la publication. La date, est, en principe, choisie par les futurs époux.

La cérémonie civile doit précéder la cérémonie religieuse, sous peine de sanctions pénales pour le ministre du Culte [4]. Cette solution est imposée par le principe de laïcité : la loi n'exige qu'une cérémonie civile. Mais elle n'interdit pas qu'elle soit suivie par une autre célébration, religieuse cette fois.

---

1. Le maire de la commune désignée ou, en cas d'empêchement, le premier adjoint ou, à défaut, le conseiller municipal le premier dans l'ordre du tableau. Le maire peut déléguer ses pouvoirs à un adjoint ou un conseiller municipal, sans respecter un ordre précis, mais pas à un fonctionnaire municipal.
2. C'est, pour la Cour de cassation, une condition de fond du mariage, régie par la loi nationale des époux : Civ. 1re, 15 juill. 1999, *Bull. civ.* I, n° 244 ; *D.* 2000. Somm. 414, obs. J.-J. Lemouland. Peu importe que les époux aient été dénués d'intention frauduleuse (Paris, 18 oct. 2001, *Dr. fam.* 2002, n° 124, note M. Farge).
3. C. pr. pén., art. D. 424.
4. Six mois d'emprisonnement et 7 500 euros d'amende en vertu des articles 433-21 et 433-22 du Code pénal ; sur la question de l'antériorité de la célébration civile du mariage, v. T. Revet, « De l'ordre des célébrations civile et religieuse du mariage », *JCP* 1987. I. 3309.

223. ***Rituel.*** Le rituel est institué par l'article 75 du Code civil. L'officier de l'état civil joue un rôle actif dans la célébration. Il donne lecture de certains articles du Code civil (art. 212, 213, 214, al. 1er et art. 215, al. 1er) relatifs aux devoirs et droits respectifs des époux, et de l'article 371-1 relatif à la définition de l'autorité parentale. Il demande aux futurs époux s'ils ont fait un contrat de mariage et, en cas de réponse affirmative, le mentionne dans l'acte de mariage. S'il y a lieu, il interpelle les personnes qui doivent donner leur autorisation, si elles sont présentes.

Enfin, l'officier d'état civil reçoit le consentement des futurs époux : chaque partie déclare, l'une après l'autre, qu'elles veulent se prendre pour époux. Alors, l'officier de l'état civil prononce leur union, au nom de la loi, et dresse immédiatement l'acte de mariage qui doit contenir les énonciations prévues par l'article 76 du Code civil (notamment l'identité des époux et de leurs pères et mères) et porte les signatures de l'officier de l'état civil, des époux, des témoins et des ascendants dont l'autorisation était nécessaire.

224. ***Mariage religieux ou coutumier.*** La Cour européenne des droits de l'Homme a affirmé à plusieurs reprises que les États ne sont pas tenus de reconnaître les mariages célébrés selon un rituel religieux ou coutumier qui ne satisfait pas les conditions de forme prescrites par la loi nationale[1].

B. Les modalités particulières de la célébration

1) Mariage international

225. ***Rites étrangers.*** Des étrangers de statut confessionnel ne pourraient se marier valablement en France en observant seulement le rite imposé par leur religion (juive, musulmane…) puisque le droit français exige une célébration civile du mariage par l'officier de l'état civil[2]. La solution est traditionnellement présentée comme nécessaire à la défense du principe de laïcité du mariage qui nourrit, depuis deux siècles, le droit positif français.

226. ***Mariage des Français à l'étranger.*** Les dispositions concernant les mariages célébrés à l'étranger sont contenues dans un chapitre II *bis* intitulé « *Du mariage des Français à l'étranger* » (art. 171-1 à 171-8)[3]. L'article 171-1 reprend le principe traditionnel imposant aux Français se mariant à l'étranger de suivre « les formes usitées dans le pays de célébration » : caractère civil ou religieux du mariage, formalités de célébration… Dans le même sens, l'article 202-2 du Code civil dispose que « *le mariage est valablement célébré s'il l'a été conformément aux formalités prévues par la loi de l'État sur le territoire duquel la célébration a eu lieu* ». Le mariage à l'étranger d'époux français doit avoir été précédé de la publication des bans et le ou les futurs époux de nationalité française doivent respecter les règles de fond prévues par le Code civil. Ces

---

1. *Serife Yigit c/ Turquie* du 2 nov. 2010 ; *Munoz Diaz c/ Espagne* du 8 décembre 2009 (*AJDA* 2010. 997, obs. J.-F. Flauss) ; Dans ce dernier arrêt, la Cour condamne cependant le refus de l'État espagnol de reconnaître les effets du mariage roms en matière de pension de réversion sur le fondement des articles 1er du protocole 1 et 14, au motif que la requérante avait été traitée, pendant la vie commune par les autorités, comme une épouse officielle.
2. Civ. 1re, 15 mars 1988, *Defrénois* 1988, art. 34309, no 73, note J. Massip.
3. V. décret d'application du 10 mai 2007 (*JO* 11 mai) ; J.-J. Lemouland et D. Vigneau, *D.* 2008. Pan. 1790.

conditions de validité s'appliquent à tous les mariages contractés à l'étranger, qu'ils aient été célébrés par une autorité étrangère selon la loi locale ou par les autorités diplomatiques ou consulaires selon la loi française (C. civ., art. 171-1, al. 2).

227. ***Certificat de capacité à mariage***. Surtout, l'article 171-2 du Code civil prévoit que tout Français désirant se marier à l'étranger devant l'autorité locale compétente doit préalablement obtenir de l'autorité diplomatique ou consulaire un certificat de capacité à mariage. Son obtention dépendra de l'accomplissement de l'ensemble des formalités prévues pour un mariage célébré en France par l'article 63 du Code civil[1]. Ainsi, le mariage d'un Français à l'étranger par une autorité étrangère sera soumis aux mêmes formalités que celles prévues pour un mariage célébré en France, alignement qui doit permettre d'améliorer le contrôle *a priori* sur la validité du mariage. En outre, ce certificat conditionne la transcription du mariage à l'état civil français (C. civ., art. 171-8, al. 1er). Encore que la transcription n'en devienne pas automatique, puisque l'autorité diplomatique ou consulaire pourra refuser de l'opérer si « *des éléments nouveaux fondés sur des indices sérieux laissent présumer que le mariage encourt la nullité* » (même texte).

228. ***Opposition spécifique***. Il existe une procédure d'opposition spécifique à la célébration du mariage d'un Français contracté à l'étranger devant une autorité étrangère. L'objectif est de donner à l'autorité diplomatique ou consulaire les moyens de prévenir les mariages frauduleux. Il est prévu que si des indices sérieux laissent présumer que le mariage encourt la nullité, l'autorité diplomatique ou consulaire saisit sans délai le procureur de la République (C. civ., art. 171-4). Le procureur a deux mois pour faire opposition, la mainlevée de l'opposition pouvant être demandée, à tout moment, devant le tribunal de grande instance par les futurs époux, même mineurs. Cette opposition n'évitera pas toujours le mariage d'être célébré à l'étranger, mais s'il n'y a pas eu de mainlevée, elle empêchera la transcription de l'acte de mariage sur les registres de l'état civil français. Or, la transcription sur les registres de l'état civil français de l'acte de mariage d'un Français célébré par une autorité étrangère est une condition d'opposabilité aux tiers en France du mariage (C. civ., art. 171-5). De plus, si des indices sérieux laissent présumer que le mariage célébré devant une autorité étrangère encourt la nullité, l'autorité diplomatique ou consulaire chargée de transcrire l'acte en informe immédiatement le ministère public et sursoit à la transcription (C. civ., art. 171-7, al. 3).

229. ***Mariage diplomatique ou consulaire***. Il a néanmoins toujours été admis une dérogation par le biais du mariage diplomatique ou consulaire. Exception prévue par le Code civil dès 1804, le mariage en la forme diplomatique ou consulaire est aujourd'hui consacré par la Convention de Vienne du 24 avril 1963. Chaque État contractant reconnaît le droit à deux époux ressortissants d'un autre État contractant de se marier sur son territoire devant le diplomate ou le consul de leur pays d'origine.

230. ***Mariage homosexuel***. Par dérogation aux articles 74 et 165 du Code civil, l'article 171-9 issu de la loi n° 2013-404 du 17 mai 2013 permet aux futurs époux de même sexe, dont l'un au moins a la nationalité française, qui ont leur domicile ou leur résidence dans un pays qui n'autorise pas le mariage entre deux personnes de même sexe, de se marier dans la commune de naissance ou de dernière résidence de l'un des époux ou de

1. V. ss 184.

la commune dans laquelle l'un de leurs parents a son domicile ou sa résidence, ou encore dans la commune de leur choix. Selon le Conseil d'État, le refus d'accorder un visa à une personne qui invoque cet article et souhaite venir en France pour se marier porte une atteinte grave à l'exercice celle-ci de sa liberté de se marier, laquelle est une liberté fondamentale [1].

2) Mariage sans comparution personnelle

231. Le mariage requiert la présence des futurs époux, même s'il est célébré à l'étranger, dès lors que cette comparution est imposée par la loi nationale de l'un d'eux (C. civ., art. 146-1). La nullité qui résulte de son inobservation est soumise au « *régime général de prescription prévu pour les actions en nullité de mariage* » [2]. Exceptionnellement, la loi française admet, pour cause grave, la possibilité d'un mariage sans comparution personnelle pour les militaires et marins sous les drapeaux, en temps de guerre [3] ou lorsqu'ils participent à des opérations de maintien de l'ordre et de pacification hors de la métropole [4]. Le mariage doit être autorisé par le garde des Sceaux et le ministre de la Défense [5].

3) Mariage posthume

232. ***Motifs graves.*** Si le futur époux est décédé au cours d'opérations militaires et si son consentement est indiscutablement établi, il est possible d'envisager la célébration d'un mariage posthume avec l'autorisation ministérielle donnée conjointement par le garde des Sceaux et le ministre de la Défense [6]. La loi du 31 décembre 1959 [7] a généralisé cette institution. L'article 171 du Code civil, modifié par la loi n° 2011-525 du 17 mai 2011 de simplification et d'amélioration du droit, prévoit que le président de la République peut, pour motifs graves, « *autoriser la célébration du mariage en cas de décès de l'un des futurs époux, dès lors qu'une réunion suffisante de faits établit sans équivoque son consentement.* » Il apprécie discrétionnairement l'existence et la gravité du motif [8]. Dans un arrêt du 6 décembre 1989 [9], la Cour de cassation a jugé que, si le juge vérifie l'existence des formalités accomplies, c'est au président de la République d'apprécier si ces formalités démontrent sans équivoque l'existence du consentement du défunt. Elle a, depuis, réaffirmé ce principe [10]. Cependant, si le

---

1. CE 9 juill. 2014, n° 382145.

2. Civ. 1re, 28 mars 2006, *D.* 2007. Pan. 1564, obs. J.-J. Lemouland et D. Vigneau. Ces auteurs font observer qu'il faut comprendre qu'il s'agit de la prescription trentenaire.

3. Décret-loi du 9 septembre 1939 (*DP* 1939. 4. 461), abrogé et remplacé par l'ordonnance du 29 mars 2007 : v. J.-J. Lemouland et D. Vigneau, obs. *D.* 2008. Pan. 1790.

4. Loi du 28 novembre 1957 (*D.* 1957. 268) ; un arrêté du 8 février 1991 (*JCP* 1991. III. 64567) a permis aux militaires intervenant dans le cadre des opérations résultant de la résolution n° 678 du 29 novembre 1990 du Conseil de sécurité des Nations unies, lors de la Guerre du Golfe, de bénéficier des dispositions de cette loi.

5. C. civ., art. 96-1.

6. Ord. du 29 mars 2007, préc. ; C. civ., art. 96-1.

7. *D.* 1960. 50. C'est une loi de circonstances, votée à la suite de la rupture du barrage de Malpasset, le 2 décembre 1959.

8. Il s'agira, en général, de l'état de grossesse de la fiancée ou de la présence d'un enfant déjà né. Le mariage posthume permet d'assurer la filiation de l'enfant à l'égard des deux parents.

9. *D.* 1990. 226, note J. Hauser ; *JCP* 1990. II. 21557, note F. Boulanger.

10. Civ. 1re, 30 mars 1999, *D.* 1999. Somm. 372, obs. J.-J. Lemouland ; *Dr. fam.* 1999, n° 62, note H. Lécuyer ; *RTD civ.* 1999. 606, obs. J. Hauser ; 17 oct. 2007, *D.* 2008. Pan. 1789, obs. J.-J. Lemouland et D. Vigneau.

président de la République apprécie la réalité du consentement du futur époux décédé au moment des formalités officielles, il appartient au juge, saisi d'une demande d'annulation de mariage posthume, de vérifier si ce consentement a persisté jusqu'au décès [1]. Pendant la célébration, où l'époux survivant est seul comparant, l'officier de l'état civil a le devoir de vérifier que l'autorisation du président de la République a bien été donnée.

233. ***Effets***. À l'égard de l'époux survivant, le mariage posthume produit des effets limités qui remontent fictivement à la date du jour précédant celui du décès de l'époux (C. civ., art. 171, al. 2). La *fiancée-veuve* peut porter le nom du défunt. En principe, le mariage posthume ne produit pas d'effets patrimoniaux. Aucun régime matrimonial n'est réputé avoir existé entre les conjoints et l'époux survivant n'a aucun droit dans la succession du défunt (C. civ., art. 171, al. 3). Il peut toutefois procurer des droits sociaux, tels que l'allocation de veuvage [2], ou certains intérêts patrimoniaux, tels que dispositions testamentaires, donations, bénéfice d'une assurance-vie, versement d'un capital-décès [3]. En outre, l'enfant à naître est rattaché au mariage de ses parents.

L'institution du mariage posthume a été critiquée. Il serait souhaitable, *de lege lata*, que l'appréciation de l'existence du consentement du défunt relève intégralement de la compétence de l'autorité judiciaire [4]. *De lege ferenda*, le mariage posthume n'a aucune signification matrimoniale, et si l'on songe au sort des enfants, la disparition des catégories d'enfant légitime et d'enfant naturel, avec par voie de conséquence la suppression de la légitimation par mariage, paraît avoir privé d'intérêt cette institution.

Section 2
Le formalisme du pacte civil de solidarité

Au fil des textes dont il a fait l'objet le formalisme du pacte civil de solidarité a évolué particulièrement pour ce qui est de l'autorité chargée de son enregistrement. Alors qu'au départ seul le greffier du tribunal d'instance était compétent, la loi de 2011 a permis que le notaire puisse également enregistrer la convention de Pacs. Finalement, la loi n° 2016-1547 du 18 novembre 2016 a remplacé le greffier du tribunal d'instance par l'officier d'état civil – tout en laissant persister l'enregistrement notarié – rapprochant encore davantage le pacte civil de solidarité du mariage.

---

1. Civ. 1re, 28 févr. 2006, *D.* 2006. Pan. 1417, obs. J.-J. Lemouland et D. Vigneau ; *D.* 2006. 2085, note G. Raoul-Cormeil ; *AJ fam.* 2006. 206, obs. F. Chénedé ; *Dr. fam.* 2006, n° 79, obs. V. Larribau-Terneyre.

2. Soc. 15 févr. 2001, *Bull. civ.* V, n° 57 ; *D.* 2002. Somm. 535, obs. J.-J. Lemouland ; *RTD civ.* 2001. 563, obs. J. Hauser ; M. Lamarche et J.-J. Lemouland, *Rép. civ.*, Dalloz, v° *Mariage* (2° Conditions de formation), n° 644.

3. Civ. 1re, 22 mai 2007, *AJ fam.* 2007. 398, obs. F. Chénedé ; *D.* 2008. Pan. 1789, obs. J.-J. Lemouland et D. Vigneau. J.-J. Lemouland, *in Droit de la famille*, Dalloz Action, 2007, n° 113.173. En ce sens, v. Rép. min. n° 88311 : *JOAN Q* 16 mai 2006, p. 5187 : les legs ou donations à cause de mort que l'époux défunt aurait consentis à la personne qui est devenue son conjoint doivent être soumis au régime fiscal des transmissions entre époux.

4. V. en ce sens, J. Rubellin-Devichi, *RTD civ.* 1986. 573 ; sur le nombre de mariages posthumes (en 1999, 32 dispenses pour 66 demandes, Rép. min. n° 41306 *JOAN Q* 17 avr. 2000, p. 2504), cf. J. Hauser, obs. préc., p. 563.

§ 1. La rédaction du contrat

234. ***Convention***. La convention de Pacs doit faire l'objet d'un écrit. L'article 515-3, alinéa 2, précise en effet qu'à peine d'irrecevabilité, les personnes qui concluent un Pacs produisent une convention qui est passée entre elles soit par acte authentique, conforme aux dispositions des articles 1317 et suivants du Code civil, soit par acte sous seing privé répondant aux exigences de l'article 1325 du Code civil relatives au contrat synallagmatique. En outre, l'article 515-3-1, alinéa 2, précise que le Pacs ne produit d'effet entre les parties qu'à compter de son enregistrement.

§ 2. La déclaration à l'officier d'état civil ou au notaire

235. ***Tribunal d'instance***. Au départ c'est le greffe du tribunal d'instance qui a été retenu par les promoteurs du Pacs, car cette autorité publique est facilement accessible aux intéressés. Le tribunal d'instance compétent était le tribunal dans le ressort duquel les personnes qui concluent un Pacs fixent leur résidence commune (C. civ., art. 515-3).

236. ***Notaire***. L'article 515-3 du Code civil a ensuite été modifié par la loi n° 2011-331 du 28 mars 2011 de modernisation des professions judiciaires ou juridiques et certaines professions réglementées pour admettre que « lorsque *la convention de pacte civil de solidarité est passée par acte notarié, le notaire instrumentaire recueille la déclaration conjointe, procède à l'enregistrement du pacte et fait procéder aux formalités de publicité* ». Le décret n° 2012-966 du 20 août 2012 relatif à l'enregistrement de la déclaration, de la modification et de la dissolution du pacte civil de solidarité reçu par un notaire clarifie la répartition des compétences respectives du notaire et du greffier selon que la convention est conclue par acte sous seing privé ou par acte authentique. Dans le premier cas c'est le greffe qui est compétent alors que dans la seconde hypothèse c'est le notaire. Alors que la loi détermine la compétence territoriale de l'officier d'état civil[1], aucune règle ne détermine la compétence territoriale du notaire, ce qui permet aux partenaires de s'adresser au notaire de leur choix.

237. ***Officier d'état civil***. Finalement la loi n° 2016-1547 du 18 novembre 2016 a franchi un pas supplémentaire dans la reconnaissance officielle du pacte civil de solidarité en remplaçant la déclaration devant le greffe du tribunal d'instance par une déclaration devant l'officier d'état civil de la commune de résidence des époux. L'alinéa 1er article 515-3 est ainsi rédigé : « *Les personnes qui concluent un pacte civil de solidarité en font la déclaration conjointe devant l'officier de l'état civil de la commune dans laquelle elles fixent leur résidence commune ou, en cas d'empêchement grave à la fixation de celle-ci, devant l'officier de l'état civil de la commune où se trouve la résidence de l'une des parties* ». Il est également prévu qu'« *en cas d'empêchement grave, l'officier d'état civil se transporte au domicile ou à la résidence de l'un des parties pour enregistrer le pacte civil de solidarité* » (C. civ., art 515-3, al. 2). Il peut s'agir de l'hypothèse de l'hospitalisation ou de l'incarcération d'un des partenaires.

---

1. V. ss 237.

238. ***Présentation personnelle.*** Cette déclaration doit être faite par les deux partenaires, se présentant en personne. Faute de texte particulier, on ne saurait admettre un pacte civil de solidarité conclu à titre posthume comme l'article 171 du Code civil le permet pour le mariage [1].

239. ***Production des pièces.*** « *À peine d'irrecevabilité, les personnes qui concluent un pacte civil de solidarité produisent la convention passée entre elles à l'officier de l'état civil, qui la vise avant de la leur restituer* » (art. 515-3, al. 2), les déclarants doivent produire l'original de la convention, ou son expédition lorsque la convention a été conclue en la forme authentique [2]. Ils doivent joindre les pièces d'état civil permettant d'établir la validité de l'acte au regard des empêchements (art. 515-2). Depuis que le Pacs est mentionné sur l'acte de naissance des partenaires, la production de ce dernier acte est suffisante. Le partenaire de nationalité étrangère né à l'étranger doit aussi produire un certificat du greffe du tribunal de grande instance de Paris attestant qu'il n'est pas déjà lié par un Pacs.

§ 3. L'ENREGISTREMENT DU PACTE CIVIL DE SOLIDARITÉ

240. ***État civil.*** Lorsque l'officier d'état civil reçoit tous les documents nécessaires, il enregistre la déclaration conjointe des deux personnes qui concluent un Pacs et fait procéder aux formalités de publicité (art. 515-3, al. 4). Le notaire qui a reçu et enregistré la déclaration conjointe de conclusion d'un pacte civil de solidarité avise, quant à lui, sans délai, l'officier de l'état civil détenteur de l'acte de naissance de chaque partenaire afin qu'il soit procédé aux formalités de publicité dans les conditions prévues au troisième alinéa de l'article 49 du Code civil (Décr. n° 2012-966 du 20 août 2012, art. 6). Le pacte civil de solidarité est enregistré par le notaire dans « le registre des conventions notariées de pacte civil de solidarité » qui est tenu par chaque étude notariale, éventuellement sous forme électronique (Décr. n° 2012-966 du 20 août 2012, art. 8).

L'officier d'état civil restitue aux partenaires l'original de la convention ou l'expédition de l'acte authentique, après les avoir visés et datés. Depuis le décret du 23 décembre 2006 le greffier inscrivait la déclaration conjointe sur un registre spécial – dit « registre du lieu de résidence » – tenu au tribunal d'instance du lieu de résidence commune. La loi du 23 juin 2006 avait supprimé le registre spécial dit « du lieu de naissance », puisque désormais les règles de publicité étaient assurées par l'état civil [3]. On peut penser que le registre du lieu de résidence va également disparaître puisque désormais les déclarations de Pacs vont être directement enregistrées à l'état civil.

241. ***Étranger.*** À l'étranger, l'enregistrement de la déclaration conjointe du Pacs liant deux partenaires dont l'un au moins est de nationalité française est de la compétence des agents diplomatiques et consulaires français. Ils sont chargés des formalités décrites antérieurement, ainsi que de celles requises en cas de modification du pacte.

---

1. Rép. min. n° 47405, *JOAN Q* 21 août 2000, p. 4987 ; *Dr. fam.* avr. 2001. 35, obs. Beignier ; Douai, 28 juin 2010, RG n° 10/01605 qui refuse les effets de l'enregistrement d'un pacte de solidarité effectué après le décès de l'un des partenaires

2. Décret n° 2006-1806 du 23 décembre 2006, relatif à la déclaration, la modification, la dissolution et la publicité du pacte civil de solidarité, article 1er.

3. H. Bosse-Platière, *in Droit de la famille*, Dalloz Action préc., n° 151.51.

242. ***Condition de validité***. La déclaration enregistrée est une condition de validité du Pacs[1], l'article 515-3-1, alinéa 2, du Code civil disposant que le Pacs ne prend effet entre les parties qu'à compter de son enregistrement. Les travaux parlementaires de la loi de 1999 confirmaient déjà ce caractère substantiel.

243. ***Refus d'enregistrement***. Depuis le décret du 20 août 2012, le greffier vérifiait les conditions de validité des Pacs sous seing privé dont il assurait l'enregistrement, alors que le notaire devait procéder à cette même vérification pour les Pacs authentiques. Si les conditions d'enregistrement ne sont pas remplies, le greffier prenait une décision motivée d'irrecevabilité de la déclaration. Cette décision était susceptible de recours devant le président du tribunal de grande instance statuant en la forme des référés ou le président du tribunal d'instance de Paris, si la décision avait été prise par une autorité diplomatique ou consulaire (Décr. n° 2006-1806 du 23 déc. 2006, art. 1er). Envisager un recours juridictionnel supposait que le contrôle du greffier n'est pas purement formel et qu'il peut refuser l'enregistrement de la déclaration en se fondant, par exemple, sur l'existence d'un empêchement[2]. On peut penser qu'il en sera de même pour le refus de l'officier d'état civil tant en termes de motifs de refus qu'en terme de recours. En revanche, le notaire ne peut prendre de décision d'irrecevabilité susceptible de recours juridictionnel.

Le Conseil d'État avait décliné la compétence des juridictions administratives[3] : « *considérant qu'eu égard à la nature du pacte civil de solidarité et à la mission qui incombe au greffier saisi d'une telle déclaration, la décision d'irrecevabilité prise par le greffier du tribunal d'instance... n'a pas le caractère d'un acte administratif dont la juridiction administrative serait compétente pour connaître* ». C'était sous-entendre que le Pacs intéresse au premier chef l'état des personnes, comme le suggère la place des articles 515-1 et suivants dans le Livre premier du Code civil intitulé « Des personnes ».

§ 4. La publicité

244. ***Vie privée***. La loi du 15 novembre 1999 n'avait pas prévu de publicité du Pacs à l'état civil. Il s'agissait de ne pas assimiler le Pacs au mariage, ce qu'a confirmé le Conseil constitutionnel en déclarant que le Pacs était « *sans incidence sur les autres titres du Livre premier du Code civil, notamment ceux relatifs aux actes de l'état civil* »[4]. Il en était résulté un travail considérable pour les greffiers, chargés de la délivrance d'innombrables certificats de non-Pacs. Or, l'essentiel pour les tiers est la connaissance du Pacs, qui ne faisait l'objet d'aucune publicité. Car, sur la publicité, le Conseil constitutionnel a été conduit à émettre d'importantes réserves liées à l'atteinte au respect de la vie privée. Il a considéré que l'accès des tiers aux différents registres d'inscription devait être limité afin de ne pas « *révéler les préférences sexuelles des personnes liées par le Pacs* » (considérant n° 75).

Aussi, après consultation de la Commission nationale de l'informatique et des libertés, un décret n° 99-1090 du 21 décembre 1999 avait mis en place un système très restrictif

---

1. H. Bosse-Platière, *in Droit de la famille*, Dalloz Action préc., n° 151-31 ; J. Hauser, « Le pacte civil de solidarité est-il un contrat consensuel ou un contrat solennel ? », *Defrénois* 2001. 673.
2. J. Gourdou et J.-J. Lemouland, note préc., *D.* 2004. 298.
3. CE 23 mai 2003, *D.* 2004. 295, note J. Gourdou et J.-J. Lemouland ; *RTD civ.* 2003. 546, obs. R. Perrot ; *ibid.* 684, obs. J. Hauser.
4. Cons. const. 9 nov. 1999, Décis. n° 99-419 DC, préc., § 29.

et assez complexe. On en retiendra seulement qu'outre les intéressés et les autorités judiciaires, seuls les notaires et les huissiers pouvaient, en pratique, obtenir communication d'informations utiles pour les tiers auxquels le Pacs est opposable.

245. ***Acte de naissance***. L'opinion du législateur a changé. La loi du 23 juin 2006 a rapproché le Pacs du mariage, en prévoyant qu'il est fait mention, en marge de l'acte de naissance de chaque partenaire, de la déclaration de Pacs, avec indication de l'identité de l'autre partenaire (art. 515-3-1). L'existence de conventions modificatives est soumise à la même publicité. Pour les personnes de nationalité étrangère nées à l'étranger, cette information est portée sur un registre « au service central d'état civil du ministère des affaires étrangères ». C'est une institutionnalisation accrue du Pacs, puisqu'il fait son entrée dans l'état civil des partenaires[1]. Désormais, la qualité de partenaire devient un élément de l'état civil de la personne, ce qui facilite la publicité à l'égard des tiers, et en particulier des créanciers qui peuvent bénéficier de la solidarité entre partenaires. Il suffira, désormais, de demander à l'officier de l'état civil un extrait de l'acte de naissance qui mentionnera l'existence d'un Pacs et l'identité de l'autre partenaire[2].

246. ***Date d'effets***. Si le Pacs n'est opposable aux tiers qu'à compter du jour où les formalités de publicité sont accomplies, le Pacs prend effet entre les parties dès son enregistrement, lequel lui confère date certaine (art. 515-3-1, al. 2).

§ 5. La modification du pacte civil de solidarité

247. ***Nouvelle convention***. Les partenaires d'un Pacs qui entendent modifier celui-ci peuvent en faire la déclaration conjointe à l'officier d'état civil ou au notaire qui a reçu l'acte initial (art. 515-3, al. 4). Ils remettent alors l'officier d'état civil ou au notaire l'acte portant modification de la convention. La possibilité de modifier le Pacs en adressant, par lettre recommandée avec avis de réception, l'acte sous seing privé ou l'expédition de l'acte authentique portant modification de la convention initiale, au greffe du tribunal d'instance ou au notaire du lieu d'enregistrement du Pacs prévu par le décret du 23 décembre 2006 devrait être reprise avec pour destinataire l'officier d'état civil. Même si la convention originale avait été établie par acte authentique, la modification de la convention peut avoir lieu par acte sous seing privé et inversement.

248. ***Enregistrement***. L'officier d'état civil ou le notaire procède à l'enregistrement de la convention modificative, il vise et date celle-ci et la restitue aux partenaires, ou, selon le cas, leur envoie par lettre recommandée avec avis de réception.

249. ***Effet***. La convention modificative ne prend effet entre les parties qu'à compter de son enregistrement, qui lui confère date certaine. Une mention de la modification du Pacs est portée en marge de l'acte de naissance de chaque partenaire, et la convention modificative n'est opposable aux tiers qu'à compter du jour où ces formalités de publicité ont été accomplies (art. 515-3-1, al. 2).

---

1. J. Rochfeld, *RTD civ*. 2006. 625.
2. Sur le droit transitoire relatif à la publicité du Pacs, v. loi du 23 juin 2006, article 47.

Chapitre 3

La sanction des conditions de formation du mariage et du Pacs

Les conditions de formation du mariage et du pacte civil de solidarité permettent d'une part d'établir la preuve de l'existence du mariage et du Pacs (Section 1), et sont d'autre part sanctionnées par la nullité (Section 2).

Section 1
La preuve de l'existence du mariage et du Pacs

250. Cette question est d'une importance pratique évidente : les époux et les partenaires ont, en fait, souvent besoin de prouver le mariage ou le Pacs notamment à l'égard des tiers. Si le Code civil prévoit le régime de la preuve du mariage, il reste silencieux pour ce qui est de celle du pacte civil de solidarité.

§ 1. La preuve du mariage

Cette preuve doit, en principe, être faite par l'acte de mariage. Cependant, la possession d'état d'époux peut, exceptionnellement, jouer un rôle.

A. L'acte de mariage

1) Le principe

251. L'ordonnance de Blois de 1579 décida que la production de l'acte de mariage était indispensable pour prouver son existence. Cette règle fut reprise par les rédacteurs du Code civil. En vertu de l'article 194, la preuve du mariage doit donc être faite par l'acte constatant la célébration et dressé par l'officier de l'état civil. Aucun autre écrit n'est admissible. *A fortiori*, doivent être écartés l'aveu, le serment et la preuve testimoniale. Cette règle est applicable aux époux et aux tiers.

2) L'exception

252. ***Perte***. L'article 46 du Code civil, auquel renvoie l'article 194, prévoit qu'il est possible de faire la preuve par tous moyens – registres ou papiers domestiques, témoins [1]

1. Civ. 1re, 24 oct. 2000, *Dr. fam.* 2001, n° 37, note H. Lécuyer.

– lorsque les registres n'ont pas été tenus (l'acte a été omis sur les registres ou n'a été dressé que sur une feuille volante) ou lorsqu'ils ont été perdus ou détruits accidentellement. L'intéressé doit alors prouver l'existence des circonstances qui empêchent de produire l'acte de mariage ainsi que l'existence de la célébration.

253. ***Destruction volontaire***. L'impossibilité de produire l'acte de mariage peut également résulter de sa destruction volontaire ou de sa falsification, réprimées par les articles 432-15 et 441-4 du Code pénal. Dans ces hypothèses, l'article 198 du Code civil dispose que le jugement qui constate l'infraction, et donc établit la teneur véritable de l'acte, sera inscrit sur les registres de l'état civil et fera preuve du mariage.

B. La possession d'état d'époux

254. ***Définition***. La possession d'état d'époux est une situation de fait d'où il résulte que les conjoints se sont traités comme époux et qu'ils sont considérés comme tels par leur entourage et par l'autorité publique. La possession d'état d'époux ne prouve pas le mariage (C. civ., art. 195)[1].

255. ***Effet limité***. Elle est, cependant, admise exceptionnellement au profit de l'enfant, issu du couple. À cette fin, il doit prouver sa filiation mais aussi le mariage de ses parents. Or, il peut ne pas être en mesure de connaître le lieu et la date de sa célébration. L'article 197 du Code civil lui permet alors d'invoquer la possession d'état d'époux de ses parents lorsque ceux-ci sont décédés ou hors d'état de lui fournir des indications[2]. Il faut, d'abord, qu'il démontre qu'il a la possession d'état d'enfant issu du mariage[3]. Celle-ci, toutefois, ne résulte pas de la possession d'état d'époux de ses parents. De surcroît, elle ne doit pas contredire l'acte de naissance[4]. L'enfant pourra, ensuite, prouver, par tous moyens, la possession d'état d'époux de ses parents. La présomption qui en découle n'est pas irréfragable. Elle peut être renversée par la preuve que les parents de l'enfant n'étaient pas mariés.

§ 2. La preuve du Pacs

256. Aucun texte équivalent à l'article 194 du Code civil relatif au mariage n'exige une preuve particulière du Pacs. Toutefois celui-ci étant un acte juridique il doit être prouvé par un écrit. Il peut s'agir de la convention de Pacs elle-même enregistré selon les modalités prévues par la loi[5]. L'inscription du pacte civil de solidarité en marge de l'acte de naissance des partenaires permet en outre à ces derniers d'établir la preuve du Pacs par la production de leur acte de naissance. Il en va de même pour les tiers qui peuvent établir la preuve du Pacs en accédant aux registres d'état civil.

---

1. Disposition logique : beaucoup de concubins vivent comme mari et femme, alors qu'ils ne sont pas mariés. Ce mode de preuve ne serait donc pas fiable.
2. Dans le cas d'une amnésie ou d'une démence.
3. C'est-à-dire qu'il a été traité comme un enfant issu du mariage et considéré comme tel par les tiers ; l'article 197 cite encore « la légitimité des enfants », car il n'a pas été modifié par l'ordonnance du 4 juillet 2005 portant réforme de la filiation et qui a supprimé la catégorie des enfants légitimes.
4. Civ. 30 nov. 1920, *DP* 1921. 1. 177, note R. Savatier.
5. V. ss 235 s.

Section 2

La remise en cause de la validité du mariage ou du Pacs : la nullité

§ 1. La nullité du mariage

257. ***Régime dérogatoire.*** La sanction de l'inobservation d'une condition de fond ou de forme du mariage est la nullité de l'union. C'est beaucoup plus grave, à l'évidence, que l'annulation d'un contrat. En effet, le mariage est aussi une institution. Si les règles édictées par la société pour la validité de cette institution ne sont pas respectées, on peut hésiter à annuler le mariage : il a été célébré, une famille a été fondée, des enfants sont nés. C'est pourquoi le régime de la nullité du mariage est largement dérogatoire au droit commun de la nullité des actes juridiques. Ainsi, le non-respect d'une condition de formation du mariage n'entraîne pas sa nullité lorsqu'est violé un empêchement prohibitif. La nullité du mariage ne peut être prononcée que si est en cause un empêchement dirimant.

258. ***Empêchement prohibitif ou dirimant.*** Un empêchement est prohibitif lorsqu'il fait seulement obstacle à la célébration du mariage. Si celle-ci a tout de même lieu, le mariage ne peut être annulé. Sont prohibitifs les empêchements suivants : défaut de publication, existence d'une opposition non levée, défaut de production de certaines pièces nécessaires en cas de remariage. Ce sont des irrégularités légères. Est un empêchement dirimant celui dont le non-respect entraîne la nullité du mariage. L'irrégularité est grave, donc la sanction est rigoureuse. En pratique, le contentieux de l'annulation reste toujours faible, comparé à celui du divorce [1].

259. ***Nullité et divorce.*** Ils ont tous deux vocation à libérer du lien matrimonial. En théorie, la nullité de l'union sanctionne le non-respect, au moment du mariage, d'une condition de fond ou de forme exigée par la loi, le mariage étant censé n'avoir jamais existé. Le divorce, au contraire, ne peut résulter que de faits postérieurs à la célébration et il dissout le mariage pour l'avenir. La réalité est, toutefois, plus complexe et révèle des recoupements possibles. Ainsi, peut constituer une faute, au sens de l'article 242 du Code civil, le fait pour un époux d'induire son conjoint en erreur en lui dissimulant l'existence d'un fait antérieur au mariage. Cependant, il ne faut pas confondre [2] ces deux espèces de « démariage » [3].

260. ***Nullité et inexistence.*** Les textes du Code civil n'édictent pas expressément la nullité du mariage dans certains cas graves d'irrégularités : par exemple le défaut de célébration par un officier de l'état civil. Dans cette hypothèse, certains auteurs, appliquant l'adage « pas de nullité sans texte en matière de mariage », proposent de considérer

---

1. Sont intentées quelques centaines d'actions par an.

2. Ainsi un cas de nullité pour erreur sur une qualité essentielle ne sera pas nécessairement une cause de divorce.

3. J. Carbonnier, *op. cit.*, p. 525 ; cf. P. Hébraud, « Nullité de mariage et divorce », *in Mélanges Dauvillier*, 1979, p. 403 s. : la conception des nullités du mariage commande l'analyse de l'institution elle-même. Partant, le divorce n'entraînant la dissolution du mariage que pour l'avenir, ne met pas obstacle à l'action tendant à son annulation rétroactive : Civ. 1re, 10 mars 1998, *Dr. fam.* 1998, n° 147, note H. Lécuyer.

que le mariage est inexistant. Cette théorie signifie que l'intervention du juge n'est pas nécessaire, les « époux »[1] pouvant se remarier sans que l'annulation ait été prononcée. Si une action en justice est intentée, le juge doit se borner à constater l'inexistence de l'union. En outre, aucune prescription ne peut éteindre cette action puisque le mariage est censé n'avoir jamais existé. Enfin, le mariage inexistant ne saurait jamais être un mariage putatif.

261. ***Nullité virtuelle.*** La théorie de l'inexistence a le mérite de montrer qu'une union doit remplir un minimum de conditions pour pouvoir être qualifiée de mariage. Il faut, en particulier, l'union de deux personnes célébrée devant une autorité compétente[2]. Cependant, il est possible de sanctionner ces graves irrégularités du mariage sans faire appel à la notion d'inexistence. Il suffit de considérer que la sanction doit être la nullité absolue, même si, n'étant pas prévue par un texte, la nullité n'est pas textuelle : c'est alors seulement une nullité virtuelle. Naturellement le juge doit se montrer prudent, le concept de nullité virtuelle ne devant être mis en œuvre que dans les cas graves où l'absence de texte résulte d'une omission du législateur.

Il y a évidemment moins de difficultés pour les cas de nullité prévus expressément (A). Ceux-ci peuvent être constatés à la suite d'une action en justice (B) et produisent, une fois la nullité prononcée, les mêmes effets (C).

A. Les cas de nullité du mariage

262. La nullité du mariage peut être absolue ou relative, dans des conditions qui depuis la réforme de la prescription par la loi n° 2008-561 du 17 juin 2008 peuvent déroger au droit commun.

1) Les cas de nullité absolue du mariage

a) Inobservation d'une condition de fond

263. L'article 184 prévoit, par renvoi aux textes qui édictent ces conditions, des cas de nullité absolue résultant de l'inobservation de conditions de fond essentielles. Elles sont imposées pour des raisons d'ordre public.

264. ***L'impuberté***, c'est-à-dire le défaut d'âge légal, est la violation d'une condition de fond imposée par l'article 144.

265. ***Le défaut total de consentement.*** L'existence du consentement est exigée par l'article 146 du Code civil. Mais aucune sanction n'était prévue par les rédacteurs du Code civil en cas d'absence de consentement (seuls les vices étaient sanctionnés). La jurisprudence prononçait, dans ce cas, la nullité relative du mariage. La loi du 19 février 1933 a, dans l'article 184, introduit la référence à l'article 146 du Code civil, condamnant

---

1. Dans les développements qui suivent, pour des raisons pratiques, nous emploierons les termes *époux* ou *conjoint*, bien qu'impropres lorsque le mariage est censé n'avoir jamais existé.
2. C'est pourquoi l'on doit exiger un minimum de célébration pour appliquer la théorie du mariage putatif ; v. ss 303 s.

ainsi la jurisprudence. Désormais, le mariage contracté sous l'empire d'un trouble mental ou sans intention conjugale est nul d'une nullité absolue.

266. ***La non-comparution d'un Français lors de son mariage***, même contracté à l'étranger, est une cause de nullité absolue : l'article 184 fait désormais référence à l'article 146-1 du Code civil.

267. ***La bigamie*** l'est aussi : l'article 184 renvoie à l'article 147 qui exige que le premier mariage soit dissous.

268. ***L'existence d'une prohibition résultant d'un lien de parenté ou d'alliance***. La nullité pour inceste est absolue. Il est fait explicitement référence aux articles 161, 162 et 163 du Code civil. La présence d'une des prohibitions prévues par ces textes entraîne la nullité absolue du mariage, même si la prohibition pouvait être levée par une dispense dès lors qu'elle a été refusée ou n'a pas été demandée. La nullité est également encourue dans le cadre d'une adoption plénière. Dans l'hypothèse d'une adoption simple, l'hésitation est permise, mais la même solution doit prévaloir pour des raisons de morale sociale [1].

b) Inobservation d'une condition de forme

269. La plupart des règles de forme imposées par le Code civil sont des empêchements prohibitifs, donc non sanctionnés par la nullité du mariage. L'article 191 du Code civil ne prévoit que deux hypothèses dans lesquelles l'inobservation d'une condition de forme est susceptible d'entraîner la nullité absolue du mariage.

270. ***Incompétence de l'officier de l'état civil.*** Le mariage est nul s'il a été célébré par un officier de l'état civil incompétent *ratione personae* (aucun des deux époux n'avait son domicile ou sa résidence dans la commune du lieu de célébration) ou *ratione loci*, ou bien par un conseiller municipal auquel le maire n'avait pas délégué ses pouvoirs. Cependant, il ne s'agit que d'un cas de nullité facultative laissée à l'appréciation des juges. Ceux-ci n'annulent le mariage que si l'irrégularité a un caractère frauduleux [2]. Souvent, le vice d'incompétence se double de celui de clandestinité.

271. ***Clandestinité du mariage***. « Mariage clandestin » ne signifie pas « mariage secret ». Le fait de vouloir se marier dans la plus grande discrétion n'est pas constitutif du vice de clandestinité. Même le défaut de publication n'entraîne pas, à lui seul, la nullité du mariage. Pour qu'il y ait clandestinité du mariage, il faut qu'ait été spécialement recherchée l'absence de publicité de la célébration elle-même. Les juges usent largement de leur pouvoir souverain d'appréciation, qu'ils exercent dans un sens libéral. En effet, ils ne prononcent la nullité de l'union que lorsqu'ils relèvent, chez les époux, la volonté délibérée de se soustraire aux formalités de publicité en vue de frauder la loi.

---

1. Sur les éléments du débat, v. M. Lamarche et J.-J. Lemouland, *Rép. civ.*, Dalloz, v° *Mariage* (3° Sanctions de l'inobservation des conditions de formation), n°s 35 s.

2. V. la célèbre affaire des *Mariages de Montrouge* (Civ. 7 août 1883, *DP* 84. 1. 5, concl. Barbier ; *S.* 84. 1. 5, note Labbé) : de nombreux mariages avaient été célébrés par un adjoint incompétent ; v. également, dans le même sens, TGI Paris, 10 nov. 1992, *D.* 1993. 467, note B. Beignier : il n'y a pas lieu d'annuler le mariage célébré, sur le territoire du 12e arrondissement de Paris, par un adjoint au maire du 20e arrondissement.

272. ***Absence de célébration du mariage par un officier de l'état civil.*** Bien que non prévue par l'article 191, elle doit entraîner la nullité absolue du mariage en application de la théorie des « nullités virtuelles ». Il en serait ainsi dans l'hypothèse d'un mariage célébré par un agent diplomatique ou consulaire incompétent.

2) Les cas de nullité relative

273. Comme en droit commun, la nullité relative du mariage est une nullité de protection. Il n'existe que deux cas de nullité relative.

Un vice du consentement de l'un des époux : erreur ou violence. C'est alors l'intégrité du consentement des époux qui est en cause et non son existence.

Le défaut d'autorisation familiale lorsque celle-ci était requise par la loi : ce cas concerne le mariage des mineurs et celui des incapables majeurs.

Pour faire constater l'existence d'un cas de nullité du mariage, une action en justice est nécessaire.

B. L'action en nullité du mariage

1) Dispositions communes

a) Exception de nullité

274. Le chapitre IV relatif aux nullités du mariage s'intitule : « *Des demandes en nullité de mariage* » mais, conformément au droit commun, on doit admettre que la nullité absolue ou relative du mariage peut être opposée, par voie d'exception, à une action fondée sur son existence. Ainsi, l'exception de nullité peut être invoquée en réponse à une action en divorce ou à une action en contribution aux charges du mariage. Sont habilités à opposer cette exception tous ceux qui ont qualité pour critiquer le mariage par voie d'action, y compris le ministère public lorsque l'époux invoque le mariage contre eux. La fin de non-recevoir tirée de la nullité du lien matrimonial soulevée par le défendeur oblige le juge, saisi d'une demande en divorce, à surseoir à statuer jusqu'à ce que la question d'état ait été tranchée par le tribunal de grande instance[1].

b) Compétence

275. ***Tribunal de grande instance.*** L'action en nullité du mariage relève de la compétence du tribunal de grande instance statuant en formation collégiale. Conformément au droit commun, le demandeur doit porter son action devant le tribunal dans le ressort duquel le défendeur a son domicile ou sa résidence[2].

c) Voies de recours

276. Le jugement statuant sur la validité d'un mariage est toujours susceptible d'appel. La procédure devant la cour d'appel est la procédure de droit commun. L'arrêt rendu est

---

1. Paris, 15 juin 1988, *Gaz. Pal.* 1991. 2.484, obs. M. Renard.
2. Comp., en matière de divorce, C. pr. civ., art. 1070 s.

susceptible d'être attaqué par un pourvoi en cassation. Ni le délai ni le pourvoi ne sont suspensifs d'exécution comme c'est le cas en matière de divorce [1]. Ce qui est regrettable car l'arrêt de la cour d'appel annulant le mariage permet la célébration d'une nouvelle union. On peut alors s'interroger sur le sort de celle-ci dans l'hypothèse où l'arrêt de la cour d'appel serait cassé : la nullité pour bigamie serait encourue, du moins dans l'attente de l'arrêt qui sera rendu par la cour d'appel de renvoi.

2) L'action en nullité absolue

277. Le législateur a eu le souci de maintenir le mariage, autant que faire se peut : il a limité l'accès à l'action en nullité (1°) et a dressé un certain nombre d'obstacles à son succès (2°).

a) Qualité pour agir

278. En droit commun, l'action en nullité absolue est ouverte à tout intéressé. L'article 184 du Code civil énonce ce principe. Contrairement à l'action en divorce, l'action en nullité absolue du mariage est une action banale au sens procédural, c'est-à-dire une action largement ouverte. Néanmoins, aux termes de l'article 187 du Code civil, il convient de distinguer deux catégories de personnes : celles qui peuvent agir en vertu de leur seule qualité, leur intérêt à agir étant présumé, et celles qui doivent justifier d'un intérêt né et actuel pour agir. L'accès est facile lorsque le lien entre le demandeur et le mariage critiqué est étroit [2]. Au cas contraire, les conditions d'ouverture de l'action sont plus strictes.

Personnes pouvant agir en vertu de leur seule qualité

279. ***Époux***. Il s'agit, tout d'abord, des époux eux-mêmes, seuls expressément visés, avec le ministère public, par l'article 184 du Code civil. Le droit d'agir appartient à chacun d'eux [3], même s'il est responsable de la nullité.

280. ***Ascendants***. Les père, mère et autres ascendants peuvent également agir. La loi n'ayant établi aucune hiérarchie entre eux, l'action leur appartient donc à tous concurremment. Le conseil de famille est recevable à agir lorsque son autorisation était requise pour le mariage [4].

281. ***Bigamie***. En cas de bigamie, le premier conjoint d'un des époux est recevable à agir : l'article 188 du Code civil lui a réservé une action attitrée. Sa seule qualité de conjoint lui donne le droit d'agir, son intérêt étant présumé [5].

---

1. C. pr. civ., art. 1086.
2. J. Hauser et D. Huet-Weiller, *op. cit.*, n° 333.
3. Dans l'hypothèse du mariage frauduleux, la nullité est toujours ouverte aux deux époux sur le fondement de l'article 146 du Code civil.
4. V. ss 136.
5. Mais si l'action en nullité est intentée après le divorce, il a perdu sa qualité de conjoint, et ne pouvant se prévaloir des dispositions de l'article 188, il doit justifier d'un intérêt à agir ; Civ. 1re, 12 avr. 2012, pourvoi n° 11-11116, *RLDC* 2012. 40, obs. E. Pouliquen.

Personnes devant justifier d'un intérêt né et actuel

282. ***Collatéraux et enfants d'un premier lit.*** Les autres personnes doivent justifier d'un intérêt né et actuel pour être recevables à agir en nullité absolue du mariage. L'article 187 du Code civil cite seulement les collatéraux et les enfants d'un premier mariage qui agiront, en général, pour défendre un intérêt successoral[1]. Ils peuvent ainsi priver un héritier de ses droits. Ainsi la Cour de cassation a-t-elle pu juger que les collatéraux ayant vocation à recueillir, en l'absence de conjoint survivant, la partie de la succession de leur frère non incluse dans un testament, justifiaient au moment d'un intérêt né et actuel à agir en nullité du mariage[2].

283. ***Mariage putatif.*** Cependant, une telle action présente, aujourd'hui, beaucoup moins d'intérêt lorsqu'elle est exercée contre les enfants issus du mariage critiqué, ceux-ci conservant le statut d'enfants issus du mariage malgré l'annulation du mariage de leurs parents[3]. La remarque vaut également pour l'action contre le conjoint survivant pouvant bénéficier du mariage putatif car il conserve ses droits successoraux[4].

284. ***Créancier.*** Par ailleurs, il n'est pas exclu qu'un créancier ou un tiers, bien que non mentionnés expressément par le Code, soit recevable à agir s'il peut justifier d'un intérêt. Ainsi, le tiers acquéreur d'un immeuble d'habitation vendu par l'un des époux sans l'autorisation de son conjoint pourrait avoir intérêt à faire prononcer la nullité du mariage.

285. ***Conjoint divorcé.*** Le conjoint divorcé est-il recevable à agir en nullité du mariage dissous ? La doctrine[5] et la jurisprudence[6] admettent la recevabilité de son action. Néanmoins, le conjoint divorcé, assimilé alors à un tiers, n'est recevable à agir que s'il peut justifier d'un intérêt dont les juges admettent qu'il pourrait être purement moral. Le prononcé de la nullité rendrait alors caduc le divorce prononcé antérieurement.

La même solution doit être appliquée au premier conjoint divorcé qui voudrait faire prononcer la nullité du second mariage de son ex-conjoint, sur le fondement de la bigamie[7]. Il n'a plus à sa disposition l'action attitrée de l'article 188 puisqu'il a perdu la qualité d'époux exigée par le texte. Il ne pourrait donc agir en nullité qu'en justifiant d'un intérêt né et actuel[8].

---

1. Par ex., Civ. 1re, 28 mai 1980, *JCP* 1981. II. 19552, note G. Raymond.
2. Civ. 1re, 4 mai 2011, pourvoi n° 0968983.
3. V. ss 312 s.
4. V. ss 309.
5. V. en ce sens, J. Hauser et D. Huet-Weiller, *op. cit.*, n° 336 ; G. Raymond, « Nullité absolue du mariage pour simulation », *Gaz. Pal.* 1975. 2. Doctr. 501 et *J.-Cl. Civ.*, préc., n° 84.
6. Paris, 12 juin 1957, *D.* 1957. 571 ; Paris, 11 juin 1974, *Gaz. Pal.* 1974. 2. Somm. 293, pour une action en nullité absolue du mariage pour simulation. Comp. Civ. 1re, 10 mars 1998, *Dr. fam.* 1998, n° 147, note H. Lécuyer : « La dissolution du mariage par le divorce n'ayant d'effet que pour l'avenir ne fait pas obstacle à l'action en nullité du mariage intentée par le ministère public. »
7. Ce second mariage aurait été contracté avant que le premier mariage soit dissous.
8. Civ. 1re, 31 janv. 1990, *Bull. civ.* I, n° 30 ; *D.* 1990. 449, note J. Massip ; *Defrénois* 1990. 682, obs. J. Massip ; *RTD civ.* 1991. 298, obs. J. Hauser et D. Huet-Weiller : l'action de la première épouse divorcée est rejetée car elle ne pouvait justifier d'un intérêt à agir, même moral ; Civ. 1re, 12 avr. 2012, préc.

286. ***Ministère public.*** L'article 190 du Code civil prévoit que le ministère public peut toujours agir en nullité absolue du mariage mais qu'il doit le faire du vivant des époux. Il agit en vertu d'un intérêt spécifique qui est la défense de l'ordre public en vue, dit textuellement le Code, de « les faire condamner à se séparer » : légalement, s'entend. Ce qui ne les empêchera pas de vivre en concubinage ! Si un divorce a déjà été prononcé, le ministère public n'a plus alors d'intérêt à agir puisque la violation de l'ordre public a cessé. Il en serait de même en cas de décès du premier conjoint.

b) Obstacles à l'action

287. ***Action du ministère public.*** En vertu de l'article 190 du Code civil, le ministère public n'est plus recevable à demander la nullité du mariage si l'un des époux, ou les deux, décède(nt) avant qu'il ait agi : la situation contraire à l'ordre public a, en effet, disparu. Les autres fins de non-recevoir sont propres à certains cas de nullité absolue.

288. ***Impuberté.*** D'une part, en cas d'impuberté, l'article 185 du Code civil disposait que l'action en nullité ne peut plus être intentée à partir du moment où la femme est enceinte : solution logique puisque l'impuberté présumée du fait du jeune âge est contredite par l'aptitude physiologique de la femme au mariage. En outre, aux termes de l'article 186, le père, la mère, les ascendants et le conseil de famille qui ont consenti au mariage, malgré l'impuberté, n'étaient pas recevables à en demander ensuite la nullité. Ces deux articles ont été abrogés par la loi du 20 novembre 2007 relative à l'immigration, afin de lever l'interdiction posée par ces textes de contester la validité du mariage célébré à l'étranger d'une mineure enceinte.

289. ***Possession d'état.*** D'autre part, l'article 196 du Code civil prévoit que, même si l'acte de mariage dressé par l'officier de l'état civil comporte une grave irrégularité de forme[1], les époux sont irrecevables à invoquer sa nullité, l'un à l'égard de l'autre, s'ils ont eu constamment[2] la possession d'état d'époux, c'est-à-dire s'ils ont vécu, depuis la célébration, comme étant mariés et ont été considérés comme tels par leur entourage. Bien que le texte vise l'*instrumentum*, c'est-à-dire l'acte de mariage préconstitué pour servir de preuve de celui-ci, la jurisprudence a étendu cette règle aux cas de vice de forme du mariage lui-même : clandestinité ou incompétence[3]. C'est une sorte de confirmation tacite du mariage nul. Mais la fin de non-recevoir de l'article 196 ne peut être opposée qu'aux époux et non aux tiers.

290. ***Prescription.*** Alors que depuis la loi du 17 juin 2008 réformant la prescription en matière civile la prescription de droit commun de l'action en nullité absolue est désormais de cinq ans et non plus de trente ans, conformément à l'article 2224 du Code civil, la durée de la prescription de l'action en nullité absolue du mariage a été maintenue à trente ans à compter de sa célébration (C. civ., art 184).

---

1. Par ex., acte rédigé sur une feuille volante, défaut de signature de l'officier de l'état civil.
2. Sur l'exigence d'une possession d'état constante, Req. 7 janv. 1929, *DH* 1929. 50.
3. Civ. 1er août 1930, *DP* 1931. 1. 169, note H. Lalou ; Civ. 1re, 11 oct. 1960, *Bull. civ.* I, n° 428 ; la règle jurisprudentielle est applicable en cas de clandestinité du mariage ou d'incompétence de l'officier de l'état civil mais ne pourrait couvrir l'absence de célébration par un officier de l'état civil.

3) L'action en nullité relative

291. ***Régime restrictif.*** Le régime de l'action en nullité relative du mariage est dérogatoire au droit commun, car le législateur a voulu restreindre les possibilités de remise en cause de l'existence du mariage.

a) Qualité pour agir

292. ***Action attitrée.*** L'action en nullité relative est une action attitrée. Elle ne peut être exercée que par les personnes que la loi énumère, celles que la nullité a pour but de protéger[1].

293. ***Époux.*** En vertu de l'article 180, alinéa 1er, seul l'époux dont le consentement a été vicié a traditionnellement qualité pour agir en nullité relative du mariage. Cette action lui est personnelle. À la différence de l'action en nullité relative d'un contrat, l'action en nullité du mariage n'est pas transmissible aux héritiers[2] parce qu'elle est de nature extrapatrimoniale.

L'époux mineur peut agir en nullité. Lorsque l'époux est un incapable majeur sous tutelle, la demande en nullité est présentée par le tuteur avec l'autorisation du conseil de famille. L'incapable majeur sous curatelle peut agir lui-même avec l'assistance de son curateur.

294. ***Ministère public.*** Parce que les mariages forcés constituent une atteinte grave à l'ordre public, la loi du 4 avril 2006 renforçant la prévention et la répression des violences au sein du couple a autorisé le ministère public à intenter une action en nullité du mariage pour vice du consentement (art. 180). Cette extension du rôle du ministère public a été jugée nécessaire car, en cas de mariage forcé, la contrainte demeure après la célébration du mariage, de sorte que l'époux qui pourrait agir en est empêché.

295. ***Défaut d'autorisation.*** L'article 182 du Code civil énumère limitativement les personnes ayant qualité pour agir s'il manque une autorisation familiale. Il s'agit, tout d'abord, de l'époux mineur qui devait obtenir l'autorisation[3] et de l'incapable majeur. Les père et mère[4], autres ascendants et le conseil de famille[5] peuvent également agir. Bien qu'ils ne soient pas visés par le texte, le curateur et le juge des tutelles[6] devraient être recevables dans leur action lorsque leur autorisation est requise.

b) Obstacles à l'action

Dans l'hypothèse d'un vice du consentement

296. ***Cohabitation.*** L'article 181 du Code civil prévoyait que l'époux qui s'est rendu compte de son erreur ou qui n'est plus soumis aux pressions et a continué à cohabiter de

---

1. Civ. 1re, 4 juill. 1995, *Bull. civ.* I, n° 291 ; *D.* 1996. 233, note F. Boulanger ; *RTD civ.* 1995. 866, obs. J. Hauser ; *Defrénois* 1996. 321, obs. J. Massip et *ibid.* 407, obs. G. Champenois.
2. Civ. 1re, 4 juill. 1995, préc.
3. Il peut agir sans être représenté.
4. Leur accord n'est pas indispensable.
5. Il agit par l'intermédiaire de son mandataire, le tuteur.
6. V. en ce sens, Civ. 1re, 17 mai 1988, *Bull. civ.* I, n° 147 ; *JCP* 1989. II. 21197, note F. Boulanger ; *Defrénois* 1988. 1031, obs. J. Massip, pour l'action du curateur.

façon continue, pendant six mois, avec son conjoint n'est plus recevable à demander la nullité du mariage. La cohabitation continue valait alors confirmation tacite du mariage.

Toutefois, il n'est pas raisonnable de penser que la violence ou l'erreur cessent nécessairement par six mois de cohabitation. C'est la raison pour laquelle la loi du 4 avril 2006 autorise l'action en nullité, même en cas de cohabitation, pendant cinq ans à compter du mariage (art. 181). C'est donc le délai de droit commun, prévu à l'article 2224 du Code civil (L. du 17 juin 2008), qui s'applique, et sans que puisse être reconnue la confirmation qui résulterait d'une cohabitation continuée après que l'époux a acquis sa pleine liberté ou reconnu son erreur. Le délai de cinq ans ne commence à courir qu'à compter du mariage (la loi du 17 juin 2008 a supprimé les autres points de départ).

297. ***Confirmation impossible***. Conformément au droit commun des nullités relatives, l'époux dont le consentement a été vicié devrait pouvoir confirmer expressément son mariage et renoncer ainsi à en demander la nullité [1]. Toutefois, l'article 183 du Code civil ne mentionne pas cette possibilité de confirmation, alors qu'il le fait pour la nullité qui résulte du défaut d'autorisation des parents [2]. En outre, une telle interprétation entrerait en contradiction avec l'autorisation désormais accordée au ministère public d'agir en nullité du mariage pour vice du consentement [3] : que décider, en effet, si le ministère public intente une action en nullité pour violence, alors que l'époux qui subit la contrainte entend confirmer le mariage ? La volonté de lutter contre les mariages forcés pourrait conduire à rejeter toute confirmation du mariage nul pour vice du consentement.

Dans l'hypothèse d'un défaut d'autorisation familiale

298. ***Confirmation***. En vertu de l'article 183 du Code civil, ceux qui devaient donner leur autorisation au mariage peuvent le confirmer et faire ainsi échec à l'action en nullité. La confirmation expresse peut être donnée dans un acte authentique, sous seing privé ou un écrit quelconque. La confirmation émanant du conseil de famille doit toujours être expresse. Le plus souvent, elle sera tacite et résultera de l'attitude des ascendants [4]. La confirmation donnée par un seul des ascendants s'impose à tous et paralyse ainsi l'action en nullité, même pour le mineur. La Cour de cassation a estimé que l'article 183 devait être appliqué par analogie aux incapables majeurs [5].

299. ***Prescription***. Le délai de recevabilité de l'action en nullité contre un mariage conclu sans l'accord des parents d'un mineur a été porté par la loi du 4 avril 2006, en coordination avec le délai précédent, à cinq ans (art. 183). Mais, l'élévation à dix-huit ans de l'âge minimal d'accès au mariage pour les jeunes filles devrait rendre son application très rare, le mariage des mineurs étant désormais systématiquement soumis à l'accord du procureur de la République [6].

Aux termes de l'article 183 du Code civil, l'action ne peut plus être intentée par l'époux lorsqu'il s'est écoulé cinq ans sans réclamation de sa part depuis son accession à

---

1. J.-J. Lemouland, *in Droit de la famille*, Dalloz Action, n° 115.154.
2. V. ss 298.
3. A.-M. Leroyer, obs. *RTD civ*. 2006. 404.
4. Il en serait ainsi, par ex., de l'acceptation par les parents de recevoir les époux chez eux ou de les héberger : TGI Troyes, 9 nov. 1966, *Gaz. Pal*. 1967. 1. 81.
5. Civ. 1re, 17 mai 1988, préc., et 5 mai 1993, *Bull. civ*. I, n° 156.
6. V. ss 134.

sa majorité. Le délai doit être appliqué, par analogie, à l'incapable majeur ; il commence alors à courir à partir du moment où la décision prononçant la mainlevée de la tutelle ou de la curatelle a pris force de chose jugée.

C. Les effets de l'annulation du mariage

300. Par définition, l'annulation du mariage produit, en principe, un effet rétroactif. Il y a là une grande différence avec le divorce qui dissout le mariage seulement pour l'avenir, ses effets passés étant maintenus. Lorsque le mariage est annulé, il est censé n'avoir jamais existé. Mais cette fiction est difficile à admettre en matière de mariage, car celui-ci n'est pas un acte juridique comme les autres. C'est pourquoi le droit positif a admis des tempéraments au principe de la rétroactivité, tempéraments de plus en plus nombreux qui conduisent à un rapprochement entre nullité et divorce quant à leurs effets.

1) Le principe de l'effet rétroactif

301. Lorsque le mariage est annulé, il a existé en fait mais n'a jamais existé en droit. Les effets personnels et patrimoniaux du mariage sont rétroactivement anéantis. Partant, l'homme et la femme sont censés avoir vécu en concubinage. De nombreuses conséquences en résultent. Ainsi l'époux mineur doit perdre le bénéfice de l'émancipation acquise du fait du mariage. La femme ne peut plus porter le nom de son mari. Par ailleurs, la nationalité française qu'un époux aurait acquise par le mariage est perdue. Les empêchements au mariage disparaissent. Les droits successoraux sont anéantis ; le régime matrimonial est censé n'avoir jamais existé, la liquidation des intérêts communs se faisant sur la base d'une société de fait, comme pour des concubins. Les donations consenties en vue du mariage tombent, les biens reçus doivent être restitués. L'obligation alimentaire disparaît rétroactivement et les sommes perçues devraient normalement être restituées, sauf à considérer que le « conjoint » qui a versé ces sommes était tenu d'une obligation naturelle.

2) Les tempéraments au principe

302. En réalité, le plus souvent, les conséquences de la nullité du mariage ne sont pas très éloignées de celles du divorce. En effet, l'annulation de l'union n'a pas d'effet rétroactif dans le cas d'un mariage putatif (a). D'autre part, la rétroactivité ne concerne jamais les enfants (b). Enfin, la Cour de cassation a admis que la nullité du mariage pouvait donner lieu au versement d'une prestation compensatoire (c).

a) Le mariage putatif

303. ***Définition***. Le mariage putatif[1] est un mariage nul, mais que l'on traite comme s'il était valable, parce que la cause de nullité, absolue ou relative, est ignorée de l'un ou des deux époux. Cette institution, issue du droit canonique et consacrée par les articles 201 et 202 du Code civil, permet au conjoint qui croyait son mariage valable, de bénéficier des effets que celui-ci a produits jusqu'à ce que le jugement constatant la

1. Étym., *putare*, croire.

nullité soit définitif. À l'instar du divorce, l'annulation n'entraîne qu'une dissolution du mariage pour l'avenir. L'existence du mariage est alors juridiquement reconnue.

304. ***Mariage international***. En cas de mariage international, il est traditionnellement admis que la putativité du mariage est soumise à la loi qui édicte la nullité, c'est-à-dire à la loi de la condition violée[1]. Cette loi décidera du caractère putatif ou non du mariage ; elle déterminera les conditions requises pour que le bénéfice du mariage putatif soit accordé ; elle dira s'il produit des effets sur le régime matrimonial ou la filiation. Cependant, la loi des effets du mariage (loi nationale commune ou, à défaut, loi du domicile des époux) déterminera concrètement les effets passés du mariage qui sont maintenus[2].

305. ***Domaine***. Tout mariage nul peut être putatif, même lorsque la nullité est fondée sur la violation d'une règle d'ordre public. D'ailleurs, l'institution du mariage putatif est surtout appliquée, en pratique, à des mariages comportant un élément d'extranéité, à la suite d'une action en nullité pour bigamie[3].

306. ***Célébration***. Un minimum de célébration est exigé afin que le bénéfice du mariage putatif ne soit pas accordé à de simples concubins[4]. Mais la jurisprudence interprète libéralement cette exigence[5]. Celle-ci doit être combinée avec la règle *locus regit actum* lorsque le mariage a été célébré à l'étranger. La célébration selon les formes locales est une célébration valable. Encore faut-il que celui qui se prévaut du mariage putatif prouve l'existence de la célébration[6]. Cette première condition est étroitement liée à la seconde, la bonne foi des époux[7].

307. ***Bonne foi***. La bonne foi suppose que l'un des conjoints, ou les deux, ignorai(en)t, soit l'empêchement qui s'opposait à la célébration, soit l'irrégularité de celle-ci. Les juges se montrent fort indulgents dans l'appréciation de la bonne foi des époux.

L'erreur commise peut être une erreur de fait[8] ou une erreur de droit[9], même si elle est inexcusable. Il est essentiel qu'elle ait existé au moment du mariage, peu important

---

1. Civ. 1re, 6 mars 1956, *D.* 1958. 709, note H. Batiffol ; *JCP* 1956. II. 9549, note A. Weill ; *Rev. crit. DIP* 1956. 305, note Ph. Francescakis.
2. V. en ce sens, à propos de la filiation, Civ. 1re, 16 juill. 1998, *D.* 1999. 51, note B. Fauvarque-Cosson, *Rev. crit. DIP* 1999. 509, note Y. Lequette ; *JDI* 1999. 125, note P. Courbe ; *JCP* 1999. II. 10032, note H. Muir Watt.
3. V. les obs. de J. Rubellin-Devichi, *RTD civ.* 1983. 330 et, plus récemment, Paris, 14 juin 1995, *D.* 1996. 156, note F. Boulanger.
4. TGI Paris, 2 nov. 1982, inédit, *RTD civ.* 1983. 331 ; Versailles, 27 mai 1999, *D.* 1999. Somm. 374, obs. J.-J. Lemouland. En ce sens, G. Cornu, nº 192 ; J. Hauser et D. Huet-Weiller, nº 377 ; G. Raymond, *J.-Cl. Civ.*, art. 201 et 202, nos 6 s. ; M. Lamarche et J.-J. Lemouland, article préc., *Rép. civ.*, Dalloz, nº 220.
5. Bordeaux, 16 juin 1937, *DH* 1937. 539 ; *RTD civ.* 1938. 75, obs. G. Lagarde.
6. Civ. 1re, 6 mars 1956, préc.
7. En effet, on imagine mal qu'un époux puisse être de bonne foi s'il n'y a pas eu un minimum de rituel ; v. TGI Paris, 2 nov. 1982, préc. En revanche, la bonne foi ne se confond pas avec l'apparence : les époux peuvent être de mauvaise foi malgré l'apparence de mariage.
8. Par ex., l'époux ne connaissait pas le lien de parenté ou d'alliance qui empêchait le mariage (Paris, 23 déc. 1958, *D.* 1959. 271) ou bien croyait que son premier époux était décédé et que son mariage avait été dissous (Civ. 5 janv. 1910, *S.* 1912. 1. 249).
9. Malgré la maxime « nul n'est censé ignorer la loi ». Il est possible de prendre comme exemple celui d'un Français se mariant à l'étranger en ignorant les dispositions de la loi du lieu de célébration (Civ. 1re, 14 déc. 1971, *D.* 1972. 179, *RTD civ.* 1972. 770, obs. R. Nerson) ; v. aussi, sur l'ignorance de la loi étrangère : Paris, 14 juin 1995, *D.* 1996. Somm. 174, obs. B. Audit.

qu'elle soit découverte ensuite. La Cour de cassation admet, conformément au droit commun, que la bonne foi est présumée. C'est alors à celui qui allègue la mauvaise foi au moment de la célébration de la prouver[1]. Dans ces conditions, le bénéfice du mariage putatif sera souvent accordé à l'un des époux.

308. ***Décision judiciaire***. Le bénéfice du mariage putatif ne peut être accordé que par décision judiciaire. Les deux époux ou l'un d'eux ont qualité pour le demander[2], par voie d'action ou par voie d'exception en réponse à une action en nullité. Même si la demande n'a pas été faite, le juge a le pouvoir d'accorder d'office le bénéfice du mariage putatif à l'époux de bonne foi[3]. En général, c'est dans la décision prononçant la nullité que sera accordé ou refusé le bénéfice du mariage putatif. Mais celui-ci pourrait être demandé dans le cadre d'une action postérieure, même lorsque le jugement ayant constaté la nullité est définitif[4].

309. ***Effets à l'égard des époux***. À l'égard des époux, le mariage putatif n'est annulé que pour l'avenir. Tous les effets passés du mariage sont, plus précisément, maintenus à l'égard de l'époux de bonne foi. En revanche, à l'égard de l'époux de mauvaise foi, la nullité produit un effet rétroactif.

310. ***Bonne foi des deux époux***. Lorsque les deux époux sont de bonne foi, le mariage putatif produit les effets, extrapatrimoniaux et patrimoniaux, d'un mariage simplement dissous pour l'avenir, comme en matière de divorce. Il en est ainsi jusqu'au moment où la décision prononçant la nullité a pris force de chose jugée. Les droits acquis des époux sont en conséquence maintenus. L'époux mineur émancipé par le mariage garde le bénéfice de l'émancipation. De même, l'article 21-5 du Code civil prévoit que l'annulation du mariage contracté entre un Français et un étranger ou apatride n'entraîne pas la caducité de la déclaration faite par celui-ci en vue d'obtenir la nationalité française, dès lors qu'il est de bonne foi[5]. Si l'un des conjoints décède avant le prononcé de la nullité, l'époux survivant viendra à sa succession[6]. Si l'un des époux décède, la jurisprudence autorise l'autre à conserver l'usage du nom du défunt[7]. Lorsque les deux époux sont encore vivants au moment de l'annulation, leurs droits respectifs sont liquidés conformément aux stipulations de leur contrat de mariage ou, à défaut de contrat, conformément aux règles qui régissent le régime de la communauté légale. Chaque époux conserve les avantages et donations liés au mariage. Mais le mariage disparaît pour l'avenir et avec lui,

---

1. Civ. 5 nov. 1913, *DP* 1914. 1. 281, note P. Binet ; Civ. 1re, 8 janv. 1963, *D.* 1963. 341, note Ph. M. ; *JCP* 1964. II. 13470, note Ph. F. ; pour un rappel plus récent du principe, Paris, 14 juin 1995, préc.
2. Ils peuvent avoir un intérêt pécuniaire ou simplement moral à agir.
3. J. Hauser et D. Huet-Weiller, *op. cit.*, n° 382 ; *contra :* H. L. et J. Mazeaud et L. Leveneur, *op. cit.*, n° 812.
4. Civ. 1re, 28 mai 1991, *Bull. civ.* I, n° 69 ; *D.* 1992. 121, note J. Massip ; *RTD civ.* 1991. 709, obs. J. Hauser et D. Huet-Weiller.
5. Mais la simulation du mariage ne constitue pas une présomption de mauvaise foi. On peut vouloir frauder la loi tout en croyant en la validité du mariage (v. en ce sens, Civ. 1re, 8 janv. 1963, préc.).
6. Civ. 1re, 3 janv. 1980, *Bull. civ.* I, n° 4 ; *D.* 1980. 549, note E. Poisson-Drocourt. Pour la pension de réversion (CSS, art. L. 353-1), v. Soc. 9 nov. 1995, *Bull. civ.* V, n° 296 ; Civ. 2e, 16 sept. 2003, *RTD civ.* 2004. 67, obs. J. Hauser.
7. Bordeaux, 16 juill. 1937, *DH* 1937. 539.

tous les droits nés du mariage [1] et toutes les obligations pesant sur les époux, notamment l'obligation de secours et d'assistance. Néanmoins, la femme pourrait être autorisée à conserver l'usage du nom de son mari [2].

311. ***Bonne foi d'un seul époux***. Lorsqu'un seul des époux est de bonne foi, lui seul bénéficie de la putativité. Par cet effet unilatéral, il conserve les avantages résultant du contrat de mariage ainsi que les libéralités faites en vue du mariage [3]. Il est aussi en droit d'exiger l'application des conventions matrimoniales. Mais ce n'est pour lui qu'une faculté : il peut les considérer comme nulles et non avenues et demander la liquidation des intérêts communs sur la base d'une société créée de fait puisqu'il est considéré comme un concubin [4].

L'époux de mauvaise foi, en revanche, perd tous les avantages matrimoniaux et les libéralités faites par son conjoint en vue du mariage. Il peut, en outre, être condamné, sur le fondement de l'article 1382 du Code civil, à verser des dommages et intérêts à son conjoint en réparation du préjudice causé par l'annulation du mariage [5].

b) La situation des enfants issus d'un mariage nul

312. Depuis 1972, l'article 202 du Code civil dispose que le mariage produit ses effets à l'égard des enfants, même si aucun des époux n'est de bonne foi. La légitimité des enfants était donc, jusqu'en 2005, indépendante du sort du mariage des parents : la solution est caduque depuis que l'ordonnance du 4 juillet 2005 portant réforme de la filiation a supprimé les catégories d'enfant légitime et d'enfant naturel. De sorte que la putativité du mariage nul n'a plus d'intérêt que pour l'établissement du lien de filiation. En effet, le mariage passé aura permis de faire jouer la présomption de paternité (art. 312) [6]. Cet établissement automatique de la filiation paternelle peut se révéler très utile en l'absence de possession d'état ou de reconnaissance. Encore faut-il qu'il y ait eu mariage, et on retrouve ici l'exigence d'un minimum de célébration. S'ils sont mineurs, l'autorité parentale sera exercée sur les enfants comme en matière de divorce (art. 202, al. 2). Dans la mesure où la séparation des parents est sans incidence sur la dévolution de l'exercice de l'autorité parentale (cf. C. civ. art. 373-2), les père et mère continueront d'exercer en commun l'autorité parentale (art. 372).

c) L'octroi éventuel d'une prestation compensatoire

313. La disparition du devoir de secours, après l'annulation du mariage, peut entraîner une disparité des niveaux de vie entre les ex-conjoints, surtout si la vie commune a duré longtemps. Lorsque l'un des époux est de mauvaise foi, il est possible d'envisager sa condamnation au versement de dommages et intérêts à son conjoint de bonne foi [7]. La

1. Si l'un des conjoints décède après l'annulation du mariage, l'autre ne pourra prétendre à aucun droit successoral.
2. Par une interprétation par analogie de l'article 264 du Code civil ; v. H. L. et J. Mazeaud et L. Leveneur, *op. cit.*, n° 811.
3. En revanche, les donations de biens à venir faites pendant le mariage peuvent être révoquées par son conjoint (C. civ., art. 1096).
4. V. ss 954 s.
5. Civ. 1re, 2 oct. 1984, *Bull. civ.* I, n° 242 : préjudice réparé par l'octroi d'une pension alimentaire.
6. J.-J. Lemouland, *in Droit de la famille*, Dalloz Action, n° 115.231.
7. Civ. 1re, 2 oct. 1984, préc.

Cour de cassation est allée plus loin : par un arrêt rendu le 23 octobre 1990 [1], elle a admis le versement d'une prestation compensatoire [2] par un époux à l'autre.

Cette solution, réaffirmée par la cour d'appel de Paris, le 14 juin 1995 [3], contribue grandement au rapprochement de la nullité et du divorce, quant à leurs effets, et pourrait susciter un regain d'intérêt pour les actions en nullité du mariage.

Mais son domaine d'application reste incertain. En effet, la Cour de cassation, en 1990 et la cour d'appel de Paris, en 1995, ont eu à se prononcer dans le cadre d'un mariage putatif, la commune bonne foi des époux ayant été admise dans les deux cas. Doit-on réserver le bénéfice de la prestation compensatoire au seul époux de bonne foi [4] ou peut-on l'étendre à l'époux de mauvaise foi ? Il est difficilement admissible que l'époux de mauvaise foi puisse réclamer une prestation compensatoire à son conjoint de bonne foi. Mais que décider lorsque les deux époux sont de mauvaise foi ? En effet, comment un mariage qui est censé n'avoir jamais existé peut-il conférer des droits acquis à l'un des époux [5] ? Si l'on admet le versement d'une prestation compensatoire à un époux de mauvaise foi, à la suite de l'annulation du mariage, comment pourrait-on le refuser à un concubin lors de la rupture d'une union de fait ?

d) La caducité du mariage

314. N'est-il pas possible d'admettre, outre la nullité, une nouvelle voie conduisant à l'anéantissement du mariage : la caducité [6] ? Celle-ci pouvait trouver à s'appliquer dans l'hypothèse particulière de la rectification de l'état civil d'un transsexuel marié [7] avant que la loi du 17 mai 2013 ne supprime la condition de différence de sexe dans le mariage [8].

Certes, la voie de la nullité relative ou du divorce [9] est ouverte si le transsexualisme a été dissimulé au conjoint. Mais il s'agit d'actions attitrées fermées aux tiers et, en particulier, au ministère public. Le sort du mariage est alors entre les mains du conjoint du transsexuel. En outre, il est impossible de mettre fin au mariage si le transsexualisme n'a pas été dissimulé au conjoint ou s'il est postérieur à l'union. La caducité de l'union pourrait donc être constatée par le juge, à la demande de tout intéressé, y compris du ministère public puisqu'il s'agit d'une question d'ordre public. La caducité n'aurait pas d'effet rétroactif : les effets du mariage qui se seraient produits avant que la décision judiciaire ait pris force de chose jugée seraient maintenus.

---

1. *D.* 1991. 214, note C. Mascala ; *Defrénois* 1991, art. 34980, p. 283, obs. J. Massip ; *JCP* 1991. II. 21774, note F. Moneger ; *RTD civ.* 1991. 299, obs. J. Hauser.
2. Sur la prestation compensatoire, v. ss 851 s.
3. *D.* 1996. 156, note F. Boulanger.
4. V. en ce sens, H. L. et J. Mazeaud et L. Leveneur, *op. cit.*, n° 811.
5. V. J. Hauser, obs. préc.
6. J. Ghestin, *Traité de droit civil. Les obligations, le contrat, formation*, 2e éd., LGDJ, n° 725 : « La caducité sanctionne la perte d'un élément essentiel à la validité du contrat par la survenance d'un événement postérieur à sa formation et indépendant de la volonté des parties ». À la différence de la nullité, cette sanction atteint un acte pleinement valable lors de sa formation.
7. Pour une telle proposition, J. Hauser et D. Huet-Weiller, *op. cit.*, n° 301 ; F. Terré (dir.), *Le droit de la famille*, Cahier des sciences morales et politiques, PUF, 2002, p. 9.
8. Loi n° 2013-404 (*JORF* n° 0114 du 18 mai 2013, p. 8253, texte n° 3).
9. Nîmes, 7 juin 2000, *Dr. fam.* 2001, n° 4, note H. Lécuyer ; *RTD civ.* 2001. 335, obs. J. Hauser ; TGI Caen, 28 mai 2001, *D.* 2002. 124, note Mauger-Vielpeau ; *RTD civ.* 2002. 274, obs. J. Hauser.

§ 2. La nullité du pacte civil de solidarité

315. ***Contrôle préalable.*** Il n'existe pas en matière de Pacs comme en matière de mariage, de dispositif permettant de suspendre la conclusion d'un Pacs à l'instar de l'opposition à mariage. Toutefois, lors de l'enregistrement du Pacs, l'officier d'état civil ou le notaire contrôle les conditions de formation de celui-ci ce qui peut permettre de prévenir certaines nullités par un refus d'enregistrement du Pacs.

316. ***Droit commun.*** Les dispositions relatives au Pacs ne contiennent pas comme pour le mariage un régime particulier de nullité. Il en résulte que la nullité du pacte civil de solidarité, est, comme ses conditions de formation, soumis au droit commun de la nullité des actes juridiques.

317. ***Nullité absolue.*** Le non-respect des conditions de fond relatives à la formation du Pacs que sont l'existence du consentement, d'un objet et d'une cause licite et morale est sanctionné par la nullité absolue qui peut être demandée par tout intéressé et notamment par le Parquet. Cette nullité pourrait s'appliquer à un Pacs blanc sur le fondement d'une fraude à la loi, ou pour défaut de consentement sérieux ou pour absence d'objet ou de cause. Le Conseil constitutionnel a également précisé, dans sa décision du 9 novembre 1999 que la nullité encourue par les pactes civils de solidarité qui contreviendrait aux prohibitions de conclure un Pacs entre parents ou au caractère exclusif du Pacs visée par l'article 515-2 est une nullité absolue. Toutefois en l'absence de texte spécifique le délai de prescription de la nullité du pacte civil de solidarité devrait être le délai de droit commun de cinq ans à défaut de disposition dérogatoire allongeant ce délai (trente ans selon l'article 184 du Code civil pour la nullité absolue du mariage). Le caractère absolu de la nullité permettrait cependant à tout intéressé et notamment au Ministère public d'intenter une action en nullité d'un Pacs dans cette hypothèse.

318. ***Nullité relative.*** Il semblerait que toutes les autres causes de nullité soient soumises au régime de nullité relative. Il en va ainsi des vices du consentement et notamment de l'erreur et la violence. Ce régime de nullité relative exclut l'action du ministère public, sachant que dans l'hypothèse de la violence, aucune disposition spécifique ne permet au ministère public d'agir comme c'est le cas pour le mariage. Une décision de la cour d'appel de Paris du 9 novembre 2006 a admis la recevabilité d'une action en nullité d'un pacte civil de solidarité pour erreur sur la personne[1]. À défaut de texte spécifique ou de précision du Conseil constitutionnel, le défaut de capacité de l'un des partenaires doit sans doute être sanctionné par une nullité relative de droit commun même si le fait que le Conseil constitutionnel ait insisté sur le caractère obligatoire de l'ensemble de l'article 1er de la loi, pourrait plaider en faveur du caractère absolu de la nullité. Dans le cadre d'une nullité relative la nullité pourrait être demandée par le seul partenaire incapable pendant cinq ans à compter de sa majorité en vertu de l'article 1304, alinéa 2, du Code civil.

319. ***Effets.*** Si la nullité du Pacs est prononcée, elle entraînera la remise du pacte et de ses effets, pour le passé comme pour l'avenir sans qu'aucune atténuation comparable à celle du mariage putatif ne soit prévue.

---

1. Paris, 9 nov. 2003, *Dr. fam.* 2007, comm. n° 30, obs. V. Larribau-Terneyre.

Livre 2

La vie du couple

320. ***Distinction entre les formes de couple.*** Une fois formé le couple entraîne pour chacun de ses membres une vie commune qui s'inscrit dans un cadre organisé par la loi lorsqu'il s'agit du Pacs et du mariage mais pas pour le concubinage dont la loi ne prévoit que quelques effets

321. ***Statut de couple marié ou pacsé.*** Le mariage et le Pacs ne sont pas seulement des actes juridiques solennels, ce sont également des statuts. En se mariant, ou en concluant un Pacs les époux et les partenaires acceptent d'adhérer à un statut de base prévu par la loi. Ce statut est impératif et applicable à tous les couples mariés ou pacsés. L'état d'époux ou de partenaires produit ainsi des effets multiples, d'ordre personnel et d'ordre pécuniaire, dans les relations entre les membres du couple mais aussi à l'égard des tiers.

322. ***Effets parcellaires du concubinage.*** Le concubinage quant à lui n'entraîne pas la mise en place d'un statut qui s'imposerait aux concubins. Le concubinage ne produit, pour l'heure, que des effets parcellaires, dans certains domaines seulement qui résultent de dispositions légales particulières complétées par quelques solutions jurisprudentielles.

323. ***Enfants.*** Concernant les effets du couple, le mariage se distingue très nettement du pacte civil de solidarité et du concubinage en ce qu'il implique des effets sur les enfants. En effet, le mariage entraîne une présomption de paternité au bénéfice du mari de la mère de l'enfant en vertu de l'article 312 du Code civil alors que le Pacs ou le concubinage n'ont aucun effet sur la filiation. De même, l'adoption n'est ouverte qu'aux couples mariés.

324. ***Direction de la famille.*** En outre, l'article 213 selon lequel : « *Les époux assurent ensemble la direction morale et matérielle de la famille. Ils pourvoient à l'éducation des enfants et préparent leur avenir* », n'a aucun équivalent dans le cadre du Pacs et du concubinage. Toutefois cette dernière différence entre les couples mariés et les couples non mariés a en réalité que peu d'incidence car les règles relatives à l'autorité parentale rassemblées dans les articles 371 et suivants du Code civil s'appliquent à tous les enfants sans distinction selon le mode de conjugalité de leur parent. La règle de la codirection de la famille énoncée pour le mariage à l'article 213 du Code civil n'est qu'une application particulière du principe de l'exercice en commun de l'autorité parentale énoncé à l'article 372 du Code civil et qui s'applique à tous les enfants. Les questions relatives aux enfants ne doivent ainsi pas être abordées comme des effets du couple mais comme des effets des relations parents-enfants. Selon les termes de l'article 213 du Code civil, la direction collégiale est « morale et matérielle ». Elle s'étend donc à l'ensemble des questions, extrapatrimoniales et patrimoniales, qui concernent la famille.

325. ***Plan.*** L'analyse des effets du couple n'aura donc pas la même ampleur selon qu'il s'agit du mariage, du Pacs ou du concubinage. Il paraît donc particulièrement intéressant d'étudier, de manière globale, la vie du couple dans le cadre de ces trois modes de conjugalité, en distinguant les relations des membres du couple entre eux (Titre 1) et les relations du couple avec les tiers, personnes privées ou administrations (Titre 2).

Titre 1

Les relations des membres du couple

326. La vie commune est avant tout constituée par les relations entre les membres du couple. Selon le statut choisi, ces relations sont plus ou moins régies par le droit qui encadre particulièrement les relations entre époux, mais se désintéressent totalement des relations entre les concubins. Entre les deux, les relations entre les partenaires liés par un pacte civil de solidarité tendent de plus en plus à suivre le régime des relations matrimoniales. Là encore, une comparaison entre les trois régimes permet de mesurer les degrés d'intervention du droit selon les couples et de mieux les comprendre. Les relations des membres du couple peuvent être d'ordre personnel (Chapitre 1) ou pécuniaire (Chapitre 2).

Chapitre 1

Les relations personnelles des membres du couple

327. Une évolution du droit vers un droit commun du couple se fait jour se traduisant par une harmonisation de certains effets personnels du couple qui sont reconnus indépendamment de la nature du couple (Section 1). Il reste cependant un certain nombre d'effets du couple qui restent spécifiques à certains modes de conjugalités (Section 2), mais parmi lesquels on note un rapprochement entre le mariage et le Pacs.

Section 1

Les effets personnels communs aux différents couples

Quoique revêtant un aspect différent et ne possédant pas la même portée, la vie commune (§ 1) et le devoir de respecter l'autre membre du couple (§ 2) se retrouvent dans les différents modes de conjugalité.

§ 1. La communauté de vie

La communauté de vie se retrouve dans tous les couples. Toutefois, elle est seulement un effet du mariage et du Pacs alors qu'elle constitue un élément constitutif du concubinage, traité dans le cadre de la caractérisation de ce dernier[1] (A). Cette communauté de vie entraîne cependant un certain nombre d'effets communs à tous les couples (B).

A. La communauté de vie, effets du mariage et du Pacs

1) L'obligation de communauté de vie et de lit des époux

L'article 215, alinéa 1er, du Code civil prévoit que « *Les époux s'obligent mutuellement à une communauté de vie* ». La communauté de vie des époux implique une « communauté de lit », traditionnellement qualifié de devoir conjugal, et une communauté de résidence.

a) Le « devoir conjugal »

328. ***Abstention fautive***. Non expressément visé par le Code civil, le « devoir conjugal » s'explique par un emprunt aux coutumes ainsi que par l'influence du droit canonique[2]. Il est fait obligation à un époux d'avoir des relations charnelles avec son conjoint.

1. V. ss 72 s.
2. M. Lamarche, *in Droit de la famille*, Dalloz Action, n° 116.81.

Le refus de telles relations peut constituer une faute, cause de divorce[1] ou justifier une condamnation à des dommages et intérêts. On peut considérer que le refus par un époux d'avoir des relations sexuelles avec son conjoint serait la manifestation d'une mésentente profonde révélant l'altération définitive du lien conjugal[2]. L'abstention peut être justifiée, soit en raison de circonstances exceptionnelles[3], soit pour des raisons d'ordre médical, soit même par un accord intervenu entre les époux[4]. L'exécution de ce devoir doit se faire sans excès[5] et dans le respect du conjoint.

329. ***Viol entre époux***. La jurisprudence de la chambre criminelle de la Cour de cassation a beaucoup évolué, à cet égard, à l'époque contemporaine. Alors qu'il était communément admis qu'il n'y avait pas de viol entre époux, la Haute juridiction a finalement accepté de retenir cette qualification[6]. Elle a posé nettement le principe selon lequel « *la présomption de consentement des époux aux actes sexuels accomplis dans l'intimité de la vie conjugale ne vaut que jusqu'à preuve contraire* »[7]. Cette jurisprudence a fait l'objet d'une consécration légale, la loi du 4 avril 2006 renforçant la prévention et la répression des violences au sein du couple puis par la loi n° 2010-769 du 9 juillet 2010 sur les violences faites aux femmes, les violences au sein des couples et l'incidence de ces dernières sur les enfants, qui ont incriminé expressément le viol « *quelle que soit la nature des relations existant entre l'agresseur et sa victime, y compris s'ils sont unis par les liens du mariage* » (C. pén., art. 222-22) en supprimant la présomption de consentement aux relations sexuelles dans le mariage. En outre, le fait que le viol soit commis par le conjoint (ou le concubin de la victime ou le partenaire lié à la victime par un pacte civil de solidarité) est une circonstance aggravante (C. pén., art. 222-24, 11°).

b) La communauté de résidence

330. ***Principe***. Le mariage entraîne pour les époux une obligation de principe de vivre ensemble. Cette vie commune est de l'essence même du mariage. L'article 215, alinéa 2, prévoit que « la *résidence de la famille est au lieu que [les époux] choisissent d'un commun accord* ». Cette résidence de la famille bénéficie d'ailleurs d'un régime de protection particulier[8] qui témoigne de son importance pour la vie du couple marié.

331. ***Communauté affective***. Même si le Code civil ne saurait imposer pas aux époux l'obligation de s'aimer, la communauté de vie, est aussi une communauté affective entre les époux : elle suppose, de leur part, une volonté de vivre à deux et l'existence de sentiments réciproques. C'est pourquoi, en 1975 le législateur a admis le principe de la rupture du lien conjugal lorsque toute « communauté de vie tant matérielle qu'affective »[9] a cessé

---

1. Amiens, 28 févr. 1996, *Gaz. Pal.* 1996. 2. 445 ; cf. J.-M. Bruguière, « Le devoir conjugal. Philosophie du code et morale du juge », *D.* 2000. Chron. 10.

2. M. Lamarche, *op. cit.*, n° 116.86.

3. Il en serait ainsi dans l'hypothèse d'un mariage *in extremis* ou entre personnes d'un grand âge.

4. V. en ce sens, Paris, 27 oct. 1959, *D.* 1960. 144.

5. V., à cet égard, TGI Dieppe, 25 juin 1970, *Gaz. Pal.* 1970. 2. 243 ; *JCP* 1970. II. 16545 *bis*.

6. Crim. 17 juill. 1984, *D.* 1985. 7, note D. Mayer ; Crim. 5 sept. 1990, *Bull. crim.* n° 313 ; *D.* 1991. 13, note H. Angevin ; *JCP* 1991. II. 21629, note M.-L. Rassat.

7. Crim. 11 juin 1992, *Bull. crim.* n° 232 ; *D.* 1993. 117, note M.-L. Rassat ; *JCP* 1993. II. 22043, note T. Garé.

8. V. ss 968 s.

9. Civ. 2e, 30 janv. 1980, *JCP* 1981. II. 19521, note R. Lindon.

entre les époux. Dans le même sens, la loi de 1975 avait prévu que le divorce peut être demandé par un époux lorsque son conjoint souffre d'une altération grave de ses facultés qui rend impossible toute communauté de vie affective. Le divorce pour altération définitive du lien conjugal créé par la loi de 2004 correspond à la même logique.

332. ***Choix de la résidence de la famille***. L'article 215, alinéa 2, du Code civil, dispose : « *La résidence de la famille est au lieu qu'ils (les époux) choisissent d'un commun accord* ». Les époux doivent donc s'entendre pour fixer le lieu où va s'exercer l'obligation de communauté de vie, ce qui implique le choix en commun d'une région, d'une ville, d'un mode de vie [1]. Cet accord doit être effectif. Il peut, cependant, être tacite.

333. ***Domiciles distincts***. L'article 108 du Code civil permet aux époux d'avoir un domicile distinct [2]. Ce qui ne signifie pas que les époux sont dispensés du devoir de communauté de vie. Toutefois celle-ci n'est pas incompatible avec la séparation des domiciles rendue parfois nécessaire par la vie professionnelle [3]. Les époux peuvent donc avoir un domicile distinct à condition qu'ils puissent se retrouver régulièrement à la résidence familiale. La Cour de cassation admet que l'absence de cohabitation peut ne pas porter atteinte aux règles relatives à la communauté de vie des époux et qu'elle n'est pas en soi suffisante pour établir le défaut d'intention matrimoniale, elle peut en effet avoir été empêchée [4]. La Cour européenne des droits de l'Homme reconnaître l'existence d'une vie familiale d'époux même en l'absence de cohabitation [5].

334. ***Protection contre les violences***. Le dispositif de lutte contre les violences au sein du couple [6] permet au juge aux affaires familiales d'ordonner à un époux violent de quitter le domicile conjugal

335. ***Sanctions*** Si l'un époux quitte la résidence familiale, on imagine mal aujourd'hui une condamnation sous astreinte à l'exécution de l'obligation de communauté de vie [7]. En revanche, l'époux victime est en droit d'agir contre son conjoint pour solliciter des dommages et intérêts sur le fondement de l'article 1382 du Code civil [8] ou demander le divorce sur le fondement de l'article 242 du Code civil. La jurisprudence admet également que l'époux qui a pris l'initiative de la rupture puisse être privé du droit d'obtenir que son conjoint contribue aux charges du mariage [9].

---

1. Il y a donc une obligation de négociation ; v., à cet égard, J. Hauser, *RTD civ*. 1991. 502 et Douai, 12 oct. 1984, *D*. 1985. 523, note E. Blary-Clément.
2. Sur la notion de domicile, v. Y. Chartier, « Domicile conjugal et vie familiale », *RTD civ*. 1971. 510 ; F. Gisserot, « Le nouveau domicile de la femme mariée », *RTD civ*. 1979. 724.
3. Si les époux peuvent avoir temporairement des domiciles distincts, notamment pour des raisons professionnelles, l'intention matrimoniale implique la volonté d'une communauté de vie : Civ. 1re, 8 juin 1999, *Dr. fam*. 1999, nº 110, note H. Lécuyer.
4. Civ. 1re, 12 oct. 2011, pourvoi nº 1021914.
5. *GACEDH*, p. 575.
6. V. ss 348 s.
7. TGI Brest, 9 juill. 1974, *D*. 1975. 418, note J. Prévault ; néanmoins, certains auteurs l'envisagent encore comme une sanction possible ; v., par ex., H. L. et J. Mazeaud et L. Leveneur, *op. cit*., nº 1078 ; sur l'astreinte comme sanction du devoir de cohabitation, v. Y. Chartier, article préc., nº 39.
8. Civ. 1re, 9 nov. 1965, *D*. 1966. 80, note J. Mazeaud ; *JCP* 1965. II. 14462, note P. Esmein ; Aix-en-Provence, 22 juin 1978, *D*. 1979. 192, note J. Prévault.
9. Sur cette question, v. ss 374.

336. ***Vie intolérable***. Il est aujourd'hui admis qu'un époux peut mettre fin à la communauté de résidence si son conjoint lui rend la vie intolérable par sa conduite[1]. Une telle solution est fondée sur l'interdépendance des devoirs entre époux. Se pose, toutefois, le problème de la charge de la preuve. L'époux qui met un terme à la vie commune sera parfois obligé de justifier son attitude dans un contentieux ultérieur. Si son conjoint intente une action en divorce en invoquant son départ, il fera alors état, à titre de moyen de défense, du comportement du demandeur qui l'a contraint à partir. Le juge examinera le bien-fondé de cette défense au fond et pourra rejeter la demande en divorce ou prononcer un divorce aux torts partagés[2].

337. ***Pacte de séparation amiable***. La convention par laquelle deux époux organisent leur séparation de fait se nomme pacte de séparation amiable[3]. Ils se dispensent donc mutuellement de l'obligation de communauté de vie. De tels accords, qui laissent le lien matrimonial intact, portent sur le principe de la séparation et sur les conséquences de celle-ci, en dehors de toute intervention judiciaire. La jurisprudence les a, par le passé, déclarés illicites sur le fondement de l'ancien article 307, alinéa 1er, du Code civil qui interdisait la séparation de corps par consentement mutuel[4]. L'admission de celle-ci, par la loi du 11 juillet 1975, n'a pas eu pour effet de modifier la position de la Cour de cassation[5]. Pourtant ces pactes ne sont plus aujourd'hui en contradiction avec l'esprit du droit contemporain de la famille qui, d'un côté, fait produire des effets juridiques à la séparation de fait[6] et, de l'autre, tend vers la contractualisation[7].

338. ***Séparation autorisée***. Dans trois cas particuliers, la loi autorise expressément le juge à organiser la séparation de fait des époux. Il en est d'abord ainsi au début d'une instance en divorce. En vertu de l'article 255 du Code civil, le juge peut statuer sur les modalités de la résidence séparée des époux. Il s'agit d'une mesure provisoire applicable jusqu'à ce que la décision de divorce ait pris force de chose jugée[8]. Ensuite, si le juge rejette la demande en divorce, il peut, en vertu de l'article 258 du Code civil, statuer sur la résidence de la famille, la contribution aux charges du mariage et les modalités d'exercice de l'autorité parentale. Cette disposition permet au juge d'organiser la séparation des époux. Il s'agit alors, par certains côtés, d'un diminutif de la séparation de corps[9]. En dehors d'une instance en divorce, faut-il admettre, malgré le silence de la loi, la possibilité d'une dispense judiciaire de cohabitation à la demande d'un des conjoints[10] ?

---

1. Civ. 1re, 14 mars 1973, *D.* 1974. 453, note Ph. Remy ; cf. J. Roche-Dahan, « Les devoirs nés du mariage. Obligations réciproques ou obligations mutuelles ? », *RTD civ.* 2000. 735, spéc. 740.
2. V. ss 704. Si le juge reçoit l'argumentation de l'époux défendeur, il valide ainsi *a posteriori* la dispense de cohabitation.
3. R. Tendler, « Les pactes de séparation amiable », *D.* 1979. Chron. 263 ; A. Chapelle, « Les pactes de famille en matière extra-patrimoniale », *RTD civ.* 1984. 411, spéc. nº 18, p. 426, et J. Revel, « Les conventions entre époux désunis (contribution à l'étude de la notion d'ordre public matrimonial) », *JCP* 1982. I. 3055.
4. Civ. 26 janv. 1938, *D.* 1942. 120, note M. N.
5. V., toujours dans le sens de la nullité, Civ. 2e, 22 avr. 1977, *D.* 1977. IR 359.
6. C. civ., art. 238, 262-1, al. 2, et art. 313.
7. Ph. Malaurie et H. Fulchiron, *op. cit.*, nº 92.
8. Sur les mesures provisoires pendant l'instance en divorce, v. ss 743 s.
9. E. Abitbol, « Essai sur la nouvelle séparation judiciaire instituée par l'article 258 du Code civil », *RTD civ.* 1981. 37 ; v. ss 514 s.
10. Civ. 1re, 24 oct. 1973, *Bull. civ.* I, nº 282 ; *D.* 1975. 724, note A. Bénabent ; cf. en ce sens, J. Carbonnier, *op. cit.*, p. 470 : « ... Une sorte de droit commun des conflits conjugaux suffit à

La négative paraît s'imposer : en effet, l'intervention du juge reste exceptionnelle, et se trouve limitée par la loi dans des cas précis (ex. art. 220-1, 255, 258)[1].

2) L'obligation de vie commune des pacsés

339. ***Obligation légale.*** L'article 515-4 dispose, depuis l'entrée en vigueur de la loi du 23 juin 2006, que « *les partenaires liés par un pacte civil de solidarité s'engagent à une vie commune* ». Cette obligation n'était pas inscrite dans la loi du 15 novembre 1999, mais le Conseil constitutionnel en avait fait un effet essentiel du Pacs, procédant ainsi à un rapprochement indiscutable avec l'obligation de communauté de vie du mariage, entendue comme une communauté de toit et de lit[2].

340. ***Dispense de vie commune.*** Les partenaires pourraient-ils se dispenser conventionnellement de toute vie commune ? Sans doute pas, en raison des termes de la décision du juge constitutionnel. Celui-ci a en effet décidé que les dispositions relatives au Pacs revêtent un caractère obligatoire, les parties ne pouvant y déroger, et que tel est notamment le cas de la condition relative à la vie commune. Mais si les partenaires concluent un Pacs blanc ou cessent de vivre ensemble, quelle sera la sanction ? L'administration fiscale dont on espère un abattement ou le bailleur auquel on oppose le transfert du bail pourront combattre la présomption de vie commune, dès lors que celle-ci est un élément constitutif du Pacs[3].

B. Les effets de la vie commune pour tous les couples

Dans le cadre du mariage, du Pacs et du concubinage la vie commune entraîne un certain nombre d'effets identiques dans les relations entre les membres du couple, relatifs à l'assistance médicale à la procréation (1) et à la représentation et l'assistance d'un membre du couple par l'autre (2). Il faut noter qu'il s'agit des effets de la vie commune pendant la vie du couple ; la vie commune a également des effets lors de la dissolution du couple notamment sur les droits du membre du couple survivant ou abandonné sur le logement familial[4].

1) L'accès médical à la procréation

341. ***Assistance Médicale à la Procréation.*** Tenant compte des progrès scientifiques, qui permettent la reproduction humaine en dehors du processus naturel, l'accès des couples, mariés ou non, à l'assistance médicale à la procréation est réglementé. Le recours à l'assistance médicale à la procréation est ouvert par l'article L. 2141-2, alinéa 3, aux personnes de sexe différent, qui vivent ensemble sans condition de durée de

---

justifier l'intervention du tribunal de grande instance pour vider le différend » ; Ph. Malaurie et H. Fulchiron, *op. cit.*, n° 1479.

1. En ce sens, v. TGI Paris, 18 oct. 1977, *JCP* 1978. II. 18820, note R. Lindon.

2. V. ss 328 s. ; C. Brunetti-Pons, « L'émergence d'une notion de couple en droit civil », *RTD civ.* 1999. 27.

3. N. Molfessis, « La réécriture de la loi relative au Pacs par le Conseil constitutionnel », *JCP* 2000. I. 210, n° 22 ; J. Vasseaux et F. Vauvillé, « Le Pacs : premières difficultés pratiques » *RJPF*, mai 2000, p. 6.

4. V. ss 968 s.

vie commune depuis la loi n° 2001-817 du 7 juillet 2011. Les époux, les partenaires et les concubins sont donc soumis au même régime. La Cour a consacré dans les arrêts *Dickson c/ Royaume-Uni* du 4 décembre 2007 [1] et *S.H. c/ Autriche* du 3 novembre 2011 [2] le droit des couples de concevoir un enfant, et à recourir pour ce faire à la procréation médicalement assistée, fondé sur le droit à la vie privée et familiale.

342. ***Adoption***. En revanche, en ce qui concerne l'adoption, il n'y a pas d'assimilation entre les différents couples. L'adoption par un couple ne peut avoir lieu que dans le cadre du mariage, hétérosexuel ou homosexuel [3], l'adoption conjointe par un couple de concubins ou de pacsés est impossible en droit français. Par ailleurs un concubin ou un pacsé ne peut adopter l'enfant de son compagnon ou de sa compagne. Ainsi la vie commune ne suffit pas en l'état du droit positif à ouvrir au couple l'accès à l'adoption.

2) La représentation et l'assistance d'un membre du couple par l'autre

343. ***Majeurs protégés***. Dans le cadre de la tutelle ou de la curatelle, la personne qui vit avec le majeur protégé se voit reconnaître une place prépondérante tant lors de l'ouverture du régime que lors de son fonctionnement, et ce quelle que soit la nature du couple. C'est la vie commune qui explique l'importance jouée par un membre du couple au bénéfice de l'autre Ainsi selon l'article 430 du Code civil, la demande d'ouverture de la mesure peut être présentée au juge par son conjoint, le partenaire avec qui elle a conclu un pacte civil de solidarité ou son concubin, à moins que la vie commune ait cessé entre eux. En outre, l'article 449 du Code civil prévoit qu'à défaut de désignation faite en application de l'article 448, le juge nomme, comme tuteur ou curateur, le conjoint de la personne protégée, le partenaire avec qui elle a conclu un pacte civil de solidarité ou son concubin, à moins que la vie commune ait cessé entre eux ou qu'une autre cause empêche de lui confier la mesure.

344. ***Assistance en justice***. En vertu de l'article 828 du Code de procédure civile toute personne peut se faire assister ou représenter par son conjoint, son concubin ou la personne avec laquelle elles ont conclu un pacte civil de solidarité devant le tribunal d'instance ou la juridiction de proximité. Il en va de même devant le Conseil de prud'hommes en vertu de l'article R. 1453-2 du Code du travail. Plus généralement, la loi n° 2016-1547 du 18 novembre 2016 n° 2016-1547 du 18 novembre 2016 de modernisation de la justice du XXIe siècle, prévoit dans l'article L. 134-4 du Code de l'organisation judiciaire que devant le juge judiciaire comme devant le juge administratif, en premier ressort et en appel, les parties peuvent se défendre elles-mêmes. « *Outre les avocats, peuvent assister ou représenter les parties : 1° Leur conjoint ou un ascendant ou descendant en ligne directe ; 2° Leur concubin ou la personne à laquelle elles sont liées par un pacte civil de solidarité* ».

§ 2. L'obligation de respect

Le devoir de respect inséré en 2006 dans le Code civil comme une obligation matrimoniale (A) trouve son origine dans la volonté législative de lutter contre les violences

---

1. *JCP* 2008, I, 110, obs. F. Sudre.
2. *Dr. fam.* 2012, étude n° 3, obs. A. Gouttenoire.
3. V. ss 1327 s.

conjugales qui s'est poursuivie avec la mise en place en 2010 d'un dispositif de lutte contre les violences au sein du couple commun à tous les couples (B).

A. Le devoir de respect de l'article 212 du Code civil

345. ***Prévention des violences conjugales***. Alors que le Parlement examinait, au début de l'année 2006, une proposition de loi consacrée à la lutte contre les violences envers les femmes, certains parlementaires ont déploré ce qu'ils ont qualifié d'« hyper-pénalisation » du texte, et ont déposé un amendement visant à compléter la définition des devoirs des époux inscrite à l'article 212 du Code civil, afin d'ajouter le respect mutuel. Ils ont estimé que cet engagement était indispensable à la prévention des violences conjugales [1]. Il a été naturellement objecté que cette modification de l'article 212 pouvait être malvenue, puisqu'elle rappelait une formulation ancienne selon laquelle la femme doit respect et obéissance à son mari. L'amendement, pourtant, a été voté parce que le respect, ont dit les parlementaires, traduit dans le domaine des droits fondamentaux une exigence contemporaine. Celle-ci exprime l'aspiration, ont expliqué les parlementaires, à la reconnaissance de la dignité de l'être humain. C'est pourquoi la loi du 4 avril 2006 renforçant la prévention et la répression des violences au sein du couple a modifié l'article 212 du Code civil en insérant, à titre de première obligation mutuelle des époux, le devoir de respect.

346. ***Intégrité physique et morale***. Le respect dû par un époux à son conjoint vise, au premier chef, sa personne physique. Du reste, l'idée de cette réforme législative est intervenue au cours de la discussion parlementaire d'une proposition de loi renforçant la prévention et la répression des violences au sein du couple. Mais ce devoir, oblige aussi chaque époux à respecter la personnalité morale de son conjoint, dans toutes ses dimensions : liberté de conscience [2], liberté de croyance [3], respect de la personne [4], protection de l'honneur, de la dignité [5]...

347. ***Valeur symbolique***. Inscrire dans la loi le devoir de respect au sein du couple revêt essentiellement une valeur symbolique. En effet, le manque de respect entre époux était déjà sanctionné auparavant au titre des devoirs innommés qu'impose l'état matrimonial [6]. Mais si le devoir de respecter l'autre est depuis longtemps consacré par la jurisprudence, son apparition dans l'article du Code civil relatif aux devoirs personnels des époux rompt avec l'approche traditionnelle des effets personnels du mariage [7]. En 1804, les devoirs de fidélité et d'assistance marquaient à la fois les liens existants entre les époux et l'unité de leurs personnes dans le mariage. Avec le respect, est mise en valeur la reconnaissance nécessaire de l'autre, ce qui conduit à une appréhension plus individualiste des relations entre époux.

---

1. Sénat, Commission des lois, *Bulletin* de la semaine du 16 janvier 2006.
2. Civ. 2e, 25 janv. 1978, *Gaz. Pal.* 1978. 2. 505, note Barbier.
3. Civ. 2e, 8 nov. 1995, *RTD civ.* 1996. 367, obs. J. Hauser.
4. Civ. 1re, 23 mai 2006 : *D.* 2007. Pan. 608, obs. Williatte-Pellitteri : des disputes réciproques intenses accompagnées de violences verbales traduisent un manque de respect de chacun des époux envers l'autre et justifient le divorce aux torts partagés.
5. La cour d'appel de Dijon a jugé dans un arrêt du 6 juillet 2012 (RG n° 11/01842), selon une formule contestable, que le fait pour un époux de révéler dans une conversation Facebook son homosexualité constitue une violation de son devoir de respect.
6. M. Lamarche, *in Droit de la famille*, Dalloz Action, n° 116.122.
7. A.-M. Leroyer, obs. *RTD civ.* 2006. 402.

B. La lutte contre les violences au sein du couple

348. ***Dispositif commun***. La loi n° 2010-769 du 9 juillet 2010 relative aux violences faites spécifiquement aux femmes, aux violences au sein du couple et aux incidences de ces dernières sur les enfants a mis en place de nouveaux moyens pour protéger les victimes de violences familiales, qui puissent s'appliquer à toutes les structures familiales. La création dans le Code civil d'un titre XIV intitulé « *des mesures de protection des victimes de violences* » qui a vocation à s'appliquer à tous les couples constitue une avancée majeure dans la création d'un droit unique du couple. Il faut préciser que les différentes mesures s'appliquent aux membres d'un couple uni ou désuni.

349. ***Mesures pénales***. La loi du 9 juillet 2010 contient un certain nombre de dispositions pénales destinées à renforcer la lutte contre les violences familiales notamment en permettant la répression des violences psychologiques (C. pén., art. 222-14-3) ou en faisant de la qualité de conjoint, de partenaire lié par un Pacs, de concubin ou d'ancien conjoint, partenaire ou concubin une circonstance aggravante du harcèlement moral (C. pén., art. 222-33-2-1) et des menaces (C. pén., art. 222-18-13). Surtout, l'assignation à résidence exécutée sous le régime du placement sous surveillance électronique mobile peut désormais être ordonnée lorsque la personne est mise en examen pour des violences ou des menaces, punies d'au moins cinq ans d'emprisonnement, commises contre son conjoint, son concubin, son partenaire lié par un Pacs ou ses enfants ou les enfants de conjoint, concubin, partenaire (C. pén., art. 142-12-1, 131-36-12-1). La victime des violences conjugales peut également bénéficier d'une mesure de télé-protection si elle le souhaite (L. du 9 juill. 2010, art. 6, III).

350. ***Ordonnance de protection***. La loi du 9 juillet 2010, complétée par la loi n° 2014-873 pour l'égalité réelle entre les femmes et les hommes, du 4 août 2014, a créé une mesure originale : l'ordonnance de protection rendue par le juge aux affaires familiales dont l'objet est d'organiser la protection d'une victime de violences familiales en la mettant dans la mesure du possible hors d'atteinte des violences. Le domaine d'application du dispositif permet d'englober toutes les violences familiales quelle que soit la structure dans laquelle elle s'exerce. L'article 515-9 prévoit que l'ordonnance de protection est délivrée « *lorsque des violences exercées au sein du couple ou par un ancien conjoint, un ancien partenaire lié par pacte civil de solidarité ou un ancien concubin, mettent en danger la personne qui en est victime, un ou plusieurs enfants* ». Cette précision concernant les enfants, ajoutée par la loi du 4 août 2014, témoigne de la volonté du législateur de protéger les enfants des effets des violences conjugales. L'objectif est de mettre en place une procédure simplifiée et facile d'accès et de prévoir un éventail de mesures suffisamment large pour donner au juge des moyens efficaces pour protéger la victime de violence.

Selon l'article 515-11 du Code civil, le juge aux affaires familiales prend une ordonnance de protection s'il estime au vu des éléments produits devant lui, « *qu'il existe des raisons sérieuses de considérer comme vraisemblables la commission des faits de violence allégués et le danger auquel la victime est exposée* ».

L'article 515-11 du Code civil établit une liste exhaustive de mesures que le juge aux affaires familiales peut prendre dans le cadre de l'ordonnance de protection. Il peut attribuer la jouissance du logement du couple au conjoint, partenaire ou concubin qui n'est pas l'auteur des violences, même si celui-ci bénéficie d'un logement d'urgence, et ainsi permettre l'expulsion du conjoint violent, et préciser les modalités de prise en charge des frais afférents à ce logement. Il peut également interdire au conjoint violent d'entrer en relation avec certaines personnes (dont évidemment la victime [1]) ou de détenir une arme. Il peut également autoriser la personne qui désire bénéficier d'une ordonnance de protection à dissimuler son domicile et à élire domicile pour les besoins de la procédure – et pour toutes les instances civiles dans lesquelles elle est également partie – chez l'avocat qui l'assiste ou auprès du procureur de la République près le tribunal de grande instance, ou chez une personne morale qualifiée, une association de lutte contre les violences faites aux femmes par exemple.

Les mesures contenues dans l'ordonnance de protection sont prises pour une durée maximale de six mois à compter de la notification de l'ordonnance (C. civ., art. 515-12). Ces mesures peuvent cependant être prolongées si, durant ce délai, une requête en divorce ou en séparation de corps a été déposée ou si le juge aux affaires familiales a été saisi d'une requête relative à l'exercice de l'autorité parentale.

La violation d'une mesure prise dans le cadre d'une ordonnance de protection constitue un délit puni de deux ans d'emprisonnement et de 15 000 euros d'amende (C. pén., art. 227-4-2).

C. La protection des enfants de la famille des membres du couple

351. ***Inceste.*** La loi du 14 mars 2016 relative à la protection de l'enfant qui a réintroduit l'inceste sur mineur dans le Code pénal a adopté une conception large de la famille en intégrant le partenaire lié par un pacte civil de solidarité et le concubin d'un parent de l'enfant dans le périmètre des personnes susceptibles d'être auteur d'infractions incestueuses sur mineur.

352. ***Liste.*** Le législateur a établi dans l'article 222-31-1 du Code pénal, une liste précise et exhaustive des auteurs qui entraînent la qualification d'infractions incestueuses sur un mineur, constituée de l'ascendant, du frère, de la sœur, de l'oncle, de la tante, du neveu, de la nièce de la victime. En outre, l'infraction sera qualifiée également d'incestueuse si elle est commise par le conjoint, le concubin ou le partenaire lié par un Pacs d'une des personnes énumérées dans la liste, si cette personne exerce sur le mineur une autorité de droit ou de fait. Il faut démontrer que le membre du couple auteur des infractions exerce une certaine autorité sur l'enfant pour que l'infraction soit qualifiée d'incestueuse, sans qu'il ne soit fait de différence selon la nature du couple existant entre l'auteur des faits et le membre de la famille de l'enfant victime.

Section 2
Les effets personnels spécifiques à certains couples

En réalité, ce sont les époux et les partenaires liés par un pacte civil de solidarité qui bénéficient d'un certain nombre d'avantages dont les concubins sont pour l'essentiel exclus. Parmi ces derniers, certains sont communs aux époux et aux partenaires tandis que d'autres sont réservés au mariage.

---

1. Ce dispositif avait en réalité déjà été mis en place par le décret n° 2010-355 du 1er avril 2010 ; V. Larribau-Terneyre, « Le dispositif de télé-surveillance destiné à la protection des victimes de violences au sein du couple est opérationnel », *Dr. fam.* 2010, comm. n° 73. Lorsque l'auteur des violences a été assigné à résidence sous surveillance électronique mobile et qu'il lui a été interdit de rencontrer la victime, cette dernière peut, si elle y consent expressément, se voir proposer l'attribution d'un dispositif de téléprotection lui permettant de signaler à distance que la personne mise en examen se trouve à proximité.

§ 1. L'obligation d'assistance commune aux époux et aux partenaires liés par un pacte civil de solidarité

A. Le devoir d'assistance entre époux

353. En vertu de l'article 212 du Code civil : « *les époux se doivent mutuellement... secours et assistance* ». Le devoir d'assistance est théoriquement distinct du devoir de secours. Alors que celui-ci est l'expression de l'obligation alimentaire entre époux, le devoir d'assistance est une manifestation de l'entraide conjugale extrapatrimoniale[1]. Mais la distinction peut être plus facilement faite lorsque les époux vivent en commun. Quand ils sont séparés, le devoir d'assistance se fond dans le devoir de secours.

354. ***Maladie***. Le devoir d'assistance est d'abord celui de soigner son conjoint malade[2] ou âgé. C'est aussi l'obligation de lui apporter un appui, un soutien et un réconfort pour lui permettre d'affronter les difficultés de la vie. Le devoir d'assistance n'est plus illimité depuis que la loi du 11 juillet 1975, portant réforme du divorce, a permis à un époux de demander le divorce en invoquant une grave altération des facultés mentales de son conjoint (C. civ., anc. art. 238). Il l'est encore moins depuis la consécration du divorce pour altération définitive du lien conjugal et la suppression de la clause de dureté[3].

355. ***Activité professionnelle***. Le devoir d'assistance est aussi celui d'apporter une aide à son conjoint dans son activité professionnelle[4]. Si cette participation est très importante, elle dépasse alors le simple devoir d'assistance et se transforme en véritable collaboration professionnelle. Lors de la dissolution du mariage, l'époux pourra donc obtenir une indemnité fondée sur l'enrichissement sans cause[5]. De même que le surcroît de travail incombant à une épouse devant assistance à son mari frappé d'invalidité, à la suite d'un accident, est un préjudice dont l'auteur de cet accident doit réparation[6].

356. ***Époux séparés***. Le devoir d'assistance est étroitement lié à l'obligation de communauté de vie. Ainsi, lorsque les époux sont séparés de corps, il est absorbé par le devoir de secours et est exécuté par le versement d'une somme d'argent. Cette pension alimentaire permet d'assurer la subsistance du conjoint dans le besoin. Il en serait de même dans l'hypothèse d'une séparation organisée judiciairement par le juge, sur le fondement de l'article 258 du Code civil[7] ou d'une séparation voulue par l'un des époux[8].

---

1. V. cependant, C. Philippe, *Le devoir de secours et d'assistance entre époux*, LGDJ, 1981 : cet auteur soutient que le devoir d'assistance, le devoir de secours et la contribution aux charges du mariage sont tous trois l'expression d'un devoir plus général d'entraide conjugale.

2. V., à cet égard, M. Culioli, « La maladie d'un époux ; idéalisme et réalisme en droit matrimonial français », *RTD civ.* 1968. 253.

3. V. ss 646 s.

4. Par ex., pour une femme de médecin, le fait de répondre occasionnellement aux appels téléphoniques des patients relève du devoir d'assistance. D'où le refus d'un salaire : Civ. 1re, 8 juin 1963, *D.* 1964. 713.

5. V. ss 871 ; sur cette question, v. C. Philippe, *op. cit.*, p. 78 s. ; cf. Civ. 1re, 9 janv. 1979, *D.* 1981. 241, note A. Breton ; 8 févr. 2000, *D.* 2000. Somm. 428, obs. M. Nicod.

6. Civ. 2e, 18 mars 1981, *D.* 1981. IR 323, obs. C. Larroumet.

7. À propos de la séparation de corps, v. ss 514 s.

8. Dans ce cas, l'époux à l'origine de la séparation ne devrait plus pouvoir exiger de son conjoint l'exécution du devoir d'assistance..

357. ***Sanctions***. La violation du devoir d'assistance est susceptible d'être sanctionnée par l'octroi de dommages et intérêts ou par le prononcé du divorce pour faute.

B. Le devoir d'assistance des pacsés

358. ***Évolution***. À l'origine en 1999, le pacte civil de solidarité n'impliquait aucun effet personnel pour les partenaires, loi ne leur imposant qu'un un devoir d'« aide mutuelle et matérielle » (C. civ., anc. art. 515-4). Depuis la loi n° 2006-728 du 23 juin 2006, l'article 515-4 du Code civil dispose que les partenaires liés par un Pacs s'engagent à une assistance réciproque. C'est une nouvelle illustration de la matrimonialisation du Pacs, puisqu'on peut y voir une transposition du devoir d'assistance entre époux de l'article 212 du Code civil. Le contenu de cette assistance réciproque n'étant pas défini par la loi, la référence au devoir d'assistance entre époux paraît logique.

359. ***Sanction***. Alors que l'époux victime d'une violation du devoir d'assistance peut demander le divorce pour faute, la sanction de la violation de cette obligation entre partenaires pourra naturellement prendre la forme de la résiliation unilatérale et à effet immédiat (art. 515-7), ou encore la mise en jeu de la responsabilité civile contractuelle. Toutefois, le partenaire qui ne souhaite pas respecter son obligation d'assistance pourra lui aussi résilier le pacte civil de solidarité pour mettre fin à son devoir d'assistance.

§ 2. L'obligation de fidélité spécifique au mariage

360. ***Pacte civil de solidarité***. La doctrine s'est interrogée sur l'existence d'une obligation de fidélité entre les partenaires, qui serait le corollaire de l'obligation de vie commune inscrite à l'article 515-4 [1]. La loi du 23 juin 2006, pas plus que celle du 15 novembre 1999, ne l'ont prévu. Dans sa décision du 9 novembre 1999, le Conseil constitutionnel a affirmé que le Pacs engendre une obligation de bonne foi et de loyauté entre les partenaires en application de l'obligation de l'obligation d'exécuter les contrats de bonne foi prévue par l'article 1104 du Code civil.

Une ordonnance du président du tribunal de grande instance de Lille a déclaré que « l'obligation de devoir exécuter loyalement le devoir de communauté de vie commune commande de sanctionner toute forme d'infidélité entre partenaires » [2]. Cette décision est contestable, sur un plan juridique. Seul le mariage, par essence, engendre cette exclusivité des relations sexuelles. La fidélité entre partenaires d'un Pacs ne peut résulter que d'un engagement moral. Au demeurant, la faculté de résiliation unilatérale, à effet immédiat, dont dispose chaque partenaire (art. 515-7, al. 5) suffit à empêcher toute comparaison avec la sanction de l'obligation de fidélité dans le mariage, qui est mise en œuvre par la procédure de divorce.

---

1. H. Bosse-Platière, *op. cit.*, n° 152.13 ; P. Malaurie et H. Fulchiron, *op. cit.*, n° 389 ; P. Simler et P. Hilt, article préc., n° 13.

2. TGI Lille, Ord., 5 juin 2002, *D*. 2003. 515, note X. Labbée ; *RTD civ*. 2003. 270, obs. J. Hauser ; *Dr. fam*. 2003. 57, obs. B. Beignier.

A. Contenu de l'obligation de fidélité

361. ***Spécificité du mariage***. Le devoir de fidélité n'est pas défini dans les textes. En l'état actuel du droit positif, l'infidélité peut être définie comme le fait d'avoir avec un tiers une relation amoureuse. C'est le devoir qui est le plus significatif de l'état matrimonial, puisqu'il n'est imposé qu'aux époux, et non aux concubins, ni aux pacsés[1]. Le devoir de fidélité est d'autant plus spécifique qu'il porte une atteinte, voulue par les époux, à la liberté individuelle de chacun[2].

362. ***Infidélité physique ou intellectuelle***. L'infidélité est, d'abord, physique ; elle se concrétise par des relations intimes entretenues avec un autre partenaire que son conjoint, ces relations étant constitutives de l'adultère, cause de divorce[3]. Cependant, la conduite légère ou imprudente d'un époux peut également constituer une violation de l'obligation de fidélité[4]. La jurisprudence a même admis qu'une « infidélité intellectuelle » pouvait être retenue[5].

Une infidélité ne saurait être reprochée à l'époux qui n'a pas eu conscience de violer un devoir conjugal parce qu'il était sous l'empire d'un trouble mental[6], ni à l'époux qui a été contraint à cette violation[7] ou qui a crû, à tort, être délié du devoir de fidélité[8].

B. Sanctions

363. **Sanction** ***de l'adultère***. Jusqu'en 1975, l'adultère était un délit pénal dont les conditions d'incrimination traduisaient une inégalité entre les époux : l'adultère de la femme était puni, dans tous les cas, d'une peine d'emprisonnement qui atteignait également le complice, alors que l'adultère du mari n'était puni que d'une peine d'amende et seulement si le mari l'avait commis au domicile conjugal. Depuis la loi du 11 juillet 1975 réformant le divorce, l'adultère ne constitue plus une infraction pénale.

364. ***Faute civile***. L'infidélité est une faute civile. Sa sanction est double. D'un côté, l'adultère est une cause de divorce ou de séparation de corps. Cependant, depuis la loi du 11 juillet 1975, l'adultère n'est plus une cause péremptoire c'est-à-dire que le juge apprécie si l'adultère constitue une faute suffisamment grave pour justifier le divorce.

---

1. V. ss 360.

2. M. Lamarche, *op. cit.*, n° 116.71.

3. V. ss 687.

4. Il en serait ainsi, par ex., dans l'hypothèse de l'entretien d'une correspondance (Civ. 2e, 31 oct. 1962, *Bull. civ.* II, n° 683), de sorties fréquentes (Civ. 2e, 7 mars 1962, *Bull. civ.* II, n° 271), d'une inconduite (Civ. 2e, 28 sept. 2000, n° 98-18.850) ou de relations équivoques (Civ. 2e, 7 janv. 1970, *Bull. civ.* II, n° 2) avec un tiers. De même, l'infidélité peut être constituée par le fait de chercher un autre conjoint en ayant recours au courtage matrimonial (Paris, 1er déc. 1999, *RTD civ.* 2000. 296, obs. J. Hauser).

5. Paris, 13 févr. 1986, *Gaz. Pal.* 1986. 1. 216.

6. Une demande du conjoint, fondée sur l'article 242 du Code civil, ne pourrait donc être accueillie (v. ss 679).

7. En cas de viol, par ex. aucune demande en divorce ou en séparation ne serait recevable.

8. V. en ce sens, Lyon, 5 nov. 1959, *Gaz. Pal.* 1960. 1. 172 : le mari se croyait libéré du mariage car il avait reçu un certificat erroné de non-appel.

365. ***Dommages et intérêts***. D'un autre côté, l'infidélité peut aussi être sanctionnée par la condamnation de l'époux infidèle à des dommages et intérêts sur le fondement de l'article 1382 du Code civil. La demande en réparation peut accompagner la demande en divorce. Elle est alors distincte de celle qui a pour fondement l'article 266 du Code civil et qui a seulement pour objet de réparer le dommage causé par la dissolution du mariage [1]. Une demande en dommages et intérêts pourrait également être formée indépendamment d'une action en divorce, ce qu'on ne rencontre guère en pratique.

Quant au complice de l'adultère, il n'encourt plus aucune sanction [2] : le devoir de fidélité n'a plus de rayonnement au-delà de la sphère conjugale.

§ 3. Le nom des époux

366. ***Nom d'usage***. La loi n° 2013-404 du 17 mai 2013 a inséré dans le Code civil un article 225-1 selon lequel « chacun des époux peut porter, à titre d'usage, le nom de l'autre époux, par substitution ou adjonction à son propre nom dans l'ordre qu'il choisit ». Le législateur consacre la possibilité coutumière utilisée en pratique surtout par les femmes ainsi une règle coutumière pour tous les couples et pour chacun de leur membre, de porter à titre d'usage le nom de son conjoint, y compris en l'ajoutant au sien. Cette consécration permet d'éviter toute discussion sur la possibilité pour les couples de même sexe de bénéficier de la règle coutumière. La Cour européenne juge, discriminatoire l'impossibilité pour les femmes mariées de porter uniquement leur nom de famille [3].

367. ***Divorce***. En cas de divorce, chaque époux perd, en principe, l'usage du nom de son conjoint (C. civ., art. 264). Cependant, il est permis, de conserver l'usage de ce nom si le conjoint ou le juge l'autorise [4]. En revanche le conjoint survivant conserver l'usage du nom de son époux, qu'il ne peut cependant pas transmettre.

368. ***Pacs***. Faute d'autorisation légale, chacun des partenaires lié par un pacte civil de solidarité ne peut utiliser à titre d'usage le nom de son partenaire.

---

1. V. en ce sens, Paris, 25 avr. 1978, *D.* 1979. 35, note J. Massip ; *JCP* 1979. II. 19187, note R. Lindon ; Paris, 29 juin 1978, *JCP* 1979. II. 19064, note R. L.
2. Civ. 2e, 4 mai 2000, *JCP* 2000. II. 10356, note T. Garé ; 5 juill. 2001, *D.* 2002. Somm. 1318, obs. P. Delebecque ; *RTD civ.* 2001. 893, obs. P. Jourdain.
3. CEDH, *Ünal Tekeli c/ Turquie* du 16 nov. 2004, *Losonci Rose et Rose c/ Suisse* du 9 nov. 2010, *Leventoğlu Abdulkadiroğlu c/ Turquie* du 28 mai 2013, *AJ fam.* 2013. 386 obs. Avena-Robardet, *GACEDH*, comm. n° 53.
4. V. ss 820.

Chapitre 2

Les relations patrimoniales des membres du couple

369. Alors qu'aucune disposition ne concerne les relations patrimoniales entre les concubins, la loi, dans le cadre d'un régime primaire, impose aux époux et aux partenaires liés par un pacte civil de solidarité des devoirs réciproques (Section 1). En contrepartie, ils peuvent jouir d'une réelle autonomie qui n'a cependant pas la même portée dans les textes relatifs au mariage ou au pacte civil de solidarité (Section 2). En outre ce n'est que dans le cadre du mariage que le législateur a veillé à ce qu'un des membres du couple ne mette pas en péril les intérêts de la famille (Section 3). Les biens des couples sont soumis durant la vie commune à un régime légal supplétif, différent dans le cadre du mariage et du Pacs, auxquels les époux comme les partenaires peuvent déroger (Section 4).

Section 1
Les devoirs réciproques

370. Chaque époux ou partenaire a le devoir de contribuer aux charges de la vie commune (§ 1) et dans le cadre du mariage, la loi formule une obligation de venir en aide à son conjoint dans le besoin (§ 2). Il paraît en outre opportun d'évoquer le régime des libéralités entre les membres du couple (§ 3).

§ 1. La contribution aux charges de la vie commune

La contribution aux charges de la vie commune imposée par la loi aux époux et aux partenaires liés par un pacte civil de solidarité, prend la forme d'une contribution aux charges du mariage pour les premiers (A), et d'une aide matérielle pour les seconds (B), étant précisé que la Cour de cassation rappelle régulièrement que cette obligation aux charges de la vie commune n'existe pas dans le cadre du concubinage (C).

A. La contribution aux charges du mariage

371. ***Répartition***. L'obligation aux charges du mariage, c'est-à-dire la manière dont les engagements des époux seront assumés à l'égard des tiers, est réglée par l'article 220 du Code civil qui pose le principe de l'autonomie ménagère des époux [1]. L'article 214 règle

1. V. ss 493.

les rapports entre époux, l'article 220 leurs rapports avec les créanciers. Il faut prendre la mesure de la contribution avant d'étudier son exécution. L'article 214 du Code civil pose le principe selon lequel les époux doivent l'un et l'autre contribuer aux charges du mariage. Ce texte a donc pour objet de régler la contribution aux charges du mariage, c'est-à-dire la façon dont ces charges doivent être réparties entre les époux.

1) La mesure de la contribution aux charges du mariage

a) Notion de charges du mariage

372. ***Dépenses communes***. La contribution aux charges du mariage est un « mécanisme de participation aux frais » [1]. Il ne s'agit pas seulement de participer aux dépenses vitales de la famille, l'obligation n'étant pas subordonnée à l'état de besoin de l'autre conjoint [2]. Celles-ci dépendent du train de vie du ménage : l'époux dont les revenus sont les plus importants doit permettre à son conjoint d'accéder au même niveau de vie que lui. Figurent parmi les charges du mariage les dépenses de logement [3], d'assurance [4], de transport, de santé, les frais d'éducation des enfants [5] mais aussi les dépenses d'agrément : frais occasionnés par les vacances, les loisirs ou les voyages, etc. [6] À l'inverse, une dépense personnelle à un époux ne peut figurer dans les charges du mariage [7].

b) Domaine de la contribution aux charges du mariage

373. ***Exclusion du concubinage***. La contribution est applicable dès qu'il y a mariage, mais seulement dans ce cas. La contribution des concubins aux charges de la vie commune ne saurait être régie par l'article 214 du Code civil.

374. ***Séparation de fait***. L'obligation de contribuer aux charges du mariage ne saurait donc survivre à la rupture du lien conjugal [8] et, en principe, peut être mise en œuvre pendant toute la durée de l'union [9]. Le législateur [10] et la Cour de cassation [11] ont nettement

---

1. Selon l'expression de G. Cornu, *op. cit.*, n° 33.

2. Civ. 1re, 23 juin 1970, *D.* 1971. 162, note C. Larroumet ; Civ. 1re, 24 oct. 1977, *Bull. civ.* I, n° 383.

3. Par ex., remboursement d'un emprunt destiné à l'achat d'un immeuble abritant le logement familial, règlement des factures afférentes au logement, dépenses d'aménagement.

4. Civ. 1re, 1er mars 1972, *D.* 1973. 57, note A. Besson.

5. Il en est ainsi des frais de scolarité et d'internat.

6. Civ. 1re, 20 mai 1981, *Bull. civ.* I, n° 176 : les dépenses liées à l'acquisition d'une résidence secondaire entrent dans les charges du mariage.

7. Ainsi, « l'impôt sur le revenu, qui constitue un charge découlant directement des revenus personnels à chaque époux, ne figure pas au nombre des charges du mariage » (Civ. 1re, 19 mars 2002, *Bull. civ.* I, n° 99 ; *D.* 2002. Somm. 2440, obs. V. Brémond ; *JCP* 2002. I. 167, n° 4, obs. M. Storck ; *RTD civ.* 2003. 137, obs. B. Vareille ; 25 juin 2002, *Bull. civ.* I, n° 173 ; v. déjà Civ. 1re, 22 févr. 1978, *Defrénois* 1979. 1667, obs. G. Champenois). En vertu de la loi du 24 décembre 2007 de finances pour 2008, les époux ne sont plus tenus solidairement de leurs impositions à l'égard de l'administration fiscale (art. 9).

8. À l'instar du devoir de secours qui ne survit pas à la dissolution du mariage lorsque le divorce est prononcé.

9. Cependant, dans l'hypothèse d'une séparation de corps, v. ss 529.

10. L'article 258 du Code civil, qui permet au juge d'organiser la séparation de fait des époux après le rejet d'une demande en divorce, prévoit qu'il peut statuer sur la contribution aux charges du mariage ; v. dans ce sens, art. 220-1, al. 3 (réd. L. du 26 mai 2004).

11. Civ. 1re, 14 mars 1973, *D.* 1974. 453, note Ph. Remy ; Civ. 1re, 24 oct. 1977, *Bull. civ.* I, n° 383 ; Civ. 1re, 8 mai 1979, *Bull. civ.* I, n° 135 ; *D.* 1979. IR 495, obs. D. Martin.

affirmé que la séparation de fait des époux ne la fait pas disparaître. Cependant, la Haute juridiction estime qu'il est loisible au juge de tenir compte « des circonstances de la cause » : il peut, à titre de sanction, refuser la contribution au demandeur si celui-ci est responsable de la séparation [1]. En revanche, l'époux « innocent » garde le droit de réclamer la contribution. Celle-ci perd alors son caractère de réciprocité.

375. ***Charge de la preuve***. Le responsable de la séparation n'est pas toujours celui qui a mis fin à la communauté de vie. Celui-ci peut y avoir été contraint par le comportement de son conjoint. Se pose alors le problème de la charge de la preuve. Il est possible d'obliger celui qui s'est soustrait à la communauté de vie à faire état de ses motifs. On peut également considérer que la contribution est due tant que dure le mariage, sauf si son débiteur démontre qu'il existe des circonstances particulières qui permettent de le dispenser de la contribution, le créancier portant la responsabilité de la rupture. La jurisprudence a, dans un premier temps, adopté la première solution [2] puis la seconde, plus satisfaisante, l'a finalement emporté [3].

c) Étendue de la contribution aux charges du mariage

376. ***Ressources des époux***. Si les époux ont fait un contrat de mariage, ils peuvent y avoir prévu l'étendue de la contribution de chacun (art. 214, al. 1er). Mais la répartition des charges pourrait aussi être fixée dans un accord extérieur au contrat de mariage [4]. Cette répartition pourrait être modifiée en cas de changement dans la situation des parties [5]. En l'absence de détermination conventionnelle, les époux contribuent « *à proportion de leurs facultés respectives* » (art. 214, al. 1er), c'est-à-dire en fonction de leurs ressources [6]. Chacun des époux est présumé avoir contribué aux charges du mariage à proportion de ses facultés respectives, il incombe à l'époux qui prétendrait qu'il en a été différemment de le prouver [7].

Sont visés tous les revenus, ceux du travail et ceux du capital. La Cour de cassation décide qu'il faut tenir compte « des *revenus qu'une gestion utile du capital pourrait procurer* », donc de revenus potentiels [8]. En contrepartie, le juge doit prendre en considération l'ensemble des charges de l'intéressé correspondant à des dépenses utiles ou nécessaires [9].

En cas de litige, le juge apprécie souverainement le montant de la contribution due.

---

1. Civ. 1re, 14 mars 1973, préc. ; Civ. 1re, 16 févr. 1983, *D*. 1984. 39, note J. Revel ; 16 oct. 1984, *Bull. civ.* I, n° 264 ; *D*. 1985. IR 304, obs. D. Martin ; 7 nov. 1995, *RTD civ.* 1996. 227, obs. B. Vareille. C'est ainsi qu'a pu être refusée la demande de contribution aux charges du mariage d'une femme qui entretenait une liaison avec un amant, alors que le comportement du mari était sans reproches (Civ. 1re, 8 mai 1979, *Bull. civ.* I, n° 135).

2. Civ. 1re, 16 févr. 1983, préc.

3. Civ. 1re, 17 juill. 1985, *Bull. civ.* I, n° 230 ; *Gaz. Pal.* 1986. 1. 127, note J. M. ; Civ. 1re, 19 nov. 1991, *Defrénois* 1992. 720, obs. J. Massip. Cf. M. Lamarche et J.-J. Lemouland, *Rép. civ.*, Dalloz, v° *Mariage* (4° Effets), n° 80.

4. Civ. 1re, 3 févr. 1987, *Bull. civ.* I, n° 41 ; *JCP N* 1988. II. 65, obs. Ph. Simler.

5. Civ. 1re, 3 févr. 1987, préc.

6. Civ. 1re, 27 oct. 1992, *D*. 1993. 423, note C. Philippe.

7. Civ. 1re, 3 mars 2010, *D*. 2011. Pan. 1040, obs. J.-J. Lemouland et D. Vigneau ; *RTD civ.* 2010. 305, obs. J. Hauser.

8. Civ. 1re, 15 nov. 1989, *Bull. civ.* I, n° 351.

9. Notamment relatives à un enfant : Civ. 1re, 28 mars 2006, *Dr. fam.* 2006, comm. n° 106, note V. Larribau-Terneyre ; *RTD civ.* 2006. 548, obs. J. Hauser.

2) L'exécution de la contribution aux charges du mariage

377. ***Exécution en nature***. Dans une perspective égalitaire, la loi du 11 juillet 1975 a fait disparaître de l'article 214 la formule, contenue dans l'alinéa 3 de ce texte, selon laquelle la femme pouvait s'acquitter de sa contribution par son activité au foyer ou sa collaboration à la profession de son mari. Cette abrogation ne signifie pas que la contribution n'est désormais exécutable qu'en argent. Bien au contraire, l'ancienne disposition pouvant être aujourd'hui bilatéralisée [1], la contribution est susceptible d'exécution en nature par l'un ou l'autre des époux.

378. ***Collaboration professionnelle***. Lorsqu'il y a vie commune, l'obligation s'exécute sans formalisation, au quotidien, soit par le versement des ressources de chacun, soit par le versement des ressources de l'un et l'activité au foyer de l'autre. La contribution peut aussi se manifester par la collaboration de l'un des époux à la profession de l'autre. Cependant, si la collaboration de l'un à la profession de l'autre excède sa contribution et son devoir d'assistance, le conjoint collaborateur est en droit de réclamer une indemnité fondée sur l'enrichissement sans cause [2]. Une telle demande présente un intérêt lorsque les époux sont mariés sous le régime de la séparation de biens ; en effet, dans ce cas, l'époux collaborateur ne peut participer à l'enrichissement de son conjoint auquel il aura pourtant contribué [3].

Par ailleurs, le financement par un époux d'une acquisition faite par son conjoint n'est pas une libéralité, lorsqu'il rémunère une collaboration professionnelle excédant la contribution aux charges du mariage [4]. Les juges du fond apprécient souverainement que l'aide apportée par l'épouse à l'entreprise du mari est allée au-delà de l'obligation de contribuer aux charges du mariage, et que cette collaboration non rémunérée constituait la cause des versements du mari à sa femme [5].

379. ***Pension alimentaire***. En l'absence de vie commune, la contribution prend la forme d'un versement pécuniaire par un époux à l'autre, c'est-à-dire d'une pension alimentaire. Si un époux n'a pas de ressources personnelles et qu'il a abandonné le domicile conjugal, l'occupation par son conjoint et les enfants de ce domicile peut constituer une modalité d'exécution de son obligation de contribuer aux charges du mariage [6]. La pension alimentaire fixée par le juge peut être indexée sur tout indice, notamment l'indice des prix à la consommation [7].

Si le débiteur refuse sa contribution, son conjoint peut l'y contraindre par une action en justice (C. civ., art. 214, al. 2).

---

1. V. en ce sens, J. Flour et G. Champenois, *op. cit.*, n° 66.
2. Civ. 1re, 9 janv. 1979, *D.* 1981. 241, note A. Breton ; 26 oct. 1982, *JCP* 1983. II. 19992, note F. Terré.
3. Pour une activité au foyer excédant l'obligation, v. Civ. 1re, 4 juill. 2007, *D.* 2008. Pan. 1791, obs. J.-J. Lemouland et D. Vigneau.
4. Civ. 1re, 24 oct. 1978, *D.* 1979. IR 75, obs. D. Martin ; *JCP* 1979. II. 19220, note J. Patarin ; *Defrénois* 1979, art. 32038, p. 945, obs. G. Champenois.
5. Civ. 1re, 8 févr. 2000, *D.* 2000. Somm. 428, obs. M. Nicod ; *JCP* 2000. I. 245, n° 1, obs. G. Wiederkehr ; 25 juin 2002, *Bull. civ.* I, n° 173 ; *RTD civ.* 2002. 790, obs. J. Hauser.
6. Civ. 1re, 6 mars 1990, *Bull. civ.* I, n° 61 ; 7 nov. 1995, *Bull. civ.* I, n° 394 ; *RTD civ.* 1996. 225, obs. B. Vareille.
7. Civ. 1re, 16 juill. 1986, *Defrénois* 1986. 1429, obs. J. Massip ; Civ. 2e, 13 janv. 1988, *Bull. civ.* II, n° 21.

3) L'action en contribution aux charges du mariage

380. ***Juge aux affaires familiales***. C'est le juge aux affaires familiales qui est compétent pour régler la question de la solidarité entre époux. Conformément à l'article 46 du Code de procédure civile, le créancier peut saisir, soit la juridiction du lieu de sa résidence, soit la juridiction du lieu où demeure le débiteur.

Le jugement fixant la contribution aux charges du mariage est, de droit, exécutoire à titre provisoire (C. pr. civ., art. 1074-1) et est susceptible d'appel. À la demande de l'un des époux, le montant de la contribution pourra être modifié en cas de changement dans la situation de l'un ou de l'autre [1]. La contribution aux charges du mariage peut être modifiée à compter du jour où un changement est intervenu dans les facultés respectives des parties, et les juges du fond apprécient souverainement cette date [2]. Mais les juges doivent, au-delà de la diminution de ressources alléguée par le débiteur, rechercher si celui-ci ne s'est pas mis de façon délibérée dans l'impossibilité de faire face à ses obligations familiales [3].

4) Sanctions du défaut de contribution aux charges du mariage

381. ***Faute civile et pénale***. L'inexécution par l'époux débiteur d'une condamnation à contribuer aux charges du mariage, constitue une faute civile : elle justifie l'exercice par le conjoint d'une action en divorce sur le fondement de l'article 242 du Code civil. Cette inexécution constitue également une infraction pénale, sanctionnée sur le fondement de l'article 227-3 du Code pénal qui incrimine l'abandon de famille. Cette infraction suppose l'inexécution intentionnelle, pendant plus de deux mois, d'une décision judiciaire imposant le versement de prestations en raison d'obligations familiales [4].

382. ***Exécution forcée***. Si l'époux débiteur ne verse pas la contribution à laquelle il a été condamné, son conjoint a la possibilité de recourir aux voies d'exécution du droit commun, ainsi qu'à la procédure de paiement direct des pensions alimentaires instituée par la loi du 2 janvier 1973 [5]. La notification au conjoint et à l'un de ses débiteurs du jugement de condamnation vaut demande de paiement direct. Les contestations relatives à la procédure de recouvrement direct sont de la compétence du tribunal d'instance (COJ, art. R. 321-14). En cas d'échec des voies d'exécution de droit privé, le créancier peut, en s'adressant au procureur de la République, mettre en œuvre la procédure de recouvrement public par les comptables du Trésor, organisée par la loi n° 75-618 du 11 juillet 1975.

383. ***« Aliments ne s'arréragent pas »***. La règle « aliments ne s'arréragent pas » n'est pas applicable à la contribution aux charges du mariage [6]. L'époux peut donc réclamer l'exécution pour le passé de l'obligation de son conjoint de contribuer aux charges du mariage.

---

1. Civ. 1re, 19 mars 2002, *Bull. civ.* I, n° 93.
2. Civ. 1re, 22 nov. 1989, *Bull. civ.* I, n° 360.
3. Civ. 1re, 12 déc. 1978, *Bull. civ.* I, n° 383 ; 7 nov. 1984, *Gaz. Pal.* 1985. 1. 387, note J. M. ; 19 nov. 1996, *JCP* 1997. I. 4047, n° 1, obs. G. Wiederkehr.
4. Crim. 28 juin 1995, *JCP* 1996. II. 22576, note A. Dekeuwer ; *Audijuris* 1995, n° 58, p. 13, obs. P. Courbe.
5. Cette procédure, applicable aux dettes alimentaires, a été étendue à la contribution aux charges du mariage par la loi du 11 juillet 1975.
6. Civ. 1re, 8 nov. 1989, *Bull. civ.* I, n° 341.

B. L'aide matérielle dans le pacte civil de solidarité

384. ***Formulation***. L'article 514-4 du Code civil dispose que les partenaires s'engagent à une aide matérielle qui est, s'ils n'en disposent pas autrement, proportionnée à leurs facultés respectives. On retrouve avec une appellation différente le principe de la contribution aux charges du mariage énoncée par l'article 212 du Code civil. Cette obligation, qui paraît peu importante au regard de celles qui incombent aux époux, distingue néanmoins les pacsés des concubins. D'autant plus que le Conseil constitutionnel en a renforcé la portée dans sa décision de 1999.

Il a jugé « que l'aide mutuelle et matérielle s'analyse en conséquence comme un devoir entre partenaires du pacte ; qu'il en résulte implicitement mais nécessairement que, si la libre volonté des partenaires peut s'exprimer dans la détermination des modalités de cette aide, serait nulle toute clause méconnaissant le caractère obligatoire de ladite aide ; que, par ailleurs, dans le silence du pacte, il appartiendra au juge du contrat, en cas de litige, de définir les modalités de cette aide en fonction de la situation respective des partenaires » (considérant n° 31).

385. ***Juge aux affaires familiales***. La loi n° 2009-526 du 12 mai 2009 a consacré la compétence du juge aux affaires familiales pour connaître des litiges relatifs à la contribution aux charges du pacte civil de solidarité (COJ, art. L. 213-3, 3°). Par ailleurs, l'article 515-11, 5° du Code civil permet au juge aux affaires familiales de statuer sur l'aide matérielle au sens de l'article 515-4 pour les partenaires d'un pacte civil de solidarité dans le cadre d'une ordonnance de protection.

386. ***Sanction*** Pour échapper à son obligation d'aide matérielle, un partenaire peut dénoncer le pacte civil de solidarité, ce qui limite la portée de cette obligation. Toutefois, après la rupture du Pacs, le partenaire abandonné pourrait agir devant le juge du contrat dans le cas où il aurait assumé seul les charges communes [1].

§ 2. Le devoir de secours entre époux

387. ***État de besoin***. Le devoir de secours entre époux, institué par l'article 212 du Code civil, est traditionnellement défini comme l'obligation, pour chaque époux, de fournir à son conjoint, si celui-ci est dans le besoin, tout ce qui lui est nécessaire pour vivre. C'est donc une application de l'obligation alimentaire [2], dans les rapports entre époux. Le devoir de secours est en quelque sorte un « dispositif de détresse » [3] dont la mise en œuvre suppose l'état de besoin du créancier, ce qui le distingue de la contribution aux charges du mariage [4]. Dans certains cas d'absence de vie commune, l'époux qui dispose de ressources peut être contraint, en vertu du devoir de secours, à verser à son conjoint dans le besoin une somme d'argent, appelée pension alimentaire, dont le montant sera, à défaut d'accord, déterminé par le juge. Cette pension est soumise au régime juridique des obligations

---

1. P. Simler et P. Hilt, *JCP* 2006.I.161, n° 19.
2. V. ss 1586 s.
3. G. Cornu, *op. cit.*, n° 33.
4. Civ. 1re, 24 oct. 1977, *Bull. civ.* I, n° 383 ; *Defrénois* 1978. 303, obs. H. Souleau.

alimentaires. Avec, toutefois, certaines particularités : ainsi, par exemple, l'article 207, alinéa 2, du Code civil n'est pas applicable au devoir de secours entre époux [1].

Aujourd'hui la distinction entre devoir de secours et contribution aux charges du mariage tend à s'estomper [2]. L'entraide patrimoniale entre époux se manifeste essentiellement par la contribution aux charges du mariage, le devoir de secours ne jouant plus qu'un rôle subsidiaire.

388. ***Besoins matériels***. Il était traditionnellement affirmé que le devoir de secours doit se limiter à ce qui est strictement nécessaire à l'époux dans le besoin, tandis que la contribution aux charges du mariage permet à l'époux créancier d'accéder au même niveau de vie que son conjoint. Cette distinction a été remise en cause par la Cour de cassation qui considère que le devoir de secours doit satisfaire les besoins matériels du créancier, ces besoins devant même être évalués, pour certains auteurs, en tenant compte du niveau social du ménage [3]. Il en est ainsi pendant une instance en divorce [4].

389. ***Procédure***. Dans plusieurs articles, le Code de procédure civile envisage simultanément l'obligation alimentaire et la contribution aux charges du mariage. Ainsi, il édicte des dispositions de procédure communes au devoir de secours et à la contribution aux charges en ce qui concerne la représentation des parties et la possibilité d'appel du jugement. Lequel est rendu, dans les deux cas, par le juge aux affaires familiales (COJ, art. L 213-3, 2).

390. ***Sanction***. L'inexécution du devoir de secours ou de la contribution aux charges du mariage est sanctionnée, au civil, par la mise en œuvre éventuelle des procédures de recouvrement direct ou public applicables aux obligations alimentaires [5] et, au pénal, par les peines applicables à l'abandon de famille (C. pén., art. 227-3).

391. ***Subsidiarité du devoir de secours***. Lorsque les époux vivent ensemble, le devoir de secours est masqué par la contribution aux charges du mariage. En assumant celle-ci, un époux exécute l'obligation alimentaire qui lui incombe. Cependant, si son conjoint est dans le besoin, il doit aller au-delà de la contribution aux charges du mariage et pourrait devoir assumer des dépenses personnelles pour subvenir aux besoins de son conjoint. En cas de séparation, il a longtemps été enseigné que la contribution aux charges du mariage s'appliquait dans l'hypothèse d'une cohabitation, tandis que le devoir de secours prenait le relais dans les situations de crise. Cependant, la Cour de cassation a remis en cause cette distinction en affirmant, le 24 octobre 1977 [6], que la contribution aux charges du mariage devait être exécutée, même en cas de séparation de fait des époux. Le domaine d'application du devoir de secours entre époux est donc aujourd'hui restreint aux hypothèses suivantes :

---

1. Civ. 1re, 17 janv. 1995, *JCP* 1995. II. 22407, note A. Bénabent ; *Defrénois* 1995. 1022, obs. J. Massip ; *RTD civ.* 1995. 348, obs. J. Hauser ; sauf dans le cas de la séparation de corps, puisque l'article 303, alinéa 2, du Code civil prévoit expressément cette sanction.
2. C. Philippe, *Le devoir de secours et d'assistance entre époux*, *op. cit.*
3. C. Philippe, *op. cit.*, p. 63 ; A. Bénabent, *op. cit.*, n° 317.
4. Civ. 2e, 7 mai 1980, *Bull. civ.* II, n° 97.
5. V. ss 1638 s.
6. Préc. ; *adde* : Civ. 1re, 6 janv. 1981, *Bull. civ.* I, n° 6 ; 7 nov. 1995, *RTD civ.* 1996. 227, obs. B. Vareille. Mais les juges du fond ont la possibilité de tenir compte à cet égard des circonstances de la séparation.

– la séparation de corps, après laquelle le devoir de secours subsiste (C. civ., art. 303)[1] ; c'est le juge qui fixe alors le montant de la pension alimentaire due par un époux à l'autre ;

– l'instance en divorce : le juge, au titre des mesures provisoires, peut fixer la pension alimentaire qu'un des époux devra verser à l'autre (C. civ., art. 255) ;

– le décès de l'un des époux : la succession du défunt doit des aliments à l'époux survivant qui est dans le besoin (C. civ., art. 767).

392. ***Pacs***. Les termes de l'article 515-4 du Code civil selon lesquels les partenaires s'engagent à une aide matérielle ne sont pas interprétés comme leur imposant un devoir de secours mais seulement comme une obligation de contribuer aux charges du mariage. On pourrait s'interroger sur cette analyse et considérer qu'une partenaire ne peut, durant la vie commune, laisser l'autre dans le besoin. En revanche, on doit considérer qu'aucune obligation d'aide ne persiste après la dissolution du Pacs, que celle-ci intervienne du vivant des partenaires ou du fait du décès de l'un d'entre eux.

§ 3. Les libéralités entre les membres du couple

A. L'admission des libéralités entre les membres du couple

393. ***Donations entre époux***. Le Code civil favorise les donations entre époux qui peuvent avoir lieu dans le contrat de mariage ou pendant le mariage. Les époux peuvent se consentir des donations de biens présents, et des donations de biens à venir qui ne seront effectives qu'après le décès du donateur. Ces dernières donations sont toujours révocables (C. civ., art. 1096).

394. ***Donations entre concubins***. La validité des libéralités entre concubins a été longtemps discutée. La jurisprudence a établi naguère la distinction suivante. Une libéralité entre concubins était valable si elle avait un but licite : ainsi lorsqu'il s'agissait d'assurer au bénéficiaire une certaine sécurité matérielle ou de le remercier pour des services rendus[2] ou pour une collaboration professionnelle[3], comme de réparer le préjudice subi par le concubin délaissé du fait de la rupture[4]. En revanche, la libéralité consentie en faveur d'un concubin était nulle lorsqu'elle avait une cause immorale, c'est-à-dire si elle tendait, par le versement d'une somme d'argent, à provoquer l'établissement, le maintien ou la reprise des relations hors mariage[5]. La nullité qui frappait une libéralité illicite était une nullité absolue. L'action pouvait être intentée par tout intéressé, y compris le donateur lui-même[6]. À partir de 1999, la Cour de cassation a jugé que n'est pas contraire aux bonnes mœurs la cause de la libéralité par laquelle l'auteur entend maintenir la relation adultère

---

1. V. ss 514.
2. Par ex., pour des soins prodigués puisqu'il n'existe pas de devoir d'assistance entre concubins : Civ. 1re, 16 oct. 1967, *JCP* 1967. II. 15287 ; Civ. 1re, 3 févr. 1976, *Bull. civ.* I, n° 51 ; Civ. 1re, 4 nov. 1982, *Bull. civ.* I, n° 319.
3. Civ. 1re, 14 nov. 1960, *Bull. civ.* I, n° 494.
4. V. Civ. 1re, 6 oct. 1959, *D.* 1960. 515, note Ph. Malaurie ; *JCP* 1959. II. 11305, note P. Esmein.
5. Civ. 1re, 25 janv. 1972, *D.* 1972. 413, note Ph. le Tourneau ; Civ. 1re, 4 nov. 1982, *Bull. civ.* I, n° 319.
6. Civ. 1re, 25 janv. 1972, préc.

qu'il entretient avec le bénéficiaire[1]. La doctrine, plutôt critique, a fait justement observer qu'une telle libéralité devait toujours être considérée comme illicite, l'obligation de fidélité restant imposée aux époux par une loi d'ordre public. Mais l'Assemblée plénière de la Cour de cassation a confirmé le revirement en 2004[2]. Désormais, dans les libéralités entre concubins, tout contrôle des mobiles est abandonné[3]. À moins que ne subsistent quelques hypothèses de cause illicite, comme en cas de concubinage incestueux, ou de concubinage liant un proxénète et une prostituée[4].

B. La fiscalité des libéralités entre les membres du couple

395. Les donations entre membres du couple ne sont pas soumises au même régime fiscal selon les couples. Le mariage et le Pacs font l'objet d'un régime privilégié dont ne bénéficient pas les concubins. L'article 790 E du Code général des impôts prévoit en effet que « *pour la perception des droits de mutation à titre gratuit entre vifs, il est effectué un abattement de 80 724 euros sur la part du conjoint du donateur* » et l'article 790 F prévoit le même abattement pour le partenaire lié au donateur par un pacte civil de solidarité. Ce dernier texte précise cependant que « *le bénéfice de cet abattement est remis en cause lorsque le pacte prend fin au cours de l'année civile de sa conclusion ou de l'année suivante pour un motif autre que le mariage entre les partenaires ou le décès de l'un d'entre eux* ». Après abattement, les droits de mutation sont identiques pour les époux et les partenaires (CGI art. 777). En revanche, les libéralités entre concubins sont soumises fiscalement au taux des libéralités entre étrangers (60 %). C'est pourquoi certains concubins sont tentés de déguiser une donation sous l'aspect d'un acte à titre onéreux[5].

Section 2
L'autonomie des membres du couple

Plusieurs dispositions du Code civil assurent l'autonomie matérielle des membres du couple. Toutefois seule l'autonomie patrimoniale est commune au mariage et au Pacs (§ 1), alors que l'autonomie professionnelle (§ 2) et bancaire (§ 3) sont cantonnées au mariage.

---

1. Civ. 1re, 3 févr. 1999, *Bull. civ.* I, nº 43 ; *D.* 1999. 267, rapp. X. Savatier, note Langlade-O'Sughrue ; *D.* 1999. Somm. 307, obs. M. Grimaldi ; *D.* 1999. Somm. 377, obs. J.-J. Lemouland ; *Dr. fam.* 1999, nº 54, note B. Beignier ; *Defrénois* 1999. 680, obs. J. Massip ; *Defrénois* 1999. 738, obs. D. Mazeaud ; *Defrénois* 1999. 814, obs. Champenois ; *RTD civ.* 1999. 364 et 817, obs. J. Hauser ; v. aussi C. Larroumet, *D.* 1999. Chron. 351 ; L. Leveneur, *JCP* 1999. I. 152 ; Y. Lequette, article préc., *in Études Ghestin*, 2001, p. 547. Dans le même sens, Civ. 1re, 29 janv. 2002, *Dr. fam.* 2002, nº 64, note H. Lécuyer.
2. Ass. plén. 29 oct. 2004, *D.* 2004. 3175, note D. Vigneau ; *Defrénois* 2004. 1732, obs. R. Libchaber ; *RTD civ.* 2005. 104, obs. J. Hauser.
3. Civ. 1re, 25 janv. 2005, *D.* 2005. IR 458.
4. En ce sens, Y. Favier, *Droit de la famille*, Dalloz Action, nº 142.33.
5. V. par ex., pour un contrat de travail conclu entre deux concubins et contenant des clauses avantageuses destinées à favoriser le maintien des relations adultères, Soc. 4 oct. 1979, *Bull. civ.* V, nº 680 : le contrat de travail a été annulé pour cause immorale. Mais la décision ne serait pas la même aujourd'hui.

§ 1. L'autonomie patrimoniale dans le mariage et le Pacs

396. ***Historique***. À partir de la fin du XIXe siècle, sous la pression des mouvements féministes, le législateur va chercher à atténuer les inégalités entre les époux. La loi du 13 juillet 1907 a ainsi reconnu à la femme mariée le droit d'exercer une profession séparée, sauf opposition de son mari, le droit de disposer de ses gains et salaires et le pouvoir de gérer les biens acquis avec les économies réalisées sur ses gains professionnels, biens « réservés » à son administration. Mais restait le plus important : la suppression de l'incapacité juridique de la femme mariée, enfin réalisée par la loi du 18 février 1938. Cependant, cette loi n'eut pas l'effet escompté car le législateur ne procéda pas à une réforme des régimes matrimoniaux : les actes juridiques passés par la femme, théoriquement valables, étaient, en pratique, inefficaces sans l'intervention de son mari. La loi du 22 septembre 1942 a tenté de renforcer la capacité juridique de la femme mariée en facilitant l'exercice de ses pouvoirs, mais le mari était toujours le « chef de famille ».

397. ***Réformes***. Une profonde réforme des régimes matrimoniaux s'imposait. Elle fut réalisée par la loi du 13 juillet 1965 qui a permis à la capacité de la femme mariée, jusque-là très théorique, de devenir une réalité. Elle a retiré au mari le pouvoir de s'opposer à l'exercice d'une profession séparée par la femme, a établi un nouveau régime légal, la communauté réduite aux acquêts et a instauré l'égalité des époux dans la gestion des biens, instaurant une cogestion pour les actes graves (par exemple, la disposition du logement de la famille). La loi du 4 juin 1970, relative à l'autorité parentale, a retiré au mari sa qualité de chef de famille, les deux époux assurant ensemble la direction de la famille. Elle a modifié la rédaction de l'article 215 du Code civil. Depuis 1970, ce texte dispose que « les époux s'obligent mutuellement à une communauté de vie » mais, à défaut d'accord entre les deux époux, c'est le mari qui, à l'époque, choisit encore la résidence de la famille. Cette prépondérance fut supprimée par la loi du 11 juillet 1975 relative au divorce. La résidence de la famille est désormais choisie d'un commun accord. Sur le plan patrimonial, la loi du 23 décembre 1985 a amélioré la loi de 1965 et a parachevé l'égalité entre les époux, notamment pour la gestion des biens communs. Aux termes de l'article 1421, alinéa 1, du Code civil, « *Chacun des époux a le pouvoir d'administrer seul les biens communs et d'en disposer…* ». Le législateur met ainsi en œuvre le système de la gestion concurrente des biens communs, assurant à la fois l'égalité mais aussi l'indépendance des époux, le système de la cogestion étant maintenu pour les actes graves. En revanche, le système de la gestion exclusive l'emporte dans le domaine professionnel : l'époux qui exerce une profession séparée « a seul le pouvoir d'accomplir les actes d'administration et de disposition nécessaires à celle-ci » (art. 1421, al. 2)[1].

398. ***Égalité et autonomie des époux***. Depuis 1985, le droit français reconnaît l'égalité effective des époux ainsi que l'autonomie l'un vis-à-vis de l'autre. La loi n° 2013-404 du 17 mai 2013 a précisé, dans l'article 6-1 du Code civil, que le mariage emporte les mêmes effets, droits et obligations reconnus par les lois, que les époux soient de même sexe ou de sexe différent.

---

1. Sur l'évolution du droit des régimes matrimoniaux, v. J. Flour et G. Champenois, *Les régimes matrimoniaux*, A. Colin, coll. « U », 2001, n°s 16 s.

399. ***Pacs***. Dès sa création en 1999, le Pacs a été fondé sur l'égalité et l'autonomie des partenaires, lesquelles ont été peu à peu au fil des réformes soumises aux mêmes règles que celles applicables dans le cadre du mariage.

L'autonomie patrimoniale dans le mariage et dans le Pacs se traduit à la fois par une présomption de pouvoir sur les meubles (A) et une autonomie dans les gestions des biens personnels des membres du couple (B).

A. L'autonomie mobilière des époux et des partenaires

1) L'autonomie mobilière dans le mariage

400. ***Libre disposition***. L'article 222 du Code civil pose le principe selon lequel chacun des époux est présumé avoir le pouvoir de faire seul un acte d'administration ou de disposition sur un bien mobilier qu'il détient individuellement. L'acte qu'il a accompli est alors inattaquable.

a) Domaine de la présomption légale

401. ***Biens concernés***. La présomption légale est applicable, en principe, à tout meuble corporel susceptible d'être détenu individuellement. L'argent liquide est donc visé par le texte [1].

402. ***Exception***. Mais l'alinéa 2 de l'article 222 écarte le jeu de la présomption pour les meubles meublants garnissant le logement familial, meubles pour lesquels l'article 215, alinéa 3, instaure une cogestion [2]. Ainsi que pour les « *meubles corporels dont la nature fait présumer la propriété de l'autre conjoint conformément à l'article 1404 du Code civil* », c'est-à-dire les biens réservés à l'usage personnel d'un conjoint (vêtements, instruments de travail). Il faut également exclure les meubles corporels immatriculés dont l'aliénation est soumise à publicité (navires, aéronefs mais pas les automobiles pour lesquelles l'immatriculation est purement administrative) car il ne s'agit pas de meubles courants [3].

La présomption de pouvoir couvre les valeurs mobilières. Elle ne s'applique pas, en revanche, au fonds de commerce, dont l'aliénation est soumise à la cogestion (C. civ., art. 1424).

403. ***Actes concernés***. En vertu de l'article 222 du Code civil, sont couverts par la présomption légale les actes d'administration, de jouissance et de disposition : location et perception des loyers, prêt, vente, échange, dépôt, paiement d'une dette, aliénation à titre gratuit.

404. ***Tiers concernés***. Tout cocontractant de l'époux peut invoquer à son profit la présomption de pouvoir posée par l'article 222 : acquéreur, locataire, emprunteur,

---

1. Civ. 1re, 5 avr. 1993, *Bull. civ.* I, n° 136 ; *RTD civ.* 1994. 403, obs. B. Vareille.
2. V. ss 419.
3. En régime de communauté, l'article 1424 du Code civil exige le consentement des deux époux pour tout acte de disposition concernant ces biens.

dépositaire, créancier payé… L'article 222 protège également les tiers qui ont un rôle dans la conclusion de l'acte (par exemple, le notaire).

b) Force de la présomption légale

405. ***Bonne foi.*** L'application de l'article 222 du Code civil est subordonnée à la bonne foi du contractant. Celui-ci doit donc avoir cru en l'existence des pouvoirs de l'époux avec lequel il a contracté [1]. Sa bonne foi est présumée. Il n'a pas à demander des justifications quant au régime matrimonial de l'époux avec lequel il traite.

406. ***Rapports entre époux.*** À l'égard du tiers de bonne foi, la présomption de pouvoir est irréfragable. Mais le conjoint de l'époux qui a agi pourra tenter de prouver la mauvaise foi du tiers en établissant que celui-ci connaissait la situation matrimoniale de son cocontractant et l'absence de pouvoir de ce dernier [2]. L'article 222 du Code civil ne joue qu'à l'égard des tiers. Entre époux, ce sont les règles du régime matrimonial qui s'appliquent.

2) L'autonomie mobilière des partenaires liés par un pacte civil de solidarité

407. ***Alignement.*** Poursuivant l'alignement du Pacs sur le mariage, la loi du 23 juin 2006 a transposé le principe d'autonomie mobilière des époux en énonçant à l'article 515-5 que « *le partenaire qui détient individuellement un bien meuble est réputé, à l'égard des tiers de bonne foi, avoir le pouvoir de faire seul sur ce bien tout acte d'administration, de jouissance ou de disposition* ».

408. ***Conditions.*** Eu égard à la similitude de formulation entre l'article 515-5 du Code civil et l'article 222, on peut penser que les conditions de mise en œuvre de l'autonomie mobilière dans le cadre du pacte civil de solidarité seront soumises aux mêmes conditions que dans le cadre du mariage.

Cette présomption de pouvoir aura, sans doute, une portée assez limitée, mais elle permettra aux partenaires de gérer chacun les biens mobiliers du couple sans avoir à prouver qu'ils leur appartiennent leur conférant ainsi une certaine autonomie sachant que le cas échéant le régime des biens des partenaires ne fait pas l'objet de publicité.

B. L'autonomie des époux et des partenaires dans la gestion de leurs biens personnels

1) L'autonomie des époux

409. ***Bien personnels.*** L'article 225 du Code civil, tel que modifié par la loi du 23 décembre 1985, dispose : « *Chacun des époux administre, oblige et aliène seul ses biens personnels* ». Le principe est encore affirmé par les articles 1403, alinéa 1er,

1. L'article 222 s'apparente ainsi à l'article 2276 du Code civil (qui permet au tiers acquéreur de bonne foi d'un bien mobilier d'en devenir instantanément propriétaire).

2. Par ex. si un époux a obtenu une ordonnance du juge interdisant à son conjoint de disposer de certains bien mobiliers et que cette ordonnance a été notifiée au tiers.

et 1428 du Code civil pour les régimes de communauté. De même, l'article 1536, alinéa 1er, du Code civil rappelle les droits de l'époux séparé de biens sur ses biens personnels. Bien plus, l'article 225, disposition du régime primaire impératif, est d'ordre public et applicable quel que soit le régime matrimonial et quelle que soit la date du mariage. Il est donc interdit de prévoir, dans le contrat de mariage, une clause contraire, spécialement celle dite « d'unité d'administration » par laquelle un époux confierait irrévocablement à son conjoint l'administration de ses biens propres. Cependant, un époux peut donner mandat à son conjoint d'administrer ses biens, et ce mandat est toujours librement révocable (C. civ., art. 218).

410. ***Limite***. Les pouvoirs de l'époux sur son patrimoine peuvent parfois être limités dans l'intérêt de la famille. C'est ce qui résulte des articles 215[1], 219[2] et 220-1[3] du Code civil.

2) L'autonomie des partenaires

411. ***Autonomie active*** L'article 515-4, alinéa 1er, du Code civil affirme que sauf disposition conventionnelle contraire, « *chacun des partenaires conserve l'administration, la jouissance et la libre disposition de ses biens personnels* ». Quoique formulée différemment, cette règle est la même que celle consacrée par l'article 225 du Code civil au profit de l'autonomie des époux dans la gestion de leurs biens personnels. Il faut cependant préciser que dans le Pacs la règle peut être écartée par une disposition de la convention alors que dans le mariage elle prend sa source dans le régime primaire, ce qui exclut que les époux puissent y déroger.

412. ***Autonomie passive*** L'article 515-4 du Code civil prévoit également que chaque partenaire reste tenu des dettes personnelles nés avant ou pendant le pacte et qui ne rentre pas dans la catégorie des dettes ménagères[4]. Cette règle peut également être écartée par la convention de Pacs.

§ 2. L'AUTONOMIE PROFESSIONNELLE DES ÉPOUX

413. Chaque époux exerce en toute indépendance la profession de son choix et peut disposer librement de ses gains et salaires.

A. Le libre choix d'une profession

414. ***Évolution***. Sous le régime du Code civil de 1804, la femme devait demander à son mari l'autorisation d'exercer une profession. Le système de l'autorisation fut plus tard supprimé. Mais jusqu'en 1965, le mari avait le pouvoir de s'opposer à l'exercice par son épouse d'une profession séparée, sauf la possibilité pour la femme d'obtenir la mainlevée judiciaire de l'opposition si celle-ci n'était pas justifiée par l'intérêt de la famille.

1. V. ss 419.
2. V. ss 430 s.
3. V. ss 440 s.
4. V. ss 497.

La loi du 13 juillet 1965 permit à la femme d'exercer librement une profession sans faire allusion à une possible opposition du mari. La loi du 23 décembre 1985 a bilatéralisé cette disposition : l'article 223 du Code civil dispose que « *chaque époux peut exercer librement une profession* ».

B. La libre disposition des gains et salaires

415. ***Revenus professionnels***. En vertu de l'article 223 du Code civil, chaque époux dispose librement de ses gains et salaires, à condition de s'être acquitté des charges du mariage. L'expression « gains et salaires » vise tous les revenus professionnels des époux. C'est dire que les notions de « salaire »[1] et de « gain »[2] doivent être interprétées largement.

L'époux qui exerce l'activité professionnelle perçoit donc lui-même sa rémunération et peut en disposer librement (consommation, épargne, investissement, libéralité) après avoir rempli ses devoirs envers sa famille. Mais l'autonomie reconnue par la loi aux époux ne doit pas mettre en péril les intérêts de la famille.

§ 3. L'autonomie bancaire des époux

A. Liberté d'ouverture d'un compte

416. Depuis la loi du 13 juillet 1965, l'article 221, alinéa 1er, du Code civil permet à chaque époux de se faire ouvrir, chez un intermédiaire financier, sans l'autorisation de l'autre, tout compte de dépôt ou de titres en son nom personnel[3]. L'établissement financier ne peut donc demander des justifications à un époux qui souhaite ouvrir un compte, ou lui refuser cette ouverture au seul motif qu'il est marié, sous peine d'engager sa responsabilité[4].

B. Fonctionnement du compte ouvert par un époux

417. ***Libre disposition***. L'alinéa 2 de l'article 221 du Code civil précise que l'époux déposant est présumé avoir, même après la dissolution du mariage, la libre disposition des fonds et des titres en dépôt. L'époux peut donc, en toute liberté, procéder à tout dépôt pour alimenter le compte ou à tout retrait de fonds. Lors de ces opérations, l'intermédiaire financier ne doit demander aucune justification de l'existence ou de l'étendue des pouvoirs[5].

---

1. Les primes, compléments et accessoires de salaire sont donc concernés. L'indemnité de licenciement doit également être soumise à l'article 223 (v. en ce sens, J. Flour et G. Champenois, *op. cit.*, nº 80).

2. Sont des gains, au sens de l'article 223 du Code civil, les honoraires, droits d'auteurs, émoluments divers…

3. Sur l'ensemble de la question, v. D. Martin, « L'indépendance bancaire des époux », *D.* 1989. Chron. 135 ; G. Boucris-Maitral, « L'autonomie bancaire : entre protection et collusion des époux », *D.* 2006. Chron. 820. Sur la responsabilité de la banque, v. Civ. 1re, 3 juill. 2001, *Bull. civ.* I, nº 198, *Defrénois* 2002. 397, obs. G. Champenois ; *RTD civ.* 2001. 941, obs. B. Vareille ; Com. 11 mars 2003, *D.* 2004. 1479, note M. Laugier.

4. En revanche, il peut se renseigner sur la capacité générale du disposant (minorité, mise en tutelle ou en curatelle).

5. À l'égard de la banque, l'épouse a le pouvoir suffisant d'encaisser sur son compte personnel un chèque dont les deux époux sont bénéficiaires et qui a été endossé par chacun d'eux (Com. 21 nov. 2000, *Bull. civ.* IV, nº 177 ; *D.* 2001. Somm. 2932, obs. V. Brémond ; *RTD civ.* 2001. 941, obs. B. Vareille).

418. ***Rapports entre époux.*** La présomption légale ne joue pas entre époux. Leurs rapports sont régis par les règles du régime matrimonial. Le conjoint du déposant pourrait donc obtenir la restitution des fonds déposés s'il démontre que ceux-ci lui appartiennent.

Section 3
La sauvegarde des intérêts familiaux dans le cadre du mariage

Les dispositions relatives à la sauvegarde des intérêts familiaux sont spécifiques au mariage et n'ont pas été transposées au pacte civil de solidarité, certainement parce que dernier est censé n'avoir aucun effet sur les enfants du couple. Les mesures en cause sont en effet destinées à protéger la famille plus que le couple qu'elles concernent le logement familial (§ 1) ou les mesures de crise (§ 2).

§ 1. La protection du logement familial

419. ***Cadre de vie de la famille.*** L'article 215, alinéa 3, du Code civil, interdit aux époux de disposer l'un sans l'autre « des *droits par lesquels est assuré le logement de la famille, ni des meubles meublants dont il est garni* ». Le législateur a voulu protéger le cadre de vie de la famille. C'est aussi l'élément généralement le plus important du patrimoine familial [1]. Les actes de disposition sur le logement familial et sur les meubles meublants requièrent donc l'accord des deux époux. Le texte pose ainsi le principe d'une cogestion. Le consentement doit être certain, mais il n'est pas nécessaire qu'il soit écrit [2]. Il faut pouvoir établir que les deux époux étaient d'accord, non seulement sur le principe de la disposition du logement familial, mais aussi sur ses conditions précises [3].

A. Domaine de la protection

1) Droits qui assurent le logement familial

420. ***Spécificité du mariage*** La protection du logement de la famille énoncée par l'article 215 du Code civil est spécifique au mariage ; il n'existe pas de disposition similaire pour le Pacs ni pour le concubinage.

421. ***Notion de logement familial*** C'est la résidence de la famille, c'est-à-dire le lieu où vivent effectivement les époux et les enfants [4], qui est protégée. La règle est applicable

1. Sur l'ensemble de la question, v. M. Grimaldi, « Le logement et la famille », *Defrénois* 1983, art. 33120, p. 1025, et art. 33130, p. 1105 ; J. Rubellin-Devichi, « La famille et le droit au logement », *RTD civ.* 1991. 245 ; M. Lamarche et J.-J. Lemouland, *Rép. civ.*, Dalloz, v° *Mariage* (4° Effets), n°s 41 s.
2. Civ. 1re, 13 avr. 1983, *Bull. civ.* I, n° 120 ; *Defrénois* 1983. 1340, obs. G. Champenois ; 7 avr. 1998, *Dr. fam.* 1998, n° 113, note H. Lécuyer.
3. Civ. 1re, 16 juill. 1985, *Bull. civ.* I, n° 223 ; *Defrénois* 1985. 1470, obs. G. Champenois.
4. Sur le choix de la résidence familiale, v. ss 332. La résidence secondaire n'est pas le logement de la famille : Civ. 1re, 19 oct. 1999, *Bull. civ.* I, n° 284 ; *Dr. fam.* 2000, n° 42, note B. Beignier.

tant que dure le mariage, même en cas de séparation de fait[1] ou de corps des époux, ainsi que dans l'hypothèse d'une instance en divorce[2]. C'est alors la dernière habitation où vivaient ensemble les époux qui constitue le logement de la famille.

422. ***Droits réels et personnels***. Les droits dont un époux ne peut disposer seul sont d'abord tous les droits réels susceptibles d'assurer le logement familial : droit de propriété, de copropriété, d'usufruit, d'usage[3] ou d'habitation. Sont également concernés les droits personnels : droit au bail, droit au maintien dans les lieux, droit donnant vocation à la jouissance ou à l'attribution d'un appartement.

423. ***Bail***. Lorsque le logement familial est loué, sa protection est aussi assurée par l'article 1751 du Code civil qui prévoit que le bail du local qui sert effectivement à l'habitation des époux est « *réputé appartenir à l'un et à l'autre des époux* » même si le bail a été conclu avant le mariage.

424. ***Meubles***. L'un des époux ne peut non plus disposer sans l'accord de l'autre, des meubles destinés à l'usage et à l'ornement du logement familial. C'est donc le critère de l'affectation familiale qui doit être retenu. La présomption de pouvoir énoncée par l'article 222 du Code civil n'est pas applicable.

2) Actes visés

425. ***Actes de disposition***. Il s'agit des actes de disposition unilatéraux ou bilatéraux, qui aboutissent à priver la famille de son logement : vente[4], donation, échange, apport en société, constitution d'une hypothèque conventionnelle[5], d'un usufruit, cession ou renonciation à des droits par lesquels est assuré le logement de la famille[6]... Pareillement, un époux ne peut vendre ou donner en gage les meubles meublants qui garnissent le logement familial.

426. ***Limite***. La Cour de cassation a estimé que l'article 215, alinéa 3, du Code civil, n'interdisait pas à un époux propriétaire du logement familial d'en disposer à cause de

---

1. Paris, 29 sept. 1972, *D.* 1975. 540, note C. I. Foulon-Piganiol ; Civ. 1re, 16 mai 2000, *Bull. civ.* I, nº 144 ; *RTD civ.* 2001. 418, obs. B. Vareille ; *Dr. fam.* 2001, nº 2, note B. Beignier.

2. Colmar, 11 juin 1974, *D.* 1975. 540, note C. I. Foulon-Piganiol ; Aix-en-Provence, 22 févr. 1982, *Gaz. Pal.* 1982. 1. 314, note J. Viatte.

3. Civ. 1re, 20 janv. 2004, *D.* 2004. 2178, note F. Bicheron.

4. Le mandat donné à un agent immobilier de vendre le logement est un acte soumis à l'accord des deux époux (Civ. 1re, 13 avr. 1983, *Bull. civ.* I, nº 120 ; *Defrénois* 1983, art. 33158, p. 1340, obs. G. Champenois).

5. Civ. 1re, 17 déc. 1991, *Bull. civ.* I, nº 357 ; *JCP* 1992. I. 3614, nº 1, obs. G. Wiederkehr. Mais, la promesse d'hypothèque ne constituant pas un acte de disposition, est valable la promesse de cautionnement hypothécaire consentie par un époux seul sur le logement de la famille : Civ. 3e, 29 mai 2002, *Bull. civ.* III, nº 118 ; *D.* 2003. 1024, note M. Azavant ; *Defrénois* 2002. 1317, obs. G. Champenois.

6. Par ex., la renonciation au droit au maintien dans les lieux. Un époux ne peut résilier sans le consentement de son conjoint le contrat d'assurance garantissant le logement familial (Civ. 2e, 10 mars 2004, *D.* 2004. IR 925 ; *Dr. fam.* 2004, nº 64, note V. Larribau-Terneyre ; Civ. 1re, 14 nov. 2006, *D.* 2007. 349, note G. Raoul-Cormeil). Sur la nullité du bail consenti par un époux sur le logement de la famille, v. Civ. 1re, 16 mai 2000, préc.

mort[1]. L'article 215, alinéa 3, du Code civil, enfin, ne s'oppose pas à l'inscription d'une hypothèque judiciaire sur le logement familial[2] et ne rend pas celui-ci insaisissable[3].

B. Sanction

427. ***Nullité.*** Si l'acte de disposition n'a pas été fait d'un commun accord, seul l'époux qui n'a pas donné son accord peut demander la nullité de l'acte, sous réserve qu'il justifie d'un intérêt actuel à demander l'annulation de l'acte[4]. Il s'agit donc, en l'occurrence, d'une nullité relative[5]. Elle est, toutefois, prescrite dans le délai d'un an. Ce délai commence à courir à partir du jour où l'époux dont le consentement était requis a eu connaissance de l'acte[6]. Mais la nullité ne peut être intentée plus d'un an après la dissolution du régime matrimonial[7]. La nullité de l'acte souscrit par un époux sans le consentement de l'autre prive celui-ci de tout effet y compris dans les rapports de l'époux avec son cocontractant[8].

428. ***Refus abusif.*** En cas d'impossibilité ou de refus abusif d'un époux de consentir à la disposition du logement familial, son conjoint pourrait avoir recours au juge pour résoudre cette situation de crise, afin que soit sauvegardé l'intérêt de la famille[9].

§ 2. La sauvegarde des intérêts familiaux en période de crise

429. Le législateur a voulu préserver les intérêts de la famille lorsque le couple traverse une crise grave. Trois situations ont été envisagées : l'un des époux est hors d'état de manifester sa volonté, il refuse son concours à l'autre ou il met en péril les intérêts de la famille par son comportement.

A. L'habilitation judiciaire

430. ***Impossibilité.*** L'un des époux peut être dans l'impossibilité de donner son accord à un acte qui requiert son consentement. S'il doit s'absenter et sait qu'il restera longtemps éloigné de la résidence familiale, il a la faculté, en vertu de l'article 218 du Code civil, de donner mandat à son conjoint de le représenter. Ce mandat est toujours révocable. Par

---

1. Civ. 1re, 22 oct. 1974, *D.* 1975. 645, note C.-I. Foulon-Piganiol ; *JCP* 1975. II. 18041, note Y. Chartier.
2. Civ. 1re, 4 oct. 1983, *JCP* 1984. II. 20118 ; 8 janv. 1985, *Bull. civ.* I, n° 7.
3. Civ. 3e, 12 oct. 1977, *D.* 1978. 333, note Y. Chartier ; Civ. 1re, 21 mai 1997, *Bull. civ.* I, n° 163.
4. Civ. 1re, 3 mars 2010, *D.* 2010. 1608, note Mauger-Vielpeau ; *ibid.* 1040, obs. J.-J. Lemouland et D. Vigneau, *RTD civ.* 2010. 305, obs. J. Hauser.
5. Civ. 1re, 11 oct. 1989, *D.* 1990. 310, note R. Le Guidec ; *JCP* 1990.II.21549, note M. Henry. La nullité peut être invoquée en défense contre la demande d'exécution de l'acte irrégulièrement passé par l'autre époux : Civ. 1re, 8 févr. 2000, *Dr. fam.* 2000, n° 89, note B. Beignier ; *RTD civ.* 2000. 888, obs. B. Vareille.
6. Civ. 1re, 28 févr. 2006, *JCP* 2006. I. 193, obs. G. Wiederkehr.
7. Civ. 1re, 12 janv. 2011, *D.* 2011. 2664, obs. J.-J. Lemouland et D. Vigneau ; *Dr. fam.* 2011, comm. n° 31, obs. V. Larribau-Terneyre
8. Pour une promesse de vente, Civ. 1re, 3 mars 2010, *D.* 2011. 1040, obs. J.-J. Lemouland et D. Vigneau ; *Dr. fam.* 2010, comm. n° 72, obs. V. Larribau-Terneyre.
9. V. ss 436.

ailleurs, les règles de la gestion d'affaires prévues aux articles 1372 et suivants du Code civil[1] sont applicables entre époux (C. civ., art. 219, al. 2).

Mais, en l'absence de représentation conventionnelle, il est possible d'avoir recours à l'article 219 du Code civil. Ce texte prévoit qu'un époux peut demander une habilitation judiciaire aux fins de représenter son conjoint empêché d'agir. Il pourra alors être autorisé par le juge à accomplir un ou plusieurs actes que son conjoint avait le pouvoir de faire seul.

Pour que l'habilitation judiciaire soit ordonnée, l'un des époux doit être « *hors d'état de manifester sa volonté* ». Cette impossibilité peut résulter d'un éloignement, d'une infirmité physique, d'un affaiblissement dû à l'âge, d'une maladie ou d'une altération des facultés mentales.

431. ***Procédure***. La demande d'habilitation est présentée au juge des tutelles (C. pr. civ., art. 1286, al. 2 ; Décr. n° 2009-1591 du 17 déc. 2009). Le rejet de la requête est susceptible d'appel.

432. ***Pouvoir général ou spécial***. L'article 219, alinéa 1er, précise que le juge peut conférer à l'époux requérant un pouvoir général, pouvoir qui lui permettra d'administrer une catégorie de biens déterminée. Mais le pouvoir peut être spécial et ne concerner que des actes déterminés. Il est loisible au juge de fixer les conditions précises de l'acte pour lequel le demandeur est autorisé à représenter son conjoint. Par exemple, il peut fixer le prix de la vente qu'un époux est autorisé à conclure au nom de son conjoint. L'habilitation judiciaire est généralement temporaire[2].

433. ***Représentation***. L'époux autorisé à représenter son conjoint n'agit pas, alors, en son nom personnel mais au nom du représenté. Seul ce dernier est personnellement obligé. Les effets sont donc identiques à ceux d'un mandat conventionnel.

B. L'autorisation judiciaire

434. Lorsqu'un acte requiert l'accord des deux époux et que l'un des conjoints ne peut obtenir le consentement de l'autre, il lui est loisible, en vertu de l'article 217 du Code civil, de demander au juge l'autorisation de conclure seul l'acte[3].

1) Conditions

435. ***Durée de l'union***. L'article 217 du Code civil peut être mis en œuvre tant que dure le mariage et, notamment, en cas de séparation de fait – c'est d'ailleurs dans cette hypothèse que l'autorisation judiciaire peut se révéler particulièrement utile – ou pendant l'instance en divorce.

---

1. Civ. 3e, 21 févr. 2001, *RJPF* n° 6, 2001. 26, note F. Vauvillé. Sur les règles de droit commun relatives à la gestion d'affaires, v. J. Flour, J.-L. Aubert et É. Savaux, *Les obligations*, vol. 2, *Le fait juridique*, nos 3 s.

2. L'article 219 est applicable, même si le conjoint dont la représentation est demandée est placé sous un régime de protection, comme la curatelle (Civ. 1re, 18 févr. 1981, *Bull. civ.* I, n° 60), ou aurait pu, en raison de son état, être placé sous le régime de la tutelle (Civ. 1re, 9 nov. 1981, *Defrénois* 1982. 423, obs. G. Champenois).

3. J.-C. Montanier, « L'autorisation de justice en droit matrimonial », *RTD civ.* 1984. 1 ; F. Delbano, *D.* 1999. Chron. 408 (articulation avec les régimes de protection des majeurs).

436. ***Impossibilité et refus.*** L'article 217 du Code civil est d'abord applicable lorsque l'époux demandeur n'a pu obtenir le consentement de son conjoint parce que celui-ci est « *hors d'état de manifester sa volonté* ». Mais, à la différence de l'article 219 du Code civil, l'article 217 peut également être invoqué par un époux dont le conjoint refuse de donner son accord à l'acte envisagé. Le juge doit alors examiner si ce refus est ou non justifié par l'intérêt de la famille. Celui-ci ne se confond pas toujours avec celui des époux puisque la famille comprend également les enfants, s'il y en a.

437. ***Cogestion.*** Un époux peut demander cette autorisation judiciaire seulement pour un acte « *pour lequel le concours ou le consentement de son conjoint serait nécessaire* » (C. civ., art. 217, al. 2). Donc, il est impossible à un époux de demander une autorisation judiciaire, sur le fondement de l'article 217 du Code civil, lorsque l'acte envisagé relève des pouvoirs exclusifs de son conjoint[1], afin de passer outre le refus de ce dernier. En revanche, il peut avoir recours à l'article 217 du Code civil lorsqu'il est en droit d'agir à titre principal. Mais il ne saurait être autorisé à passer un acte dont l'initiative principale doit revenir à son conjoint et auquel il devrait seulement consentir. Il ne pourrait donc être autorisé, sur le fondement de l'article 217, à disposer du logement familial qui appartient en propre à son conjoint. En revanche, le mari peut être autorisé à vendre contre le gré de sa femme l'immeuble, dont il est propriétaire, où est situé le logement familial[2].

2) Procédure

438. L'autorisation est demandée par voie de requête au juge aux affaires familiales (C. pr. civ., art. 1286, al. 1er). Si la demande tend à passer outre au refus du conjoint de consentir à l'acte envisagé, la procédure est alors contentieuse (art. 1287). L'autorisation doit être présentée au juge des tutelles lorsque le conjoint est hors d'état de manifester sa volonté (C. pr. civ., art. 1286, al. 2).

3) Effets

439. ***Autorisation spéciale.*** D'un côté, l'autorisation est toujours spéciale : elle ne peut concerner qu'un acte déterminé. D'un autre côté, l'époux qui a obtenu l'autorisation agit en son nom personnel et non pas en qualité de représentant de son conjoint[3]. Il en résulte que l'acte est opposable à ce dernier, mais celui-ci n'est pas personnellement engagé (art. 217, al. 2).

C. Mesures judiciaires de sauvegarde des intérêts familiaux

440. Selon les termes de l'article 220-1 du Code civil, « si un époux manque gravement à ses devoirs et met ainsi en péril les intérêts de la famille, le juge aux affaires familiales peut prescrire toutes les mesures urgentes que requièrent ces intérêts ».

---

1. Il en serait ainsi d'un acte concernant un bien propre du conjoint. À l'inverse, l'autorisation judiciaire peut être accordée à un époux en vue d'accomplir un acte de disposition sur un bien commun (cf. TGI Nevers, 29 nov. 1972, *D.* 1973. 415, note G. A. ; TGI Argentan, 16 mai 1968, *JCP N* 1979. II. 15774 *bis*, note J. A. ; Grenoble, 7 nov. 1972, *Gaz. Pal.* 1973. 1. 286).
2. Paris, 29 sept. 1972, *D.* 1975. 540, note C.-I. Foulon-Piganiol.
3. Comp. avec l'habilitation judiciaire : v. ss 430 s.

1) Conditions de l'intervention judiciaire

441. ***Manquement grave.*** Il s'agit d'un manquement grave à un devoir extrapatrimonial[1] ou patrimonial[2] du mariage, manquement qui serait également susceptible de constituer une faute au sens de l'article 242 du Code civil. La violation alléguée doit présenter une certaine gravité.

442. ***Urgence.*** Les intérêts familiaux mis en péril peuvent être patrimoniaux ou extrapatrimoniaux. Le péril doit être certain et imminent[3]. Il doit être impossible de régler la situation par le recours à d'autres dispositions. La condition de l'urgence détermine le type de procédure mis en œuvre.

443. ***Violences conjugales.*** Avant l'entrée en vigueur de la loi du 9 juillet 2010, l'article 220-1 du Code civil permettait au juge, avant même l'introduction d'une requête en divorce ou en séparation de corps, de prononcer l'éviction du domicile familial du conjoint violent qui met gravement en danger l'époux ou les enfants[4]. Ce dispositif a été supprimé de l'article 220-1 en 2010 pour être remplacé par un dispositif plus large, commun à tous les couples et contenu dans les articles 511-15 et suivants du Code civil[5].

2) Procédure

444. Le juge aux affaires familiales statue « en référé » ou « en cas de besoin, par ordonnance sur requête ». Un époux peut avoir recours à l'article 220-1 alors qu'est en cours une autre procédure relative aux rapports entre époux notamment une procédure de divorce[6]. Si le juge interdit de faire des actes de disposition sur des biens dont l'aliénation est soumise à publicité, son ordonnance doit être publiée à la diligence de l'époux requérant (art. 220-2, al. 1er). Si l'ordonnance interdit à l'époux de disposer de meubles corporels ou de les déplacer, elle est signifiée par l'époux requérant à son conjoint qui devient alors gardien responsable des meubles dans les mêmes conditions qu'un saisi. Si l'ordonnance est signifiée à un tiers, elle le constitue de mauvaise foi (art. 220-2, al. 2).

3) Mesures envisageables

445. ***Actes de disposition.*** L'article 220-1, alinéa 2, donne deux exemples de mesures susceptibles d'être prises par le juge aux affaires familiales. Ces mesures visent à restreindre les pouvoirs de l'époux fautif : interdiction de faire seul des actes de disposition sur ses biens propres ou sur les biens communs, meubles ou immeubles ou bien

---

1. Par ex., infidélité, manquement au devoir de communauté de vie.
2. Manquement au devoir de contribution aux charges du mariage, dépenses inconsidérées, usage abusif des présomptions de pouvoir.
3. Versailles, 13 avr. 1992, *D.* 1992. IR 195 ; *RTD civ.* 1993. 183, obs. F. Lucet et B. Vareille.
4. Le juge devait constater que les violences exercées par un époux mettent en danger son conjoint : Civ. 1re, 6 févr. 2008, *D.* 2008. Pan. 1793, obs. J.-J. Lemouland et D. Vigneau ; *AJ fam.* 2008. 168, obs. F. Chénedé.
5. V. ss 348 s.
6. Par ex. divorce (Nancy, 12 déc. 1968, *D.* 1969. 300) ; séparation de biens judiciaire (Civ. 1re, 13 nov. 2003, *Bull. civ.* I, n° 228 ; *D.* 2003. IR 2868).

interdiction de déplacer des biens mobiliers. Mais d'autres mesures peuvent être prescrites par le juge, soit sous la forme d'interdiction d'actes de nature patrimoniale[1], soit sous forme de mesures positives[2].

446. ***Mesures provisoires.*** Les mesures prescrites par le juge aux affaires familiales sont temporaires : leur durée, précisée dans l'ordonnance rendue par le juge, ne peut dépasser trois ans (C. civ., art. 220-1, al. 3). Elles sont, en outre, provisoires[3] : il est possible au juge de revenir sur la mesure qu'il a prescrite ou de modifier celle-ci.

4) Sanction

447. ***Nullité.*** Tout acte accompli en violation de l'ordonnance rendue par le juge est annulable (art. 220-3, al. 1er). Il s'agit d'une nullité relative. Est seul autorisé à la demander l'époux qui avait obtenu la mesure. Le délai pour agir est de deux ans à compter du jour où celui-ci a eu connaissance de l'acte. La nullité n'est prononcée que si le tiers avec lequel l'acte a été passé est de mauvaise foi (art. 220-3, al. 1er). La mauvaise foi doit être démontrée par l'époux qui agit en nullité.

448. ***Délai.*** Si l'ordonnance du juge a été publiée, l'acte peut être annulé à partir du moment où il est postérieur à la publication. Toutefois, l'action en nullité ne saurait être intentée plus de deux ans après la publication (art. 220-3, al. 2).

Section 4
Le régime des biens du couple

§ 1. Aperçu sur les régimes matrimoniaux

449. ***Ordre public.*** Quel que soit le régime matrimonial choisi, les époux sont soumis à un corps de règles appelé régime primaire impératif, qui constitue leur statut patrimonial de base (C. civ., art. 226). Ces dispositions sont d'ordre public : elles ne peuvent être écartées par les époux qui ont passé un contrat de mariage. L'application de ce statut étant impérative, il régit tous les ménages, quels que soient la nationalité des époux ou le lieu de célébration de leur mariage, dès lors qu'ils vivent en France. Il ne s'agit pas, comme pourrait le suggérer l'expression « régime primaire », d'un régime qui se suffit à lui-même. En effet les règles du régime primaire ne concernent que l'autonomie des époux ainsi que des mesures de crise, auxquelles il faut ajouter la solidarité ménagère[4].

---

1. Par ex., blocage d'un compte en banque ouvert au nom de l'un des époux, mise sous séquestre de biens communs (Civ. 1re, 18 nov. 1970, *JCP* 1971. II. 16780, note J. Patarin), interdiction de disposer de certaines sommes d'argent, défense de contracter des emprunts…
2. Par ex., recouvrement de créances au nom de la communauté (TGI Nevers, 9 nov. 1973, *JCP* 1974. IV. 6420), nomination d'un administrateur judiciaire pour gérer un bien commun ou l'ensemble du patrimoine commun (Civ. 1re, 5 nov. 1996, *Bull. civ.* I, no 374, *RTD civ.* 1997. 725, obs. B. Vareille), consignation d'une somme d'argent…
3. Civ. 1re, 25 oct. 1972, *Bull. civ.* I, no 222.
4. V. ss 493 s.

Ses règles doivent donc être complétées par celles des régimes matrimoniaux qui organisent la répartition des biens et des dettes des époux ainsi que leurs pouvoirs sur les biens conjugaux.

450. ***Contrat de mariage***. Le mariage crée entre les époux des liens patrimoniaux qui sont soumis à un régime matrimonial. En vertu du principe de la liberté des conventions matrimoniales, les futurs époux peuvent, avant la célébration du mariage, rédiger un contrat de mariage dont l'acte de mariage fera état. Le contrat de mariage peut, en effet, être défini comme un acte juridique par lequel les époux choisissent leur régime matrimonial. C'est un acte juridique solennel qui requiert, pour sa validité, l'intervention d'un notaire.

451. ***Régime légal***. Cependant, la rédaction d'un contrat de mariage ne constitue, pour les époux, qu'une faculté. S'ils ont choisi de ne pas faire de contrat de mariage [1], ils sont soumis au régime légal qui, depuis la réforme du 13 juillet 1965, est le régime de la communauté réduite aux acquêts.

452. ***Biens communs et biens propres***. Dans ce régime, trois masses de biens coexistent. Il y a d'une part, la communauté : sont la propriété commune des époux les biens qu'ils ont acquis à titre onéreux durant le mariage. D'autre part, chaque époux conserve son patrimoine propre, composé des biens qui lui appartenaient avant le mariage, des biens à caractère personnel (vêtements, linge et bijoux) et de ceux reçus par lui à titre gratuit (par donation ou testament) pendant le mariage.

453. ***Cogestion***. Chaque époux administre ses biens propres (C. civ., art. 1428). Depuis la loi du 23 décembre 1985, les biens communs sont administrés par les deux époux en toute égalité : c'est le principe de la gestion concurrente des biens communs (C. civ., art. 1421, al. 1er). Exceptionnellement, l'accord des deux époux est requis pour les actes graves [2] : c'est la cogestion. Mais, en vertu de l'article 1421, alinéa 2, du Code civil, l'époux qui exerce une profession séparée a le pouvoir de faire seul les actes nécessaires à celle-ci : la gestion est ici exclusive.

Les dettes contractées par un époux pendant le mariage sont communes ; leur paiement peut donc être poursuivi sur les biens communs. Restent propres les dettes que chaque époux avait faites avant le mariage.

454. ***Régime matrimonial conventionnel***. S'ils ont choisi de faire un contrat de mariage, les futurs époux peuvent adapter le régime légal et opter pour un régime communautaire élargi à tous les biens mobiliers leur appartenant : la communauté de meubles et acquêts [3]. Les futurs époux ont la possibilité d'étendre la communauté à tous leurs biens, présents et à venir : c'est la communauté universelle (C. civ., art. 1526). En contrepartie, toutes les dettes présentes et à venir sont communes [4].

---

1. Ce qui est le cas de la majorité (environ 90 %) des couples qui se marient.
2. Sont ainsi considérés comme des actes graves la donation d'un bien commun (C. civ., art. 1422), la vente d'un immeuble, d'un fonds de commerce ou d'une exploitation communs, de droits sociaux non négociables ou de meubles corporels dont l'aliénation est soumise à publicité ; la cogestion concerne également la constitution de droits réels sur ces mêmes biens (C. civ., art. 1424).
3. C'était le régime légal applicable avant la réforme du 13 juillet 1965.
4. Il s'agit, en général, de personnes âgées qui, à l'occasion d'un changement de régime matrimonial, conviennent de faire entrer dans la communauté tous leurs biens, meubles et immeubles, présents et à venir, toutes les dettes étant supportées par la communauté.

Ils peuvent choisir aussi un régime de séparation de biens. Dans ce cas, il n'existe aucun patrimoine commun[1]. En vertu de l'article 1536 du Code civil, les biens des époux leur restent personnels ; il en est de même de leurs dettes, sauf celles qui sont contractées pour l'entretien du ménage et l'éducation des enfants, lesquelles sont solidaires en vertu de l'article 220 du Code civil[2]. La loi du 13 juillet 1965 a créé un régime particulier qui permet de combiner la séparation et la communauté : le régime de participation aux acquêts. La séparation s'applique pendant toute la durée du mariage mais, à la dissolution de celui-ci, l'époux qui s'est le moins enrichi participe aux acquêts de son conjoint. Si les deux époux ont réalisé des acquêts, ceux-ci se compensent, et seul l'excédent se partage : l'époux qui s'est le moins enrichi a droit à la moitié de la différence entre les montants des acquêts respectifs (C. civ., art. 1575, al. 2).

455. ***Changement de régime matrimonial.*** Il est possible de changer de régime matrimonial mais, en vertu de l'article 1397, alinéa 1er, du Code civil, le changement doit être conforme à l'intérêt de la famille. Il doit être constaté par un acte notarié qui n'est plus soumis à l'homologation du tribunal de grande instance que si l'un des époux a des enfants mineurs, ou en cas d'opposition des créanciers[3].

§ 2. Les biens des partenaires liés par un Pacte civil de solidarité

456. ***Évolution.*** L'organisation patrimoniale de la vie d'un couple est essentielle, comme le montrent les régimes matrimoniaux pour les époux. Lors des débats qui ont mené à la loi du 15 novembre 1999, a été élaboré un régime d'une rare complexité, et présentant certains dangers pour les partenaires. De fait, ils pouvaient devenir propriétaires indivis de biens sans le savoir, et sans l'avoir voulu. C'est la raison pour laquelle le législateur de 2006 a clarifié la situation en substituant à la présomption d'indivision une séparation des patrimoines.

457. ***Régime antérieur.*** Entre 1999 et 2006, dans le cadre du Pacs, l'indivision était la règle pour la plupart des biens des partenaires. En effet, les meubles meublants acquis après la conclusion du Pacs où dont la date d'acquisition était inconnue, étaient indivis, sauf déclaration contraire dans la convention initiale. Les autres biens, dont les partenaires devenaient propriétaires à titre onéreux postérieurement à la conclusion du pacte, étaient présumés indivis par moitié si l'acte d'acquisition ou de souscription n'en dispose autrement (anc. art. 515-5, al. 2)[4]. Les anciennes dispositions s'appliquent aux Pacs conclus avant le 1er janvier 2007. Toutefois, les partenaires ayant conclu un pacte sous l'empire de la loi ancienne ont la faculté de soumettre celui-ci aux dispositions de la loi nouvelle par convention modificative.

---

1. Ce régime est utile, notamment, pour un époux lorsque son conjoint risque, dans l'exercice de sa profession (par ex. commerciale), d'avoir de nombreux créanciers.

2. V. ss 494 s.

3. Loi du 23 juin 2006 portant réforme des successions et des libéralités (art. 44), entrée en vigueur le 1er janvier 2007.

4. H. Fulchiron, « Les présomptions d'indivision et de communauté dans le couple », *Defrénois* 2001. 949.

458. ***Régime actuel***. Le régime des biens des partenaires, institué par la loi du 23 juin 2006, se rapproche de la situation des époux séparés de biens. Cette orientation est conforme à l'esprit d'indépendance matérielle attaché à la nature du Pacs[1]. La loi pose désormais le principe de la séparation des patrimoines, qui constitue le régime légal des partenaires (A). Mais les partenaires peuvent toujours choisir d'écarter le régime légal, par convention initiale ou modificative, prévoyant un régime d'indivision (B).

A. Le principe : la séparation de biens

459. ***Biens personnels***. Le principe est posé par l'article 515-5 nouveau, qui dispose : « *chacun des partenaires conserve l'administration, la jouissance et la libre disposition de ses biens personnels* » (al. 1er). Chaque partenaire conserve, ainsi, la propriété personnelle des biens dont il était propriétaire avant le Pacs, comme il est seul propriétaire des biens qu'il a acquis en son nom pendant le Pacs.

Chacun des partenaires peut prouver par tous moyens, tant à l'égard de son partenaire que des tiers, qu'il a la propriété exclusive d'un bien (art. 515-5, al. 2). Ainsi les titres de propriété, témoignages, indices, et surtout les faits de possession permettront d'établir la propriété exclusive d'un bien.

460. ***Présomption d'indivision***. Si aucun des partenaires ne peut justifier d'une propriété exclusive d'un bien, celui-ci sera réputé appartenir indivisément à chacun des partenaires, pour moitié (art. 515-5, al. 2). Ces biens seront soumis au régime de l'indivision et seront partagés par moitié entre les partenaires. Il s'ensuit, d'une part, que cette présomption d'indivision est simple, et peut donc faire l'objet d'une preuve contraire. D'autre part, les partenaires peuvent acquérir un bien en indivision, soit en précisant la part de financement de chacun, ce qui facilitera le partage, soit sans précision, auquel cas le bien sera réputé appartenir à chacun pour moitié[2].

461. ***Séparation des passifs***. À la séparation des actifs répond la séparation des passifs. Ainsi, chacun des partenaires reste seul tenu des dettes personnelles nées avant ou pendant le Pacs (art. 515-5, al. 1er). Il est toutefois prévu une exception pour les dettes contractées par l'un des partenaires pour les besoins de la vie courante, et qui engagent l'autre solidairement à l'égard des tiers (art. 515-4).

En conséquence, les créanciers personnels d'un partenaire peuvent saisir les biens personnels de celui-ci. En revanche, les créanciers personnels d'un partenaire ne peuvent saisir directement les biens indivis (C. civ., art. 815-17, al. 2). Ils ont seulement la possibilité, conformément au droit commun de l'indivision, de provoquer le partage par la voie de l'action oblique (art. 815-17, al. 3)[3]. S'agissant d'une indivision légale, la demande de partage peut intervenir au cours de la vie commune[4]. Si l'un des partenaires avait financé, dans une proportion plus importante que l'autre, l'acquisition du bien indivis, il pourra faire valoir une créance contre l'autre.

---

1. H. Fulchiron, « Quel avenir pour le Pacs ? », *Defrénois* 2005. 1286.
2. H. Fulchiron, *Defrénois* 2006. 1621.
3. H. Bosse-Platière, *op. cit.*, n° 152.32.
4. P. Malaurie et H. Fulchiron, *op. cit.*, n° 410.

B. L'exception : l'indivision conventionnelle

462. ***Indivision volontaire.*** Si les partenaires souhaitent unir davantage leurs intérêts patrimoniaux, ils peuvent choisir de soumettre au régime de l'indivision les biens qu'ils acquièrent, ensemble ou séparément. Ils effectuent ce choix dans la convention initiale ou dans une convention modificative. Les biens sont alors indivis à compter de l'enregistrement de ces conventions (art. 515-5-1).

Alors que dans le régime antérieur, l'indivision était imposée aux partenaires, ici ce régime résulte d'un choix de leur part. L'indivision va alors regrouper les biens acquis aussi bien ensemble que séparément, et elle peut être le fruit d'une volonté initiale ou d'un changement effectué librement par les partenaires. Pour que cette convention soit opposable aux tiers, elle doit depuis le 1er janvier 2013, être publiée au fichier immobilier (anciennement la conservation des hypothèques : Ord. n° 2010-638 du 10 juin 2010, art. 11), à l'occasion de chaque acte d'acquisition d'un bien soumis à publicité foncière (C. civ., art. 515-5-3, al. 2).

Par l'effet de cette convention, les biens sont réputés indivis par moitié. La formule soulève deux questions. D'une part, les partenaires pourraient-ils limiter l'indivision à certaines catégories de biens ? Le principe de liberté, qui doit gouverner le Pacs, conduit la doctrine à répondre par l'affirmative [1]. D'autre part, si l'indivision est par moitié, sans recours, pour simplifier les règlements de comptes, pourrait-on admettre que les partenaires prévoient une proportion inégale ? Là encore, certains auteurs s'appuient sur la liberté des conventions de Pacs pour répondre par l'affirmative [2].

463. ***Exclusions de l'indivision.*** En raison de leur nature ou de leur mode d'acquisition, un certain nombre de biens sont exclus de l'indivision. Ils demeurent la propriété exclusive de chaque partenaire (art. 515-5-2).

1° Sont exclus de l'indivision « les deniers perçus par chacun des partenaires, à quelque titre que ce soit, postérieurement à la conclusion du pacte et non employés à l'acquisition d'un bien ». Sont visés ici les gains et salaires perçus par les partenaires, ainsi que les revenus des biens personnels des partenaires (par exemple, les loyers d'un immeuble personnel). Tant que ces deniers ne sont pas investis, ils restent personnels. Mais dès qu'ils ont servi à acquérir un bien, celui-ci tombe dans l'indivision : c'est le résultat de l'existence d'une présomption d'indivision. Par ailleurs, les fruits et revenus produits par les biens indivis ont vocation, conformément au droit commun, à accroître l'indivision (C. civ., art. 815-10, al. 2).

2° Demeurent la propriété de chaque partenaire « les biens créés et leurs accessoires ». On pense à un fonds de commerce, un cabinet médical ou d'avocat, ou une œuvre de l'esprit créée au cours du Pacs. Cette catégorie de bien avait soulevé de graves interrogations dans le régime antérieur. Quant aux accessoires des biens personnels, on peut penser à la construction édifiée au cours du Pacs sur un terrain personnel, même avec des deniers indivis [3].

---

1. H. Bosse-Platière, *op. cit.*, n° 152.92 ; P. Malaurie et H. Fulchiron, *op. cit.*, n° 416 ; P. Simler et P. Hilt, article préc., n° 28.

2. H. Bosse-Platière, *op. cit.*, n° 152.92 ; P. Malaurie et H. Fulchiron, *op. cit.*, n° 416.

3. H. Bosse-Platière, *op. cit.*, n° 152.62. Cet auteur envisage également le sort des plus-values acquises par un bien personnel, ainsi que le sort des valeurs mobilières.

3° Demeurent la propriété exclusive de chaque partenaire « les biens à caractère personnel ». On retrouve la catégorie visée, en régime de communauté, par l'article 1404 du Code civil : vêtements et linges à l'usage personnel de l'un des époux, actions en réparation d'un dommage corporel ou moral, créances et pensions incessibles, « et, plus généralement, tous les biens qui ont un caractère personnel et tous les droits exclusivement attachés à la personne ». Le texte y ajoute les instruments de travail nécessaires à la profession de l'un des époux[1].

4° Demeurent la propriété exclusive de chaque partenaire « les biens ou portions de biens acquis au moyen de deniers appartenant à un partenaire antérieurement à l'enregistrement de la convention initiale ou modificative aux termes de laquelle ce régime a été choisi ». C'est l'application du mécanisme juridique de l'emploi, ce que confirme le dernier alinéa de l'article 515-5-2, qui dispose que « l'emploi de deniers tels que définis au 4° et 5° fait l'objet d'une mention dans l'acte d'acquisition. À défaut, le bien est réputé indivis par moitié et ne donne lieu qu'à une créance entre partenaires ». C'est donc la déclaration d'emploi dans l'acte d'acquisition qui permet de conférer un caractère personnel au bien acquis.

Dans le même sens, demeurent la propriété exclusive de chaque partenaire « les biens ou portions de biens acquis au moyen de deniers reçus par donation ou succession ». L'objectif est que le bien acquis avec des deniers provenant de la famille du partenaire, par donation ou succession, ne tombe pas dans l'indivision conventionnelle. Il faut, comme dans le cas précédent, faire une déclaration de l'emploi des deniers dans l'acte d'acquisition. À défaut, le bien acquis tombe dans l'indivision et ne donne lieu qu'à une créance. Mais rien n'est dit si le partenaire a financé l'acquisition du bien pour partie avec des deniers reçus par donation ou succession, et pour partie avec des deniers indivis : le bien acquis reste-t-il personnel ou tombe-t-il dans l'indivision ?[2]

Enfin, demeurent la propriété exclusive de chaque partenaire « les portions de biens acquises à titre de licitation de tout ou partie d'un bien dont l'un des partenaires était propriétaire au sein d'une indivision successorale ou par suite d'une donation ». Il s'agit du cas dans lequel un partenaire est déjà copropriétaire indivis d'un bien, à l'issue d'une succession ou d'une donation, et qu'il acquiert d'autres parts indivises du même bien. Ces parts acquises restent la propriété exclusive du partenaire.

La liste paraît longue, et pourtant un certain nombre de biens paraissent avoir été oubliés, alors qu'ils doivent être nécessairement considérés comme étant la propriété exclusive d'un partenaire[3]. Ainsi pour les biens reçus par donation ou succession, les biens dits « présents », c'est-à-dire qui appartiennent à chaque partenaire au jour de la conclusion de la convention d'indivision, ainsi que, mais de façon peut-être plus discutable, les biens acquis avec des deniers provenant de la vente d'un bien personnel[4]. Bien qu'il ne soit pas visé expressément par la loi, la logique du régime patrimonial du Pacs impose la qualification de bien personnel.

Est restée pareillement sous silence la faculté dont pourraient disposer les partenaires de déroger aux dispositions législatives et, dans un sens, d'écarter la présomption d'indivision pour d'autres biens que ceux exclus par l'article 515-5-2, et, en sens inverse,

1. J. Flour et G. Champenois, *Les régimes matrimoniaux*, n°s 306 s.
2. Sur la discussion, v. H. Bosse-Platière, article préc., n° 152.65.
3. H. Fulchiron, *Defrénois* 2006. 1647 ; H. Bosse-Platière, article préc., n° 152.67.
4. P. Malaurie et H. Fulchiron, *op. cit.*, n° 422.

d'étendre le champ de l'indivision à des biens qui en sont légalement exclus [1]. Le principe de liberté individuelle, d'une part, et le libéralisme qui inspire le régime du Pacs, d'autre part, devraient conduire à valider ces aménagements conventionnels.

464. ***Gestion des biens indivis***. Les partenaires sont libres d'organiser la gestion des biens indivis. À défaut de stipulation particulière dans la convention, chaque partenaire est gérant de l'indivision et peut exercer les pouvoirs reconnus par le Code civil aux gérants des indivisions conventionnelles (art. 1873-6 à 1873-8), selon les dispositions de l'article 515-5-3.

C'est dire que le gérant représente les indivisaires, soit pour les actes de la vie civile, soit en justice. Il administre l'indivision, avec les mêmes pouvoirs que ceux dont dispose un époux sur les biens communs. Quant aux décisions qui excèdent ses pouvoirs, elles doivent être prises à l'unanimité. Sauf à rappeler que des recours judiciaires sont prévus en cas de blocage (art. 1873-8, al. 1er).

465. ***Indivision conventionnelle***. Les partenaires peuvent prévoir une organisation de l'indivision plus poussée. En ce sens, ils peuvent conclure, pour l'administration des biens indivis, une convention relative à l'exercice de leurs droits indivis soumise aux règles de l'indivision conventionnelle (art. 515-5-3). À peine d'inopposabilité, cette convention est publiée à la Conservation des hypothèques à l'occasion de chaque acte d'acquisition d'un bien soumis à publicité foncière. Quant à sa durée, les dispositions de l'article 1873-3 du Code civil ne s'appliquent pas. Pour des raisons évidentes, la convention d'indivision est, en effet, réputée conclue pour la durée du Pacs. Les partenaires peuvent, toutefois, décider qu'après la dissolution du Pacs, elle continuera de produire ses effets (art. 515-5-3, al. 3).

§ 3. Les biens des concubins

466. ***Absence de régime***. Aucune règle légale ne fixe le régime des biens des concubins qui restent soumis aux règles de droit commun sans que soit pris en compte la vie commune de leur propriétaire.

467. ***Palliatif***. Pour pallier l'absence de régime matrimonial, certains procédés peuvent être utilisés. Si les concubins achètent un bien en commun, il sera présumé indivis à défaut d'autre stipulation. Lors de l'acquisition, il est possible de prévoir, dans l'acte d'achat, une clause d'accroissement ou clause tontinière. Elle permet au concubin survivant de devenir rétroactivement seul propriétaire du bien et de ne pas avoir à indemniser les héritiers de son concubin. Mais des problèmes de gestion peuvent se poser dans l'hypothèse d'une mésentente entre les concubins.

468. ***Compétence du juge aux affaires familiales***. Les demandes relatives au fonctionnement des indivisions entre concubins relèvent depuis la loi n° 2009-526 du 12 mai 2009 de simplification et de clarification du droit et d'allégement des procédures et le décret n° 2009-1591, du 17 décembre 2009 de la compétence du juge aux affaires familiales.

---

1. P. Malaurie et H. Fulchiron, *op. cit.*, n° 423 ; P. Simler et P. Hilt, article préc., n° 32.

Titre 2

Les relations du couple avec les tiers

Chapitre 1

Les droits des membres du couple à l'égard des tiers

§ 1. En droit civil

A. Droit de la nationalité et droit des étrangers

469. ***Nationalité***. Seul le mariage entraîne des conséquences en matière de nationalité. Selon l'article 21-2 du Code civil issu de la loi n° 2011-672 du 16 juin 2011, « *L'étranger ou apatride qui contracte mariage avec un conjoint de nationalité française peut, après un délai de quatre ans à compter du mariage, acquérir la nationalité française par déclaration à condition qu'à la date de cette déclaration la communauté de vie tant affective que matérielle n'ait pas cessé entre les époux depuis le mariage et que le conjoint français ait conservé sa nationalité* ». Le délai est porté à cinq ans en cas d'absence de résidence permanente en France et le conjoint étranger doit justifier en outre d'une connaissance suffisante de la langue française.

470. ***Regroupement familial***. Le conjoint d'un étranger réside régulièrement en France depuis au moins deux ans peut bénéficier du regroupement familial (CESEDA, art L. 411-1). Cette règle s'applique évidemment aux époux homosexuels. En revanche le regroupement familial est exclu dans le cadre du mariage polygamique [1]. Ni le partenaire ni le concubin ne bénéficie du regroupement familial. La directive européenne n° 2003/86 prévoit que « les États membres peuvent autoriser l'entrée et le séjour du partenaire non marié ressortissant d'un pays tiers qui a avec le regroupant une relation durable et stable dûment prouvée, ou du ressortissant de pays tiers qui est lié au regroupant par un partenariat enregistré » et que « *les États membres peuvent décider que les partenaires enregistrés sont assimilés aux conjoints pour ce qui est du regroupement familial* » (art. 4, § 3), mais le législateur français n'a, pour l'instant, pas fait ce choix. Dans l'arrêt *Pajic c/ Croatie du* 23 février 2016 [2] la Cour européenne a jugé «*qu'une personne en couple homosexuel, qui sollicite un permis de séjour pour regroupement familial afin de pouvoir mener la vie familiale de son choix se trouve dans une situation comparable à celle d'une personne non mariée en couple hétérosexuel ayant le même désir d'accomplir sa vie familiale.*» Elle constate que les dispositions de la loi croate relatives aux étrangers qui réservaient essentiellement la possibilité de solliciter un permis de séjour pour

1. F. Jault-Seseke, Dossier « Mariage, Pacs, concubinage : le guide "droit de séjour des étrangers" », *AJ fam.* 2015. 40
2. N° 68453/13.

regroupement familial aux personnes en couple hétérosexuel, mariées ou non, aboutissaient à exclure tacitement les couples homosexuels de leur champ d'application. Ce faisant, elles établissaient une différence de traitement fondée sur l'orientation sexuelle des personnes concernées sans que celle-ci ne soit justifiée, ce qui amène la Cour à conclure à une violation des articles 8 et 14 de la Convention. Cet arrêt illustre une nouvelle fois la volonté de la Cour européenne d'éradiquer les différentes de traitement des couples en fonction de leur orientation sexuelle. Le regroupement familial peut distinguer selon les statuts, mais pas selon l'orientation sexuelle de ses membres.

471. ***Carte de résident.*** L'article L. 314-9, 3° du Code de l'entrée et du séjour des étrangers et du droit d'asile prévoit que la carte de résident peut être obtenue par l'étranger ou l'apatride qui a contracté mariage avec un Français, après trois ans de mariage, à condition que la communauté de vie n'ait pas cessé entre les époux. L'article L. 313-11, 7°, du CESEDA permet d'accorder une carte de séjour temporaire portant la mention « vie privée et familiale » aux étrangers dont les liens personnels et familiaux en France sont établis. L'article 12 de la loi n° 99-944 du 15 novembre 1999 sur le Pacs fait expressément de la conclusion de ce pacte un élément d'appréciation des liens personnels et familiaux dans le cadre de l'attribution d'une carte de résident mais l'octroi d'un titre de séjour n'est pas de droit. Dans l'arrêt *Taddeucci et McCall c/ Italie* du 30 juin 2016 [1], la Cour européenne des droits de l'Homme après avoir réitéré l'affirmation selon laquelle la relation de deux personnes de même sexe relève de la vie familiale, condamne l'Italie sur le fondement des articles 8 et 14 combinés pour avoir traité, du point de vue du droit au séjour de l'un de ses membres, un couple d'homosexuels de la même manière qu'un couple hétérosexuel ayant refusé d'officialiser sa relation. En effet, contrairement au couple hétérosexuel la Cour explique que le couple de personnes de même sexe ne pouvait ni se marier ni conclure un partenariat en Italie à l'époque des faits.

472. ***Renouvellement du titre de séjour d'un étranger, divorcé, victime de violences conjugales.*** Aux termes de l'article L. 313-12 du CESEDA, « *le renouvellement de la carte de séjour [...] est subordonné au fait que la communauté de vie n'ait pas cessé, sauf si elle résulte du décès du conjoint français. Toutefois, lorsque l'étranger a subi des violences conjugales de la part de son conjoint et que la communauté de vie a été rompue, l'autorité administrative ne peut procéder au retrait du titre de séjour de l'étranger et peut en accorder le renouvellement. En cas de violence commise après l'arrivée en France du conjoint étranger mais avant la première délivrance de la carte de séjour temporaire, le conjoint étranger se voit délivrer, sauf si sa présence constitue une menace pour l'ordre public, une carte de séjour temporaire portant la mention "vie privée et familiale"* ». Une cour d'appel administrative qui avait subordonné le bénéfice des dispositions de l'article L. 312-12 à la condition que les violences conjugales alléguées par la requérante se soient poursuivies après la rupture de la communauté de vie voit son arrêt annulé par le Conseil d'État [2]. Si les dispositions de l'article L. 313-12 du CESEDA ne crée aucun droit au renouvellement du titre de séjour d'un étranger dont la communauté de vie avec son conjoint de nationalité française a été rompue en raison des violences conjugales qu'il a subies de la part de ce dernier [3], de telles violences, subies pendant

1. N° 51362/09.
2. CE 26 sept. 2014, n° 366041.
3. CE 29 juin 2005, n° 268896, au *Lebon* ; *AJDA* 2006. 155, note O. Lecucq.

la vie commune, ouvrent la faculté d'obtenir, sur le fondement de cet article, un titre de séjour, sans que cette possibilité soit limitée au premier renouvellement d'un tel titre.

B. Les baux d'habitation

473. ***Cotitularité***. L'article 1751 du Code civil qui consacre la cotitularité du bail au profit du membre du couple qui n'était pas le locataire d'origine, est applicable aux couples mariés et aux partenaires, depuis la loi n° 2014-366 du 24 mars 2014 pour l'accès au logement et un urbanisme rénové (ALUR). Toutefois, ce texte s'applique de manière différente selon qu'il s'agit d'un mariage ou d'un Pacs. Il ne s'applique pas aux concubins.

474. ***Mariage*** Dans le cadre du mariage, la cotitularité du bail est automatique et résulte du seul mariage dont le bailleur doit être informé. Ce texte est d'ordre public et s'applique à tous les couples mariés, quel que soit leur régime matrimonial et nonobstant toute convention contraire. La cotitularité du bail est une règle impérative dans le mariage qui s'impose indépendamment de la volonté des époux et particulièrement du titulaire du bail.

475. ***Pacs*** En revanche dans le cadre du Pacs, la cotitularité du bail n'est pas automatique, mais seulement de droit. Elle aura lieu « *dès lors que les partenaires en font la demande conjointement* ». Ainsi, le titulaire du bail peut ne pas vouloir que son partenaire bénéficie de cette disposition.

476. ***Effet***. Il résulte de la cotitularité du bail que le bailleur doit donner congé aux deux époux ou partenaire, le congé donné à l'un n'est pas opposable à l'autre. En outre, la résiliation du bail nécessite l'accord des deux époux ou des deux partenaires.

477. ***Solidarité***. En contrepartie de la cotitularité du bail, les époux et les partenaires, sont solidairement tenus des loyers. En outre, l'article 1691 *bis* du Code général des impôts prévoit que les époux et les partenaires sont tenus solidairement au paiement de la taxe d'habitation lorsqu'ils vivent sous le même toit.

§ 2. En droit fiscal [1]

A. L'impôt sur le revenu

478. ***Imposition commune des époux et partenaires***. Les couples mariés et les partenaires bénéficient d'une imposition commune, mais tel n'est pas le cas des concubins. Selon l'article 6 du Code général des impôts, « *les personnes mariées sont soumises à une imposition commune pour les revenus perçus par chacune d'elles et ceux de leurs enfants et des personnes à charge mentionnés au premier alinéa ; cette imposition est établie au nom de l'époux, précédée de la mention "Monsieur ou Madame"* ». Le même texte dispose que « *Les partenaires liés par un pacte civil de solidarité défini à l'article 515-1 du Code civil font l'objet, pour les revenus visés au premier alinéa, d'une imposition commune. L'imposition est établie à leurs deux noms, séparés par le mot ou* ».

---

1. Sur l'ensemble, v. F. Douet, *Précis de droit fiscal de la famille*, 15e éd., 2016.

479. ***Régime***. Les époux et les partenaires sont soumis par l'article 6 au même régime concernant l'année de formation du couple (principe de l'imposition commune sauf exception justifiée) et l'année de sa séparation éventuelle (principe de l'imposition séparée sauf exception justifiée). L'article 7 du Code général des impôts précise que « *Les règles d'imposition, d'assiette et de liquidation de l'impôt ainsi que celles concernant la souscription des déclarations, prévues par le présent code en matière d'impôt sur le revenu pour les contribuables mariés, sont applicables dans les mêmes conditions aux partenaires liés par un pacte civil de solidarité* ». L'article 1691 *bis* prévoit en outre que Les époux et les partenaires liés par un pacte civil de solidarité sont tenus solidairement au paiement de l'impôt sur le revenu lorsqu'ils font l'objet d'une imposition commune.

480. ***Enfant***. Sur le plan fiscal, la loi de finances pour 1996 a établi l'égalité entre couples mariés et couples de concubins au regard de l'impôt sur le revenu en supprimant la demi-part supplémentaire par enfant à charge qui bénéficiait à chaque concubin.

B. L'impôt sur la fortune

Selon les articles 885 A et 855 E du Code général des impôts, les couples mariés comme les partenaires liés par un pacte civil de solidarité comme les concubins font l'objet d'une imposition commune au titre de l'impôt de solidarité sur la fortune. Sont pris en compte pour le calcul de l'assiette de cet impôt les biens de chacun des membres du couple, leurs biens communs ou indivis et les biens de leurs enfants mineurs sur lesquels ils ont l'administration légale. Les membres du couple, quelle que soit sa forme, sont tenus solidairement au paiement de cet impôt (CGI, art. 1723 *ter*-00 B).

§ 3. En droit du travail

481. ***Harmonisation***. Le couple est pris en considération en droit dans la mesure où sa formation et son existence confèrent certains avantages au salarié. Le Code du travail n'est pas homogène pour ce qui est de son approche du couple même si l'assimilation croissante des partenaires d'un Pacs aux époux en droit du travail a pu être constatée dès l'entrée en vigueur de la loi du 15 novembre 1999 [1]. Cette évolution est particulièrement intéressante en ce que le droit du travail concerne la plupart des couples et confère une effectivité certaine à l'harmonisation des effets du mariage et du pacte civil de solidarité. Les concubins ne sont pas totalement exclus de ce rapprochement significatif des modes de conjugalité, puisque certaines dispositions du Code du droit du travail les intègrent également dans leur champ d'application.

A. Les congés

1) Les congés pour événements familiaux lié au couple

482. ***Formation du couple***. Depuis la loi n° 2014-873, du 4 août 2014, la formation du couple donne doit à quatre jours de congés, qu'il s'agisse d'un mariage ou d'un pacte civil de solidarité selon les 1° et 1° *bis* de l'article L. 3142-1 du Code du travail. Le cantonnement

---

1. A. Benoit, *Dr. fam.* chron. préc., HS, p. 42 ; H. Bosse-Platière, n°s 152.130 s. ; H. Chanteloup et G. Fauré, n°s 160 s.

de certains privilèges au conjoint en matière de congés familiaux avait été qualifié de discrimination par la Haute autorité de lutte contre les discriminations et pour l'égalité. Selon la HALDE, « *Les dispositions de la convention collective qui réservent le bénéfice de congés pour événements familiaux aux seuls salariés mariés et qui instituent une prime liée au mariage doivent être considérées comme constituant une discrimination en raison de la situation de famille des salariés* » [1]. De même, dans la décision Frédéric Hay du 12 décembre 2013 [2], la Cour de justice de l'Union européenne avait jugé discriminatoire l'exclusion d'un couple homosexuel ayant conclu un pacte civil de solidarité, du bénéfice de jours de congés spéciaux et d'une prime salariale octroyés aux salariés de l'entreprise contractant un mariage au motif que les avantages en cause sont seulement accordés en cas de mariage.

483. ***Décès***. Le conjoint survivant et le partenaire survivant sont également traités de la même manière en cas de décès de l'autre membre du couple. Il bénéficie l'un et l'autre de deux jours de congés dans cette hypothèse en vertu de l'article L. 3142-1 du Code du travail. On notera que le concubin ne bénéficie pas du même droit.

484. ***Handicap ou invalidité***. En revanche, l'article L. 3142-22 du Code du travail qui accorde au salarié ayant au moins deux ans d'ancienneté dans l'entreprise, un droit à un congé de proche aidant non rémunéré est applicable à la fois lorsque son conjoint, son partenaire lié par un pacte civil de solidarité ou encore son concubin présente un handicap ou une perte d'autonomie d'une particulière gravité.

485. ***Examens prénataux***. L'article L. 1225-16 du Code du travail accorde une autorisation d'absence au conjoint salarié de la femme enceinte ou bénéficiant d'une assistance médicale à la procréation ou à la personne salariée liée à elle par un pacte civil de solidarité ou vivant maritalement avec elle pour se rendre à trois des examens médicaux obligatoires dans le cadre du suivi de la grossesse ou des suites de l'accouchement ou aux actes médicaux nécessaires dans le cadre d'un parcours de procréation médicalement assistée.

2) Les congés des membres du couple

486. ***Prise en compte du couple***. Selon l'article article L. 3141-14 du Code du travail, l'employeur doit, lorsqu'il fixe les dates de congé des salariés tenir compte de leur situation de famille, et « *notamment des possibilités de congé, dans le secteur privé ou la fonction publique, du conjoint ou du partenaire lié par un pacte civil de solidarité* ».

487. ***Congés simultanés***. En outre l'article L. 3141-15 dispose que « *Les conjoints et les partenaires liés par un pacte civil de solidarité travaillant dans une même entreprise ont droit à un congé simultané* ».

B. Le rapprochement de conjoint ou de partenaire

Les dispositions relatives au rapprochement de conjoint dans la fonction publique (L. n° 84-16 du 11 janv. 1984, art. 60, mod. par L. n° 2006-728 du 23 juin 2006 et L. n° 2009-972 du 3 août 2009) sont applicables aux partenaires liés par un pacte civil de solidarité.

---

1. Délibération n° 2007-366 du 11 février 2008 ; Lexbase : X0539AEP.
2. Aff. C-267/12.

§ 4. En droit pénal

488. ***Immunité pénale***. L'article 311-12 du Code pénal dispose que le vol commis par une personne ne peut donner lieu à des poursuites lorsqu'il a été commis au préjudice de son conjoint, sauf lorsque les époux sont séparés de corps ou autorisés à résider séparément. Cette immunité est également applicable aux infractions d'extorsion, de chantage, d'escroquerie et d'abus de confiance. Toutefois l'immunité est écartée lorsque le vol porte sur «*des objets ou documents indispensables à la vie quotidienne de la victime, tels que des documents d'identité, relatifs au titre de séjour ou de résidence d'un étranger, ou des moyens de paiements*». Cette exclusion de l'immunité est destinée à empêcher un époux de placer son conjoint dans une situation de faiblesse et d'emprise, voire de violence. Dans la mesure où l'immunité pénale est liée à la vie commune des époux, on peut s'étonner qu'elle ne soit pas étendue aux couples de partenaires liés par un pacte civil de solidarité et aux concubins.

489. ***Non-dénonciation de crime***. L'article 434-1 qui incrimine le fait, pour quiconque ayant connaissance d'un crime de ne pas en informer les autorités judiciaires ou administratives prévoit une dispense, sauf en ce qui concerne les crimes commis sur les mineurs, pour tous les couples en visant « *le conjoint de l'auteur ou du complice du crime, ou la personne qui vit notoirement en situation maritale avec lui* ».

490. ***Dispense de témoigner***. Dans l'arrêt *Van der Heidjen c/ Pays Bas* du 3 avril 2012[1], la Cour européenne des droits de l'Homme refuse de reconnaître les mêmes droits aux simples concubins et aux couples ayant officialisé leur union à propos de l'obligation de témoigner contre son conjoint ou compagnon. En l'espèce, le Code de procédure pénale néerlandais ne dispensant de l'obligation de témoigner que le conjoint ou le partenaire enregistré, la requérante qui refusait de témoigner contre son concubin fut incarcérée pendant treize jours. La nature et l'importance de l'intérêt protégé en cause ainsi que l'absence de consensus sur la question permettent, selon le juge européen, de considérer que la différence de traitement entre les couples en matière de dispense de témoigner est proportionnée. En revanche dans l'arrêt *Petrov c/ Bulgarie* du 22 mai 2008, la Cour avait affirmé que l'interdiction faite à un couple de concubins, dont l'un des membres était incarcéré, d'avoir des contacts téléphoniques dont seuls bénéficiaient les couples mariés, constitue une discrimination.

En droit français, l'article 335 relatif à la procédure devant la Cour d'assises ainsi que l'article 448 relatif à la procédure devant le tribunal correctionnel dispense seulement le mari ou la femme de la personne poursuivie de prêter serment, précisant que cette prohibition perdure même après le divorce. Une dispense équivalente n'existe pas pour les concubins ou les partenaires liés par un pacte civil de solidarité.

491. ***Récusation***. Lorsqu'il énumère les causes de récusation d'un juge ou d'un conseiller membre d'une juridiction pénale, l'article 688 du Code de procédure pénale tient compte des liens que ce dernier mais aussi son conjoint, concubin ou partenaire lié par un pacte civil de solidarité peut avoir avec les parties.

---

1. *Dr. fam.* 2013, étude n° 3, obs. A. Gouttenoire.

§ 5. En droit électoral

492. ***Code électoral.*** L'article L. 11, 2° du Code électoral permet à une personne d'être inscrite sur les listes électorales dans la commune dans laquelle réside son conjoint. Par une salve de cinq arrêts rendus le 5 mars 2008 [1], la Cour de cassation confirme la radiation de cinq personnes des listes électorales d'une commune corse, au motif qu'elles ne peuvent prétendre à la qualité de conjoint d'un contribuable, étant seulement liées à ce dernier par un pacte civil de solidarité. La Cour affirme solennellement, par un attendu identique dans les différents arrêts, que « *les conjoints étant, en l'état de la législation française, les personnes unies par les liens du mariage, les dispositions de l'article L. 11,2° du Code électoral en faveur du conjoint ne s'étendent pas aux personnes vivant maritalement et ne peuvent être invoquées par le partenaire d'un pacte civil de solidarité* ». Ainsi cette disposition est-elle réservée aux époux et ne bénéficie ni aux partenaires ni aux concubins. En revanche, la Cour de cassation a pu appliquer au partenaire d'un pacte civil de solidarité conclu avec un fonctionnaire, l'article L. 30 du Code électoral qui permet à ce dernier, et aux membres de sa famille domiciliés avec lui, d'être inscrits sur les listes électorales en dehors des périodes de révision de celles-ci en cas de départ à la retraite ou de mutation [2]. Sans doute serait-il opportun que les dispositions du Code électoral, dont bénéficie le conjoint soient étendues aux autres formes de couple, dans la mesure où c'est la vie commune qui fonde les avantages en cause.

---

1. Civ. 1re, 5 mars 2008, Pourvois n° 08-60231 ; 08-60232 ; 08-60228 ; 08-60230 ; 08-60229, *Dr. fam.* 2008, comm. 51, obs. Larribau-Terneyre ; *D.* 2008. 1794, Vigneau et Lemouland ; *AJ fam.* 2008. 258, obs. Chénedé ; *RTD civ.* 2008. 458, obs. Hauser.
2. Civ. 2e, 25 mars 2004, pourvoi n° 04-60.134 ; *RTD civ.* 2004. 489, obs. J. Hauser.

Chapitre 2

Les droits des tiers à l'égard des membres du couple

Deux catégories de tiers doivent être envisagées selon les exigences qu'ils peuvent avoir à l'égard des membres du couple : en effet les créanciers bénéficient de la solidarité ménagère (Section 1) à l'égard des couples mariés comme des partenaires liés par un pacte de solidarité, alors que les membres de la famille bénéficiant de l'obligation alimentaire ne peuvent s'adresser qu'à des époux (Section 2).

Section 1
La solidarité ménagère

493. ***Autonomie ménagère***. Lorsque l'un des époux ou un partenaire contracte une dette ménagère, les tiers ne doivent pas exiger de lui des justifications de l'étendue de ses pouvoirs, sauf à rendre le quotidien extrêmement compliqué pour les membres du couple. La conclusion de contrats domestiques a toujours été indispensable au fonctionnement du ménage. Cette autonomie ne peut exister que si les tiers sont assurés que les deux membres du couple seront engagés par la dette contractée par l'un d'entre eux. C'est pourquoi, si la solidarité ménagère constitue un droit des tiers à l'égard des membres du couple, elle est également un avantage pour le couple en lui permettant de bénéficier d'un meilleur crédit à l'égard des tiers. La loi du 22 septembre 1942 reconnut expressément à la femme un pouvoir de représentation légale de son mari qui pouvait librement le lui retirer. Elle ne s'engageait pas elle-même mais obligeait uniquement son époux et, éventuellement, la communauté. L'article 220, issu de la loi du 13 juillet 1965, a reconnu à chacun des époux le pouvoir de «*passer seul les contrats qui ont pour objet l'entretien du ménage ou l'éducation des enfants*». Cette formulation toujours contenue dans l'actuel article 220 du Code civil, n'a pas été reprise dans le cadre du pacte civil de solidarité même si l'autonomie ménagère peut se déduire de la solidarité ménagère consacrée par l'article 515-4 du Code civil.

En effet, les époux comme les partenaires engagés dans un pacte civil de solidarité sont tenus solidairement au paiement des dettes contractées pour les besoins du ménage (§ 1) dans les limites des exceptions légales qui sont désormais les mêmes pour le mariage et le Pacs (§ 2).

§ 1. Le domaine de la solidarité ménagère

494. ***Totalité de la dette***. L'article 220, alinéa 1er, précise que la dette contractée par l'un des époux qui a pour objet l'entretien du ménage ou l'éducation des enfants oblige l'autre solidairement. La même règle s'applique dans le cadre du partenariat, en vertu de l'article 515-4, alinéa 2 du Code civil qui dispose que les partenaires sont tenus solidairement à l'égard des tiers des dettes contractées par l'un d'eux pour les besoins de la vie courante. Chacun des époux ou partenaire peut donc être poursuivi par le créancier, sur ses biens personnels, pour la totalité de la dette. Celui qui a réglé entièrement la dette est ensuite en droit de demander à son conjoint ou partenaire de lui rembourser sa contribution à la dette, qui dépendra du régime des biens du couple et des facultés respectives de chacun de ses membres.

495. ***Exclusion des concubins***. Aucun texte équivalent aux articles 220 et 514-4 du Code civil ne consacre une solidarité ménagère entre concubins. La Cour de cassation a en outre refusé d'étendre, par analogie, la solidarité de l'article 220 du Code civil au couple de concubins, affirmant avec constance que chaque concubin doit supporter les dépenses de la vie courante qu'il a engagées [1]. Cependant, quelques juges ont admis, lorsque les concubins se présentent aux tiers comme un couple marié et créent en conséquence une fausse apparence de mariage, que les créanciers qui ont commis une erreur légitime sur la situation du couple ont le droit de poursuivre l'un ou l'autre des concubins pour la totalité de la dette. Cette solution vise à protéger les créanciers, en leur permettant d'obtenir le paiement intégral de leur créance [2], toutefois elle est loin d'être admise de manière générale. Il n'existe aucun régime matrimonial entre les concubins. Il n'y a pas d'obligation de contribution aux charges du mariage entre concubins [3]. Donc chacun doit supporter les dépenses de la vie courante qu'il a exposées [4].

Le Conseil d'État adopte, toutefois, une position différente et sans doute plus réaliste. Consulté pour avis sur le remboursement à une caisse d'allocations familiales du trop-perçu au titre de l'aide personnalisée au logement, le Conseil d'État considère que les concubins sont tenus solidairement au remboursement de l'indu en raison du profit qu'ils en ont l'un et l'autre retiré, alors même que l'aide n'avait été nommément attribuée qu'à un seul des deux en raison de sa qualité de propriétaire ou de locataire [5]. Le concubinage étant désormais reconnu par la loi, l'idée de communauté de vie générant une solidarité des dettes pourrait constituer une sorte de droit commun du couple [6].

---

1. Civ. 1re, 11 janv. 1984, *Bull. civ.* I, n° 12 ; *D.* 1984. IR 275, obs. D. Martin ; *Gaz. Pal.* 1985. 1. 133, note J.-M. ; *RTD civ.* 1985. 172, obs. J. Mestre ; Civ. 1re, 2 mai 2001, *Bull. civ.* I, n° 111, *D.* 2002. Somm. 612, obs. J.-J. Lemouland ; *RTD civ.* 2001. 565, obs. J. Hauser ; Civ. 1re, 17 oct. 2000, *D.* 2001. 497, note R. Cabrillac ; *JCP* 2001. II. 10568, note T. Garé ; *Dr. fam.* 2000, n° 139, note B. Beignier ; Civ. 1re, 27 avr. 2004, *RTD civ.* 2004. 487, obs. J. Hauser ; 510, obs. J. Mestre et B. Fages ; *Dr. fam.* 2004. 25, obs. V. Larribau-Terneyre ; *D.* 2004. 2968, obs. D. Vigneau ; Civ. 1re, 23 mars 2011, *Dr. fam.* 2012, Études, n° 10, obs. A. Gogos-Gintran ; Civ. 1re, 28 nov. 2006, *Bull. civ.* I, n° 517 ; A. Prothais, « Dettes ménagères des concubins : solidaires, « *in solidum* », indivisibles ou conjointes ? », *D.* 1987. Chron. 237, et « Le droit commun palliant l'imprévoyance des concubins dans leurs relations pécuniaires entre eux », *JCP* 1990. I. 3440.
2. Paris, 21 nov. 1923, *Gaz. Pal.* 1924. 1. 187 ; Paris, 23 juill. 1932, *Gaz. Pal.* 1932. 2. 423 et, plus récemment, TI Le Mans, 7 févr. 1986, *CJEG* 1986. 235 ; sur cette question, v. L. Leveneur, *op. cit.*, n° 148.
3. Civ. 1re, 9 janv. 1979, *Bull. civ.* I, n° 11.
4. Civ. 1re, 19 mars 1991, *Bull. civ.* I, n° 92 ; 17 oct. 2000, *D.* 2001. 497, note R. Cabrillac ; *D.* 2002. Somm. 611, obs. J.-J. Lemouland ; *Dr. fam.* 2000, n° 139, obs. B. Beignier ; 28 nov. 2006, *Bull. civ.* I, n° 517.
5. CE 9 juill. 2003, *D.* 2004. 2967, obs. J.-J. Lemouland ; *RTD civ.* 2004. 69, obs. J. Hauser.
6. J.-J. Lemouland, obs. préc. ; J. Hauser, obs. préc.

496. ***Durée de l'union***. La solidarité prévue par l'article 220 est un effet patrimonial du mariage et doit donc être appliquée pendant toute la durée de l'union, même si les époux sont en instance de divorce[1], de séparation de corps[2] ou séparés de fait[3]. Pour ce qui est du Pacs, la solidarité disparaît dès lors que le Pacs est dissous. Elle ne concerne donc que les dettes qui ont été contractées par un partenaire pendant la durée du Pacs.

L'autorisation judiciaire de résidence séparée ne libère pas un époux[4]. Mais la solidarité ne peut être appliquée à un bail conclu par un époux pour son usage exclusif, après l'ordonnance de non-conciliation ayant autorisé les époux à résider séparément, ce bail n'étant pas destiné à l'entretien du ménage[5].

497. ***Notion de dettes ménagères***. Même si la formule n'est pas la même pour le mariage – le texte vise les dettes qui ont pour objet l'entretien du ménage ou l'éducation des enfants –, et pour le Pacs – le texte vise les dettes contractées pour les besoins de la vie courante –, on peut penser que les tribunaux importeront les interprétations effectuées pour l'application des règles du mariage au Pacs[6]. La disposition originaire relative au Pacs et qui visait les dépenses relatives au logement a été supprimée en 2006, ce qui ne signifie pas, pour autant, que les loyers et charges, ainsi que les dépenses de copropriété, échappent à la solidarité dès lors qu'elles participent aux besoins de la vie courante, comme dans le mariage[7]. En revanche sont désormais exclues les dépenses d'investissement relatives au logement qui était intégrées dans le domaine de la solidarité ménagère par le texte précédent.

Désormais on peut considérer que le domaine de la solidarité ménagère est le même pour le mariage et le Pacs. Sont considérées comme des dettes ménagères les dettes relatives à la vie commune du couple et de ses éventuels enfants, à l'exclusion des dépenses qui n'ont d'intérêt que pour l'un des membres du couple.

Lorsqu'une l'aide personnalisée au logement (APL) a été versée à tort, les pacsés qui en ont bénéficié sont solidairement tenus à sa restitution, compte tenu de la finalité de cette réglementation, quand bien même elle n'aurait été attribuée qu'à un seul d'entre eux[8].

Des textes spécifiques prévoient la solidarité des époux et des partenaires liés par un pacte civil de solidarité notamment en matière fiscale[9].

§ 2. Les limites de la solidarité ménagère

498. ***Dépense manifestement excessive***. L'article 220, alinéa 2, comme l'article 515-4 du Code civil (depuis 2006) précisent que la solidarité ne joue pas lorsque la dépense est

---

1. Civ. 2e, 3 oct. 1990, *Bull. civ.* II, no 177 ; Civ. 3e, 2 juin 1993, *Bull. civ.* III, no 74 ; *Defrénois* 1993. 1443, obs. G. Champenois ; Civ. 2e, 2 févr. 2000, *Bull. civ.* II, no 18.
2. V. en ce sens, Rouen, 30 janv. 1990, *Gaz. Pal.* 1990. 2. 464, note D. Pronier ; v. cependant, Civ. 1re, 15 nov. 1994, *Bull. civ.* I, no 333.
3. Civ. 1re, 13 oct. 1992, *JCP* 1993. II. 22204, note J. Hauser ; 10 mars 1998, *Bull. civ.* I, no 101.
4. Civ. 3e, 16 déc. 1998, *JCP* 1999. II. 10105, note T. Garé.
5. Civ. 2e, 24 nov. 1999, *Bull. civ.* II, no 173 ; Civ. 1re, 27 avr. 2004, *D.* 2005. Pan. 812, obs. J.-J. Lemouland et D. Vigneau.
6. J. Rochfeld, obs. préc., *RTD civ.* 2006. 627.
7. P. Simler et P. Hilt, article préc., no 21.
8. CE 9 juill. 2003, *RTD civ.* 2004. 69, obs. J. Hauser.
9. V. ss 479.

manifestement excessive eu égard au train de vie du ménage. L'utilité ou l'inutilité de l'opération ainsi que la bonne ou la mauvaise foi du tiers contractant sont également pris en considération [1]. Le cocontractant est donc fondé à invoquer le train de vie apparent du ménage. C'est au juge qu'il revient d'apprécier, en tenant compte des circonstances de la cause, le caractère excessif ou non de la dépense [2].

499. ***Emprunts***. La solidarité ménagère est exclue pour les emprunts sauf s'ils portent sur des sommes modestes et sont nécessaires aux besoins de la vie courante [3]. En cas de pluralité d'emprunts, le montant cumulé de ces sommes, ne doit pas être manifestement excessif eu égard au train de vie du ménage. Il appartient à celui qui a prêté des fonds à l'un des époux ou partenaires, et qui entend bénéficier de la solidarité de l'article 220 ou de l'article 514-4, d'établir que le prêt avait pour objet l'entretien du ménage ou l'éducation des enfants [4].

500. ***Achats à tempérament***. La solidarité n'a pas lieu non plus pour les achats à tempérament (art. 220, al. 3 ; C. civ., art. 5154-4), c'est-à-dire les achats dont le prix est payable par versements échelonnés, qui sont effectués par l'un des époux ou l'un des partenaires sans le consentement de l'autre, quel que soit leur montant [5]. On notera que pour les achats à tempérament, aucune exception à l'exception n'est prévue.

Lorsque la solidarité est écartée, le contrat est valable mais le créancier ne peut se faire payer sur les biens personnels du conjoint ou partenaire de son cocontractant.

Section 2
Les obligations alimentaires découlant du mariage

501. ***Fondement***. Les obligations alimentaires découlant du mariage sont fondées sur les articles 206 et 207 du Code civil. Le premier de ces textes prévoit que les gendres et belles-filles doivent des aliments à leur beau-père et belle-mère et le second de ces textes précise que cette obligation alimentaire est réciproque.

502. ***Spécificité du mariage***. L'obligation alimentaire de l'article 206 du Code civil est spécifique aux liens d'alliance créés par le mariage et ne saurait être mise en œuvre dans le cadre du pacte civil de solidarité ou celui du concubinage. Ainsi la Cour de cassation a-t-elle pu juger qu'il n'existait pas d'obligation alimentaire entre le concubin de la

---

1. De même, la dette ne doit pas résulter d'une infraction pénale : Civ. 1re, 9 janv. 2008, *D.* 2008. Pan. 1792, obs. J.-J. Lemouland et D. Vigneau.

2. V. par ex., Paris, 21 mai 1982, *Defrénois* 1982, art. 32972, p. 1647, obs. G. Champenois ; Aix-en-Provence, 17 janv. 1994, *JCP N* 1995. II. 689, obs. G. W.

3. Les juges doivent s'expliquer sur l'importance de l'emprunt (Civ. 1re, 26 juin 2001, *RTD civ.* 2002. 557, obs. B. Vareille) et sur son caractère nécessaire aux besoins de la vie courante (Civ. 1re, 27 nov. 2001, *Bull. civ.* I, n° 294 ; 17 déc. 2002, *D.* 2003. Somm. 1863, obs. V. Brémond ; 3 juin 2003, *Bull. civ.* I, n° 135 ; *Dr. fam.* 2003, n° 148, note B. Beignier ; 6 déc. 2005, *JCP* 2006. I. 141, n° 2, obs. G. Wiederkehr).

4. Civ. 1re, 17 janv. 1990, *Defrénois* 1990. 553, obs. G. Champenois ; 28 févr. 2006, *JCP* 2006. I. 193, obs. G. Wiederkehr.

5. Civ. 1re, 12 juill. 1994, *Bull. civ.* I, n° 252 ; *D.* 1996. 117, note A. Guineret-Brobbel Dorsman ; *RTD civ.* 1996. 221, obs. B. Vareille ; *Audijuris* 1995, n° 49, p. 31, obs. P. Courbe.

fille et la mère de celle-ci [1]. Cette solution est logique puisque ni le pacte civil de solidarité ni le concubinage ne créent de liens familiaux entre les membres du couple et la famille de l'autre.

503. ***Portée***. La formulation de l'article 206 qui vise précisément les gendres et belles-filles d'une part et le beau-père et la belle-mère d'autre part permet d'affirmer que l'obligation alimentaire entre alliés est limitée au premier degré, elle n'existe donc pas entre les grands-parents et les conjoints de leurs petits-enfants [2].

En outre, l'expression « gendres et belles-filles » exclut que cette obligation alimentaire existe dans les rapports entre une personne mariée et les enfants de son conjoint [3].

504. ***Absence de subsidiarité***. L'obligation alimentaire fondée sur un lien d'alliance n'est pas subsidiaire par rapport à une obligation alimentaire fondée sur un lien de sang. La Cour de cassation a ainsi pu admettre qu'une personne réclame des aliments à sa belle-fille plutôt qu'à son propre enfant [4].

505. ***Indignité***. L'article 207 qui permet au juge de décharger un débiteur d'aliments de sa dette alimentaire lorsque le créancier aura manqué gravement à ses obligations envers lui est applicable à l'obligation alimentaire fondée sur l'alliance. En outre le constat d'une telle indignité entre les beaux-parents et leur enfant peut avoir des conséquences sur l'obligation de l'article 206. Il doit ainsi être admis que lorsque l'époux qui crée l'alliance est dispensé de fournir des aliments à son père ou à sa mère, cette dispense profite nécessairement et par ricochet à son conjoint [5]. En revanche, le gendre ou la belle-fille semblent conserver le droit de demander des aliments à leurs beau-père ou belle-mère, alors même que leur conjoint se serait rendu indigne d'en obtenir directement [6].

506. ***Durée***. L'obligation alimentaire étant liée au mariage, elle disparaît à la dissolution de celui-ci par divorce, même en présence d'enfants [7]. En revanche, l'article 206 du Code civil précise que l'obligation alimentaire entre gendre et belle-fille d'une part et beau-père et belle-mère d'autre part «cesse lorsque celui des époux qui produisait l'affinité et les enfants issus de son union avec l'autre époux sont décédés». Il résulte de cette affirmation qu'en cas de décès de l'époux qui produit l'alliance, l'obligation alimentaire du conjoint survivant à l'égard de ses beaux-parents perdure s'il y a des enfants, vivant,

---

1. Civ. 1re, 28 mars 2006, nº 04-10.684, *Bull. civ.* I, nº 174 ; Civ. 1re, 9 janv. 2008, nº 06-21.168, *RJPF* 2008-2/42, obs. Valory.
2. Grenoble, 9 août 1862, *DP* 1863. 5. 25 ; Lyon, 13 nov. 1952, *D.* 1953. 755, note Gervésie ; TI Laval, 16 mai 1961, *D.* 1961. 711 ; Angers, 5 févr. 1974, *D.* 1974. 585, note Martin ; 8 nov. 1985, *Juris-Data* nº 050027 ; v. cep. en sens contraire : Paris, 31 oct. 1980, *Gaz. Pal.* 1982. 1. Somm. 74, obs. J.M. ; *Defrénois* 1981, art. 32599, nº 3, obs. Massip.
3. Paris, 19 mai 1992, *D.* 993 somm. 47, obs. F. Granet-Lambrechts, *ibid*, p. 127, obs. Blary-Clément ; Douai, 3 févr. 1994, *RTD civ.* 1994. 837, obs. Hauser ; Nancy, 8 nov. 1996, *Juris-Data* nº 055925.
4. Cassation de l'arrêt qui exigeait la démonstration de la carence des enfants : Civ., 2 janv. 1929, Époux Giraud, *GAJC*, 12e éd., nº 56-57 [I] ; *DP* 1929. 1.137, note Savatier ; S. 1929. 1.185, note Audinet ; *RTD civ.* 1929. 409, obs. Gaudemet.
5. H. Bosse-Platière, M. Kornprobst, A. Mullot-Thiébaud, Rep. Dalloz civil, *Vº* Obligation alimentaire nº 127.
6. Chambéry, 6 mai 1891, *DP* 1892. 2. 503.
7. Bordeaux 4 mai 1972, *Gaz. Pal.* 1972. 2. 567.

issus de l'union[1]. On peut ainsi considérer que le conjoint survivant doit des aliments aux grands-parents de ses enfants et que les grands-parents doivent des aliments au parent de leurs petits-enfants. Il a ainsi été jugé que la belle-fille restée veuve enceinte peut demander des aliments à ses beaux-parents, tant dans son intérêt que dans l'intérêt de l'enfant conçu[2], sauf à être tenue de restituer ce qu'elle aurait touché si l'enfant ne naissait pas viable.

Section 3
La prise en compte du couple en matière de prestations sociales et pensions alimentaires

§ 1. Les prestations sociales

507. ***Harmonisation***. Le droit de la protection sociale prend en considération le couple, généralement quelle que soit sa forme : mariage, Pacs ou concubinage, dans la mesure où les ressources des deux personnes formant le couple entrent en compte pour déterminer le montant voire même l'existence de la plupart des prestations. Il en va ainsi notamment de l'allocation de solidarité aux personnes âgées (CSS, art. L. 815-1 s.), dont le montant varie selon que le foyer est composé d'une personne seule ou de conjoints, concubins ou partenaires liés par un Pacs[3]. Il en va de même pour plusieurs prestations familiales ou les aides au logement qui prennent en compte le revenu net imposable de l'allocataire ainsi que celui de son conjoint, concubin ou partenaire. L'addition des deux revenus peut placer l'allocataire au-dessus du plafond de ressources qui détermine le seuil d'octroi de la prestation[4]. En outre l'allocation de soutien familial (CSS, art. L. 581-2), versée à un parent qui élève seul son enfant est en principe supprimée en cas de mariage, de remariage, de concubinage ou de Pacs. Elle n'est maintenue que lorsque le parent de l'enfant se soustrait à ses obligations alimentaires. La caisse d'allocations familiales est alors subrogée dans les droits du parent créancier et titulaire d'un mandat exclusif pour engager une action en recouvrement de la pension alimentaire contre le parent défaillant.

§ 2. La pension alimentaire et la prestation compensatoire

508. ***Pension alimentaire***. Lors du calcul de la pension alimentaire due par un parent à son enfant avec qui il ne vit pas, les ressources du nouveau conjoint partenaire ou concubin peuvent être perçues comme atténuant les besoins du parent créancier ou comme augmentant les facultés contributives du parent débiteur[5]. Si la loi ne contraint pas le juge à prendre précisément en compte les revenus de la personne qui vit en couple avec le parent débiteur, la Cour de cassation estime qu'il convient de procéder à l'analyse d'une situa-

1. Lyon, 25 janv. 1967, *D.* 1967. 443.
2. T. civ. Marseille, 12 déc. 1862, *DP* 1863. 5. 23.
3. M. Badel, Dossier « Mariage, Pacs, concubinage : le guide » : Quels droits à la sécurité sociale ? *AJ fam.* 2015. 31.
4. J.-J. Dupeyroux, M. Borgetto, R. Lafore, *Droit de la sécurité sociale*, 18e éd., Dalloz 12015, nº 930.
5. Corpart I. (dir.), *Familles recomposées*, Lamy, Axe droit, 2011, p. 103.

tion économique globale des foyers recomposés[1]. Toutefois, « les revenus de l'épouse ne peuvent être pris en considération que dans la mesure où ils réduisent les charges du parent débiteur »[2]. Dans un arrêt du 21 octobre 2015[3], la Cour de cassation a précisé que le compagnon de la mère n'est tenu d'aucune obligation alimentaire à l'égard des enfants de cette dernière et que ses ressources n'avaient pas à entrer en ligne de compte pour régler la question du partage des frais de scolarité vivant en alternance chez son père et chez sa mère.

À l'inverse, les nouvelles charges de famille d'un parent doivent, elles aussi, être prises en compte.

509. ***Prestation compensatoire***. Le remariage[4] comme le concubinage de l'un des époux, qu'il s'agisse du créancier ou du débiteur, doit être pris en compte dans la détermination des ressources des époux pour déterminer le montant de la prestation compensatoire pouvant être due par un ex-époux à l'autre[5].

La vie du couple
tableau comparatif

	Mariage	**Pacs**	**Concubinage**
Obligation de fidélité	OUI C. civ., art. 212	NON	NON
Devoir d'assistance	OUI C. civ., art. 212	OUI C. civ., art. 515-4, al. 1er	NON
Régime fiscal	Imposition commune dès l'année de célébration du mariage	Imposition commune dès la conclusion du Pacs	Pas d'imposition commune
Pension de réversion	OUI	NON	NON

1. Les juges prennent en considération tous les éléments matériels du dossier tels que salaires des deux parents, dépenses de loyer et frais de charge, abonnements téléphoniques, pension alimentaire versée à un ascendant, remboursement d'un emprunt, etc. avant de fixer le montant dû. Sur les pratiques : Ardout J.-C., Bourreau-Duroy C. et Sayn I., Une table de référence pour fixer le montant de la contribution à l'entretien et à l'éducation des enfants : expériences étrangères, analyse économique, analyse juridique, Dossier, Barème des pensions alimentaires, *AJ fam*. 2010. 457.
2. Civ. 1re, 25 avr. 2007, nº 06-12.614, *Dr. fam*. 2007, obs. Ardoy P.-Y.
3. Nº 14-25.132, *RJPF* 2016-3/28.
4. Civ. 1re, 2 juill. 1997, nº 96-10274 ; D. Berthiau, « Le remariage et la prestation compensatoire depuis la loi du 30 juin 2000 (et accessoirement depuis celle du 3 décembre 2001) », *Dr. fam*. 2002. Chron. 20.
5. Civ. 1re, 26 oct. 2011, pourvoi nº 10-26.003 ; Civ. 1re, 3 déc. 2008, pourvoi nº 07-14.609.

Régime des biens	Régime primaire + régime matrimonial légal (communauté de biens réduite aux acquêts) ou conventionnel	Séparation de biens de principe	Aucun régime légal
Solidarité pour les dettes ménagères	OUI	OUI	NON
Membre du couple tuteur ou curateur légal	OUI C. civ., art. 449	OUI C. civ., art. 449	OUI C. civ., art. 449
Représentation en justice par l'autre membre du couple	OUI C. pr. civ., art. 828	OUI C. pr. civ., art. 828	OUI C. pr. civ., art. 828
Congés pour la formation du couple	OUI C. trav., art. L. 3142-1	OUI C. trav., art. L. 3142-1	NON
Adoption de l'enfant de l'autre membre du couple	OUI	NON	NON
Adoption par le couple	OUI	NON	NON
Cotitularité du bail du logement du couple	OUI automatiquement	OUI par déclaration volontaire	NON
Accès à la procréation médicalement assistée	OUI pour les couples hétérosexuels	OUI pour les couples hétérosexuels	OUI pour les couples hétérosexuels

Livre 3

La séparation du couple

C'est certainement dans le cadre de la séparation que les différences entre les couples sont les plus marquées même si la loi n° 2016-1547 du 18 novembre 2016 de modernisation de la justice du XXIe siècle en admettant le divorce sans juge a fait tomber la principale barrière entre la convergence des couples mariés et non mariés. Il reste cependant que le processus de séparation du couple marié et non marié, qui dans un cas comme dans l'autre peut désormais relever ou non du judiciaire, relève de régime très distinct qui mérite une étude séparée.

Titre 1

La séparation du couple marié

510. ***Séparation de fait.*** Il faut au préalable préciser que les difficultés que connaissent certains époux peuvent se résoudre, au moins de manière temporaire en marge du divorce, par une séparation. Celle-ci apparaît sous deux formes. Ou bien, les époux décident d'un commun accord, ou l'un d'eux prend l'initiative, d'une cessation de la communauté de vie. Cette situation est caractérisée par l'absence de toute organisation juridique, exception faite du cas où elle se produit à la suite du rejet de la demande en divorce, conformément à l'article 258 du Code civil. On parle de séparation de fait. Par définition, ce mode de vie séparée des époux n'est pas organisé par une décision de justice, à la différence de la séparation de corps. Mais le juge peut être amené, lorsqu'il est saisi par un époux, à constater cette séparation comme un fait qui existe, et la loi prévoit alors que certaines conséquences s'attachent à cette nouvelle donnée factuelle. Il en est ainsi dans les rapports entre époux, comme dans leurs relations avec les tiers. Les devoirs essentiels du mariage subsistent. Donc, l'obligation solidaire des époux aux dettes ménagères subsiste [1]. De même, l'époux qui se trouve sans ressources suffisantes pour vivre est en droit d'obtenir la condamnation de son conjoint à lui verser une contribution aux charges du mariage. Celle-ci en effet « n'implique pas l'existence d'une communauté de vie entre les conjoints » [2]. Encore qu'à cette occasion, ayant à statuer sur la demande de contribution, il est permis au juge de tenir compte des circonstances de la cause et de la responsabilité dans la séparation [3]. Il y a là une application de l'idée d'interdépendance des obligations issues du mariage. De même, le juge pourra prendre des mesures afin d'assurer la sauvegarde des intérêts de la famille [4].

511. ***Pacte de séparation amiable.*** Mais si les époux organisent par un pacte de séparation amiable les conséquences de leur séparation, de telles conventions seront dépourvues de valeur juridique dès lors qu'elles ne sont ni homologuées si enregistrées chez un notaire. Un époux peut, à tout moment, réclamer la reprise de la vie commune. Cependant, pour des raisons évidentes, il ne saurait obtenir la condamnation de son

---

1. Civ. 1re, 7 nov. 1995, *Bull. civ.* I, nº 394 ; *RTD civ.* 1996. 225, obs. B. Vareille.
2. Civ. 1re, 24 oct. 1977, *Bull. civ.* I, nº 383 (jurisprudence constante : Civ. 1re, 27 oct. 1992, *D.* 1993. 422).
3. V. Civ. 1re, 8 mai 1979, *Bull. civ.* I, nº 135 ; 1er juill. 1980, *Bull. civ.* I, nº 206 ; 6 janv. 1981, *Bull. civ.* I, nº 6 ; 16 févr. 1983, *D.* 1984. 39 ; 16 oct. 1984, *Bull. civ.* I, nº 264 ; 7 nov. 1995, *Bull. civ.* I, nº 394.
4. C. civ., art. 220-1, notamment : Civ. 1re, 18 nov. 1970, *JCP* 1971. II. 16780, note J. Patarin ; *RTD civ.* 1971. 697, note Hébraud.

conjoint à l'exécution forcée[1]. Le défaut de valeur juridique des pactes de séparation amiable simples ne signifie pas, du reste, qu'un juge n'est pas autorisé à tenir compte des arrangements conclus entre époux : mais il ne peut s'agir des aménagements conventionnels des devoirs et obligations nés du mariage. L'article 376-1 du Code civil n'autorise cette prise en considération que dans les hypothèses où le juge aux affaires familiales statue sur les modalités d'exercice de l'autorité parentale. La loi du 4 mars 2002 relative à l'autorité parentale, il est vrai, a accru l'influence que les conventions conclues entre les père et mère de l'enfant peuvent exercer, mais c'est sous réserve d'homologation par le juge aux affaires familiales (C. civ., art. 373-2-7). Enfin, bien évidemment la possibilité consacrée par la loi n° 2016-1547 du 18 novembre 2016 n° 2016-1547 du 18 novembre 2016, de faire enregistrer sa convention de divorce par un notaire, donne aux pactes de séparation amiable une importance accrue puisqu'il devient beaucoup plus facile de leur donner force obligatoire.

512. ***Tiers***. En principe, la séparation de fait est sans effet à l'égard des tiers : ainsi pour le paiement des loyers du logement familial[2]. Par exception, les législations sociale et fiscale en tiennent compte[3], comme pour priver le conjoint séparé de fait du capital décès prévu par l'article L. 361-4, alinéa 2, du Code de la sécurité sociale. De même, les époux font l'objet d'impositions distinctes sur le revenu lorsqu'ils sont séparés de fait (CGI, art. 6-4. c.)

513. ***Plan***. Cette dispense de vie commune peut faire l'objet d'une procédure judiciaire distincte du divorce qui est la séparation de corps (Sous-titre 1). Toutefois le divorce reste le moyen principal de dissolution du mariage du vivant des époux (Sous-titre 2).

---

1. Jurisprudence constante depuis Civ. 14 juin 1882, *DP* 83. 1. 248 ; *S.* 82. 1. 421 ; vSur l'ensemble, M. Lamarche et J.-J. Lemouland, *Rép. civ.*, Dalloz, v° *Mariage* (4° Effets), n°s 68 s.
2. Civ. 1re, 13 oct. 1992, *JCP* 1993. II. 22047, note J. Hauser ; *Audijuris* 1992, n° 26, p. 1, obs. P. Courbe ; Civ. 3e, 16 déc. 1998, *JCP* 1999. II. 10105, note T. Garé.
3. V. L. Leveneur, *Situations de fait et droit privé*, LGDJ, 1990, spéc. n°s 265 s.

Sous-titre 1

La séparation de corps

514. La séparation de corps, par contraste avec la séparation de fait, est une dispense judiciaire de l'obligation de vie commune. Ainsi que l'exprime l'article 299 du Code civil, « *la séparation de corps ne dissout pas le mariage mais elle met fin au devoir de cohabitation* ». Pour cette raison, la séparation de corps a été pendant longtemps présentée comme le divorce des catholiques, car elle est compatible avec le dogme de l'indissolubilité du mariage prônée par le droit canonique. Mais la séparation de corps peut être convertie en divorce, éventuellement contre le gré d'un époux. Elle est donc conçue aujourd'hui par la plupart des époux qui la demandent comme une étape intermédiaire, une sorte de prélude au divorce.

D'où l'analogie avec celui-ci : la séparation de corps peut être prononcée pour les mêmes causes et suivant une procédure identique à celle du divorce (Section 1). Elle s'oppose, en revanche, au divorce par ses effets, puisqu'elle ne fait pas disparaître le mariage (Section 2). Cette subsistance du lien conjugal empêche naturellement les époux de contracter un nouveau mariage. Mais comme dans le même temps ils ne vivent plus ensemble – c'est la finalité de l'institution –, les époux se trouvent dans une situation qui peut à la longue se révéler difficilement supportable. Il est donc prévu une issue, par cessation de la séparation de corps (Section 3).

Section 1
Cas et procédure de la séparation de corps

515. L'article 296 du Code civil dispose que « *La séparation de corps peut être prononcée à la demande de l'un des époux dans les mêmes cas et aux mêmes conditions que le divorce judiciaire* ». L'ajout de l'adjectif judiciaire par la loi n° 2016-1547 du 18 novembre 2016 de modernisation de la justice du XXIe siècle permet de considérer que la séparation de corps est forcément judiciaire et ne peut prendre la forme d'une convention enregistrée au rang des minutes d'un notaire.

§ 1. Cas de séparation de corps

516. À l'instar du divorce, la séparation de corps peut être demandée par un époux : demande acceptée, altération définitive du lien conjugal ou faute. Elle peut aussi intervenir du consentement mutuel des deux époux. Le demandeur a donc le choix entre le divorce et la séparation de corps pour trouver remède aux mésententes conjugales. La solution radicale est de très loin préférée : il y a beaucoup plus de divorces que de séparations de corps.

§ 2. Procédure de la séparation de corps

517. ***Procédure de divorce***. La procédure de la séparation de corps suit les règles de la procédure du divorce, que l'on connaît. Ainsi, la Cour de cassation a-t-elle pu affirmer « *que la procédure de la séparation de corps obéit aux règles prévues pour la procédure de divorce et en déduire qu'en vertu de l'article 1104 du Code de procédure civile la tierce opposition est recevable contre la décision d'homologation de la convention conclue par les époux lors de leur séparation de corps par consentement mutuel* »[1].

518. ***Transformation de la demande***. À tous les stades de la procédure, et même en appel, une demande en divorce peut être transformée en demande en séparation de corps : mais l'inverse n'est pas possible (C. pr. civ., art. 1076). En outre, le défendeur à une demande principale en divorce peut répliquer par une demande reconventionnelle en séparation de corps, sauf si le divorce est demandé pour altération définitive du lien conjugal (C. civ., art. 297). Alors, la demande reconventionnelle ne peut tendre qu'au divorce : cette disposition nouvelle est la conséquence de la reconnaissance par la loi du 26 mai 2004 du droit unilatéral au divorce.

519. ***Primauté du divorce***. Il en va de même lorsqu'est formée une demande principale en séparation de corps[2] : une demande reconventionnelle en divorce peut être formée. Il en résulte que la demande en divorce formée par un époux et la demande en séparation de corps formée par son conjoint peuvent être concurremment présentées. Alors, le juge examine en premier lieu la demande en divorce. Il prononce celui-ci dès lors que les conditions en sont réunies. À défaut il statue sur la demande en séparation de corps (art. 297-1). C'est la traduction de l'idée, que l'on trouvait déjà dans la loi du 11 juillet 1975, de primauté du divorce sur la séparation de corps. Dans le même sens, si une demande en divorce et une demande en séparation de corps sont fondées sur la faute, le juge les examine simultanément : s'il les accueille, l'article 297-1, alinéa 2, nouveau, du Code civil prévoit alors, comme dans le droit antérieur, que le juge prononce à l'égard des deux époux le divorce aux torts partagés[3]. La Cour de cassation a appliqué ces dispositions dans un arrêt du 28 mai 2015[4], à une hypothèse où l'épouse avait assigné son mari en séparation de corps pour faute, lequel avait formulé une demande reconventionnelle en divorce pour altération définitive du lien conjugal ; elle a considéré que c'était à bon droit que pour apprécier la durée de la cessation de communauté de vie, la cour d'appel s'est placée à la date de la demande du mari et a prononcé le divorce.

---

1. Civ. 1re, 13 janv. 2016, no 14-29.631.
2. Sur l'application conjuguée de l'article 297 du Code civil et de l'article 1076 du Code de procédure civile, v. Paris, 31 mai 1983, *D*. 1985. IR 150, obs. J.-C. Groslière ; Versailles, 22 mars 1985, *D*. 1987. Somm. 274, obs. J.-C. Groslière ; Paris, 8 oct. 1991, *RTD civ*. 1992. 542, obs. J. Hauser et D. Huet-Weiller ; cf. A. Breton et J. Bouton, *Rép. civ*., Dalloz, vo *Séparation de corps*, nos 80 s.
3. Sur les difficultés tenant à l'admission d'une demande en divorce d'un époux et au sursis pour enquête d'une demande formée par l'autre époux, v. Civ. 2e, 21 juill. 1980, *Bull. civ*. II, no 188 ; *D*. 1981. IR 273, obs. A. Bénabent.
4. No 14-10868.

Section 2

Les effets de la séparation de corps

520. Certains effets de la séparation de corps sont également des effets du divorce : notamment, le sort des donations et avantages matrimoniaux est identique, tandis que l'époux innocent peut se voir accorder des dommages et intérêts en réparation du préjudice « d'une particulière gravité » (art. 266) subi du fait de la suppression de la vie commune [1].

Pour le reste, les effets de la séparation de corps sont spécifiques, du fait du maintien du mariage. Celui-ci, toutefois, est aménagé aussi bien dans les relations personnelles des époux que dans leurs rapports pécuniaires.

§ 1. Effets personnels

521. La particularité de l'institution est de laisser subsister le lien conjugal. Les époux vont ainsi se trouver dans une situation intermédiaire entre l'état matrimonial et la condition de divorcés, puisque la vie commune disparaît alors que le mariage subsiste.

A. Disparition de la vie commune

522. ***Domiciles distincts***. Le devoir de vie commune, qu'impose le mariage, disparaît : c'est l'effet essentiel de la séparation de corps (C. civ., art. 299). Chaque époux recouvre le droit de fixer librement sa résidence, puisqu'il n'y a plus de résidence commune. Solution qui emporte de plein droit domiciles distincts (C. civ., art. 108-1). Cette séparation des résidences fait disparaître aussi le devoir d'assistance, qui est lié à la communauté de vie [2]. Il est mis fin également, par voie de conséquence, au devoir conjugal (au sens charnel).

523. ***Devoir de respect***. Le devoir de « respect », qu'impose désormais l'article 212 du Code civil, ne disparaît pas plus après la séparation de corps qu'après le divorce. Il n'est, en effet, que la traduction, dans les relations conjugales, d'une obligation générale de respecter la personne physique et la personnalité d'autrui.

524. ***Devoir de fidélité***. La disparition du devoir de cohabitation (au sens matériel et au sens charnel) conduit à s'interroger sur le sort de l'obligation de fidélité.

Certains auteurs considèrent que cette obligation est maintenue [3] et, dans le silence de la loi, les tribunaux ont parfois adopté la même solution [4]. L'adultère d'un époux séparé de corps pourrait donc être invoqué par son conjoint comme étant une faute, cause de divorce, justifiant une action immédiate en divorce. À dire vrai, cette position est

---

1. Sur le fondement de l'article 266 du Code civil (Civ. 2e, 22 mai 1979, *Bull. civ.* II, n° 154 ; Civ. 1re, 9 déc. 2003, *Dr. fam.* 2004, n° 34, note V. Larribau-Terneyre) comme de l'article 1382 du Code civil (Civ. 2e, 23 avr. 1975, *Gaz. Pal.* 1975. 2. Somm. 184).

2. En ce sens, G. Cornu, n° 427 ; A. Bénabent, n° 535 ; comp. J. Hauser et D. Huet-Weiller, n° 602.

3. J. Hauser et D. Huet-Weiller, n° 604 ; J. Carbonnier, p. 658 ; *contra* A. Brunet, « Les incidences de la réforme du divorce sur la séparation de fait entre époux », *D.* 1977. Chron. 191.

4. La jurisprudence est rare (v. Versailles, 7 mai 1998, *RTD civ.* 1999. 819, obs. J. Hauser). De plus, lorsque les juges affirment la subsistance du devoir de fidélité, ils décident que l'adultère commis après contestable[1]. D'une part, en effet, l'obligation de fidélité est liée par nature (humaine…) à la cohabitation. D'autre part, pour pouvoir être admis comme faute, cause de divorce, l'adultère devrait, suivant les exigences de l'article 242 du Code civil, rendre intolérable le maintien de la vie commune. Or, par définition, la séparation de corps met fin juridiquement à l'obligation de vie commune. Le devoir de fidélité doit donc disparaître avec elle. C'est bien, du reste, ce que prévoit le droit de la filiation, qui pose une véritable présomption d'infidélité : l'article 313 du Code civil dispose que l'enfant conçu par une femme mariée séparée de corps n'est pas juridiquement l'enfant du mari.

B. Survie du mariage

525. Les époux séparés de corps ne peuvent se remarier **:** c'est une conséquence de la subsistance du mariage et qui constitue la différence essentielle avec le divorce. De même, un époux séparé de corps ne peut conclure un pacte civil de solidarité (art. 515-2, 2°). Puisque le mariage subsiste, chaque époux séparé de corps conserve l'usage du nom du conjoint. Toutefois, le jugement de séparation de corps ou un jugement postérieur peut le lui interdire, « compte tenu des intérêts respectifs des époux » (C. civ., art. 300).

§ 2. Effets pécuniaires

526. L'ambiguïté de la situation des époux séparés de corps, qui apparaît sur le plan personnel, se traduit dans l'ordre des rapports pécuniaires par divers aménagements. Dans la mesure où le mariage subsiste, il existe nécessairement un régime matrimonial après séparation de corps : mais il subit des transformations. De même, le devoir de secours est maintenu, mais son exécution tient compte de la situation nouvelle.

A. Le régime matrimonial

527. ***Séparation de biens***. La séparation de corps entraîne toujours la séparation de biens **:** les époux sont séparés de corps et de biens. De telle sorte que si les époux étaient mariés sous un régime de communauté[2], il y a substitution automatique d'un régime séparatiste. Le fondement de la solution est évident : les époux séparés de corps ne vivant plus ensemble, il est logique d'assurer l'indépendance de leurs intérêts pécuniaires. La communauté est donc dissoute[3], à la même date que s'il y avait eu divorce (C. civ., art. 302). Les biens communs doivent être partagés. Les modalités peuvent en être arrêtées par les époux, pendant l'instance, par le biais d'une convention dont les effets sont suspendus jusqu'au prononcé de leur séparation de corps[4]. Ces modalités de liquidation

---

le jugement de séparation de corps n'est pas fautif ; v. TGI Nantes, 9 nov. 1982, *D.* 1985. IR 150, obs. J.-C. Groslière ; rappr. Civ. 2e, 29 avr. 1994 *Bull. civ.* II, n° 123 ; *RTD civ.* 1994. 571, obs. J. Hauser ; *Audijuris* 1994, n° 44, p. 30, obs. P. Courbe ; v. aussi Civ. 2e, 5 mars 1997, *Bull. civ.* II, n° 68.

1. En ce sens, v. A. Brunet, article préc. ; Ph. Malaurie et H. Fulchiron, n° 854.

2. Les règles relatives à l'indemnité d'occupation du logement commun et à son attribution préférentielle sont applicables ici ; v. Versailles, 11 juin 1980, *D.* 1984. 517, note C. Philippe.

3. Sur le cas des époux déjà séparés de biens, v. C. Saujot, « La séparation de biens accessoire à la séparation de corps », *D.* 1986. Chron. 11.

4. En vertu des articles 265-2 (nouv.) (anc. art. 1450) et 1451 du Code civil, dont l'application n'a pas, cependant, été expressément étendue à l'instance en séparation de corps, mais qui doit

et de partage doivent, du reste, être fixées par les époux qui demandent la séparation de corps par consentement mutuel dans la convention qui sera homologuée par le juge aux affaires familiales.

528. ***Logement familial.*** Bien que la loi ne les évoque pas, il semble que la séparation de corps ait d'autres répercussions sur le statut patrimonial des époux. Notamment, les dispositions relatives au sort du logement familial après le prononcé du divorce doivent logiquement prendre place dans le statut des époux séparés de corps [1].

529. ***Régime primaire.*** Surtout, la question se pose de la survie du régime primaire : suivant qu'il est considéré comme étroitement lié à la subsistance du lien conjugal ou au contraire comme supposant l'existence d'un ménage, le régime primaire est maintenu ou disparaît. La doctrine penche plutôt vers l'effacement du régime primaire après la séparation de corps [2]. Ainsi, la solidarité des époux pour les dettes contractées pour l'entretien du ménage ou l'éducation des enfants (C. civ., art. 220) ne devrait pas subsister, dès lors que les formalités de publicité prescrites par les règles de l'état civil ont été accomplies [3]. Cette solidarité a pour but d'assurer la vie du ménage : or, par suite de la séparation de corps, le ménage a disparu. Pour la même raison, il est logique d'exclure la protection du logement familial édictée par l'article 215 du Code civil [4]. Les époux séparés de corps acquièrent, en effet, le droit de mener une vie indépendante, si bien qu'il n'y a plus de foyer familial [5]. La cogestion paraît, de surcroît, difficile à mettre en œuvre quand les époux ne vivent plus ensemble. L'extension du régime consécutif au divorce est, en fin de compte, plus adaptée. Dans le même sens, la contribution aux charges du mariage disparaît : elle laisse place au devoir de secours.

B. Le devoir de secours

530. ***Pension alimentaire.*** L'article 303 du Code civil dispose explicitement que la séparation de corps laisse subsister le devoir de secours. Le jugement qui la prononce, ou un jugement postérieur, fixe la pension alimentaire qui est due à l'époux dans le besoin. Elle est intransmissible passivement [6]. Cette pension est attribuée sans considération des torts [7]. Elle ne dépend que du double critère des besoins de celui qui la demande et

---

logiquement s'imposer (en ce sens, v. J. Hauser et D. Huet-Weiller, n° 611 ; H. L. et J. Mazeaud et L. Leveneur, n° 1533 ; F. Terré et Ph. Simler, *Droit civil. Les régimes matrimoniaux*, 1989, n° 581).

1. V. ss 843 s.

2. G. Cornu, n° 427 ; G. Marty et P. Raynaud, n° 219 et 354 ; R. Savatier, *La séparation de biens en droit français*, 2e éd., 1973, n° 101.

3. Civ. 3e, 2 juin 1993, *Bull. civ.* III, n° 74 ; *Defrénois* 1993. 1443, obs. G. Champenois ; cf. A. Breton et J. Bouton, *Rép. civ.*, Dalloz, préc., n° 170.

4. Aix-en-Provence, 22 févr. 1982, *JCP N* 1983. II. 58, note P. Rémy : les prescriptions de l'art. 215 s'appliquent tant que la séparation de corps ou le divorce ne sont pas prononcés ; v. Colmar, 11 juin 1974, *RTD civ.* 1975. 293, obs. R. Nerson.

5. En ce sens, v. C. Watine-Drouin, *La séparation de corps*, thèse, Paris II, 1984, p. 16 s. ; Y. Guyon, Le statut du logement familial en droit civil, *JCP* 1966. I. 2041, nos 17 s. ; J. Viatte, note sous Colmar, 11 juin 1974, *Gaz. Pal.* 1974. 2. 871 ; *contra* : C. Saujot, chron. préc., n° 30 ; F. Terré et Ph. Simler, *op. cit.*, n° 69 ; comp. M. Grimaldi, « Le logement de la famille », *Defrénois* 1983. 1025 s., spéc. 1044 : cet auteur considère qu'il peut y avoir lieu à protection de deux logements familiaux.

6. En ce sens, v. H. L. et J. Mazeaud et L. Leveneur, n° 1535.

7. Civ. 2e, 1er déc. 1976, *Bull. civ.* II, n° 324.

des ressources du conjoint[1]. Elle est soumise aux règles des obligations alimentaires[2]. Notamment, si l'époux créancier a manqué gravement à ses obligations envers l'époux débiteur, le juge pourra, quel que soit le cas de séparation de corps, décharger celui-ci de tout ou partie de la dette alimentaire[3].

531. ***Capital.*** Toutefois, la pension est remplacée en tout ou en partie par la constitution d'un capital, lorsque la consistance du patrimoine de l'époux débiteur s'y prête[4]. Pareillement, si ce capital devient insuffisant pour couvrir les besoins du conjoint créancier, celui-ci peut demander au juge aux affaires familiales un complément sous forme de pension alimentaire : c'est une application du principe de *révisibilité* des obligations alimentaires.

Section 3
La cessation de la séparation de corps

532. La séparation de corps disparaît du fait de la mort d'un époux. Mais elle peut prendre fin, aussi, du vivant des époux. La séparation de corps place, en effet, ces derniers dans une situation particulière, puisqu'elle est intermédiaire entre le mariage et le divorce, sans offrir pleinement les avantages de chacune de ces institutions : de sorte que l'un des conjoints peut vouloir l'abréger. Deux voies opposées sont ouvertes. Le retour à l'état matrimonial antérieur est le fruit de la réconciliation, que manifeste la reprise de la vie commune.

À l'inverse, la séparation de corps peut être convertie en divorce.

§ 1. Le décès d'un époux

533. ***Droits du conjoint survivant.*** La séparation de corps laisse subsister le mariage, on l'a vu. Le décès d'un époux séparé de corps dissout le mariage. L'autre époux peut alors faire valoir les droits que la loi accorde au conjoint survivant dans la succession de l'époux défunt. Solution qui doit, toutefois, être écartée si le défunt avait exclu le conjoint survivant de sa succession par un testament, ce qui est possible lorsqu'il n'existe pas de réserve héréditaire au profit du conjoint survivant.

De fait, si la loi du 3 décembre 2001, relative aux droits du conjoint survivant et des enfants adultérins, entrée en vigueur le 1er juillet 2002, a, pour la première fois en droit français, institué une réserve héréditaire au bénéfice du conjoint survivant, c'est à la condition, réduite par la loi du 23 juin 2006, que le défunt ne laisse pas de descendant (C. civ., art. 914-1).

534. ***Responsabilité.*** D'un autre côté, interfère traditionnellement la responsabilité dans la séparation. Ainsi, le conjoint survivant était privé de droits successoraux si la séparation de corps avait été prononcée, pour faute, à ses torts exclusifs, ou bien s'il avait pris l'initiative de la demande en cas de séparation prononcée pour rupture de la vie

---

1. Civ. 2e, 24 nov. 1982, *Bull. civ.* II, n° 152.

2. Civ. 2e, 5 mars 1997, *Audijuris* 1997, n° 75, p. 9, obs. P. Courbe, *RTD civ.* 1997. 400, obs. J. Hauser.

3. Civ. 2e, 11 févr. 1981 (nombreux abandons du foyer par l'épouse) : *Bull. civ.* II, n° 34 ; *Defrénois* 1981, art. 32787, note J. Massip ; *D.* 1982. IR 40, obs. A. Bénabent.

4. Application des articles 274 et suivants du Code civil par renvoi exprès de l'article 303, alinéa 4, du même code.

commune (C. civ., anc. art. 301)[1]. La volonté de dissocier les conséquences financières de l'attribution des torts a conduit le législateur à supprimer ces restrictions dans la loi du 26 mai 2004. Elle subsiste, toutefois, pour priver le conjoint survivant séparé de corps de sa réserve héréditaire. Il ne suffit pas qu'une instance en séparation de corps soit engagée (L. du 23 juin 2006, art. 914-1).

535. ***Renonciation.*** Lorsque la séparation de corps est prononcée par consentement mutuel, les époux peuvent inclure dans leur convention une renonciation aux droits que la loi[2] confère au conjoint survivant dans la succession du prédécédé : c'est là un véritable pacte sur succession future, normalement prohibé.

536. ***Prestations sociales.*** Concernant les prestations sociales, le conjoint séparé de corps est privé du droit au capital décès (CSS, art. L. 361-4, al. 2) et il ne peut prétendre à la rente d'accident du travail que s'il avait obtenu une pension alimentaire (CSS, art. L. 434-8, al. 2). En revanche, il peut bénéficier d'une pension de retraite de réversion du chef de son conjoint prédécédé, que ce dernier fût fonctionnaire (C. pens., art. L. 44) ou affilié au régime général de la sécurité sociale (CSS, art. L. 353-1).

§ 2. La reprise de la vie commune

537. ***Réconciliation.*** Selon l'article 305 du Code civil, la reprise volontaire de la vie commune met fin à la séparation de corps. De fait, si les deux époux ont manifesté l'intention de se réconcilier (élément intentionnel) et ont reconstitué le foyer conjugal (élément matériel), il y a volonté commune de réconciliation et la séparation de corps n'a plus de raison d'être. Elle va donc disparaître, sans formalités particulières, lesquelles pourraient paraître dissuasives. Les effets de la séparation de corps vont s'éteindre, par une sorte de caducité du jugement. Tous les effets du mariage renaissent, à l'exception de la séparation de biens qui subsiste.

538. ***Publicité.*** Pour les époux, la cessation de la séparation de corps n'est soumise à aucun formalisme. Pour les tiers, en revanche, il en va différemment. En effet, ils ont eu connaissance de la séparation de corps par la publicité du jugement à l'état civil, suivant les mêmes règles qu'en matière de divorce. Ils doivent donc être informés, aussi, de la réconciliation des époux séparés. C'est pourquoi la loi prévoit que pour être opposable aux tiers la reprise de la vie commune doit, d'abord, être constatée par acte notarié ou faire l'objet d'une déclaration à l'état civil. Ensuite, que mention en soit faite *en marge* de l'acte de mariage des époux, ainsi qu'en marge de leurs actes de naissance (C. civ., art. 305, al. 2). Mais ces mesures de publicité ne sont pratiquement jamais mises en œuvre[3].

---

1. Sur les difficultés d'interprétation de ces dispositions, v. H. Lécuyer, *Rép. civ.*, Dalloz, v° *Réserve-quotité disponible*, n° 67. Le même schéma est applicable aux droits de l'époux survivant de divulguer (CPI, art. L. 121-2, al. 2) et d'exploiter (CPI, art. L. 123-6, al. 1er) les œuvres de l'esprit du conjoint prédécédé.

2. C. civ., art. 756 à 757-3 et 764 à 766, réd. L. du 3 déc. 2001. Sur cette loi, v. not. F. Bellivier et J. Rochfeld, chron. lég. *RTD civ.* 2002. 156.

3. Il est nécessaire de respecter les règles de publicité de l'article 305 pour pouvoir opposer au bailleur la qualité d'occupant de bonne foi de l'époux qui ne s'était pas vu attribuer la jouissance des lieux par le jugement de séparation de corps : Civ. 3e, 4 juill. 2001, *Bull. civ.* III, n° 88 ; *Defrénois* 2002. 186, obs. J. Massip.

§ 3. La conversion en divorce

539. ***Situation singulière***. Les époux séparés de corps se trouvent placés dans une situation singulière : la séparation de corps leur impose certaines obligations du mariage sans leur offrir les compensations de la vie commune. Et plus elle se prolonge, moins la situation paraît supportable. Il faut donc permettre aux époux d'en sortir. Faute de réconciliation, la voie du divorce est ouverte, par deux accès.

540. ***Nouvelle action***. D'un côté, l'un des époux unilatéralement, ou les deux époux conjointement, peuvent demander le divorce. Une nouvelle action devra être exercée, distincte de la procédure qui a mené à la séparation de corps.

Elle sera fondée sur d'autres causes que celle qui a justifié le prononcé de la séparation de corps : ainsi, elle peut prendre appui sur des fautes commises depuis le jugement de séparation [1], de même que le demandeur peut invoquer l'altération définitive du lien conjugal si la séparation des époux a duré plus de deux ans, y inclus le délai de séparation de corps [2]. La condition de délai sera, en fait, toujours remplie depuis que la loi du 26 mai 2004 a réduit la durée exigée de séparation de fait de six à deux ans. Ce mode de dissolution du mariage est indépendant de la séparation de corps.

541. ***Conversion***. D'un autre côté, il peut être tenu compte du fait que le juge a déjà statué sur la mésentente conjugale pour prononcer la séparation de corps. La loi prévoit, en conséquence, qu'il est possible d'accéder au divorce sans intenter une procédure distincte, mais en s'appuyant au contraire sur la décision de séparation de corps, dont la conversion en divorce est alors demandée. Cette transformation est soumise à certaines conditions, elle suit une procédure simplifiée et produira les effets du divorce.

A. Conditions

542. Les conditions de la conversion varient suivant qu'elle est demandée par un époux ou par les deux conjointement.

1) Demande unilatérale

543. ***Délai de deux ans***. Si un époux souhaite obtenir la conversion de la séparation de corps en divorce, la principale condition qu'il doit respecter est l'écoulement d'un délai de deux ans depuis le jour où la séparation de corps est devenue définitive (C. civ., art. 306). Le délai, traditionnellement de trois ans, a été réduit à deux ans par la loi du 26 mai 2004, par cohérence avec la durée exigée pour le prononcé du divorce en cas d'altération définitive du lien conjugal.

L'exigence d'un tel délai s'appuie sur le fait qu'après quelques années, tout espoir de réconciliation a disparu et la dissolution du mariage peut donc intervenir. Il s'agit naturellement d'un minimum, la loi ne fixant aucun délai maximum au-delà duquel la demande serait irrecevable.

---

1. Civ. 2e, 26 juin 1996, *Bull. civ.* II, n° 190. La Cour de cassation a jugé qu'une conversion de séparation de corps ayant été demandée et l'instance étant pendante, il n'était pas possible de présenter une demande principale ou reconventionnelle en divorce : Civ. 2e, 4 mai 2000, *Bull. civ.* II, n° 74 ; *RTD civ.* 2000. 548, obs. J. Hauser.
2. Civ. 2e, 11 oct. 1989, *Bull. civ.* II, n° 179 ; *Defrénois* 1990. 298, obs. J. Massip.

544. ***Faute.*** Le droit de demander la conversion appartient à chaque époux. Cette demande peut donc être formée en réplique à une demande en divorce pour faute, présentée par un époux au cours du délai biennal suivant la décision de séparation de corps. Dans ce cas, le juge doit prononcer la conversion. De telle sorte que la preuve par l'époux demandeur que son conjoint a commis de nouvelles fautes depuis la séparation de corps n'est pas de nature à modifier, lors du divorce, l'attribution des torts tels que déterminés par le jugement prononçant la séparation de corps [1].

2) Demande conjointe

545. ***Tous les cas de séparation de corps.*** On sait que la loi a favorisé les demandes en divorce fondées sur le consentement mutuel des époux. Cette faveur se manifeste également lorsqu'il s'agit d'obtenir le divorce sur conversion. En ce sens, l'article 307 du Code civil prévoit que, dans tous les cas de séparation de corps, celle-ci peut être convertie en divorce sur demande conjointe.

Les époux ont de cette manière la possibilité de régler d'un commun accord les conséquences du divorce. En outre, et parce qu'ils sont d'accord, les époux peuvent accéder au divorce sans qu'aucun délai ne soit imposé : solution logique puisqu'ils seraient en mesure, à tout moment, de demander conjointement un divorce autonome [2].

546. ***Séparation de corps par consentement mutuel.*** La loi envisage un autre cas de conversion par consentement mutuel, qui est cette fois érigé en mode obligatoire. En effet, lorsque la séparation de corps a été elle-même prononcée par consentement mutuel, elle ne peut alors être convertie en divorce que par une nouvelle demande conjointe (C. civ., art. 307, al. 2). L'accord des deux époux est donc indispensable, ce qui rend finalement la séparation de corps par consentement mutuel hasardeuse [3]. En effet, le refus d'un époux empêchera sa conversion [4]. Mais il reste la possibilité, pour chaque époux, de former une demande de divorce à titre principal, en vertu d'une cause distincte.

B. Procédure

547. La conversion de la séparation de corps en divorce est toujours judiciaire. Mais qu'elle soit demandée par un époux ou par les deux conjointement elle obéit à une procédure simplifiée.

---

1. Civ. 2e, 24 févr. 1993, *Bull. civ.* II, n° 74 ; *RTD civ.* 1993. 334, obs. J. Hauser ; *Audijuris* 1993, n° 33, p. 11, obs. P. Courbe ; v. aussi Civ. 2e, 24 nov. 1993 : un époux ayant assigné son conjoint en conversion de la séparation de corps antérieurement à l'assignation en divorce pour faute, la demande du conjoint doit être requalifiée en demande reconventionnelle au sens de l'article 1142 (anc.) du Code de procédure civile, et, partant, être déclarée irrecevable (*Bull. civ.* II, n° 342 ; *Audijuris* 1994, n° 41-42, p. 15, obs. P. Courbe).

2. J. Hauser et D. Huet-Weiller, n° 628.

3. Voire extrêmement dangereuse (A. Bénabent, n° 362) ou à s'en écarter « comme de la peste » (J. Carbonnier, p. 668) ; comp. H. L. et J. Mazeaud et L. Leveneur, n° 1252, qui approuvent la solution au nom de l'indissolubilité du mariage que permet la formule.

4. Ce refus ne peut être taxé d'abus (G. Cornu, n° 431). D'où la recherche en doctrine des différents moyens de sortir de l'impasse (v. J. Carbonnier, p. 668). Aussi l'ensemble des barreaux français ont-ils déconseillé aux avocats d'accepter de présenter des requêtes conjointes de séparation de corps sans avoir, au préalable, obtenu des instructions formelles de leurs clients, dûment éclairés des conséquences de cette forme de séparation de corps (v. A. Bénabent, n° 362).

1) Demande unilatérale

548. ***Compétence territoriale***. Le juge territorialement compétent est celui de la résidence de la famille ou, en cas de résidences distinctes, le juge du lieu où réside l'époux avec lequel habitent les enfants mineurs. Dans les autres cas, le juge aux affaires familiales qui doit être saisi est celui de la résidence de l'époux défendeur (C. pr. civ., art. 1070) [1].

549. ***Procédure simplifiée***. La phase préparatoire de la procédure de divorce, qui se déroule devant le juge aux affaires familiales, est supprimée. Il n'y a pas, notamment, de tentative de conciliation. Par conséquent, l'instance débute par une assignation devant le juge aux affaires familiales. Aucune demande reconventionnelle n'est recevable, en particulier concernant la répartition des torts. Toutefois, les demandes nouvelles peuvent être examinées lorsqu'elles concernent les conséquences du divorce, et spécialement celles qui sont relatives à la prestation compensatoire (C. pr. civ., art. 1131, al. 2).

550. ***Compétence liée***. Si les conditions sont remplies, le juge est obligé de prononcer la conversion de la séparation de corps en divorce. On dit parfois que la conversion est automatique. La formule est excessive.

Au vrai, le sens de la solution est le suivant : dès lors qu'elle est demandée, décision qui incombe aux époux, le juge doit la prononcer, sans disposer du pouvoir d'apprécier l'opportunité de la conversion. Mais celle-ci ne s'opère pas de plein droit, sans jugement. Ce caractère obligatoire a une conséquence importante lorsque la séparation de corps a été prononcée pour faute : le juge saisi de la demande de conversion doit prononcer le divorce sans pouvoir examiner les fautes du demandeur qui seraient invoquées par le défendeur.

2) Demande conjointe

551. ***Convention***. Si les deux époux décident de former conjointement la demande de conversion, la requête, datée et signée par chaque époux et leur avocat, est adressée au juge aux affaires familiales, accompagnée d'une convention définitive réglant toutes les conséquences du divorce (C. pr. civ., art. 1132). La phase décisoire est simplifiée. Ainsi, le juge peut ne pas entendre les époux et se borner à examiner avec leur avocat la convention (C. pr. civ., art. 1133). En l'absence de difficulté, il homologue la convention et prononce le divorce.

Sinon, le juge peut demander aux époux de présenter à nouveau la requête dans le mois, après modification de la convention. S'il refuse ensuite d'homologuer la convention modifiée, cette ordonnance est susceptible d'appel dans les quinze jours (C. pr. civ., art. 1134).

C. Effets

552. ***Substitution du divorce à la séparation de corps***. La conversion de la séparation de corps en divorce a pour conséquence essentielle la dissolution du lien conjugal, par suite du prononcé du divorce. Les ex-époux peuvent donc contracter aussitôt un nouveau

---

1. C. pr. civ., art. 1135 : « l'instruction de l'affaire et l'audition des époux sont limitées, en toute hypothèse, aux effets de la décision ».

mariage. Quant aux effets de la conversion, ils se déduisent de l'idée que le divorce ainsi prononcé se substitue à la séparation de corps [1]. La cause de la séparation de corps devient la cause du divorce et l'attribution des torts n'est pas modifiée (C. civ., art. 308) [2]. De sorte que le devoir de secours, qui subsistait à la charge d'un époux, quand la séparation de corps pour rupture de la vie commune avait été prononcée à sa demande, est supprimé dans tous les cas par la loi du 26 mai 2004.

553. ***Règles du divorce***. Puisque le devoir de secours entre époux séparés de corps disparaît, il faut déterminer les conséquences du divorce et notamment prévoir l'attribution éventuelle d'une prestation compensatoire, selon les règles propres au cas de divorce (C. civ., art. 308, al. 2) [3]. Or, cette prestation pourra, « *si l'équité le commande* » (art. 270) ne pas être accordée à l'époux aux torts exclusifs de qui la séparation de corps, et donc le divorce sur conversion, a été prononcée. Il peut en aller de même « *en considération des critères prévus à l'article 271* ». Pourtant, on l'a vu, une pension alimentaire avait pu lui être allouée. Mais cet époux ne peut former de demande reconventionnelle sur la répartition des torts, lors de l'instance en conversion. Il lui restera toutefois la ressource de discuter des motifs de refus de la prestation compensatoire prévus par l'article 270 du Code civil [4].

554. ***Dommages et intérêts***. Enfin, si le préjudice causé par la dissolution du mariage est distinct de celui résultant de la séparation de corps, qui ne faisait que relâcher le lien matrimonial, l'époux innocent pourra solliciter des dommages et intérêts, comme en matière de divorce [5].

---

1. Lorsque la requête initiale en séparation de corps a été présentée avant l'entrée en vigueur de la loi du 11 juillet 1975, c'est-à-dire avant le 1er janvier 1976, les effets du divorce prononcé sur conversion, même après cette date, sont régis par la loi ancienne. C'est du moins l'interprétation donnée par la Cour de cassation de l'article 24-I de la loi du 11 juillet 1975, disposition transitoire spéciale (Civ. 2e, 27 avr. 1979, *Bull. civ.* II, no 123 ; *RTD civ.* 1979. 650, obs. J. Normand). Il est fait application, aux dispositions nouvelles relatives à la séparation de corps, des règles de droit transitoire spéciales édictées pour le divorce par la loi du 26 mai 2004 (art. 33, III).

2. D'où une même répartition des dépens (C. pr. civ., art. 1136).

3. Le juge doit inviter les parties à s'expliquer sur le versement d'une prestation compensatoire : Civ. 2e, 3 juill. 1997, *Bull. civ.* II, no 215 ; *RTD civ.* 1997. 912, obs. J. Hauser.

4. V. ss 919 s.

5. Civ. 1re, 5 janv. 2012, no 10-21.838 ; J.-J. Lemouland, *Rép. pr. civ.*, Dalloz, vo *Séparation de corps*, no 137.

Sous-titre 2

Le divorce

555. ***Dissolution du mariage.*** Le divorce peut être défini comme la dissolution du mariage, prononcée du vivant des époux, pour certaines causes établies par la loi. Il se distingue, d'une part, de l'annulation du mariage, qui sanctionne un vice de formation du lien conjugal et fait disparaître celui-ci en principe rétroactivement. Il se rapproche, d'autre part, de la séparation de corps, prononcée pour des causes identiques, mais qui relâche seulement, sans le rompre, le lien du mariage.

§ 1. Histoire du divorce

556. ***Droit canon et ancien droit.*** Dans les lois juives et romaines, en droit islamique ou dans les anciennes coutumes germaniques, la répudiation unilatérale est le mode habituel de dissolution du mariage. À l'inverse, l'Église considère le mariage comme un sacrement et le droit canon a, en conséquence, proclamé l'indissolubilité du lien conjugal par le Concile de Trente en 1563, solution qui constituait une réaction contre la Réforme, qui avait admis le divorce. Il s'ensuivit l'interdiction du divorce pendant tout l'ancien droit, l'Église ayant reçu le pouvoir de légiférer et juger en matière de mariage. La prohibition était cependant tempérée par une large admission des nullités du mariage, par exemple pour vice du consentement, et de certaines causes de dissolution comme le privilège paulin [1]. De plus, les époux ne pouvant plus supporter la vie commune avaient la possibilité de demander la séparation de corps, qui dispense de la cohabitation en laissant subsister le mariage.

557. ***XVIIIe siècle.*** La contestation du dogme de l'indissolubilité du mariage prit de l'ampleur au XVIIIe siècle avec les philosophes des Lumières : pour eux, la liberté individuelle ne pouvait être aliénée par un engagement perpétuel. Ils inspirèrent le législateur révolutionnaire : le divorce est effectivement institué par la loi du 20 septembre 1792, en conséquence de la sécularisation du mariage qui est regardé comme un simple contrat civil par la Constitution de 1791. La loi l'admet du reste largement [2] : pour causes déterminées – comme la démence, la condamnation à une peine criminelle, les injures graves

1. L'époux qui se convertit au christianisme peut obtenir la dissolution du mariage contracté avec un païen (cf. A. Sériaux, *Droit canonique*, PUF, 1997).
2. V. Demars-Sion, « Libéralisation du divorce : l'apport véritable de la loi du 11 juillet 1975 à la lumière de celle du 20 septembre 1792 », *RTD civ.* 1980. 231.

ou l'abandon du conjoint pendant deux ans –, mais aussi par consentement mutuel des époux et même pour simple incompatibilité d'humeur alléguée par l'un des époux, ce qui revient en fait à une sorte de répudiation par volonté unilatérale. En même temps, et par hostilité à son origine confessionnelle, la séparation de corps est supprimée. Cette législation devait aboutir dans les villes à une véritable ruée sur le divorce, qui suscita la réaction des rédacteurs du Code civil.

558. ***Code Napoléon***. Comme en d'autres domaines, les auteurs du Code Napoléon ont cherché à faire œuvre de compromis entre les rigueurs de l'ancien droit et les excès du droit intermédiaire. À cette fin, le divorce est maintenu : la conception laïque du mariage l'imposait. Mais le divorce n'est admis qu'avec restriction : soit pour causes déterminées, soit du consentement mutuel des époux. En outre, ce dernier mode est soumis à des conditions de fond et de procédure particulièrement exigeantes, afin de ne pas porter atteinte à l'institution du mariage[1]. De fait, le nombre des divorces chute dans d'importantes proportions. Parallèlement, le Code civil rétablit la séparation de corps, conçue comme la solution des mésententes conjugales pour les époux attachés à l'indissolubilité du mariage.

559. ***Restauration***. Le système mis en place par le Code Napoléon vécut à peine plus d'une décennie. La Restauration de la monarchie conduisit en effet à la suppression du divorce : la loi de Bonald du 8 mai 1816 l'abolit, ce qu'exigeait la proclamation du catholicisme comme religion d'État. Conforme au droit canon, la séparation de corps est en revanche maintenue. Il n'y eut pas de réaction dans le pays : la société française était alors essentiellement rurale et vivait sous l'influence du clergé catholique. Mais, de nature politique, la réforme était à la merci d'un changement de régime.

560. ***Loi Naquet***. Il fallut toutefois attendre les débuts de la IIIe République pour que se posât à nouveau la question du divorce. Sous l'impulsion d'Alfred Naquet, qui présenta plusieurs propositions de réforme, est votée la loi du 27 juillet 1884 qui rétablit le divorce. Ce ne fut pas sans mal : le vote fut précédé de polémiques passionnées au cours desquelles les partisans du divorce témoignèrent d'un esprit nettement anticlérical. Pour pouvoir être votée, la loi dut être modérée, consacrant une conception restrictive du divorce, envisagé exclusivement comme la sanction judiciaire des fautes d'un époux. Ainsi, le divorce ne pouvait pas intervenir par consentement mutuel, ni pour incompatibilité d'humeur. Il n'était admis que pour des motifs limitativement énumérés et supposant tous une faute grave commise par l'un des époux. Celui-ci encourait, de surcroît, des déchéances. Enfin la procédure était longue. De telle sorte que le nombre des divorces fut au début peu élevé (3 000 en 1885).

561. ***Croissance exponentielle***. L'expérience démontre toutefois que le divorce, une fois qu'il est admis en législation, a tendance à se développer inexorablement. Le même phénomène a pu être constaté après l'entrée en vigueur de la réforme de 1884. Cette croissance s'explique, d'abord, par l'effet des réformes législatives qui ont facilité le prononcé du divorce : la loi du 18 avril 1886 simplifie la procédure, celle du 15 décembre 1904 autorise l'époux adultère à épouser son complice. Surtout, la loi du

---

1. D. Roughol-Valdeyron, « Le divorce par consentement mutuel et le Code Napoléon », *RTD civ.* 1975. 482.

6 juin 1908 oblige le tribunal saisi d'une demande de conversion de la séparation de corps en divorce à la prononcer, même lorsque la demande est formée par l'époux aux torts duquel la séparation de corps a été prononcée. On passe ainsi (en chiffres ronds) à 13 000 divorces prononcés en 1910, 15 000 en 1913, 20 000 en 1926, 21 000 en 1931, 23 000 en 1936 et 24 000 en 1939.

562. ***Gouvernement de Vichy.*** L'augmentation continue du nombre des divorces alarmait les esprits conservateurs. Leurs préoccupations sont en partie prises en compte par le gouvernement de Vichy. La loi du 2 avril 1941 ne supprime pas le divorce mais elle tente d'enrayer la progression en interdisant les demandes en divorce formées dans les trois premières années du mariage. Elle permet en outre au tribunal d'allonger la procédure. Enfin elle définit étroitement la cause de divorce. Le temps a manqué, heureusement, pour juger l'expérience.

563. ***Légalité républicaine.*** Rétablissant la légalité républicaine, le gouvernement provisoire valide en 1945 la loi du 2 avril 1941 mais la vide de sa substance : seule la définition plus stricte de la cause de divorce est maintenue. La pratique judiciaire révèle cependant très vite que cette restriction est sans effet, puisque les tribunaux gardent le pouvoir d'apprécier souverainement si les conditions légales sont, en fait, remplies. La progression du nombre des divorces s'est donc poursuivie : 30 000 en 1953, 34 000 en 1965, puis 46 000 en 1972 et 53 000 en 1974. Dans le même temps, encore que la comparaison soit tendancieuse car les époux qui divorcent ne se sont pas mariés dans l'année, le chiffre des mariages est en augmentation constante jusqu'en 1972 (416 000) pour retomber ensuite (394 000 en 1974). La mutation juridique réalisée par la réforme de 1975 devait amplifier encore ces mouvements.

564. ***Loi du 11 juillet 1975.*** La multiplication des cas de divorce est sans doute l'idée essentielle qui émerge de la loi du 11 juillet 1975. Elle se traduit, d'un côté, par le maintien du divorce pour faute, à titre de sanction des fautes conjugales, auquel une partie de l'opinion reste incontestablement attachée [1]. D'un autre côté, est institué un divorce pour rupture de la vie commune, en cas de séparation de fait prolongée des époux ou de maladie mentale incurable de l'un d'eux. Est enfin réintroduit dans le Code civil le divorce par consentement mutuel. Le deuxième axe de la réforme est la volonté de dédramatiser la procédure, qui se traduit en particulier par l'institution, au sein du tribunal de grande instance, d'un juge aux affaires matrimoniales. Il concentre, à l'origine, une part importante du contentieux : il est seul compétent pour prononcer le divorce par consentement mutuel ; il intervient dans les autres cas de divorce en tant que juge conciliateur, au cours de la première phase de la procédure ; il connaît de la plupart des litiges survenant après le prononcé du divorce. Or, il s'agit d'un magistrat que l'on a voulu proche des justiciables et qui le plus souvent statue sans formalisme.

565. ***Juge aux affaires familiales.*** Le succès de cette réforme, joint à des préoccupations diverses (dont certaines d'ordre financier…) ont conduit à substituer au juge aux

1. L'obligation de réparer le dommage causé par sa faute est un principe de valeur constitutionnelle : Cons. const., Décis. nº 99-419 DC du 9 nov. 1999 (*JO* 16 nov. 1999, p. 16962). D'où les justes critiques formulées à l'encontre de la proposition de loi déposée par M. Colcombet et votée par l'Assemblée nationale le 10 octobre 2001, proposition supprimant le divorce pour faute et le remplaçant par un divorce pour cause objective pouvant être imposée à l'époux défendeur.

affaires matrimoniales le juge aux affaires familiales par la loi du 8 janvier 1993[1]. Les pouvoirs de ce juge unique ont été accrus : désormais, toute la procédure de divorce se déroule devant lui, notamment la seconde phase à l'issue de laquelle le divorce est prononcé, le tribunal n'intervenant plus qu'à la demande expresse des époux.

566. ***Loi du 30 juin 2000***. La loi du 30 juin 2000 a voulu répondre aux vives critiques formulées à l'encontre du caractère forfaitaire de la prestation compensatoire, et de sa transmission aux héritiers du débiteur[2]. Elle a rappelé, en premier lieu, le principe de versement de la prestation compensatoire sous forme de capital. Lorsque celle-ci, exceptionnellement, est fixée sous forme de rente viagère, la loi du 30 juin 2000 a considérablement assoupli les possibilités de révision de la prestation compensatoire, dès lors que s'est produit un changement important dans les ressources ou les besoins de l'une des parties. Cette loi a atténué aussi les effets de la transmissibilité passive de la prestation compensatoire en prévoyant la déduction automatique des pensions de réversion versées au conjoint divorcé non remarié au décès de son ex-époux, afin d'éviter que le décès du débiteur de la prestation compensatoire ne soit une source d'enrichissement pour le créancier.

§ 2. La réforme de 2004

567. ***Grandes lignes***. La réforme de 2004 était articulée autour de trois axes. D'une part, il était proposé de maintenir le pluralisme des cas de divorces qui caractérise la législation française, et qui permet une réelle adaptation des procédures à la diversité des situations familiales. D'autre part, il s'agissait de rendre les procédures plus efficaces et moins conflictuelles, en apaisant les relations conjugales pendant le cours de la procédure et en favorisant le règlement complet de toutes les conséquences du divorce au moment de son prononcé. Enfin, le texte a cherché à responsabiliser l'époux défaillant, à protéger le conjoint victime et à aménager le dispositif relatif à la prestation compensatoire. La loi a été promulguée le 26 mai 2004 et est entrée en vigueur le 1er janvier 2005. Son décret d'application, promulgué le 29 octobre 2004, n'a pas seulement réformé les dispositions de procédure relatives au divorce et à la séparation de corps. C'est l'ensemble du contentieux familial qui a été rénové[3].

568. ***Droit au divorce***. Si le législateur n'a pas voulu rompre avec la loi de 1975, mais seulement développer les potentialités de celle-ci, les traits marquants de la réforme révèlent que c'est bien une rupture qui a été réalisée[4]. D'un côté, en effet, la loi consacre

---

1. Parmi les commentaires de cette loi, v. J. Rubellin-Devichi, *JCP* 1993. I. 3659 ; J. Massip, *Gaz. Pal.* 1993. 2. Doctr. 1138 ; J.-C. Kross, *Gaz. Pal.* 1993. 2. Doctr. 1154 ; H. Parcheminal, *JCP* 1994. I. 3762 ; P. Courbe, *Audijuris* 1994, n° 38, p. 1.

2. Sur la loi du 30 juin 2000 « relative à la prestation compensatoire en matière de divorce », v. dossier *AJ fam.* 2001. 7, Chron. C. Pelletier, A. Bénabent, C. Lienhard et T. Schmitt ; H. Lécuyer, *Dr. fam.* 2000. Chron. 17 ; J. Rochfeld, chron. lég. *RTD civ.* 2000. 907.

3. Décret n° 2004-1158 du 29 octobre 2004 portant réforme de la procédure en matière familiale (*JO* 31 oct. 2004, p. 18492) ; cf. M. Douchy-Oudot, *D.* 2005. Pan. 1824 ; C. Lienhard, *in Mélanges Ph. Simler*, 2005, p. 201.

4. Sur la loi du 26 mai 2004, v. F. Bellivier, *RTD civ.* 2004. 565 ; T. Garé, *RJPF* juin 2004, p. 6 ; V. Larribau-Terneyre, *Dr. fam.* Chron. n° 13, 16 et 19 ; J.-J. Lemouland, *D.* 2004. 1825 ; J. Rubellin-Devichi, *JCP* 2004. 1037.

un véritable droit au divorce. Ainsi, le divorce pourra être désormais prononcé pour altération définitive du lien conjugal, résultant de la cessation de la communauté de vie durant les deux années précédant l'assignation. La clause de dureté, qui permettait au juge de rejeter la demande en divorce pour rupture de la vie commune si celle-ci devait avoir pour le conjoint des conséquences matérielles ou morales d'une exceptionnelle dureté, est supprimée. Dans le même sens, la loi instaure un « divorce express » puisqu'elle prévoit une comparution unique des époux en cas de divorce par consentement mutuel.

569. ***Dissociation des conséquences financières des torts***. D'un autre côté, la loi de 2004 dissocie les conséquences financières du divorce de l'attribution des torts. Désormais, il n'est plus interdit à l'époux aux torts exclusifs duquel le divorce pour faute est prononcé d'obtenir une prestation compensatoire. De même, cet époux pourra demander le report de la date des effets du divorce au jour où les époux ont cessé de cohabiter et de collaborer. Enfin, les torts n'auront plus d'incidence sur le régime des donations et avantages matrimoniaux. Si le divorce pour faute est maintenu par la loi du 26 mai 2004, celle-ci réduit considérablement son intérêt, l'objectif étant d'en faire un cas marginal de prononcé du divorce.

570. ***Tronc commun procédural***. Par ailleurs, la loi institue un tronc commun de la procédure pour tous les divorces contentieux. La requête initiale est commune, elle n'indique pas les motifs de la demande à venir, le choix de la procédure ne se faisant qu'après l'échec de la tentative de conciliation, dans l'assignation. De plus, les passerelles sont multipliées entre les procédures, et elles pourront intervenir à tout moment de l'instance. L'idée de divorce à la carte est renforcée par la loi nouvelle.

571. ***Prestation compensatoire***. Enfin, le régime de la prestation compensatoire est encore une fois modifié. En premier lieu parce que les époux sont incités, dans les divorces contentieux, à recourir à des conventions pour fixer la prestation compensatoire. Les règles régissant la prestation conventionnelle prévue dans le cadre d'un divorce sur demande conjointe sont étendues aux prestations compensatoires intervenant, par convention entre époux, dans le divorce contentieux. Il sera alors possible d'attribuer des rentes temporaires et de prévoir que le versement de la prestation cessera à compter de la réalisation d'un événement déterminé. Les prestations mixtes sont à nouveau possibles, et les différentes formes de capital pourront être panachées.

572. ***Contractualisation***. Toutefois, les possibilités de révision ne pourront faire disparaître le contentieux de l'après-divorce. Mais l'objectif poursuivi est plutôt la responsabilisation et la faveur aux pactes amiables. Par cet aspect de la réforme, est aussi accentuée la contractualisation du divorce.

573. ***Dispositions transitoires***. Des dispositions transitoires particulières ont été édictées pour l'application des orientations nouvelles aux prestations compensatoires en cours. De ce dispositif très technique, on retiendra la possibilité de révision des rentes viagères fixées avant l'entrée en vigueur de la loi du 30 juin 2000, lorsque leur maintien en l'état procurerait au créancier un avantage manifestement excessif[1]. Il faut rappeler que la loi du 30 juin 2000 prévoit déjà que la révision de ces rentes peut être

---

1. Civ. 1re, 11 juill. 2006, *RTD civ.* 2006. 746, obs. J. Hauser.

demandée en cas de changement important dans les ressources ou les besoins des parties. Par ailleurs, la substitution d'un capital à une rente viagère attribuée avant le 1er janvier 2005 peut être demandée dans les conditions prévues par la loi nouvelle (C. civ., art. 276-4). Les rentes temporaires fixées avant l'entrée en vigueur de la loi du 26 mai 2004 peuvent être révisées en cas de changement important dans les ressources ou les besoins de l'une ou l'autre des parties. Leur révision ne peut conduire à proroger leur durée initiale, ni à porter la rente à un montant supérieur à celui fixé initialement par le juge. Les dispositions relatives à la révision des rentes viagères antérieures à la loi du 30 juin 2000 et des rentes temporaires antérieures au 1er janvier 2005 sont applicables aux instances en cours qui n'ont pas donné lieu à une décision passée en force de chose jugée. Quant à la transmissibilité passive des prestations compensatoires, les dispositions nouvelles (C. civ., art. 280 à 280-3) sont applicables aux prestations allouées avant le 1er janvier 2005, sauf lorsque la succession du débiteur a donné lieu à un partage définitif à cette date. C'est dire que les débiteurs ne seront plus tenus au paiement de la prestation que sur la succession, et qu'il est substitué à la rente un capital immédiatement exigible dont le montant prend en compte les sommes déjà versées et dont les héritiers peuvent demander la révision [1].

574. ***Chiffres***. Selon les statistiques publiées en juin 2016 par l'Insee, une tendance à la baisse du nombre de divorces a été observée. En 2014, 123 500 divorces ont été prononcés contre 134 000 en 2010. Avec près de 2 divorces pour 1 000 habitants, la France se situait en 2013 dans la moyenne européenne.

575. ***Réforme de 2017***. La loi n° 2016-1547 du 18 novembre 2016 de modernisation de la justice du XXIe siècle a franchi une étape supplémentaire dans la libéralisation du divorce et admettant le divorce sans juge. Ce faisant elle accorde à la volonté des époux une volonté autonome et suffisante, rapprochant ainsi indéniablement le mariage et le Pacs, même s'il reste que le mariage ne pourra pas être dissous par la volonté d'un seul époux, seule la volonté commune des deux époux peut permettre de mettre fin au mariage en dehors d'une intervention judiciaire.

§ 3. Le divorce et le juge

576. ***Intervention judiciaire quasi obligatoire***. Jusqu'à une période très récente, le juge était un acteur incontournable du divorce. Cette intervention d'un juge était justifiée par la gravité de la décision : la dissolution d'une famille. Celle-ci n'a en effet pas seulement des conséquences pour les époux et leurs enfants, mais aussi pour l'ensemble du corps social. Admettre un divorce sans juge, c'est transformer le mariage en un simple contrat dont le sort serait laissé à la seule appréciation des époux. Le juge doit en outre, le cas échéant, trancher les conflits et veiller à la protection des intérêts de chacun. Il vérifiera, plus précisément, que la demande en divorce est fondée sur l'une des causes énumérées par la loi. À cette fin, il va procéder suivant des règles qui diffèrent notablement du droit commun de la procédure civile.

---

1. Les dispositions transitoires de la loi du 30 juin 2000 (art. 20 à 23) sont abrogées par la loi du 26 mai 2004, à compter du 1er janvier 2005 (art. 23).

577. ***Déjudiciarisation du divorce.*** Régulièrement le débat autour de la déjudiciarisation du divorce, au moins dans certaines hypothèses, était relancé, fondé sur la volonté d'alléger le poids du contentieux et de faciliter les démarches des couples. Finalement, la loi n° 2016-1547 du 18 novembre 2016 de modernisation de la Justice du XXIe siècle a admis que les époux peuvent d'un commun accord divorcer sans passer devant le juge. L'article 50 de la loi ajoute un cas de divorce dans l'article 229 du Code civil selon lequel « *Lorsque les époux s'entendent sur la rupture du mariage et ses effets, ils constatent, assistés chacun par un avocat, leur accord dans une convention prenant la forme d'un acte sous signature privée contresigné par leurs avocats* ». Cette loi a fait l'objet d'une décision QPC du Conseil constitutionnel du 17 novembre 2016 [1] qui a déclaré conforme à la constitution des dispositions relatives au divorce par consentement mutuel extra-judiciaire.

Le divorce revêt ainsi plusieurs visages selon l'état des relations entre les époux et les enjeux de la séparation. À cette multiplicité des hypothèses de fait, correspondent plusieurs cas de divorce (Chapitre 1), répondant chacun à une procédure pour partie différente (Chapitre 2) et dont les effets sont communs (Chapitre 3).

---

1. Décis. n° 2016-739 DC du 17 nov. 2016.

Chapitre 1

Les cas de divorce

578. ***Pluralisme***. L'un des traits dominants de la réforme réalisée par la loi du 11 juillet 1975 était la multiplication des voies d'accès au divorce qui a été renforcée par les *réformes postérieures de 2004 et de 2017*. Ce pluralisme, qui caractérise la législation française, permet de répondre à la diversité des situations conjugales. Il traduit aussi un changement dans la conception même du divorce, qui est avant tout l'affaire des époux, que la loi reconnaît comme étant les premiers concernés. Dans cette perspective, le législateur a privilégié le divorce sur demande conjointe, fondé sur le consentement mutuel qui a été dédoublé en 2017 en divorce par consentement mutuel judiciaire et non judiciaire (Section 1). Dans le même esprit, car supposant l'accord des époux sur le principe du divorce (mais non sur ses conséquences), a été institué en 1975 le divorce demandé par un époux et accepté par l'autre, devenu en 2004 le divorce pour acceptation du principe de la rupture du mariage (Section 2). Ces deux cas de divorce reposent sur une volonté concordante des époux : ils s'opposent au divorce demandé par un époux sans l'accord de l'autre, en cas de séparation de fait (Section 3) ou en raison des fautes commises par le conjoint (Section 4).

579. ***Existence du mariage***. Il paraît aller de soi que la demande en divorce n'est recevable que si le lien matrimonial existe. Cette condition d'existence du mariage peut soulever deux ordres de difficultés.

580. ***Décès d'un époux***. D'un côté, puisque le décès d'un époux dissout le mariage [1], tant qu'une décision définitive n'a pas prononcé le divorce de deux époux, la mort de l'un d'eux éteint l'action en divorce [2] : donc est caduque [3] la décision déjà intervenue, comme est irrecevable la demande en divorce formée postérieurement au décès.

581. ***Divorce antérieur***. D'un autre côté, la demande en divorce est pareillement irrecevable lorsque le divorce a déjà été prononcé par une décision définitive. La question a été posée très souvent au cours des dernières années dans les situations internationales où l'un des époux soulève l'irrecevabilité d'une demande en divorce formée en France au motif que le divorce a déjà été prononcé définitivement par une juridiction étrangère [4]. La

---

1. C. civ., art. 227, 1°. En cas d'absence déclarée, assimilée au décès : C. civ., art. 128, al. 1er.

2. Civ. 2e, 31 mai 1978, *D.* 1979. 4, note A. Breton ; cf. J. Hauser et D. Huet-Weiller, n° 118.

3. Ou inexistante ? v. Req. 22 déc. 1915, *D.* 1916. 1. 208.

4. Civ. 1re, 6 juin 1990, *D.* 1990. Somm. 263, obs. B. Audit ; *Rev. crit. DIP* 1991. 593, 1re esp., note P. Courbe ; 24 nov. 1993, *Rev. crit. DIP* 1994. 367, note B. Ancel ; 15 juin 1994, *D.* 1994. Somm. 352, obs. B. Audit ; 17 févr. 2004 (n° 259), *D.* 2004. 824, concl. F. Cavarroc ; *ibid.* 815, Chron. P. Courbe.

Cour de cassation a considéré que la décision étrangère devait répondre aux conditions de régularité des jugements étrangers pour pouvoir produire cet effet en France [1].

582. *Réforme de 2017*. Depuis l'entrée en vigueur de la loi n° 2016-1547 du 18 novembre 2016 de modernisation de la justice du XXIe siècle, l'article 229 du Code civil, prévoit dans un premier alinéa que « *Les époux peuvent consentir mutuellement à leur divorce par acte sous signature privée contresigné par avocats, déposé au rang des minutes d'un notaire* » et dans un second alinéa que « *dans le cas prévu au 1° de l'article 229-2* », c'est-à-dire lorsque le divorce devant notaire est impossible, que le divorce peut être prononcé :

– soit de consentement mutuel ;
– soit d'acceptation du principe de la rupture du mariage ;
– soit d'altération définitive du lien conjugal ;
– soit de faute

583. *Code civil*. La loi n° 2016-1547 du 18 novembre 2016 de modernisation de la justice du XXIe siècle crée dans la section 1 du chapitre relatif aux cas de divorce (dans le titre VI : Du divorce), intitulée *Du divorce par consentement mutuel*, deux paragraphes : le premier paragraphe est intitulé *Du divorce par consentement mutuel par acte sous signature privée contresigné par avocats, déposé au rang des minutes d'un notaire* contient les nouveaux article 229-1 à 229-4 du Code civil ; le second paragraphe, intitulé : « *Du divorce par consentement mutuel judiciaire* », comprend les articles 230 à 232.

Ainsi désormais, le divorce peut être prononcé soit en dehors d'une procédure judiciaire (Section 1) soit dans le cadre d'une procédure judiciaire (Section 2), la loi de 2017 ayant d'ailleurs précisé le titre du chapitre II qui s'intitule désormais « *De la procédure judiciaire du divorce* » ainsi que celui de la section II de ce deuxième chapitre qui s'intitule désormais « *De la procédure judiciaire applicable au divorce par consentement mutuel* », et celui de la section III qui s'intitule « *De la procédure judiciaire applicables aux autres cas de divorce* ».

Section 1
Le divorce sans juge

584. *Conditions*. L'article 229-1 du Code civil permet aux époux d'accéder au divorce extrajudiciaire lorsqu'ils s'entendent sur la rupture du mariage et ses effets. Toutefois le recours au divorce sans juge est exclu dans deux hypothèses en vertu de l'article 229-2 : d'une part lorsque les époux ont un enfant mineur et que celui-ci informé par ses parents de son droit à être entendu par le juge dans les conditions prévues à l'article 388-1, demande son audition par le juge ; d'autre part lorsque l'un des époux se trouve placé sous un régime de protection. L'ajout par la loi de 2017 au début de l'article 230 du Code civil qui prévoit le divorce par consentement mutuel judiciaire de la formule : « *Dans le cas prévu au 1° de l'article 229-2* » semble indiquer que lorsque les conditions du divorce par consentement mutuel extrajudiciaire sont satisfaites et en l'absence de demande d'audition d'un enfant mineur du couple, les

1. P. Courbe, *Droit international privé*, Hachette Supérieur, 2007.

époux doivent emprunter la voie du divorce sans juge, sans pouvoir choisir le divorce par consentement mutuel judiciaire qui devrait donc être rarement utilisé dans l'avenir. Cette analyse est confortée par la formulation impérative de l'article 229-1 selon laquelle « *Lorsque les époux s'entendent sur la rupture du mariage et ses effets, ils constatent, assistés chacun par un avocat, leur accord dans une convention prenant la forme d'un acte sous signature privée* ».

585. ***Procédure***. Le divorce par consentement mutuel extrajudiciaire peut intervenir alors qu'une procédure de divorce a été engagée, l'article 247 du Code civil prévoyant que les époux peuvent divorcer par consentement mutuel par acte sous signature privée contresigné par avocats, déposé au rang des minutes d'un notaire à tout moment de la procédure.

586. ***Avocat***. Afin d'assurer aux époux l'assistance juridique nécessaire, chacun d'entre eux doit être assisté par un avocat, lequel doit en fin de processus contresigné la convention. L'avocat commun est donc exclu pour garantir à chacun des époux la protection de ses intérêts et éviter qu'un époux fasse pression sur l'autre pour lui faire accepter un accord qui lui serait défavorable.

587. ***Acte sous signature privée***. Lorsque les époux satisfont les conditions du divorce sans juge, ils constatent leur accord dans une convention prenant la forme d'un acte sous signature privée contresigné par leurs avocats et établi dans les conditions prévues à l'article 1374 selon lequel « *L'acte sous signature privée contresigné par les avocats de chacune des parties ou par l'avocat de toutes les parties fait foi de l'écriture et de la signature des parties, tant à leur égard qu'à celui de leurs héritiers ou ayants cause* ». L'article 229-3 du Code civil dispose que « *Le consentement au divorce et à ses effets ne se présume pas* ». Il convient donc que le consentement des époux soit clairement exprimé dans la convention.

588. ***Contenu de la convention***. L'article 229-3 du Code civil énumère les éléments qui doivent, sous peine de nullité, figurer expressément dans la convention. Une première catégorie d'éléments concerne l'identité des époux et les indications relatives à leur mariage : leurs nom, prénoms, profession, résidence, nationalité, la date et le lieu de leur naissance, la date et le lieu de leur mariage, ainsi que les mêmes indications, le cas échéant, pour chacun de leurs enfants. Certains éléments permettent d'identifier les avocats de chacun des époux : nom, adresse professionnelle et structure d'exercice professionnel des avocats chargés de défendre les intérêts des époux ainsi que le barreau auquel ils sont inscrits. Doit ensuite apparaître la mention de l'accord des époux sur la rupture du mariage et sur ses effets dans les termes énoncés par la convention. Puis la convention doit énoncer les modalités du règlement complet des effets du divorce notamment s'il y a lieu au versement d'une prestation compensatoire. Doit également figurer l'état liquidatif du régime matrimonial, le cas échéant en la forme authentique devant notaire lorsque la liquidation porte sur des biens soumis à publicité foncière, ou la déclaration qu'il n'y a pas lieu à liquidation. Enfin le texte prévoit que la convention doit préciser que, le cas échéant, l'enfant mineur du couple a été informé par ses parents de son droit à être entendu par le juge dans les conditions prévues à l'article 388-1 et qu'il ne souhaite pas faire usage de cette faculté. En effet, s'il en fait usage, le divorce devra être prononcé par un juge.

589. ***Délai de réflexion***. Après un processus de discussion et de négociation, les avocats élaborent un projet de convention dont l'article 229-4 du Code civil précise que chacun d'eux l'envoie à l'époux qu'il assiste, par lettre recommandée avec demande d'avis de réception et que celui-ci ne peut le signer, à peine de nullité, avant l'expiration d'un délai de réflexion d'une durée de quinze jours à compter de la réception.

590. ***Notaire***. La convention prenant la forme d'un acte sous signature privée contresigné par leurs avocats est déposée au rang des minutes d'un notaire, qui selon l'article 229-1 du Code civil, contrôle le respect des exigences formelles prévues aux 1° à 6° de l'article 229-3. Il s'assure également que le projet de convention n'a pas été signé avant l'expiration du délai de réflexion prévu à l'article 229-4. Ainsi le notaire n'est pas seulement une chambre d'enregistrement, il remplit un rôle de contrôle susceptible d'engager sa responsabilité. Toutefois il n'est chargé ni de vérifier que l'accord respecte les intérêts de chacun des époux et de leurs éventuels enfants comme le fait le juge aux affaires familiales. En revanche, le renvoi à l'article 229-3 qui affirme que le consentement des époux ne se présume pas semble impliquer que le notaire doit contrôler la réalité du consentement des époux.

591. ***Force obligatoire***. Le dépôt de la convention au rang des minutes d'un notaire donne ses effets à la convention en lui conférant date certaine et force exécutoire. L'article 229-4 précise que « *La convention a force exécutoire au jour où elle acquiert date certaine* ». Ainsi l'accord des époux revêt dans tous ses aspects et contenu force obligatoire permettant à un époux de la faire exécuter, y compris de manière forcée, à l'égard de l'autre. Elle est en outre opposable aux tiers dès lors que publicité du divorce est faite par une mention en marge des actes de naissance de chacun des époux et de leur acte de mariage.

Section 2
Le divorce judiciaire

L'article 229, alinéa 2, énumère de manière exhaustive les cas de divorce judiciaire. Selon l'article 1077 du Code de procédure civile, la demande en divorce ne peut être fondée que sur un seul des cas prévus à l'article 229 du Code civil. Toute demande formée à titre subsidiaire sur un autre cas est irrecevable.

Sous-section 1
Le divorce par consentement mutuel

592. ***Demande conjointe des époux***. C'est un divorce fondé sur la demande conjointe des époux : ils décident d'un commun accord de divorcer, et ils matérialisent cette volonté dans une convention. Cette forme de divorce a les préférences du législateur parce qu'elle est la plus apte à favoriser la dignité et l'apaisement des époux. Ceux-ci ne doivent toutefois y recourir que s'ils sont d'accord sur l'ensemble des conséquences du divorce.

La procédure est donc organisée de telle manière qu'elle puisse révéler l'existence du consentement mutuel des époux jusqu'au prononcé du divorce. À cette fin, la présentation de la demande conjointe (§ 1) précède logiquement le prononcé du divorce par le juge (§ 2).

§ 1. La présentation de la demande

593. Ce divorce amiable repose sur l'accord des deux époux, tant sur le principe du divorce que sur ses conséquences. Mais cet accord est contrôlé par le juge aux affaires familiales. C'est pourquoi les époux vont saisir ce juge d'une requête conjointe que ce dernier appréciera avec eux lors d'une comparution.

A. La requête conjointe

594. La demande en divorce émane des deux époux : elle prend donc la forme d'une requête unique accompagnée d'un document annexe.

1) La requête unique

595. C'est le document par lequel les époux formalisent leur demande conjointe (C. pr. civ., art. 1089). Pour être recevable, cette requête doit remplir des conditions de fond et de forme.

596. ***Absence de délai***. Au titre des conditions de fond, la législation antérieure à 2004 imposait tout d'abord un délai. Pour éviter la pratique du mariage simulé, la requête initiale ne pouvait pas être présentée au cours des six premiers mois du mariage. En vue de favoriser plus encore le divorce par consentement mutuel, la loi du 26 mai 2004 a supprimé cette exigence de délai d'attente.

597. ***Majeurs protégés***. Le divorce par consentement mutuel repose sur la volonté des époux. Il en résulte que les personnes qui souffrent d'une altération de leurs facultés mentales et sont placées sous un régime de protection des majeurs (C. civ., art. 490 s.) sont incapables d'exprimer une volonté saine et ne peuvent donc divorcer sur demande conjointe (C. civ., art. 249-4).

598. ***Cause secrète***. Il va de soi que les époux n'ont pas à faire connaître au juge les faits à l'origine de la demande (C. pr. civ., art. 1090). C'est dire qu'ils n'ont pas à expliquer au juge les véritables raisons pour lesquelles ils forment cette demande en divorce. La cause reste secrète. Le juge n'a donc pas à vérifier si les motifs des époux sont sérieux ni si leurs mobiles sont licites[1].

599. ***Requête écrite***. La requête initiale est, en la forme, un document écrit dont le contenu est fixé « à peine d'irrecevabilité » par l'article 1090 du Code de procédure civile.

Doivent figurer : l'identité complète de chaque époux (nom, prénoms, profession, résidence, nationalité, date et lieu de naissance), la date et le lieu de leur mariage, l'identité des enfants s'il y en a, les indications nécessaires à l'identification de la caisse d'assurance-maladie à laquelle ils sont affiliés, des organismes qui servent les prestations sociales ou pensions de retraite, la juridiction devant laquelle la demande est portée, enfin le nom des avocats chargés par les époux de les représenter, ou de celui qu'ils ont choisi à cet effet d'un commun accord.

---

1. Civ. 1re, 17 nov. 1981, *D.* 1982. 573, note P. Guiho ; *JCP* 1982. II. 19842, note M. Gobert ; *Defrénois* 1982, art. 32967, n° 79, note J. Massip ; *Rev. crit. DIP* 1982. 669, note J. Foyer.

À peine d'irrecevabilité, la requête initiale est datée et signée par chacun des époux et leur avocat.

600. ***Avocat.*** L'intervention obligatoire de cet auxiliaire de justice s'explique par l'importance des intérêts en jeu : il faut éclairer les époux sur le déroulement de la procédure et les conséquences du divorce. Cela implique un savoir juridique, la connaissance du procès et des règles qui le gouvernent, ainsi que l'expérience d'une activité de conseil. Pour favoriser cette forme de divorce, le législateur permet aux époux d'avoir recours au service d'un avocat commun (C. civ., art. 250, al. 1er).

Cette formule ne peut guère être recommandée que dans des situations simples : ainsi lorsque les époux n'ont pas d'enfant, ou bien lorsqu'ils n'ont qu'un patrimoine modeste. Mais le choix d'un avocat unique doit être évité dès lors que des difficultés sont susceptibles d'apparaître entre les époux, soit au moment de la préparation de la convention de divorce, soit lorsqu'il s'agira d'en exécuter les dispositions. Lors des travaux préparatoires de la loi du 26 mai 2004, il a été relevé que plus de 90 % des couples choisissent d'avoir recours à un avocat commun, principalement pour des raisons financières. Si les honoraires des avocats sont très variables, il a été estimé à près de 3 000 euros le coût d'un divorce par consentement mutuel. De surcroît, l'obligation pour chaque époux d'avoir un avocat entraînerait une augmentation importante du coût de l'aide juridictionnelle (qui concerne 30 % des procédures de divorce). Le Parlement a donc laissé à l'avocat la responsabilité de représenter les deux époux dans un esprit de conciliation de leurs intérêts respectifs, ou bien d'inviter les époux à prendre chacun un avocat lorsque cette conciliation d'intérêts paraît impossible.

L'article 10 de la loi n° 71-1130 du 31 décembre 1971 issu de la loi n° 2011-1862 du 13 décembre 2011 relative à la répartition des contentieux et à l'allégement de certaines procédures juridictionnelles portant réforme de certaines professions judiciaires et juridiques prévoit que « *L'avocat est tenu de conclure avec son client une convention d'honoraires pour les procédures de divorce. Des barèmes indicatifs des honoraires pratiqués par les avocats pour ces procédures, établis à partir des usages observés dans la profession, sont publiés par arrêté du garde des Sceaux, ministre de la Justice, pris après avis du Conseil national des barreaux. Ces barèmes sont révisés au moins tous les deux ans* ».

2) Le document annexe

601. La volonté commune des époux d'obtenir le prononcé du divorce s'extériorise par un document conventionnel qui doit être annexé à la requête initiale, à peine d'irrecevabilité (C. pr. civ., art. 1091).

602. ***Règlement complet des effets du divorce.*** La convention de divorce doit contenir le règlement complet des effets du divorce. C'est, du reste, ce qui caractérise le divorce par consentement mutuel : l'accord des époux ne porte pas seulement sur le principe de la rupture du mariage, mais aussi sur toutes les conséquences. Il s'agit aussi bien des conséquences personnelles, comme le nom de la femme après le prononcé du divorce ou les modalités d'exercice de l'autorité parentale, que des conséquences pécuniaires comme la prestation compensatoire et le partage de la communauté de biens qui existait entre les époux.

603. ***Prestation compensatoire***. La convention doit notamment fixer la prestation compensatoire. Elle est destinée à compenser, autant qu'il est possible, la disparité que la rupture du mariage crée dans les conditions de vie respectives des époux. En cas de divorce par consentement mutuel, l'attribution et les modalités de cette prestation doivent être décidées par les époux d'un commun accord. Ils disposent à cet égard d'une grande liberté, que limite seulement le respect nécessaire de l'équité.

Les époux ont, par exemple, la faculté de prévoir que la prestation sera révisable (C. civ., art. 279, al. 3) [1]. Ils peuvent également convenir de substituer à la prestation compensatoire une pension alimentaire soumise aux dispositions des articles 208 et 209 du Code civil [2], ou encore prévoir que le versement de cette prestation commencera à courir antérieurement au prononcé du divorce [3].

604. ***Liquidation du régime matrimonial***. La liquidation du régime matrimonial prend place dans la convention. C'est un aspect essentiel de cette forme de divorce par consentement mutuel : la liquidation des intérêts pécuniaires des époux doit être prévue avant le prononcé du divorce (C. pr. civ., art. 1091). Elle peut au demeurant être librement combinée par les époux avec le règlement de la prestation compensatoire.

Il faut, à cet égard, remarquer que le divorce sur demande conjointe est le seul cas dans lequel la loi impose la liquidation préalable du régime matrimonial : d'où la nécessité d'inclure dans la convention un état liquidatif du régime matrimonial, ou la déclaration qu'il n'y a pas lieu à liquidation L'état liquidatif doit être passé en la forme authentique devant notaire lorsque la liquidation porte sur des biens soumis à publicité foncière (C. pr. civ., art. 1091). Dans les autres cas de divorce, en revanche, le juge aux affaires familiales qui prononce le divorce renvoie les époux devant leur notaire aux fins de préparer cette liquidation. Le divorce par consentement mutuel favorise, à cet égard, la concentration des effets du divorce au moment de son prononcé.

605. ***Autres clauses***. D'autres clauses doivent figurer dans la convention. Ainsi :
– la date des effets du divorce quant aux biens des époux ;
– le sort des donations entre époux et des avantages résultant du contrat de mariage ou du fonctionnement du régime matrimonial ;
– les conséquences fiscales du divorce ;
– la charge des frais et honoraires de la procédure du divorce.

606. ***Signature***. Naturellement, cette convention de divorce est datée et signée par chacun des époux et leur avocat (C. pr. civ., art. 1091).

B. La comparution des époux

607. ***Convocation***. Les avocats des époux déposent la requête, accompagnée du document en annexe, au greffe du tribunal de grande instance compétent [4]. Le tribunal se trouve ainsi saisi. Le juge aux affaires familiales de ce tribunal va alors convoquer chacun

---

1. Civ. 2e, 14 oct. 1987, *D*. 1987. IR 209.
2. Civ. 2e, 25 janv. 1984, *D*. 1984. 442, note C. Philippe ; *JCP* 1986. II. 20540, note A. Batteur.
3. Civ. 2e, 28 janv. 1998, *RTD civ*. 1998. 352, obs. J. Hauser ; *Dr. fam*. 1998, no 135, note H. Lécuyer.
4. V. ss 726.

des époux par lettre simple, expédiée quinze jours au moins avant la date fixée pour leur audition (C. pr. civ., art. 1092, al. 2). Le juge en avise également les avocats. Au jour fixé, les époux sont entendus par le juge.

608. ***Auditions***. Cette comparution des époux se déroule en quatre temps. Le juge entend d'abord un époux seul, puis son conjoint. Le magistrat doit s'assurer de la volonté réelle et libre de chaque époux d'obtenir le divorce. Il vérifie notamment que l'un des conjoints n'exerce pas de pression sur l'autre : le consentement mutuel doit être un consentement exempt de vice. Puis le juge entend les époux ensemble et il appelle ensuite le ou les avocats (C. civ., art. 250, al. 2).

609. ***Contrôle sur la convention***. Le juge aux affaires familiales, les époux et les avocats doivent examiner la convention de divorce. Car s'il procède du consentement mutuel des époux, le divorce reste judiciaire. De telle sorte que le juge exerce un contrôle sur la convention qui concrétise l'accord des époux.

Le juge peut, avec l'accord des parties, en présence du ou des avocats, faire supprimer ou modifier les clauses qui lui paraîtraient contraires à l'intérêt des enfants ou de l'un des époux (C. pr. civ., art. 1099, al. 2).

610. ***Appel***. À ce stade de la procédure, le juge aux affaires familiales peut soulever son incompétence (même d'office) ou admettre une cause d'irrecevabilité de la requête [1]. La décision du juge est alors susceptible d'appel dans les quinze jours à compter de son prononcé (C. pr. civ., art. 1102).

§ 2. La décision

611. ***Délai de réflexion***. Après la première comparution devant le juge aux affaires familiales, la loi de 1975 imposait aux époux un délai de réflexion de trois mois (C. civ., art. 231). À l'expiration de ce délai, les époux devaient renouveler leur demande, s'ils voulaient toujours divorcer, dans les six mois, en présentant une nouvelle requête que le juge examinait lors d'une seconde comparution à l'issue de laquelle le divorce était prononcé.

612. ***Allégement***. Pour éviter d'allonger inutilement les procédures, la loi du 26 mai 2004 supprime la seconde comparution devant le juge aux affaires familiales. Il s'agit là d'une modification substantielle, qui renforce l'attractivité du divorce par consentement mutuel. Ainsi allégée, en effet, la procédure devient très rapide, du moins s'il ne subsiste aucun désaccord entre les époux. Cette comparution unique des époux devant le juge implique de la part de celui-ci une vigilance accrue.

613. ***Consentement éclairé***. De fait, le juge aux affaires familiales doit s'assurer du libre accord et du consentement éclairé des époux. Pour s'en convaincre, le juge doit attirer l'attention des époux sur l'importance des engagements qu'ils ont pris, notamment quant à l'exercice de l'autorité parentale (C. pr. civ., art. 1099, al. 1er).

614. ***Enfants***. La convention de divorce doit, effectivement, statuer sur les effets du divorce à l'égard des enfants mineurs : modalités d'exercice de l'autorité parentale,

---

1. C. pr. civ., art. 1099, al. 1er.

résidence, droits de visite et d'hébergement, contribution à leur entretien. Le sort des enfants majeurs et qui ne sont pas indépendants peut aussi être prévu, spécialement la participation aux frais d'études.

615. C'est donc à l'issue de cette unique comparution que le juge va décider de prononcer, ou non, le divorce.

A. Prononcé du divorce

616. ***Homologation***. Le plus souvent, le juge ayant vérifié la volonté réelle et la liberté du consentement de chaque époux, il rend sur-le-champ un jugement par lequel il homologue la convention et prononce le divorce (C. civ., art. 232). Une telle décision doit constater expressément[1] que la convention de divorce préserve suffisamment les intérêts de chaque époux et des enfants. Le contrôle en est effectué par le juge au seul regard du critère de l'équité.

1) Les voies de recours

617. ***Appel***. Cette décision de divorce peut-elle faire l'objet d'une voie de recours ? L'appel ne peut être interjeté contre la décision qui homologue la convention et prononce le divorce (C. pr. civ., art. 1102). Solution logique : en effet, aucun des époux ne pouvant se plaindre de ce que sa demande a été admise, n'a d'intérêt pour exercer cette voie de recours. En revanche, le pourvoi en cassation est recevable[2].

618. ***Pourvoi en cassation***. Le délai de pourvoi est de quinze jours à compter du prononcé de la décision attaquée (C. pr. civ., art. 1103). Comme toujours en matière de divorce, le délai de pourvoi a un effet suspensif ainsi que le pourvoi lui-même (C. pr. civ., art. 1086). Depuis le décret du 29 octobre 2004, il est désormais prévu que l'effet suspensif qui s'attache au pourvoi en cassation ainsi qu'à son délai ne s'applique pas aux dispositions de la convention homologuée « *qui concernent les pensions, la contribution à l'entretien et l'éducation de l'enfant et l'exercice de l'autorité parentale* » (C. pr. civ., art. 1087). C'est l'extension au divorce par consentement mutuel d'une solution déjà admise, dans les autres cas, pour les jugements prononçant le divorce.

619. ***Tierce opposition***. Si les créanciers de l'un ou de l'autre époux s'estiment lésés par les dispositions de la convention de divorce[3], ils peuvent former tierce opposition contre la décision d'homologation afin que la convention leur soit déclarée inopposable (C. pr. civ., art. 1104). Le recours doit être formé dans l'année qui suit l'accomplissement des formalités de publicité de la décision de divorce à l'état civil, formalités mentionnées à l'article 262 du Code civil. Il résulte de la lettre même du texte de l'article 1104 du Code de procédure civile que la tierce opposition ne peut remettre en cause le divorce

---

1. Civ. 2e, 27 mai 1998, *RTD civ.* 1998. 661, obs. J. Hauser ; 24 févr. 2000, *Dr. fam.* 2000, n° 57, note H. Lécuyer.
2. Le juge ne peut homologuer la convention réglant les effets du divorce lorsque l'état liquidatif portant sur un immeuble soumis à publicité foncière est établi seulement sous seing privé : Civ. 2e, 28 mars 1979, *D.* 1980. 297, note J. Massip ; *JCP* 1979. II. 19231, note R. Lindon.
3. L'exemple classique est celui d'un partage de communauté dans lequel les biens sans valeur (par ex. des parts sociales d'une société en difficulté) sont attribués à l'époux qui a des dettes tandis que les biens de valeur (par ex. des immeubles) sont tous attribués à son conjoint.

lui-même : seule la convention est inopposable aux créanciers [1]. Le texte ne dit pas si des tiers autres que les créanciers d'un époux pourraient exercer cette voie de recours, en vertu du droit commun [2]. La jurisprudence antérieure à la réforme du divorce [3], d'une part, comme le caractère personnel, attitré, de l'action en divorce, d'autre part, conduisent à répondre par la négative [4].

620. ***Recours en révision***. Selon les articles 593 et suivants du Code de procédure civile, le recours en révision tend à faire rétracter un jugement passé en force de chose jugée mais obtenu par fraude, pour qu'il soit statué à nouveau en fait et en droit. Certains auteurs sont favorables à l'admission de ce recours en matière de divorce [5]. Mais la Cour de cassation semble s'y être opposée [6] : en proclamant l'indivisibilité entre la convention homologuée et le prononcé du divorce, elle a déclaré irrecevable une action en rescision pour lésion. Le recours en révision paraît donc également exclu [7].

2) Le sort de la convention

621. Lorsque les voies de recours ont été exercées, ou que les délais de recours sont expirés, la décision est définitive. Mais la convention homologuée est-elle pour autant à l'abri de toute modification ? La réponse varie suivant qu'il s'agit de révision ou de nullité.

a) Révision

622. Les dispositions arrêtées par les époux et homologuées par le juge aux affaires familiales ne sont pas intangibles : la loi elle-même prévoit deux séries de modifications, suivant que les époux sont ou non d'accord pour modifier la convention.

623. ***Nouvelle convention***. D'un côté, les époux ont la faculté d'établir d'un commun accord une nouvelle convention. Elle sera également soumise à homologation. Les modifications peuvent porter sur toutes les dispositions de la convention (C. civ., art. 279). Mais l'accord des époux est insuffisant s'il n'est pas soumis à homologation, pour modifier la convention définitive [8].

---

1. La tierce opposition n'est pas recevable sur le prononcé du divorce, ni sur ses conséquences légales : Civ. 2e, 7 mars 2002, *RTD civ.* 2002. 275, obs. J. Hauser.
2. Pour l'affirmative, v. J. Hauser et D. Huet-Weiller, n° 154.
3. Civ. 17 mai 1938, *DH* 1938. 465, *RTD civ.* 1938. 771, obs. G. Lagarde ; Req. 17 mars 1943, *S.* 1943. I. 107 ; *RTD civ.* 1943. 251, obs. G. Lagarde ; Civ. 2e, 3 juin 1970, *Bull. civ.* II, n° 196.
4. R. Perrot, obs. *RTD civ.* 1981. 699 et 1983. 199 ; C. Colombet et autres, *op. cit.*, p. 308.
5. R. Lindon et Ph. Bertin, « Le recours en révision contre l'homologation de la convention définitive dans le divorce sur requête conjointe », *JCP* 1982. I. 3082 ; R. Lindon et A. Bénabent, *op. cit.*, n° 676 ; E. Fortis, *Rép. civ.*, Dalloz, v° *Divorce*, n° 418. En ce sens, v. Aix-en-Provence, 19 mai 1987, *Gaz. Pal.* 1987. 2.652, note Latil.
6. V. Civ. 2e, 6 mai 1987, *Bull. civ.* II, n° 103, *D.* 1987. 358, note J.-C. Groslière ; *Gaz. Pal.* 1988. 1. 3, note J. Massip ; ; Civ. 1re, 18 oct. 1994, *Bull. civ.* I, n° 292 ; *RTD civ.* 1995. 337, obs. J. Hauser ; *Defrénois* 1995. 723, obs. J. Massip.
7. En ce sens, J. Hauser et D. Huet-Weiller, n° 170 ; Ph. Malaurie et H. Fulchiron, *op. cit.*, n° 617 ; *contra* : A. Tisserand, « L'indésirable indivisibilité dans le divorce sur requête conjointe », *in Mélanges D. Huet-Weiller*, 1994, p. 497, spéc. p. 508 s. ; D. Villani, *D.* 1995. Chron. 253.
8. Jurisprudence constante : Civ. 2e, 11 oct. 1989, *Bull. civ.* II, n° 168 ; 17 mars 1993, *Bull. civ.* II, n° 111 ; *Audijuris* 1993, n° 33, p. 8, obs. P. Courbe ; 5 janv. 1994, *Bull. civ.* II, n° 5 ; *Audijuris* 1994,

624. *Clause de révision*. D'un autre côté, il est aussi loisible aux époux d'insérer dans la convention une clause prévoyant que chacun d'eux pourra, en cas de changement important dans les ressources et les besoins des parties, demander au juge, malgré le désaccord du conjoint, de réviser la prestation compensatoire [1]. Dans le même sens, les dispositions de la convention homologuée par le juge relatives à l'exercice de l'autorité parentale peuvent être révisées, à la demande de l'un des époux ou du ministère public, donc sans l'accord du conjoint [2].

b) Nullité

625. *Débats*. La question la plus débattue est de savoir s'il est possible pour un époux de demander l'annulation ou la rescision de la convention homologuée au motif qu'elle est entachée d'un vice du consentement ou d'une lésion. L'admission de la nullité ou de la rescision a divisé, dans un premier temps, les juridictions du fond, tandis que la doctrine était majoritairement hostile à cette admission [3].

626. *Indivisibilité*. Finalement, la Cour de cassation a tranché : « Le prononcé du divorce et l'homologation de la convention définitive ont un caractère indissociable et ne peuvent plus être remis en cause hors des cas limitativement prévus par la loi » [4]. Elle a jugé qu'un vice du consentement ne permet pas non plus la modification par le juge, sans l'accord des parties, de la convention homologuée [5]. Il s'en déduit, aussi, l'irrecevabilité de l'action paulienne exercée par un créancier [6], ou l'irrecevabilité de l'action *de in rem verso* de l'époux qui, dans la convention définitive homologuée, a renoncé à solliciter une prestation compensatoire [7]. Après son homologation par le jugement prononçant le divorce par consentement mutuel, la convention définitive revêt la même force exécutoire qu'une décision de justice et ne peut plus être remise en cause que dans des cas limitativement énumérés par la loi dans lesquels n'entre pas l'action en inopposabilité fondée sur la fraude exercée par des tiers [8].

À l'inverse, la Cour de cassation a décidé que l'état liquidatif compris dans la convention homologuée peut être annulé sur le fondement des nullités de la période suspecte,

---

n° 41-42, p. 13, obs. P. Courbe ; 26 juin 1996, *Bull. civ.* II, n° 184 ; 10 mars 1998, *D.* 1998. 601, note J. Massip ; *RTD civ.* 1998. 888, obs. J. Hauser ; Civ. 1re, 11 janv. 2005, *Bull. civ.* I, n° 16 ; *Defrénois* 2005. 1050, obs. J. Massip.

1. V. ss 882.

2. Art. 373-2-13 .

3. J. Massip, notes préc. ; R. Guimbellot, « La convention définitive de divorce, en cas de divorce sur requête conjointe, peut-elle donner lieu à une action en rescision pour lésion ? », *D.* 1981. Chron. 227 ; R. Lindon et Ph. Bertin, « La convention définitive, tendon d'Achille du divorce sur requête conjointe », *JCP* 1979. I. 2962 ; « La convention définitive dans le divorce sur requête conjointe, nouvelle étude du problème », *JCP* 1981. I. 3021 ; Lafond, « L'homologation par le juge aux affaires matrimoniales des conventions des époux en matière de divorce sur requête conjointe », *JCP N* 1977. 103 s. ; « Convention définitive de divorce sur requête conjointe et rescision pour lésion », *JCP N* 1980. I. 285. Comp. M. Giacopelli-Mori, « L'autonomie de la volonté dans les conventions entre époux divorcés », *RTD civ.* 2001. 505.

4. Civ. 2e, 6 mai 1987, n° 86-10107, *D.* 1987. 358, note Groslière.

5. Civ. 2e, 13 nov. 1981, *Bull. civ.* II, n° 303 ; *Defrénois* 1992. 721, obs. J. Massip ; 18 mars 1992, *Bull. civ.* II, n° 90 ; *Defrénois* 1993. 644, note L. Forgeard.

6. Civ. 2e, 25 nov. 1999, *Dr. fam.* 2000, n° 22, note H. Lécuyer ; *RTD civ.* 2000. 89, obs. J. Hauser.

7. Civ. 1re, 10 févr. 1998, *Dr. fam.* 1998, n° 53, note H. Lécuyer.

8. Civ. 1re, 23 nov. 2011, pourvoi n° 1026802.

après ouverture d'une procédure collective à l'encontre d'un époux[1]. En revanche, elle refuse d'admettre l'inopposabilité pour fraude de la convention à des héritiers au motif que « *la convention définitive revêt la même force exécutoire que celle des décisions de justice et ne peut plus être remise en cause hors des cas limitativement prévus par la loi, dans lesquels n'entre pas l'action en inopposabilité fondée sur la fraude* »[2].

627. ***Justification***. Cette indivisibilité a fait l'objet de vives critiques[3]. Elle semble pourtant justifiée[4].

D'une part, remettre en cause la convention c'est aussi revenir sur le prononcé du divorce. Ce n'est pas concevable en dehors des voies de recours admises par la loi : « voies de nullité n'ont lieu contre les jugements ». Anéantir le jugement de divorce c'est porter atteinte aux remariages éventuels, ce qui constitue un facteur de troubles plus important encore que le mal qu'on prétend réparer.

D'autre part, le partage réalisé dans la convention définitive est lié le plus souvent aux modalités de la prestation compensatoire qui est prévue par les époux. Remettre en question le partage c'est modifier la prestation compensatoire, alors que la révision de celle-ci obéit à des règles précises au nombre desquelles ne figure pas la rescision du partage des biens conjugaux. Il s'en déduit que l'omission d'un bien dans l'état liquidatif que doit comprendre la convention ne peut donner lieu à une modification de celle-ci par le juge, si l'un des époux n'en est pas d'accord[5]. Il faut donc procéder à un partage complémentaire de ce bien, selon les règles du droit commun de l'indivision[6]. Toutefois, si la convention définitive homologuée ne peut être remise en cause, un époux divorcé demeure recevable à présenter une demande ultérieure tendant au partage complémentaire de biens communs ou de dettes communes omis dans l'état liquidatif homologué[7].

B. Refus du divorce

628. ***Refus d'homologation***. Il peut arriver que le juge aux affaires familiales refuse d'homologuer la convention. Ce refus est rarement justifié, en fait, par l'absence de consentement d'un époux : celui-ci, en effet, ne se présentera pas à l'audition et la comparution n'aura pas lieu. Le rejet de la demande conjointe s'impose effectivement lorsque le juge constate que la convention ne préserve pas suffisamment les intérêts de

---

1. Civ. 1re, 25 janv. 2000, *Bull. civ.* I, n° 19 ; *D.* 2000. AJ 103, obs. A. Lienhard ; *Dr. fam.* 2000, n° 48, note H. Lécuyer ; *adde* : Com. 26 avr. 2000, *D.* 2000. AJ 263, obs. A. Lienhard.
2. Civ. 1re, 23 nov. 2011, pourvoi n° 10-26802.
3. V. Ph. Malaurie et H. Fulchiron, *op. cit.*, n° 617 ; L. Coupet, *in Mélanges P. Kayser*, 1979, t. 1, p. 255 ; A. Breton, *in Mélanges P. Hébraud*, 1981, p. 125 ; R. Nerson et J. Rubellin-Devichi, obs. préc. ; A. Tisserand, article préc. ; comp. J. Hauser et D. Huet-Weiller, nos 171 s.
4. En ce sens, vF. Terré et D. Fenouillet, n° 254 ; G. Cornu, n° 338.
5. Civ. 2e, 29 nov. 1995, *Bull. civ.* II, n° 291 ; *Audijuris* 1996, n° 60, p. 9, obs. P. Courbe ; Civ. 1re, 14 janv. 2003, *D.* 2003. Somm. 1870, obs. J. Revel (1re esp.).
6. Civ. 1re, 3 juill. 1996, *D.* 1997. 164, note A. Bénabent ; 14 juin 2000, *D.* 2001. Somm. 2935, obs. J. Revel ; 6 mars 2001, *JCP* 2001. II. 10582, note J. Massip ; *Dr. fam.* 2001, n° 72, note H. Lécuyer ; *RTD civ.* 2001. 342, obs. J. Hauser ; 6 févr. 2003, *D.* 2003. Somm. 1870, obs. J. Revel (2e esp.) ; comp. Civ. 2e, 27 janv. 2000, *RTD civ.* 2000. 299, obs. J. Hauser ; *D.* 2001. Somm. 2935, obs. J. Revel ; *Dr. fam.* 2000, n° 86, note H. Lécuyer ; *Defrénois* 2000. 1305, obs. J. Massip ; sur la discussion, v. aussi C. Jubault, *Dr. fam.* 1998. Chron. 9 ; S. Cabrillac, *Dr. fam.* 2000. Chron. 11 ; M. Giacopelli-Mori, article préc., *RTD civ.* 2001. spéc. p. 518.
7. Civ. 1re, 30 sept. 2009, n° 07-12.592.

chaque époux et des enfants[1]. Alors, le juge refusera dans ces hypothèses d'homologuer la convention (C. civ., art. 232, al. 2) et il ajournera par ordonnance sa décision jusqu'à présentation d'une convention modifiée (C. pr. civ., art. 1100).

629. ***Conséquences***. L'ordonnance d'ajournement fait grief aux époux puisqu'ils ont demandé le divorce et que celui-ci est refusé. Il en résulte que cette ordonnance est susceptible d'appel dans les quinze jours[2]. En outre, les époux sont informés par le juge que la procédure de divorce par consentement mutuel qu'ils ont engagée sera caduque s'ils ne présentent pas une convention modifiée, tenant compte des observations du juge, dans les six mois de l'ordonnance d'ajournement. Celle-ci doit faire mention de cette information et de son contenu (C. pr. civ., art. 1100, al. 2). Mais ce délai est suspendu en cas d'appel (C. pr. civ., art. 1101). C'est une menace suffisante pour qu'en pratique les époux amendent le projet initial dans le sens indiqué par le juge, dont il apparaît ainsi que le rôle va au-delà d'une simple fonction d'enregistrement.

630. ***Mesures provisoires***. Lorsqu'il refuse de prononcer le divorce, le juge peut cependant homologuer les mesures provisoires que les époux s'accordent à prendre jusqu'à la date à laquelle le jugement de divorce passe en force de chose jugée, sous réserve qu'elles soient conformes à l'intérêt des enfants (C. civ., art. 250-2).

Les mesures provisoires sont celles définies par l'article 254 du Code civil comme étant celles qui sont nécessaires pour assurer l'existence des époux et des enfants jusqu'à la date à laquelle le jugement passe en force de chose jugée. L'article 255 énumère les principales mesures susceptibles d'être prescrites : recours à la médiation, décision sur les modalités de la résidence séparée des époux, fixation d'une pension alimentaire, désignation d'un notaire ou d'un autre professionnel pour faire des propositions quant au règlement des intérêts pécuniaires des époux.

C'est donc une exception au principe de la comparution unique des époux qui est ainsi prévue lorsque le juge estimera que la convention définitive ne paraît pas satisfaisante pour l'un des époux ou pour les enfants. Naturellement, le juge prendra en considération les accords éventuels des époux sur ces mesures provisoires. Il a même été suggéré, pendant les travaux préparatoires de la loi du 26 mai 2004, que les avocats devraient préparer préventivement une convention temporaire pour le cas où la convention définitive ne serait pas homologuée. Ces mesures provisoires, homologuées par le juge, seront énoncées par l'ordonnance d'ajournement, laquelle précisera aussi les conditions ou garanties auxquelles sera subordonnée l'homologation de la nouvelle convention définitive (C. pr. civ., art. 1100, al. 3).

631. ***Nouvelle comparution des époux***. Lorsque les époux présentent une nouvelle convention, dans le délai de six mois, ils sont convoqués selon les modalités prévues pour la première comparution. Le juge va procéder à une seconde audition, dans les mêmes conditions que la première. S'il refuse à nouveau d'homologuer la convention définitive, la demande en divorce est caduque (C. civ., nouv., art. 250-3). Le juge rend alors une ordonnance par laquelle il constate cette caducité (C. pr. civ., art. 1101, al. 3).

---

1. Paris, 10 oct. 1990, *D*. 1990. IR 275.
2. Le délai d'appel court à compter de la date de la décision (C. pr. civ., art. 1102). Désormais l'ordonnance doit être rendue sur-le-champ (C. pr. civ., art. 1100, al. 1er, nouv.). Comp. avant la réforme : Civ. 2e, 26 mai 1992, *Bull. civ*. II, no 153.

Sous-section 2

Le divorce accepté

632. ***Faible succès***. Le divorce demandé par un époux et accepté par l'autre n'a pas connu le succès escompté en 1975. Il impliquait l'accord des époux sur le principe du divorce, mais non sur ses conséquences, lesquelles seront décidées par le juge. Cette procédure ne représentait en 2001 que 13 % des cas de divorce, pour des raisons essentiellement procédurales. En effet, comme il a été souligné lors des travaux préparatoires de la loi du 26 mai 2004, cette procédure était relativement aléatoire dans la mesure où l'époux demandeur ne pouvait être certain que son conjoint allait donner son acceptation. De fait, le défendeur hésitait à accepter le principe du divorce sans en connaître les effets. S'il refusait cette acceptation, le demandeur devait alors recommencer toute la procédure. C'était allonger la phase initiale de façon dissuasive, et en même temps retarder la prise des mesures provisoires dont la famille pouvait avoir besoin.

La loi du 26 mai 2004 a donc cherché à sécuriser cette procédure en empêchant l'époux qui avait accepté le principe du divorce de revenir sur son acceptation une fois l'accord donné, même en appel (C. civ., art. 233).

633. ***Intermédiaire***. Cette forme de divorce constitue une voie intermédiaire entre le divorce sur demande conjointe et le divorce pour faute. À l'instar du premier, il procède de l'accord des époux sur le principe du divorce. De ce fait, aucune preuve du comportement répréhensible d'un époux n'est exigée pour obtenir le divorce. Mais, comme le divorce pour faute, le divorce accepté est prononcé par le juge aux affaires familiales, à l'issue d'une procédure contentieuse initiée par une assignation. Celle-ci est elle-même obligatoirement précédée d'une ordonnance de non-conciliation.

C'est donc un divorce de nature hybride, dont l'originalité[1] tient à la combinaison nécessaire de deux éléments : d'une part, l'acceptation par chaque époux de l'échec du mariage, qui constitue la cause du divorce, dans une première phase de la procédure (§ 1) ; d'autre part, l'intervention du juge, limitée aux conséquences du divorce, dans une phase contentieuse (§ 2).

§ 1. L'acceptation

634. ***Principe du divorce***. Dans cette première phase non contentieuse de la procédure, l'objectif est l'acceptation par les deux époux du principe du divorce. C'est du reste le plus souvent parce qu'ils ne s'opposent que sur les conséquences du divorce que les époux ont recours, en pratique, à cette formule originale. C'est aussi un mode rapide de dissolution du mariage.

635. Le législateur de 2004 a voulu objectiver et sécuriser cette nouvelle forme de divorce accepté.

636. ***Requête conjointe***. Depuis 2004, est prévu, désormais, que le divorce pourra être demandé par l'un ou par l'autre des époux, ou par les deux, lorsqu'ils acceptent

1. Sur l'originalité en droit comparé de cette forme de divorce, v. G. Pignarre, « Les mésaventures du divorce sur demande acceptée », *RTD civ.* 1980. 690, spéc. 692.

le principe de la rupture du mariage sans considération des faits à l'origine de celle-ci (art. 233, nouv.). Il apparaît ainsi que les deux époux pourront donc être conjointement à l'origine de cette procédure, et qu'ils n'auront plus à énoncer les faits rendant intolérable le maintien de la vie commune. D'où il résulte que toute référence aux torts partagés est supprimée. Une telle simplification devrait contribuer à pacifier ce type de procédure.

637. ***Rétractation interdite.*** D'un autre côté, pour éviter les aléas attachés à la formule antérieure, la loi de 2004 interdit la rétractation de l'acceptation du principe du divorce, même par la voie de l'appel (C. civ., art. 233, al. 2). Dans un avis du 9 juin 2008 [1] la Cour de cassation a affirmé que « *l'acceptation du principe de la rupture du mariage ne peut plus être remise en cause sauf vice du consentement* ». Les époux échappent ainsi à l'impasse à laquelle conduisait la solution précédente, puisqu'en cas de rétractation, non seulement le demandeur devait recommencer toute la procédure, mais surtout les mesures provisoires prévues par l'ordonnance de non-conciliation étaient caduques, alors même que les époux ne reprenaient pas la vie commune. De telle sorte que, désormais, le juge prononcera le divorce dès qu'il aura acquis la conviction que chacun des époux a donné librement son accord (C. civ., art. 234).

638. ***Tronc procédural commun.*** La double acceptation du principe de la rupture du mariage ne prend pas nécessairement place dans la phase de la procédure préalable à l'assignation au divorce. Le divorce accepté s'inscrit dans l'instauration d'un tronc procédural commun aux trois cas de divorces contentieux, parmi lesquels prend place le divorce accepté. À cette fin, la loi prévoit désormais que la requête initiale en divorce ne doit pas être motivée, afin de permettre à l'audience de conciliation de se dérouler dans un climat apaisé puisque les griefs ne sont plus énoncés. Le choix de la procédure ne se fera qu'ultérieurement, dans l'assignation. De telle sorte que, lors de la phase préalable, puisque les époux n'ont pas à choisir le cas de divorce, ils n'ont pas non plus à déclarer qu'ils acceptent le principe de la rupture du mariage.

639. ***Acceptation à l'audience.*** Toutefois, il ne leur est pas interdit de le faire avant même l'assignation. Si les époux acceptent le principe de la rupture de mariage à l'audience de conciliation, « *cette acceptation est constatée immédiatement dans un procès-verbal dressé par le juge et signé par les époux et leurs avocats respectifs. Le juge renvoie alors les époux à introduire l'instance pour qu'il prononce le divorce et statue sur ses effets, la cause du divorce demeurant acquise. Le procès-verbal est annexé à l'ordonnance* » (C. pr. civ., art. 1123, al. 2).

En d'autres termes, si les époux acceptent le principe d'un divorce accepté au cours de l'audience de conciliation, l'instance ne pourra ensuite être introduite que sur ce fondement (C. civ., art. 257-1). C'est la raison pour laquelle, vu l'importance de l'enjeu, l'article 253 du Code civil ne permet cette double acceptation que si les deux époux « *sont chacun assistés par un avocat* ».

640. ***Acceptation à tout moment de la procédure.*** Les époux peuvent également, à tout moment de la procédure, lorsque le divorce aura été demandé pour altération définitive du lien conjugal ou pour faute, demander au juge de constater leur accord pour voir prononcer le divorce pour acceptation du principe de la rupture du mariage (C. civ., art. 247-1).

1. Civ. 1re, 9 juin 2008, pourvoi n° 08-0004, *RTD civ.* 2008. 461, obs. J. Hauser.

641. ***Passerelle***. Il s'agit d'une passerelle introduite en vue de pacifier les procédures de divorce. Cette modification suppose, par hypothèse, que l'assignation a été délivrée, de sorte que la double acceptation n'a pas été donnée lors de l'audience de conciliation. Alors, cette acceptation doit suivre les exigences de forme imposées par le décret du 29 octobre 2004. Chaque époux doit déclarer, par un écrit signé de sa main, qu'il accepte le principe de la rupture du mariage. La demande formée en application de l'article 247-1 du Code civil doit être formulée de façon expresse et concordante dans les conclusions des parties. Chaque époux annexe sa déclaration d'acceptation à ses conclusions (C. pr. civ., art. 1123, al. 3 s.).

§ 2. Le prononcé du divorce

642. Saisi par l'assignation que l'un des époux fait délivrer par huissier à son conjoint, le juge aux affaires familiales a compétence pour prononcer le divorce et en déterminer les effets.

A. La décision

643. ***Libre accord***. Le principe de la rupture du mariage ayant été accepté par les deux époux, et toute possibilité de rétractation étant exclue, le juge aux affaires familiales prononce le divorce s'il a acquis la conviction que chacun des époux a donné librement son accord (C. civ., art. 234). Naturellement, si la double acceptation est reçue par le juge aux affaires familiales au cours de l'audience de conciliation, c'est à ce stade qu'il lui appartiendra de vérifier que chaque époux a donné un consentement libre et éclairé (ce qui rapproche du divorce par consentement mutuel). Le divorce sera alors prononcé « *sans autre motif que l'acceptation des époux* » (C. pr. civ., art. 1124). Il ne reste plus au juge qu'à statuer sur les conséquences du divorce.

B. Les effets du divorce

644. ***Détermination judiciaire***. Le juge aux affaires familiales intervient pour décider quels seront les effets du divorce. C'est ce qui explique, à vrai dire, l'intérêt pratique du divorce accepté. Les époux sont d'accord sur le principe du divorce. Mais ils s'opposent quant aux conséquences de la dissolution du mariage, soit pour eux-mêmes soit pour leurs enfants. Il appartient alors au juge de résoudre ces conflits, sans toutefois revenir sur la cause du divorce. C'est une sorte de consentement mutuel partiel : ce qui distingue le divorce accepté des autres divorces contentieux. Le juge statue sur les effets du divorce : autorité parentale, contribution à l'entretien des enfants, prestation compensatoire versée par l'un des époux à son conjoint. Ces dispositions peuvent être à l'origine d'un contentieux entre les époux. Il en résulte que les règles ordinaires de la procédure de divorce sont applicables, notamment l'existence de voies de recours contre le jugement rendu.

645. ***Effets communs***. Le divorce accepté étant prononcé « sans considération des faits à l'origine » de la rupture du mariage (C. civ., art. 233), et la loi du 26 mai 2004 ayant dissocié les conséquences du divorce de la cause, le divorce accepté produit les effets communs à tous les divorces.

Sous-section 3

Le divorce pour altération définitive du lien conjugal

646. ***Rupture de la vie commune.*** Le divorce pour rupture de la vie commune a été introduit en droit français par la loi du 11 juillet 1975. Il a été l'objet, à l'époque, d'une vive controverse puisque certains se sont demandé s'il ne s'agissait pas d'une forme de répudiation déguisée. Le débat est aujourd'hui retombé.

647. ***Charge du divorce.*** En créant cette forme particulière de divorce, l'objectif du législateur, en 1975, a été de permettre à un époux d'obtenir la dissolution du mariage lorsque, par suite d'une rupture prolongée et attestée de la vie commune, le mariage n'était plus qu'une structure dépourvue de consistance.

En fait, il s'agissait d'autoriser le demandeur à refaire sa vie, en le libérant d'un conjoint qui ne veut pas divorcer. Mais, en contrepartie, le demandeur devait assumer toutes les charges du divorce. Précisément, cette forme de divorce n'a pas rencontré de succès en raison des lourdes conséquences qu'il entraînait pour le demandeur : maintien du devoir de secours sous forme de pension alimentaire révisable à la hausse, intégralité du coût de la procédure, impossibilité de percevoir une prestation compensatoire, révocation des donations et avantages matrimoniaux dont il était le bénéficiaire et refus de révoquer ceux qu'il avait consentis, interdiction de demander le report de la date des effets du divorce... Tandis que de son côté le conjoint défendeur pouvait s'opposer à la demande, dans des cas exceptionnels il est vrai.

648. ***Réforme.*** La loi du 26 mai 2004 n'a pas seulement simplifié les conditions et allégé les effets de ce type de divorce. Elle a procédé à une considérable transformation, en introduisant dans le Code civil un droit unilatéral au divorce lorsque le lien conjugal est définitivement altéré. De fait, la durée exigée de séparation est réduite de six à deux ans, le cas particulier de l'altération des facultés mentales disparaît et la clause de dureté est abrogée. C'est donc un nouveau divorce qui est instauré, tant par sa cause (§ 1) que par ses effets (§ 2).

§ 1. La cause du divorce

649. ***Cause objective.*** Aux termes de l'article 237 du Code civil : « *Le divorce peut être demandé par l'un des époux lorsque le lien conjugal est définitivement altéré* ». La cause du divorce est donc plus objective, puisqu'il n'est plus fait référence à la rupture de la vie commune, et qu'il n'est pas exigé que cette altération du lien conjugal rende intolérable le maintien de la vie commune. Ainsi, la loi établit comme cause de divorce une situation de fait dont elle n'a pas précisé les contours (A), mais dont elle a fixé en revanche la durée minimum : deux ans (B), sauf exception en cas de demande reconventionnelle (C)[1].

---

1. Par deux décisions rendues le 6 juin 2012, la Cour de cassation a estimé qu'il n'y avait pas lieu de renvoyer au Conseil constitutionnel une question prioritaire de constitutionnalité relative aux articles 237 et 238 du Code civil ; QPC, 6 juin 2012, nº 12-40.028.

A. Notion

650. La Cour de cassation avait jugé que deux éléments devaient être réunis pour qu'il y ait séparation de fait : un élément matériel et un élément intentionnel.

651. ***Élément matériel***. Matériellement, des époux sont séparés de fait quand ils n'habitent plus sous le même toit. Mais comme ils peuvent toujours avoir un domicile distinct (C. civ., art. 108), la séparation de fait s'entend comme séparation des résidences : chacun vit de son côté.

652. ***Élément intentionnel***. Or, il existe des circonstances de vie séparée qui peuvent ne pas avoir la signification d'une rupture entre les époux. Ainsi, l'emprisonnement d'un époux, son hospitalisation ou son expatriation manifestent la séparation des époux sans que l'on puisse en déduire que ceux-ci ont rompu la vie commune. C'est du moins ainsi que la jurisprudence avait interprété la loi. Pour que la séparation puisse être analysée en rupture, les tribunaux considéraient que la communauté de vie aussi bien matérielle qu'affective devait avoir cessé entre les conjoints[1]. L'intention de se séparer était donc nécessaire, de la part d'un époux au moins, quelles que soient les circonstances ayant accompagné la séparation[2]. En somme, la rupture de la vie commune devait être voulue, mais pas nécessairement dès le début de la séparation[3].

653. ***Cessation de la communauté de vie***. L'article 238 du Code civil dispose que « l'altération définitive du lien conjugal résulte de la cessation de la communauté de vie entre les époux, lorsqu'ils vivent séparés depuis deux ans lors de l'assignation en divorce ». Or le projet de loi avait prévu explicitement qu'il s'agissait de la communauté de vie « tant affective que matérielle ». La suppression du double caractère affectif et matériel de la communauté de vie dont le juge doit constater la cessation pourrait être interprétée comme le signe de la volonté du législateur de rompre avec la jurisprudence antérieure de la Cour de cassation[4]. Mais il est possible aussi de considérer que la séparation de fait n'est pas une condition suffisante à elle seule, puisque la loi exige « la cessation de la communauté de vie entre les époux » (C. civ., art. 238)[5]. Les solutions jurisprudentielles pourraient donc être maintenues.

B. Durée

654. ***Délai de deux ans***. Pour que la séparation puisse conduire au divorce, elle doit aussi avoir duré : il faut que les époux vivent séparés depuis deux ans.

---

1. Civ. 2e, 30 janv. 1980, *Bull. civ.* II, n° 17 ; *JCP* 1981. II. 19521, note R. Lindon ; *Defrénois* 1980. 1206, note J. Massip ; *D.* 1981. IR 70, note A. Breton.
2. Civ. 2e, 11 juill. 1979, *Bull. civ.* II, n° 206 ; *JCP* 1980. II. 19400, note R. Lindon ; *D.* 1981. IR 70, note A. Breton. En ce sens, v. G. Marty et P. Raynaud, n° 272.
3. La loi parlait de séparation de fait. La Cour de cassation avait jugé qu'une séparation légale consécutive à un jugement de séparation de corps pouvait servir de fondement à une demande en divorce pour rupture de la vie commune (Civ. 2e, 11 oct. 1989, *Bull. civ.* II, n° 179 ; *Defrénois* 1990. 298, obs. J. Massip.) même s'il s'agissait d'une séparation de corps obtenue par requête conjointe (Civ. 2e, 11 déc. 1991, *Bull. civ.* II, n° 343 ; *Defrénois* 1992. 724, obs. J. Massip).
4. En ce sens Ph. Malaurie et H. Fulchiron, *op. cit.*, n° 685.
5. En ce sens J.-J. Lemouland, article préc., *D.* 2004. 1828, note 23 ; F. Terré et D. Fenouillet, *op. cit.*, n° 273.

Suffisamment long pour que la rupture soit certaine, ce délai ne doit pas avoir été interrompu et il doit être prouvé par le demandeur.

655. ***Délai suffisant***. L'exigence d'un délai de deux ans a été considérée comme suffisante pour permettre à l'époux non fautif qui refuse le divorce de prendre ses dispositions en vue de faire face à la séparation. Ce délai est cependant très inférieur aux six ans qui étaient requis en cas de divorce pour rupture de la vie commune. Après de nombreux débats, la durée de deux ans a paru suffisante du fait, selon les travaux préparatoires, de l'acceptation sociale croissante de ce type de procédure. Le législateur a considéré aussi qu'un délai de deux ans restait suffisamment éloigné de celui du pacte civil de solidarité (qui peut être dissous unilatéralement avec un effet immédiat) pour souligner l'importance sociale de l'institution du mariage.

656. ***Délai antérieur à l'assignation***. Le projet de loi, qui devait aboutir à la dernière réforme du divorce, avait prévu ce droit au divorce unilatéral non seulement pour une séparation de deux ans antérieure à la requête initiale en divorce, mais également pour une séparation postérieure, organisée par le juge au moment de l'ordonnance de non-conciliation, et s'écoulant pendant deux ans jusqu'à l'assignation en divorce. Mais dans la mesure où le choix de la procédure de divorce ne s'effectue qu'au moment de l'assignation, il a paru logique de simplifier les modalités de computation du délai, la durée de deux ans devant être comptée avant l'assignation en divorce. De telle sorte que la requête initiale en divorce pourra être présentée peu de temps après la séparation des époux, puisque le délai de séparation qui s'écoulera jusqu'à l'assignation en divorce sera pris en compte.

657. ***Délai continu***. Entre la cessation de la vie commune et l'assignation en divorce, la loi exige qu'un délai continu de deux années se soit écoulé. Or, il arrive fréquemment que des époux séparés de fait se rencontrent. Ils peuvent le faire pour régler des questions d'ordre pécuniaire, ou bien pour s'occuper des enfants. Il n'y a pas cependant interruption du délai de deux ans, tant qu'une réconciliation n'est pas intervenue. Celle-ci suppose la reprise d'une communauté de vie matérielle, c'est-à-dire que les époux vivent à nouveau ensemble, ainsi qu'une communauté de vie affective, ce qui signifie que toute volonté de rupture doit avoir disparu [1]. Dans le cas où la réconciliation est établie, deux années seront alors nécessaires à compter de la fin de cette période de réconciliation pour que le délai exigé par la loi soit accompli [2].

658. ***Preuve par tous moyens***. Naturellement, il conviendra d'établir en justice que les époux ont vécu séparés pendant deux années continues. Cette preuve pourra être faite par tous moyens : quittances de loyers, factures d'électricité ou de téléphone, témoignages, relevés bancaires, bulletins de salaire [3]... Au cours des travaux préparatoires de la loi du 26 mai 2004, a été aussi abordée l'utilité de préconstituer la preuve de la séparation. On a ainsi évoqué une notification par acte extrajudiciaire, en dehors de toute procédure, par lettre recommandée, à l'initiative de l'avocat, pour fixer le point de départ du délai.

---

1. La volonté unilatérale d'un époux ne suffit pas si le conjoint ne veut pas de réconciliation : v. Civ. 2e, 25 janv. 1984, *Bull. civ.* II, no 12.
2. Le rejet d'une première demande en divorce en raison de la durée insuffisante de la séparation de fait ne peut interdire d'en introduire une seconde lorsque la séparation a atteint la durée légale : Civ. 2e, 12 oct. 1988, *Bull. civ.* II, no 195.
3. V., par ex., Civ. 2e, 2 oct. 1980, *Bull. civ.* II, no 193 ; *D.* 1981. IR 70, note A. Breton.

De son côté, l'époux défendeur qui ne souhaite pas voir le divorce prononcé tentera de prouver, par des moyens identiques, qu'une réconciliation est intervenue dans l'intervalle, interrompant ainsi le délai. Il appartiendra au juge aux affaires familiales de trancher, en vertu du pouvoir souverain d'appréciation des juges du fond [1], mais dans la seconde phase de la procédure [2].

659. ***Compétence liée***. Le juge a une compétence liée et ne peut apprécier le degré d'altération du lien conjugal, dès lors que les conditions précédentes seront prouvées. De même, le conjoint défendeur ne pourra contester l'altération du lien conjugal si les conditions sont réunies. La séparation, c'est-à-dire la fin intentionnelle de la cohabitation, fait présumer de façon irréfragable l'impossibilité de poursuivre la vie commune. Enfin, il n'y aura pas d'indication des motifs de la séparation dans la décision prononçant le divorce [3].

660. ***Respect du droit à la vie privée et familiale***. Dans un arrêt du 15 avril 2015 [4], la Cour de cassation, a affirmé que le prononcé de ce divorce ne porte pas atteinte au droit au respect de la vie privée et familiale de l'époux défendeur. Cette décision reprend la jurisprudence antérieure à la réforme du 26 mai 2004 et selon laquelle le divorce pour rupture de la vie commune n'est pas contraire à l'article 8 de la CEDH [5].

C. Demande reconventionnelle

661. ***Divorce pour faute***. La loi du 26 mai 2004 prévoit aussi que le divorce sera prononcé pour altération définitive du lien conjugal, dans un certain cas de figure, sans que le respect des conditions précédentes soit exigé. En ce sens, l'article 238, alinéa 2, du Code civil dispose : « *nonobstant ces dispositions (celles de l'article 238, alinéa 1er), le divorce est prononcé pour altération définitive du lien conjugal dans le cas prévu au second alinéa de l'article 246, dès lors que la demande présentée sur ce fondement est formée à titre reconventionnel* ».

Le sens du texte est le suivant. Un époux a introduit l'instance en divorce en invoquant une faute de son conjoint, et celui-ci a formé une demande reconventionnelle pour altération définitive du lien conjugal. Dans ce cas, le juge examine en premier lieu la demande pour faute (C. civ., art. 246, al. 1er). S'il s'avère que le demandeur ne peut justifier des fautes de son conjoint, le juge rejette la demande principale. Il statue alors sur la demande pour altération définitive du lien conjugal (C. civ., art. 246, al. 2). Et, dans cette hypothèse, le divorce est prononcé pour altération définitive du lien conjugal « n*onobstant ces dispositio*ns » (c'est-à-dire celles de l'article 238, alinéa 1er, qui exigent la preuve de la cessation de la communauté de vie entre les époux par séparation depuis deux ans lors de l'assignation en divorce) [6]. Ce qui signifie que l'impossibilité de maintenir le lien conjugal est, dans cette hypothèse, pleinement caractérisée du fait que l'un des époux a introduit une demande en divorce pour faute, qui n'a pu prospérer. Cela seul démontre que le lien conjugal est définitivement altéré.

---

1. Civ. 2e, 11 juill. 1979, préc., n° 206, note 2 ; 2 oct. 1980, préc. ; 25 janv. 1984, *Bull. civ.* II, n° 12.
2. Civ. 2e, 18 juin 1981, *Gaz. Pal.* 1982. 1. 14, note J. Viatte.
3. En ce sens, rapport P. Gélard, préc., n° 120, p. 67.
4. N° 13-27.898, *Dr. fam.* 2015, comm. 114, obs. J.-R. Binet.
5. Civ. 2e, 25 mars 1987, n° 85-12.262, *Bull. civ.* II, n° 76 ; Cass. 30 juin 2004, n° 02-21.101, *Dr. fam.* 2004, comm. 145, obs. V. Larribau-Terneyre.
6. V. ss 654.

Autrement dit, lorsqu'un époux demande le divorce pour faute, la vie commune devient, de fait, insupportable et l'altération du lien conjugal est incontestable. Il suffit dès lors au défendeur de former une demande reconventionnelle à cette fin pour que le divorce soit prononcé. La demande en divorce pour altération définitive du lien conjugal formée reconventionnellement à une demande en divorce pour faute, démontre l'altération définitive du lien conjugal, sans qu'il soit utile de rapporter la preuve de l'écoulement du délai de deux ans de séparation lors de l'assignation en divorce[1]. Là encore, le juge aura compétence liée.

662. ***Maladie mentale***. Il avait été admis, en 1975, que parallèlement à la séparation de fait, la maladie mentale pourrait constituer une cause spécifique de divorce pour rupture de la vie commune. C'était le sens de l'article 238 du Code civil qui permettait à un époux de demander le divorce « *lorsque les facultés mentales du conjoint se trouvent, depuis six ans, si gravement altérées qu'aucune communauté de vie ne subsiste plus entre les époux et ne pourra, selon les prévisions les plus raisonnables, se reconstituer dans l'avenir* ». Cette seconde cause légale de divorce, qui représentait seulement quelques dizaines de demandes par an[2], était contraire à l'une des obligations du mariage. En effet, l'article 212 du Code civil impose à l'époux sain d'esprit le devoir d'assister son conjoint malade. Ce cas particulier de divorce est donc supprimé.

§ 2. La procédure et les effets du divorce

663. ***Réforme***. Avant 2004, lorsque le divorce était demandé pour rupture de la vie commune, l'époux défendeur bénéficiait d'une double sauvegarde : d'une part, il ne devait pas subir les conséquences pécuniaires du divorce, qui étaient entièrement assumées par le demandeur ; d'autre part, il pouvait s'opposer au prononcé du divorce, qui n'avait donc pas un caractère automatique. Dans certains cas, en effet, le juge devait rejeter la demande si l'époux défendeur établissait que le divorce aurait, soit pour lui, compte tenu notamment de son âge et de la durée du mariage, soit pour les enfants, des conséquences matérielles ou morales d'une exceptionnelle dureté. Le juge pouvait même relever d'office ce moyen de défense en cas d'altération des facultés mentales.

En 2004, ces particularités procédurales disparaissent, et le divorce pour altération définitive du lien conjugal obéit désormais au droit commun, tant pour la procédure que pour ses effets.

A. La procédure

1) Pouvoirs du juge

664. ***Délai***. La demande en divorce pour altération définitive du lien conjugal est recevable dès lors que le juge constate la séparation effective du couple pendant deux ans[3].

---

1. Civ. 1re, 5 janv. 2012, pourvoi n° 10-16359, *RTD civ*. 2012. 99, obs. J. Hauser.
2. 59 en 1999 et 40 en 2001, par ex. Ce très faible nombre pouvait s'expliquer aussi par l'admission facilitée du concubinage, qui rend l'enjeu du divorce beaucoup moins important, d'autant plus que les difficultés de la procédure pouvaient paraître dissuasives ; v. J. Hauser et D. Huet-Weiller, n° 261.
3. Civ. 1re, 25 nov. 2009, pourvoi n° 08-17.117, *Mme Marguerite Castagnier, épouse Mimart*.

Toutefois, confirmant la volonté du législateur de lier la compétence du juge, le décret du 29 octobre 2004 prévoit que « *le juge ne peut relever d'office le moyen tiré du défaut d'expiration du délai de deux ans prévu au premier alinéa de l'article 238 du Code civil* » (C. pr. civ., art. 1126).

665. ***Dépens***. Le divorce pour altération définitive du lien conjugal est décidément distinct du divorce pour rupture de la vie commune puisque le décret du 29 octobre 2004 prévoit que les dépens de l'instance sont à la charge de l'époux qui a pris l'initiative de la demande, « *à moins que le juge n'en dispose autrement* » (C. pr. civ., art. 1127).

2) Demandes reconventionnelles

666. ***Passerelles***. Hormis le cas spécifique des demandes reconventionnelles en divorce pour altération définitive du lien conjugal, formées par le défendeur en réponse à une demande principale en divorce pour faute [1], les diverses passerelles créées par la loi du 26 mai 2004 sont désormais communes à tous les cas de divorce. De telle sorte que les époux peuvent, à tout moment de la procédure, passer d'un divorce pour altération définitive du lien conjugal à un divorce par consentement mutuel (C. civ., art. 247), ou à un divorce pour acceptation du principe de la rupture du mariage (C. civ., art. 247-1).

667. ***Consentement mutuel extrajudiciaire***. La loi n° 2016-1547 du 18 novembre 2016 de modernisation de la justice du XXIe siècle a en outre ajouté à l'article 247 la possibilité pour les époux à tout moment de la procédure de divorcer par consentement mutuel par acte sous signature privée contresigné par avocats, déposé au rang des minutes d'un notaire et, demander au juge de constater leur accord pour voir prononcer le divorce par consentement mutuel en lui présentant une convention réglant les conséquences de celui-ci dans le cas prévu au 1° de l'article 229-2, c'est-à-dire lorsque le divorce extrajudiciaire sera rendu impossible par la demande d'un enfant mineur d'être entendu par le juge.

668. ***Divorce pour faute***. Il existe toutefois une disposition spécifique au divorce pour altération définitive du lien conjugal. Si le demandeur a introduit une demande sur ce fondement, et que le défendeur demande reconventionnellement le divorce pour faute, alors le demandeur pourra invoquer les fautes de son conjoint et modifier le fondement de sa demande (C. civ., art. 247-2). Ainsi, un époux peut choisir d'engager une procédure pour altération définitive du lien conjugal, alors même que sa demande pourrait être fondée sur la faute, dans le seul but de pacifier les débats. Il n'a pas à craindre que ce choix initial ne se retourne contre lui si son conjoint fait le choix d'une procédure pour faute, c'est-à-dire conflictuelle. Selon les cas, l'issue en sera un divorce aux torts partagés ou aux torts exclusifs. Toutefois la Cour de cassation a précisé que lorsqu'à la suite d'une demande en divorce pour altération définitive du lien conjugal, un époux forme une demande reconventionnelle en divorce pour faute, le conjoint à l'origine de la procédure n'est pas contraint de modifier sa demande initiale afin de solliciter le prononcé d'un divorce aux torts partagés [2].

---

1. V. ss 661.
2. Civ. 1re, 11 sept. 2013 (n° 11-26.751, P+B+I : *Juris-Data* n° 2013-019060 ; *JCP* 2013. 1130, S. Thouret ; Procédures 2013, comm. 313, obs. M. Douchy-Oudot ; AJF 2013. 633, obs. S. David ; *D.* 2013. 283, note T. Douville et L. Mauger-Vielpeau ; *LPA* 15 oct. 2013, p. 20, note J. Massip.

669. ***Ordre d'examen des demandes en divorce.*** L'article 246 du Code civil qui prévoit que la demande en divorce pour faute doit être examinée en premier lieu par le juge est applicable à une demande reconventionnelle fondée sur la faute[1]. En effet lorsque l'article 246 du Code civil règle l'ordre dans lequel les demandes en divorce doivent être examinées, il ne distingue pas selon qu'elles sont présentées à titre principal ou subsidiaire.

B. Les effets du divorce

670. ***Effets communs.*** L'insuccès du divorce pour rupture de la vie commune d'avant 204 est dû à la rigueur des conséquences qu'il entraînait pour le demandeur : maintien du devoir de secours, intégralité de la charge financière de la procédure, impossibilité de percevoir une prestation compensatoire, révocation des donations et avantages patrimoniaux dont il était bénéficiaire… Pour favoriser cette cause objective de divorce, la loi du 26 mai 2004 soumet ce cas particulier aux effets communs du divorce.

671. ***Devoir de secours.*** Notamment, le divorce pour altération définitive du lien conjugal n'emporte plus aucun effet patrimonial automatique à la charge de l'époux demandeur. Le devoir de secours cesse avec le prononcé du divorce et le droit commun de la prestation compensatoire s'applique.

672. ***Prestation compensatoire.*** Il en résulte que l'époux demandeur peut obtenir une prestation compensatoire, s'il remplit les conditions prévues par l'article 271 du Code civil.

673. ***Dommages et intérêts.*** Parallèlement, l'époux défendeur à un divorce prononcé pour altération définitive du lien conjugal peut obtenir des dommages et intérêts en réparation des conséquences qu'il subit du fait de la dissolution du mariage (C. civ., art. 266). Cependant, la loi du 26 mai 2004 a restreint le droit pour le défendeur d'obtenir des dommages et intérêts : il ne faut pas qu'il ait lui-même formé une demande en divorce. À moins que cette demande reconventionnelle en divorce pour faute ait abouti à un divorce prononcé aux torts exclusifs de son conjoint, auquel cas il pourra obtenir des dommages et intérêts (C. civ., art. 266). Cette situation défavorable a été critiquée[2].

Sous-section 4

Le divorce pour faute

674. ***Maintien.*** Avant la réforme du 11 juillet 1975, le divorce ne pouvait être prononcé en droit français qu'à titre de sanction des fautes commises par un époux. Cette forme de divorce a été conservée par la loi, car elle traduit, dans l'opinion publique

---

1. Civ. 1re, 16 déc. 2015, n° 14-29.322.
2. Ph. Malaurie et H. Fulchiron, *op. cit.*, n° 694.

notamment[1], l'idée de responsabilité individuelle : chacun doit répondre de ses fautes. De fait, ce divorce représente encore aujourd'hui près de la moitié des demandes[2].

Dans cette perspective, la loi du 26 mai 2004 a donc maintenu le divorce pour faute, mais en transformant l'économie de ce cas de divorce, puisque dissociant les conséquences financières de l'attribution des torts. De telle sorte que le recours à cette procédure devrait être limité à des cas précis. Ainsi, ont été évoquées au cours des travaux préparatoires de la loi nouvelle les réactions des associations de lutte contre les violences conjugales, qui ont mis en relief la nécessité de conserver le divorce pour faute afin de manifester la réprobation sociale de ces comportements, et de permettre à l'époux victime de se reconstruire grâce à une reconnaissance judiciaire. Et puis, quelle valeur attribuer sur le plan juridique aux obligations du mariage si elles restent dépourvues de sanction ?

Au cœur du dispositif actuel se trouve la notion de faute, cause de divorce (§ 1). Mais si le demandeur prouve que son conjoint a effectivement commis une faute, ce dernier peut se défendre en s'opposant au divorce, ou répliquer en demandant à son tour le divorce (§ 2).

§ 1. La faute, cause de divorce

675. ***Évolution***. Quand le divorce est rétabli, en 1884, la conception du divorce-sanction est la seule retenue. La loi du 27 juillet 1884 institue donc le divorce pour faute, trois causes concrètes étant admises : l'adultère, la condamnation à une peine afflictive et infamante, et une cause regroupant les excès, sévices et injures graves.

Mais l'évolution de la pratique judiciaire allait donner une extension considérable à cette cause moins précise en comprenant, au-delà des mots, sous le trinôme « excès, sévices et injures graves » tout manquement à la loi conjugale. C'est finalement cette conception d'une cause générale, indéterminée, qui va être retenue en 1975, et confirmée par la loi du 26 mai 2004.

676. ***Condamnation criminelle***. Celle-ci a toutefois abrogé la cause spécifique de divorce qui était prévue en cas de condamnation criminelle.

Cette cause de divorce était prévue par l'article 243 du Code civil indépendamment de la faute conjugale. L'existence d'un texte spécial conduisait à penser que le législateur avait voulu créer un traitement autonome de cette faute particulière, en instituant une cause péremptoire de divorce.

Péremptoire en ce sens qu'au vu de la copie du jugement pénal (un arrêt de cour d'assises) le prononcé du divorce était obligatoire pour le juge dès lors qu'il était demandé par le conjoint du condamné. Mais si le comportement du conjoint était également fautif, le juge pouvait prononcer le divorce aux torts partagés, voire rejeter la demande. En revanche, les condamnations pour délits correctionnels (vol, escroquerie, abus de biens sociaux…), étaient jugées comme des fautes conjugales au sens ordinaire[3].

---

1. J. Carbonnier, « La question du divorce. Mémoire à consulter », *D.* 1975. Chron. 116, spéc. 118 : « il est des conflits conjugaux que la conscience populaire continue de poser en termes de culpabilité et à résoudre en termes de sanctions… ».

2. Sur le déclin du divorce pour faute en droit comparé, v. M.-T. Meulders-Klein, « La problématique du divorce dans les législations d'Europe occidentale », *RID comp.* 1989. 7. Mais sur la nécessité de maintenir le divorce pour faute, v. D. Fenouillet, « La suppression du divorce pour faute ou feu le pluralisme en droit de la famille », *AJ fam.* 2001. Chron. 82.

3. Civ. 2e, 23 juin 1969, *Bull. civ.* II, nº 228 ; Nancy, 25 janv. 1994, *JCP* 1994. IV. 1008.

C'est désormais le sort des condamnations d'un époux à des peines criminelles, qui rentre dans le droit commun du divorce pour faute. La Cour de cassation a précisé qu'une condamnation criminelle même amnistiée pouvait être invoquée comme une faute au fondement d'une demande en divorce [1].

677. ***Manquement***. L'article 242 du Code civil prévoit, en ce sens, qu'un époux peut demander le divorce lorsque son conjoint a commis une faute, laquelle est définie comme un manquement aux devoirs et obligations nés du mariage.

678. ***Violation des devoirs et obligations du mariage rendant intolérable le maintien de la vie commune***. Reprenant une formule de la loi du 2 avril 1941, confirmée par l'ordonnance du 12 avril 1945, le code précise que justifient le prononcé du divorce les faits imputables à un époux s'ils constituent une violation grave ou renouvelée des devoirs et obligations du mariage et rendent intolérable le maintien de la vie commune (C. civ., art. 242). Ainsi définie, la faute est constituée de trois éléments.

A. Un fait imputable

679. ***Volonté consciente***. Pour constituer une faute, le comportement reproché à un époux doit avoir été commis sciemment et librement par lui : la femme victime d'un viol ne commet pas de faute [2] ! Il en va de même pour les faits accomplis par un époux sous l'empire d'un trouble mental [3], par exemple l'adultère [4]. Manque de base légale l'arrêt de la cour qui a confirmé le prononcé du divorce aux torts exclusifs de l'épouse sans rechercher si les faits reprochés étaient la conséquence de ses troubles mentaux, de sorte qu'ils ne pouvaient lui être imputés à faute [5]. Toutefois, des troubles psychiques mis en évidence par l'expertise psychiatrique s'ils peuvent atténuer la responsabilité de l'épouse peuvent ne pas excuser l'intégralité des manquements commis par cette dernière et n'exclut pas que le divorce soit prononcé à ses torts exclusifs [6].

B. Un fait constituant une faute conjugale

680. ***Devoirs du mariage***. La faute est un manquement au droit conjugal qui doit revêtir une importance certaine. De façon générale, la faute peut être appréhendée comme la violation des devoirs et obligations du mariage [7]. Or, le contenu juridique de l'état matrimonial est composé de certains devoirs conjugaux légalement définis ainsi que d'autres devoirs que la loi ne cite pas explicitement mais sans lesquels le mariage n'aurait plus de signification, ou du moins n'aurait pas le même sens. Il est remarquable, du reste, que ce soit précisément la jurisprudence relative à la faute, en tant que cause de divorce, qui ait

---

1. Civ. 1re, 10 oct. 2012, pourvoi n° 11-24719.

2. TGI Niort, 21 nov. 1960, *D.* 1961. 247.

3. Civ. 2e, 12 mars 1980, *D.* 1981. IR 76, obs. A. Breton ; Toulouse, 29 oct. 1997, *Dr. fam.* 1998, no 51, note H. Lécuyer.

4. Civ. 2e, 7 avr. 1976, *D.* 1976. IR 173 ; 30 nov. 1977, *D.* 1978. IR 262.

5. Civ. 1re, 12 nov. 2009, pourvoi no 08-20.710.

6. Civ. 1re, 16 juin 2011, pourvoi no 1017566.

7. F. Dekeuwer-Défossez, « Impressions de recherche sur les fautes causes de divorce », *D.* 1985. Chron. 219 ; J. Roche-Dahan, « Les devoirs nés du mariage ; Obligations réciproques ou obligations mutuelles ? », *RTD civ.* 2000. 735.

mis en relief ces devoirs et obligations implicites, le plus souvent d'ordre moral, et dont la teneur peut varier, du moins en partie, avec l'évolution des mentalités et des mœurs [1].

681. ***Devoirs explicites***. Les articles 212 et 215 du Code civil énoncent les principaux devoirs que la loi attache explicitement au mariage. Il s'en déduit que l'adultère [2] et le refus de contribuer aux charges du mariage [3] constituent des fautes conjugales. Il en va de même pour l'abandon du foyer conjugal [4]. Mais il appartient au juge du fond d'apprécier si le comportement de l'époux à l'égard de son conjoint ne justifie pas la décision de ce dernier de quitter le domicile conjugal : alors, ce départ ne constitue pas une faute de sa part [5]. Sont aussi des fautes le refus de rejoindre son conjoint [6], la cohabitation de l'époux avec une femme autre que son épouse, à son domicile [7], ou la comme la non-consommation du mariage [8]. Le fait que l'époux s'est inscrit sur un site de rencontres depuis une certaine période, qu'il entretient des correspondances intimes, envoie des photos compromettantes et recherche manifestement des aventures extraconjugales peut constituer une faute [9]. Le délaissement par le mari de son l'épouse atteinte d'une grave maladie évolutive constitue une violation grave et renouvelée des devoirs et obligations du mariage au titre du devoir de secours [10]. Ces faits constituent des exemples de manquements aux devoirs de fidélité [11], de secours, d'assistance [12] et de communauté de vie [13].

682. ***Devoir de respect***. La notion même de mariage impose à chaque époux un certain nombre d'obligations non précisées par la loi, mais dont la violation fait apparaître un désordre conjugal qui peut constituer une cause de divorce. Sont ainsi

---

1. Civ. 2e, 22 juill. 1963, *D.* 1964. Somm. 13 : divorce prononcé aux torts de la femme parce qu'elle « obligeait son mari à laver son linge et à faire la cuisine… » ; v. aussi Caen, 26 déc. 1899, *DP* 1900. 2. 206 : divorce prononcé aux torts du mari qui a recours à un procédé anticonceptionnel… (*adde* : Lyon, 28 mai 1956, *D.* 1956. 646, note A. Breton ; Paris, 27 oct. 1959, *D.* 1960. 144).

2. V., par ex., Civ. 2e, 23 avr. 1980, *Bull. civ.* II, n° 80 ; *Gaz. Pal.* 1981. 1.89, note J. Massip.

3. Civ. 2e, 7 nov. 1962, *Bull. civ.* II, n° 699 ; 11 avr. 1964, *Bull. civ.* II, n° 276.

4. V., par ex., Civ. 2e, 12 mars 1970, *Bull. civ.* II, n° 94 ; 18 juill. 1978, *Bull. civ.* II, n° 199 ; 25 nov. 1992, *Bull. civ.* II, n° 273.

5. Civ. 2e, 30 nov. 2000, *D.* 2001. IR 41 ; *RTD civ.* 2001. 114, obs. J. Hauser.

6. Une cour d'appel apprécie souverainement que le refus de l'épouse de rejoindre son mari à l'étranger peut être retenu comme cause de divorce, eu égard aux circonstances particulières de l'espèce : Civ. 1re, 12 sept. 2002, *Bull. civ.* II, n° 180 ; *Defrénois* 2003. 117, obs. J. Massip ; *Dr. fam.* 2003, n° 26, note H. Lécuyer ; *RTD civ.* 2002. 784, obs. J. Hauser. Les faits de l'espèce avaient ceci de particulier que le mari avait fixé sa nouvelle résidence en Chine continentale alors que l'épouse était originaire de Taïwan.

7. Civ. 1re, 1er févr. 2012, pourvoi n° 11-10.195.

8. Civ. 16 déc. 1963, *D.* 1964. 227 ; Civ. 2e, 5 nov. 1969, *D.* 1970. 223, note G. Wiederkehr ; 4 oct. 1978, *D.* 1979. IR 211, obs. A. Breton.

9. Lyon, 2e, 7 févr. 2011, pourvoi n° 09-06238.

10. Paris, 9 sept. 2010, pourvoi n° 08-20954.

11. Manquement qui peut être relevé même en l'absence d'adultère consommé. Ainsi pour une conduite légère et imprudente ou l'entretien de relations équivoques avec un tiers (Civ. 4 janv. 1958, *Bull. civ.* II, n° 9 ; 3 janv. 1964, *Bull. civ.* II, n° 4). Pour l'entretien d'une correspondance amoureuse avec un tiers, v. Civ. 2e, 31 oct. 1962, *Bull. civ.* II, n° 683. Pour l'infidélité intellectuelle, v. Paris, 13 févr. 1986, *Gaz. Pal.* 1986. 1. 216.

12. L'existence d'une séparation de fait de six ans n'interdit pas de faire une demande en divorce pour faute : Civ. 2e, 25 mars 1991, *Bull. civ.* II, n° 99.

13. Les excès sexuels sont aussi des fautes conjugales : Civ. 2e, 3 janv. 1969, *Bull. civ.* II, n° 1 ; TGI Dieppe, 25 juin 1970, *Gaz. Pal.* 1970. 2. 243. En sens inverse, est fautif le mari qui refuse de partager la chambre de sa femme : Poitiers, 1er juin 2005, *JCP* 2006. IV. 2298.

sanctionnées les brutalités à l'égard du conjoint [1], les injures ou violences verbales [2], la cruauté mentale [3]. Autant de comportements qui sont répréhensibles car ils constituent des manquements aux obligations de respecter la personne de son conjoint. Traditionnellement considéré comme l'un des devoirs implicitement attachés au mariage, le devoir de respecter son conjoint est désormais inscrit dans le Code civil depuis la loi du 4 avril 2006 [4]. Seront donc désormais sanctionnés comme contraires à l'article 212 du Code civil tous les faits portant atteinte à la personne de son conjoint, non seulement à son corps, mais également à sa personnalité : opinions, religion, honneur, image... Relèveront, ainsi, de la violation de l'article 212 du Code civil les violences verbales exprimées lors de disputes intenses et traumatisantes [5], ou l'attitude injurieuse d'un époux [6]. Par exemple, il a pu être jugé que le fait pour l'épouse de se faire héberger au domicile d'un tiers constitue un comportement injurieux à l'égard de son mari, même si l'adultère n'est pas établi [7].

683. *Devoirs implicites*. Sont aussi des violations graves ou renouvelées des devoirs implicites du mariage les brutalités à l'égard des enfants [8], une conduite scandaleuse ou déshonorante [9], l'ivresse habituelle [10], la délinquance [11] ou les soustractions frauduleuses au détriment du conjoint [12]. Ces faits constituent des manquements à l'obligation de respecter la personne des enfants, au devoir de veiller à son propre honneur pour ne pas entacher celui de ses proches. Obligations qui ne sont pas inscrites dans la loi en termes exprès, mais sont consubstantielles à l'idée de mariage [13].

684. *Obligation de loyauté*. C'est ainsi qu'il se dégage de la jurisprudence l'existence d'une obligation de loyauté à l'égard du conjoint [14]. Sur celle-ci sont fondées les décisions qui prononcent le divorce en raison du comportement professionnellement déloyal de l'épouse à l'encontre de son conjoint [15], ou bien du fait d'un comportement irresponsable

---

1. Par ex., Civ. 2e, 31 mars 1978, *Bull. civ.* II, p. 74.

2. Par ex., Civ. 15 mai 1961, *Bull. civ.* II, n° 253 ; 22 mai 1963, *Bull. civ.* II, n° 368 ; 21 févr. 1964, *Bull. civ.* II, n° 272.

3. Par ex., Civ. 2e, 26 avr. 1962, *Bull. civ.* II, n° 321 ; 3 juill. 1963, *Bull. civ.* II, n° 489 ; 9 févr. 1986, *Gaz. Pal.* 1986. Pan. 246.

4. Loi du 4 avril 2006 renforçant la prévention et la répression des violences au sein du couple ou commises contre les mineurs : cf. A.-M. Leroyer, obs. *RTD civ.* 2006. 402.

5. Civ. 1re, 23 mai 2006, *D.* 2007. 609, obs. L. Williatte-Pellitteri.

6. Orléans, 10 mai 2005, *Dr. fam.* 2006, n° 57, obs. V. Larribau-Terneyre ; Metz, 28 juin 2005, *JCP* 2006. IV. 1717.

7. Civ. 1re, 1er déc. 2010, pourvoi n° 09-70.138.

8. Par ex., Civ. 2 mai 1963, *D.* 1963. Somm. 113.

9. Civ. 2e, 5 oct. 1960, *Bull. civ.* II, n° 533 ; 19 janv. 1961, *Bull. civ.* II, n° 55 ; 16 oct. 1964, *Bull. civ.* II, n° 624 ; 12 févr. 1987, *Gaz. Pal.* 1987. Pan. 217.

10. F. Dekeuwer-Défossez, article préc., p. 222.

11. Par ex., Civ. 2e, 11 juin 1954, *D.* 1954. 566.

12. Par ex., Civ. 2e, 28 nov. 1951, *JCP* 1952. II. 6727 ; 13 févr. 1963, *Bull. civ.* II, n° 137 ; 6 mai 1964, *Bull. civ.* II, n° 347.

13. Le défaut d'affection n'est pas une faute, car le mariage n'impose pas l'obligation de s'aimer ; v. Civ. 2e, 2 févr. 1972, *D.* 1972. 295 ; comp. F. Dekeuwer-Défossez, article préc., p. 223.

14. V. A. Bénabent, n° 471 ; comp. Y. Guyon, « De l'obligation de sincérité dans le mariage », *RTD civ.* 1964. 473. Ainsi, jugé que l'acquisition du sexe féminin par le mari à la suite d'une opération chirurgicale, oblige au prononcé du divorce à ses torts exclusifs : Nîmes, 7 juin 2000, *Dr. fam.* 2001, n° 4, note H. Lécuyer ; *RTD civ.* 2001. 335, obs. J. Hauser.

15. Civ. 1re, 17 oct. 2007, *D.* 2008. Pan. 808, obs. G. Serra et L. Williatte-Pelliteri.

dans la gestion des finances du ménage[1] ou encore parce que l'un des époux a dissimulé à son conjoint des faits antérieurs au mariage[2]. Jurisprudence que l'on a cru voir disparaître après 1975, mais qui reste actuelle[3].

Cette sanction d'une obligation qui n'existe pas encore, puisque les faits dissimulés[4] étaient antérieurs au mariage, avait été admise en raison d'une conception très stricte de la nullité du mariage pour erreur sur la personne[5]. L'élargissement de ce cas de nullité par la loi du 11 juillet 1975, modifiant l'article 180, alinéa 2, du Code civil, avait laissé penser que cette ligne jurisprudentielle serait abandonnée après la réforme. Mais sa persistance peut s'expliquer par le trouble apporté à la vie familiale, pendant le mariage, du fait de cette révélation. De plus, l'exercice de l'action en nullité reste encore aujourd'hui relativement difficile et, sans doute, mal connu[6].

Les contours de cette obligation de loyauté restent, toutefois, assez difficiles à cerner, dans la mesure où elle doit être mise en relation avec les autres devoirs du mariage.

Ainsi, il a été jugé que le refus de l'épouse de se prêter à une fécondation *in vitro* ne constitue pas une cause de divorce[7], pas plus que le fait de concevoir un enfant contre la volonté du mari[8]. Les magistrats affirment, en l'espèce, que la démarche de l'épouse s'inscrivait naturellement dans les droits et obligations du mariage. Si bien qu'il a pu être jugé que le refus persistant de l'épouse de soigner sa stérilité constituait un comportement fautif et injurieux[9].

685. ***Vie familiale***. Il apparaît, dans le même sens, que certains comportements, non répréhensibles dans l'abstrait, peuvent se révéler fautifs s'ils provoquent une perturbation inquiétante de la vie familiale. Ainsi en est-il pour des occupations professionnelles ou syndicales[10] et des pratiques religieuses[11] tellement accaparantes qu'elles aboutissent au délaissement du foyer. Ainsi en est-il encore des conflits répétés avec les beaux-parents[12]

---

1. Le fait de tenter de dissimuler des prélèvements sur les fonds communs à son époux est un manquement au devoir de loyauté constitutif d'une faute, cause de divorce : Civ. 1re, 25 mars 2009, pourvoi n° 08-11.126.

2. Par ex., dissimulation : de l'impuissance du mari (Nancy, 12 mai 1958, *RTD civ*. 1958. 585, obs. H. Desbois) ; d'une malformation physique de la femme l'empêchant de consommer le mariage (Civ. 7 mai 1951, *D*. 1951. 472) ; d'une maladie grave (Civ. 2e, 5 juill. 1956, *D*. 1956. 609 ; 12 mai 1960, *Bull. civ*. II, n° 309) ; d'une liaison antérieure (Colmar, 13 mars 1954, *D*. 1954. 373).

3. Civ. 2e, 12 déc. 1979, *Bull. civ*. II, n° 297 ; *D*. 1981. IR 76 (dissimulation d'une maladie mentale) ; Pau, 30 mars 1993, *JCP* 1993. IV. 1763 (toxicomanie).

4. Volontairement : l'époux qui ignore lui-même ces faits n'est pas fautif (Civ. 2e, 1er mars 1972, *D*. 1972. 439).

5. J. Carbonnier, p. 552.

6. J. Hauser et D. Huet-Weiller, n° 222.

7. Bordeaux, 1er oct. 1991, *RTD civ*. 1992. 56, obs. J. Hauser.

8. Caen, 5 janv. 2006, *Dr. fam*. 2006, n° 149, note V. Larribau-Terneyre.

9. Bordeaux, 7 juin 1994, *RTD civ*. 1994. 836, obs. J. Hauser.

10. Par ex., Civ. 2e, 12 juill. 1972, *Bull. civ*. II, n° 216 ; *D*. 1973. 185, note J.-C. Groslière ; Lyon, 19 févr. 1976, *Gaz. Pal*. 1976. 2. Somm. 224 ; Douai, 12 oct. 1984, *D*. 1985. 523, note E. Blary-Clément.

11. Par ex., Civ. 2e, 16 janv. 1974, *Gaz. Pal*. 1974. 1. Somm. 78 ; 19 juin 1975, *Gaz. Pal*. 1975. 2. 721 ; 25 janv. 1978, *Gaz. Pal*. 1978. 2. 505 ; 9 oct. 1996, *Bull. civ*. II, n° 224 ; Civ. 1re, 19 juin 2007, *D*. 2008. Pan. 809, obs. G. Serra et L. Williatte-Pelliteri ; *adde* : Nîmes, 10 juin 1967, *D*. 1969. 366, note J. Carbonnier ; comp. Grenoble, 4 juin 1991, *JCP* 1991. II. 21744, note J. Hauser.

12. Par ex., Civ. 2e, 5 déc. 1962, *Bull. civ*. II, n° 772 ; 22 mai 1963, *Bull. civ*. II, n° 368.

ou des habitudes de jeu[1] : comportements qui peuvent conduire au divorce si les agissements invoqués sont excessifs[2]. L'attitude particulièrement négative d'un époux au quotidien, dans le cadre familial, peut constituer une cause de divorce[3].

686. ***Violation grave ou renouvelée.*** Le manquement aux devoirs et obligations du mariage ne justifie, de fait, le prononcé du divorce que s'il revêt une certaine ampleur. Plus précisément, la loi dispose que la violation doit être « *grave ou renouvelée* » (C. civ., art. 242)[4]. Le divorce est une chose sérieuse et il ne suffit pas de reprocher des peccadilles à son conjoint, qui par hypothèse ne veut pas divorcer, pour se libérer du mariage. L'appréciation du caractère excessif du comportement invoqué est affaire de circonstances, et relève du pouvoir souverain des juges du fond[5]. Au moins, doivent-ils expressément le constater[6].

687. ***Adultère.*** Un bon exemple de cette appréciation concrète est donné par la jurisprudence relative à l'adultère. En règle générale, c'est une violation grave des obligations du mariage puisqu'il constitue une infraction consommée au devoir de fidélité[7]. Parfois, cependant, les juges ont décidé qu'il ne justifie pas le prononcé du divorce. Ainsi, lorsqu'il est commis par un époux abandonné depuis longtemps par son conjoint : auquel cas, le divorce pourra être prononcé aux torts exclusifs de ce dernier[8]. Il est vrai que l'on assiste au déclin du devoir de fidélité depuis que, selon la Cour de cassation, n'est plus contraire aux bonnes mœurs la cause de la libéralité consentie par un homme marié à sa

---

1. Par ex., Req. 6 mai 1907, *DP* 1907. 1. 408 ; Civ. 2e, 20 nov. 1964, *Bull. civ.* II, no 740.
2. Ainsi, manque de base légale l'arrêt qui, pour accueillir la demande en divorce du mari, se borne à énoncer que l'appartenance de la femme à une secte a eu un effet néfaste sur les relations conjugales, sans apporter la moindre précision sur la détérioration des relations conjugales, retenue à la charge de la femme : Civ. 2e, 8 nov. 1995, *RTD civ.* 1996. 367, obs. J. Hauser. Dans le même sens, v. Montpellier, 7 nov. 1994, *JCP* 1996. II. 22680, note Bruguière. En revanche, auels que soient les motifs qui ont pu pousser l'épouse à s'adonner à la boisson, son comportement, sous l'emprise de l'alcool, a rendu toute vie de couple et toute vie de famille insupportables, l'époux ayant fait tout son possible pour la soutenir : Douai, 28 juin 2012, pourvoi no 11/06381.
3. Civ. 1re, 11 mars 2009, pourvoi no 08-13.169, justifie sa décision la cour qui a prononcé le divorce aux torts exclusifs de l'épouse en retenant que le mari avait rapporté la preuve notamment de son caractère difficile, son égocentrisme et son absence de soutien affectif à son encontre ; L'épouse qui a eu une attitude humiliante et méprisante à l'égard de son mari, qui a contribué au repli de la famille sur elle-même, et qui a refusé toute relation sexuelle, procède à une violation grave et renouvelée aux obligations du mariage : Civ. 1re, 1er févr. 2012, pourvoi no 11-14.822 ; le fait de rendre le domicile conjugal inhabitable par la prolifération d'animaux constitue une violation grave ou renouvelée des devoirs ou obligations du mariage rendant intolérable le maintien de la vie commune : Civ. 1re, 23 févr. 2011, pourvoi no 09-72.079.
4. Les juges du fond ne peuvent exiger que les faits invoqués comme cause de divorce présentent à la fois le caractère de gravité et celui de répétition, alors que lesdits caractères sont, aux termes de la loi, alternatifs : Civ. 2e, 21 janv. 1970, *JCP* 1970. II. 16307 ; 25 oct. 1995, *Bull. civ.* II, no 256 ; *RTD civ.* 1996. 134, obs. J. Hauser ; 8 juill. 1999, *Dr. fam.* 1999, no 113, note H. Lécuyer.
5. Civ. 2e, 15 avr. 1959, *Bull. civ.* II, no 298.
6. Civ. 2e, 3 janv. 1979, *Bull. civ.* II, no 2 ; *RTD civ.* 1980. 335, obs. R. Nerson et J. Rubellin-Devichi ; 8 nov. 1989, *D.* 1990. Somm. 97, obs. J.-C. Groslière. Cette constatation est d'autant plus importante depuis la réforme de 1975 que l'adultère n'est plus une cause péremptoire de divorce.
7. Civ. 2e, 23 avr. 1980, *Gaz. Pal.* 1981. 1.89, note J. Massip.
8. La cour a fait une exacte application de l'article 242 en estimant souverainement que les faits d'alcoolisme invoqués par le mari à l'encontre de son épouse étaient établis et que l'adultère du mari était excusé par le comportement fautif de l'épouse : Civ. 1re, 28 janv. 2009, no 08-11.598

concubine[1]. Si bien que certaines décisions sanctionnent l'adultère d'un époux au motif qu'il porte atteinte à l'honneur ou à la dignité du conjoint[2].

688. ***Moment de la faute.*** La question est souvent posée lorsque l'adultère est commis au cours d'une procédure de divorce, donc avant le prononcé de la dissolution du mariage. Le principe, énoncé à plusieurs reprises par la Cour de cassation depuis 1964[3], est le caractère fautif de cette violation du devoir de fidélité[4]. La procédure de divorce ne fait pas disparaître les devoirs conjugaux dont la violation reste fautive même après l'ordonnance de non-conciliation. Il est donc possible d'invoquer à l'appui d'une demande en divorce, des griefs postérieurs à l'ordonnance de non-conciliation ou à l'assignation[5].

Toutefois les circonstances dans lesquelles l'adultère a été commis peuvent lui enlever le caractère de gravité qui justifierait le prononcé du divorce. Ainsi *« le devoir de fidélité est nécessairement moins contraignant du fait de la longueur de la procédure »*[6].

689. ***Violation répétée.*** De même, des faits qui n'ont pas intrinsèquement un caractère de gravité suffisant pour justifier le prononcé du divorce peuvent, s'ils sont répétés, prendre assez de relief pour que le conflit qui en résulte entre les époux ne trouve de solution que dans le divorce. Ainsi pour les traits de caractère d'un époux ou le défaut d'intérêt envers le conjoint[7]. De même, l'insistance procédurale de l'épouse devant le juge des tutelles à l'effet de placer son mari sous un régime de protection s'analyse en une faute justifiant le prononcé du divorce à ses torts exclusifs[8].

La notion de violation renouvelée paraît effectivement bien adaptée pour prendre en compte le harcèlement moral. Et comme il a été dit au cours des travaux préparatoires de la loi de 2004, il serait paradoxal de réprimer le harcèlement moral au travail et de paraître ne pas en tenir compte au sein du mariage. C'est pourquoi la loi du 26 mai 2004 a maintenu cette caractéristique.

---

1. Civ. 1re, 3 févr. 1999, *D.* 1999. 267 ; ass. plén. 29 oct. 2004, *Defrénois* 2004, art. 38073, obs. R. Libchaber ; *RTD civ.* 2005. 104, obs. J. Hauser.

2. Orléans, 10 mai 2005, *Dr. fam.* 2006, n° 57, note V. Larribau-Terneyre ; Metz, 28 juin 2005, *D.* 2007. 608, obs. L. Williatte-Pellitteri.

3. Civ. 5 mars 1964, *Bull. civ.* II, n° 208.

4. Civ. 1re, 15 nov. 2001, *Dr. fam.* 2002, n° 31, obs. H. Lécuyer ; Civ. 1re, 5 mars 2008, pourvoi n° 07-15.516 ; Civ. 1re, 11 mars 2009, pourvoi n° 08-12.773

5. Civ. 1re, 20 oct. 2010, pourvoi n° 08-21.913, *RTD civ.* 20111. 109, obs. J. Hauser ; Civ. 1re, 1er avr. 2015, n° 14-12.823, *AJ fam.* 2015. 341

6. Civ. 2e, 29 avr. 1994, *Bull. civ.* II, n° 123 ; *RTD civ.* 1994. 571, obs. J. Hauser ; *Audijuris* 1994, n° 44, p. 30, obs. P. Courbe ; Bourges, 9 mars 1999, *JCP* 2000. IV. 2251 ; Civ. 1re, 23 mai 2002, *RJPF* 2002-10/17, note T. Garé. Dans un arrêt du 11 mars 2009 (pourvoi n° 08-12773), la Cour de cassation a admis que l'adultère du mari postérieur à l'ordonnance de non-conciliation constituait une violation grave ou renouvelée des devoirs ou obligations du mariage rendant intolérable le maintien de la vie commune. Dans le même sens, Civ. 1re, 20 oct. 2010, pourvoi n° 08-21.913, selon lequel « viole l'article 242 la cour qui énonce que les propos orduriers que l'épouse a adressé à son mari ont été émis après l'ONC à un moment où le couple vivait séparément ne peuvent constituer un comportement fautif à l'origine de la rupture de la vie commune ». À l'inverse, une cour d'appel peut souverainement estiméque l'adultère du mari, intervenu cinq ans après l'ONC, alors que le devoir de fidélité était nécessairement moins contraignant du fait de la longueur de la procédure, ne constituait pas une faute cause de divorce (Civ. 1re, 11 mars 2009, pourvoi n° 08-13169).

7. V. F. Dekeuwer-Défossez, article préc., p. 223.

8. Civ. 1re, 14 nov. 2002, *Bull. civ.* II, n° 256 ; *RTD civ.* 2003. 66, obs. J. Hauser.

Il appartient aux juges de dire si la répétition engendre la gravité, suivant les éléments de la situation qui leur est soumise. Ils doivent aussi vérifier que la faute répond à une troisième exigence.

C. Un fait rendant intolérable le maintien de la vie commune

690. ***Violation insupportable.*** Cette condition, dont l'origine se trouve dans la loi du 2 avril 1941, est aujourd'hui formulée par l'article 242 du Code civil. Pour justifier le prononcé du divorce, la faute conjugale commise par un époux doit, aux termes de ce texte, avoir pour conséquence de rendre insupportable pour son conjoint la vie commune[1]. Exigence supplémentaire qui colore le caractère de gravité que doit revêtir le comportement reproché.

691. ***Contrôle de la Cour de cassation.*** Sans doute paraît-il évident, à première vue, qu'une violation grave des devoirs conjugaux rende, par nature, difficilement tolérable le maintien de la vie commune. Toutefois, la constance avec laquelle la Cour de cassation continue d'exiger la constatation, dans les décisions de divorce, que cette condition est remplie, donne à penser que l'exigence n'est pas purement formelle[2]. Elle peut se justifier, d'abord, par la nécessité pour les juges de vérifier que les conséquences de la faute conjugale sont d'une importance suffisante pour que la demande ne dissimule pas une simple incompatibilité d'humeur[3]. Elle s'explique, ensuite, par la nécessité de motiver les jugements : les cassations pour manque de base légale l'attestent[4]. Toutefois, la Cour de cassation paraissait avoir abandonné ces exigences[5]. Le pas semble avoir été définitivement franchi le 11 janvier 2005 par plusieurs arrêts rendus le même jour, qui manifestent ainsi la volonté de la Cour de cassation d'exprimer une position bien arrêtée. Elle rejette, dans ces arrêts, les pourvois reprochant à la cour d'appel de n'avoir pas fait référence à l'article 242 du Code civil et de n'avoir pas recherché, d'une part, si les faits reprochés constituaient une violation grave ou renouvelée des devoirs et obligations du mariage et, d'autre part, s'ils rendaient intolérable le maintien de la vie commune[6]. Il suffit désormais, pour faire une exacte application de l'article 242 du Code civil, que le juge du fond caractérise les manquements aux devoirs et obligations du mariage commis par un époux pour justifier le prononcé du divorce aux torts de ce dernier. Il n'a pas à constater que les fautes retenues remplissent la double condition prévue par cet article.

692. ***Mésentente.*** Pour autant, une mésentente avérée ne devrait pas constituer une cause de divorce pour faute. Une situation de fait dégradée, acceptée par les époux, ne caractérise pas la faute, cause de divorce, de sorte que ces derniers doivent se tourner

---

1. Condition qui ne signifie pas que la demande en divorce pour faute doit être rejetée lorsque la vie commune n'existe plus depuis longtemps ; v. Civ. 2e, 25 mars 1991, *Bull. civ.* II, no 99.

2. Par ex., Civ. 2e, 25 mai 1994, *Bull. civ.* II, no 137 ; *JCP* 1995. I. 3816, obs. F. Ferré-André ; 19 oct. 1994, *Bull. civ.* II, no 198 ; 10 juill. 1996, *Bull. civ.* II, no 199 et 200 ; 4 mars 1998, *Bull. civ.* II, no 68 ; 13 déc. 2001, *Dr. fam.* 2002, no 43, obs. H. Lécuyer ; 7 févr. 2002, *RJPF* 2002-4/23, C. M. Guerder ; 7 mai 2002, *RTD civ.* 2002. 491, obs. J. Hauser.

3. J. Hauser et D. Huet-Weiller, no 220 ; v. Civ. 2e, 8 oct. 1986, *Bull. civ.* II, no 144.

4. Civ. 2e, 18 oct. 1995 (deux arrêts), *Bull. civ.* II, no 245, *Audijuris* 1996, no 60, p. 5, obs. P. Courbe.

5. Civ. 2e, 30 nov. 2000, *Bull. civ.* II, no 157 ; *RTD civ.* 2001. 114, obs. J. Hauser.

6. Civ. 1re, 11 janv 2005, *D.* 2006. Pan. 337, obs. L. Williatte-Pellitteri ; *AJ fam.* 2005. 320, obs. S. David ; *RTD civ.* 2005. 370, obs. J. Hauser.

vers une autre procédure, comme le divorce accepté. Il a été décidé que le juge ne peut se contenter de relever « *un ensemble de griefs qui, pris chacun isolément, sont insuffisants pour constituer une violation grave ou renouvelée des devoirs et obligations du mariage rendant intolérable le maintien de la vie commune mais qui, examinés globalement, mettent en évidence qu'il n'existe plus aucune communication entre les époux...* »[1]. Toutefois, la cour d'appel d'Aix-en-Provence a-t-elle pu décider que les comportements malveillants et injurieux réciproques des époux, consistant à accuser l'autre de griefs, sans en rapporter la preuve, sont contraires au respect mutuel entre époux, et constituent une violation des devoirs et obligations du mariage[2]. La Cour de cassation est allée plus loin en admettant dans un arrêt du 9 mars 2010, que le juge qui relève une désaffection réciproque, un manque de respect respectif, une volonté de cesser la vie commune imputable aux deux époux peut prononcer le divorce aux torts partagés[3].

§ 2. Les moyens de défense

693. Lorsque l'époux qui demande le divorce a invoqué et prouvé, par tous moyens, notamment des témoignages, les fautes commises par son conjoint, celui-ci est en mesure d'adopter deux attitudes différentes, en s'appuyant sur les moyens de défense[4] offerts par la loi.

694. ***Contestation***. D'un côté, il peut tenter de s'opposer au prononcé du divorce. Ainsi, il a la possibilité de contester les faits qui lui sont reprochés dans leur matérialité : il discute par exemple les preuves apportées. Il peut aussi les contester dans leurs conséquences : il démontre, ou essaie de démontrer, le défaut de gravité exigé par la loi. Le juge appréciera ces défenses au fond.

695. ***Fin de non-recevoir***. Mais, toujours dans le but d'éviter le prononcé du divorce, l'époux défendeur a la faculté d'invoquer également l'existence d'une fin de non-recevoir : la réconciliation des époux.

696. ***Fautes du demandeur***. D'un autre côté, il est loisible à l'époux défendeur de répondre à la demande en ripostant par une autre demande : il invoque alors, pour obtenir le prononcé du divorce à son profit, les fautes commises par le demandeur lui-même.

A. La réconciliation

697. ***Fin de non-recevoir***. Si les époux se sont réconciliés depuis qu'ont été commises, par l'époux défendeur, les fautes invoquées au soutien de la demande, celle-ci devra être

1. Civ. 1re, 11 janv. 2005 (n° 60), *D.* 2005. 313 ; *Dr. fam.* 2005, n° 53, note V. Larribau-Terneyre.
2. Aix-en-Provence, 23 févr. 2012, pourvoi n° 11/06481.
3. Civ. 1re, 9 mars 2011, pourvoi n° 1010154.
4. C. pr. civ., Titre V, Livre Ier (art. 71 s.). Le juge ne peut relever d'office, pour prononcer le divorce aux torts exclusifs de l'un des époux, une faute commise par celui-ci envers l'autre : Civ. 2e, 27 janv. 1983, *RTD civ.* 1984. 151, obs. J. Normand ; 24 févr. 1988, *Bull. civ.* II, n° 52 ; 11 juill. 1988, *Bull. civ.* II, n° 168 ; 24 févr. 1993, *Bull. civ.* II, n° 75.

rejetée (C. civ., art. 244). C'est une fin de non-recevoir, reprise du droit antérieur à la réforme de 1975 et qui est dotée d'effets énergiques. Mais elle est rarement admise, du fait des conditions à remplir.

698. ***Pardon***. La réconciliation a la signification d'un pardon : elle efface les fautes. Mais, par hypothèse (sinon le demandeur n'aurait pas sollicité le divorce), elle n'a pas duré. D'où les difficultés d'appréciation. Pour simplifier, on peut considérer que la réconciliation suppose la réunion de deux éléments.

699. ***Reprise de la vie commune***. Il n'y a pas de réconciliation sans manifestation extérieure du pardon. Celle-ci prend la forme d'une reprise de la vie commune, si les époux se sont séparés après les fautes commises par le défendeur et qui sont pardonnées, ou d'un maintien de la vie commune quand il n'y a pas eu de séparation de fait. Encore faut-il que cette vie commune soit la conséquence d'une volonté de réconciliation : la cohabitation à elle seule ne suffit pas [1].

700. ***Volonté de pardonner***. La réconciliation suppose, non seulement le maintien ou la reprise de la vie commune, mais encore la volonté chez l'époux offensé de pardonner en pleine connaissance de cause [2] les griefs qu'il peut avoir contre son conjoint, ainsi que l'acceptation par ce dernier de ce pardon [3]. Il s'en déduit, selon l'article 244, alinéa 3, du Code civil, que « *le maintien ou la reprise temporaires de la vie commune ne sont pas considérés comme une réconciliation s'ils ne résultent que de la nécessité ou d'un effort de conciliation ou des besoins de l'éducation des enfants* ».

701. ***Preuve***. S'agissant d'un fait juridique, la preuve à la charge de l'époux défendeur [4] en est établie par tous moyens.

702. ***Irrecevabilité des fautes***. Si les deux éléments qui constituent la réconciliation sont prouvés par le défendeur, « *le juge déclare alors la demande irrecevable* » (C. civ., art. 244, al. 2). De fait, les fautes invoquées à l'appui de la demande ayant été effacées par le pardon, celle-ci ne peut plus être admise [5]. Du moins tant que cette demande est fondée sur les fautes antérieures à la réconciliation. Car si des faits sont survenus ou découverts depuis lors, une nouvelle demande peut être formée, fondée sur ces faits nouveaux. Et la loi précise que, dans cette hypothèse, les faits anciens (donc pardonnés) pourront « *être rappelés à l'appui de cette nouvelle demande* » (C. civ., art. 244, al. 2) [6]. Solution utile si les faits nouveaux ne sont pas suffisants pour justifier à eux seuls le prononcé du divorce [7].

---

1. Paris, 13 mars 1974, *D*. 1974. 733 ; 10 févr. 1998, *Dr. fam*. 1998, n° 158, note H. Lécuyer.
2. Ce qui suppose que ces fautes sont connues du demandeur (Civ. 2e, 7 janv. 1970, *Bull. civ*. II, n° 2 : preuve, par la femme, que le mari a connu les griefs et a donc pardonné).
3. V. pour l'abandon d'une procédure de divorce sur requête conjointe : Civ. 2e, 3 mars 1983, *Bull. civ*. II, n° 65 ; *D*. 1983. IR 137 ; v. toutefois en cas de désistement d'instance sans l'acceptation du défendeur : Civ. 2e, 3 mars 1976, *JCP* 1976. IV. 233.
4. Jurisprudence constante (Req. 11 déc. 1893, *DP* 94. 1. 341).
5. Quant à l'incidence de la réconciliation sur les poursuites pénales engagées à l'encontre d'un époux pour abandon de famille, v. Crim. 12 oct. 1971, *Gaz. Pal*. 1972. 1. 19.
6. Par ex., Civ. 2e, 29 oct. 1980, *Bull. civ*. II, n° 227 ; 24 févr. 1982, *D*. 1983. IR 38, obs. J.-C. Groslière.
7. Par ex., Req. 3 août 1937, *DH* 1937. 517 ; Civ. 28 févr. 1950, *D*. 1950. 299.

B. Les fautes du demandeur

703. Il n'est pas rare que le demandeur ait lui-même commis des fautes : dans les crises conjugales, les torts sont souvent réciproques[1]. Le défendeur peut en tirer parti, soit à titre d'excuse, soit pour fonder une demande. Le juge doit tenir compte des circonstances invoquées par le défendeur pour apprécier la gravité de sa faute[2].

704. ***Excuse***. Il était admis, avant la réforme de 1975, que les griefs reprochés par le demandeur à l'époux défendeur pouvaient perdre leur caractère fautif en raison du comportement répréhensible du demandeur lui-même. Cette solution a été confirmée par la loi de 2004 : le défendeur, sans nier ses fautes ni soulever l'existence d'une réconciliation, a la possibilité d'invoquer les fautes du demandeur pour excuser ses propres fautes (C. civ., art. 245, al. 1er).

Ainsi, l'abandon du foyer par la femme ou une relation extraconjugale de celle-ci sont susceptibles d'être excusés par la brutalité de son mari[3]. De même les injures proférées par un époux, un caractère excessivement autoritaire peuvent être justifiés par l'adultère du conjoint[4] de même que l'abandon du domicile conjugal[5]. Inversement, l'adultère d'un époux peut être excusé lorsqu'il a été commis plusieurs mois après l'abandon du foyer par son conjoint[6]. En cas d'adultères réciproques, il appartient au juge d'apprécier si les torts de l'un des époux sont de nature à excuser ceux de l'autre[7].

Encore faut-il que la demande soit formée. En effet, les juges du fond ne sont pas tenus de rechercher d'office, en l'absence de conclusions les y invitant, si les torts d'un époux ne sont pas dépouillés de leur caractère fautif du fait du comportement de l'autre époux[8]. Mais, en l'absence même de conclusions, les juges ont la faculté de prendre en considération les torts du demandeur pour apprécier les faits que celui-ci invoque contre son conjoint[9]. En revanche, les juges du fond ne peuvent prononcer le divorce au profit d'un époux, sans examiner les griefs que l'autre conjoint fait valoir par voie de conclusions[10].

---

1. M. Bourgeois, « La faute du demandeur dans le divorce pour faute », *D.* 1986. Chron. 89.

2. Civ. 1re, 15 mai 2013, pourvoi n° 12-13667.

3. Civ. 2e, 5 févr. 1986, *Bull. civ.* II, n° 9 ; 25 nov. 1999, *RTD civ.* 2000. 90, obs. J. Hauser ; Versailles, 5 juin 1979, *D.* 1981. IR 78, obs. A. Breton ; comp. Civ. 2e, 30 nov. 2000, *Bull. civ.* II, n° 157.

4. Par ex., Civ. 2e, 29 mars 1989, *D.* 1989. IR 122 ; Versailles, 2 avr. 1979, *D.* 1981. IR 78, obs. A. Breton.

5. Civ. 1re, 15 mai 2013, pourvoi n° 12-13667 : cassation de l'arrêt qui pour prononcer un divorce aux torts exclusifs de l'épouse retient que l'abandon du domicile conjugal par celle-ci constitue un manquement grave ou renouvelé aux obligations du mariage rendant intolérable le maintien de la vie commune sans préciser les circonstances de son départ ni répondre à ses conclusions par lesquelles elle faisait valoir que son mari aurait entretenu dès cette date des relations adultères de nature à excuser son départ du domicile conjugal.

6. Par ex., Paris, 30 juin 1978, *D.* 1981. IR 78, obs. A. Breton ; Chambéry, 29 mai 1984, *JCP* 1985. II. 20347.

7. Req. 14 mai 1923, *DP* 1924. 1. 76 ; Paris, 10 oct. 1990, *D.* 1990. IR 265.

8. Civ. 2e, 23 avr. 1980, *Gaz. Pal.* 1981. 1. 89, note J. Massip.

9. Civ. 1re, 20 sept. 2006, *Bull. civ.* I, n° 409.

10. Civ. 2e, 29 mars 1989, *Bull. civ.* II, n° 87 ; Civ. 1re, 15 mai 2013, préc.

705. ***Demande reconventionnelle***. Chaque époux peut former une demande en divorce contre l'autre. L'une est la demande principale, l'autre est une demande reconventionnelle. Lorsque le demandeur a commis des fautes, mais que celles-ci n'excusent pas les griefs reprochés au défendeur, ce dernier formera en général une demande reconventionnelle en divorce. C'est-à-dire qu'il va demander à son tour le divorce, en prenant appui sur les fautes du demandeur. À défaut, en effet, de cette demande, le divorce va être prononcé à ses torts exclusifs. Or, en formant cette demande reconventionnelle en divorce pour faute du demandeur, il peut espérer que les deux demandes seront accueillies, ce qui aboutira à un divorce aux torts partagés (C. civ., art. 245, al. 2).

Les demandes principale et reconventionnelle en divorce sont indivisibles et le juge doit se prononcer sur elles par une même décision [1]. Il s'en déduit que si la demande principale est jugée irrecevable, le juge ne peut pas examiner la demande reconventionnelle [2].

706. ***Torts partagés***. Pour le défendeur, les avantages d'un divorce aux torts partagés, par rapport à un divorce prononcé à ses torts exclusifs, sont sans doute réduits par la loi du 26 mai 2004, mais demeurent indéniables. D'une part, sur un plan moral, l'époux défendeur évite d'être déclaré exclusivement responsable de la rupture du mariage. D'autre part, sur un plan pécuniaire, il échappe à une condamnation à des dommages et intérêts. Toutefois, depuis la loi de 2004, l'époux exclusivement fautif peut solliciter une prestation compensatoire, et il n'est pas privé du bénéfice des donations et avantages matrimoniaux que les époux s'étaient consentis. Pour prononcer le divorce aux torts partagés, le juge doit établir la réalité des torts des deux époux, il ne peut, alors qu'il a estimé qu'aucun des griefs invoqués par les époux n'était établi, prononcer le divorce des époux aux torts partagés [3].

707. ***Pouvoir du juge***. L'intérêt d'une demande reconventionnelle n'est donc pas négligeable. C'est pourquoi le juge a reçu le pouvoir, depuis la loi du 11 juillet 1975, de prononcer le divorce aux torts partagés en relevant d'office les éléments d'une demande reconventionnelle que le défendeur aurait négligé de former (C. civ., art. 245, al. 3). Cette prérogative exorbitante [4] déroge aux pouvoirs habituels des juges : ils ne peuvent statuer que sur les demandes qui leur sont présentées (principe dispositif).

Au moins les juges sont-ils tenus de respecter un certain nombre de principes, notamment celui de la contradiction : non seulement les débats doivent faire apparaître les torts à la charge de l'un et de l'autre époux (C. civ., art. 245, al. 3), mais encore faut-il que ces torts remplissent la double condition de l'article 242 du Code civil [5]. De

---

1. Civ. 2e, 26 nov. 1997, *Dr. fam.* 1998, no 50, note H. Lécuyer ; 18 mars 1998, *Bull. civ.* II, no 91. Sur les conséquences d'une cassation, v. Civ. 2e, 20 avr. 1988, *Bull. civ.* II, no 94 ; 26 avr. 1990, *Bull. civ.* II, no 76.

2. Civ. 1re, 19 avr. 2005, *RTD civ.* 2005. 578, obs. J. Hauser ; *D.* 2006. Pan. 339, obs. L. Williatte-Pellitteri.

3. Civ. 1re, 5 novembre 2014, no 13-21.302.

4. Il s'agit d'une faculté laissée à l'appréciation discrétionnaire du juge (Civ. 2e, 16 janv. 1991, *Bull. civ.* II, no 18), ce qui n'est pas de nature à rassurer (v. Civ. 2e, 21 juill. 1986, *D.* 1987. Somm. 275, obs. J.-C. Groslière).

5. Civ. 2e, 21 avr. 1982, *Bull. civ.* II, no 56 ; 22 nov. 1995, *Bull. civ.* II, no 288.

surcroît, les juges ont l'obligation d'inviter les parties à présenter leurs observations sur les conséquences éventuelles d'un divorce aux torts partagés et notamment sur le versement de la prestation compensatoire[1]. Enfin, en l'absence de demande reconventionnelle de l'époux défendeur, le divorce ne peut être prononcé aux torts exclusifs de l'époux demandeur[2].

1. Civ. 2e, 16 janv. 1991, *Bull. civ.* II, no 17 ; *Audijuris* 1991, no 14, p. 3, obs. P. Courbe ; 21 juill. 1992, *Bull. civ.* II, no 223 ; *Audijuris* 1992, no 24, p. 4, obs. P. Courbe ; 19 janv. 1994, *Bull. civ.* II, no 32 ; *Audijuris* 1994, no 41-42, p. 5, obs. P. Courbe ; 8 févr. 1995, *Bull. civ.* II, no 44 ; *Audijuris* 1995, no 54, p. 13, obs. P. Courbe ; 12 juin 1996, *Bull. civ.* II, no 150 ; 19 févr. 1997, *Dr. fam.* 1997, no 105, note H. Lécuyer, 11 févr. 1998, *Bull. civ.* II, no 50 ; 2 avr. 2002, *Dr. fam.* 2002, no 110, note H. Lécuyer (rendu au visa de l'art. 16 du NCPC) ; Civ. 1re, 3 févr. 2004, *Dr. fam.* 2004, no 49, note V. Larribau-Terneyre ; *RTD civ.* 2004. 269, obs. J. Hauser. La répétition des arrêts de cassation est le signe indiscutable qu'au caractère exorbitant de la prérogative laissée à la discrétion du juge s'ajoutent des difficultés de mise en œuvre qui font douter du bien-fondé du mécanisme. Il est vrai que les procès en divorce présentent bien des particularités par rapport au droit commun de la procédure civile.

2. Civ. 2e, 11 juill. 1988, *Defrénois* 1989. 997, obs. J. Massip.

Chapitre 2

La procédure judiciaire de divorce

708. ***Incidence sur le fond***. La procédure est l'ensemble des règles gouvernant l'introduction et la progression de l'instance, ainsi que la décision mettant fin au litige. En matière de divorce, la procédure revêt une importance particulière car elle a une incidence directe sur le fond. Elle rend, en effet, plus ou moins difficile le prononcé du divorce, donc influe nécessairement sur le nombre des divorces, avec les conséquences individuelles et sociales qui s'ensuivent. On peut d'ailleurs penser que l'admission du divorce sans juge diminuera le nombre de procédures judiciaires de divorce.

709. ***Institution judiciaire***. Depuis 2017, l'intervention d'un juge n'est plus indispensable pour divorcer. Toutefois le recours au divorce extrajudiciaire répond à des conditions très strictes qui devraient laisser perdurer le divorce judiciaire dans de nombreuses hypothèses. D'abord parce qu'il y a des conflits entre les époux dans de très nombreux divorces. Est contentieux par nature le divorce pour faute et en cas d'altération définitive du lien conjugal. Or, seule une autorité judiciaire est habilitée à trancher les litiges entre particuliers, en leur donnant une solution qui s'imposera, au besoin, à l'aide de la force publique. Ensuite, parce qu'il y a des intérêts à protéger, notamment ceux des enfants, et qu'un contrôle judiciaire peut être est nécessaire pour en assurer la sauvegarde même lorsque les époux sont d'accord.

710. ***Avocat***. La rupture du mariage est un enjeu suffisamment important pour que soit imposée par la loi dans tous les cas, et même dans le divorce extrajudiciaire, l'assistance obligatoire d'un avocat : sa mission est de conseiller l'époux qui l'a choisi et de défendre ses intérêts. Quand on sait, aussi, que l'instance en divorce va porter sur des faits touchant à l'intimité de la vie privée, on comprend que le formalisme soit ici primordial. Un régime particulier a donc été établi, dont les principes se trouvent dans le Code civil (art. 248 s.) et les modalités dans le Code de procédure civile, (art. 1070 s.). Ces dispositions singularisent la procédure du divorce à ses trois stades : l'exercice de l'action (Section 1), le déroulement de l'instance (Section 2) et le jugement (Section 3).

Section 1
L'exercice de l'action en divorce

711. La singularité du procès en divorce se déduit, d'abord, du caractère éminemment personnel de l'action. Il se révèle, aussi, par l'existence d'une juridiction spécialisée : le juge aux affaires familiales.

§ 1. Le caractère personnel de l'action

712. ***Vie privée.*** « *Toute personne a droit au respect de sa vie privée, de sa famille* [...] »[1]. La protection de la sphère d'intimité de chaque personne s'étend indiscutablement à sa condition conjugale et au divorce[2]. Et c'est parce que la demande en divorce se rattache étroitement à la vie personnelle des époux que l'on ne peut suivre toutes les règles habituelles de procédure. Des dispositions particulières ont été établies, relatives aux titulaires de l'action et à leur habilitation.

A. Les titulaires de l'action

713. ***Action attitrée.*** Le divorce est une affaire privée, qui ne regarde que les époux. Eux seuls ont donc qualité pour exercer l'action. C'est la manifestation la plus évidente du caractère personnel de la demande. De fait, l'action en divorce fait partie « des *cas dans lesquels la loi attribue le droit d'agir aux seules personnes qu'elle qualifie pour élever ou combattre une prétention, ou pour défendre un intérêt déterminé* » (C. pr. civ., art. 31).

714. ***Héritiers.*** D'où il résulte que les héritiers des époux ne peuvent agir à leur place, ni même poursuivre l'action en divorce que les époux auraient engagée. Et encore moins les créanciers, y trouveraient-ils un quelconque avantage[3]. Les tiers ne peuvent pas non plus s'immiscer dans le procès en divorce par la voie de l'intervention, au cours de l'instance, pas plus qu'ils ne sont autorisés à former tierce opposition au jugement de divorce[4]. Aussi, lorsque le décès d'un époux survient pendant l'instance, et avant que le jugement soit irrévocable, l'action est éteinte. En effet, le décès a dissous le mariage, et l'action ne peut donc survivre, quel que soit l'intérêt que présenterait le divorce pour le conjoint survivant ou les héritiers de l'époux défunt.

B. L'époux placé sous un régime de protection

715. ***Majeurs protégés.*** Lorsqu'un époux majeur[5] souffre d'une altération de ses facultés mentales, il convient de le protéger par l'organisation d'un régime spécifique. En l'absence d'une telle organisation, l'action en divorce ne peut être envisagée, ni en demande, ni en défense[6]. L'incapacité d'un époux qui se trouve placé sous un régime de protection (tutelle, curatelle ou sauvegarde de justice), n'est pas un obstacle à l'exercice de l'action en divorce. Mais le caractère personnel de celle-ci conduit à aménager les règles ordinaires d'habilitation.

---

1. Convention européenne de sauvegarde des droits de l'Homme et des libertés fondamentales, article 8.
2. F. Luchaire, « Les fondements constitutionnels du droit civil », *RTD civ.* 1982. 252.
3. Les créanciers ne peuvent pas, notamment, intenter l'action en divorce par la voie oblique, contrairement au droit commun (C. civ., art. 1166).
4. Civ. 17 mai 1938, *DH* 1938. 465 ; Req. 17 mai 1943, *S.* 1943. 1. 107. Le caractère strictement personnel de l'action en divorce justifie l'exclusion de la tierce opposition ; v., pour la discussion, C. Colombet et autres, p. 31 ; J. Hauser et D. Huet-Weiller, n° 317 ; R. Perrot, obs. *RTD civ.* 1981. 699.
5. Le mineur est émancipé par le mariage, donc il a la même capacité civile qu'un majeur pour ce qui concerne le divorce (C. civ., art. 476 et 481).
6. Solution tirée, par un raisonnement *a contrario*, de l'article 249-3 du Code civil.

716. ***Représentation.*** D'abord, cette incapacité exclut qu'un divorce par consentement mutuel ou pour acceptation du principe de la rupture du mariage soit demandé, faute pour l'époux incapable de pouvoir émettre un consentement valable (C. civ., art. 249-4).

717. ***Tutelle.*** Ensuite, l'époux en tutelle doit être représenté par son tuteur. Donc si une demande en divorce est formée contre l'époux en tutelle, l'action doit être exercée contre le tuteur [1]. Mais celui-ci ne peut demander le divorce au nom de l'époux incapable qu'avec l'autorisation du conseil de famille, après avis du médecin traitant (C. civ., art. 249) [2]. La loi du 26 mai 2004 a prévu que le juge des tutelles pouvait donner son autorisation si le conseil de famille n'était pas institué. Elle a prévu aussi que, dans la mesure du possible, l'intéressé doit être entendu par le juge ou le conseil de famille (C. civ., art. 249, al. 1er).

718. ***Curatelle.*** De son côté, l'époux en curatelle exerce l'action lui-même avec l'assistance de son curateur [3]. Pour des raisons évidentes, un tuteur ou un curateur spécial doit préalablement être nommé lorsque la tutelle ou la curatelle avait été confiée au conjoint de l'incapable (C. civ., art. 249-2).

719. ***Sauvegarde de justice.*** Enfin, si l'un des époux se trouve placé sous la sauvegarde de justice, la demande en divorce ne peut être examinée qu'après organisation de la tutelle ou de la curatelle (C. civ., art. 249-3) [4]. La loi du 26 mai 2004 prévoit que le juge pourra prendre les mesures provisoires prévues aux articles 254 et 255 du Code civil, qui sont nécessaires pour assurer l'existence des époux et des enfants jusqu'à la date à laquelle le jugement prend force de chose jugée [5]. Le juge pourra également prendre des mesures urgentes, dès la requête initiale, telles que prévues par l'article 257 du Code civil et, à ce titre, autoriser l'époux demandeur à résider séparément, s'il y a lieu avec ses enfants mineurs [6].

§ 2. La compétence du juge aux affaires familiales

720. ***Juge aux affaires familiales.*** Parce qu'elle concerne la personne directement, l'action en divorce est de la compétence exclusive du tribunal de grande instance. Mais un juge de ce tribunal, le juge aux affaires familiales (JAF), dispose de prérogatives si nombreuses qu'on a vu en lui « l'homme-orchestre du divorce » [7]. Il a succédé, depuis la loi

---

1. Le tuteur peut-il former alors une demande reconventionnelle en divorce ? La question n'est envisagée par aucun texte et divise la doctrine (comp. J. Hauser et D. Huet-Weiller, n° 318 ; A. Breton, obs. *D.* 1979. IR 209, et références citées). L'application de l'article 249, alinéa 1er, du Code civil (autorisation du conseil de famille et avis du médecin traitant) paraît s'imposer, en raison du caractère éminemment personnel de l'action en divorce.
2. Pour le cas d'une tutelle en gérance, v. TI Saint-Girons, 23 févr. 1995, *RTD civ.* 1995. 602, obs. J. Hauser ; *D.* 1996. 299, note J. Massip ; J. Hauser et D. Huet-Weiller, n° 318.
3. Art. 510-2 : « toute signification faite au majeur en curatelle doit l'être aussi à son curateur, à peine de nullité ». Dans le même sens, v. C. civ., art. 467.
4. Le régime de tutelle ou de curatelle doit être mis en place avant la tentative de conciliation ; v. J. Massip, note préc., *D.* 1992. 373.
5. V. ss 743 s.
6. V. ss 775.
7. J.-C. Groslière, « Le juge aux affaires matrimoniales (ou l'homme-orchestre du divorce) », *D.* 1976. Chron. 73.

du 8 janvier 1993[1], au juge aux affaires matrimoniales, juge unique créé par la réforme du divorce en 1975. L'importance de ce juge conduit, à ce stade de la procédure, à envisager en premier lieu sa compétence d'attribution, et en second lieu sa compétence territoriale.

A. Compétence d'attribution

721. ***Étendue***. La compétence matérielle du juge aux affaires familiales est considérable. Il est désormais le seul, en pratique, à intervenir en première instance[2], la compétence du tribunal étant très réduite[3]. Les pouvoirs du juge aux affaires familiales se manifestent *dès la demande*, puis *au cours* de l'instance et *après* le prononcé du divorce. Il peut même intervenir, on l'a vu, avant l'instance en divorce, pour protéger le conjoint victime de violences conjugales et répondre aux situations d'urgence[4].

722. ***Requête initiale***. Dans tous les procès en divorce, la requête initiale est présentée au juge aux affaires familiales, qu'il s'agisse de procédures contentieuses ou d'instances gracieuses. Dans les divorces contentieux, en effet, l'assignation doit être nécessairement précédée d'une phase de conciliation initiée par une requête adressée au juge aux affaires familiales. C'est lui qui délivrera l'autorisation d'assigner : c'est une clause essentielle de l'ordonnance de non-conciliation. En cas de divorce par consentement mutuel, le rôle du juge aux affaires familiales est aussi important, puisqu'il dispose d'une même compétence exclusive.

723. ***Exclusivité***. *En* première instance, le seul juge du divorce est le juge aux affaires familiales. Dès le dépôt de la requête, il peut notamment prendre des mesures urgentes, comme autoriser l'époux demandeur à résider séparément, s'il y a lieu avec ses enfants mineurs. Il peut aussi ordonner des mesures de nature strictement conservatoire, telle qu'une apposition de scellés sur les biens communs (C. civ., art. 257). Ensuite il procède à la tentative de conciliation à l'issue de laquelle il prescrit les mesures provisoires. Puis, saisi par l'assignation, dont il a autorisé la délivrance, le juge aux affaires familiales est seul compétent pour prononcer le divorce, du moins en principe (C. civ., art. 228, al. 3).

724. ***Référé***. Le juge aux affaires familiales statue, s'il y a lieu, sur les exceptions d'incompétence. Il est également juge de la mise en état (C. pr. civ., art. 1073, al. 1er). Il exerce en outre les fonctions de juge des référés, c'est-à-dire qu'il doit être saisi en cas d'urgence (C. pr. civ., art. 1073, al. 2)[5].

---

1. V. H. Parcheminal, « Le juge aux affaires familiales, nouveau juge des conflits familiaux », *JCP* 1994. I. 3762 ; P. Salvage-Gerest, « Le juge des affaires familiales (de l'homme-orchestre du divorce à l'homme-orchestre de l'autorité parentale) », *Dr. fam.* avr. 2003. Chron. 12.

2. En appel, c'est la cour qui a compétence pour prononcer le divorce ou statuer sur le contentieux ultérieur.

3. Le renvoi de l'affaire à une audience collégiale (C. civ., art. 228, al. 3) étant peu fréquent en pratique.

4. Par une ordonnance de protection : v. ss 348 s.

5. En conséquence, dès qu'une instance en divorce est en cours, le juge ordinaire des référés (c'est-à-dire le président du tribunal de grande instance) n'est plus compétent ; v. TGI Toulouse, 9 nov. 1979, *JCP* 1980. II. 19383, note R. Lindon et Ph. Bertin. Cf. C. Lienhard, « La compétence du juge aux affaires matrimoniales en tant que juge des référés entre le dépôt de la requête en divorce et la tentative de conciliation », *D.* 1985. Chron. 15.

725. ***Après divorce.*** La compétence du juge aux affaires familiales est maintenue après le divorce, pour statuer sur les modalités de l'exercice de l'autorité parentale et sur la modification de la contribution à l'entretien et l'éducation des enfants, ou pour décider de confier les enfants à un tiers, ainsi que sur la révision de la prestation compensatoire ou de ses modalités de paiement[1]. Cette compétence s'exerce suivant une procédure simplifiée, puisque le juge aux affaires familiales statue alors sans formalité et il peut être saisi par les parties intéressées sur simple requête (C. civ., art. 228, al. 4). C'est donc bien lui le juge de « l'après-divorce ».

B. Compétence territoriale

726. ***Résidence de la famille.*** La compétence *ratione loci* du juge aux affaires familiales n'est pas déterminée par l'application du principe traditionnel selon lequel il faut saisir le tribunal dans le ressort duquel se trouve le domicile du défendeur (C. pr. civ., art. 42). Des règles particulières prévoient, en effet, la compétence en matière de divorce du juge le plus proche des enfants mineurs[2].

Ainsi, le tribunal de grande instance, dont le juge aux affaires familiales est destinataire de la requête initiale, est le tribunal du lieu où se trouve la résidence de la famille (C. pr. civ., art. 1070). En cas de changement de résidence, « la compétence territoriale est déterminée par la résidence... au jour où la requête initiale est présentée » (C. pr. civ., art. 1070, al. 4). Mais si les époux ont, comme c'est fréquent, des résidences distinctes, il faut alors saisir le tribunal du lieu où réside[3] celui des époux avec lequel habitent les enfants mineurs en cas d'exercice en commun de l'autorité parentale, ou du lieu de résidence du parent qui exerce seul cette autorité. Il faut cependant vérifier qu'un époux n'a pas choisi frauduleusement une résidence en vue de créer artificiellement un chef de compétence qui lui convienne, au préjudice de son conjoint[4]. *A fortiori*, les juges sanctionnent les voies de fait (déplacement illicite d'enfant)[5].

Dans les autres cas, c'est-à-dire lorsqu'il n'y a pas d'enfants, ou bien qu'ils ne résident pas tous auprès du même parent, c'est le tribunal du lieu où réside l'époux défendeur qui est compétent. La même solution a été retenue lorsque les enfants habitent alternativement chez l'un et l'autre des parents[6].

---

1. Cette compétence s'étend à la modification de la pension alimentaire accordée au conjoint sur le fondement de l'ancien article 301 du Code civil (antérieur à la loi du 11 juillet 1975) ou d'une législation étrangère équivalente ; v. Civ. 1re, 25 mai 1992, *Bull. civ.* I, n° 157 ; *Audijuris* 1992, n° 21, p. 6, obs. P. Courbe.

2. V. Rousse, « Le fondement de la compétence territoriale dans le divorce demandé par celui des époux avec lequel habitent les enfants mineurs », *Gaz. Pal.* 1978. Doctr. 501 ; J. Maury, « La compétence territoriale en matière de demande en divorce », *D.* 1983. Chron. 27.

3. La définition de la résidence pose problème quant à l'exigence de stabilité nécessaire pour déterminer la compétence territoriale ; v. TGI Arras, 4 oct. 1977, Toulouse, 18 avr. 1977, et Paris, 23 juin 1977, *D.* 1978. IR 266, obs. J.-C. Groslière (décisions rendues en application de l'article 5 du décret du 5 décembre 1975, devenu l'article 1070 du NCPC par l'effet du décret n° 81-500 du 12 mai 1981) ; Civ. 1re, 16 mars 1999, *JCP* 1999. IV. 1887. Sur la compétence internationale, v. Civ. 1re, 2 févr. 1982, *Bull. civ.* I, n° 56 ; *D.* 1983. IR 37, obs. J.-C. Groslière ; 6 déc. 1988, *Bull. civ.* I, n° 345 ; 27 janv. 1993, *Bull. civ.* I, n° 33. V. également règlement (CE) n° 1347/2000 du Conseil du 29 mai 2000 (entré en vigueur le 1er mars 2001), abrogé à compter du 1er mars 2005 par le règlement (CE) n° 2201/2003 du Conseil du 27 novembre 2003.

4. Civ. 2e, 25 juin 1980, *Bull. civ.* II, n° 159 ; *D.* 1981. IR 379, obs. J.-C. Groslière.

5. Bordeaux, 22 mars 1978 et TGI Versailles, 26 mai 1978, *D.* 1979. IR 166, obs. J.-C. Groslière ; Paris, 25 sept. 1981, *D.* 1983. IR 36, obs. J.-C. Groslière ; Versailles, 16 mars 1983, *Gaz. Pal.* 1984. Somm. 355.

6. Civ. 2e, 2 févr. 1982, *D.* 1983. IR 37, obs. J.-C. Groslière.

Toutefois, en cas de demande conjointe, le juge aux affaires familiales compétent est, selon le choix des époux, celui du lieu où réside l'un ou l'autre. Enfin, après le prononcé du divorce, le juge compétent pour trancher un litige relatif à l'une des conséquences du divorce est, en principe, celui de la résidence de l'époux créancier ou du parent qui assume à titre principal la charge des enfants, même majeurs (C. pr. civ., art. 1070, al. 3).

727. ***Recours***. Le juge peut relever d'office la violation des règles de compétence d'attribution (C. pr. civ., art. 92) ou territoriale (C. pr. civ., art. 93). L'époux défendeur, de son côté, doit soulever l'exception d'incompétence *in limine litis* (C. pr. civ., art. 74). Les décisions du juge aux affaires familiales statuant sur la compétence sont toujours susceptibles d'appel, cette voie de recours étant seule ouverte dans ce cas (C. pr. civ., art. 98).

Section 2
Le déroulement de l'instance

728. ***Division***. Même simplifiée par la réforme de 2004, la procédure du divorce reste complexe, du fait des intérêts en jeu. Le trait dominant, et qui en fait l'originalité, est la division nécessaire de l'instance en deux parties. La première étape, préparatoire, se déroule devant le juge aux affaires familiales. La seconde, décisoire, se déroule aussi devant lui, depuis la loi du 8 janvier 1993, sauf renvoi à une audience collégiale.

§ 1. La phase préparatoire

729. ***Tronc procédural commun***. Cette phase préliminaire se déroule devant le juge aux affaires familiales (du moins en première instance). La loi du 26 mai 2004 a instauré un tronc procédural commun jusqu'à l'assignation. C'est la raison pour laquelle la requête initiale ne doit pas indiquer les motifs du divorce (C. civ., art. 251). L'audience de conciliation devrait ainsi se dérouler dans un climat apaisé, puisque les griefs ne sont plus énoncés et donc ne seront pas discutés. Le choix de la procédure ne se fera qu'ultérieurement, lors de l'assignation. Le juge est saisi par une requête initiale, au vu de laquelle il convoque les époux pour tenter de les concilier. À défaut de conciliation, il prescrit les mesures provisoires.

A. La requête initiale

730. ***Avocat***. Lorsque le divorce est demandé par un époux, celui-ci doit présenter, nécessairement par l'intermédiaire d'un avocat, une requête au juge aux affaires familiales (C. pr. civ., art. 1106). Le contenu en est très succinct, analogue à celui de la requête conjointe, vue précédemment[1]. À réception de la requête, le juge est apte à prendre certaines mesures.

731. ***Mentions obligatoires***. Encore que ni la loi (C. civ.) ni le règlement (C. pr. civ.) ne le précisent, la requête doit contenir l'identité complète des deux époux, les lieu et date

---

1. V. ss 594 s.

du mariage, ainsi que l'état civil des enfants du couple. Dans le silence des textes, l'omission d'une mention ne peut entraîner la nullité de la requête, à moins que le conjoint qui l'invoque ne justifie d'un grief, conformément au droit commun de la nullité des actes de procédure pour vice de forme (C. pr. civ., art. 114, al. 2) [1].

732. *Silence obligatoire sur le cas de divorce*. En revanche, la requête initiale ne doit pas indiquer le cas de divorce invoqué par le demandeur. L'article 251 précise que « *la requête n'indique ni le fondement juridique de la demande en divorce ni les faits à l'origine de celle-ci* » (C. pr. civ., art. 1106, al. 1er). La sanction de cette interdiction n'est pas prévue. Mais l'irrecevabilité devrait logiquement s'imposer [2]. L'objectif est d'évacuer de l'audience de conciliation toute discussion sur la cause du divorce, afin de ne pas cristalliser une atmosphère contentieuse. L'attention des époux sera donc concentrée sur l'organisation de leur vie pendant la procédure, la préparation de la liquidation du régime matrimonial, le sort des dettes et la sauvegarde de l'intérêt des enfants. Il s'agit, en d'autres termes, de faire comprendre aux époux qu'ils ont tout avantage à parvenir à un accord sur le principe du divorce, et à réfléchir à un règlement conventionnel de ses conséquences. Qu'ils évitent, aussi, le divorce pour faute. L'incitation est d'autant plus grande que le divorce pour altération définitive du lien conjugal sera prononcé dès lors que deux ans de séparation se seront écoulés au moment de l'assignation [3].

733. *Mesures provisoires*. La requête initiale doit, pour des raisons d'efficacité, contenir les demandes formées au titre des mesures provisoires ainsi qu'un exposé sommaire de leurs motifs (C. pr. civ., art. 1106, al. 1er).

734. *Convocation*. À réception de la requête, le juge aux affaires familiales fait connaître aux époux les jour, heure et lieu auxquels il procédera à la tentative de conciliation. En pratique, la convocation est adressée par le greffe du tribunal au moyen d'une lettre recommandée (doublée d'une lettre simple) avec demande d'avis de réception. À peine de nullité, cette lettre doit être expédiée quinze jours au moins à l'avance et accompagnée d'une copie de l'ordonnance (C. pr. civ., art. 1108).

735. *Mesures urgentes*. Avant même que ne se tienne l'audience au cours de laquelle le juge va procéder à la tentative de conciliation, le demandeur peut solliciter des mesures urgentes (C. pr. civ., art. 1107, al. 2). Ces mesures ne peuvent être ordonnées que si l'époux requérant se présente en personne (C. pr. civ., art. 1106, al. 2), afin que le juge s'entretienne avec lui des mesures sollicitées et en apprécie le bien-fondé. Il faut bien voir, en effet, que ces mesures sont susceptibles d'être ordonnées par le juge sans que le conjoint défendeur en soit averti et qu'il ait donc fait valoir ses moyens de défense. D'où la limitation de la compétence du juge aux mesures énumérées par l'article 257 du Code civil [4].

---

1. Civ. 2e, 4 févr. 1981, *Gaz. Pal.* 1981. 2. 800, note J. Viatte ; Paris, 9 nov. 1978, *JCP* 1980. II. 19312, note R. Lindon.
2. TGI Bordeaux, Ord. JAF, 22 nov. 2005, *RTD civ.* 2006. 288, obs. J. Hauser ; en ce sens, C. Lienhard, *AJ fam.* 2004. 211.
3. Ph. Malaurie et H. Fulchiron, *op. cit.*, no 632. Dans un sens plus pessimiste, cf. J.-J. Lemouland, article préc., *D.* 2004. 1830 ; V. Larribau-Terneyre, article préc., *Dr. fam.* sept. 2004, p. 10.
4. Civ. 2e, 16 avr. 1986, *Bull. civ.* II, no 56 ; *D.* 1987. Somm. 273, obs. J.-C. Groslière, approuvant le rejet des demandes d'attribution du domicile conjugal, de garde des enfants, de pension alimentaire et d'usage de la voiture automobile.

En vertu de ce texte, il a le pouvoir notamment, en cas de danger, d'autoriser l'époux demandeur à résider séparément, s'il y a lieu avec ses enfants mineurs[1]. Mais le juge peut aussi, pour la garantie des droits d'un époux, s'il faut craindre une dilapidation ou un détournement des biens par le conjoint, ordonner à l'insu de ce dernier toutes mesures conservatoires (C. civ., art. 257) : ainsi, ordonner le placement sous administration judiciaire de valeurs mobilières[2], ordonner l'apposition de scellés sur les biens communs ou autoriser la saisie attribution d'un compte bancaire.

Cette ordonnance du juge aux affaires familiales ne peut faire l'objet **d'aucun recours**. Les mesures d'urgence éventuellement prescrites pourront être discutées par l'époux défendeur pendant l'audience de conciliation[3]. Mais, le juge aux affaires familiales qui a pris, par ordonnance sur requête, des mesures urgentes, reste compétent pour connaître en référé de la demande de rétractation de son ordonnance, en dépit de la comparution des parties devant le juge de la conciliation[4].

B. La tentative de conciliation

736. ***Obligatoire***. C'est un moment crucial de la procédure : mais ses objectifs ont changé. Naguère, le juge devait tenter de faire renoncer le demandeur à son projet (C. civ., anc. art. 252-2). Mais cette réconciliation des époux était très rare. La loi du 26 mai 2004, qui a posé le principe de la liberté de divorcer, a modifié la mission du juge, qui doit désormais chercher « *à concilier les époux tant sur le principe du divorce que sur ses conséquences* » (C. civ., art. 252, al. 2). C'est pourquoi la tentative de conciliation est obligatoire dans toutes les procédures de divorce contentieux. La Cour de cassation a ainsi cassé un arrêt d'appel qui pour statuer sur la requête en divorce et fixer les mesures provisoires, constate la non-conciliation implicite des époux et relève que même si aucune tentative de conciliation n'a été réalisée par le premier juge, le contexte exclut qu'une réconciliation puisse intervenir[5]. L'audience elle-même se déroule selon un rituel peu formaliste et s'achève par le prononcé d'une ordonnance qui peut faire l'objet de recours.

737. ***Chambre du conseil***. Parce que ce sont des faits touchant à l'intimité de la vie privée qui vont être évoqués, l'audience de conciliation se déroule en chambre du conseil, c'est-à-dire à huis clos, hors la présence du public (art. 1074). Elle présente plusieurs caractéristiques. C'est, d'abord, l'obligation faite au juge de statuer, s'il y a lieu, sur la compétence. Il peut notamment relever d'office son incompétence territoriale, s'agissant

---

1. TGI Avesnes-sur-Helpe, 11 févr. 1976, *Gaz. Pal.* 1976. 1. 334.

2. TGI Paris, 10 mai 1976, *D.* 1978. 596, note C. I. Foulon-Piganiol : décision rendue en application des articles 220-1 et 257 du Code civil, celui-ci réservant expressément l'application de celui-là. En vertu des mêmes textes, le mari peut se voir imposer d'obtenir le consentement de sa femme pour disposer de ses biens propres, jusqu'à la fixation de la prestation compensatoire : Civ. 2e, 6 mai 1987, *Bull. civ.* II, n° 99.

3. Civ. 2e, 11 juill. 1978, *D.* 1979. IR 162, obs. J.-C. Groslière. V. H. L. et J. Mazeaud et L. Leveneur, n° 1454-2.

4. Civ. 1re, 13 juill. 2005, *RTD civ.* 2005. 763, obs. J. Hauser ; *RJPF* n° 12, 2006. 22, obs. F. Eudier. La Cour de cassation rappelle : « le référé à fins de rétractation ne constitue pas une voie de recours mais s'inscrit dans le nécessaire respect par le juge du principe de la contradiction qui commande qu'une partie, à l'insu de laquelle une mesure urgente a été ordonnée, puisse disposer d'un recours approprié contre la décision qui lui fait grief ».

5. Civ. 1re, 16 déc. 2015, n° 14-28.296, *RJPF* 2016-2/23.

d'un litige relatif à l'état des personnes (C. pr. civ., art. 93)[1]. Le juge doit, ensuite, s'entretenir personnellement avec chaque époux séparément, avant de les réunir en sa présence (C. civ., art. 252-1). Les avocats sont ensuite appelés à assister et à participer à l'entretien. Pour faciliter le dialogue, la loi prévoit que ce qui a été dit ou écrit à l'occasion d'une tentative de conciliation ne pourra pas être invoqué pour ou contre un époux ou un tiers dans la suite de la procédure (C. civ., art. 252-4). Chaque époux peut ainsi, sans crainte, s'exprimer en toute franchise, laquelle est une condition indispensable à une très éventuelle réconciliation.

738. ***Présence des époux***. Ces entretiens supposent la présence effective des époux. Ils ne peuvent pas se faire représenter. Mais si l'époux défendeur ne se présente pas devant le juge, l'entretien aura lieu avec le seul demandeur, et le juge devra l'inviter à la réflexion (C. civ., art. 252-1, al. 3). De sorte que le défaut du défendeur ne suffit pas à paralyser la procédure.

739. ***Décision du juge***. L'audience se termine par la décision du juge. Si la tentative aboutit, ce qui est très rare en pratique, la conciliation des époux est constatée par procès-verbal. Celui-ci met fin à la procédure engagée.

En fait, les époux parviennent très rarement à se réconcilier devant le juge. Il arrive, toutefois, que ce dernier décèle des chances de conciliation. Il peut alors suspendre la tentative, en ménageant aux époux un temps de réflexion de huit jours. Si un plus long délai paraît utile, le juge peut décider de suspendre la procédure et de recourir à une nouvelle tentative de conciliation dans les six mois au plus. Il ordonne, s'il y a lieu, les mesures provisoires nécessaires (C. civ., art. 252-2).

740. ***Ordonnance de non-conciliation***. Si, après avoir entendu chacun des époux sur le principe de la rupture, le juge constate que le demandeur maintient sa demande, il rend une ordonnance de non-conciliation (ONC) autorisant l'époux qui a présenté la requête initiale à assigner son conjoint (C. pr. civ., art. 1111, al. 1er). Il statue aussi sur les mesures provisoires (qui seront étudiées ci-dessous) après avoir essayé d'amener les époux à un règlement amiable de ces mesures[2]. Le juge doit aussi inciter les époux à régler les conséquences du divorce à l'amiable. À cette fin, il leur demande de présenter pour l'audience de jugement un projet de règlement des effets du divorce (C. civ., art. 252-3). Il s'agit, en d'autres termes, d'anticiper le règlement des intérêts pécuniaires dès le stade de la conciliation et de privilégier la conclusion d'accords, même partiels, entre les époux. Certaines mesures provisoires, on le verra, favorisent la préparation, par un professionnel qualifié, de la liquidation du régime matrimonial.

741. ***Fin de non-recevoir***. Délimitant l'office du juge, la Cour de cassation considère que le JAF n'a pas le pouvoir de statuer sur une fin de non-recevoir opposée à une requête initiale en divorce pour faute[3]. En effet, le juge qui procède à une tentative de conciliation statue, s'il y a lieu, sur la compétence et, à défaut de conciliation, se borne à autoriser l'époux demandeur à assigner son conjoint au fond et prescrit les mesures provisoires. De

---

1. Paris, 23 sept. 1988, *D.* 1988. IR 252.
2. Les conventions passées par les époux, pendant l'instance en divorce, pour la liquidation et le partage de leur régime matrimonial doivent revêtir la forme notariée lorsque la liquidation porte sur des biens soumis à la publicité foncière (C. civ., art. 265-2 nouv.).
3. Civ. 2e, 9 janv. 2003, *RTD civ.* 2003. 274, obs. J. Hauser.

telle sorte que l'instance n'est pas introduite devant lui, il n'est pas saisi du fond, et il ne peut donc pas juger un moyen de défense tel que la fin de non-recevoir tirée de l'autorité de la chose jugée. En revanche, le contrôle à titre incident de la régularité internationale d'un jugement étranger peut être opéré par tout juge devant lequel ce jugement est invoqué pour contester son pouvoir de juger. En conséquence, le JAF a le pouvoir de statuer sur la fin de non-recevoir tirée de l'autorité de la chose jugée du jugement étranger de divorce [1]. Solution logique, parce que si la décision étrangère est jugée régulière, la nouvelle demande de dissolution du mariage est sans objet, de telle sorte que le JAF se trouve dépourvu du pouvoir de juger, alors même que le contrôle de régularité du jugement étranger ne le conduit pas à porter une appréciation sur le fond.

742. ***Appel.*** À ce stade de la procédure, l'ordonnance de non-conciliation qui autorise les époux à résider séparément et l'un d'eux à assigner son conjoint, si elle ne prescrit aucune autre mesure, ne peut pas faire l'objet d'un appel. En revanche, l'ordonnance de non-conciliation est susceptible d'appel, dans les quinze jours de sa notification, « *quant à la compétence et aux mesures provisoires* » (C. pr. civ., art. 1112). Mais, conformément au droit commun (C. pr. civ., art. 606 s.), le pourvoi en cassation n'est pas recevable contre l'arrêt qui statue sur l'appel de l'ordonnance de non-conciliation [2], ni de recours en révision [3].

Malgré les termes restrictifs de l'article 1112 du Code de procédure civile, la jurisprudence admet l'appel dans d'autres cas. Cette voie de recours est ainsi déclarée recevable lorsqu'elle tend, non à la réformation de l'ordonnance de non-conciliation, mais à son annulation [4]. Il en va de même lorsque le juge aux affaires familiales a commis un excès de pouvoir [5]. Ces solutions sont justifiées : l'appel reste en effet « la voie irréductible du contrôle de la légalité » [6].

C. Les mesures provisoires

743. ***Durée de l'instance.*** L'instance en divorce étant engagée, entre le début de la procédure et le prononcé définitif du divorce, un temps assez long (plusieurs mois à un an s'il n'y a pas d'appel, quelques années à l'inverse) va effectivement s'écouler, délai pendant lequel il faut aménager la séparation des époux et régler la situation des enfants. C'est l'objet des mesures provisoires, ainsi qualifiées parce qu'elles ne subsistent que pendant la durée de l'instance. À ce titre elles sont provisoires : elles doivent disparaître lorsqu'une décision sur le fond a été rendue et est passée en force de chose jugée. Et pour cette raison, elles sont, de plein droit, exécutoires à titre provisoire (C. pr. civ.,

---

1. Civ. 1re, 10 mai 2007, *D.* 2007. 1432, obs. I. Gallmeister et *ibid.*, Pan. 2690, obs. M. Douchy-Oudot ; *RTD civ.* 2007. 552, obs. J. Hauser.

2. V. Civ. 2e, 10 févr. 1982, *Bull. civ.* II, n° 18 ; *D.* 1983. IR 80, obs. J.-C. Groslière ; 10 janv. 1985, *Bull. civ.* II, n° 7 : les arrêts d'appel qui se bornent à statuer sur les mesures provisoires ne peuvent être frappés de pourvoi en cassation indépendamment du jugement sur le fond (A. Bénabent, *op. cit.*, n° 513) ; *adde* : Civ. 1re, 3 oct. 2006, *D.* 2007. 2695, obs. M. Douchy-Oudot.

3. Le recours en révision est exclu car les mesures provisoires sont susceptibles d'être supprimées, modifiées ou complétées en cas de survenance d'un fait nouveau (Civ. 2e, 3 oct. 2002, *Bull. civ.* II, n° 202 ; *RTD civ.* 2003. 66, obs. J. Hauser).

4. Civ. 2e, 3 juill. 1985, *D.* 1986. IR 17, obs. J.-C. Groslière ; *JCP* 1986. II. 20625, note R. Lindon et A. Bénabent ; *RTD civ.* 1986. 643, obs. R. Perrot.

5. Civ. 2e, 18 juin 1981, *Gaz. Pal.* 1982. 1.14, note J. Viatte.

6. J.-C. Groslière, obs. préc.

art. 1074-1). Mais elles sont aussi dites « provisoires » parce qu'elles peuvent toujours être modifiées pendant le cours de l'instance, dès lors qu'est survenu un fait nouveau (C. pr. civ., art. 1118) : elles sont ainsi toujours appropriées à la situation familiale [1].

Au vrai, la terminologie ne doit pas induire en erreur : ces mesures revêtent une importance indiscutable car elles préfigurent le plus souvent celles qui seront ordonnées finalement par le jugement de divorce. Il convient, par conséquent, de s'attacher d'abord aux modalités de fixation de ces mesures puis à leur contenu.

1) Détermination des mesures provisoires

744. ***Consentement mutuel.*** En cas de divorce par consentement mutuel, s'il y a eu refus d'homologation, les époux règlent eux-mêmes les mesures provisoires qu'ils s'accordent à prendre jusqu'à la date à laquelle le jugement de divorce passe en force de chose jugée. Mais le juge aux affaires familiales peut faire supprimer ou modifier les clauses de cette convention qui lui paraîtraient contraires à l'intérêt des enfants (C. civ., art. 250-2) [2]. Ces mesures provisoires seront ainsi homologuées par le juge (C. pr. civ., art. 1100, al. 4).

745. ***Autres cas de divorce.*** Dans les autres cas de divorce, c'est le juge qui prescrit les mesures provisoires (C. civ., art. 254). Mais, à cette fin, il doit prendre en considération les accords que les époux ont déjà conclus entre eux (C. civ., art. 254). Ces mesures sont fixées dans l'ordonnance de non-conciliation, toutes au demeurant révisables. En effet, s'il survient un fait nouveau, le juge peut supprimer, modifier ou compléter les mesures qu'il a prescrites, afin de les adapter à l'évolution de la situation. En outre, la décision relative aux mesures provisoires est susceptible d'appel (mais non de pourvoi en cassation) dans les quinze jours de sa notification (C. pr. civ., art. 1119).

746. ***Durée.*** Les mesures provisoires ont une durée très variable suivant les cas. D'abord, il convient de préciser qu'elles sont caduques si aucun époux n'a assigné son conjoint dans les trente mois du prononcé de l'ordonnance de non-conciliation (C. pr. civ., art. 1113) [3]. Ensuite, ces mesures subsistent jusqu'à ce que la décision sur le fond prenne force de chose jugée [4].

747. ***Appel.*** Sans doute n'est-il pas inutile de préciser qu'un jugement a force de chose jugée s'il n'est susceptible d'aucun recours suspensif d'exécution. Donc les mesures

---

1. Lorsque la cour d'appel est saisie de l'instance en divorce, elle a le pouvoir, en cas de survenance d'un fait nouveau, de modifier ou de supprimer une mesure provisoire : Civ. 1re, 4 oct. 2005, *D.* 2006. 2437, obs. M. Douchy-Oudot ; *RTD civ.* 2006. 94, obs. J. Hauser.

2. V. ss 630 ; v. l'homologation d'une convention temporaire prévoyant la dispense mutuelle des époux du devoir de fidélité : TGI Lille, JAF, 26 nov. 1999, *RTD civ.* 2000. 296, obs. J. Hauser.

3. La caducité des mesures provisoires intervenait traditionnellement à l'expiration d'un délai de six mois. Dans la mesure où les époux séparés, mais engagés dans une procédure de divorce, n'étaient guère susceptibles de reprendre la vie commune, ce délai était manifestement trop bref, notamment pour permettre aux époux de conclure des accords sur le divorce et sur ses conséquences. C'est pourquoi le décret du 29 octobre 2004 a modifié le Code de procédure civile et porté le délai de caducité à trente mois à compter du prononcé de l'ordonnance.

4. L'ordonnance par laquelle le juge ordonne des mesures provisoires est dépourvue de l'autorité de chose jugée au principal : Civ. 2e, 4 mars 1998, *Bull. civ.* II, n° 70.

provisoires subsistent pendant l'instance d'appel [1]. Elles se poursuivent aussi quand un pourvoi est formé. En effet, contrairement au droit commun, le pourvoi en cassation contre la décision qui prononce le divorce a un effet suspensif (C. pr. civ., art. 1086). Par conséquent, en cas de pourvoi, la procédure de divorce est toujours en cours, de sorte que l'ordonnance de non-conciliation continue de produire ses effets jusqu'au rejet du pourvoi par la Cour de cassation [2], ou, si une cassation est prononcée, jusqu'à ce que soit définitif l'arrêt rendu par la cour d'appel de renvoi [3]. Toutefois, si le pourvoi est limité aux conséquences du divorce, le prononcé du divorce est devenu irrévocable, de telle sorte que la pension alimentaire allouée par l'ordonnance de non-conciliation cesse d'être due [4].

748. ***Rejet de la demande en divorce***. En revanche, les mesures provisoires sont caduques quand la décision qui rejette la demande en divorce ne peut plus faire l'objet d'un recours suspensif. Ainsi, le pourvoi en cassation ne suspend pas l'exécution de l'arrêt d'appel qui rejette la demande. Dès son prononcé, cet arrêt est exécutoire, donc il entraîne la caducité des mesures prescrites par l'ONC [5].

2) Contenu des mesures provisoires

749. ***Enfants***. Les mesures prescrites par le juge dans l'ordonnance de non-conciliation sont celles qui doivent assurer l'existence des époux et celle des enfants jusqu'à la date à laquelle le jugement passe en force de chose jugée (C. civ., art. 254).

S'il y a des enfants mineurs, le juge se prononçait traditionnellement, au titre des mesures provisoires, sur les modalités de l'exercice de l'autorité parentale. La loi du 4 mars 2002 relative à l'autorité parentale a supprimé toutes les dispositions particulières relatives à la procédure de divorce. Il est désormais prévu (C. civ., art. 256) que les conséquences de la séparation pour les enfants sont réglées selon les dispositions du droit commun de l'autorité parentale.

750. ***Situation des époux***. Pour fixer le régime de la situation des époux pendant la durée de l'instance en divorce, la loi du 26 mai 2004 reprend la liste non limitative des mesures provisoires susceptibles d'être prises lors de la conciliation, et elle complète cette liste en prévoyant de nouveaux cas d'intervention du juge.

751. ***Médiation familiale***. Ainsi, en vue d'apaiser la procédure, la loi prévoit désormais que le juge pourra proposer aux époux une mesure de médiation familiale et, après avoir recueilli leur accord, désigner un médiateur familial à cet effet (art. 255, 1°). De fait, la médiation familiale n'est efficace que si elle recueille l'adhésion des époux. Mais,

---

1. Civ. 2e, 25 mai 1993, *Audijuris* 1993, n° 35, p. 51, obs. P. Courbe. Les mesures provisoires sont exécutoires de plein droit dès leur prononcé : Civ. 2e, 8 juill. 1998, *Bull. civ.* II, n° 239. Il s'en suit que le premier président d'une cour d'appel n'a pas le pouvoir d'en arrêter l'exécution : Civ. 2e, 19 févr. 1997, *Bull. civ.* II, n° 47.

2. V. Civ. 2e, 10 avr. 1991, *Bull. civ.* II, n° 120 ; *RTD civ.* 1991. 506, obs. J. Hauser et D. Huet-Weiller ; *Audijuris* 1992, n° 19, p. 33, obs. P. Courbe ; 18 déc. 1996, *Dr. fam.* 1997, n° 61, note H. Lécuyer ; 4 juill. 2002, *Bull. civ.* II, n° 153 ; *RTD civ.* 2002. 788, obs. J. Hauser.

3. V. J. Hauser et D. Huet-Weiller, n° 346 ; cf. Civ. 2e, 10 nov. 1999, *Bull. civ.* II, n° 166.

4. V. Civ. 2e, 10 juill. 1991, *Bull. civ.* II, n° 214 ; *Audijuris* 1991, n° 13, p. 1, obs. P. Courbe ; Civ. 2e, 18 mai 2000, *Bull. civ.* II, n° 81 ; *RTD civ.* 2000. 549, obs. J. Hauser ; *Dr. fam.* 2000, n° 143, note H. Lécuyer.

5. Civ. 1re, 25 janv. 2005, *D.* 2005. 388 ; *RTD civ.* 2005. 371, obs. J. Hauser.

pour favoriser le recours à la médiation, la loi prévoit que le juge pourra enjoindre aux époux de rencontrer un médiateur familial pour une séance d'information sur l'objet et le déroulement de la médiation (art. 255, 2°). C'est là une obligation destinée à développer le recours à la médiation familiale, qui est actuellement peu pratiquée par les tribunaux.

La loi ne précise pas quel est l'objet de cette médiation : il peut s'agir aussi bien du choix de la procédure de divorce, que de la conclusion d'accords portant sur le règlement des intérêts pécuniaires des époux.

752. *Résidence séparée*. Ensuite, le juge va se prononcer sur la résidence des époux : cette décision vaut dispense légale du devoir de cohabitation. Cette dispense de cohabitation emporte de plein droit domicile distinct pour chaque époux (C. civ., art. 108-1). Aussi, elle a des répercussions sur la filiation des enfants à naître (C. civ., art. 313). Pour ces raisons, la date de l'ordonnance autorisant les époux à résider séparément est publiée à l'état civil avec le dispositif du jugement de divorce (C. pr. civ., art. 1081). Dans la loi du 26 mai 2004, il n'est plus question d'autorisation. Il est seulement prévu que le juge peut « *statuer sur les modalités de la résidence séparée des époux* » (art. 255, 3°).

L'organisation de la résidence séparée porte notamment sur l'attribution à l'un des époux de la jouissance du logement familial et du mobilier du ménage[6] : mais il arrive que le juge partage cette jouissance entre les époux, ce qui est assurément bien plus facile pour le mobilier que pour le logement ! En règle générale, le logement sera conservé par l'époux auquel la garde des enfants mineurs est confiée. Si besoin est, le juge ordonne aussi la remise des vêtements et objets personnels (C. civ., art. 255, 5°).

Il est précisé si cette jouissance a un caractère *gratuit* ou non et le juge pourra, le cas échéant, constater l'accord des époux sur le montant d'une indemnité d'occupation (art. 255, 4°).

753. *Indemnité d'occupation*. La question de l'indemnité d'occupation fut une source abondante de contentieux avant que la loi de 2004 impose au juge de préciser si la jouissance du logement était ou non à titre gratuit. Pour décider du sort de l'occupation gratuite pendant la durée de l'instance, il fallait se livrer à une recherche rétrospective[7]. D'autant plus que la Cour de cassation avait jugé que la jouissance privative était à titre onéreux « dès lors que les termes de l'ordonnance de non-conciliation ne permettent pas de retenir qu'elle a été attribuée à titre gratuit »[8]. Elle avait toutefois décidé plus récemment que l'époux qui jouit privativement d'un immeuble indivis n'est redevable, à partir de l'assignation ou de la cessation de la cohabitation-collaboration, d'une indemnité

---

6. Au rang des meubles (au sens juridique) figurent... les animaux, à propos desquels les juges ne peuvent attribuer « garde » ou « droit de visite » (TGI Évreux, 27 juin 1978, *Gaz. Pal.* 1978. 2. 382 ; Paris, 11 janv. 1983, *Gaz. Pal.* 1983. 2. 412 ; 5 juin 1991, *RTD civ.* 1991. 717, obs. J. Hauser et D. Huet-Weiller) mais qui peuvent donner lieu à un conflit relatif à la propriété (v. Paris, 5 juin 1991, préc. ; Rouen, 22 nov. 1978, *D.* 1980. IR 75, obs. A. Bénabent). Sur les projets, v. Rép. min. n° 52921 (*JOAN Q* 20 sept. 2005, p. 8693).

7. Civ. 1re, 28 févr. 1989, *Bull. civ.* I, n° 95 ; 7 juin 1989, *Bull. civ.* I, n° 223 ; 18 janv. 1989, *Bull. civ.* I, n° 22 ; *D.* 1990. Somm. 117, obs. A. Bénabent ; Civ. 1re, 6 mars 1990, *Bull. civ.* I, n° 61 ; *Defrénois* 1990, art. 34912, obs. J. Massip ; 25 juin 1991, *Bull. civ.* I, n° 206, *Defrénois* 1992, art. 35190, obs. F. Lucet ; 13 avr. 1999, *Bull. civ.* I, n° 126 ; 14 juin 2000, *Bull. civ.* I, n° 183 ; *RTD civ.* 2001. 114, obs. J. Hauser ; v. *RTD civ.* 1991. 712 et 1995. 868, obs. J. Hauser et D. Huet-Weiller.

8. Civ. 1re, 25 juin 2002, *Bull. civ.* I, n° 173 ; *RTD civ.* 2002. 787, obs. J. Hauser. D'où il ressort qu'à défaut de précision dans l'ordonnance de non-conciliation, l'occupation privative donne lieu au paiement d'une indemnité (cf. Ph. Malaurie et H. Fulchiron, *op. cit.*, n° 641).

d'occupation, sur le fondement des articles 262-1 (antérieur à la loi du 26 mai 2004) et 815-9 (antérieur à la loi du 23 juin 2006) qu'en l'absence de disposition contraire [1].

Depuis 2004, le juge doit préciser si la jouissance du logement a un caractère gratuit ou non. C'est une clarification utile, mais dont la portée doit être bien précisée. En effet, la loi ne permet pas au juge, à ce stade, de fixer le montant de l'indemnité d'occupation. Il pourra seulement constater un éventuel accord des époux sur le montant de celle-ci.

754. ***Relations pécuniaires***. Ainsi le juge a-t-il souvent à statuer sur les relations pécuniaires des époux pendant l'instance : la séparation des résidences entraîne la séparation des budgets. Or, un époux peut manquer de ressources suffisantes pour vivre convenablement. Si son conjoint en a les moyens, il devra verser à l'époux dans le besoin une pension alimentaire, fondée sur le devoir de secours et l'obligation de contribuer aux charges du mariage, devoir et obligation qui subsistent tant que le mariage n'est pas dissous par le divorce [2]. Cette pension est révisable, en fonction de l'évolution de la situation financière respective des époux. Elle peut être sollicitée en première instance comme en appel, par le demandeur comme par le défendeur.

Le juge devra aussi se prononcer sur la prise en charge, par l'un ou l'autre époux, des arrérages des emprunts souscrits pour l'acquisition de ce logement. Le juge pourrait enfin prescrire d'autres mesures, relatives par exemple au règlement des crédits ménagers ou au paiement des impôts (C. civ., art. 255, 6°), comme il pourrait accorder à l'un des conjoints des provisions sur sa part de communauté, si la situation le rend nécessaire (C. civ., art. 255, 7°). Certaines mesures comme les provisions accordées à un époux sur sa part de communauté, anticipent du reste les conséquences du divorce qui sera prononcé par le juge au second stade de la procédure.

755. ***Provision ad litem***. En vertu de l'article 255, 6°, du Code civil, le juge peut aussi fixer la provision *ad litem* que l'un des époux devra verser à son conjoint. Le bénéficiaire doit ne pas avoir assez de ressources pour faire face aux frais du procès. Cette provision a un objet beaucoup plus limité que celui d'une pension alimentaire.

Le juge peut statuer sur l'attribution de la jouissance ou de la gestion des biens communs ou indivis autres que logement et le mobilier du ménage, sous réserve des droits de chaque époux dans la liquidation du régime matrimonial (art. 255, 8°). Mais, interprétant restrictivement cette disposition, la Cour de cassation a déclaré le JAF incompétent pour attribuer à l'un des époux les revenus provenant de biens indivis ou la part du prix de vente d'un bien indivis, considérant que ces mesures relèvent, en application de l'article 815-11 du Code civil, de la seule compétence du président du TGI [3].

---

1. Civ. 1re, 19 sept. 2007, *AJ fam.* 2008. 35, obs. S. David ; *D.* 2008. Pan. 812, obs. G. Serra et L. Williatte-Pellitteri. Sur la prescription, v. Civ. 1re, 15 mai 2008, *D.* 2008. AJ 1553.

2. La Cour de cassation vise aussi bien l'article 212 du Code civil (Civ. 2e, 27 mars 1974, *Bull. civ.* II, n° 110) que l'article 214 du même code (Civ. 2e, 22 janv. 1975, *D.* 1975. 590, note Y. Chartier), sans doute parce que la pension alimentaire accordée au titre des mesures provisoires (C. civ., art. 255, 6°) manifeste l'exécution du devoir de secours entre époux, qui subsiste pendant l'instance en divorce mais aussi tient lieu de contribution aux charges du mariage. De fait, la Cour de cassation a jugé que les mesures provisoires de l'article 255 du Code civil se substituent d'office à la contribution aux charges du mariage dès le prononcé de l'ordonnance de non-conciliation : Civ. 2e, 30 nov. 1994, *Bull. civ.* II, n° 245. Inversement, la pension alimentaire allouée pour la durée de l'instance cesse d'être due lorsque, mettant fin au devoir de secours, la décision qui a prononcé le divorce des époux est devenue irrévocable : Civ. 2e, 10 oct. 1985, *Bull. civ.* II, n° 154.

3. Civ. 1re, 17 janv. 2006, *Bull. civ.* I, n° 12.

756. *Régime matrimonial*. La loi du 26 mai 2004 a cherché à encourager une liquidation plus précoce du régime matrimonial, mais sans toutefois en faire une condition préalable au prononcé du divorce. D'abord, parce qu'un accord peut être difficile à trouver lorsque les époux traversent une crise conjugale. Ensuite, parce que la liquidation peut poser des problèmes difficiles à trancher, sous peine d'allonger exagérément la procédure de divorce et le prononcé des mesures provisoires.

C'est pourquoi la loi vise avant tout à inciter davantage les époux à régler eux-mêmes le partage de leurs intérêts pécuniaires. À cette fin, la loi prévoit que le juge aux affaires familiales peut désigner tout professionnel qualifié en vue de dresser un inventaire estimatif ou de faire des propositions quant au règlement de ces intérêts pécuniaires (art. 255, 9°). Le notaire n'a alors pas pour mission de procéder au partage en proposant l'attribution de lots à chaque époux. C'est dire qu'il prépare la liquidation sans procéder au partage [1]. Enfin, la loi précise que le juge peut désigner un notaire « *en vue d'élaborer un projet de liquidation du régime matrimonial et de formation des lots à partager* » (art. 255, 10°). L'article 267 du Code civil tel qu'issu de l'ordonnance n° 2015-1288 du 15 octobre 2015 entrée en vigueur le 1er janvier 2016 [2] permet au juge de statuer sur les demandes de maintien dans l'indivision, d'attribution préférentielle et d'avance sur part de communauté ou de biens indivis, ainsi que sur les demandes de liquidation-partage lorsqu'a été utilisé l'article 255, 10°, du Code civil, ; il acquiert le pouvoir de statuer en présence d'une « *déclaration commune d'acceptation d'un partage judiciaire indiquant les points de désaccord entre les époux* ». Enfin, le dernier alinéa de l'article 267 du Code civil donne compétence au juge du divorce pour statuer, même d'office, sur la détermination du régime matrimonial applicable aux époux, consacrant ainsi un changement de cap déjà opéré par la Cour de cassation pour tenir compte des évolutions législatives [3].

§ 2. La phase décisoire

757. *Juge aux affaires familiales*. Depuis la loi du 8 janvier 1993, le juge aux affaires familiales a vu sa compétence élargie à la phase contentieuse du divorce. Il a toutefois la possibilité de renvoyer l'affaire à une audience collégiale du tribunal. Ce renvoi est de droit à la demande d'une partie (C. civ., art. 228, al. 3).

La procédure à suivre pendant la seconde partie de l'instance est, en principe, soumise aux dispositions du Code de procédure civile qui gouvernent le déroulement des instances civiles devant le tribunal de grande instance. Quelques particularités distinguent, toutefois, des autres la procédure du divorce, et méritent à ce titre d'être étudiées. Elles tiennent à l'assignation (A), aux débats (B), à la preuve (C) et aux « passerelles » (D).

---

1. Le notaire intervient donc comme un expert, avec un rôle très différent de celui que doit assurer le notaire désigné afin de procéder aux opérations de comptes, liquidation et partage : sur la différence des statuts, v. obs. J. Hauser, obs. *RTD civ.* 2006. 745, sous Civ. 1re, 4 juill. 2006, jugeant que la désignation du notaire commis ne relève pas de l'article 6, § 1, de la Convention européenne des droits de l'Homme.

2. *JCP* 2016. 62, obs. P. Murat

3. Civ. 1re, 20 mars 2013, n° 11-27.845, *D.* 2013. 1451, note S. Le Gac-Pech ; AJF 2013. 388, obs. A. Boiché.

A. L'assignation

758. ***Délais***. L'autorisation d'assigner son conjoint est accordée à l'époux demandeur par le juge aux affaires familiales dans l'ordonnance de non-conciliation.

Mais, des délais spéciaux sont prévus (C. pr. civ., art. 1113). Si, en effet, l'époux demandeur n'a pas usé de l'autorisation d'assigner dans les trois mois du prononcé de l'ordonnance, son conjoint pourra, dans un nouveau délai de trente mois, l'assigner lui-même[1]. Mais, pendant ce délai supplémentaire, l'époux demandeur conserve le droit d'assigner. De telle sorte que cette assignation doit être délivrée, par huissier, à la requête de l'un des deux époux, dans les trente mois qui suivent le prononcé de l'ordonnance. En outre, la sanction du respect de ce délai est très originale : en effet, si l'un ou l'autre époux n'a pas saisi le juge à l'expiration des trente mois, les mesures provisoires sont caduques[2]. En édictant cette caducité automatique, le législateur veut éviter que les époux ne laissent perdurer une situation provisoire. Après les trente mois, l'autorisation d'assigner n'est plus valable[3]. Elle ne pourra pas être utilisée en vue d'obtenir un jugement sur le fond, et la procédure devra être reprise entièrement.

La loi du 26 mai 2004 a instauré un tronc procédural commun, avec une requête initiale non motivée. C'est donc seulement à l'issue de la tentative de conciliation que l'assignation en divorce précisera le fondement choisi. Un époux peut alors introduire l'instance en choisissant l'un des trois cas de divorces contentieux. Mais deux époux peuvent aussi introduire conjointement l'instance lorsqu'à l'audience de conciliation ils ont déclaré accepter le principe de la rupture du mariage et le prononcé du divorce sur le fondement de l'article 233. Dans ce cas, l'instance ne peut être engagée que sur ce fondement (C. civ., art. 257-1).

759. ***Proposition de règlement des intérêts patrimoniaux***. En vue de favoriser le règlement des intérêts pécuniaires des époux le plus rapidement possible, la demande introductive d'instance doit comporter, à peine d'irrecevabilité, « *une proposition de règlement des intérêts pécuniaires et patrimoniaux des époux* » (C. civ., art. 257-2).

Cette proposition de règlement doit contenir un descriptif sommaire du patrimoine des époux et préciser les intentions du demandeur quant à la liquidation de la communauté ou de l'indivision et, le cas échéant, quant à la répartition des biens (C. pr. civ., art. 1115, al. 1er). Toutefois cette proposition de règlement ne constitue pas une prétention au sens de l'article 4 du Code de procédure civile, laquelle détermine l'objet du litige. De fait, l'un des époux peut ignorer la consistance exacte du patrimoine de son conjoint, de telle sorte que ses demandes dans la liquidation et le partage à venir pourront évoluer en fonction des compléments d'information dont il disposera au cours de la procédure, ou après le prononcé du divorce.

---

1. Le délai était traditionnellement de trois mois. Le décret du 29 octobre 2004 l'a fixé à trente mois, pour tenir compte des situations de fait. En effet, les époux engagés dans une procédure de divorce continueront à vivre séparément, le plus souvent. De telle sorte que si la séparation doit durer trente mois, chacun d'eux disposera du droit de demander le divorce pour altération définitive du lien conjugal.

2. Du fait de cette caducité, le jugement antérieur fixant la contribution aux charges du mariage, auquel les mesures provisoires se substituaient d'office, reprend alors son effet : ch. mixte 12 mai 2000, *Bull. civ.*, n° 2 ; *RJPF* 2000-10/23, note P. Guerder ; *RTD civ.* 2000. 549, obs. J. Hauser ; *Dr. fam.* 2000, n° 105, note H. Lécuyer ; *D.* 2001. Somm. 2348, obs. S. Mirabail.

3. Solution nouvelle issue du décret du 29 octobre 2004 portant réforme de la procédure en matière familiale (C. pr. civ., art. 1113, al. 2). Du fait de la nouvelle rédaction de l'article 1113, l'autorisation d'assigner échappe à la péremption biennale. Car l'instance ne commence qu'avec l'assignation, non avec la requête initiale.

B. Les débats

760. ***Huis clos***. Parce qu'elle est relative à l'état des personnes, et touche l'intimité de la vie privée, l'instance en divorce doit se dérouler dans la discrétion. Celle-ci est assurée par deux séries de dispositions.

D'une part, les débats sur la cause du divorce et ses conséquences, ainsi que sur les mesures provisoires, ne sont pas publics : ils doivent avoir lieu à huis clos (C. civ., art. 248). L'absence de publicité s'impose en première instance comme en appel, et aussi lors des instances modificatives ultérieures. La Cour de cassation a jugé que cette disposition n'est pas contraire à l'article 6 de la Convention européenne des droits de l'Homme, qui permet de déroger à la règle de la publicité des débats lorsque la protection de la vie privée des parties au procès l'exige [1].

761. ***Publication interdite***. D'autre part, interdiction est faite à la presse de publier des comptes rendus d'audience, des pièces de procédure ou même simplement des motifs d'un jugement de divorce, intéresseraient-ils l'opinion publique. Seule la publication du dispositif reste possible. Échappent toutefois à ces restrictions les publications à caractère juridique, mais à la condition qu'elles respectent l'anonymat des parties [2].

C. Les preuves

762. ***Particularisme***. En principe, les règles gouvernant la preuve dans les procès civils reçoivent application. Ainsi, la charge de la preuve incombe au demandeur, lequel est entendu comme celui qui émet une prétention. Il en résulte que l'époux qui sollicite un divorce pour faute doit prouver que son conjoint a commis une violation grave des devoirs conjugaux, et l'époux qui invoque le divorce pour altération définitive du lien conjugal doit établir que la séparation a duré deux ans. Mais la procédure de divorce est, aussi, empreinte de particularisme, notamment quant à l'admissibilité des moyens de preuve et aux pouvoirs du juge.

1) Admissibilité des modes de preuve

763. ***Tous moyens***. En droit positif, les faits peuvent être prouvés par tous moyens. La procédure de divorce obéit au même principe. Il s'en déduit que les faits invoqués en tant que cause de divorce ou comme défense à une demande peuvent être établis par tous modes de preuve, y compris l'aveu (C. civ., art. 259). Mais les faits à démontrer étant intimement liés à la vie privée des époux et des enfants, la prohibition de droit commun tenant à l'atteinte à la vie privée n'est pas applicable à la preuve en matière de divorce. Aussi les modes de preuve habituels doivent-ils être aménagés, qu'il s'agisse des lettres, des constats ou des témoignages.

764. ***Généralisation***. La loi du 26 mai 2004 a généralisé la condition édictée autrefois pour les seules lettres missives. Si les éléments touchant à la vie privée peuvent être apportés comme preuve dans la procédure de divorce, le Code civil prévoit

---

1. Civ. 1re, 28 févr. 2006, *Bull. civ.* I, nº 112.

2. Article 22 de la loi du 11 juillet 1975, mod. article 39, de la loi du 29 juillet 1881 sur la liberté de la presse.

désormais : « *Un époux ne peut verser aux débats un élément de preuve qu'il aurait obtenu par violence ou fraude* » (C. civ., art. 259-1). La Cour de cassation a jugé que les relations, injurieuses pour le mari, entretenues par la femme avec un tiers, peuvent être établies par des courriels et un rapport d'enquête privée [1] et que la preuve d'un adultère pouvait être rapportée par la production de mini-message, dits « SMS » [2] ou par le journal intime de l'épouse [3]. Toutefois, dans un arrêt du 11 mai 2016 [4], la Cour de cassation, sans remettre en cause la validité de la preuve de la faute par SMS, rappelle que celle-ci n'est recevable que si elle n'a pas été obtenue par fraude ou par violence. La cour d'appel aurait donc dû rechercher, « comme il le lui était demandé », l'existence d'une fraude ou d'une violence, et n'a donc pas donné de base légale sa décision. En outre, la Cour de cassation a refusé d'admettre qu'un époux puisse enregistrer à son insu les messages téléphoniques que son conjoint avait reçus sur son téléphone [5].

765. ***Constats d'adultère***. Les constats d'huissiers peuvent être produits en justice, notamment pour faire la preuve d'un adultère. L'officier ministériel doit cependant s'abstenir de commettre une violation de domicile ou une atteinte illicite à l'intimité de la vie privée, à l'occasion de ce constat (C. civ., art. 259-2). Il en résulte qu'un huissier doit agir muni d'une autorisation judiciaire : il ne peut dresser un constat d'adultère au domicile de la personne coauteur de cette faute que s'il a été autorisé préalablement par une ordonnance du président du tribunal de grande instance [6]. En revanche, un constat dressé sans autorisation de justice, à la requête du mari, dans un lieu dont il avait la jouissance peut être produit aux débats [7].

766. ***Témoignages***. Les témoignages constituent un mode de preuve très utilisé dans les procédures de divorce Généralement, ils sont recueillis sous forme d'attestations écrites (C. pr. civ., art. 200 s.). Mais le juge pourrait décider de procéder à l'audition des témoins par voie d'enquête, au cours d'une audience (C. pr. civ., art. 204 s.). Naturellement, la valeur probante et la portée des témoignages sont appréciées souverainement par les juges du fond [8]. Ils doivent cependant préciser les faits rapportés dans les attestations sur lesquelles ils se fondent pour prononcer le divorce [9].

767. ***Descendants***. En principe, toute personne est admise à témoigner si, du moins, les faits dont le témoin a connaissance ne sont pas couverts par le secret professionnel [10].

---

1. Civ. 1re, 18 mai 2005, *Defrénois* 2005. 1342, obs. J. Massip ; *AJ fam.* 2005. 403, obs. S. David.
2. Civ. 1re, 17 juin 2009, *D.* 2010. 1243, obs. Williatte-Pellitteri, *JCP* 2010. 34, obs. A. Gouttenoire.
3. Civ. 2e, 29 janv. 1997, *D.* 1997. 296, obs. A. Bénabent ; *Dr. fam.* 1997, comm. n° 85, obs. H. Lecuyer.
4. N° 1516.410.
5. Civ. 1re, 3 déc. 2014, nos 13-25.581 et 13-27.345, *RJPF* 2015-2/16.
6. Civ. 1re, 6 févr. 1979, *JCP* 1980. II. 19290, note R. Lindon ; *RTD civ.* 1979. 663, obs. R. Perrot ; *RTD civ.* 1980. 336, obs. R. Nerson et J. Rubellin-Devichi ; 26 janv. 1982, *Bull. civ.* I, n° 41 ; Civ. 2e, 5 juin 1985, *Bull. civ.* II, n° 111 ; Civ. 1re, 18 nov. 1992, *Bull. civ.* I, n° 285.
7. Civ. 2e, 14 déc. 1983, *Bull. civ.* II, n° 200.
8. Au sujet d'un rapport de détectives privés, écarté au motif que ses auteurs agissent en vertu d'un mandat salarié donné par l'époux qui le produit : TGI Lyon, 10 oct. 1972, *Gaz. Pal.* 1972. 2. 880.
9. Civ. 2e, 5 oct. 1994, *Bull. civ.* II, n° 189.
10. Civ. 2e, 24 juin 1992, (assistante sociale), *Bull. civ.* II, n° 173 ; *RTD civ.* 1993. 104, obs. J. Hauser ; comp. Civ. 2e, 29 mars 1989, *Bull. civ.* II, n° 88 ; *D.* 1990. 45, note M. Robine : la Cour de cassation censure l'arrêt d'une cour d'appel qui a ordonné sous astreinte à une autorité religieuse de produire la copie des pièces d'une procédure en annulation du mariage.

S'agissant de prouver des faits qui sont survenus, le plus souvent, dans le cercle familial, les parents ou alliés de l'un des époux sont admis comme témoins (ils peuvent à l'évidence refuser). À l'inverse, les descendants ne sont jamais autorisés à témoigner, ni à être entendus au cours de la procédure, pour tout ce qui concerne la cause du divorce et les conséquences du divorce pour les époux (C. pr. civ., art. 205).

Le législateur de 2004 a tenu à faire figurer cette prohibition dans le Code civil. Celui-ci dispose, désormais : « *Toutefois, les descendants ne peuvent jamais être entendus sur les griefs invoqués par les époux* » (C. civ., art. 259). Il a été dit au cours des travaux préparatoires de la loi du 26 mai 2004 que cette disposition ne faisait que consacrer la jurisprudence de la Cour de cassation [1]. L'objectif n'est pas seulement de protéger les enfants, il est surtout d'éviter qu'ils ne soient amenés à prendre parti pour l'un ou l'autre de leurs parents, ce qui pourrait compromettre les chances de maintenir, après le prononcé du divorce, les relations des enfants avec leurs deux parents.

La prohibition s'applique à tous les descendants : aucune distinction n'est à faire entre les enfants communs aux deux époux et ceux de l'un d'entre eux [2]. Cette règle fondamentale est inspirée par un souci de décence et de protection des intérêts moraux de la famille. Elle conduit à écarter aussi les témoignages des conjoints des descendants [3], même divorcés [4], et à étendre l'interdiction aux témoignages indirects, c'est-à-dire aux propos de l'enfant rapportés par un tiers ou contenus dans une lettre écrite par l'enfant [5]. Ainsi, doit être écartée une attestation émanant de la mère de l'épouse, et relatant des propos tenus par ses petits-enfants [6]. L'objectif est de tenir les enfants, fussent-ils majeurs, résolument à l'écart des conflits qui opposent leurs parents.

La prohibition édictée par l'article 259 est appliquée aux déclarations recueillies en dehors de l'instance en divorce [7] ; ainsi, pour l'audition d'un enfant par les services de police dans le cadre d'une procédure pénale [8]. Dans le même sens, sont écartées les lettres écrites par les descendants [9]. En revanche, dans un procès pénal indépendant de toute instance en divorce (violences conjugales), le témoignage des descendants est recevable [10].

768. ***Expertise***. La preuve se faisant par tous moyens, la Cour de cassation a décidé que les juges du fond pouvaient admettre la preuve de l'infidélité invoquée à l'encontre

---

1. Rapport P. Gélard, préc., n° 120, p. 92.
2. Civ. 2e, 24 févr. 1983, *Gaz. Pal.* 1983. 2, Pan. 185, obs. M. Grimaldi ; 4 janv. 1984, *D.* 1985. IR 149, obs. J.-C. Groslière ; 5 févr. 1986, *Bull. civ.* II, n° 9.
3. V. Civ. 2e, 18 nov. 1987, *Bull. civ.* II, n° 230 ; 30 sept. 1998, *RTD civ.* 1999. 71, obs. J. Hauser. La prohibition n'avait pas été appliquée à la concubine d'un descendant : Civ. 2e, 25 nov. 1992, *Bull. civ.* II, n° 276 ; *Defrénois* 1993. 711, obs. J. Massip. Désormais, « le concubin d'un descendant ne peut être entendu sur les griefs invoqués par des époux à l'appui de leur demande en divorce » : Civ. 2e, 10 mai 2001, *Bull. civ.* II, n° 94 ; *D.* 2002. Somm. 611, obs. J.-J. Lemouland ; *Dr. fam.* 2001, n° 108, note H. Lécuyer ; *RJPF* 2001-6/27, obs. P. Guerder ; *RTD civ.* 2001. 861, obs. J. Hauser.
4. Civ. 1re, 14 févr. 2006, *AJ fam.* 2006. 377, obs. S. David ; *RTD civ.* 2006. 288, obs. J. Hauser.
5. Civ. 2e, 23 mars 1977, *D.* 1978. 5, note A. Meerpoel.
6. Civ. 1re, 3 nov. 2004, *RTD civ.* 2005. 108, obs. J. Hauser.
7. Civ. 1re, 4 mai 2011, n° 10-30.706.
8. Civ. 2e, 22 juin 1994, *Bull. civ.* II, n° 168 ; *RTD civ.* 1994. 838, obs. J. Hauser ; Civ. 1re, 4 mai 2011, préc. ; Civ. 1re, 1er févr. 2012, pourvoi n° 10-27460.
9. Civ. 2e, 12 déc. 1958, *Gaz. Pal.* 1959. 1. 114 ; v. récemment : « la remise par un descendant d'une lettre d'un parent relative aux torts du divorce équivaut au témoignage prohibé par l'article 205 du Code de procédure civile » : Civ. 2e, 5 juill. 2001, *Bull. civ.* II, n° 129 ; *Dr. fam.* 2001, n° 108, note H. Lécuyer ; *RJPF* 2001-9/22, obs. P. Guerder ; *RTD civ.* 2001. 861, obs. J. Hauser ; 23 janv. 2003, *RTD civ.* 2003. 274, obs. J. Hauser.
10. Crim. 21 févr. 2006, *D.* 2006. 2433, obs. M. Douchy-Oudot.

de l'épouse, par le rapprochement des résultats d'analyse biologique et des témoignages versés au débat, dès lors que n'était pas remise en cause la filiation des enfants[1].

769. ***Certificat médical.*** En revanche, constitue une violation de l'article 8 de la Convention européenne des droits de l'Homme la production et l'utilisation en justice, dans une procédure de divorce, par un époux de pièces médicales relatives à la santé de son conjoint[2]. Il y a violation du droit au respect de la vie privée, sous la forme de la protection du secret des données médicales.

2) Pouvoirs du juge

770. ***Contradictoire.*** Comme dans tout procès civil, le juge doit veiller au respect des principes gouvernant la preuve, comme le principe du contradictoire ; ou régissant l'état des personnes : d'où il résulte le caractère illicite des enregistrements de communications téléphoniques[3]. De même, le juge du divorce a le pouvoir d'ordonner des mesures d'instruction, comme une expertise, du moment qu'il n'est pas porté atteinte au principe de la liberté individuelle[4]. Mais il dispose aussi de prérogatives spécifiques.

771. ***Enquête sociale.*** D'abord, avant de statuer sur les modalités d'exercice de l'autorité parentale, il est loisible au juge de donner mission à toute personne qualifiée d'effectuer des investigations approfondies dans le cadre d'une enquête sociale, que l'on retrouvera à propos des effets de la séparation des parents sur les enfants[5]. Mais la loi prévoit expressément que les résultats de cette enquête sociale ne peuvent être utilisés dans le débat sur la cause de divorce (C. civ., art. 373-2-12, al. 3)[6].

772. ***Revenus.*** Ensuite, le juge doit veiller à ce que les époux lui communiquent, ainsi qu'aux professionnels désignés (art. 255), tous renseignements et documents utiles pour fixer les prestations et pensions, ou liquider le régime matrimonial (C. civ., art. 259-3). Ils doivent notamment produire les déclarations de revenus, avis d'imposition et bordereaux de situation fiscale (C. pr. civ., art. 1075-2).

773. ***Recherches utiles.*** Enfin, pour avoir une connaissance précise de la situation financière de chaque époux, le juge peut faire procéder à toutes recherches utiles auprès des débiteurs[7], notamment l'employeur, ainsi qu'auprès de toute personne qui détient

1. Civ. 1re, 28 févr. 2006, *D.* 2006. 2379, note S. Mirabail ; *Dr. fam.* 2006, nº 91, note V. Larribau-Terneyre ; *RTD civ.* 2006. 287, obs. J. Hauser. En l'espèce, le mari produisait des examens sanguins établissant son impossibilité biologique d'être le père de deux des cinq enfants communs : il apportait ainsi la preuve de l'infidélité ancienne de son épouse, mais sans pour autant vouloir contester la filiation.

2. CEDH 10 oct. 2006, *L.L. c/ France, RTD civ.* 2007. 95, obs. J. Hauser.

3. Crim. 3 mars 1982, *D.* 1982. 579, note R. Lindon. Les témoignages de tiers rapportant les propos tenus par l'épouse au téléphone ne sont recevables que si le juge vérifie les conditions dans lesquelles la communication a été entendue (Civ. 2e, 24 janv. 1996, *Bull. civ.* II, nº 10).

4. Ainsi, le juge ne peut imposer à la femme de se soumettre à tous examens et analyses destinés à établir un éventuel état de grossesse (TGI Corbeil, 5 juill. 1972, *Gaz. Pal.* 1972. 2.749).

5. V. ss 1515.

6. Civ. 2e, 13 janv. 1988, *Gaz. Pal.* 1989. 1. 38, note J.-M.

7. Ce qui exclut le commissaire aux comptes de la société dont le mari est administrateur (Aix-en-Provence, 12 juill. 1977, *D.* 1979. IR 168, obs. J.-C. Groslière) ; ce qui exclut aussi le banquier d'un des débiteurs des époux (Com. 18 févr. 2004, *Bull. civ.* IV, nº 33).

des valeurs pour le compte des époux, les banques en particulier, sans que le secret professionnel puisse être opposé (C. civ., art. 259-3).

Ainsi le juge devrait-il être parfaitement éclairé pour rendre son jugement.

D. Les « passerelles »

774. ***Tout moment***. Dans le but de pacifier les procédures de divorce, des passerelles permettent aux époux de passer d'un cas de divorce à un autre, en principe, plus consensuel. L'article 1077, alinéa 2 du Code de procédure civile énonce que les époux ne peuvent, en cours d'instance, substituer à une demande fondée sur un cas de divorce défini à l'article 229 du Code civil une demande fondée sur un autre cas, hormis les hypothèses de passerelles prévues par la loi (C. pr. civ., art. 1077, al. 2).

775. ***Modifications du fondement***. Une section du Code civil est relative aux modifications du fondement d'une demande en divorce, qui multiplient les passerelles vers les divorces moins contentieux en cas d'accord des époux, d'une part, mais autorisent cependant la modification unilatérale du fondement de la demande, d'autre part.

1) Modifications conjointes du fondement de la demande

776. ***Consentement mutuel***. L'article 247 du Code civil issu de la loi n° 2016-1547 du 18 novembre 2016 de modernisation de la justice du XXIe siècle dispose que L'article 247 est ainsi rédigé : « *Les époux peuvent, à tout moment de la procédure : 1° Divorcer par consentement mutuel par acte sous signature privée contresigné par avocats, déposé au rang des minutes d'un notaire ; 2° Dans le cas prévu au 1° de l'article 229-2, demander au juge de constater leur accord pour voir prononcer le divorce par consentement mutuel en lui présentant une convention réglant les conséquences de celui-ci* ». Il semble donc que la passerelle d'un divorce contentieux à un divorce par consentement mutuel est en réalité une passerelle du divorce judiciaire vers un divorce non judiciaire.

777. ***Divorce accepté***. Lorsque la procédure de divorce a été engagée sur le fondement de l'altération définitive du lien conjugal ou de la faute, les époux peuvent, à tout moment de la procédure, demander au juge de constater leur accord pour voir prononcer le divorce pour acceptation du principe de la rupture du mariage (C. civ., art. 247-1). Cette demande doit être formulée de façon expresse et concordante dans les conclusions respectives des époux. Chacun d'eux aura préalablement dû signer une déclaration d'acceptation qui sera annexée aux conclusions de son avocat, déclaration qui devra rappeler que cette acceptation n'est pas susceptible de rétractation, même par la voie de l'appel (C. pr. civ., art. 1123).

2) Modification unilatérale du fondement de la demande

778. ***Divorce pour faute***. Si, dans le cadre d'une instance introduite pour altération définitive du lien conjugal, le conjoint défendeur demande reconventionnellement le divorce pour faute, l'époux demandeur peut invoquer les fautes de son conjoint et modifier le fondement de sa demande (C. civ., art. 247-2). L'issue de la procédure sera, selon les cas, soit un divorce aux torts partagés ou aux torts exclusifs, soit, si aucune des demandes en divorce pour faute n'est accueillie, le divorce pour altération définitive du lien conjugal.

L'objectif de cette disposition est de ne pas défavoriser un époux qui aurait fait le choix d'engager une procédure dont le fondement est objectif, alors même que sa demande aurait pu être fondée sur la faute, si son conjoint répond en se plaçant sur un terrain contentieux. Le demandeur peut alors modifier le fondement de sa demande, sans que son choix initial, mû par la volonté de pacifier la procédure, ne se retourne contre lui si son conjoint réplique en formant une demande plus conflictuelle.

Section 3
Le jugement

779. L'audience tenue par le juge, et au cours de laquelle les avocats des époux sont entendus en leurs plaidoiries, s'achève par la mise en délibéré de l'affaire et l'indication de la date à laquelle le jugement sera rendu. Mais ce n'est pas parce que le divorce est demandé que le juge le prononce. Il se peut que l'époux défendeur ait fait valoir avec succès la réconciliation ou tourné à son avantage les griefs invoqués. Un jugement de rejet peut donc être rendu (§ 1). Le plus souvent, il est vrai, le juge accueille la demande et prononce le divorce (§ 2).

§ 1. Le jugement de rejet

780. Le jugement par lequel le juge aux affaires familiales rejette la demande en divorce pour faute ou pour altération définitive du lien conjugal met fin à l'instance, et les époux restent engagés dans les liens du mariage. Ce jugement peut, toutefois, faire l'objet d'un appel, comme la décision de divorce elle-même, et l'arrêt de rejet est susceptible d'un pourvoi en cassation[1]. Lorsque la décision de rejet est devenue définitive, soit parce que les délais de recours sont expirés, soit parce que les voies de recours sont épuisées, elle bénéficie de la force de chose jugée. Est-elle, dans cette mesure, un obstacle à une demande ultérieure ? Et que deviennent les mesures provisoires ordonnées pour la durée de la procédure ?

A. La chose jugée

781. Le jugement rejetant la demande est investi de l'autorité de chose jugée (C. civ., art. 1341). En conséquence, il rend irrecevable une demande en divorce ou en séparation de corps fondée sur les mêmes griefs, seraient-ils étayés par d'autres moyens de preuve, s'il s'agit d'un divorce pour faute. À l'inverse, le rejet de la demande n'est pas un obstacle à la présentation d'une requête nouvelle, fondée sur une cause différente de celle antérieurement invoquée.

B. Le sort des mesures provisoires

782. Si la demande en divorce est définitivement rejetée, les mesures provisoires prennent fin. Mais il est évident, qu'en fait, les époux engagés dans une procédure de

1. V. ss 800. Mais alors que le pourvoi formé contre l'arrêt d'appel qui prononce le divorce est suspensif (v. ss 808), le pourvoi contre un arrêt qui rejette la demande ne l'est pas, suivant le droit commun (Civ. 2e, 20 janv. 1993, *JCP* 1994. I. 3729).

divorce qui n'a pas abouti reprennent rarement la vie commune. Il est donc vraisemblable que l'un des époux devra, tôt ou tard, saisir un juge pour résoudre une difficulté née de la séparation de fait qui a subsisté après le jugement de rejet. C'est pour éviter cette procédure supplémentaire que la loi permet au juge qui rejette la demande d'ordonner, au besoin d'office, certaines mesures nouvelles (C. civ., art. 258)[1].

1) Nature des mesures provisoires nouvelles

783. ***Organisation de la séparation de fait.*** Le juge aux affaires familiales qui rejette la demande en divorce peut statuer sur la contribution aux charges du mariage, la résidence de la famille et les modalités de l'exercice de l'autorité parentale. La particularité de ces dispositions est d'autoriser le juge aux affaires familiales à ordonner ces mesures à l'issue de la procédure de divorce, évitant ainsi aux parties de le saisir à nouveau et de comparaître devant lui dans un délai non déterminé, sans que soit organisée pendant ce temps la séparation. D'où il ressort que le jugement ordonnant ces mesures provisoires nouvelles aboutit à une organisation judiciaire de la séparation de fait, en établissant une séparation juridique distincte de la séparation de corps. À la différence de cette dernière, en effet, la séparation organisée n'entraîne pas un régime de séparation de biens et, surtout, elle n'est pas convertible en divorce. En outre, la durée des mesures ordonnées n'est pas précisée, elle doit rester indéterminée, par contraste avec les mesures provisoires qui ne subsistent que pendant l'instance en divorce[2]. Enfin, c'est seulement une faculté pour le juge de fixer la résidence de la famille : le choix de cette résidence incombe en premier lieu aux époux[3].

2) Portée des mesures provisoires nouvelles

784. L'absence de précisions, dans les textes, crée des zones d'incertitude à propos de l'autorité parentale et de la résidence familiale. La loi ne dit rien non plus de l'office du juge.

785. ***Autorité parentale.*** En statuant sur les modalités de l'exercice de l'autorité parentale, le juge peut-il décider d'attribuer cet exercice à un seul parent, avec droit de visite et d'hébergement de l'autre ? La réponse dépend désormais des dispositions du droit commun de l'autorité parentale, telles qu'établies par la loi du 4 mars 2002. Le principe est donc l'exercice en commun, par les père et mère, de l'autorité parentale (C. civ., art. 372). Mais si l'intérêt de l'enfant le commande, le juge peut confier l'exercice de l'autorité parentale à l'un des parents et prévoir les modalités d'exercice du droit de visite et d'hébergement (C. civ., art. 373-2-1).

786. ***Résidence séparée.*** Par ailleurs, le juge peut-il autoriser les époux à résider séparément ? Sans doute, puisque la loi l'habilite à statuer sur la résidence de la famille. Mais cette autorisation peut-elle conduire le juge à attribuer la jouissance du logement familial

---

1. E. Abitbol, « Essai sur la nouvelle séparation judiciaire instituée par l'article 258 du Code civil », *RTD civ.* 1981. 37.
2. L'article 258 du Code civil n'autorise le juge qu'à prononcer des mesures provisoires. Viole ce texte l'arrêt qui fixe la résidence de l'un des époux, sa vie durant, dans un immeuble appartenant à l'autre : Civ. 2e, 15 janv. 1997, *Bull. civ.* II, n° 8 ; *Dr. fam.* 1997, n° 32, note H. Lécuyer ; Civ. 1re, 11 juill. 2006, *Defrénois* 2006. 1773, obs. J. Massip ; *RTD civ.* 2006. 743, obs. J. Hauser.
3. Civ. 1re, 19 juin 2007, *D.* 2007. Pan. 2693, obs. M. Douchy-Oudot.

à l'un des époux [1] ? Statuant sur cette question, la Cour de cassation semble opter pour une réponse positive, tout en affirmant que la seule mesure pouvant être ordonnée par le juge est la fixation de la résidence de la famille [2]. En outre, cette autorisation de résidence séparée n'est pas limitée dans le temps. Pour autant, les époux ne sont pas dispensés du devoir de cohabitation (entendu dans sa double dimension de communauté de toit et de communauté de lit) [3]. Vu les circonstances, cependant, la reprise de la vie commune reste hypothétique, car elle suppose une volonté réelle constatée chez les deux époux [4]. Il y a là, en fait, une situation paradoxale, les époux étant autorisés à résider séparément mais tenus de vivre ensemble. Il est vrai que le dénouement a été rendu beaucoup plus facile par la loi du 26 mai 2004 puisqu'il suffira d'une séparation de deux ans pour que le divorce puisse être prononcé, à la demande d'un époux, pour altération définitive du lien conjugal.

787. ***Application d'office***. L'article 258 du Code civil dispose que « [...] le juge peut statuer [...] ». La Cour de cassation en a déduit que l'application d'office de ce texte n'est qu'une faculté laissée à l'appréciation du juge [5]. Naturellement, si celui-ci décide de mettre en œuvre d'office cette disposition, il doit inviter au préalable les parties à présenter leurs observations, afin de respecter le principe de la contradiction [6]. Ordonnant ces mesures nouvelles, le juge ne peut en limiter la durée. Il ne peut pas non plus assortir sa décision de l'exécution provisoire [7], parce que les mesures provisoires nouvelles ordonnées en application de l'article 258 du Code civil ne peuvent prendre effet que lorsque le rejet du divorce est devenu définitif.

§ 2. Le jugement de divorce

788. Lorsque le divorce est prononcé du consentement mutuel des époux, le caractère gracieux de la procédure est affirmé explicitement par l'article 1088 du Code de procédure civile (A). Dans les autres cas, les conflits qui existent entre les époux seront tranchés par le juge : il s'agit alors d'une matière contentieuse (B).

A. Divorce par consentement mutuel

789. Dans cette forme de divorce, le jugement est l'œuvre combinée des époux qui ont établi la convention et du juge qui rend une décision. Ce jugement par lequel le juge aux affaires familiales homologue la convention définitive et prononce le divorce est susceptible de certaines voies de recours (1). Devenue définitive, la décision n'est pas pour autant à l'abri de la révision (2).

---

1. Pour l'affirmative : v. E. Abitbol, article préc. ; *contra* : J. Hauser et D. Huet-Weiller, n° 359.
2. Civ. 1re, 31 mars 1992, *Bull. civ.* I, n° 97 ; *RTD civ.* 1993. 105, obs. J. Hauser : cet auteur conclut que le juge peut seulement accorder « en conséquence de la fixation de la résidence de la famille le droit d'occupation du conjoint lequel devra être compensé dans le calcul de la contribution aux charges ». Cf. Civ. 1re, 19 juin 2007, *D.* 2007. 2693, obs. M. Douchy-Oudot.
3. Civ. 2e, 20 mars 1989, *D.* 1990. 129, note A. Batteur ; 25 nov. 1992, *Bull. civ.* II, n° 273 ; *Audijuris* 1993, n° 30, p. 36, obs. P. Courbe.
4. Civ. 2e, 16 nov. 1994, *Bull. civ.* II, n° 229 ; *Audijuris* 1995, n° 50, p. 29, obs. P. Courbe.
5. Civ. 2e, 28 oct. 1992, *Bull. civ.* II, n° 252 ; 19 janv. 1994, *Bull. civ.* II, n° 31.
6. Civ. 2e, 20 juin 1984, *Bull. civ.* II, n° 114.
7. Civ. 2e, 25 nov. 1992, *Bull. civ.* II, n° 274 ; *RTD civ.* 1993. 106, obs. J. Hauser ; *Audijuris* 1993, n° 29, p. 45, obs. P. Courbe.

1) Voies de recours

790. ***Appel***. L'appel est exclu contre le jugement homologuant la convention de divorce faute d'intérêt pour agir des époux (C. pr. civ., art. 1102). Deux voies de recours sont ouvertes contre le jugement d'homologation : le pourvoi en cassation et la tierce opposition.

791. ***Pourvoi en cassation***. Il est de principe, en droit judiciaire privé, que le pourvoi en cassation est recevable contre toute décision rendue en dernier ressort, sauf exception prévue par la loi.

Le délai du pourvoi en cassation est de quinze jours à compter du prononcé de la décision qui homologue la convention des époux et prononce le divorce (C. pr. civ., art. 1103). Il suspend l'exécution de cette décision. Le pourvoi exercé dans ce délai est également suspensif (C. pr. civ., art. 1086). La cassation du jugement d'homologation peut intervenir, notamment, lorsque la convention définitive est muette sur la liquidation de la communauté[1], ou si l'état liquidatif portant sur un immeuble est établi seulement sous seing privé, alors que la forme notariée est exigée[2].

En revanche, lorsque le jugement d'homologation est passé en force de chose jugée, c'est-à-dire qu'il n'est plus susceptible d'un recours ayant un effet suspensif d'exécution, la convention des époux ne peut plus être annulée, même si un époux invoque un vice du consentement[3], une lésion dans le partage de la communauté[4] ou une fraude[5]. La nullité est exclue car la convention homologuée forme un ensemble indissociable avec le prononcé du divorce, lequel ne peut précisément être remis en cause que par l'exercice d'une voie de recours contre le jugement.

792. ***Tierce opposition***. La tierce opposition est une voie de recours qui tend à faire rétracter un jugement au profit d'une personne qui n'était ni partie ni représentée à l'instance, et dont l'objectif est de remettre en question les chefs du jugement préjudiciables au tiers opposant (C. pr. civ., art. 582 s.). Ce recours est expressément prévu en cas de divorce sur requête conjointe. Ainsi, les créanciers de l'un et de l'autre époux peuvent faire déclarer que la convention homologuée leur est inopposable en formant tierce opposition contre la décision d'homologation, dans l'année qui suit l'accomplissement des formalités de publicité du jugement de divorce à l'état civil (C. pr. civ., art. 1104). Mais, si elle aboutit, cette tierce opposition n'aura pas d'effet sur le prononcé du divorce, ni sur l'efficacité de la convention à l'égard des époux et des autres tiers.

2) Révision de la convention

793. ***Nouvelle convention***. Si la convention homologuée a la même force exécutoire qu'une décision de justice, elle peut être modifiée par une nouvelle convention entre

---

1. Civ. 2e, 21 mars 1983, *Bull. civ.* II, no 85 ; 11 juill. 1985, *Bull. civ.* II, no 138.
2. Civ. 2e, 28 mars 1979, *Bull. civ.* II, no 97 ; *D.* 1980. 297, note J. Massip.
3. Civ. 2e, 13 nov. 1991, *Bull. civ.* II, no 303 ; *Defrénois* 1992. 721, note J. Massip.
4. Civ. 2e, 6 mai 1987, *D.* 1987. 358, note J.-C. Groslière ; *Gaz. Pal.* 1988. 1. 3, note J. Massip ; Civ. 1re, 18 oct. 1994, *Bull. civ.* I, no 292 ; *RTD civ.* 1995. 337, obs. J. Hauser. Dans le même sens, l'action *de in rem verso* de l'époux qui, dans la convention définitive homologuée, avait renoncé à solliciter une prestation compensatoire est irrecevable : Civ. 1re, 10 févr. 1998, *Dr. fam.* 1998, no 53, note H. Lécuyer.
5. Sur le recours en révision, v. ss 620.

les époux, également soumise à homologation du juge aux affaires familiales (C. civ., art. 279)[1]. Mais la révision d'un commun accord des deux époux n'est pas toujours réalisable. Aussi la loi a-t-elle prévu deux exceptions, qui sont deux hypothèses dans lesquelles il est permis à un ex-époux de demander au juge la révision de la convention, malgré le refus de son ex-conjoint.

794. ***Autorité parentale***. La première exception concerne les enfants. Les dispositions de la convention homologuée relatives à l'exercice de l'autorité parentale peuvent être révisées[2], à la demande de l'un des époux, ou du ministère public, lequel pourrait agir à la suite de l'intervention d'un tiers, membre de la famille ou non, qui ne peut saisir directement le juge (C. civ., art. 373-2-13). C'est l'application au divorce par consentement mutuel d'un principe selon lequel les décisions concernant les enfants mineurs (résidence, droits de visite et d'hébergement, pension due pour contribuer à leur entretien) sont provisoires, donc toujours sujettes à modification en fonction de l'intérêt de l'enfant.

Pour la modification de la part contributive à l'entretien et à l'éducation des enfants, la Cour de cassation a décidé que chacune des parties conservait le droit de demander au juge cette modification[3]. D'où il se déduit que la renonciation, dans une convention d'après divorce, à demander au père une pension pour l'entretien des enfants est nulle[4].

795. ***Prestation compensatoire***. Quant à la prestation compensatoire, elle peut être révisée, à la demande d'un époux, si une clause en ce sens a été insérée dans la convention définitive (C. civ., art. 279, al. 3). Mais en l'absence de clause particulière, la même solution est admise s'il est démontré un changement important dans les ressources ou les besoins des parties (C. civ., art. 279, al. 3 qui renvoie aux art. 275, 276-3, 276-4). C'est l'extension, au divorce par consentement mutuel, d'une règle fixée pour les cas de divorce contentieux.

B. Divorces contentieux

796. La procédure de divorce est soumise, comme on l'a vu, à des règles spécifiques, qui trouvent leur justification dans la nécessité de préserver l'intimité de la vie privée, ainsi que dans le caractère essentiellement personnel du litige. Pour des raisons identiques, le jugement qui prononce le divorce présente certaines particularités quant à son contenu et aux voies de recours qui peuvent être exercées.

---

1. Un époux divorcé peut cependant présenter une demande ultérieure tendant au partage complémentaire des biens communs omis dans l'état liquidatif homologué : Civ. 1re, 13 déc. 2012, n° 11-19.098, *Dr. fam.* 2013, comm. n° 27, obs. V. Larribau-Terneyre.

2. V., par ex., Civ. 2e, 18 juin 1981, *D.* 1982. IR 37, obs. A. Bénabent (situation de la mère précaire et instable) ; 17 déc. 1984, *Bull. civ.* II, n° 197, *RTD civ.* 1987. 301, obs. J. Rubellin-Devichi (changement de résidence d'un époux qui ne permet plus d'exécuter les dispositions de la convention homologuée).

3. Civ. 2e, 21 avr. 1982, *D.* 1983. 198, note Y. Floro ; *D.* 1983. IR 450, obs. A. Bénabent ; *Defrénois* 1983. 1. 314, note J. Massip ; 17 oct. 1985, *Bull. civ.* II, n° 157 ; 4 mars 1987, *Bull. civ.* II, n° 60.

4. Civ. 2e, 2 mai 2001, *Bull. civ.* II, n° 80 ; *Dr. fam.* 2001, n° 78, note H. Lécuyer ; *RJPF* 2001-7-8/28, obs. P. Guerder ; *RTD civ.* 2001. 860, obs. J. Hauser.

1) Contenu du jugement

797. ***Contenu limité***. Le jugement de divorce est caractérisé par la sobriété, la discrétion de sa rédaction.

798. ***Motifs***. Ainsi, en cas de divorce accepté, le juge aux affaires familiales prononce le divorce sans autre motif que l'acceptation des époux (C. pr. civ., art. 1124). En cas de divorce pour faute, et à la demande expresse des époux (C. civ., art. 245-1), le juge peut se limiter à constater dans les motifs du jugement qu'il existe des faits constituant une cause de divorce, mais sans avoir à énoncer précisément quels sont les torts et griefs des époux [1]. Le juge doit, toutefois, préciser si le divorce est prononcé aux torts partagés ou aux torts exclusifs d'un époux, du fait des conséquences qui s'ensuivent. Cette disposition peut être reliée à l'admissibilité de l'aveu comme mode de preuve (C. civ., art. 259) : en combinant ces deux dispositions, les époux peuvent ainsi obtenir un divorce pour faute en échappant aux préoccupations de la preuve.

799. ***Liquidation des intérêts patrimoniaux***. L'article 267 du Code civil issu de l'ordonnance n° 2015-1288 du 15 octobre 2015 ne mentionne plus que le juge du divorce ordonne la liquidation et le partage des intérêts patrimoniaux des époux. Toutefois, le juge du divorce continue de pouvoir statuer sur les demandes de maintien dans l'indivision, d'attribution préférentielle et d'avance sur part de communauté ou de biens indivis, ainsi que sur les demandes de liquidation-partage lorsqu'a été utilisé l'article 255, 10°, du Code civil. Il peut statuer en présence d'une *« déclaration commune d'acceptation d'un partage judiciaire indiquant les points de désaccord entre les époux »*. Enfin, le dernier alinéa de l'article 267 du Code civil donne compétence au juge du divorce pour statuer, même d'office, sur la détermination du régime matrimonial applicable aux époux.

2) Voies de recours

800. ***Voies de recours***. Le particularisme de la procédure de divorce se manifeste également sur le plan des voies de recours, qui sont moins nombreuses qu'en droit commun. Ainsi l'opposition est-elle systématiquement exclue, le jugement de divorce étant susceptible d'appel (C. pr. civ., art. 473, al. 2). De même, la jurisprudence antérieure à la loi de 1975 avait jugé irrecevable la tierce opposition contre le jugement de divorce [2]. La doctrine considère, à juste titre, que cette solution subsiste après la réforme [3]. Sont donc seuls admis l'appel et le pourvoi en cassation.

801. ***Recours en révision***. Il faut ajouter que la Cour de cassation autorise aussi le recours en révision en cas de fraude d'un époux. Ainsi ce recours a-t-il été jugé recevable

---

1. Il en résulte que l'appel contre une décision ayant prononcé, à la demande des parties, un divorce pour faute sans énonciation des torts et griefs est irrecevable, l'appelant qui a obtenu en première instance entière satisfaction sur ses demandes étant sans intérêt à interjeter appel (Civ. 2e, 20 mars 1991, *Bull. civ.* II, n° 88).
2. Civ. 17 mai 1938, *DH* 1938. 465 ; Civ. 2e, 3 juin 1970, *D.* 1970. Somm. 212.
3. J. Hauser et D. Huet-Weiller, n° 317. Les auteurs du décret du 29 octobre 2004, qui ont refondu l'ensemble des dispositions du Code de procédure civile relatives à la procédure de divorce, n'ont pas introduit la tierce opposition en tant que voie de recours, confirmant l'orientation doctrinale.

contre les dispositions d'un arrêt prononçant le divorce relatives au montant et à la durée de la prestation compensatoire, du fait de la dissimulation de sa situation par l'épouse[1].

802. ***Appel***. L'époux qui n'a pas obtenu, en première instance, entière satisfaction sur ses demandes a la faculté d'interjeter appel.

Si le juge aux affaires familiales a fait droit à l'intégralité des demandes d'un époux, ce dernier ne peut valablement interjeter appel au motif qu'il aurait omis de solliciter une prestation compensatoire. L'appel est irrecevable pour défaut d'intérêt dès lors que l'appelant a obtenu en première instance l'entier bénéfice de ses conclusions[2]. En revanche, si son conjoint interjette appel sur le prononcé du divorce, il peut former un appel incident et solliciter alors l'attribution d'une prestation compensatoire. La demande sera recevable sur le fondement de l'article 566 du nouveau Code de procédure civile, en tant que prétention accessoire ou complémentaire de celles soumises aux premiers juges[3].

Si l'appel interjeté par un époux ne porte que sur les conséquences du divorce, le prononcé du divorce devient définitif et le conjoint ne peut demander pour la première fois en appel une prestation compensatoire ou des dommages-intérêts : la demande est nouvelle (C. pr. civ., art. 564) et elle sera jugée irrecevable[4].

803. ***Suspensif***. Le délai d'appel est d'un mois à compter de la signification, par voie d'huissier, du jugement. Conformément aux principes de la procédure civile, le délai est suspensif : pendant que le délai court, l'exécution du jugement est suspendue. Celui-ci est définitif si, le mois écoulé, aucun appel n'est interjeté. Mais, si l'appel est formé, il est également suspensif : tant que la cour d'appel n'a pas statué, l'exécution du jugement n'a pas lieu. Que deviennent alors les époux ?

804. ***Mesures provisoires***. En cas d'appel, les époux restent régis par les mesures provisoires ordonnées par le juge aux affaires familiales dans l'ordonnance de non-conciliation, mesures provisoires qui auront pu être modifiées éventuellement par le jugement : pension alimentaire versée à un époux pendant la durée de l'instance, autorité parentale, part contributive à l'entretien des enfants. Ces mesures provisoires bénéficient de plein droit de l'exécution provisoire (C. pr. civ., art. 1074-1), conformément au droit commun (C. pr. civ., art. 514, al. 2)[5], et doivent donc être appliquées malgré l'effet suspensif de l'appel.

805. ***Exécution provisoire***. Quant aux mesures accessoires au prononcé du divorce, et qui sont ordonnées par le juge à l'issue de la phase décisoire, dans le jugement frappé d'appel, elles ne sont immédiatement exécutoires, malgré l'appel, que si elles sont expressément assorties de l'exécution provisoire (C. pr. civ., art. 515)[6].

---

1. Civ. 2e, 4 mars 1992, *D.* 1993. 215, note J.-M. Piotraut.
2. Civ. 2e, 19 juin 1980, *D.* 1980. IR 462, obs. P. Julien ; *D.* 1981. IR 381, obs. J.-C. Groslière ; Civ. 2e, 19 nov. 1980, *Bull. civ.* II, no 236 ; *D.* 1981. IR 270, obs. A. Bénabent ; comp. Civ. 1re, 25 avr. 2007, *AJ fam.* 2007. 396, obs. S. David ; *RTD civ.* 2007. 552, obs. J. Hauser.
3. Civ. 2e, 13 juin 1985, *Bull. civ.* II, no 121 ; 25 juin 1986, *D.* 1987. Somm. 46, obs. A. Bénabent ; 9 janv. 1991, *Bull. civ.* II, no 10 ; *RTD civ.* 1992. 368, obs. J. Hauser et D. Huet-Weiller ; 18 sept. 1996, *D.* 1996. IR 217.
4. Pau, 12 juin 1991, *RTD civ.* 1992. 368, obs. J. Hauser et D. Huet-Weiller.
5. Civ. 2e, 14 févr. 1973, *Bull. civ.* II, no 51 ; 1er avr. 1994, *Bull. civ.* II, no 121.
6. « Lorsque le jugement prononçant le divorce est frappé d'appel, la modification des mesures accessoires exécutoires par provision en application de l'article 1074-1, en cas de survenance d'un

806. ***Prestation compensatoire***. Mais « la prestation compensatoire ne peut être assortie de l'exécution provisoire » (C. pr. civ., art. 1079) sauf « lorsque l'absence d'exécution aurait des conséquences manifestement excessives pour le créancier en cas de recours sur la prestation compensatoire » (C. pr. civ., art. 1079, al. 2). En effet, quand un recours est formé sur la prestation compensatoire et non sur le principe du divorce, celui-ci devient définitif et le devoir de secours prend fin, de telle sorte que le créancier du droit à la pension alimentaire est privé de celle-ci alors que la prestation compensatoire n'est pas encore exigible. Désormais, l'exécution provisoire pourra être ordonnée pour tout ou partie de la prestation. En fait, la prestation compensatoire sera assortie de l'exécution provisoire lorsque le créancier n'aura pas les moyens de subvenir seul à ses besoins sans le concours d'une pension alimentaire, quand le divorce n'est pas définitif, ou d'une prestation compensatoire une fois que le prononcé du divorce est définitif. Il est prévu, logiquement, que cette exécution provisoire ne prend effet qu'au jour où le prononcé du divorce a acquis force de chose jugée (C. pr. civ., art. 1079, al. 3).

Naturellement, le prononcé du divorce lui-même ne peut bénéficier de l'exécution provisoire, pour des raisons évidentes tenant à la « nature de l'affaire » (C. pr. civ., art. 515).

807. ***Acquiescement au jugement***. L'admission du divorce par consentement mutuel, en 1975, a conduit à abandonner la prohibition de l'acquiescement au jugement ou à l'arrêt de divorce prescrits par l'ancien article 249 du Code civil. Désormais, pour ne pas allonger inutilement les procédures, il est permis de renoncer à interjeter appel par voie d'acquiescement au jugement de divorce. Cependant, un majeur protégé ne peut acquiescer au jugement de divorce, ou se désister de l'appel, qu'avec l'autorisation du juge des tutelles (C. pr. civ., art. 1120).

808. ***Pourvoi en cassation***. Le pourvoi en cassation est ouvert à l'époux qui n'est pas satisfait de l'arrêt rendu par la cour d'appel. Le délai est de deux mois à compter de la signification, par huissier, de l'arrêt. Contrairement aux principes de la procédure civile, aussi bien le délai pour former un pourvoi en cassation que l'exercice du pourvoi lui-même sont suspensifs (C. pr. civ., art. 1086). Admettre, en effet, que l'arrêt d'appel soit exécuté serait autorisé le remariage des époux, alors qu'une cassation annulerait l'arrêt ayant prononcé le divorce [1] !

Si le pourvoi est formé contre un arrêt qui rejette la demande ou contre un arrêt qui statue seulement sur la prestation compensatoire, la règle générale de l'effet non suspensif du pourvoi en cassation est seule applicable [2].

Mais, pour des raisons pratiques tenant à la protection des personnes concernées, l'effet suspensif qui s'attache au pourvoi en cassation ainsi qu'à son délai ne s'applique pas aux dispositions de l'arrêt qui concernent les pensions [3], l'exercice de l'autorité paren-

---

fait nouveau, ne peut être demandée, selon le cas, qu'au premier président de la cour d'appel ou au conseiller de la mise en état » (C. pr. civ., art. 1083).

1. Dans l'hypothèse d'un pourvoi en cassation et d'un arrêt de rejet postérieur au décès d'un époux, ce décès entraîne une dissolution du mariage par la mort et non par le divorce, seulement si le pourvoi a porté sur le principe même du divorce et non pas seulement sur une mesure accessoire : Civ. 2e, 21 nov. 1990, *RTD civ.* 1991. 714, obs. J. Hauser et D. Huet-Weiller ; cf. Civ. 1re, 25 oct. 2005, *RTD civ.* 2006. 96, obs. J. Hauser.

2. Civ. 2e, 20 janv. 1993, *JCP* 1994. I. 3729, obs. S. Ferré-André.

3. Il s'agit des pensions « définitives » prévues à titre de mesures accessoires au divorce, et non des pensions allouées au titre des mesures provisoires : Civ. 2e, 10 avr. 1991, *D.* 1991. IR 141 ; *RTD civ.* 1991. 506, obs. J. Hauser et D. Huet-Weiller.

tale et la part contributive à l'entretien des enfants (C. pr. civ., art. 1087) : ces mesures ne font, effectivement, que prolonger les mesures provisoires ordonnées pour la durée de l'instance. Par contraste, la prestation compensatoire échappe à l'exécution provisoire, du moins en principe (C. pr. civ., art. 1079).

809. ***Prestation compensatoire***. La prestation compensatoire n'est due qu'à compter de la date à laquelle la décision prononçant le divorce est devenue irrévocable [1]. De telle sorte que, si l'arrêt prononçant le divorce pour faute n'est attaqué et n'est cassé que sur les conséquences pécuniaires du divorce, le prononcé du divorce est irrévocable et les mesures provisoires prévues pour la durée de l'instance ne peuvent être prolongées jusqu'à ce que la cour de renvoi ait statué sur la prestation compensatoire. L'ex-conjoint est alors dans l'impossibilité d'obtenir une aide pécuniaire de l'ex-époux pendant la durée de cette procédure [2]. L'exécution de la prestation compensatoire est, en effet, différée jusqu'à ce que le divorce soit irrévocable et qu'aucun recours suspensif ne soit plus possible contre le chef de la décision de divorce relatif à la prestation compensatoire [3]. À moins d'admettre que les juges du fond puissent accorder à un époux une prestation provisionnelle avant de fixer, au vu d'une expertise, le montant définitif de la prestation : la Cour de cassation paraît bien avoir autorisé le procédé [4].

La situation est, heureusement, plus simple depuis le décret du 29 octobre 2004. En effet, la prestation compensatoire peut être désormais assortie en tout ou partie de l'exécution provisoire, lorsque l'absence d'exécution aurait, pour le créancier, des conséquences manifestement excessives en cas de recours sur la prestation compensatoire (C. pr. civ., art. 1079). Ainsi, le créancier qui n'a pas les moyens de subvenir seul à ses besoins pourra bénéficier de la prestation compensatoire lorsque le prononcé du divorce aura acquis force de chose jugée et qu'un recours aura été formé uniquement sur la prestation compensatoire, le principe du divorce étant déjà acquis.

810. ***Droit transitoire***. L'entrée en vigueur de la loi du 26 mai 2004 a soulevé des problèmes de droit transitoire. La Cour de cassation a rappelé que si l'assignation en divorce est délivrée avant cette entrée en vigueur, la loi nouvelle ne s'applique pas [5]. Quant aux voies de recours, elles sont régies par la loi applicable lors du prononcé de la décision de première instance [6].

---

1. Civ. 2e, 28 mai 1986, *D.* 1987. Somm. 47, obs. A. Bénabent ; 11 juill. 2002, *D.* 2002. IR 2516. Mais son montant est fixé au moment du prononcé du divorce : Civ. 2e, 31 janv. 1990, *JCP* 1990. IV. 120. Jugé que viole les articles 1121 et 1122 (anc.) du Code de procédure civile la cour d'appel qui, ne statuant que sur la prestation compensatoire, en subordonne l'exigibilité au caractère irrévocable de sa décision : Civ. 2e, 20 janv. 1993, préc. ; 8 juill. 1999, *Bull. civ.* II, n° 131.

2. Civ. 2e, 10 juill. 1991, *RTD civ.* 1991. 714, obs. J. Hauser et D. Huet-Weiller ; *Audijuris* 1991, n° 13, p. 1, obs. P. Courbe ; 4 juill. 2002, *D.* 2002. 2381.

3. D. Huet-Weiller, « Nouvelles retouches à la procédure de divorce : les articles 20 à 23 du décret n° 84-618 du 13 juillet 1984 », *D.* 1984. Chron. 193. Il s'ensuit qu'une cour d'appel, statuant sur le principe du divorce, ne peut fixer le point de départ de la prestation compensatoire sous forme de rente à la date du jugement confirmé (Civ. 1re, 7 mai 2002, *Dr. fam.* 2002. 89, obs. H. L. ; *RTD civ.* 2002. 788, obs. J. Hauser).

4. Civ. 2e, 6 févr. 1985, *Bull. civ.* II, n° 30 ; 20 juin 1990, *Bull. civ.* II, n° 135 ; comp. Civ. 2e, 29 janv. 1997, *Bull. civ.* II, n° 27 ; *RTD civ.* 1997. 641, obs. J. Hauser : le juge peut prononcer le divorce pour faute et surseoir à statuer sur la prestation compensatoire dans l'attente des résultats d'une mesure d'instruction.

5. Civ. 1re, 25 avr. 2007, *AJ fam.* 2007. 271, obs. S. David ; *Dr. fam.* 2007, n° 129, note V. Larribau-Terneyre.

6. Cf. G. Serra et L. Willatte-Pellitteri, obs. *D.* 2007. Pan. 810.

Chapitre 3

Les effets du divorce

811. Le prononcé du divorce ou le dépôt de la convention de divorce au rang des minutes d'un notaire a pour effet essentiel de faire disparaître le mariage. Cet état nouveau, pour ceux qui étaient mariés et ne le sont plus, n'entraîne pas toutefois un effacement du passé. Celui-ci survit notamment par le biais de règlements pécuniaires, où l'idée de responsabilité n'est pas exclue. En outre, s'il y a des enfants mineurs, il faut aménager les relations qu'ils vont désormais entretenir avec leurs parents divorcés. D'où, à la suite de la dissolution du mariage (Section 1), la nécessité d'envisager les réparations pécuniaires (Section 2) et le sort des enfants (Section 3).

Section 1
La dissolution du mariage

812. La dissolution du mariage est l'objet même du divorce. L'article 260 du Code civil tel qu'issu de la loi n° 2016-1547 du 18 novembre 2016 de modernisation de la justice du XXIe siècle, dispose que « *Le mariage est dissous, 1° Par la convention de divorce conclue par acte sous signature privée contresigné par avocats, à la date à laquelle elle acquiert force exécutoire ; 2° Par la décision qui prononce le divorce, à la date à laquelle elle prend force de chose jugée* ». La disparition du mariage, pour l'avenir, constitue la différence principale avec la séparation de corps, institution qui maintient le lien conjugal. N'étant pas rétroactive, cette dissolution du mariage par divorce s'oppose à la nullité qui anéantit, en principe du moins, les effets passés du mariage. Dès lors que le divorce dissout le mariage, est irrecevable l'action en nullité d'un mariage qui a déjà été dissous par un jugement de divorce [1].

Il convient sans doute de rappeler, à ce stade, que « *Le mariage se dissout : 1° par la mort de l'un des époux* » (C. civ., art. 227). Ce mode de dissolution du mariage ne produit pas non plus d'effets rétroactifs. Surtout, la dissolution du mariage ne se produit que si le décès survient avant que le jugement ou l'arrêt prononçant le divorce soit définitif [2]. Mais si le décès d'un époux survient après que la décision de divorce est passée en force de chose jugée sur le prononcé du divorce lui-même, ce décès n'éteint pas les actions relatives à la prestation compensatoire allouée par cette décision [3].

---

1. Civ. 1re, 12 avr. 2012, pourvoi n° 11-11.116, *RJPF* 2016-5/22.

2. Civ. 1re, 31 mai 1978, *D.* 1979. 4, note A. Breton ; Civ. 2e, 23 nov. 1988, *Bull. civ.* II, n° 226 ; 18 déc. 1995, *Bull. civ.* II, n° 311.

3. Civ. 2e, 25 mai 1993, *Bull. civ.* II, n° 184 ; *RTD civ.* 1993. 565, obs. J. Hauser ; *Audijuris* 1993, n° 35, p. 58, obs. P. Courbe.

La rupture du lien matrimonial produit des conséquences dans les rapports personnels (§ 1) et patrimoniaux des époux (§ 2).

§ 1. Effets personnels

813. ***Jugement constitutif.*** L'effet personnel essentiel est la rupture du lien conjugal, noué le jour de la célébration du mariage. Le jugement de divorce ou l'enregistrement notarié d'une convention de divorce conclue par acte sous signature privée contresigné par avocats, dissout le mariage et crée pour les époux un état nouveau, celui de conjoints divorcés qui s'impose même aux tiers. Cet effet de dissolution se produit lorsque la décision qui prononce le divorce est devenue définitive parce qu'elle prend force de chose jugée ou lorsque la convention de divorce conclue par acte sous seing privé acquiert date certaine (C. civ., art. 260).

814. ***Date.*** La date à laquelle le divorce judiciaire devient irrévocable est la source d'un abondant contentieux. Surtout lorsque des voies de recours ont été exercées. Ainsi, lorsque le divorce est prononcé par l'arrêt d'une cour d'appel dont seules les dispositions relatives aux conséquences financières sont frappées d'un pourvoi principal, ce divorce devient irrévocable à la date d'expiration du délai ouvert pour former un pourvoi incident[1]. La Cour de cassation a précisé qu'un arrêt prononçant le divorce passe en force de chose jugée au jour du désistement du demandeur en pourvoi[2]. Par suite de la dissolution du mariage, chacun recouvre la liberté de sa personne, ce que traduit la disparition des devoirs conjugaux. Toutes les séquelles du lien matrimonial ne sont pas, pour autant, effacées.

A. Disparition des devoirs du mariage

815. Le divorce étant prononcé définitivement, la qualité d'époux cesse en la personne de chacun des conjoints. Disparaissent, ainsi, le devoir de communauté de vie, qui était déjà suspendu par l'ordonnance de non-conciliation, ainsi que son corollaire, l'obligation d'assistance. De même, le divorce fait disparaître le devoir de fidélité. D'où il résulte que les enfants conçus par la femme ne sont plus présumés (à partir de l'ordonnance de non-conciliation) être issus du mari (C. civ., art. 313). Le devoir de secours disparaît également dans tous les cas de divorce.

Il est difficile de considérer que le devoir de « respect », désormais imposé par l'article 212 du Code civil, disparaît par l'effet du divorce. En effet, il s'agit d'une obligation imposée à toute personne dans la vie sociale, et qui pèse sur un époux divorcé à l'égard de son ex-conjoint, comme elle incombe à chacun. C'est la raison pour laquelle qualité de d'ancien conjoint est une circonstance aggravante du harcèlement moral (C. pén., art. 222-33-2-1) et des menaces (C. pén., art. 222-18-13).

816. ***Remariage.*** Du fait du divorce, les époux peuvent se remarier. Le remariage est possible sans réserve : la liberté du mariage, et donc du remariage, est un principe

---

1. Civ. 1re, 25 oct. 2005, *AJ fam.* 2006. 111, obs. S. David ; *RTD civ.* 2006. 96, obs. J. Hauser. En effet, le pourvoi principal ne met pas en cause le principe même du divorce, mais ce principe peut encore être contesté par le conjoint au moyen d'un pourvoi incident. C'est donc à la date d'expiration du délai ouvert au conjoint pour former le pourvoi incident que le divorce devient définitif, et non à la date de l'arrêt de la Cour de cassation rendu sur le pourvoi principal.

2. Civ. 1re, 27 janv. 2016, no 15-11.151,

fondamental garanti par l'article 12 de la Convention européenne de sauvegarde des droits de l'Homme[1]. Ainsi, les époux divorcés peuvent contracter entre eux une nouvelle union ; la loi précise, naturellement, qu'une « *nouvelle célébration du mariage est nécessaire* » (C. civ., art. 263)[2]. Le remariage avec un tiers est pareillement libéré de toute entrave[3].

817. ***Délai de viduité.*** La femme devait traditionnellement observer le délai de viduité d'une durée de trois cents jours, destiné à éviter la confusion de paternités (C. civ., anc. art. 261). Mais les progrès des sciences biologiques ont rendu inutile cet empêchement qui a été abrogé par la loi du 26 mai 2004.

B. Les séquelles du mariage

818. ***Nationalité.*** Malgré la dissolution du lien matrimonial, quelques effets en subsistent. Deux d'entre eux peuvent être simplement signalés : d'un côté, l'émancipation du conjoint mineur par mariage subsiste ; d'un autre côté, le conjoint étranger qui a acquis la nationalité française par déclaration à la suite du mariage avec un époux français[4], conserve malgré le divorce, cette nationalité. Deux séquelles du mariage méritent en revanche plus d'explications. Elles concernent les liens d'alliance et le nom.

819. ***Empêchement à mariage.*** Le mariage étant dissous, les liens d'alliance, qui unissent un époux à la famille de son conjoint, disparaissent. En revanche, sont maintenus les empêchements à mariage entre les ex-alliés en ligne directe[5], et sans dispense possible. Un homme divorcé ne peut, par conséquent, se remarier avec la mère ou la fille, naturelle ou d'un précédent mariage, de son ex-épouse. Des considérations de moralité sociale imposent cette survie. Mais, la Cour européenne des droits de l'Homme a jugé que cette limitation portait atteinte, dans sa substance même, à la liberté de se marier[6].

820. ***Nom.*** À la suite du divorce, chaque époux perd, en principe, l'usage du nom de son conjoint (C. civ., art. 264). Solution qui s'explique par l'indépendance que procure le jugement du divorce à chaque époux[7]. Cependant, il était permis, au départ, à la femme

---

1. CEDH 18 déc. 1987, *RTD civ.* 1989. 408, obs. O. Guillod et Ph. Schweizer : « si la législation nationale permet le divorce – ce que la convention ne requiert pas –, l'article 12 garantit au divorcé le droit de se remarier sans subir en la matière des restrictions déraisonnables ».

2. Lorsque des époux ont divorcé l'un de l'autre, leur remariage entre eux rend caduque pour l'avenir la prestation compensatoire judiciairement fixée : Civ. 1re, 17 oct. 2007, *D.* 2008. 200, note G. Raoul-Cormeil.

3. Certaines pratiques religieuses subordonnent le remariage de la femme à la délivrance d'un acte par le mari : ainsi, le *gueth* – ou lettre de répudiation – dans la religion juive. Si le mari refuse de délivrer cet acte, il engage sa responsabilité pour abus de droit (Civ. 2e, 15 juin 1988, *Bull. civ.* II, no 146 ; 12 déc. 1994, *Bull. civ.* II, no 262). Mais le juge ne peut en ordonner la délivrance sous astreinte car il s'agit pour le mari d'une « faculté relevant de sa liberté de conscience » : Civ. 2e, 21 avr. 1982, *RTD civ.* 1984. 114, obs. G. Durry ; 21 nov. 1990, *Bull. civ.* II, no 239 ; *D.* 1991. 434, note E. Agostini.

4. C. civ., art. 21-2

5. Mais non en ligne collatérale, entre ex-beaux-frères et belles-sœurs.

6. CEDH 13 sept. 2005, *B.L. c/ Royaume Uni*, *D.* 2006. Pan. 1418, obs. J.-J. Lemouland et D. Vigneau ; *JCP* 2006. I. 109, no 11, obs. F. Sudre ; *RTD civ.* 2005. 735, obs. J.-P. Marguénaud.

7. A. Breton, « Le nom de la femme divorcée », *in Mélanges R. Rodière*, 1981, p. 17 ; M. Grimaldi, « Patrimoine et famille, l'attribution du nom », *Defrénois* 1987. 1425.

de conserver l'usage du nom du mari, dans certains cas. Ces exceptions qui n'étaient instituées qu'en faveur de la femme, conformément à une coutume, sont transposées par la loi du 26 mai 2004 au cas où le mari aurait, ce qui est encore peu fréquent, ajouté à son nom celui de son épouse, ce qui paraît plus conforme avec le principe d'égalité de l'homme et de la femme et à l'article 5 du protocole n° 7 à la Convention européenne des droits de l'Homme.

821. ***Accord du conjoint.*** Désormais, chacun des époux pourra conserver l'usage du nom du conjoint s'ils y sont autorisés [1]. Cette autorisation peut résulter, en premier lieu, de l'accord donné par le conjoint. Cette convention s'impose aux deux époux, sauf à révoquer son consentement si l'époux autorisé fait un usage abusif de son nom [2]. Cet accord devrait logiquement cesser de produire effet en cas de remariage [3].

822. ***Autorisation du juge.*** À défaut de consentement du conjoint, un époux a la faculté de solliciter l'autorisation du juge lors de l'instance en divorce, ou après le prononcé du divorce [4], à condition qu'il justifie qu'un intérêt particulier s'attache à l'usage du nom de son conjoint. Il peut s'agir d'un avantage personnel : cas de la femme mariée qui s'est fait connaître dans l'exercice d'une profession ou d'une activité (artiste, écrivain, commerçante…) [5] sous le nom de son mari [6]. Il peut s'agir aussi d'un intérêt pour les enfants : les relations sociales, et notamment scolaires, sont plus simples quand la mère porte le même nom que ses enfants [7]. À l'inverse de l'accord du conjoint, cette autorisation étant judiciaire n'est pas atteinte de caducité du seul fait du remariage de l'époux autorisé : une décision modificative devra être demandée.

§ 2. Effets patrimoniaux

823. Le mariage ayant des effets pécuniaires, la dissolution du lien conjugal a nécessairement des répercussions sur les relations patrimoniales qui s'étaient établies entre les époux. C'est le cas notamment pour cette communauté d'intérêts que traduisent l'existence du régime matrimonial, éventuellement assorti de donations entre époux, la

---

1. Le juge peut faire injonction sous astreinte à l'ex-épouse de faire retirer la mention sur le passeport des enfants du nom du mari ajouté à son nom, dès lors qu'elle n'avait pas été autorisée à procéder à cette adjonction : Civ. 1re, 23 févr. 2011, pourvoi n° 10-15.433 ; dès lors que le mari ne s'oppose pas à ce que la femme accole son nom marital à son nom de naissance sans limiter cette autorisation dans le temps, la cour d'appel ne saurait cantonner l'usage du nom marital à la minorité des enfants : Civ. 1re, 15 déc. 2010, pourvoi n° 09-73.048.

2. Paris, 9 mars 1979, *D.* 1979. 471, note J. Massip ; 22 oct. 1980, *D.* 1981. IR 68. Tant que le consentement du mari n'est pas révoqué, l'usage du nom du mari s'impose à tous, et notamment aux membres de la famille du mari : v. TGI Paris, 10 févr. 1981, *D.* 1981. 443, note R. Lindon ; *JCP* 1981. II. 19624, note D. Huet-Weiller.

3. En ce sens, TGI Paris, 10 févr. 1981, préc. ; sauf commune intention contraire des parties, v. Paris, 4 mars 2004, *Gaz. Pal.* 25 avr. 2004, note J. Massip.

4. Civ. 2e, 2 mars 1989, *Bull. civ.* II, n° 125. Dans ce cas, le juge doit se placer au jour de la demande pour apprécier l'intérêt particulier de la femme à continuer de porter le nom de son mari : Civ. 2e, 7 juin 1990, *Bull. civ.* II, n° 125 ; *Defrénois* 1991. 288, obs. J. Massip.

5. Il a été jugé que l'engagement politique ne caractérisait pas un intérêt essentiel : Paris, 31 oct. 1989, *D.* 1990. Somm. 115, obs. A. Bénabent.

6. Les juges n'ont pas, cependant, à exiger de l'épouse qu'elle justifie avoir acquis une notoriété particulière sous le nom de son mari : Civ. 2e, 16 juill. 1982, *Bull. civ.* II, n° 106.

7. Paris, 10 nov. 2004, *AJ fam.* 2005. 22, obs. S. David.

vocation successorale et la protection du logement familial. Mais le divorce a aussi des conséquences dans les rapports des époux avec les tiers, par exemple le bailleur du logement familial ou la sécurité sociale. Après avoir précisé la date des effets patrimoniaux du divorce, il conviendra d'en examiner le contenu.

A. Date des effets patrimoniaux du divorce

824. Des solutions complexes retenues par la loi (C. civ., art. 260 s.), il ressort que trois dates différentes sont fixées, en principe.

1) Vocation successorale

825. La vocation successorale disparaît à partir du moment où le divorce est définitif : délais de recours expirés ou voies de recours épuisées. C'est-à-dire à la même date que se produisent les effets personnels du divorce (C. civ., art. 260) [1].

2) Autres effets pécuniaires entre époux

826. ***Divorce par consentement mutuel extrajudiciaire***. L'article 262-1 du Code civil prévoit que lorsqu'il est constaté par consentement mutuel par acte sous signature privée contresigné par avocats déposé au rang des minutes d'un notaire, le divorce prend effet dans les rapports entre époux, en ce qui concerne leurs biens à la date à laquelle la convention réglant l'ensemble des conséquences du divorce acquiert force exécutoire, à moins que cette convention n'en stipule autrement.

827. ***Divorce par consentement mutuel judiciaire***. Lorsque le divorce est prononcé par consentement mutuel judiciaire, il prend effet dans les rapports entre époux concernant leur bien à la date de l'homologation de la convention réglant l'ensemble des conséquences du divorce à moins que celle-ci n'en dispose autrement.

828. ***Divorces contentieux***. Dans les divorces contentieux, les effets patrimoniaux entre les époux se produiront à la date de l'ordonnance de non-conciliation, laquelle organise les modalités de la résidence séparée des époux (C. civ., art. 262-1).

C'est à cette date que prend fin le régime matrimonial et en particulier que la communauté sera réputée dissoute. Il en résulte que les acquisitions faites par un époux après l'ONC ou l'homologation ou le dépôt au rang des minutes d'un notaire de la convention lui sont propres : car, il faut se placer à ce jour pour déterminer la consistance de la communauté et des patrimoines propres de chaque époux. De plus, les intérêts des récompenses courent de plein droit du jour de la dissolution de la communauté (C. civ., art. 1473). Et à compter de cette date, les biens communs échappent au régime matrimonial pour se trouver soumis aux règles de l'indivision (C. civ., art. 815 s.), de sorte que les revenus du travail et les revenus des biens propres ne tombent plus dans une masse commune, tandis que chacun des époux devra supporter les charges afférentes à ses biens propres [2].

---

1. V. ss 612.

2. À compter de l'assignation, et sauf convention contraire, une indemnité était due, avant la réforme de 2004, par le conjoint qui jouit privativement d'un bien indivis (C. civ., art. 815-9), comme

829. ***Tempéraments***. Deux tempéraments sont toutefois apportés à la prise en compte de la date de l'ONC comme date à laquelle le divorce prend effet dans les rapports pécuniaires entre époux.

D'une part, la loi a prévu que toute obligation contractée par l'un des époux à la charge de la communauté, comme toute aliénation de biens communs faite par l'un d'eux dans la limite de ses pouvoirs [1], postérieurement à la requête initiale, sera déclarée nulle s'il est prouvé qu'il y a eu fraude aux droits du conjoint (art. 262-2) [2].

Enfin, la dissolution du régime matrimonial peut remonter à une date antérieure à l'ONC, quand il y a eu séparation de fait avant la demande en divorce. À cette fin, l'un des époux peut demander au juge que les effets patrimoniaux du divorce soient reportés à la date à laquelle ils ont cessé de cohabiter et de collaborer (C. civ., art. 262-1, al. 2).

Par le report de la date des effets du divorce, un époux évite que l'enrichissement qu'il s'est procuré par son activité ne profite, en régime de communauté, au conjoint qui a cessé de cohabiter et de collaborer avec lui. La condition est cumulative. D'où il suit que les juges ne peuvent rejeter la demande de report sans relever aucun élément justifiant la réalité de la collaboration des époux après la cessation de la cohabitation [3]. La Cour de cassation a considéré que la cessation de la cohabitation fait présumer la cessation de la collaboration sauf preuve contraire [4]. Elle a jugé que ce qui caractérise le maintien de la collaboration après séparation, ce sont « *des relations patrimoniales résultant d'une volonté commune allant au-delà des obligations découlant du mariage ou du régime matrimonial comme par exemple le financement d'un immeuble par un époux avec le concours de l'autre* » [5] ou l'achat par les deux époux de plusieurs biens immobiliers et le fait de contracter des emprunts après la séparation [6]. En revanche, le paiement de dettes communes par le mari ne suffit pas à constituer une collaboration pas plus que le maintien d'un compte joint entre époux, ou encore une donation au dernier vivant [7]. Ne suffit pas, non plus, le fait que le mari s'est porté caution solidaire de son épouse pour le paiement des loyers et charges dus par celle-ci en sa qualité de locataire [8] ou le versement d'une contribution aux charges du mariage [9].

La communauté sera réputée dissoute à la date de la séparation des époux (C. civ., art. 1442). La loi prévoit, désormais, que celui auquel incombent à titre principal les torts de la séparation peut obtenir le report de cette date. La demande de report peut donc

---

le logement commun : Civ. 2e, 11 févr. 1998, *Bull. civ.* II, n° 51 ; *Dr. fam.* 1998, n° 154, note H. Lécuyer ; *D.* 1998. 493, note Ph. Malaurie ; *RTD civ.* 1999. 68, obs. J. Hauser ; A. Batteur, *Dr. fam.* 2001. Chron. 14.

1. Si l'un des époux outrepasse ses pouvoirs sur les biens communs, l'autre peut en demander l'annulation dans les deux ans du jour où il a eu connaissance de l'acte (C. civ., art. 1427).

2. V. F. Chevallier-Dumas, « La fraude dans les régimes matrimoniaux », *RTD civ.* 1979. 40, spéc. 46 s.

3. Civ. 2e, 13 janv. 1993, *Audijuris* 1993, n° 32, p. 27, obs. P. Courbe ; 31 mars 1993, *Bull. civ.* II, n° 136 ; 9 oct. 1996, *Bull. civ.* II, n° 225 ; 5 juill. 2001, *Dr. fam.* 2001, n° 107, obs. H. Lécuyer.

4. Civ. 1re, 17 nov. 2010, *D.* 2011. 351, obs. V. Bonnet.

5. Civ. 1re, 17 nov. 2010, préc.

6. Civ. 1re, 24 oct. 2012, n° 11-30.522, *Dr. fam.* 2013, comm. n° 4, obs. V. Larribau-Terneyre.

7. J. Hauser, obs. *RTD civ.* 2007. 96.

8. Civ. 1re, 14 nov. 2006, *AJ fam.* 2007. 35, obs. S. David ; *Dr. fam.* 2007, n° 12, obs. V. Larribau-Terneyre ; *RTD civ.* 2007. 96, obs. J. Hauser.

9. Civ. 1re, 6 mars 2013, n° 12-12.338, *Dr. fam.* 2013, comm. n° 52.

être formée par l'époux qui a commis des fautes dans la séparation, et cette demande est possible dans tous les cas de divorce. Ces dispositions nouvelles reflètent la volonté du législateur de supprimer toute liaison entre l'attribution des torts dans le divorce et les conséquences financières de celui-ci. Afin de clarifier, dès le prononcé du divorce, les droits de chaque époux, cette demande ne peut plus être formée après le prononcé du divorce, au cours des opérations de liquidation du régime matrimonial[1]. L'époux qui en fait la demande n'a pas à en préciser les raisons[2].

Dans le même but d'éviter les contestations ultérieures, la loi du 26 mai 2004 précise que « *la jouissance du logement conjugal par un seul des époux conserve un caractère gratuit jusqu'à l'ordonnance de non-conciliation, sauf décision contraire du juge* » (art. 262-1, al. 2).

3) Rapports avec les tiers

830. ***Publicité à l'état civil.*** La convention ou le jugement de divorce est opposable aux tiers (employeur, banque, caisse d'assurance-maladie, bailleur...) à compter du jour où les formalités de publicité à l'état civil ont été accomplies (C. civ., art. 262)[3]. En effet, pour faire connaître la convention ou le jugement de divorce[4], une fois qu'il est devenu définitif, mention doit en être portée en marge de l'acte de mariage et de l'acte de naissance de chacun des époux (C. pr. civ., art. 1082). C'est à la date de cette publicité que le régime matrimonial sera, à l'égard des tiers, réputé dissous.

831. ***Conséquences.*** Les conséquences pratiques de la solution sont évidentes. Ainsi, une dette contractée par un époux après l'ONC lie son conjoint si cette obligation est prévue par les règles du régime matrimonial. Le bailleur peut donc réclamer le paiement des loyers à la femme, cotitulaire du bail avec le mari, pour la période antérieure à la transcription du jugement de divorce à l'état civil, alors même que la femme a été autorisée à résider séparément de son mari, qu'elle a effectivement résidé séparément et que le bailleur ne pouvait ignorer son départ des lieux loués[5].

---

1. La demande de report étant accessoire à la demande en divorce, peut être présentée pour la première fois en appel, tant que la décision de divorce n'a pas acquis force de chose jugée : Civ. 1re, 14 mars 2006, *D.* Pan. 2437, obs. M. Douchy-Oudot ; *RTD civ.* 2006. 546, obs. J. Hauser ; cf. sur le droit antérieur à la loi du 26 mai 2004 : Civ. 2e, 7 déc. 1994, *Bull. civ.* II, nº 255 ; *Defrénois* 1995. 1493, obs. J. Massip ; *Audijuris* 1995, nº 57, p. 10, obs. P. Courbe.

2. Civ. 2e, 9 oct. 1996, *D.* 1996. IR 232.

3. Il y a lieu, en conséquence, de déclarer recevable l'action du représentant des créanciers de l'époux en liquidation judiciaire en annulation de l'état liquidatif de communauté établi en période suspecte : Civ. 1re, 25 janv. 2000, *Bull. civ.* I, nº 19 ; *D.* 2000. AJ 103, obs. A. Lienhard ; *Dr. fam.* 2000, nº 48, note H. Lécuyer ; *RTD civ.* 2000. 553, obs. J. Hauser ; Civ. 1re, 3 juin 2003, *Bull. civ.* I, nº 136 ; *D.* 2003. 2655, note P.-G. Marly ; v. aussi Com. 26 avr. 2000, *Bull. civ.* IV, nº 81 ; *D.* 2000. AJ 163, obs. A. Lienhard. Le partage de la communauté, contenu dans la convention définitive homologuée par le juge du divorce, est opposable aux tiers à compter de l'accomplissement des formalités de publicité du jugement. : Civ. 1re, 12 avr. 2012, nº 11-13.456.

4. Les jugements étrangers de divorce peuvent être mentionnés sur les registres français de l'état civil indépendamment de toute déclaration d'*exequatur* : Civ. 1re, 29 mars 1989, *Bull. civ.* I, nº 144 ; *D.* 1990. Somm. 115, obs. A. Bénabent ; *Audijuris* 1990, nº 1-2, p. 7, obs. P. Courbe.

5. Civ. 2e, 3 oct. 1990, *Bull. civ.* II, nº 177 ; *D.* 1992. Somm. 219, obs. F. Lucet ; *JCP N* 1991. II. 57, obs. Ph. Simler ; *Defrénois* 1991. 1126, obs. G. Champenois ; Civ. 1re, 13 oct. 1992, *Bull. civ.* I, nº 251, *JCP* 1993. II. 22047, note J. Hauser ; *Defrénois* 1993. 380, obs. G. Champenois ; *JCP N* 1993. II. 110, obs. G. Wiederkehr.

B. Contenu des effets patrimoniaux du divorce

832. La rupture du lien conjugal conduit à mettre fin à la communauté d'intérêts consécutive à la célébration du mariage et à aménager les avantages sociaux que la loi attribue au conjoint.

1) Dissolution de l'union d'intérêts

833. Le mariage fait naître entre les époux des intérêts mutuels qui prennent plusieurs formes. D'un côté, des obligations alimentaires entre époux : devoir de secours et contribution aux charges du mariage. Il y est mis fin, en principe, mais peuvent s'y substituer des réparations pécuniaires que l'on étudiera ultérieurement. D'un autre côté, la vocation successorale du conjoint survivant, permettant à ce dernier de bénéficier de certains droits dans la succession de l'époux prédécédé, disparaît. Il en résulte qu'un époux divorcé n'a plus aucun droit dans la succession de son ex-conjoint prédécédé. Il en va différemment après séparation de corps, comme on le verra plus loin. Enfin, tous les époux sont soumis, à compter du mariage, à un régime matrimonial dont la dissolution s'impose. Mais l'état d'époux est aussi la raison d'être de solutions spécifiques instituées pour les donations entre époux et le logement familial, qui subissent le contrecoup du divorce.

a) Régime matrimonial

834. ***Règlement conventionnel***. En prononçant le divorce, le juge aux affaires familiales ordonne la liquidation et le partage des intérêts patrimoniaux des époux (C. civ., art. 267). Mais l'un des objectifs de la loi du 26 mai 2004 a été d'inciter les époux à procéder à un règlement conventionnel de leurs intérêts patrimoniaux. En d'autres termes, la procédure de partage judiciaire ne doit s'appliquer, dans le cadre des divorces contentieux, que lorsqu'il n'aura pu être trouvé d'accord entre les époux avant le prononcé du divorce.

835. ***Liquidation***. L'article 267 du Code civil tel qu'issu de l'ordonnance n° 2015-1288 du 15 octobre 2015 entrée en vigueur le 1er janvier 2016 [1] ne permet plus au juge, à défaut de règlement conventionnel par les époux d'ordonner la liquidation du régime matrimonial comme c'était le cas auparavant. Le texte permet désormais seulement au juge de statuer sur les demandes de maintien dans l'indivision, d'attribution préférentielle et d'avance sur part de communauté ou de biens indivis, ainsi que sur les demandes de liquidation-partage lorsqu'a été utilisé l'article 255, 10°, du Code civil, ; il acquiert le pouvoir de statuer en présence d'une *« déclaration commune d'acceptation d'un partage judiciaire indiquant les points de désaccord entre les époux »*. Dans le même but, si le projet de liquidation du régime matrimonial établi par le notaire désigné au titre des mesures provisoires [2] contient des informations suffisantes, le juge aux affaires familiales a le pouvoir de statuer, à la demande de l'un des époux, sur les désaccords persistants entre eux (art. 267, al. 4).

---

1. *JCP* 2016. 62, obs. P. Murat.
2. V. ss 758.

836. ***Attributions préférentielles***. Pour favoriser une liquidation plus rapide du régime matrimonial, le juge aux affaires familiales a le pouvoir de statuer sur les demandes de maintien dans l'indivision ou d'attribution préférentielle (art. 267, al. 2)[1]. Il peut aussi accorder à l'un des époux, ou aux deux, une avance sur sa part de communauté ou de biens indivis (art. 267, al. 3).

837. ***Conventions de liquidation et partage***. Dans cette perspective de contractualisation des règlements patrimoniaux, la loi du 26 mai 2004 élargit la possibilité offerte aux époux, pendant l'instance, de conclure des conventions de liquidation et partage de leur régime matrimonial. Désormais, elles ne devront être passées par acte notarié que si la liquidation porte sur des biens soumis à la publicité foncière (C. civ., art. 265-2). Les effets de ces conventions sont suspendus jusqu'au prononcé du divorce[2], le juge pouvant à la demande d'un époux modifier ces conventions pour tenir compte des conséquences du divorce fixées par le jugement (C. civ., art. 1451). Ces précautions s'effacent lorsque le prononcé du divorce est devenu irrévocable : alors le régime matrimonial disparaît[3], et les ex-époux ont la liberté d'organiser la liquidation et le partage de leurs intérêts pécuniaires[4].

Poursuivant cet objectif de règlement plus consensuel des intérêts pécuniaires des époux, la loi du 26 mai 2004 leur permet de soumettre, pendant l'instance, à l'homologation du juge aux affaires familiales des conventions réglant tout ou partie des conséquences du divorce (art. 268). Sont particulièrement visées ici les conventions relatives à la fixation d'une prestation compensatoire. De fait, le règlement des intérêts patrimoniaux des époux forme un tout, et il est logique d'inclure le montant et les modalités de la prestation compensatoire dans le règlement des intérêts pécuniaires des époux, si l'on veut que celui-ci soit global[5]. Le juge, après avoir vérifié que les intérêts de chacun des époux et des enfants sont préservés, homologue ces conventions en prononçant le divorce (C. civ., art. 268, al. 2).

838. ***Tribunal de grande instance***. Après le prononcé du divorce, les litiges relatifs à la liquidation et au partage des biens des époux relèvent de la compétence du tribunal de grande instance. Il n'est pas possible de soumettre le prononcé du divorce à la liquidation préalable des intérêts patrimoniaux des époux, dans les procédures contentieuses. Ce serait, en effet, retarder de manière inconsidérée le prononcé du divorce, au détriment des intérêts personnels des époux et des enfants. Toutefois, la loi du 26 mai 2004 a cherché à encadrer la liquidation du régime matrimonial dans un calendrier précis, afin d'éviter que ces opérations ne donnent lieu à des procédures interminables.

Si les opérations de liquidation et de partage ne sont pas achevées dans le délai d'un an après le prononcé définitif du divorce, le notaire transmet au tribunal un procès-verbal de

---

1. Pour les communautés dissoutes par divorce, l'attribution préférentielle n'est jamais de droit (C. civ., art. 1476, al. 2).

2. Civ. 1re, 4 oct. 2005, *Bull. civ.* I, n° 353 ; *AJ fam.* 2006. 72, obs. S. David.

3. À la date de l'ordonnance de non-conciliation, dans les rapports entre époux. La consistance des éléments de la communauté à liquider se détermine donc au jour de l'ONC, mais leur valeur doit être fixée au jour le plus proche du partage (Civ. 1re, 16 mars 1982, *JCP* 1983. II. 20076 ; 11 oct. 1989, *Bull. civ.* I, n° 312).

4. Civ. 1re, 9 mars 1994, *Bull. civ.* I, n° 90. Les époux séparés de biens ne sont pas tenus de se conformer aux exigences de l'article 1450 du Code civil : Civ. 1re, 6 mai 1997, *Bull. civ.* I, n° 147 ; 29 janv. 2002, *D.* 2002. IR 2445, obs. V. Brémond.

5. Ph. Malaurie et H. Fulchiron, *op. cit.*, n° 782.

difficultés reprenant les déclarations respectives des parties. Au vu de celui-ci, le tribunal peut accorder un délai supplémentaire d'une durée maximale de six mois. À l'expiration de ce délai, si les opérations ne sont toujours pas achevées, le notaire en informe le tribunal. Il établit si les changements intervenus rendent nécessaire un nouveau procès-verbal. Le tribunal statue alors sur les contestations subsistant entre les parties, puis les renvoie devant le notaire afin d'établir l'état liquidatif (C. civ., art. 267-1).

b) Donations et avantages matrimoniaux

839. ***Donations entre époux***. Les donations entre époux obéissaient traditionnellement à un régime particulier.

840. ***Biens présents***. Les donations de biens présents, c'est-à-dire celles qui portent sur des biens qui sont dans le patrimoine du donateur au moment où il dispose, et qui prennent effet au cours du mariage, sont irrévocables (C. civ., art. 1096, al. 2). Cette irrévocabilité permet notamment d'éviter que le maintien d'une donation ayant évité le versement d'une prestation compensatoire puisse être remis en cause ultérieurement. Dans le même sens, les donations déguisées entre époux sont valables (art. 1099). Les donations entre époux de biens présents étant soumises au droit commun des donations, l'article 265 du Code civil dispose que le divorce est sans incidence « *sur les donations de biens présents quelle que soit leur forme* ».

841. ***Biens à venir***. Les donations de biens à venir, qui ne prennent effet qu'au décès du donateur, consistent pour un époux à faire donation à son conjoint de tout ou partie des biens qui composent sa succession. Ces donations présentent des caractéristiques proches de celles d'un testament, puisqu'elles sont révocables sans prévenir l'autre conjoint. Elles sont beaucoup plus fréquentes que les donations de biens présents, mais n'ont d'intérêt que si elles conservent un caractère révocable (art. 1096, al. 1er). Pour éviter toute incertitude, l'article 265, alinéa 2, dispose que le divorce emporte révocation de plein droit de toutes les dispositions à cause de mort, accordées par un époux envers son conjoint, sauf volonté contraire de l'époux qui les a consenties. Cette volonté est constatée soit dans la convention signée par les époux et contresignée par les avocats ou par le juge au moment du prononcé du divorce et rend irrévocable la donation maintenue (C. civ., art. 265, al. 2). Un époux ayant renoncé, tacitement lors du jugement de divorce, à la faculté de révocation des donations consenties à son ex-épouse, n'est plus en droit de révoquer ces donations par la suite [1].

842. ***Avantages matrimoniaux***. Des solutions identiques s'appliquent aux avantages matrimoniaux, c'est-à-dire aux profits qu'un époux peut tirer du fonctionnement du régime matrimonial. C'est le cas, notamment, de la clause d'adoption d'une communauté universelle lorsque les époux n'ont pas une fortune équivalente [2], d'une clause de partage inégal de la communauté ou d'attribution intégrale de celle-ci à l'époux survivant, ou encore de la clause de préciput qui permet à un époux de prélever un ou plusieurs biens

1. Civ. 1re, 26 oct. 2011, no 10-25.078.
2. Civ. 1re, 19 oct. 1983, *D.* 1984. 229, note J. Massip ; 26 juin 1988, *Bull. civ.* I, no 24 ; 12 juin 2001, *Bull. civ.* I, no 168 ; *Defrénois* 2001. 1516, obs. G. Champenois ; *RTD civ.* 2001. 863, obs. J. Hauser.

déterminés au moment du partage, sans avoir à en tenir compte dans la communauté [1]. Alors qu'ils ne sont pas regardés, en principe, comme des donations (C. civ., art. 1527), en cas de divorce, ces avantages matrimoniaux sont assimilés à des donations entre époux (C. civ., art. 265). Désormais, le divorce est sans incidence sur les avantages matrimoniaux qui prennent effet au cours du mariage [2]. Le divorce emporte révocation de plein droit des avantages matrimoniaux qui ne prennent effet qu'à la dissolution du régime matrimonial ou au décès de l'un des époux, sauf volonté contraire de l'époux qui les a consentis.

c) Logement familial

843. ***Mariage***. Pendant le mariage, le logement qui abrite la famille est l'objet d'une protection juridique particulière. Celle-ci s'applique pendant la procédure, tant que le divorce n'est pas prononcé [3]. D'une certaine façon, ce statut avantageux survit au profit d'un époux à la dissolution du mariage. Trois situations peuvent être envisagées.

844. ***Bail***. D'abord, si le logement était loué par les époux, le droit au bail était, quel que soit le régime matrimonial, et même si le bail avait été conclu avant le mariage, réputé appartenir à l'un et à l'autre époux. En cas de divorce, ce droit au bail peut être attribué par le juge à l'un d'eux, en considération des intérêts sociaux et familiaux en cause, et notamment en tenant compte de la présence d'enfants (C. civ., art. 1751).

845. ***Bien commun***. Ensuite, si le logement était un bien commun, l'un des époux peut en obtenir l'attribution préférentielle en pleine propriété, lors du partage de la communauté (C. civ., art. 831-2). Le conjoint recevra alors des biens de valeur égale. À défaut de biens suffisants, l'époux qui se voit attribuer préférentiellement la propriété du logement devra verser à son conjoint une soulte. La loi prévoit que, sauf accord des parties [4], la totalité de cette soulte sera payable comptant (C. civ., art. 1476, al. 2). Il se peut toutefois que l'attribution du logement constitue l'exécution de la prestation compensatoire [5]. Lorsque les époux étaient mariés sous le régime de la séparation de biens, les mêmes dispositions sont applicables quand le local qui servait effectivement de logement familial était indivis entre les époux, notamment à la suite d'un achat en commun (C. civ., art. 1542).

846. ***Indemnité d'occupation***. Si le logement familial est un bien commun ou appartient indivisément aux deux époux, une indemnité d'occupation peut être due par le conjoint qui l'occupe au cours de l'instance en divorce. En revanche, à partir du moment où le divorce est prononcé, et tant que le partage n'est pas définitif, l'indemnité d'occupation est nécessairement due par l'époux qui occupe le bien indivis, la communauté

---

1. La donation consentie à des donataires mariés sous le régime légal avec stipulation expresse que les biens donnés doivent tomber dans la communauté existant entre les donataires et leurs conjoints respectifs ne constitue pas un avantage matrimonial : Civ. 1re, 3 déc. 2008, pourvoi n° 07-19.348.
2. Civ. 1re, 18 mai 2011, pourvoi n° 10-17.943.
3. V. M. Grimaldi, « Le logement de la famille », *Defrénois* 1983. 1105. Sur l'application des dispositions de l'article 215 du Code civil, v. Colmar, 11 juin 1974, *D.* 1975. 540, note C. I. Foulon-Piganiol ; *RTD civ.* 1975. 293, obs. R. Nerson ; Aix-en-Provence, 22 févr. 1982, *JCP N* 1983. II. 58, note Ph. Rémy.
4. Civ. 1re, 25 mars 1997, *Audijuris* 1997, n° 75, p. 5, obs. P. Courbe ; *Defrénois* 1997. 1083, obs. G. Champenois.
5. V. ss 888 s.

étant dissoute dès le jour de l'ONC dans les rapports entre époux. C'est l'application d'une disposition fondamentale du régime légal de l'indivision instituée par la loi du 31 décembre 1976 (C. civ., art. 815-9, al. 2). L'occupation ne peut plus être concédée gratuitement par le juge en application du devoir de secours, comme pendant le cours de l'instance, car le devoir de secours disparaît avec le divorce[1]. Cependant, les juges du fond peuvent estimer que l'occupation du logement familial par les enfants avec l'un des parents procède d'une contribution de l'autre parent à leur entretien, de nature à réduire le montant de l'indemnité due par l'ex-époux occupant[2]. Dans le même sens, la contribution à l'entretien des enfants mineurs peut être fixée en tenant compte de l'occupation gratuite de l'immeuble indivis par un ex-époux et ses enfants[3].

847. ***Bien propre***. Enfin, si le local servant de logement à la famille appartient en propre (en régime de communauté) ou personnellement (en séparation de biens) à l'un des époux, le juge peut le donner à bail à l'autre conjoint lorsque l'autorité parentale est exercée par ce dernier ou, en cas d'exercice en commun de l'autorité parentale, lorsqu'un ou plusieurs enfants ont leur résidence habituelle dans ce logement (art. 285-1). Le juge fixe le loyer et la durée du bail, lequel est alors renouvelable jusqu'à la majorité du plus jeune des enfants. La loi du 26 mai 2004 précise que le bail forcé ne perdure que dans l'intérêt des enfants. Enfin, la demande de concession de bail forcé ne peut être formée après le prononcé du divorce[4].

2) Aménagement des droits sociaux

848. ***Pension de réversion***. Lorsqu'un époux décède au cours du mariage, son conjoint bénéficie du droit à réversion de la retraite, ou de la pension si l'époux était fonctionnaire, que percevait le défunt ou qu'il devait percevoir[5]. Qu'il s'agisse des retraites de sécurité sociale (CSS, art. L. 353-3) ou des pensions civiles et militaires (C. pens., art. L. 44), le droit à réversion est admis au bénéfice du conjoint divorcé, sauf remariage avant le décès de l'ex-époux. Si ce dernier s'était lui-même remarié, la pension de réversion est répartie entre les bénéficiaires non remariés au prorata du nombre d'années de mariage avec le défunt (CSS, art. L. 353-3, al. 2 ; C. pens., art. L. 45). En revanche, les régimes de retraite complémentaire peuvent prévoir des conditions particulières d'attribution d'une pension de réversion au conjoint divorcé : il peut être notamment exigé que le divorce ait été prononcé à son profit exclusif.

849. ***Convention avec des tiers***. Dans la perspective de dissocier les conséquences pécuniaires du divorce de l'attribution des torts, la loi du 26 mai 2004 prévoit, de façon

---

1. Civ. 2e, 11 févr. 1998, *Bull. civ.* II, n° 51 ; *D.* 1998. 493, note Ph. Malaurie ; *Dr. fam.* 1998, n° 154, note H. Lécuyer ; *RTD civ.* 1999. 68, obs. J. Hauser. L'indemnité d'occupation en cas de jouissance privative d'un logement pendant une procédure de divorce est indépendante de l'occupation effective du logement et dépend seulement de son attribution juridique (Civ. 1re, 14 juin 2000, *Bull. civ.* I, n° 186). La date de la jouissance privative est celle de l'ordonnance de non-conciliation attribuant le domicile conjugal à l'un des époux : Civ. 1re, 14 juin 2000, *Defrénois* 2000. 1308, obs. J. Massip ; *RTD civ.* 2001. 114, obs. J. Hauser.

2. Civ. 1re, 20 nov. 1990, *Bull. civ.* I, n° 252 ; 13 avr. 1999, *D.* 1999. Somm. 375, obs. J.-J. Lemouland ; v. aussi, Civ. 1re, 6 mars 1990, *Bull. civ.* I, n° 61.

3. Civ. 1re, 25 nov. 2003, *Dr. fam.* 2004, n° 35, note V. Larribau-Terneyre.

4. Civ. 1re, 28 mars 2002, *Dr. fam.* 2002, n° 113, note H. L. ; *RTD civ.* 2002. 492, obs. J. Hauser.

5. V. ss 913.

générale, que le divorce est sans incidence sur les droits que l'un ou l'autre des époux tient de la loi ou des conventions passées avec des tiers (C. civ., art. 265-1).

Section 2
Les réparations pécuniaires

850. ***Altération des conditions d'existence des époux.*** Le prononcé du divorce va naturellement bouleverser les conditions matérielles de vie des époux. Pendant le mariage, en effet, la contribution des époux aux charges du mariage permettait d'unir les ressources pour faire face aux besoins du ménage. Par suite du divorce, chaque époux ne dispose plus que de ses moyens personnels : il peut en résulter pour l'un d'eux une altération sensible de ses conditions d'existence. Or, il est possible que cet époux ait, pendant le mariage, renoncé à sa carrière pour s'occuper de l'entretien du ménage et de l'éducation des enfants, comme c'est encore aujourd'hui le cas de certaines femmes. N'est-il pas normal d'obliger alors le conjoint à rétablir l'équilibre dans la mesure du possible ? C'est effectivement ce qu'a pensé le législateur en instituant la prestation compensatoire (§ 1).

En cas de rupture de la vie commune, cependant, l'idée dominante était de maintenir au profit du défendeur sa condition d'époux. D'où la survie, prévue à titre exceptionnel, du devoir de secours dans ce type de divorce. Mais la loi du 26 mai 2004 ayant aligné les effets d'un divorce pour altération définitive du lien conjugal sur les autres cas de divorce contentieux, le maintien du devoir de secours est désormais supprimé.

Enfin, le divorce intervient aussi à titre de sanction lorsqu'il est prononcé pour faute. L'époux coupable peut être, dans ce cas, condamné aussi à des dommages et intérêts (§ 2).

L'importance de ce dispositif est mise en lumière dans les situations de divorce international : si la loi étrangère applicable « *ne prévoit ni prestation compensatoire, ni pension alimentaire pour l'épouse, ni dommages et intérêts pour celle-ci en cas de divorce* », elle doit être écartée au nom de l'ordre public au profit de la loi française [1].

§ 1. La prestation compensatoire [2]

851. ***Fin du devoir de secours.*** Le divorce met fin au devoir de secours : c'est un effet du mariage qui doit logiquement disparaître avec lui. Mais l'un des époux peut être tenu de verser à l'autre une prestation destinée à compenser, autant qu'il est possible, la disparité que la rupture du mariage crée dans les conditions de vie respectives (C. civ., art. 270).

Cette prestation est une création de la loi du 11 juillet 1975 [3]. Pour éviter un important contentieux après divorce, le législateur s'était attaché à concentrer le règlement des réparations pécuniaires au moment du prononcé du divorce, en donnant un caractère

---

1. Civ. 1re, 16 juill. 1992, *Bull. civ.* I, n° 229 ; *Defrénois* 1993, art. 35484, obs. J. Massip ; *D.* 1993. 476, note Saïdi ; *Rev. crit. DIP* 1993. 269, note P. Courbe.

2. Dossier spécial « Prestation compensatoire », *AJ fam.* 2013. 12 s.

3. V. J. de Poulpiquet, « Les prestations compensatoires après divorce », *JCP* 1977. I. 2856 ; M.-E. Roujou de Boubée, « Une institution qui se veut nouvelle : la prestation compensatoire après divorce », *in Mélanges G. Marty*, 1978, p. 977 ; S. Durrande, « Le contentieux de la prestation compensatoire après divorce », *D.* 1983. Chron. 191 ; P. Giron, « Prestation compensatoire et pension alimentaire face à la réalité du divorce », *D.* 1994. Chron. 262.

forfaitaire, non susceptible de révision, à la prestation compensatoire. Les juges ayant accordé massivement des rentes à vie, il s'ensuivit des situations humainement intolérables. La loi du 30 juin 2000 a, finalement, autorisé la révision de la prestation compensatoire[1]. Cette réforme n'a toutefois pas donné entièrement satisfaction, et elle a suscité de nouvelles critiques : maintien de la transmissibilité passive de la prestation compensatoire, impossibilité de réviser le montant du capital fractionné, conditions trop strictes de l'attribution de la rente viagère, substitution possible du capital à la rente à tout moment, suppression des prestations compensatoires mixtes ou temporaires… La loi du 26 mai 2004 a donc apporté un certain nombre d'aménagements au régime de la prestation compensatoire[2].

Celle-ci appelle des explications quant à son domaine (A), son montant (B) et son exécution (C).

A. Domaine de la prestation compensatoire

1) Principe

852. ***Disparité.*** Pour décider que l'un des époux versera à l'autre une prestation compensatoire, il faut démontrer que la rupture du mariage crée une disparité dans les conditions de vie respective des époux. Les juges du fond apprécient souverainement si la rupture du mariage créera dans les conditions de vie respectives des époux une disparité qu'il convient de compenser par l'attribution d'une prestation compensatoire, et fixent souverainement ce montant[3]. La comparaison des besoins et des ressources doit être effectuée lors du divorce : c'est à ce moment que le juge doit se placer pour apprécier l'existence d'une disparité[4]. Le juge doit se prononcer par une même décision sur le divorce et sur la disparité que celui-ci peut créer dans les conditions de vie respectives des époux[5]. Il s'agit d'un emprunt au droit des obligations alimentaires. Il en résulte que l'appréciation des conditions d'octroi de la prestation compensatoire doit être effectuée au jour du prononcé du divorce, et le juge doit, par une même décision, se prononcer sur le divorce et sur la disparité que celui-ci peut créer dans les conditions de vie respectives des époux[6]. Par contraste, la nécessité de tenir compte de l'évolution de la situation respective des époux, dans un avenir prévisible[7], diffère du régime des obligations alimentaires. C'est là une nécessité imposée par le caractère forfaitaire de la

---

1. Sur la loi du 30 juin 2000, v. H. Lécuyer, *Dr. fam.* 2000. Chron. 17 ; J. Massip, *Defrénois* 2000. 1329 ; J. Rochfeld, *RTD civ.* 2000. 907 ; F. Douet, *Dr. fam.* 2000. Chron. n° 18. V. aussi dossier *AJ fam.* 2001. 7 s., chron. C. Pelletier, A. Bénabent, C. Lienhard et T. Schmitt.

2. Il a été relevé, au cours des travaux préparatoires, que la prestation compensatoire concerne moins de 14 % des divorces (cf. Rapport de la Chancellerie de 1999 portant sur les divorces prononcés en 1996) ; v. dossier *AJ fam.* 2007, n° 3, chron. S. David, C. Lienhard, A. Boiché et G. Bonnet.

3. Civ. 1re, 4 juill. 2012, pourvois n° 11-11.039, n° 11-12.040, n° 11-13.131, n° 11-13.790 et n° 11-17.804.

4. Civ. 2e, 3 déc. 1997, *Bull. civ.* II, n° 294 et 296 ; Civ. 1re, 2 mars 2004, *Dr. fam.* 2004, n° 75, note V. Larribau-Terneyre ; 22 mars 2005, *Bull. civ.* I, n° 145.

5. Civ. 1re, 23 juin 2010, pourvoi n° 09-13.812.

6. Civ. 1re, 30 sept. 2003, *Bull. civ.* I, n° 193 ; *AJ fam.* 2004. 25, obs. S. D. ; *RTD civ.* 2004. 71, obs. J. Hauser.

7. Le juge doit rechercher, par ex., si les droits de la femme dans la liquidation de la communauté, composée notamment d'immeubles, ne vont pas exercer une influence dans un avenir prévisible sur la disparité existant au jour du divorce : Civ. 2e, 20 mars 1996, *Bull. civ.* II, n° 70.

prestation compensatoire. Dès lors qu'ils ont constaté dans leur décision que la disparité des conditions de vie respectives des époux après le divorce est d'ores et déjà établie, les juges du fond peuvent accorder à un époux une prestation provisionnelle avant de fixer, au vu d'une expertise, le montant définitif de la prestation compensatoire [1].

853. ***Tous les divorces***. Depuis la loi du 26 mai 2004, la prestation compensatoire peut être allouée dans tous les cas de divorce, par consentement mutuel ou contentieux. L'alignement du divorce pour altération définitive du lien conjugal sur les autres divorces contentieux a pour objectif de favoriser le recours à cette procédure moins conflictuelle que le divorce pour faute.

854. ***Procédure de divorce***. La demande de prestation compensatoire ne peut être faite que dans le cadre de la procédure de divorce. La demande de prestation compensatoire introduite après que la cour d'appel eut été dessaisie par l'effet du prononcé du divorce est irrecevable [2]. Si un époux s'oppose au divorce et ne forme qu'une demande de pension alimentaire ou de contribution aux charges du mariage, le juge ne peut prononcer le divorce sans avoir préalablement provoqué les explications de cet époux sur le principe d'une prestation compensatoire (C. pr. civ., art. 1076-1) [3]. En revanche, en l'absence de demande par l'une des parties du versement d'une pension alimentaire ou d'une contribution aux charges du mariage, la cour d'appel peut prononcer le divorce des époux sans les avoir invités à s'expliquer sur le versement d'une prestation [4].

855. ***Torts exclusifs***. Avant 2004, quand le divorce pour faute était prononcé aux torts exclusifs d'un époux, celui-ci n'avait droit à aucune prestation compensatoire (C. civ., anc. art. 280-1), tandis que son conjoint pouvait en bénéficier. Le caractère indemnitaire, lié à l'idée de responsabilité, influençait encore le régime de la prestation compensatoire. Mais comme cette solution pouvait se révéler, en fait, insupportable pour l'époux fautif, il était en droit d'obtenir, à titre exceptionnel, une indemnité fondée sur l'équité (C. civ., anc. art. 280-1).

L'impossibilité pour l'époux exclusivement fautif de percevoir une prestation compensatoire a été à l'origine de nombreux détournements de la procédure de divorce pour faute. Celle-ci était choisie en raison des conséquences financières supposées plus avantageuses, puisque l'époux demandeur espérait ainsi éviter d'avoir à verser une prestation compensatoire. Visant à déconnecter les conséquences financières du divorce de l'attribution des torts, la loi du 26 mai 2004 pose le principe que l'époux exclusivement fautif peut bénéficier d'une prestation compensatoire. La loi nouvelle n'est pas allée, cependant, jusqu'au bout de cette logique, et elle a réintroduit l'idée de faute et la notion de sanction dans le régime de la prestation compensatoire.

---

1. Civ. 2e, 16 juill. 1987, *Bull. civ.* II, no 156 ; 20 juin 1990, *Bull. civ.* II, no 135. D'où l'intérêt, pour l'époux créancier, de demander une prestation provisionnelle : Civ. 2e, 29 janv. 1997, *Bull. civ.* II, no 27, *JCP* 1997. II. 22839, note A. Bénabent.
2. Civ. 1re, 23 juin 2010, pourvoi no 09-13.812.
3. Est cassé l'arrêt qui a prononcé le divorce a rejeté la demande de contribution aux charges du mariage sans avoir au préalable invité les parties à s'expliquer sur le versement d'une prestation compensatoire : Civ. 1re, 18 janv. 2012, pourvoi no 11-13.840 ; Civ. 2e, 19 févr. 1992, *Bull. civ.* II, no 59 ; 29 avr. 1994, *Audijuris* 1994, no 44, p. 49, obs. P. Courbe ; 22 juin 1994, *Bull. civ.* II, no 167 ; *Audijuris* 1994, no 46, p. 44, obs. P. Courbe ; 26 sept. 2002, *Bull. civ.* II, no 189.
4. Civ. 1re, 23 janv. 2008, pourvoi no 07-11.323.

2) Exception

856. ***Circonstances particulières de la rupture***. Le refus de prestation compensatoire à l'époux exclusivement fautif devient une exception. Le législateur a considéré, en effet, que la dissociation des conséquences financières du divorce de l'attribution des torts pouvait entraîner de réelles injustices. C'est pourquoi le Code civil dispose désormais : « *toutefois, le juge peut refuser d'accorder une telle prestation si l'équité le commande, soit en considération des critères prévus à l'article 271, soit lorsque le divorce est prononcé aux torts exclusifs de l'époux qui demande le bénéfice de cette prestation, au regard des circonstances particulières de la rupture* » (C. civ., art. 270, al. 3). L

857. ***Torts exclusifs***. Le juge peut aussi refuser d'accorder une prestation compensatoire quand le divorce pour faute est prononcé aux torts exclusifs de l'époux qui la sollicite, « au *regard des circonstances particulières de la rupture* » (C. civ., art. 270, al. 3). Les termes employés, même s'ils ne sont guère précis, révèlent l'intention du législateur : si l'époux le plus fortuné a été, directement ou indirectement, victime de fautes d'une gravité incontestable (violences conjugales, brutalités sur les enfants…), il était moralement impossible de le condamner à verser une prestation compensatoire au conjoint qui a eu un comportement tout à fait répréhensible. Mais l'adultère devrait être, en principe, exclu de cette catégorie, vu les termes restrictifs de cette disposition [1]. Le juge dispose d'un pouvoir discrétionnaire pour écarter les dispositions de l'article 270, alinéa 3. Si le juge décider de faire application du texte, il doit indiquer les circonstances particulières qu'il a retenues. La Cour de cassation a précisé qu'une cour d'appel ne peut condamner un mari à verser une prestation compensatoire à son épouse aux torts exclusifs de laquelle le divorce a été prononcé sans répondre aux conclusions du mari qui soutenait qu'en application de l'article 270, alinéa 3, du Code civil, l'équité commandait qu'au regard des circonstances particulières de la rupture, la demande de prestation compensatoire de l'épouse devait être rejetée [2].

858. ***Double hypothèse***. La Cour de cassation a affirmé, dans un arrêt du 8 juillet 2010, que le refus d'accorder une prestation compensatoire à l'époux aux torts de qui le divorce a été prononcé peut être fondé sur l'une ou l'autre des hypothèses prévues par l'article 270, alinéa 3 [3]. Ainsi, les critères de l'article 271 (âge et situation professionnelle de l'épouse, charges engendrées par l'entretien et l'éducation des enfants) peuvent être utilisés de manière négative pour refuser d'allouer une prestation compensatoire au nom de l'équité [4]. Les critères d'attribution de la prestation compensatoire sont nombreux. Autoriser le juge à refuser à un époux dans le besoin le bénéfice d'une prestation compensatoire, par référence aux critères prévus à l'article 271, ne vise pas seulement l'époux aux torts exclusifs duquel le divorce pour faute est prononcé, puisque l'exception peut jouer aussi en cas de divorce accepté ou pour altération définitive du lien conjugal.

---

1. Dans un arrêt du 12 septembre 2012 (n° 11-12-140 ; *Dr. fam.* 2013, comm. 5), la Cour de cassation a approuvé une cour d'appel d'avoir écarté l'application de l'article 270, alinéa 3, en retenant que si le mari ressent vivement les fautes commises par son épouse, l'équité ne commande cepednant pas de le dispenser du versement d'une prestation compensatoire.
2. Civ. 1re, 24_févr. 2016, n° 15-15.424, *RJPF*_2016-4/22.
3. Civ. 1re, 8 juill. 2010, pourvoi n° 09-66.186.
4. Civ. 1re, 8 juill. 2010, préc.

B. Montant de la prestation compensatoire

859. Malgré la volonté du législateur, en 1975, la prestation compensatoire se détachait difficilement du double caractère alimentaire et indemnitaire de la pension prévue avant la réforme par l'ancien article 301 du Code civil. Les modifications apportées par la loi du 26 mai 2004 accentuent indéniablement le caractère alimentaire de cette prestation. C'est bien, du reste, la qualification donnée par la Cour de cassation, d'où elle déduit l'insaisissabilité de la rente [1]. Elle juge aussi que la créance née de la prestation compensatoire, parce qu'elle présente pour partie un caractère alimentaire, n'a pas à être déclarée au passif du débiteur soumis à une procédure collective [2].

1) Évaluation de la prestation compensatoire

860. ***Date***. Pour apprécier la demande de prestation compensatoire, le juge doit se placer à la date à laquelle la décision prononçant le divorce passe en force de chose jugée. En cas d'appel général d'un jugement de divorce, la décision de divorce ne peut passer en force de chose jugée, sauf acquiescement ou désistement, avant le prononcé de l'arrêt rendu par la cour d'appel. Il importe peu que les conclusions des parties n'aient critiqué que certains chefs de la décision dès lors que cette limitation ne peut valoir acquiescement au jugement. La juridiction du second degré devait donc se placer au jour où elle statue pour apprécier l'existence du droit de l'épouse à bénéficier d'une prestation compensatoire [3].

861. ***Consentement mutuel***. Dans le cadre du divorce par consentement mutuel, les époux fixent le montant et les modalités de la prestation compensatoire dans la convention établie par acte sous signature privée contresigné par avocats ou qu'ils soumettent à l'homologation du juge (C. civ., art. 278).

862. ***Ensemble des ressources***. Les bases d'évaluation de la prestation compensatoire sont empruntées pour partie aux obligations alimentaires. C'est ce qui résulte explicitement de la loi : elle dispose que « *la prestation compensatoire est fixée selon les besoins de l'époux à qui elle est versée et les ressources de l'autre en tenant compte de la situation au moment du divorce et de l'évolution de celle-ci dans un avenir prévisible* » (C. civ., art. 271).

Toutes les ressources doivent être prises en compte : revenus du travail et du capital, revenu minimum d'insertion [4], allocations-chômage [5], indemnités versées par la CIVI [6], l'allocation supplémentaire du fonds national de solidarité [7], indemnités de fonction

---

1. Civ. 2e, 27 juin 1985, *D.* 1986. 230, note C. Philippe ; *RTD civ.* 1987. 298, obs. J. Rubellin-Devichi.
2. Com. 8 oct. 2003, *Bull. civ.* IV, n° 151 ; *D.* 2003. AJ 2637, obs. A. Lienhard ; *D.* 2004. Somm. 54, obs. F.-X. Lucas ; *AJ fam.* 2004. 23, obs. S. D. ; *Dr. fam.* 2003, n° 132, note H. Lécuyer. Sur le régime des créances de prestation compensatoire quand le débiteur est soumis à une procédure collective, v. Civ. 1re, 7 juin 2006 et Com. 13 juin 2006, *Dr. fam.* 2006. 163, note V. Larribau-Terneyre ; *RTD civ.* 2006. 747, obs. J. Hauser.
3. Civ. 1re, 8 juin 2016, n° 15-20.613.
4. Civ. 1re, 9 mars 2011, pourvoi n° 10-11.053.
5. Civ. 2e, 5 nov. 1986, *Bull. civ.* II, n° 159.
6. Civ. 1re, 25 oct. 2005, *RTD civ.* 2006. 97, obs. J. Hauser.
7. Civ. 2e, 21 juill. 1986, *Bull. civ.* II, n° 122.

perçues par un élu[1]... La loi du 11 février 2005[2] a exclu de la détermination des ressources les sommes visant à compenser un handicap ou indemniser un accident du travail ou une maladie professionnelle, au motif que ces sommes sont strictement destinées à compenser le handicap. C'est ce que prévoit, désormais, l'article 272, alinéa 2, du Code civil. Le législateur a considéré que la personne handicapée pouvait être pénalisée par la prise en compte de ces ressources, ce qui peut, paradoxalement, se révéler défavorable à la personne handicapée dans la mesure où le juge peut exclure la compensation des besoins de cette personne par l'ex-conjoint[3]. Toutefois dans une décision QPC du 2 juin 2014[4], le Conseil constitutionnel a déclaré «*qu'en excluant des éléments retenus pour le calcul de la prestation compensatoire les sommes versées au titre de la réparation des accidents du travail, ces dispositions empêchent de prendre en compte des ressources destinées à compenser, au moins en partie, une perte de revenu alors que, par ailleurs, toutes les autres prestations sont prises en considération dès lors qu'elles assurent un revenu de substitution*» *et encore que « Considérant, en second lieu, qu'en application de l'article 271 du Code civil, il incombe au juge, pour fixer la prestation compensatoire selon les besoins et ressources des époux, de tenir compte notamment de leur état de santé ; que les sommes versées à une personne au titre de la compensation de son handicap ne sauraient être détournées de leur objet pour être affectées au versement de la prestation compensatoire dont cette personne est débitrice ; que, toutefois, en excluant la prise en considération des sommes versées au titre de la compensation du handicap dans la détermination des besoins et ressources, les dispositions contestées ont pour effet d'empêcher le juge d'apprécier l'ensemble des besoins des époux, et notamment des charges liées à leur état de santé* ».

Pour apprécier la disparité entre la situation respective des époux, les sommes versées au titre de la contribution à l'entretien et à l'éducation des enfants constituent des charges qui doivent venir en déduction des ressources de l'époux débiteur[5]. En revanche, l'aide versée à la famille sous forme d'allocations familiales est destinée à bénéficier aux enfants et non à procurer des revenus au parent qui la reçoit : le juge n'a donc pas à en tenir compte dans l'appréciation des ressources de l'époux qui a la garde des enfants[6]. L'avantage constitué par la pension alimentaire et la jouissance gratuite du domicile

---

1. Civ. 2e, 14 janv. 1999, *Bull. civ.* II, no 10 ; *RTD civ.* 1999. 368, obs. J. Hauser ; *Dr. fam.* 1999, no 66, note H. Lécuyer.

2. Loi no 2005-102 pour l'égalité des droits et des chances, la participation et la citoyenneté des personnes handicapées, entrée en vigueur le 1er janvier 2006.

3. Ne peut être prise en compte dans les ressources de l'époux, la somme mensuelle versée au titre de la rente servie pour l'accident du travail qui l'a rendu invalide : Civ. 1re, 16 juin 2011, pourvoi n° 10-19.537 ; la cour d'appel peut en revanche prendre en compte l'allocation aux adultes handicapés versée à l'épouse, qui à la différence de la prestation de compensation, est destinée à garantir un minimum de revenus à l'allocataire et non à compenser son handicap : Civ. 1re, 28 oct. 2009, n° 08-17.609 ; dès lors que la pension militaire d'invalidité comprend l'indemnisation de pertes de gains professionnels et des incidences professionnelles de l'incapacité et qu'elle ne figure pas au nombre des sommes exclues, elle doit être prise en compte : Civ. 1re, 9 nov. 2011, n° 10-15.381.

4. Cons. const. 2 juin 2014, no 2013-398 QPC.

5. Civ. 2e, 10 mai 2001, *Bull. civ.* II, no 93 ; *Defrénois* 2001. 1351, obs. J. Massip ; *Dr. fam.* 2001, no 98, note H. Lécuyer ; *RJPF* 2001-7-8/26, obs. P. Guerder ; *RTD civ.* 2001. 571, obs. J. Hauser. Il s'agit d'un revirement de jurisprudence, puisqu'il était jugé que les allocations familiales et la pension alimentaire versées au titre de la contribution à l'entretien des enfants étaient étrangères à la prestation compensatoire (Civ. 2e, 3 déc. 1997, *Bull. civ.* II, no 295 ; 25 nov. 1999, *Bull. civ.* II, no 178).

6. Civ. 2e, 26 sept. 2002, *Bull. civ.* II, no 186 ; *AJ fam.* 2002. 383, obs. S. D. ; Civ. 1re, 6 oct. 2010, pourvoi no 09-12.718 ; Civ. 1re, 15 févr. 2012, pourvoi no 11-11.000.

conjugal accordées au titre du devoir de secours ne doivent pas être pris en compte pour apprécier l'existence d'une disparité créée par la rupture du mariage[1].

863. ***Charges***. Pour établir un bilan complet, le juge doit tenir compte des charges qui incombent à chaque époux[2]. Entrent ainsi en ligne de compte les charges de la vie courante, comme les loyers, remboursements d'emprunts ou de crédits à la consommation, impositions, mais aussi des charges plus particulières comme des frais médicaux ou le versement par un époux d'une prestation compensatoire, sous forme de rente, versée à une précédente épouse[3].

864. ***Déclaration sur l'honneur***. Depuis la loi du 30 juin 2000, les parties doivent fournir au juge une déclaration certifiant sur l'honneur l'exactitude de leurs ressources, revenus, patrimoine et conditions de vie (art. 272).

865. ***Défaut de déclaration sur l'honneur***. Mais, le défaut de déclaration sur l'honneur est pratiquement dépourvu de sanction. En effet, la Cour de cassation décide que la fourniture de cette déclaration n'est pas une condition de recevabilité de la demande de prestation compensatoire[4]. Dès lors, une cour d'appel n'a pas à faire spécialement mention, dans son arrêt, de ce que la déclaration sur l'honneur a été ou non produite[5]. Il s'ensuit, également, qu'une partie qui s'est abstenue de produire une pièce ou d'en réclamer la production ne peut ériger sa propre carence en grief, d'où le rejet du pourvoi contre un arrêt qui a statué sur la prestation compensatoire sans avoir disposé des déclarations sur l'honneur et sans même avoir invité les parties à les fournir[6]. Bien plus, rien n'empêche de produire une attestation inexacte ou ne relatant aucun état patrimonial[7]. Cette déclaration sur l'honneur a donc peu d'intérêt. Sauf à admettre un recours en révision (C. pr. civ., art. 595) en cas de mensonge sur le patrimoine[8].

866. ***Critères***. Mais la loi éloigne encore un peu plus la prestation compensatoire des obligations alimentaires en énumérant les critères qui doivent permettre au juge de déterminer les besoins et les ressources. Ces critères attestent qu'il ne s'agit pas seulement d'un équilibre à trouver entre les deux plateaux d'une balance : il faut tenir compte aussi du passé vécu par les époux pour fixer une juste compensation à la disparité qui survient dans les conditions de vie postérieures au divorce.

867. ***Choix de vie***. La prestation compensatoire ne résulte pas seulement de la comparaison arithmétique des ressources de chacun des époux, mais que son attribution devait tenir compte de la répartition des rôles de chacun pendant la vie commune, des choix

---

1. Civ. 1re, 29 févr. 2012, pourvoi n° 11-14.872.

2. Manque de base légale, l'arrêt qui statue en examinant uniquement les ressources de l'époux débiteur, sans prendre en considération les charges de celui-ci : Civ. 1re, 6 juill. 2011, pourvoi n° 10-14.715.

3. Civ. 1re, 20 févr. 2007, pourvoi n° 06-10763.

4. Civ. 1re, 11 janv. 2005, *AJ fam*. 2005. 144, obs. S. David ; *RTD civ*. 2005. 375, obs. J. Hauser.

5. Civ. 1re, 8 juill. 2003, *Bull. civ*. I, n° 161 ; *RTD civ*. 2003. 687, obs. J. Hauser ; *Dr. fam*. 2003, n° 119, note H. Lécuyer.

6. Civ. 1re, 8 juill. 2003, *Bull. civ*. I, n° 163 ; *Dr. fam*. 2003, n° 119, note H. Lécuyer ; *RTD civ*. 2003. 687, obs. J. Hauser.

7. Civ. 1re, 19 sept. 2007, *D*. 2008. Pan. 813, obs. G. Serra et L. Williatte-Pellitteri.

8. *Contra* : Civ. 2e, 12 juin 2008, *D*. 2008. AJ 1765.

opérés en commun et qui pouvaient se révéler préjudiciables pour l'un d'entre eux, soit au moment du divorce, soit ultérieurement. En l'absence de disparité dans les conditions de vie, le juge peut ainsi fonder sa décision d'attribution d'une prestation compensatoire en vertu de l'engagement de l'époux, pris lors de la séparation de corps, d'assurer une couverture sociale à son épouse [1].

868. ***Situation personnelle des époux.*** Dans la détermination des besoins et des ressources, le juge doit prendre en considération, notamment [2] : la durée du mariage [3] ; l'âge et l'état de santé des époux ; les conséquences des choix professionnels faits par l'un des époux pendant la vie commune pour l'éducation des enfants et du temps qu'il faudra encore y consacrer ou pour favoriser la carrière de son conjoint au détriment de la sienne ; leurs qualifications et situations professionnelles ; leurs droits existants et prévisibles [4] ; leur situation respective en matière de pension de retraite [5] ; leur patrimoine, estimé ou prévisible, tant en capital qu'en revenus [6], après la liquidation du régime matrimonial (C. civ., art. 271, al. 2). La disparité des niveaux de vie antérieure au mariage ne doit pas être prise en compte pour apprécier le droit d'un des époux à bénéficier d'une prestation compensatoire [7]. Le concubinage de l'un des époux, qu'il s'agisse du créancier ou du débiteur de la prestation compensatoire, doit être pris en compte dans la détermination des ressources des époux [8].

---

1. Civ. 1re, 6 juin 2012, pourvoi n° 11-12.275.

2. Civ. 1re, 28 sept. 2011, pourvois n° 09-14.835, n° 10-24.392, n° 10-20.774 et n° 10-25.867. L'énumération de l'article 271 du Code civil n'est pas limitative. Les juges peuvent, ainsi, tenir compte dans la détermination des besoins et des ressources des époux, d'éléments d'appréciation non prévus par ce texte, comme la collaboration de la femme à la profession du mari : Civ. 2e, 1er avr. 1987, *Bull. civ.* II, n° 77 ; 19 nov. 1997, *Dr. fam.* 1998, n° 9, note H. Lécuyer. Ou la durée de la vie commune (et non celle du mariage) : Civ. 1re, 14 mars 2006, *AJ fam.* 2006. 377, obs. S. David ; *RTD civ.* 2006. 544, obs. J. Hauser ; mais non de la vie commune antérieure au mariage : Civ. 1re, 16 avr. 2008, *D.* 2008. 1271, obs. V. Avena-Robardet. Ou le fait que la disparité existante résulte de la décision personnelle de l'époux demandeur d'avoir peu travaillé : Civ. 1re, 6 mars 2007, *AJ fam.* 2007. 353, obs. S. David ; *RTD civ.* 2007. 553, obs. J. Hauser.

3. Pour apprécier l'existence du droit de l'un des époux à bénéficier d'une prestation le juge ne doit pas tenir compte de la vie commune antérieure au mariage mais peut prendre en considération la durée de la vie commune postérieure au mariage : Civ. 1re, 12 janv. 2011, pourvoi n° 10-13.731, Civ. 1re, 6 oct. 2010, pourvoi n° 09-12.718 ; en revanche, les juges peuvent tenir compte d'une période de séparation, dès lors que celle-ci est intervenue pendant le mariage : Civ. 1re, 16 avr. 2008, pourvoi n° 07-17.652.

4. Pour déterminer le droit à une prestation compensatoire, les juges ne doivent pas prendre en considération les droits successoraux prévisibles d'un époux (Civ. 1re, 20 juin 2006, *AJ fam.* 2006. 469, obs. S. David ; 3 oct. 2006, *AJ fam.* 2007. 93, obs. S. David ; Civ. 1re, 6 oct. 2010, pourvoi n° 09-10.989), mais ils doivent tenir compte de la mise à la retraite d'un époux divorcé (Civ. 1re, 28 juin 2005, *Bull. civ.* I, n° 286 ; *RTD civ.* 2005. 767, obs. J. Hauser ; 14 mars 2006, *D.* 2006. IR 947). Toutefois, les perspectives de versement d'une pension de réversion en cas de prédécès du mari ne peuvent pas être prises en compte dans la détermination du montant de la prestation compensatoire : Civ. 1re, 6 oct. 2010, pourvoi n° 09-15.346.

5. CSS, art. L. 161-17 : toute personne a le droit d'obtenir un relevé de sa situation individuelle au regard de l'ensemble des droits qu'elle s'est constitués dans les régimes de retraite légalement obligatoires.

6. Le patrimoine de chaque époux doit être pris en compte pour la détermination de la prestation compensatoire, même s'il appartient en propre (Civ. 2e, 25 nov. 1999, *Bull. civ.* II, n° 175 ; Civ. 1re, 30 nov. 2004, *Bull. civ.* I, n° 293) ou seulement en nue-propriété (Civ. 2e, 14 juin 1989, *Bull. civ.* II, n° 128) au débiteur éventuel de cette prestation. Si un époux fait donation d'un immeuble dont il a hérité, cet appauvrissement n'est susceptible d'entraîner une réduction de la prestation compensatoire dont il peut bénéficier, que si cet appauvrissement est frauduleux (Civ. 2e, 28 févr. 1996, *Bull. civ.* II, n° 42).

7. Civ. 1re, 18 mai 2011, pourvoi n° 10-17.445 ; toutefois, une prestation compensatoire a été refusé dans une hypothèse où cette disparité qui existait antérieurement à l'union, a été maintenue par l'adoption du régime de séparation de biens et n'était pas la conséquence de la rupture du mariage, de durée très brève : Civ. 1re, 9 déc. 2009, pourvoi n° 08-16.180.

8. Civ. 1re, 26 oct. 2011, pourvoi n° 10-26.003 ; Civ. 1re, 3 déc. 2008, pourvoi n° 07-14.609.

869. ***Part de communauté***. Cependant, la Cour de cassation juge qu'il n'y a pas lieu de tenir compte de la part de communauté devant revenir à chacun des époux, pour apprécier la disparité créée par la rupture du lien conjugal, sauf si l'un des époux invoque « *l'existence de circonstances particulières affectant la nature des biens communs à partager* » [1]. La raison en est que le partage de communauté est en principe égalitaire, et donc sans incidence sur l'existence d'une éventuelle disparité dans les conditions de vie des époux [2].

870. ***Vie commune antérieure au mariage*** La Cour de cassation interdit au juge du fond de tenir compte de la vie commune antérieure au mariage pour déterminer les besoins et les ressources en vue de la fixation de la prestation compensatoire [3]. Dans un arrêt du 13 janvier 2016 [4], la Cour de cassation a ainsi cassé l'arrêt d'appel qui avait tenu compte du fait que pendant les six ans précédant le mariage, l'ex-épouse avait collaboré à l'activité professionnelle de celui qui était à l'époque son concubin [5].

871. ***Enrichissement sans cause***. L'octroi d'une prestation compensatoire ne rend pas irrecevable l'action *de in rem verso* engagée par le bénéficiaire de cette prestation pour l'indemnisation de son appauvrissement résultant de sa participation bénévole à l'activité professionnelle de son ancien conjoint. Mais il en va différemment lorsqu'il ressort du jugement de divorce qu'il prend en compte cet appauvrissement en vue de l'évaluation de la prestation compensatoire [6].

872. ***Ordre public***. La prestation compensatoire est une institution d'ordre public sur laquelle les époux ne peuvent, avant toute procédure, transiger [7]. D'où la nullité de tous les arrangements conclus par les époux, avant toute instance en divorce, même dans le cas où ils seraient séparés de corps [8]. Par ailleurs, le juge qui l'accorde doit préciser les éléments sur lesquels il s'est déterminé [9].

873. ***Point de départ***. En outre, la prestation compensatoire étant destinée à rétablir une certaine égalité dans les situations pécuniaires des époux, n'est due qu'à compter de

---

1. Civ. 1re, 30 nov. 2004, *AJ fam.* 2005. 275, obs. S. David ; *Dr. fam.* 2005, nº 8, note V. Larribau-Terneyre.
2. Civ. 1re, 1er juill. 2009, pourvoi nº 08-18.486 ; toutefois, il a été admis que dans l'appréciation de la disparité est prise en compte la valeur des droits dont l'épouse bénéficiera après la liquidation du régime matrimonial, Civ. 1re, 31 mars 2010, pourvoi nº 09-13.811.
3. Civ. 1re, 1er juill. 2009, nº 08-18147 ; Civ. 1re, 6 oct. 2010, nº 09-12718, *D.* 2010. 2431 ; *RTD civ.* 2011. 112, obs. J. Hauser ; Civ. 1re, 13 janv. 2016, nº 15-13.602.
4. Nº 15-13602.
5. Dans le même sens, Civ. 1re, 8 juin 2016, nº 14-29.630.
6. Civ. 1re, 5 avr. 1993, *Bull. civ.* I, nº 139 ; *Defrénois* 1993. 1365, obs. J. Massip ; *Audijuris* 1993, nº 33, p. 3, obs. P. Courbe ; comp. Civ. 1re, 10 févr. 1998, *Dr. fam.* 1998, nº 53, note H. Lécuyer ; Civ. 1re, 23 juin 2010, nº 09-13.812.
7. Civ. 2e, 21 mars 1988, *Bull. civ.* II, nº 74 ; *Gaz. Pal.* 1989. 1. 38, note J. Massip ; 10 mai 1991, *Bull. civ.* II, nº 140.
8. Civ. 1re, 3 févr. 2004, *Bull. civ.* I, nº 30 ; *AJ fam.* 2004. 101, obs. S. D. ; *RTD civ.* 2004. 272, obs. J. Hauser. Le caractère absolu de la nullité reconnu par cet arrêt est contestable, dans la mesure où il s'agit de protéger les créanciers, beaucoup plus que l'intérêt social (v. J. Hauser, obs. préc.).
9. Civ. 2e, 8 nov. 1989, *Bull. civ.* II, nº 202 ; *Audijuris* 1990, nº 4, p. 9, obs. P. Courbe ; 18 mars 1998, *Bull. civ.* II, nº 89.

la date à laquelle la décision prononçant le divorce prend force de chose jugée [1]. C'est à cette date que les intérêts légaux commencent à courir [2]. Or, le délai de pourvoi en cassation suspend l'exécution de l'arrêt qui prononce le divorce ; de telle sorte qu'un arrêt ne peut fixer le point de départ de la prestation compensatoire qu'il alloue sous forme de rente à la date de son prononcé, alors qu'à cette date le divorce n'a pas acquis force de chose jugée [3]. De même, une cour d'appel ne peut fixer le point de départ de la prestation compensatoire, versée sous forme de rente, à la date du jugement confirmé [4]. Mais si la procédure a porté sur la seule question de la prestation compensatoire, le juge ne doit pas tenir compte de faits survenus après le prononcé du divorce [5] : la prestation compensatoire doit être fixée en tenant compte de la situation des époux au moment du divorce [6].

2) Caractère forfaitaire de la prestation compensatoire

a) Principes

874. ***Caractère forfaitaire.*** À la différence de la pension alimentaire, la prestation compensatoire a un caractère forfaitaire (C. civ., art. 270). Ce principe a été retenu afin que soit évité le contentieux entre époux divorcés. Ainsi, dans le silence de la loi, mais conformément sans doute à la volonté du législateur, la Cour de cassation a décidé que la prestation ne peut être demandée qu'au moment du divorce, et non dans une instance ultérieure [7]. Surtout, lorsque le montant de la prestation compensatoire avait été fixé dans la décision qui prononce le divorce, il ne pouvait être remis en cause une fois les voies de recours épuisées [8]. La prestation compensatoire n'était pas susceptible de révision, même en cas de changement imprévu dans les ressources ou les besoins des parties.

---

1. Civ. 2ᵉ, 18 oct. 1984, *Bull. civ.* II, nᵒ 155 ; v. aussi : Civ. 1ʳᵉ, 3 nov. 2004, *RTD civ.* 2005. 110, obs. J. Hauser.

2. Civ. 1ʳᵉ, 14 déc. 2004, *AJ fam.* 2005. 64, obs. S. David.

3. Civ. 2ᵉ, 25 nov. 1992, *Bull. civ.* II, nᵒ 272 ; *Audijuris* 1993, nᵒ 29, p. 41, obs. P. Courbe ; 11 juill. 2002, *Bull. civ.* II, nᵒ 160 ; *AJ fam.* 2002. 340, obs. S. D. ; Civ. 1ʳᵉ, 14 déc. 2004, *Defrénois* 2005. 433, obs. J. Massip ; *RTD civ.* 2005. 110, obs. J. Hauser.

4. Civ. 2ᵉ, 7 mai 2002, *Dr. fam.* 2002, nᵒ 89, obs. H. L. ; *RTD civ.* 2002. 788, obs. J. Hauser.

5. Ainsi le chef du jugement prononçant le divorce étant devenu définitif, la cour d'appel qui statue sur un appel limité au chef du jugement relatif à la prestation compensatoire doit se placer à la date de ce jugement, et non au jour où elle a statué, pour apprécier le droit de l'époux à bénéficier d'une prestation compensatoire ; elle ne doit pas, en conséquence, tenir compte du remariage de cet époux (Civ. 2ᵉ, 25 mars 1985, *D.* 1986. IR 110, obs. A. Bénabent) ou de son licenciement (Civ. 2ᵉ, 3 déc. 1997, *Bull. civ.* II, nᵒ 294 ; *Audijuris* 1998, nᵒ 89, p. 14, obs. P. Courbe).

6. Le juge ne doit pas apprécier la situation des époux à la date de leur séparation de fait, mais à celle du divorce : Civ. 2ᵉ, 4 févr. 1987, *D.* 1987. 497, note Y. Bianco-Brun ; 20 avr. 2000, *Dr. fam.* 2000, nᵒ 76, note H. Lécuyer ; ni au moment où les effets du divorce ont été reportés entre les parties : Civ. 1ʳᵉ, 21 sept. 2005, *Dr. fam.* 2006, nᵒ 4, note V. Larribau-Terneyre.

7. Civ. 2ᵉ, 28 janv. 1987, *Bull. civ.* II, nᵒ 28 ; *Gaz. Pal.* 1988. 1. 113, note J.-M. ; Civ. 1ʳᵉ, 8 nov. 1989, *Bull. civ.* I, nᵒ 340. Mais, étant l'accessoire de la demande en divorce, la demande de prestation compensatoire peut être présentée pour la première fois en cause d'appel (Civ. 2ᵉ, 13 juin 1985, *Bull. civ.* II, nᵒ 121 ; 9 janv. 1991, *Bull. civ.* II, nᵒ 10 ; 31 mai 2000, *Bull. civ.* II, nᵒ 92, *RTD civ.* 2000. 550, obs. J. Hauser ; 26 sept. 2002, *Bull. civ.* II, nᵒ 188 ; *Dr. fam.* 2003, nᵒ 45, note H. L.), à moins que l'appel ne soit limité aux conséquences du divorce pour les enfants, auquel cas le divorce étant devenu définitif, la demande de prestation compensatoire est alors irrecevable (Pau, 12 juin 1991, *D.* 1992. 199, note J.-J. Lemouland).

8. Un recours en révision peut être admis, contre les dispositions d'un arrêt de divorce relatives à la prestation compensatoire, pour fraude d'un époux (fausse déclaration de chômage), v. Civ. 2ᵉ, 4 mars 1992, *D.* 1993. 215, note Piotraut ; *JCP* 1993. II. 22092, note R. Martin.

Le montant de la prestation compensatoire pouvait, toutefois, être remis en question si l'absence de révision devait avoir pour l'un des conjoints des conséquences d'une exceptionnelle gravité (C. civ., art. 273). Cette clause de sauvegarde permettait seulement, suivant la jurisprudence, à l'époux qui l'invoquait d'obtenir la révision [1]. Mais il n'avait satisfaction que s'il démontrait le caractère intolérable des difficultés qu'il rencontrait lui-même du fait de la diminution considérable de ses ressources, s'il était débiteur, ou en raison de l'aggravation exceptionnelle de ses charges, s'il était créancier. Cette interprétation stricte donnée par la Cour de cassation empêchant la révision de la prestation compensatoire, a été la source d'injustices dénoncées par la doctrine [2]. Les changements de situation provoqués par la crise économique, joints au caractère le plus souvent viager des prestations accordées, et alors que les recompositions familiales se multipliaient, ont conduit le législateur à assouplir enfin les conditions de la révision.

875. ***Révision.*** Le législateur a voulu, en 1975, que soient fixées au moment du divorce les réparations pécuniaires qui pourraient être dues, en donnant à la prestation compensatoire un caractère définitif. D'où le caractère non révisable de la prestation compensatoire, voté par le Parlement à une époque où les conséquences de la crise économique des années 1973-1974 n'étaient pas encore apparues. Mais cette interdiction de révision empêchait d'adapter la prestation compensatoire aux changements de situation des ex-conjoints, générant des situations douloureuses. Aussi la loi du 30 juin 2000 a-t-elle autorisé plus largement la révision des prestations compensatoires, en laissant toutefois inchangé le principe. Cette orientation a été confirmée par la loi du 26 mai 2004.

b) Révision

876. La loi du 30 juin 2000, entrée en vigueur le 3 juillet [3], a prévu plusieurs dispositifs permettant de faciliter les demandes de révision, qui ont été complétés par la loi du 26 mai 2004.

877. ***Révisions des modalités de paiement.*** Confirmant le principe du versement de la prestation compensatoire en capital (art. 270), la loi prévoit que le débiteur peut demander, non pas la révision du montant du capital (fixé une fois pour toutes par le juge dans sa décision), mais seulement la révision des modalités de paiement du capital en cas de changement de sa situation. À titre exceptionnel, le juge peut alors, par décision spéciale et motivée, autoriser le versement du capital sur une durée totale supérieure à huit ans (art. 275, al. 2).

878. ***Rente.*** Lorsque la prestation compensatoire prend la forme d'une rente, qui ne peut être désormais que viagère, la révision est autorisée en cas de changement substantiel dans la situation de l'un ou l'autre des ex-époux : elle peut être révisée, suspendue

---

1. Civ. 2e, 6 janv. 1988, *Bull. civ.* II, n° 3.

2. A. Bénabent, « Assainir l'après-divorce », *in Mélanges D. Huet-Weiller*, 1994, p. 19 ; v. du même auteur, *D.* 1997. Chron. 225 ; *adde* : F. Dekeuwer-Défossez, « Rénover le droit de la famille », Rapport, préc., La Documentation française, 1999, p. 139 s.

3. Sur la loi du 30 juin 2000, v. *AJ fam.* n° 1/2001, dossier p. 7 s., par C. Pelletier, A. Bénabent, C. Lienhard et T. Schmitt ; F. Douet « Les aspects fiscaux de la loi relative à la prestation compensatoire en matière de divorce », *Dr. fam.* 2000. Chron. 18 ; H. Lécuyer, « La loi n° 2000-596 du 30 juin 2000 relative à la prestation compensatoire en matière de divorce », *Dr. fam.* 2000. Chron. 17 ; J. Rochfeld, chron. lég. *RTD civ.* 2000. 907.

ou supprimée en cas de changement important dans les ressources ou les besoins des parties (art. 276-3, al. 1er). Mais cette révision ne peut avoir pour effet de porter la rente à un montant supérieur à celui fixé initialement par le juge : la révision ne peut jouer qu'à la baisse (art. 276-3, al. 2). Ainsi, chaque partie pourra demander la prise en compte des changements positifs ou négatifs de sa situation ou de celle de son ex-conjoint (licenciement, chute de revenus après la retraite, nouvelles charges de famille, héritage…).

En outre, l'héritier du débiteur de la prestation aura toujours la possibilité de demander cette révision judiciaire (art. 280-1, al. 2), qui relève de la compétence du juge aux affaires familiales (COJ, art. L. 312-1). Naturellement, la révision ne pourra être demandée qu'autant que la dette ne sera pas éteinte[1].

Il a été jugé que la prestation compensatoire judiciairement révisée, dont le montant est fixé à la date à laquelle le juge statue sur la demande en révision, prend effet à compter de la date de la demande de révision[2].

879. ***Dispositions transitoires***. Le législateur ne pouvait laisser sans solution les situations dramatiques auxquelles avait conduit le droit antérieur. Aussi les dispositions transitoires de la loi du 30 juin 2000 (art. 20 s.), et celles de la loi du 26 mai 2004 (art. 33, VI à XI), ont-elles prévu l'application des textes nouveaux aux rentes en cours de versement. Cet apport essentiel de la réforme était attendu.

Ce qui signifie simplement que la loi est d'application immédiate, sans être pour autant rétroactive. En effet, si la loi nouvelle est susceptible de s'appliquer aux rentes décidées antérieurement comme aux nouvelles, la demande de révision ne vaudra que pour les arrérages à venir de la rente. Elle ne saurait remettre en cause les versements effectués antérieurement à l'entrée en vigueur de la loi du 30 juin 2000. Pour étendre l'effet bénéfique de la réforme, la loi du 30 juin 2000 avait permis l'application de ses dispositions aux instances en cours n'ayant pas donné lieu à des décisions passées en force de chose jugée (art. 23). La loi du 26 mai 2004 a adopté la même solution (art. 33, IX).

Par souci de simplification, le droit transitoire issu de la loi du 30 juin 2000 a été abrogé et remplacé par les dispositions de l'article 33 (VI à XI) de la loi du 26 mai 2004 : ainsi, deux régimes transitoires ne vont pas coexister.

Les rentes viagères (art. 33, VI), ainsi que les rentes temporaires en cours de versement (art. 33, VII) pourront désormais être révisées à la baisse, suspendues ou supprimées, à la demande du débiteur ou de ses héritiers, en cas de changement important dans les ressources ou les besoins des parties[3]. La loi précise que la révision ne pourra conduire à proroger la durée initiale des rentes temporaires, sauf accord des parties (art. 33, VII). La prestation compensatoire, versée sous forme de rente viagère ou de rente temporaire, peut également faire l'objet d'une demande tendant à lui substituer un capital dans les conditions prévues par les dispositions nouvelles. Ces procédures de révision sont applicables à toutes les prestations compensatoires attribuées avant l'entrée en vigueur de la loi du 26 mai 2004, qu'elles aient été fixées par le juge ou par convention entre les époux[4].

Un nouveau cas de révision est prévu pour les rentes viagères fixées par le juge ou par convention antérieurement à la loi du 30 juin 2000. Lorsque le maintien en l'état de la

1. Civ. 2e, 8 nov. 1989, *D.* 1990. 97, note A. Bénabent.
2. Civ. 1re, 19 avr. 2005, *Bull. civ.* I, no 194 ; *Defrénois* 2005. 1352, obs. J. Massip ; *Dr. fam.* 2005, no 133, note V. Larribau-Terneyre.
3. Civ. 1re, 19 juin 2007, *D.* 2007. 1967, obs. C. Delaporte-Carré : cette disposition est applicable dans le cas d'une prestation à caractère mixte, fixée à la fois sous la forme d'un capital et d'une rente.
4. Civ. 1re, 19 oct. 2004, *D.* 2004. IR 2834 ; 11 janv. 2005, *D.* 2005. IR 314.

rente procurerait un avantage manifestement excessif au créancier, au regard des critères posés à l'article 276 du Code civil, le débiteur ou ses héritiers pourront demander que la rente soit révisée, suspendue ou supprimée (art. 33, VI). Cette innovation de la loi du 26 mai 2004 s'explique par l'ancienneté de ces rentes viagères, et la nécessité de pouvoir les réviser, même en l'absence de changement important dans la situation pécuniaire de l'une ou l'autre des parties. Ce cas nouveau de révision s'ajoute aux possibilités qui viennent d'être envisagées [1].

c) Convention

880. Les mêmes solutions peuvent être mises en œuvre quand la prestation compensatoire est fixée par la convention homologuée dans le divorce sur demande conjointe [2] ou dans le cadre du divorce par consentement mutuel extrajudiciaire.

881. ***Modification***. La convention homologuée peut aussi être modifiée, conformément aux prévisions légales (C. civ., art. 279, al. 2), par le consentement mutuel des époux divorcés, sous forme d'une nouvelle convention également soumise à homologation [3].

882. ***Clause de révision***. Bien plus, les époux ont la faculté de prévoir dans la convention de divorce (homologuée par le juge ou déposée au rang des minutes d'un notaire) que chacun d'eux pourra, en cas de changement important dans les ressources ou les besoins des parties, demander au juge de réviser la prestation compensatoire (C. civ., art. 279, al. 3). Si bien que la révision peut intervenir, en application de cette clause, à la demande d'un époux et malgré le refus de l'autre : il y a là un avantage considérable du divorce par consentement mutuel. Il semble toutefois que la clause de révision soit en pratique rarement insérée dans les conventions définitives. Elle a pourtant désormais un avantage sur les révisions judiciaires : celles-ci ne peuvent que conduire à diminuer le montant de la rente, alors que la convention de divorce peut prévoir une révision à la hausse ou à la baisse. En outre, l'article 279 du Code civil prévoit, par renvoi aux articles 275, 276-3 et 276-4, que la révision du montant de la prestation est possible dans tous les cas, à la demande de l'un des ex-époux, y compris pour les prestations versées sous forme de capital ou de rente viagère en cas de changement important dans la situation du débiteur.

C. Exécution de la prestation compensatoire

883. Par une autre innovation de la loi du 11 juillet 1975, et afin d'éviter dans la mesure du possible les difficultés rencontrées par les femmes divorcées pour obtenir le paiement de la prestation compensatoire, il est prévu l'exécution de préférence sous la forme d'un capital (1), à défaut, sous forme de rente (2), les prestations conventionnelles étant favorisées (3).

---

1. G. Lacoste et V. Larribau-Terneyre, « Les dispositions transitoires de la loi du 26 mai 2004 sur le divorce », *Dr. fam.* 2005, n° 1.
2. Civ. 2e, 6 févr. 1985, *RTD civ.* 1987. 297, obs. J. Rubellin-Devichi ; *Defrénois* 1985. 994, obs. J. Massip ; *D.* 1986. 452, note Potiron ; *JCP* 1986. II. 20580, note R. Lindon et A. Bénabent.
3. Civ. 1re, 10 mai 2006, *Dr. fam.* 2006, n° 129, note V. Larribau-Terneyre ; *RTD civ.* 2006. 541, obs. J. Hauser.

1) Capital

884. ***Principe***. Le législateur a, dès 1975, imposé en principe le versement d'un capital. Cette modalité correspond à l'idée que les réparations pécuniaires auxquelles le divorce peut donner lieu doivent être concentrées au moment du divorce et sans modification ultérieure. Mais la Cour de cassation n'avait pas veillé scrupuleusement au respect du principe [1], de sorte que les juges, conformément aux habitudes anciennes et contrairement au vœu du législateur, ont généralement accordé une prestation compensatoire sous forme de rente [2]. Aussi la loi du 30 juin 2000 et celle du 26 mai 2004 ont-elles rappelé solennellement ce principe, qui figure aujourd'hui à l'article 270 du Code civil. La prestation compensatoire « prend la forme d'un capital dont le montant est fixé par le juge ». Elles ont, en outre, facilité par diverses mesures, le versement de ce capital.

a) Formes

885. Trois modalités de versement étaient envisagées par la loi en 1975. L'une d'elles étant restée inutilisée, a été supprimée par la loi du 26 mai 2004. Il reste donc deux modalités entre lesquelles le juge décide, en cas de divorce contentieux.

886. ***Somme d'argent***. C'est la méthode la plus simple. Étant entendu que, si la prestation compensatoire est exécutée, Soit le versement d'une somme d'argent, ce qui est la méthode la plus simple. Étant entendu que, si la prestation compensatoire est exécutée, en fait, au moment des opérations de liquidation et de partage de la communauté, elle pourra prendre la forme d'un abandon par le débiteur de tout ou partie de sa part dans la communauté [3].

887. ***Abandon d'un usufruit***. Soit l'abandon de l'usufruit de biens meubles ou immeubles, propres au débiteur ou constituant sa part dans la communauté [4]. C'est ce que prévoyait la loi de 1975.

888. ***Abandon d'un bien en propriété***. Pour faciliter le versement d'un capital, la loi du 30 juin 2000 est allée plus loin. En vertu de l'article 274 du Code civil, l'abandon de biens peut être désormais en propriété, ou sous la forme d'un droit temporaire ou viager, d'usufruit, d'usage ou d'habitation, le jugement opérant cession forcée en faveur du

---

1. La Cour de cassation avait jugé qu'en allouant une rente, les juges du fond avaient implicitement constaté l'impossibilité d'accorder un capital (Civ. 2e, 27 nov. 1980 et 14 janv. 1981, *D.* 1981. IR 271, obs. A. Bénabent). C'était supprimer l'exigence de motivation, en contradiction avec les directives légales.

2. A. Bénabent, article préc., *in Mélanges Huet-Weiller*, 1994, p. 19.

3. Civ. 1re, 4 mars 1986, *JCP N* 1986.II.241, note Ph. Simler. Toutefois, il ne peut s'agir que d'un accord : en effet, la Cour de cassation juge que le texte n'autorise pas à différer le versement en capital jusqu'à la liquidation de la communauté (Civ. 2e, 16 avr. 1996, *Bull. civ.* II, no 92, *RTD civ.* 1996. 588, obs. J. Hauser ; 29 avr. 1998, *Dr. fam.* 1999, no 15, note H. Lécuyer). La Cour de cassation décide, dans le même sens, que le juge ne peut accorder un délai pour verser la première fraction (Civ. 2e, 18 mars 1998, *Bull. civ.* II, no 90 ; *Dr. fam.* 1999, no 15, note H. Lécuyer ; *RTD civ.* 1998. 353, obs. J. Hauser ; Civ. 1re, 31 mai et 6 juill. 2005, *RTD civ.* 2005. 765, obs. J. Hauser).

4. V. Civ. 2e, 1er avr. 1992, *Bull. civ.* II, no 113 ; *Audijuris* 1992, no 21, p. 1, obs. P. Courbe ; la valeur de l'usufruit doit être chiffrée : Civ. 1re, 22 mars 2005, *Dr. fam.* 2005, no 105, note V. Larribau-Terneyre ; *RTD civ.* 2005. 373, obs. J. Hauser.

créancier [1]. Naturellement, cet abandon n'est pas subordonné à l'acceptation de l'époux débiteur, sauf, a précisé la loi du 26 mai 2004, pour l'attribution en propriété de biens que le débiteur a reçus par succession ou donation. Le Conseil constitutionnel dans une décision du 13 juillet 2011 [2], a considéré que les dispositions de l'article 274 portent atteinte au droit de propriété consacré par à l'article 17 de la Déclaration des droits de l'Homme et du citoyen de 1789 en ce qu'elles permettent au juge d'attribuer de manière forcée un bien, propriété d'un débiteur condamné à payer une prestation compensatoire. Toutefois elle a admis avec une réserve la conformité du texte à la constitution en affirmant que « que l'atteinte au droit de propriété qui résulte de l'attribution forcée prévue par le 2° de l'article ne peut être regardée comme une mesure proportionnée au but d'intérêt général poursuivi que si elle constitue une modalité subsidiaire d'exécution de la prestation compensatoire en capital ; que, par conséquent, elle ne saurait être ordonnée par le juge que dans le cas où, au regard des circonstances de l'espèce, les modalités prévues au 1° n'apparaissent pas suffisantes pour garantir le versement de cette prestation ». En conséquence de cette décision, la Cour de cassation a cassé, dans une décision du 8 juin 2016 [3], un arrêt d'appel qui avait décidé que la prestation compensatoire prendrait la forme de l'abandon de la part de propriété du mari dans l'immeuble commun « sans constater que les modalités prévues au 1er de l'article 274 du Code civil n'étaient pas suffisantes pour garantir le versement de cette prestation ».

889. ***Régime fiscal.*** Chacun sait que le régime fiscal est susceptible d'influer considérablement sur le succès d'une institution civile. Or, la fiscalité du capital n'était guère favorable au constituant. Notamment, lorsque le capital était constitué de biens propres, une loi du 30 décembre 1975 [4] avait assimilé ces transferts de biens propres aux avantages consentis à titre gratuit. Cette législation fiscale ayant joué un rôle dans la désaffection pour la constitution d'un capital, a été revue [5].

Des dispositions actuelles, assez complexes, on retiendra que le paiement immédiat ou sur douze mois du capital ouvre droit à une réduction d'impôt sur le revenu égale à 25 % du montant des versements (dans la limite de 30 500 euros, soit une réduction maximale de 7 625 euros). Les prestations accordées en application de la loi du 26 mai 2004 n'étant plus taxées comme des donations entre époux, seul est dû le droit fixe d'enregistrement de 125 euros. Les sommes perçues par le créancier ne sont pas imposables à l'impôt sur le revenu, mais donnent lieu à l'application des droits de mutation à titre gratuit ou du droit de partage.

Quand les paiements sont effectués sur une période supérieure à douze mois, les sommes versées sont déductibles des revenus du débiteur. Le créancier, en revanche, est imposable sur les sommes perçues au titre de l'impôt sur le revenu. Aucun droit d'enregistrement n'est dû, puisque la prestation est assimilée alors à une pension alimentaire.

Les prestations compensatoires en nature accordées à compter du 1er janvier 2005 ouvrent droit à réduction d'impôt dans les mêmes conditions qu'une prestation en argent.

---

1. Lorsque la prestation prend la forme d'une attribution de biens en pleine propriété, sa valeur doit être précisée dans le jugement qui la fixe : Civ. 1re, 28 juin 2005, *AJ fam.* 2005. 359, obs. S. David ; 14 nov. 2006, *RTD civ.* 2007. 97, obs. J. Hauser.
2. Décis. n° 2011-151 QPC du 13 juill. 2011.
3. N° 14-29.630.
4. Loi n° 75-1278 du 30 décembre 1975 (art. 61, al. 3, devenu CGI, art. 757 A).
5. F. Douet, chron. préc., *Dr. fam.* 2000. 18 ; du même auteur, *Précis de droit fiscal de la famille*, *op. cit.*

Mais les prestations fournies au moyen de biens communs ou de biens indivis acquis pendant le mariage sont soumises au droit de partage de 1,10 %.

b) Paiement

890. ***Capital***. L'exécution de la prestation compensatoire par le paiement d'un capital est souhaitable. Mais cette modalité peut se révéler difficile à mettre en œuvre si l'époux débiteur ne dispose pas de liquidités immédiates. Il doit alors emprunter ou liquider une partie de son patrimoine. Aussi la loi du 30 juin 2000 a-t-elle apporté certains aménagements, qui ont fait l'objet de retouches par la loi du 26 mai 2004.

891. ***Versements périodiques***. Lorsque le débiteur n'est pas en mesure de verser le capital immédiatement, il est prévu que le juge fixe alors les modalités de paiement du capital, dans la limite de 8 années, sous forme de versements périodiques mensuels ou annuels, indexés selon les règles applicables aux pensions alimentaires (C. civ., art. 275, al. 1er).

Le capital échelonné est parfois utilisé en lieu et place d'une rente temporaire, pour compenser une disparité en revenus appelée à se résorber au bout de quelques années [1].

892. ***Révision***. De plus, ces modalités de paiement sont révisables, à la demande du débiteur, « *en cas de changement important de sa situation* » (C. civ., art. 275, al. 2) [2]. Le juge peut alors, à titre exceptionnel, et par décision spéciale et motivée, autoriser le versement du capital sur une durée totale supérieure à 8 ans. Mais un tel délai ne transforme-t-il pas le versement d'un capital en paiement d'une rente ? On notera toutefois que cette révision ne peut pas être demandée par le créancier. Ce dernier peut, cependant, après la liquidation du régime matrimonial, saisir le juge d'une demande en paiement du solde du capital indexé (C. civ., art. 275, al. 4).

Le débiteur lui-même peut aussi se libérer à tout moment du solde du capital indexé (C. civ., art. 275, al. 3).

893. ***Combinaison***. La loi du 26 mai 2004 prévoit qu'il est possible, désormais, de combiner l'attribution d'un capital sous forme de versements mensuels ou annuels, pendant une durée maximale de huit ans, avec l'attribution de biens en propriété ou d'un droit temporaire ou viager d'usage, d'habitation ou d'usufruit (C. civ., art. 275-1). Le législateur a voulu permettre, pendant une durée qui ne peut excéder huit ans, d'assurer au conjoint le gîte (par le droit d'usufruit) et le couvert (par le capital échelonné), ce que n'autorisait pas la loi du 30 juin 2000.

c) Décès du débiteur

894. ***Prélèvement sur la succession***. Conformément au principe de transmission active et passive du patrimoine à l'époux débiteur, à la mort de celui-ci, la charge du solde du capital devrait passer à ses héritiers. Mais, pour mettre fin à certaines situations choquantes, la loi du 26 mai 2004 pose en principe que le paiement de la prestation compensatoire est

---

1. S. David, Chron. préc., *AJ fam.* n° 3, 2007. 113. Pour cet auteur, la prestation compensatoire « joue alors le rôle d'une indemnité de recyclage ».

2. Le changement était « notable » dans la loi du 30 juin 2000. Le nouveau qualificatif est destiné à l'unification des textes (cf. art. 276-3), et à assouplir les conditions de révision.

« *prélevé sur la succession* » (C. civ., art. 280). Les héritiers ne sont plus tenus *ultra vires successionis*, c'est-à-dire qu'ils ne sont plus tenus au-delà de l'actif successoral, sur leurs biens personnels. Ils sont désormais tenus *intra vires*. De telle sorte que si le paiement de la prestation compensatoire est supporté par tous les héritiers, ils n'y sont pas tenus personnellement, mais seulement « dans la limite de l'actif successoral, et, en cas d'insuffisance, par tous les légataires particuliers, proportionnellement à leur émolument » (C. civ., art. 280, al. 1er). Désormais, le créancier de la prestation ne peut plus demander aux héritiers au-delà de ce qu'ils ont reçu, ni les poursuivre sur des biens autres que ceux qu'ils ont reçus.

895. ***Solde exigible***. Dès lors, lorsque la prestation compensatoire a été fixée sous la forme d'un capital payable de façon fractionnée, « *le solde de ce capital indexé devient immédiatement exigible* » (C. civ., art. 280, al. 2). Il n'est donc plus possible de demander la révision des modalités de versement de ce capital.

896. ***Obligation personnelle des héritiers***. Toutefois, par dérogation à ces nouveaux principes, « les héritiers peuvent décider ensemble de maintenir les formes et modalités de règlement de la prestation compensatoire qui incombait à l'époux débiteur, en s'obligeant personnellement au paiement de cette prestation. À peine de nullité, l'accord est constaté par un acte notarié » (C. civ., art. 280-1, al. 1er). Les héritiers peuvent ainsi décider de régler la dette du défunt au-delà de l'actif qu'ils auront reçu. Alors, dans ce cas, et seulement dans ce cas, l'action en révision des modalités de paiement du solde du capital, en cas de changement important de leur situation, est ouverte aux héritiers (C. civ., art. 280-1, al. 2, qui renvoie à l'art. 275.). La situation devrait se présenter rarement, puisqu'elle suppose un accord de tous les héritiers.

Dans ce cas, aussi, les héritiers peuvent se libérer à tout moment du solde du capital indexé, comme le débiteur lui-même aurait pu le faire, si le capital devait être payé de façon fractionnée (C. civ., art. 280-1, al. 2, qui renvoie à l'art. 275, al. 1er.).

d) Garanties

897. ***Faculté***. Les garanties qui peuvent être constituées sont prévues par l'article 277 du Code civil qui cite, outre l'hypothèque légale ou judiciaire, la constitution d'un gage ou l'établissement d'une caution. Sans doute le fait d'imposer une garantie au débiteur de la prestation compensatoire est-il une faculté laissée à l'appréciation des juges du fond[1].

898. ***Obligation***. La loi du 30 juin 2000 a donc modifié l'article 277 du Code civil en ajoutant que le juge pouvait imposer, aussi, au débiteur de souscrire un contrat garantissant le paiement de la prestation compensatoire, sous forme de capital ou de rente. Le recours aux contrats d'assurance-crédit ou d'assurance-vie devrait se développer, malgré les incertitudes liées au caractère aléatoire de ces assurances, parce que les sûretés classiques présentent des faiblesses encore plus grandes. C'est pourquoi la loi du 26 mai 2004 n'a pas modifié ces dispositions.

899. ***Conseil constitutionnel***. Dans sa décision du QPC du 29 juillet 2016[2], le Conseil constitutionnel a considéré qu'en adoptant ces dispositions, le législateur poursuit l'objectif

---

1. Civ. 2e, 25 mai 1994, *Bull. civ*. II, no 136 ; Civ. 1re, 28 nov. 2006, *Bull. civ*. I, no 525.
2. Décis. no 2016-557 QPC du 29 juill. 2016.

d'intérêt général d'assurer la protection du conjoint créancier de la prestation compensatoire en garantissant le versement du capital alloué au titre de cette prestation. Qu'en outre dès lors qu'il appartient au juge d'apprécier la nécessité de subordonner le prononcé du divorce à la constitution de garanties et la capacité du débiteur à constituer celles-ci, ces dispositions ne peuvent donc avoir d'autre effet que de retarder le prononcé du divorce et qu'ainsi l'atteinte à la liberté de mettre fin aux liens du mariage résultant des dispositions contestées est proportionnée à l'objectif poursuivi.

2) Rente viagère

900. ***Forme subsidiaire***. L'article 276 du Code civil avait prévu qu'à défaut de capital, ou si celui-ci n'était pas suffisant, la prestation compensatoire prenait la forme d'une rente. En fait, la force des habitudes, comme l'attraction de la prestation compensatoire par le régime des pensions alimentaires, ont conduit souvent (3/4 des cas) les juges à négliger la constitution d'un capital. Forme subsidiaire de la prestation compensatoire, suivant la loi, la rente est ainsi devenue en pratique beaucoup plus fréquente que le capital. C'est pour lutter contre cette dérive que la loi du 30 juin 2000, comme celle du 26 mai 2004, ont réaffirmé le principe.

901. ***Caractère exceptionnel***. Le Code civil oblige désormais le juge à prévoir le principe du versement de la prestation compensatoire en capital (art. 270). La rente restera néanmoins possible à titre exceptionnel, mais seulement en considération de la situation du créancier, et non plus de la consistance des biens du débiteur. C'est ce qui ressort des dispositions nouvelles relatives au montant, à la durée et au régime de la rente.

a) Montant

902. ***Évaluation judiciaire***. Le montant de la rente n'est pas déterminé par la loi. Il est évalué par le juge, en cas de divorce contentieux, en fonction du critère des besoins et des ressources respectifs des parties, appréciés au présent et dans un avenir prévisible. En cas de consentement mutuel, la rente est fixée par les époux.

Le montant de la rente a ceci de particulier qu'il peut être défini de façon uniforme pour toute sa durée, ou varier par périodes successives pour tenir compte de l'évolution probable des ressources et des besoins (C. civ., art. 276-1, al. 2). Mais, pour cela, le juge doit fixer pour chaque période le montant de la rente et non décider que la rente pourrait être réduite quand surviendra tel fait[1]. C'est un procédé qui a perdu beaucoup de son intérêt maintenant que les rentes sont révisables.

903. ***Indexation***. En outre, pour pallier les conséquences de la dépréciation monétaire, la rente est indexée (C. civ., art. 276-1, al. 1er)[2]. Comme en matière de pension alimentaire, tout indice est permis. En général, c'est l'indice INSEE de l'évolution du coût de

---

1. Civ. 2e, 2 mai 1984, *D.* 1984. 579, note R. Lindon et A. Bénabent ; Civ. 1re, 6 juill. 2005, *Dr. fam.* 2005, no 213, note V. Larribau-Terneyre.

2. La rente attribuée à titre de prestation compensatoire est obligatoirement indexée : Civ. 1re, 5 juin 2008, pourvoi n° 07-16593 ; inverse la charge de la preuve la cour d'appel rejetant la demande tendant à voir figurer à l'état liquidatif le montant de l'indexation de la prestation compensatoire car elle ne produit aucun justificatif de nature à conforter le non paiement de l'indexation : Civ. 1re, 5 juin 2008, pourvoi n° 07-16593.

la vie qui est choisi [1]. Il faut noter que la rente est obligatoirement indexée par le juge [2]. Il en résulte que l'omission par le juge de déterminer l'indice d'indexation est réparée sur simple requête en omission matérielle, présentée au même juge (C. pr. civ., art. 462) [3]. Par l'effet de l'indexation, la rente est régulièrement revalorisée, dès la première variation (sauf disposition contraire) de l'indice qui survient postérieurement au prononcé du divorce [4]. Le juge a aussi la faculté de choisir comme indice de référence l'indice antérieur au dernier publié et l'indice peut être remplacé par un autre en cas de fait nouveau [5].

b) Durée

904. ***Caractère viager***. Depuis la loi du 30 juin 2000, la durée de la rente est égale à la vie de l'époux créancier : la rente est obligatoirement viagère (C. civ., art. 276). Elle ne peut plus, comme dans la loi de 1975, être attribuée pour une durée inférieure : il n'y a plus de rente temporaire.

La possibilité pour le juge de fixer la prestation compensatoire sous forme de rente viagère, par décision spéciale et motivée, déroge ainsi à l'obligation de versement de la prestation compensatoire sous la forme d'un capital éventuellement payable sur huit années. La décision d'attribuer une rente viagère doit être prise en considération du fait que l'âge ou l'état de santé du créancier ne lui permettent pas de subvenir à ses besoins.

La loi du 26 mai 2004 s'inscrit dans cette perspective de limitation de la rente viagère aux circonstances les plus critiques. La rente viagère, a-t-il été dit pendant les travaux préparatoires, doit être réservée à des cas spécifiques de conjoints âgés, ayant été mariés pendant une longue période, n'ayant aucune chance de retrouver un emploi, ayant cessé leur activité professionnelle pendant le mariage et n'ayant aucun ou très peu de droits à la retraite. Ou encore, s'agit-il d'époux âgés dont l'état de santé ne leur permet pas d'exercer une activité professionnelle et de subvenir à leurs besoins. La rente viagère renforce donc le caractère alimentaire de la prestation compensatoire.

Le juge ne peut ordonner le versement d'une rente viagère que « *par décision spécialement motivée* » (art. 276). La loi du 30 juin 2000, qui avait posé cette exigence (reprise par la loi du 26 mai 2004), étant applicable « aux instances en cours qui n'ont pas donné lieu à une décision passée en force de chose jugée » (art. 23), la Cour de cassation a immédiatement exercé son contrôle sur la motivation particulière des conditions d'attribution d'une rente viagère [6].

---

1. Exemple d'Indexation de la rente viagère sur l'indice national des prix à la consommation série France (ensemble, hors tabac), base 100 en 1998 : Civ. 1re, 30 sept. 2009, pourvoi n° 08-11952.
2. Mais non en cas de demande conjointe : Civ. 2e, 26 mai 1992, *Bull. civ.* II, n° 153 ; *Defrénois* 1993. 983, obs. J. Massip ; *RTD civ.* 1992. 746, obs. J. Hauser.
3. Civ. 2e, 8 oct. 1980, *Gaz. Pal.* 1981. 2. 422, note J.-M. ; 14 nov. 1984, *Gaz. Pal.* 1985. 2. Pan. 153, obs. M. Grimaldi.
4. Réévaluation de plein droit, sans formalité, automatiquement et proportionnellement, chaque premier janvier, compte tenu du montant de l'indice du mois d'octobre précédent et de sa variation par rapport à l'indice existant au 1er novembre 2005 : Civ. 1re, 30 sept. 2009, pourvoi n° 08-11952.
5. Civ. 2e, 15 juin 1994, *Bull. civ.* II, n° 157 ; *Audijuris* 1994, n° 44, p. 34, obs. P. Courbe ; 16 janv. 1985, *Bull. civ.* II, n° 11.
6. Civ. 2e, 23 janv. 2003, *Bull. civ.* II, n° 10 ; *Dr. fam.* 2003, n° 71, note H. Lécuyer ; *RTD civ.* 2003. 275, obs. J. Hauser ; Civ. 1re, 23 avr. 2003, *Bull. civ.* I, n° 96 ; *Dr. fam.* 2003, n° 71, note H. Lécuyer ; *RTD civ.* 2003. 485, obs. J. Hauser ; 9 déc. 2003, *Dr. fam.* 2004, n° 21, note V. Larribau-Terneyre.

c) Régime

905. ***Caractère mixte***. C'est pour tenir compte de cette logique nouvelle que la deuxième chambre civile de la Cour de cassation avait jugé que l'attribution d'une prestation compensatoire sous forme d'un capital et d'une rente n'est pas conforme aux dispositions de la loi du 30 juin 2000[1]. Mais un revirement de jurisprudence a été opéré par la première chambre civile de la Cour de cassation, qui a désormais compétence en matière de divorce[2]. Elle juge, toutefois, que cette prestation compensatoire « mixte » ne peut être allouée qu'à la double condition qu'elle soit exceptionnelle et spécialement motivée.

La loi du 26 mai 2004 confirme cette récente orientation jurisprudentielle en indiquant que le montant de la rente peut être minoré, lorsque les circonstances l'imposent, par l'attribution d'une fraction en capital (C. civ., art. 276, al. 2).

906. ***Révision***. La rente étant viagère, le remariage du bénéficiaire devrait être sans incidence, comme dans le droit antérieur à la réforme du 30 juin 2000. Mais, désormais la révision est possible, à la demande du débiteur, en cas de changement important dans les ressources ou les besoins des parties. Dès lors, le débiteur pourra toujours agir en révision en invoquant l'accroissement important des ressources du créancier, du fait du devoir de secours assumé par le nouveau conjoint du créancier, et de l'amélioration vraisemblable de la situation de celui-ci. Toutefois, la demande en révision ne peut être fondée sur un changement connu au moment du divorce et pris en compte dans la situation initiale[3]. Ainsi le changement résultant de la mise à la retraite de l'époux ne peut être invoqué pour justifier la révision de la prestation compensatoire alors qu'il a été pris en compte au moment de la fixation de la prestation compensatoire, au titre de l'évolution de sa situation dans un avenir prévisible[4]. Le débiteur qui a décidé de son seul chef de se mettre en retraite anticipée à l'âge de 48 ans ne peut invoquer l'existence de la diminution conséquente de ses ressources, pour demander la suppression de la prestation compensatoire allouée à son ex-épouse[5]. De même, Dès lors que l'époux connaissait la situation de concubinage de l'épouse, cet élément avait nécessairement été pris en considération lors de la fixation du montant de la prestation compensatoire dans la convention définitive et ne peut justifier une demande de révision[6]. La Cour de cassation a censuré, pour avoir ajouté à la loi des conditions qu'elle ne prévoit pas, l'arrêt d'appel qui, pour rejeter la demande de révision formée par le mari qui invoquait une diminution importante de ses ressources en raison de la perte d'une demi-part fiscale consécutive à la conclusion d'un pacte civil de solidarité, relève que cette décision procède de sa seule volonté dont il doit assumer les conséquences.

---

1. Civ. 2e, 10 mai 2001, *Bull. civ.* II, n° 95 ; *RTD civ.* 2001. 569, obs. J. Hauser ; 28 mars 2002, *AJ fam.* 2002. 181, obs. F. B.-B. ; *Dr. fam.* 2002, n° 61, obs. H. L. ; 23 mai 2002, *RTD civ.* 2002. 493, obs. J. Hauser ; 26 sept. 2002, *Bull. civ.* II, n° 187 ; 12 déc. 2002, *AJ fam.* 2003. 104, obs. S.D. Était de même condamnée l'attribution d'une rente mensuelle d'une durée de dix ans : Civ. 2e, 13 déc. 2001, *Dr. fam.* 2002, n° 32, obs. H. L.
2. Civ. 1re, 16 mars 2004, *D.* 2004. IR 924 ; *AJ fam.* 2004. 184, obs. S. D. ; *RTD civ.* 2004. 273, obs. J. Hauser.
3. Civ. 1re, 4 juin 2009, pourvoi n° 08-15319.
4. Civ. 1re, 28 juin 2005, pourvoi n° 02-16556 ; Civ. 1re, 8 juill. 2010, pourvoi n° 09-15411.
5. Civ. 1re, 9 janv. 2008, pourvoi n° 06-18524.
6. Civ. 1re, 4 juin 2009, pourvoi n° 08-15319.

907. ***Durée limitée***. Ces solutions sont cependant écartées en cas de consentement mutuel[1]. Pour favoriser le recours à cette forme de divorce, l'article 278 prévoit, que les époux peuvent prévoir que la prestation compensatoire peut prendre la forme d'une rente attribuée pour une durée limitée (C. civ., art. 278). La rente conventionnelle n'est donc pas obligatoirement viagère. De plus, les époux peuvent prévoir dans leur convention un terme extinctif, notamment prévoir que le versement de la prestation cessera à compter de la réalisation d'un événement déterminé : le remariage du créancier, le décès ou le départ à la retraite du débiteur[2]. Enfin, le capital et la rente doivent pouvoir être conjugués librement, notamment par les règlements inclus dans la liquidation du régime matrimonial, dès lors que la convention fixe équitablement les droits et obligations des époux.

908. ***Substitution***. Enfin, la loi du 30 juin 2000 renforce la primauté du versement d'un capital en favorisant la technique de la substitution. C'est pourquoi le débiteur d'une prestation compensatoire sous forme de rente viagère peut à tout moment saisir le juge aux fins de statuer sur la substitution à la rente d'un capital (C. civ., art. 276-4, al. 1er). La loi du 26 mai 2004 précise que la substitution peut ne concerner qu'une partie de la rente. Cette disposition a pour but de favoriser cette pratique[3].

Concrètement, la substitution s'effectue selon les modalités fixées par le décret nº 2004-1157 du 29 octobre 2004. La substitution du capital à la rente viagère n'est pas subordonnée à l'accord du créancier, afin de ne pas paralyser cette procédure. Le créancier de la prestation compensatoire peut cependant former la même demande s'il établit qu'une modification de la situation du débiteur permet cette substitution, notamment lors de la liquidation du régime matrimonial (art. 276-4, al. 2)[4]. En cas de substitution, les modalités d'exécution de la prestation compensatoire sous forme de capital exposées antérieurement[5] sont applicables. Enfin, le refus du juge de substituer un capital à tout ou partie de la rente doit être spécialement motivé, car le législateur entend favoriser cette pratique. Laquelle n'est pas, malgré tout, à l'abri des critiques, comme cela a été dit lors des travaux préparatoires de la loi du 26 mai 2004. En effet, la substitution du capital à la rente viagère peut présenter certains risques pour des femmes âgées, dont les droits à la retraite sont très faibles et qui ne disposent pas d'autres ressources. Or, il n'est pas sûr que les revenus tirés du capital placé suffisent alors à permettre au créancier de subvenir à ses besoins.

909. ***Transmission passive***. La loi du 26 mai 2004 a maintenu le principe de transmission passive de la dette. Aussi, à la mort de l'époux débiteur, la charge de la rente viagère passe à ses héritiers (C. civ., art. 280). Mais les conséquences les plus inéquitables constatées avant cette dernière réforme devraient être sensiblement atténuées par plusieurs mesures.

---

1. Civ. 1re, 8 juin 2016, nº 15-19.892.
2. Cassation de l'arrêt allouant une prestation compensatoire sous forme d'un capital et d'une rente mensuelle jusqu'à ce que l'époux soit admis à faire valoir ses droits à la retraite, car fixant à la rente un terme incertain : Civ. 1re, 14 oct. 2009, pourvoi n° 08-70232.
3. Dans le même sens, la Cour de cassation considère que le changement important dans les ressources ou les besoins des parties n'est pas, dans l'article 276-4, une condition de la substitution d'un capital à une rente viagère à la demande du débiteur : Civ. 1re, 31 mai 2005, *Defrénois* 2005. 1846, obs. J. Massip ; *AJ fam.* 2005. 405, obs. S. David ; *RTD civ.* 2005. 580, obs. J. Hauser.
4. Des difficultés éprouvées par le créancier pour obtenir le paiement de la rente ne caractérisent pas la modification de la situation du débiteur, qui permet la substitution à la demande du créancier : Civ. 1re, 12 déc. 2006, *AJ fam.* 2007. 87, obs. S. David ; *Dr. fam.* 2007, nº 62, note V. Larribau-Terneyre.
5. V. ss 890.

910. ***Actif successoral***. D'abord, comme pour le capital, la charge de la prestation compensatoire est limitée à l'actif successoral. C'est dire qu'à la mort de l'époux débiteur, le paiement de la rente viagère sera prélevé sur la succession et dans la limite de l'actif successoral. Donc, en cas d'insuffisance de cet actif, les héritiers ne seront plus tenus sur leurs biens personnels, contrairement au droit commun des successions.

911. ***Transformation en capital***. Ensuite, les prestations compensatoires versées sous forme de rente viagère seront automatiquement transformées en un capital immédiatement exigible, la substitution s'effectuant selon les modalités fixées par le décret n° 2004-1157 du 29 octobre 2004. Les héritiers pourront cependant, comme on l'a vu précédemment lorsque la prestation prend la forme d'un capital [1] décider de maintenir ensemble les modalités de versement qui incombaient à l'époux débiteur, en s'obligeant personnellement au paiement de la rente viagère (art. 280-1). Dans ce cas, les modalités de révision de la prestation compensatoire, vues antérieurement [2], sont applicables (art. 276-3).

912. ***Révision***. Lorsque l'action en révision de la rente viagère est ouverte aux héritiers du débiteur, parmi ceux-ci peut notamment figurer le nouveau conjoint que le débiteur de la prestation aura épousé après le prononcé du divorce. Si cet époux survivant est marié sous le régime de la communauté universelle et bénéficie de la clause d'attribution intégrale, il est tenu du service de la prestation compensatoire entrée en communauté du chef de son conjoint [3]. Il est légitime que ce conjoint survivant puisse demander la révision de la prestation compensatoire s'il subit un changement important dans ses ressources.

Si les héritiers ont décidé ensemble de maintenir les modalités de versement de la rente viagère qui incombaient à l'époux débiteur, sont applicables aussi les modalités de substitution d'un capital à tout ou partie de la rente, exposées antérieurement [4].

913. ***Pension de réversion***. Les pensions de réversion éventuellement versées du chef du conjoint décédé sont déduites de plein droit de la rente versée au créancier (C. civ., art. 280-2). Cette déduction est logique dans la mesure où la rente viagère a un caractère alimentaire et qu'il paraîtrait anormal que le décès du débiteur de la pension soit une source d'enrichissement pour le créancier de la prestation compensatoire. De même, si le créancier vient à perdre sa pension de réversion en cas de remariage ou de concubinage notoire, les héritiers du débiteur qui auraient décidé de maintenir le paiement de la rente (art. 280-1, al. 1er) ne doivent pas voir pour cette raison leurs charges augmenter : c'est pourquoi, sauf décision contraire du juge saisi par le créancier, une déduction du même montant continue à être opérée si le créancier perd son droit à pension de réversion (C. civ., art. 280-2).

914. ***Régime fiscal***. Au fond, le régime de la rente est proche de celui des obligations alimentaires. Fiscalement, d'abord, puisqu'elle est déductible du revenu imposable de l'époux qui la verse. Si la prestation compensatoire prend une forme mixte rente et capital, la rente est déductible mais le versement du capital n'ouvre pas droit à réduction

---

1. V. ss 894.
2. V. ss 876.
3. Civ. 1re, 15 oct. 1996, *Bull. civ.* I, n° 350 ; *JCP* 1997. I. 4008, n° 13, obs. Ph. Simler ; *Defrénois* 1997. 417, obs. G. Champenois ; *RTD civ.* 1997. 106, obs. J. Hauser.
4. V. ss 908.

d'impôt. Parallèlement, la rente est soumise à l'impôt sur le revenu de celui qui la reçoit (CGI, art. 80 *quater*, et 156-II-2). Des abattements sont prévus, de 10 et 20 % [1].

915. ***Sanctions***. Par ses sanctions, ensuite, la rente est assimilée à une pension alimentaire. Les sanctions civiles sont les mêmes que celles des obligations alimentaires [2]. Les sanctions pénales sont identiques : se rend coupable du délit correctionnel d'abandon de famille, punie d'un emprisonnement de deux ans et d'une amende, toute personne qui, au mépris d'une décision de justice l'ayant condamnée à verser une prestation compensatoire sera volontairement restée plus de deux mois sans acquitter le montant intégral de ce qu'elle doit verser (C. pén., art. 227-3). De même, la rente est insaisissable par les créanciers du bénéficiaire [3]. Elle peut faire l'objet d'une procédure de paiement direct [4] et elle n'a pas à être déclarée au passif du débiteur soumis à une procédure collective, échappant ainsi à l'extinction faute de déclaration [5]. Le tribunal peut aussi imposer à l'époux débiteur de constituer une hypothèque, un gage, de souscrire un contrat ou de donner une caution pour garantir le paiement de la rente (C. civ., art. 277).

3) L'incitation aux prestations conventionnelles

916. ***Divorces contentieux***. En cas de divorce contentieux, les époux sont incités à recourir à des conventions pour fixer la prestation compensatoire (C. civ., art. 268). La loi offre ainsi aux époux la liberté de déterminer et de réviser la prestation compensatoire, en suivant les règles applicables à la prestation conventionnelle prévue dans le cadre d'un divorce par consentement mutuel. À cette fin, les époux sont invités à soumettre à l'homologation du juge des conventions réglant tout ou partie des conséquences du divorce, autres que celles relatives à la liquidation du régime matrimonial. Après avoir vérifié que les intérêts de chacun des époux et des enfants sont préservés, le juge « homologue les conventions en prononçant le divorce » (art. 268, al. 2).

Mais, la Cour de cassation a jugé que la possibilité de fixer la prestation compensatoire par voie conventionnelle ne s'étend pas aux procédures engagées avant l'entrée en vigueur de la loi du 26 mai 2004 [6].

917. ***Révision***. La constitution d'un capital obéit aux modalités fixées par les époux. La révision, notamment, est admise, de telle sorte que si le capital devient insuffisant pour couvrir les besoins du conjoint créancier, celui-ci peut demander un complément sous forme de rente. La situation de ce dernier est donc prise en considération, sans préjudice pour les intérêts du débiteur.

---

1. *Réforme du divorce. Loi du 26 mai 2004. Procédures, conséquences patrimoniales et fiscales*, éd. Francis Lefebvre, 2004, n° 3041. Sur la fiscalité de la conversion d'une rente en capital, cf. n°s 3042 s.
2. V. ss 1608 ; Civ. 2e, 24 oct. 1984, *Bull. civ.* II, n° 156 ; *RTD civ.* 1985. 624, obs. R. Perrot.
3. Civ. 2e, 27 juin 1985, *D.* 1986. IR 112, note A. Bénabent ; 10 mars 2005, *D.* 2005. Pan. 1604, obs. G. Taormina ; *AJ fam.* 2005. 143, obs. S. David.
4. Civ. 2e, 24 oct. 1984, *Bull. civ.* II, n° 156.
5. Com. 8 oct. 2003, *Bull. civ.* IV, n° 151 ; *D.* 2003. AJ 2367, obs. A. Lienhard ; *D.* 2004. Somm. 54, obs. F.-X. Lucas ; *AJ fam.* 2004. 23, obs. S.D. ; *Dr. fam.* 2003, n° 132, note H. Lécuyer ; *JCP* 2004. I. 109, n° 1, obs. H. Bosse-Platière ; Civ. 1re, 23 mai 2006, *D.* 2006. 1684, obs. A. Lienhard ; Com. 13 juin 2006, *D.* 2006. 1969, note C. Vincent ; *Dr. fam.* 2006. 163, note V. Larribau-Terneyre ; *RTD civ.* 2006. 747, obs. J. Hauser.
6. Civ. 1re, 24 avr. 2006, *RJPF* 2006-8/19, note T. Garré ; *Dr. fam.* 2006, n° 128, note V. Larribau-Terneyre ; *D.* 2007. 614, obs. G. Serra.

918. ***Rentes temporaires***. Il sera aussi possible d'attribuer des rentes temporaires et de prévoir que le versement de la prestation cessera à compter de la réalisation d'un événement déterminé. Enfin, les possibilités de révision, d'un commun accord, ou à la demande unilatérale d'un époux, sont identiques à celles prévues pour la révision des prestations dans le cadre d'un divorce par consentement mutuel (C. civ., art. 279). L'ouverture des possibilités de révision ainsi offerte par la loi du 26 mai 2004 risque, cependant, d'alimenter un nouveau contentieux de l'après-divorce [1].

§ 2. Les dommages et intérêts [2]

919. ***Torts exclusifs***. Lorsque le divorce pour faute est prononcé aux torts exclusifs de l'un des époux, celui-ci pouvait être, traditionnellement, condamné à des dommages et intérêts en réparation du préjudice matériel ou moral que la dissolution du mariage fait subir à son conjoint. Cette possibilité n'était qu'une application, en matière de divorce, du principe général de responsabilité personnelle : chacun doit réparer le dommage qu'il cause à autrui par sa faute (C. civ., art. 1382). Le montant de ces dommages et intérêts, fixé indépendamment des ressources des parties [3], était en général peu élevé.

Lors de l'examen, en 2001, de la proposition de loi réformant le divorce, l'Assemblée nationale avait supprimé la faute comme cause de divorce. Toutefois, face aux très vives critiques émanant des associations de défense des femmes victimes de violences conjugales, les députés avaient permis au juge d'allouer des dommages et intérêts à l'époux défendeur lorsque la dissolution du mariage avait pour lui des conséquences d'une exceptionnelle gravité. La loi du 26 mai 2004 n'a pas supprimé le divorce pour faute, et elle a maintenu la possibilité pour le conjoint non fautif de demander des dommages et intérêts. Surtout, elle a tenté de restreindre les cas d'allocation de dommages et intérêts, tout en permettant leur attribution en dehors du divorce pour faute.

Quelques observations succinctes suffiront à préciser le domaine et le régime de cette indemnisation [4].

A. Domaine

920. ***Préjudice spécial***. En raison du divorce, un époux peut subir un préjudice résultant du prononcé même de la dissolution du mariage [5]. C'est le sens de l'article 266 du Code civil : l'époux qui n'a pas commis de faute peut solliciter une réparation du préjudice subi du fait de la dissolution du mariage. Plus précisément, la loi du 26 mai 2004 prévoit que des dommages et intérêts peuvent être accordés à un époux en réparation des conséquences d'une particulière gravité qu'il subit du fait de la dissolution du mariage, soit lorsqu'il est défendeur à un divorce prononcé pour altération définitive du lien conjugal, soit lorsque le divorce est prononcé aux torts exclusifs de son conjoint.

---

1. J.-J. Lemouland, article préc., *D.* 2004. 1836.
2. P.-J. Claux, « Dommages et intérêts : article 266 du Code civil », *AJ fam.* 2013. 51.
3. Civ. 2e, 21 juill. 1982, *Bull. civ.* II, nº 109 ; 6 janv. 1993, *Bull. civ.* II, nº 2.
4. D. Guiton, « Les dommages-intérêts en réparation d'un préjudice résultant du divorce », *D.* 1980. Chron. 237 et, du même auteur, « Les dommages-intérêts en réparation d'un préjudice résultant d'un fait antérieur au divorce », *D.* 1980. Chron. 247.
5. Étant entendu que le prononcé du divorce et l'octroi d'une prestation compensatoire n'ont pas pour objet la réparation d'un préjudice : Civ. 2e, 12 juin 1996, *Bull. civ.* II, nº 149.

Ainsi, la volonté de responsabiliser l'époux défaillant a conduit à maintenir un lien entre les conséquences financières du divorce et l'attribution des torts. Il en résulte aussi que l'allocation de dommages et intérêts n'est pas envisageable dans un divorce par consentement mutuel, ni dans un divorce accepté, et qu'elle se trouve neutralisée en cas de divorce aux torts partagés.

921. ***Altération définitive du lien conjugal.*** Lorsqu'il y avait rupture de la vie commune, des dommages et intérêts ne pouvaient pas être accordés, puisque la cause de divorce était objective[1]. Mais la solution était contestable puisqu'elle obligeait, en pratique, l'époux défendeur à former une demande reconventionnelle pour obtenir des dommages et intérêts. Ceux-ci peuvent, désormais, être alloués au défendeur à un divorce prononcé pour altération définitive du lien conjugal. La loi précise, cependant, que le défendeur ne doit pas avoir lui-même formé une demande en divorce : sans doute moins dans le but de pacifier la procédure, que de prendre en compte l'existence d'une disposition spéciale relative à la possibilité, pour le défendeur, de former une demande reconventionnelle et d'obtenir, éventuellement, un divorce pour faute prononcé aux torts exclusifs du demandeur (art. 246, al. 1er).

922. ***Article 1382 du Code civil.*** Le régime particulier issu de l'article 266 du Code civil n'exclut pas l'application de l'article 1382 du même code. Dès lors, en vertu du principe général de responsabilité civile, auquel le Conseil constitutionnel a attaché une valeur constitutionnelle[2], il est toujours permis à un époux de demander la condamnation de son conjoint à lui verser des dommages et intérêts en réparation d'un préjudice autre que celui résultant du prononcé du divorce[3]. Pour que l'article 1382 du Code civil trouve application en matière de divorce, il ne faut pas une faute différente de celle ayant entraîné la dissolution du mariage, mais un préjudice distinct de celui résultant de la dissolution[4]. La demande de dommages et intérêts de l'époux doit être rejetée dès lors qu'elle était fondée sur les griefs qu'il imputait à son conjoint sur le fondement de l'article 242[5]. En revanche, le caractère particulièrement injurieux de la liaison adultère publiquement affichée par l'épouse ainsi que l'internement d'office dont le mari avait fait l'objet à la demande de celle-ci et auquel il avait été mis fin le lendemain justifie une telle demande[6]. Le refus du mari de produire les pièces demandées par l'expert dont résultait la durée de la procédure et ses complications constitue un comportement caractérisant l'existence du préjudice distinct de la rupture du lien conjugal invoqué par l'épouse[7].

923. ***Torts partagés.*** La demande en paiement de dommages-intérêts fondée sur l'article 1382 du Code civil ne peut pas être écartée au seul motif que le divorce a été prononcé aux torts partagés[8]. Toutefois, une cour d'appel a pu décider que les époux par-

---

1. Civ. 2e, 23 janv. 1980, *Bull. civ.* II, no 15 ; *D.* 1980. 281, note J. Revel ; *JCP* 1980. II. 19369, note R. Lindon.
2. Cons. const. 9 nov. 1999 (*JO* 16 nov. 1999).
3. Civ. 1re, 24 janv. 1990, *Bull. civ.* I, no 21 ; Civ. 2e, 28 févr. 1996, *Bull. civ.* II, no 47. Une cour d'appel modifie l'objet du litige en se référant à l'art. 266 en présence d'un préjudice distinct de la rupture : Civ. 1re, 9 janv. 2007, *D.* 2008. Pan. 815, obs. G. Serra et L. Williatte-Pellitteri.
4. Civ. 1re, 5 janv. 2012, pourvoi n° 10-23.411.
5. Civ. 1re, 20 mai 2009, pourvoi n° 08-16.916.
6. Civ. 1re, 11 févr. 2009, pourvoi no 08-12.032.
7. Civ. 1re, 17 mars 2010, pourvoi no 09-11.511.
8. Civ. 1re, 29 févr. 2012, pourvoi n° 10-25.734.

tageaient l'un et l'autre, à parts égales, la responsabilité du divorce et qu'il n'y avait pas lieu de faire droit à la demande de dommages-intérêts [1].

B. Régime

924. ***Torts exclusifs***. Les dommages et intérêts dus par l'époux aux torts exclusifs de qui le divorce pour faute est prononcé, ou par l'époux demandeur à un divorce prononcé pour altération définitive du lien conjugal (C. civ., art. 266) sont destinés à réparer le préjudice résultant de la dissolution du mariage [2]. C'est ce qui explique, du reste, la nécessité pour le conjoint innocent de demander ces dommages et intérêts à l'occasion de l'action en divorce, et non ultérieurement (C. civ., art. 266, al. 2) [3].

925. ***Préjudice matériel ou moral***. Cependant, pour apaiser les procédures de divorce, sans permettre à l'époux vraiment défaillant d'échapper à ses responsabilités, la loi du 26 mai 2004 prévoit que le bénéfice des dommages et intérêts ne peut être accordé à un époux que si preuve est faite « des conséquences d'une particulière gravité qu'il subit du fait de la dissolution du mariage » (art. 266). Quelle peut en être la consistance ? Il peut s'agir d'un préjudice matériel important, qui ne serait pas toutefois déjà réparé par l'attribution d'une prestation compensatoire [4]. On peut citer à titre d'exemple des frais conséquents de déménagement et d'installation déboursés par l'époux innocent du fait que, par suite du divorce, le logement familial a dû être vendu [5]. Le plus souvent, le préjudice invoqué est moral : le conjoint souffre particulièrement de la déconsidération qui s'attache à la situation de divorcé [6], ou est gravement affligé par l'épreuve de la rupture [7].

926. ***Particulière gravité***. La particulière gravité des conséquences qui résultent de la dissolution du mariage dépendra de l'appréciation souveraine des juges du fond. La restriction ainsi apportée au droit antérieur par la loi du 26 mai 2004 ne portera donc pas nécessairement ses fruits, la notion de « *conséquences d'une particulière gravité* » étant vraiment peu explicite. Les « *conséquences d'une particulière gravité* » sont les conséquences du fait de la dissolution du mariage excédant celles habituelles affectant toute personne se trouvant dans la même situation [8]. Ainsi le fait que le mari ait quitté son épouse après trente-neuf ans de mariage dans des conditions difficiles et en recherchant une nouvelle compagne, est insuffisant à caractériser les conséquences d'une particulière

1. Civ. 1re, 14 oct. 2009, pourvoi n° 08-11.742.
2. Civ. 2e, 31 mai 1995, *Bull. civ.* II, n° 164, *RTD civ.* 1995. 870, obs. J. Hauser ; *Audijuris* 1995, n° 57, p. 6, obs. P. Courbe ; 28 sept. 2000, *Dr. fam.* 2001, n° 5, note H. Lécuyer.
3. Mais une demande peut être formée seulement en cause d'appel (Civ. 2e, 16 janv. 1980, *Bull. civ.* II, n° 10), à condition que le divorce ne soit pas définitivement acquis : Civ. 1re, 25 avr. 2007, *D.* 2008. Pan. 815, obs. G. Serra et L. Williatte-Pelletteri ; *AJ fam.* 2007. 396, obs. S. David ; *RTD civ.* 2007. 552, obs. J. Hauser.
4. La défection professionnelle du mari déséquilibrant l'activité de poney club que les deux époux exploitaient ensemble caractérise le préjudice matériel subi par l'épouse résultant de la dissolution du mariage : Civ. 1re, 9 févr. 2011, pourvoi n° 10-14.853.
5. Ainsi jugé pour le délaissement d'une femme en charge de plusieurs enfants avec de faibles ressources : Civ. 1re, 25 avr. 2006, *D.* 2007. 616, obs. G. Serra.
6. V., par ex., Civ. 1re, 5 mai 1976, *D.* 1976. IR 226.
7. V., par ex., Civ. 2e, 5 juin 1984, *Bull. civ.* II, n° 106 ; 27 janv. 2000, *Bull. civ.* II, n° 17. V. aussi Civ. 1re, 14 févr. et 28 mars 2006, cités par G. Serra, obs. préc.
8. Paris, 24e, C, 15 janv. 2009, pourvoi n° 07.21971.

gravité subies par la dissolution du mariage [1]. De même, le même, le fait que le mari abandonne sa femme âgée de 70 ans, après quarante-deux ans de mariage constitue probablement une épreuve difficile, mais la preuve des conséquences d'une particulière gravité subies du fait de la dissolution du mariage n'est pas établie [2]. Ce même est censuré l'arrêt d'appel qui, pour condamner le mari à verser à son ex-épouse des dommages-intérêts sur le fondement de l'article 266 du Code civil, relève qu'il a contraint celle-ci à contracter des emprunts auprès de sa famille et qu'il l'a accusée d'adultère devant les autorités iraniennes, motifs impropres à caractériser les conséquences d'une particulière gravité subies par l'épouse du fait de la dissolution du mariage [3].

927. ***Indemnité pécuniaire.*** L'indemnité prendra la forme d'une somme d'argent [4], et la Cour de cassation a condamné l'octroi de dommages et intérêts sous la forme de l'attribution de droits immobiliers appartenant à l'époux débiteur [5]. Le projet de loi avait prévu que le juge pourrait décider que cette réparation pourrait s'effectuer en nature ou en valeur. La loi du 26 mai 2004 n'a pas repris cette disposition, confirmant ainsi la jurisprudence antérieure, n'accordant des dommages et intérêts que sous la forme d'une indemnité pécuniaire. Cette dernière solution est conforme aux principes généraux de la responsabilité civile et doit donc prévaloir aussi pour l'autre catégorie de dommages et intérêts.

928. ***Responsabilité civile.*** En application du principe général de responsabilité civile (C. civ., art. 1382), l'époux qui sollicite des dommages et intérêts devra d'abord prouver les fautes commises par son conjoint [6]. Il devra ensuite établir le dommage qui en est résulté, mais qui doit être indépendant de celui qui est imputable à la dissolution du mariage. Ainsi, pour le cas du mari qui abandonne son épouse pour une maîtresse, en lui laissant la charge de l'enfant, jeune adulte handicapé [7]. Ou bien encore, lorsque des conditions injurieuses ont entouré la rupture, avec liaison adultère publiquement affichée par le mari, ainsi que coups et blessures portés à l'épouse [8]. Par conséquent, l'indemnisation pourra être demandée par une action distincte de la procédure du divorce, ce qui est très rare [9]. Elle revêtira les mêmes formes que précédemment, donc par l'allocation d'une somme d'argent.

---

1. Civ. 1re, 1er juill. 2009, pourvoi n° 08-17.825.
2. Civ. 1re, 26 janv. 2011, pourvoi n° 10-15.688.
3. Civ. 1re, 8 juin 2016, n° 15-20.089.
4. Civ. 1re, 26 janv. 1983, *D.* 1984. 17, note J. Massip : attribution de la totalité de la communauté à l'époux victime.
5. Civ. 2e, 27 janv. 1993 ; *RTD civ.* 1993. 336, obs. J. Hauser ; *Audijuris* 1993, n° 32, p. 22, obs. P. Courbe.
6. V., par ex., Civ. 2e, 2 avr. 1979, *Bull. civ.* II, n° 110.
7. Civ. 1re, 17 févr. 2004, *RJPF* 2004-5/18, obs. T. Garé.
8. Civ. 1re, 22 mars 2005, *RTD civ.* 2005. 375, obs. J. Hauser. La distinction des préjudices résultant de la dissolution du mariage de ceux qui en sont indépendants n'est pas, toutefois, absolument nette : cf. obs. G. Serra, *D.* 2007. 616.
9. Civ. 2e, 9 nov. 1965, *D.* 1966. 80, note J. Mazeaud.

Titre 2

La séparation extrajudiciaire du couple non marié

Chapitre 1

La dissolution du Pacs

929. Le pacte civil de solidarité prend fin par la volonté, le mariage ou le décès de l'un des partenaires. Si la loi prévoit ainsi trois causes de dissolution, elle est singulièrement elliptique sur les conséquences qui en résultent.

Les causes de cessation du Pacs ayant un caractère obligatoire, selon le Conseil constitutionnel (considérant n° 28), le Pacs ne peut être dissous par résiliation judiciaire aux torts d'un partenaire [1].

Section 1
Les causes de dissolution

§ 1. Le décès

930. ***Date du décès.*** Le Pacs prend fin par le décès d'un partenaire (C. civ., art. 515-7, al. 1er). Cette dissolution se produit à la date du décès (C. civ., art. 515-7, al. 1er). L'officier d'état civil du lieu d'enregistrement du pacte civil de solidarité ou le notaire instrumentaire qui a procédé à l'enregistrement du pacte, informé du décès par l'officier de l'état civil compétent, enregistre la dissolution et fait procéder aux formalités de publicité (c'est-à-dire transmet à l'officier de l'état civil pour mention en marge de l'acte de naissance de chaque partenaire) (art. 515-7, al. 2). Le partenaire survivant est informé de cette dissolution.

931. ***Testament.*** Le partenaire survivant ne bénéficiera d'une vocation successorale que si un testament rédigé régulièrement par le défunt, et respectant la quotité disponible, l'a institué légataire.

932. ***Logement.*** Cependant, la loi du 23 juin 2006 a conféré au partenaire survivant des droits sur le logement du partenaire défunt (art. 515-6, al. 1er). Si le logement était un bien indivis, le partenaire survivant peut bénéficier d'un droit d'attribution préférentielle. Ensuite, la loi a étendu au partenaire survivant le bénéfice du droit au logement temporaire octroyé par la loi du 3 décembre 2001 au conjoint survivant (C. civ., art. 763).

---

1. Ph. Malaurie et H. Fulchiron, *op. cit.*, n° 430 ; H. Chanteloup et G. Fauré, *op. cit.*, n° 201 ; *contra* : TGI Lille, 6 juin 2002, *RTD civ.* 2002. 270, obs. J. Hauser.

§ 2. Le mariage

933. ***Officier d'état civil***. Lorsque l'un des partenaires met fin au pacte civil de solidarité en se mariant, ce n'est plus à lui d'en informer l'autre par voie de signification et d'en adresser copie de celle-ci au greffe du tribunal d'instance qui a reçu l'acte initial, ainsi que le prévoyait la loi du 15 novembre 1999. De fait, l'information n'était pas toujours faite, de sorte que certains Pacs enregistrés n'avaient plus d'existence juridique. L'officier d'état civil du lieu d'enregistrement du pacte civil de solidarité ou le notaire instrumentaire qui a procédé à l'enregistrement du pacte est informé du mariage par l'officier de l'état civil requis pour apposer la mention du mariage en marge de l'acte de naissance d'un partenaire. L'officier d'état civil ou le notaire enregistre la dissolution, en informe l'autre partenaire.

934. ***Date du mariage***. La dissolution du Pacs prend effet à la date du mariage (art. 515-7, al. 1er). C'est une faveur au mariage qui révèle, dans l'esprit du législateur, l'existence d'une hiérarchie dans les modes de conjugalité [1].

Mais comme le Pacs est dissous à la date du mariage, les formalités à accomplir auprès de l'état civil n'ont guère d'importance [2]. Il faut noter qu'il n'existe pas de délai entre la rupture d'un Pacs et le mariage. Cette solution, destinée à « respecter l'exigence constitutionnelle de la liberté du mariage » (Cons. const. 9 nov. 1999, décision préc., considérant nº 69) est brutale, car c'est le mariage qui dissout le Pacs, non l'information du partenaire. Mais, désormais, celui-ci ne peut plus rester dans l'ignorance de la rupture du Pacs, du fait de l'information diligentée l'officier d'état civil ou le notaire. Il est sûr, par ailleurs, qu'il n'y a pas d'autre responsabilité pour le nouveau marié que celle qui est établie en droit commun. Car on ne commet jamais une faute en se mariant…

935. ***Nouveau Pacs***. À l'inverse, la conclusion d'un nouveau Pacs est impossible tant que le précédent n'a pas été dissous (art. 515-2, 3°).

§ 3. La volonté

936. La fin du Pacs dépend essentiellement de la volonté conjointe (A) ou unilatérale (B) des partenaires.

A. Volonté conjointe

937. ***Déclaration conjointe***. Lorsque les partenaires décident d'un commun accord de mettre fin au Pacs, ils remettent ou adressent (par lettre recommandée avec avis de réception avec la photocopie d'un document d'identité) une déclaration conjointe écrite à l'officier d'état civil du lieu de son enregistrement ou au notaire qui a procédé à celui-ci. L'officier d'état civil ou le notaire enregistre la dissolution du Pacs et fait procéder aux formalités de publicité sur les registres d'état civil.

---

1. H. Bosse-Platière, *op. cit.*, nº 153.13 ; P. Malaurie et H. Fulchiron, *op. cit.*, nº 432.
2. J.-J. Lemouland, chron. préc., *D.* 1999. Chron. 483.

À l'étranger les fonctions confiées à l'officier d'état civil sont assurées par les agents diplomatiques et consulaires français.

938. ***Date***. C'est cet enregistrement de la dissolution du Pacs qui détermine, dans les rapports entre les partenaires, la date de la fin du Pacs (C. civ., art. 515-7, al. 7). Elle est opposable aux tiers à partir du jour où les formalités de publicité ont été accomplies.

939. ***Facilité***. Cette dissolution du Pacs par déclaration conjointe reste plus facile que le divorce du couple marié même si la déjudiciarisation du divorce par consentement mutuel par la loi n n° 2016-1547 du 18 novembre 2016 a singulièrement rapproché les régimes de séparation de deux types de couples.

B. Volonté unilatérale

940. ***Répudiation ?*** C'est la cause de dissolution qui a suscité les débats les plus nombreux. Le Conseil constitutionnel a affirmé que « le Pacs est un contrat étranger au mariage ; qu'en conséquence, sa rupture unilatérale ne saurait être qualifiée de « répudiation » » (Const. const., Décis. préc., consid. n° 67 [1]).

941. ***Formalisme extrajudiciaire***. Le formalisme de la rupture unilatérale est extrajudiciaire : le partenaire qui décide de mettre fin au Pacs signifie à l'autre sa décision et adresse copie de cette signification, par voie d'huissier, à l'officier d'état civil du lieu de l'enregistrement du Pacs (art. 515-7, al. 5). La dissolution du Pacs se produit, dans les rapports entre les partenaires, à la date de son enregistrement à l'officier d'état civil ou par le notaire, sous réserve qu'une signification de la dissolution ait été portée à leur connaissance (C. civ., art. 515-7, al. 5). La dissolution du Pacs est opposable aux tiers à partir du jour où les formalités de publicité ont été accomplies (art. 515-7, al. 8). Ces formalités de publicité sont effectuées à la diligence de l'officier de l'état civil détenteur de l'acte de naissance de chaque partenaire, et qui aura été avisé par l'officier d'état civil ou le notaire qui aura enregistré la dissolution du Pacs.

La signification de la volonté de rompre par acte d'huissier peut être jugée tout à fait inélégante. Elle est surtout difficile à mettre en œuvre quand l'un des partenaires a quitté la résidence commune sans laisser d'adresse. Alors, suffira-t-il de faire procéder à la signification, en mairie ou à parquet ? Mais tout cela est assurément plus rapide qu'une procédure de divorce…

942. ***Responsabilité civile***. Cette libre rupture est une caractéristique essentielle du régime du Pacs. Aucune considération, a-t-on fait observer, ni des clauses contraires [2], ni « *même l'intérêt de l'autre partenaire* » [3], ne peut empêcher la volonté unilatérale d'une partie de produire cet effet de rupture. Seuls les principes de valeur constitutionnelle qui gouvernent la responsabilité civile permettent au partenaire auquel la rupture est imposée de demander réparation du préjudice éventuellement subi « *notamment en*

---

1. J. Carbonnier, p. 741. « Une clause pénale est-elle concevable ? »
2. P. Malaurie et H. Fulchiron, *op. cit.*, n° 436.
3. T. Revet, chron. lég. préc., p. 180. D'où l'impossibilité d'une résolution judiciaire : cf. H. Chanteloup et G. Fauré, n° 201.

cas de faute tenant aux conditions de la rupture » (Cons. const., Décis. préc., consid. nº 70). A été admis la réparation du préjudice spécifique de la concubine abandonnée de son partenaire au profit de sa propre fille [1], mais pas celle de la partenaire abandonnée enceinte d'un nouvel enfant depuis quelques semaines en l'absence de duplicité et de manœuvres du concubin pour faire croire à l'absence de rupture et même au mariage [2].

Des dispositions particulières ont été prises lors de la dissolution d'un Pacs dont l'un des partenaires est un majeur placé sous un régime de protection [3].

Section 2
Les conséquences de la dissolution

943. Elles ne sont guère détaillées par la loi, qui se contente d'affirmer que les partenaires procèdent eux-mêmes à la liquidation des droits et obligations résultant pour eux du pacte civil de solidarité. À défaut d'accord, le juge statue sur les conséquences patrimoniales de la rupture, sans préjudice de la réparation du dommage éventuellement subi (art. 515-7, al. 10). En outre, la loi du 23 juin 2006 a apporté certains éclaircissements sur le règlement des créances entre partenaires (art. 515-7, al. 11).

§ 1. La liquidation des intérêts pécuniaires

944. ***Difficultés***. Le législateur a cru, sans doute, que cette liquidation serait le plus souvent amiable. Il n'a donc pas prévu de modalité particulière, à l'exception de l'attribution préférentielle et du droit au logement pour le partenaire survivant (art. 515-6). Mais chacun sait que les liquidations d'indivision s'avèrent, en pratique, souvent délicates.

Parmi les difficultés fréquemment rencontrées, on peut citer : les questions de preuve de la propriété exclusive d'un bien, la portée de l'effet déclaratif du partage, les conséquences de la cession des droits indivis, la contribution aux dépenses de gestion ou de conservation des biens indivis, la gestion d'affaires éventuelle d'un indivisaire, la fixation de l'indemnité pour jouissance privative d'un bien indivis, le calcul des fruits et revenus qui accroissent à la masse indivise, la rémunération du gérant, les conséquences d'une procédure collective... Mais si les partenaires disposent, aussi, de biens personnels, l'imbrication des intérêts pécuniaires comme les transferts d'un patrimoine à l'autre seront des sources de complications supplémentaires.

Le partenaire lésé dans le partage pourrait attaquer celui-ci pour vice du consentement, ou lésion de plus du quart (art. 889). Parallèlement, les créanciers pourraient faire opposition au partage (art. 882), ou exercer l'action paulienne en cas de fraude (art. 1167) [4].

---

1. Civ. 1re, 25 juin 2008, pourvoi nº 07-14.628, *D.* 2010. Pan. 728, obs. Lemouland et Vigneau ; *Defrénois* 2008, nº 21, 2420, note J. Massip.
2. Pau, 30 janv. 2012, *Dr. fam.* 2012, comm. 76, obs. V. Larribau-Terneyre.
3. L. nº 2007-308 du 5 mars 2007, en vigueur le 1er janv. 2009, spéc. C. civ., art. 461 et 462 ; comp. C. civ., art. 506-1, L. du 15 nov. 1999.
4. P. Malaurie et H. Fulchiron, *op. cit.*, nº 439.

945. ***Recours au juge***. Il est prévu qu'à défaut d'accord entre les partenaires, le juge statue sur les conséquences patrimoniales de la rupture (C. civ., art. 515-7, al. 11). La loi n° 2009-526 du 12 mai 2009 a confié cette compétence au juge aux affaires familiales (COJ, art. L. 213-3).

946. ***Créances entre partenaires***. La loi du 23 juin 2006 a introduit dans le Code civil un mécanisme de règlement des créances entre partenaires qui s'inspire des règles de calcul prévues pour les récompenses entre époux communs en biens (art. 515-7, al. 11, se référant à l'art. 1469 du C. civ.). Sachant que les relations pécuniaires entre la masse indivise et le patrimoine des indivisaires sont régies par les règles de l'indivision, les créances dont il s'agit proviennent de mouvements financiers *entre les patrimoines personnels* de chacun des partenaires. L'idée générale est d'écarter le principe du nominalisme monétaire, qui se révèle inéquitable lorsque le Pacs a duré un certain nombre d'années, au profit du mécanisme de la dette de valeur, qui conduit à revaloriser le montant des créances entre époux pour tenir compte de l'évolution des circonstances économiques [1].

947. ***Équité***. La loi de 2006 a précisé que les créances entre partenaires peuvent être compensées avec les avantages que leur titulaire a pu retirer de la vie commune, « *notamment en ne contribuant pas à hauteur de ses facultés aux dettes contractées pour les besoins de la vie courante* ». C'est un correctif d'équité que le juge pourra mettre en œuvre. Cela permettra de compenser certaines injustices, d'autant plus que le règlement des créances entre partenaires n'est pas d'ordre public et peut donner lieu à des conventions dérogatoires (art. 515-7, al. 11).

§ 2. Le droit à réparation

948. ***Faute***. À propos de la référence, faite par l'article 515-7, alinéa 10, à « *la réparation du dommage éventuellement subi* », le Conseil constitutionnel a jugé que le partenaire auquel la rupture est imposée ne peut se voir privé du droit de demander réparation, notamment en cas de faute tenant aux conditions de cette rupture (Décis. préc., cons. n° 70).

Mais si les formalités imposées par la loi ont été respectées, la faculté de répudiation unilatérale expressément reconnue par la loi étant une caractéristique essentielle du Pacs [2], la faute ne peut guère résulter que du comportement cavalier de son auteur au moment de la rupture [3]. Par comparaison, le montant peu élevé des dommages et intérêts actuellement alloué par les tribunaux dans les divorces pour faute laisse penser que cette indemnité ne pourra remplir le rôle d'une prestation compensatoire ou d'une pension alimentaire accordée au partenaire abandonné, peut-être après de nombreuses années de vie commune, et qui se trouve dans le besoin.

---

1. J. Flour et G. Champenois, *Les régimes matrimoniaux*, n° 680.
2. Paris, 9 nov. 2006, *Dr. fam.* 2007. Comm. 30, obs. V. Larribau-Terneyre.
3. J.-J. Lemouland, article préc., *D.* 1999. 485 ; Ph. Malaurie, chron. préc., *Dr. fam.* HS, p. 31 ; A. Gouttenoire, « Responsabilité civile et rupture unilatérale du concubinage », *in Études J. Rubellin-Devichi*, 2002, p. 257.

949. ***Clause pénale***. L'idée d'inclure une clause pénale, permettant de fixer forfaitairement le montant des dommages et intérêts dus en cas de rupture du Pacs, ne paraît pas valable, car portant atteinte à la liberté de rompre le Pacs [1].

950. ***Enrichissement sans cause***. En somme, le partenaire dans le besoin ne bénéficiera en fait d'aucun secours, hormis l'éventuelle application de l'enrichissement sans cause, si les conditions sont réunies, ou de l'hypothétique obligation naturelle. Cette loi est dure pour les plus faibles.

---

1. Civ. 1re, 20 juin 2006, *Dr. fam.* 2006. 155, obs. V. Larribau-Terneyre ; *RTD civ.* 2006. 740, obs. J. Hauser.

Chapitre 2

La séparation des concubins

951. ***Absence de règles spécifiques***. Le concubinage disparaît en cas de séparation des concubins ou par la mort de l'un d'eux. La dissolution du concubinage fait apparaître, en pleine lumière, la précarité de cette situation de fait.

Il n'y a pas de communauté à partager, pas de succession à recevoir. Il n'y a aucun compte à établir pour le règlement des charges de la vie commune, sauf si les concubins ont conclu une convention concernant leur répartition [1]. Le bien indivis fait l'objet d'un partage, à la demande de l'un d'eux, au prorata des parts respectives de chacun. Si le bien n'est pas partageable en nature, il est vendu et le prix réparti entre les ex-concubins (ou entre un concubin et les héritiers de l'autre). S'il est impossible d'évaluer le montant des apports respectifs, le bien est présumé appartenir indivisément à chacun des concubins pour moitié [2]. Mais un concubin ne peut prétendre à l'attribution préférentielle, qui ne peut être demandée que par le conjoint ou par un héritier [3].

952. Quelques règles, d'origine légale ou jurisprudentielle, peuvent être mises en œuvre pour remédier à la précarité du concubinage. Dans le cadre de la séparation, il convient d'étudier le règlement des rapports pécuniaires entre concubins (§1) et les éventuelles mesures de protection du conjoint délaissé.

§ 1. Le règlement des rapports pécuniaires entre concubins

953. ***La loi nº 2009-526 du 12 mai 2009*** de simplification et de clarification du droit et d'allégement des procédures et le décret nº 2009-1591 du 17 décembre 2009 ont confié au juge aux affaires familiales la compétence pour statuer les demandes relatives à la liquidation et au partage des intérêts patrimoniaux des concubins. À défaut de régime matrimonial, certains mécanismes sont utilisés pour liquider les relations pécuniaires : la société créée de fait et l'enrichissement sans cause.

A. L'existence d'une société créée de fait entre concubins

954. ***Participation aux profits***. Même lorsqu'une société n'a pas été juridiquement créée et immatriculée au registre du commerce, il est possible d'invoquer, à la dissolution

1. Civ. 1re, 16 juin 1998, *Dr. fam.* 1998, nº 114, note H. Lécuyer. ; A. Cousin et E. Buat-Ménard, « Les créances entre concubins », *AJ fam.* 2013. 47.
2. Pour un exemple, v. Dijon, 7 juin 1996, *Dr. fam.* févr. 1996, nº 20, note H. Lécuyer. Sur la preuve contraire : Civ. 1re, 6 févr. 2001, *Defrénois* 2001. 593, obs. J. Massip. La même solution est appliquée aux époux séparés de biens.
3. Civ. 1re, 9 déc. 2003, *D.* 2004. 2967, obs. D. Vigneau ; *RTD civ.* 2004. 69, obs. J. Hauser.

du concubinage, l'existence d'une société créée de fait, dite aussi « société de fait »[1]. Ainsi, les deux concubins participeront aux profits nés de l'exploitation d'une entreprise en commun, par exemple un fonds de commerce, même si celle-ci n'appartient qu'à l'un d'eux. Après apurement du passif social et reprise des apports, la liquidation aboutit à attribuer à chacun des associés de fait la moitié de l'actif résiduel.

955. ***Conditions***. C'est à celui qui invoque l'existence d'une société créée de fait de la démontrer. Mais pour qu'elle soit reconnue, la cohabitation, même prolongée, ne suffit pas[2]. Encore faut-il, en outre, que les trois conditions du contrat de société soient remplies : l'existence d'apports mutuels, la vocation de chaque concubin à participer aux résultats de l'entreprise (bénéfices et pertes), enfin, l'intention de s'associer, l'*affectio societatis*[3].

956. ***Intention de s'associer***. La jurisprudence est rigoureuse. Ainsi, faut-il « démontrer une intention de s'associer distincte de la mise en commun d'intérêts inhérente à la vie maritale »[4]. D'un autre côté, l'intention de s'associer est définie comme « l'intention de collaborer sur un pied d'égalité à la réalisation d'un projet commun », et sur le plan de la preuve, « ces éléments cumulatifs doivent être établis séparément et ne peuvent se déduire les uns des autres »[5]. En somme, il ne suffit pas que les concubins aient mis des ressources en commun : il faut que soit établie l'existence des éléments constitutifs d'une société, bien que celle-ci n'ait pas été immatriculée. Ainsi, l'intention de s'associer ne peut se déduire de la participation financière à la réalisation d'un projet immobilier[6]. De même, la participation aux dépenses de la vie commune ne suffit pas[7].

B. L'enrichissement sans cause

957. ***Caractère subsidiaire***. Un concubin peut se prévaloir de la théorie de l'enrichissement sans cause[8] en faisant valoir que, par son activité, il a enrichi son compagnon sans contrepartie[9]. L'action a un caractère subsidiaire, le concubin ne pouvant l'exercer

---

1. Une société créée de fait peut être définie comme un groupement de personnes qui se sont comportées, en fait, comme des associés sans avoir exprimé l'intention de créer une société (il n'y a donc pas eu de constitution officielle).

2. Com. 30 juin 1970, *Bull. civ.* IV, n° 222 ; 7 avr. 1998, *Dr. fam.* 1998, n° 82, note H. Lécuyer ; 9 oct. 2001, *Bull. civ.* IV, n° 165 ; *Dr. fam.* 2002, n° 18 et 55, note H. Lécuyer.

3. Civ. 1re, 23 juin 1987, *Bull. civ.* I, n° 205 ; 15 oct. 1996, *RTD civ.* 1997. 102, obs. J. Hauser ; 11 févr. 1997, *Bull. civ.* I, n° 46 ; *Dr. fam.* 1997, n° 56, obs. H. Lécuyer ; 26 juin 2001, *Bull. civ.* I, n° 266 ; *Dr. fam.* 2002, n° 28, note H. Lécuyer.

4. Civ. 1re, 12 mai 2004, *D.* 2004. AJ 1672 ; *Dr. fam.* 2004, n° 168, note V. Larribau-Terneyre ; *RTD civ.* 2004. 487, obs. J. Hauser ; 4 juin 2007, *D.* 2008. Pan. 1793, obs. J.-J. Lemouland et D. Vigneau.

5. Com. 23 juin 2004 (deux arrêts), *D.* 2004. 2969, obs. D. Vigneau ; *RTD civ.* 2004. 487, obs. J. Hauser.

6. Com. 23 juin 2004, *Bull. civ.* IV, n° 134.

7. Civ. 1re, 23 juin 1987, *Bull. civ.* I, n° 205.

8. Sur la question de l'enrichissement sans cause en général, v. J. Flour, J.-L. Aubert et É. Savaux, *Le fait juridique*, *op. cit.*, nos 33 s. ; sur son application en matière familiale, v. A. Sinay-Citermann, « Enrichissement sans cause et communauté de vie », *D.* 1983. Chron. 159 ; A. Gouttenoire, « Collaboration familiale et enrichissement sans cause », *Dr. fam.* 1999, Chron. n° 19.

9. Civ. 1re, 19 mai 1969, *Bull. civ.* I, n° 187 ; Civ. 1re, 9 janv. 1979, *D.* 1979. IR 256, obs. D. Martin. V. aussi Soc. 22 févr. 1978, *Bull. civ.* V, n° 142 ; Civ. 1re, 15 oct. 1996, préc. ; 4 mars 1997, *Dr. fam.* 1997, n° 67, note H. Lécuyer.

que s'il ne dispose pas d'une autre action pour parvenir à ses fins. Ainsi la concubine qui a collaboré bénévolement à l'activité de son concubin, dont elle était la subordonnée, pourra-t-elle invoquer l'enrichissement sans cause (s'il n'y a pas société créée de fait)[1]. Encore faut-il prouver l'enrichissement sans cause[2] : l'appauvrissement du concubin qui a effectué des travaux sur l'immeuble de sa concubine a, par exemple, une cause, qui est constituée par son hébergement pendant plusieurs années dans cet immeuble[3]. En revanche, la jurisprudence est divisée sur la question de l'octroi d'une indemnité pour l'activité ménagère déployée par l'un des concubins[4].

C. Les libéralités entre concubins

958. ***Cause immorale.*** La validité des libéralités entre concubins a été longtemps discutée. La jurisprudence a établi naguère la distinction suivante. Une libéralité entre concubins était valable si elle avait un but licite : ainsi lorsqu'il s'agissait d'assurer au bénéficiaire une certaine sécurité matérielle, de le remercier pour des services rendus[5] ou une collaboration professionnelle[6], comme de réparer le préjudice subi par le concubin délaissé du fait de la rupture[7]. En revanche, la libéralité consentie en faveur d'un concubin était nulle lorsqu'elle avait une cause immorale, c'est-à-dire si elle tend, par le versement d'une somme d'argent, à provoquer l'établissement, le maintien ou la reprise des relations hors mariage[8]. La nullité qui frappait une libéralité illicite était une nullité absolue. L'action pouvait être intentée par tout intéressé, y compris le donateur lui-même[9].

959. ***Revirement.*** À partir de 1999, la Cour de cassation a jugé que n'est pas contraire aux bonnes mœurs la cause de la libéralité dont l'auteur entend maintenir la relation adultère qu'il entretient avec le bénéficiaire[10]. La doctrine, plutôt critique, a fait justement observer qu'une telle libéralité devait toujours être considérée comme illicite, l'obligation de fidélité restant imposée aux époux par une loi d'ordre public. Mais l'Assemblée

---

1. Civ. 1re, 19 mai 1969, préc. : dans cette espèce, la concubine avait tenu le café de son compagnon, chauffeur de taxi, sans avoir de contrat de travail et sans qu'il y ait société créée de fait ; *adde* : Civ. 1re, 5 mars 2008, *D.* 2008. Pan. 1794, obs. J.-J. Lemouland et D. Vigneau.
2. Civ. 1re, 18 juin 1980, *Bull. civ.* I, no 191.
3. Civ. 1re, 12 nov. 1998, *Dr. fam.* 1999, no 12, note H. Lécuyer.
4. TGI Alès, 9 nov. 1966, *D.* 1968. 328, refusant l'indemnité.
5. Par ex., pour des soins prodigués puisqu'il n'existe pas de devoir d'assistance entre concubins : Civ. 1re, 16 oct. 1967, *JCP* 1967. II. 15287 ; Civ. 1re, 3 févr. 1976, *Bull. civ.* I, no 51 ; Civ. 1re, 4 nov. 1982, *Bull. civ.* I, no 319.
6. Civ. 1re, 14 nov. 1960, *Bull. civ.* I, no 494.
7. V. Civ. 1re, 6 oct. 1959, *D.* 1960. 515, note Ph. Malaurie ; *JCP* 1959. II. 11305, note P. Esmein.
8. Civ. 1re, 25 janv. 1972, *D.* 1972. 413, note Ph. le Tourneau ; Civ. 1re, 4 nov. 1982, *Bull. civ.* I, no 319.
9. Civ. 1re, 25 janv. 1972, préc.
10. Civ. 1re, 3 févr. 1999, *Bull. civ.* I, no 43 ; *D.* 1999. 267, rapp. X. Savatier, note Langlade-O'Sughrue ; *D.* 1999. Somm. 307, obs. M. Grimaldi ; *D.* 1999. Somm. 377, obs. J.-J. Lemouland ; *Dr. fam.* 1999, no 54, note B. Beignier ; *Defrénois* 1999. 680, obs. J. Massip ; *Defrénois* 1999. 738, obs. D. Mazeaud ; *Defrénois* 1999. 814, obs. Champenois ; *RTD civ.* 1999. 364 et 817, obs. J. Hauser ; v. aussi C. Larroumet, *D.* 1999. Chron. 351 ; L. Leveneur, *JCP* 1999. I. 152 ; Y. Lequette, article préc., *in Études Ghestin*, 2001, p. 547. Dans le même sens, Civ. 1re, 29 janv. 2002, *Dr. fam.* 2002, no 64, note H. Lécuyer.

plénière de la Cour de cassation a confirmé le revirement en 2004[1]. Désormais, dans les libéralités entre concubins, tout contrôle des mobiles est abandonné[2].

À moins que ne subsistent quelques hypothèses de cause illicite, comme en cas de concubinage incestueux, ou de concubinage liant un proxénète et une prostituée[3].

960. ***Régime.*** Les libéralités entre concubins sont, par ailleurs, irrévocables, alors que celles consenties entre époux, pendant le mariage, sont parfois révocables (art. 1096, mod. L. du 26 mai 2004). En outre, les libéralités entre concubins sont soumises fiscalement au taux des libéralités entre étrangers (60 %). C'est pourquoi certains concubins sont tentés de déguiser une donation sous l'aspect d'un acte à titre onéreux[4].

§ 2. La protection légale du concubin délaissé

A. La transmissibilité du bail

961. Il n'existe pas de protection du logement familial en matière d'union libre. Cependant, les lois successives qui sont intervenues en matière de baux d'habitation ont admis, au profit du « concubin notoire », une transmissibilité du bail souscrit par l'autre quand ce dernier a abandonné le domicile. Il en est ainsi de la loi du 6 juillet 1989 : elle prévoit dans son article 14 que, si le locataire abandonne le logement, le contrat de location continue au profit de son concubin notoire qui vivait avec lui depuis au moins un an.

B. L'indemnité pour rupture fautive

962. ***Responsabilité civile***[5]. La rupture unilatérale du concubinage n'engage pas, en principe, la responsabilité de son auteur envers l'autre[6]. Mais il est fait exception si elle présente un caractère fautif[7]. C'est alors l'article 1382 du Code civil qui est applicable, avec ses conditions : une faute de l'auteur de la rupture, un préjudice subi par le concubin délaissé et un lien de causalité entre la faute et le préjudice[8]. La faute peut résider dans un

---

1. Ass. plén. 29 oct. 2004, *D.* 2004. 3175, note D. Vigneau ; *Defrénois* 2004. 1732, obs. R. Libchaber ; *RTD civ.* 2005. 104, obs. J. Hauser.
2. Civ. 1re, 25 janv. 2005, *D.* 2005. IR 458.
3. En ce sens, Y. Favier, *Droit de la famille*, Dalloz Action, n° 142.33.
4. V. par ex., pour un contrat de travail conclu entre deux concubins et contenant des clauses avantageuses destinées à favoriser le maintien des relations adultères, Soc. 4 oct. 1979, *Bull. civ.* V, n° 680 : le contrat de travail a été annulé pour cause immorale. Mais la décision ne serait pas la même aujourd'hui.
5. A. Gouttenoire, « Responsabilité civile et rupture unilatérale du concubinage », *in Des concubinages. Droit interne, droit international, droit comparé, Études offertes à J. Rubellin-Devichi*, Litec, 2002.
6. Civ. 1re, 31 janv. 1978, *Bull. civ.* I, n° 39.
7. Civ. 1re, 3 mars 1964, *Gaz. Pal.* 1964. 2. 83 ; 30 juin 1992, *Bull. civ.* I, n° 204 ; *RTD civ.* 1992. 747, obs. J. Hauser ; 7 avr. 1998, *Dr. fam.* 1998, n° 81, note H. Lécuyer ; comp. avec la rupture des fiançailles.
8. Sur l'ensemble de la question, M. Muller, *L'indemnisation du concubin abandonné sans ressources*, *D.* 1986. Chron. 328.

comportement répréhensible contemporain de l'établissement du concubinage[1], ou dans les circonstances de la rupture[2]. Le concubin délaissé doit également prouver qu'il a subi un préjudice matériel ou (et) moral[3].

963. ***Obligation naturelle***. Dans un autre ordre d'idées, quelques décisions ont admis l'existence d'une obligation naturelle pesant sur le concubin auteur de la rupture. C'est l'obligation de ne pas laisser le concubin délaissé dans le besoin[4].

---

1. Il peut s'agir d'une promesse fallacieuse de mariage (Civ. 1re, 12 juill. 1955, *D.* 1955. 736 ; 29 nov. 1977, *Bull. civ.* I, n° 449 ; *Gaz. Pal.* 1978. 1. 345, note J. Massip) ou d'un abus d'autorité (Civ. 1re, 7 oct. 1957, *D.* 1958. 493, note R. Savatier).

2. Par ex., l'abandon de la concubine dans les premiers mois de sa grossesse : Civ. 1re, 6 juill. 1976, *Bull. civ.* I, n° 248 ; Civ. 1re, 9 oct. 1984, *Bull. civ.* I, n° 250 ; ou le départ brutal du concubin après quarante années de vie commune : Civ. 1re, 3 janv. 2006, *AJ fam.* 2006. 111, obs. Chénedé.

3. Civ. 1re, 29 nov. 1977, préc.

4. Civ. 1re, 6 oct. 1959, *Bull. civ.* I, n° 383 ; *D.* 1960. 615, note Ph. Malaurie ; *JCP* 1959. II. 11305, note P. Esmein ; 17 nov. 1999, *D.* 2000. Somm. 419, obs. J.-J. Lemouland.

Titre 3

Les effets du décès d'un des membres du couple

Même si l'objet de cet ouvrage n'est pas le droit des successions, il paraît opportun de présenter rapidement les effets du décès d'un des membres du couple qui sont significatifs d'un rapprochement des régimes des différents modes de conjugalité et de la consécration de l'idée d'une protection du membre du couple survivant, même s'il reste des effets spécifiques au mariage.

Chapitre 1

La transmission des biens du défunt au membre du couple survivant

§ 1. Les règles de transmission

964. ***Vocation successorale.*** Seul l'époux a une vocation successorale c'est-à-dire qu'il est désigné par la loi comme héritier de son conjoint (C. civ., art. 756). Les articles 757 et suivants du Code civil fixe la part de la succession dont le conjoint survivant bénéficie selon la situation familiale laissée par le défunt. L'article 757 du Code civil prévoit que « *Si l'époux prédécédé laisse des enfants ou descendants, le conjoint survivant recueille, à son choix, l'usufruit de la totalité des biens existants ou la propriété du quart des biens lorsque tous les enfants sont issus des deux époux et la propriété du quart en présence d'un ou plusieurs enfants qui ne sont pas issus des deux époux* ». En vertu de l'article 757-1 du Code civil, si à défaut d'enfants ou de descendants, le défunt laisse ses père et mère, le conjoint survivant recueille la moitié de ses biens. Enfin, l'article 757-2 prévoit qu' « *en l'absence d'enfants ou de descendants du défunt et de ses père et mère, le conjoint survivant recueille toute la succession* ».

965. ***Volonté du défunt.*** Toutefois la vocation successorale du conjoint survivant peut être écartée par le défunt qui peut déshériter son conjoint.

966. ***Spécificité du mariage.*** Ni le partenaire ni le concubin n'ont de vocation successorale.

§ 2. Les droits de succession

967. ***Harmonisation partielle.*** L'un des membres du couple peut transmettre à l'autre des biens par testament. Dans une telle hypothèse, le tarif des droits applicables aux époux a été étendu aux partenaires d'un Pacs (CGI, art. 777) mais pas au concubin. Ces droits sont de 5 % lorsque la somme reçue ne dépasse pas 8 072 euros.

Chapitre 2

La protection du logement familial

§ 1. Le logement loué

968. ***Code civil, article 1751***. L'article 1751 qui prévoit la cotitularité du bail souscrit par un époux ou un partenaire avant le mariage ou la conclusion du bail (sous réserve d'une démarche en ce sens pour les partenaires) prévoit dans son dernier alinéa que « *En cas de décès d'un des époux ou d'un des partenaires liés par un pacte civil de solidarité, le conjoint ou le partenaire lié par un pacte civil de solidarité survivant cotitulaire du bail dispose d'un droit exclusif sur celui-ci sauf s'il y renonce expressément* ».

969. ***Loi du 6 juillet 1989***. L'article 14 de la loi n° 89-462 du 6 juillet 1989 prévoit que lors du décès du locataire, le contrat de location est transféré au conjoint survivant qui ne peut se prévaloir des dispositions de l'article 1751 du Code civil ou au partenaire lié au locataire par un pacte civil de solidarité ou au concubin notoire. Le transfert du bail bénéficie ainsi à tous les couples. Sont également bénéficiaires de ce transfert les descendants, ascendants ou personnes à charge qui vivaient avec le défunt. En cas de demandes multiples, le juge se prononce en fonction des intérêts en présence.

L'interprétation restrictive de cette règle par la Cour de cassation qui refusait de l'appliquer au couple de concubin de même sexe, a été à l'origine de la définition du concubinage dans le Code civil. Cette application du transfert du bail au concubin survivant homosexuel est conforme à la jurisprudence de la Cour européenne des droits de l'Homme qui a condamné les États qui avaient appliqué une solution contraire dans les arrêts *Karner c/ Autriche* du 24 juillet 2003 [1] et *Kosak c/ Pologne* 2 mars 2010 [2].

§ 2. Le logement propriété d'un des membres du couple ou des deux

970. ***Droit temporaire***. Si le logement du couple était la propriété d'un des membres du couple ou des deux (communauté dans le mariage et indivision dans le Pacs), le droit protège les couples mariés ou pacsés mais pas les concubins. En effet le membre du couple survivant, marié ou pacsé, bénéficie d'un droit temporaire sur le logement dans lequel il vivait en vertu des articles 763 et 515-6, alinéa 3, du Code civil. L'époux et le partenaire survivant bénéficient de plein droit de la jouissance gratuite de ce logement pendant une année.

1. *RTDH* 2004. 663, note P. Frumer.
2. N° 13102/02.

971. ***Droit viager***. Par ailleurs un droit viager – c'est-à-dire jusqu'à la fin de sa vie – d'habitation et d'usage est accordé au conjoint survivant sur le logement familial propriété du défunt, en vertu de l'article 764, sauf si le défunt le prive de ce droit par expression d'une volonté contraire. Cette règle n'est applicable ni au Pacs ni au concubinage.

972. ***Attribution préférentielle***. Lorsque le logement appartient en indivision (ou en communauté) aux deux membres du couple, le survivant est traité de manière différente selon le statut du couple. En vertu de l'article 831-2 du Code civil, le conjoint peut demander l'attribution préférentielle de la propriété du local qui lui sert effectivement d'habitation, s'il y avait sa résidence au moment du décès et du mobilier le garnissant. En vertu de l'article 831-3 du Code civil, cette attribution préférentielle est de droit pour le conjoint survivant. L'article 515-6 du Code civil dispose que les dispositions de l'article 831-3 sont applicables au partenaire survivant lorsque le défunt l'a expressément prévu par testament. Autrement dit, l'attribution préférentielle du logement au membre du couple survivant est automatique en cas de mariage mais doit être prévue en matière de Pacs. Pour ce qui est des concubins, aucun texte ne prévoit cette attribution préférentielle au profit du survivant

Chapitre 3

Les prestations financières versées au membre du couple survivant

Section 1

Les prestations sociales

§ 1. Les pensions de réversion et de veuvage

A. La pension de réversion

973. La pension de réversion consiste dans le reversement au conjoint survivant d'une fraction (54 %) de la pension de retraite que percevait ou qu'aurait perçue l'assuré décédé (CSS, art. L. 353-1 [1], R. 353-1 et D. 353-3). Elle est réservée aujourd'hui encore au seul conjoint survivant d'au moins 55 ans (CSS, art. 353-3), sans condition de sexe ni de durée du mariage. Le versement de la pension de réversion est cependant subordonné à un plafond de ressources, pour le calcul duquel est pris en compte, le cas échéant, le revenu du membre du couple avec lequel vit le bénéficiaire potentiel, qu'il s'agisse d'un couple marié, pacsé ou de concubins.

La pension de réversion bénéficie à tous les conjoints survivants, même divorcés. Lorsque l'assuré social décédé a été marié plusieurs fois, la pension de réversion est partagée entre les différents conjoints qui remplissent les conditions d'âge et de ressources (CSS, art. L. 353-3), proportionnellement à la durée de chacun des mariages. Les conjoints de l'assuré social polygame peuvent également bénéficie de la pension de réversion à condition que les différents mariages aient été régulièrement contractés.

Le partenaire pacsé comme le concubin sont exclus du bénéfice de la pension de réversion puisqu'ils ne sont pas visés par les textes relatifs à cette allocation, qui ne vise que le conjoint. Le Conseil constitutionnel n'a considéré que cette différence de traitement comme une discrimination [2]. La Cour européenne des droits de l'Homme a adopté

1. « *En cas de décès de l'assuré, son conjoint survivant a droit à une pension de réversion à partir d'un âge et dans des conditions déterminés par décret si ses ressources personnelles ou celles du ménage n'excèdent pas des plafonds fixés par décret. La pension de réversion est égale à un pourcentage fixé par décret de la pension principale ou rente dont bénéficiait ou eût bénéficié l'assuré, sans pouvoir être inférieure à un montant minimum fixé par décret en tenant compte de la durée d'assurance lorsque celle-ci est inférieure à la durée déterminée par ce décret* ».

2. Décis. n° 2011-155, QPC, du 29 juill. 2011, *JCP S* 2011. 1458, note Devers, *Dr. fam.* 2011, comm. 143, obs. Larribau-Terneyre, *JCP* 2012. Chron. 31, n° 2, obs. Bosse-Platière ; *RTD civ.* 2011. 748, obs. Hauser.

la même position dans l'arrêt *Aldeguer Tomás c/ Espagne* du 14 juin 2016[1]. Toutefois, dans l'arrêt *Maruko* du 1er avril 2008[2], la Cour de justice des Communautés européennes a considéré que le refus d'assimiler un partenariat et le mariage pour faire bénéficier le partenaire survivant d'une pension de survie, comme le conjoint, pouvait être contraire au principe d'égalité de traitement.

Si la Cour européenne admet que l'État peut refuser de reconnaître un mariage religieux ou coutumier, elle considère dans l'arrêt *Munoz Diaz c/ Espagne* du 8 décembre 2009 que dès lors que la requérante a été traitée toute sa vie comme une épouse par les autorités, celles-ci ne peuvent pas refuser au moment du décès du « mari » de lui verser une pension de réversion en arguant du caractère seulement religieux de son mariage.

974. ***L'allocation veuvage***. L'assurance veuvage donne lieu au versement temporaire, d'une allocation de veuvage au conjoint survivant de l'assuré social âgé de moins de 55 ans (CSS, art. L. 356-1) qui est réservée aux couples mariés. La qualité de conjoint étant la condition pour bénéficier de cette allocation, la séparation de corps ou de fait des époux n'a pas d'incidence sur son versement. En outre, elle peut être versée en cas de mariage posthume[3]. En cas de polygamie, toutes les épouses perçoivent l'allocation à condition de remplir la condition d'âge. Le versement de l'allocation veuvage est réservé à l'époux survivant en situation d'isolement, il en résulte que le remariage, le Pacs et la vie en concubinage font perdre le bénéfice de l'allocation. Le bénéfice de la prestation (CSS, art. L. 356-3). Ni le partenaire pacsé ni le concubin n'ont droit à l'allocation veuvage en l'état actuel des textes.

§ 2. L'assurance décès

975. L'assurance décès garantit à certains ayants droit le bénéficie d'une prestation nommée capital décès (CSS, art. L. 361-1) destinée à compenser partiellement la perte soudaine du revenu professionnel de l'assuré et de couvrir les frais occasionnés par son décès, notamment les frais d'obsèques. L'article R. 361-3 du Code de la sécurité sociale dispose qu'en cas de pluralité de personnes pouvant se prévaloir du droit de priorité prévu au premier alinéa de l'article L. 361-4, le capital est versé par ordre de préférence au conjoint ou au partenaire d'un pacte civil de solidarité, aux enfants, aux ascendants. Il apparaît donc que sont privilégiés dans ce cadre les couples enregistrés au détriment des concubins. En effet, le concubin n'est pas visé expressément par le Code de la sécurité sociale, ce qui le place dans une situation très délicate pour l'ouverture de droits au capital décès[4]. S'il était à la charge de l'assuré social décédé, il ne peut bénéficier du capital décès qu'en l'absence de toute autre personne à charge, c'est-à-dire en l'absence de conjoint, de partenaire pacsé, d'enfants et d'ascendants (CSS, art. R. 361-3 ; Circ. min. SS n° 36, 27 juill. 1970).

---

1. Requête n° 35214/09 ; *AJ fam.* 2016. 384 obs. F. Berdeaux-Gacogne.
2. Aff. C-267/06, *Maruko/Versorgungsanstalt des deutschen Bühnen*, *Dr. fam.* 2008, comm. 92, note A. Devers, *D.* 2008. 1795, obs. Lemouland et Vigneau, *AJ fam.* 2008. 215, obs. Chénedé, *AJDA* 2008. 871, obs. Broussy, Donnat et Lambert.
3. M. Badel, Dossier « Mariage, Pacs, concubinage : le guide » : Quels droits à la sécurité sociale ? *AJ fam.* 2015. 31
4. M. Badel, article préc.

Section 2
L'indemnisation du membre du couple survivant en cas de décès accidentel

976. ***Responsabilité civile.*** L'époux survivant peut évidemment demander réparation du préjudice subi d fait du décès accidentel de son conjoint. En outre, par un arrêt de principe du 27 février 1970 [1], la Chambre mixte de la Cour de cassation a affirmé que le concubin survivant est en droit d'engager la responsabilité du tiers responsable de l'accident qui a causé la mort de son compagnon ou de sa compagne, sur le fondement de l'article 1382 du Code civil.

Le préjudice réparé peut être matériel [2] ou moral. La demande est recevable en cas de concubinage adultérin puisque l'adultère n'est plus un délit pénal depuis la loi du 11 juillet 1975 [3], même s'il reste une faute civile. Si le défunt entretenait à la fois une épouse et une concubine, toutes deux seraient admises à faire valoir un droit à réparation [4]. Encore faut-il que la liaison invoquée puisse être qualifiée de concubinage [5]. Il a de même été jugé qu'une concubine homosexuelle était autorisée à obtenir réparation du préjudice qu'elle avait subi du fait de la disparition de sa compagne [6].

Cette solution devrait être, le cas échéant, applicable au partenaire survivant lié par un pacte civil de solidarité avec le défunt.

977. ***Prestations versées lors du décès de la victime du risque professionnel.*** En cas de réalisation d'un risque professionnel (accidents du travail, maladies professionnelles, accidents du trajet), des rentes et prestation destinée à rembourser les frais funéraires peuvent être versées au membre du couple survivant. L'article L. 434-8 du Code de la sécurité sociale dispose que « *le conjoint ou le concubin ou la personne liée par un pacte civil de solidarité a droit à une rente viagère égale à une fraction du salaire annuel de la victime, à condition que le mariage ait été contracté, le pacte civil de solidarité conclu ou la situation de concubinage établie antérieurement à l'accident ou, à défaut, qu'ils l'aient été depuis une durée déterminée à la date du décès [deux ans en vertu de l'article R. 434-10 CSS]. Toutefois, ces conditions ne sont pas exigées si les époux, les concubins ou les partenaires du pacte civil de solidarité ont eu un ou plusieurs enfants* ». Le régime de la rente est ainsi le même quelle que soit la forme du couple. Cette identité de régime concerne également les effets de la séparation du couple sur le bénéfice de la rente. Celui-ci ne persiste que si le membre du couple survivant bénéficiait d'une aide financière de la part du défunt. En outre, si le bénéficiaire de la rente forme un nouveau couple, par un mariage, un Pacs ou un concubinage il ne conserve ce droit que s'il a des enfants qui ont eux-mêmes droit à la rente d'orphelin.

---

1. *D.* 1970. 201, note R. Combaldieu ; *JCP* 1970. II. 16305, concl. R. Lindon, note P. Parlange ; *RTD civ.* 1970. 353, obs. G. Durry ; J. Vidal, « L'arrêt de la chambre mixte du 27 février 1970, le droit à réparation de la concubine et le concept de dommage réparable », *JCP* 1971. I. 2390 ; F. Chabas, « Le cœur de la Cour de cassation », *D.* 1973. Chron. 211.

2. Si le défunt subvenait aux besoins de son concubin. V. Crim. 29 mai 2001, *Bull. crim.* nº 134 ; *D.* 2002. Somm. 613, obs. J.-J. Lemouland.

3. Crim. 19 juin 1975, *D.* 1975. 679, note A. Tunc ; *RTD civ.* 1975. 709, note G. Durry.

4. Riom, 9 nov. 1978, *JCP* 1979. II. 19107, note G. Almairac.

5. Les relations invoquées doivent présenter un certain caractère de stabilité. Le problème a été posé dans une hypothèse où le défunt avait deux concubines, une la nuit, l'autre le jour : Crim. 8 janv. 1985, *JCP* 1986. II. 20588, note G. Endreo, affirmant le caractère précaire de ces liaisons.

6. TGI Belfort, 25 juill. 1995, *JCP* 1996. II. 22724, note Ch. Paulin.

Les effets de la dissolution du couple
tableau comparatif

	Mariage	Pacs	Concubinage
Compensation pécuniaire en cas de rupture	Prestation compensatoire si la rupture crée une disparité dans les conditions de vie respectives des époux (C. civ.)	Aucune sauf enrichissement sans cause ou obligation naturelle	Aucune sauf sociétés créées de fait ou enrichissement sans cause
Dommages et intérêts en cas de rupture	C. civ., art. 266 : droit à des dommages-intérêts si un des époux subit des conséquences d'une particulière gravité du fait de la dissolution du mariage en cas de divorce pour altération définitive du lien conjugal C. civ., art. 1382 : responsabilité délictuelle applicable selon la jurisprudence si un des époux subit un préjudice du fait de la rupture	C. civ., art. 515-7 : droit à des dommages-intérêts en cas de faute dans la rupture du Pacs	C. civ., art. 1382 : en cas de rupture fautive
Attribution préférentielle du logement propriété de l'un ou des deux membres du couple en cas de rupture	Oui si le bien est commun (C. civ., art. 831-2) Si le bien est propre : le juge peut donner à bail à l'autre conjoint dans certaines circonstances	Oui si le bien est indivis (C. civ., art. 515-6)	Pas de texte particulier Si le logement appartient à un seul : aucun partage Si le logement appartient aux deux : partage de l'indivision

	Mariage	**Pacs**	**Concubinage**
Vocation successorale	Oui Art. 757 s.	Aucune	Aucune
Droit du survivant sur le logement loué	Droit exclusif du conjoint survivant sur le bail du logement (C. civ., art. 1751) Droit au transfert du bail au survivant (L. du 6 juill. 1989, art. 14)	Droit exclusif du partenaire survivant sur le bail du logement sauf renonciation de sa part (C. civ., art 1751, al. 3) Droit au transfert du bail au survivant (L. du 6 juill. 1989, art. 14)	Droit au transfert du bail au survivant (L. du 6 juill. 1989, art. 14)
Droit du survivant sur le logement propriété du défunt	Droit temporaire et d'ordre public à la jouissance du logement pendant un an (C. civ., art 763) Droit viager volonté contraire exprimée par le défunt (C. civ., art 764)	Droit temporaire et d'ordre public à la jouissance du logement pendant un an (C. civ., art 515-6)	Aucun
Juge compétent pour la liquidation des intérêts du couple	Juge aux affaires familiales	Juge aux affaires familiales	Juge aux affaires familiales

Seconde partie

L'enfant

978. ***Natalité***. Après un fléchissement de la natalité, qui a fait craindre, selon les démographes, un défaut de renouvellement des générations [1], une sensible augmentation s'est manifestée à partir de 1995 avec 729 000 naissances, et cette tendance a été confirmée par la suite : 792 600 en 2003, soit autant qu'en 2002, et 797 000 en 2004. Le nombre de naissances a même atteint 830 900 en 2006, avant de fléchir légèrement à 816 500 en 2007 pour revenir à 821 000 en 2009 et 830 000 en 2010 et diminuer à nouveau à partir de cette date. Le nombre de naissances en 2015 fut de 800 000, soit une légère diminution (-2,3 %) par rapport à 2014. Même si la fécondité française reste élevée par rapport aux autres pays européens, pour la première fois en 10 ans il a subi un infléchissement passant de 2 enfants par femme en 2014 à 1,96 en 2016. Depuis 2005, la natalité reste cependant stable et dynamique avec plus de 800 000 bébés chaque année, soit plus de 2 200 naissances par jour en moyenne.

979. ***Naissance hors mariage***. La place des enfants nés dans le cadre d'un mariage, toujours majoritaires, est en réduction constante : il y avait 5 % d'enfants naturels au XIXe siècle, 6 à 8 % pendant la première moitié du XXe siècle, 10 % pendant les années soixante-dix, mais 30 % naissent de parents non mariés depuis 1990, 43 % en 2000, jusqu'à 47,4 % en 2004 (et 55 % des premiers enfants). Pour la première fois, les naissances hors mariage sont devenues majoritaires en 2007, puisqu'elles ont représenté 50,5 % des naissances, contre 48,4 % en diminution du nombre des mariages et, sans doute aussi, l'égalité en droit des filiations sont les deux facteurs qui peuvent expliquer ce phénomène social.

980. ***Filiation et autorité***. L'enfant occupe une place privilégiée dans notre société. Non seulement parce qu'il représente l'avenir de toute communauté humaine, mais aussi par le formidable désir d'enfant qu'exprime aujourd'hui un grand nombre de couples qu'ils soient hétérosexuels ou homosexuels. Le droit civil traduit ce phénomène par deux institutions majeures du droit de la famille. Ce fait biologique est le plus souvent pris en compte par le droit qui établit l'état de l'enfant en le rattachant à ses parents par un lien juridique de filiation, sachant que celle-ci peut aussi avoir un autre fondement que le fait biologique. L'enfant doit ainsi être envisagé comme partie du rapport de parenté qui le relie à ses parents. La filiation établie entre un enfant et ses parents traduit un lien biologique et/ou affectif mais aussi juridique. Ce lien va produire un certain nombre de

1. V. F. Daguet, *Le bilan démographique du siècle. Données sociales*, INSEE, 1996.

conséquences et doter l'enfant d'un statut juridique. L'enfant et ses parents vont, ensuite, entretenir des relations affectives tout au long de leur vie, mais le droit se préoccupe essentiellement des relations entre l'enfant mineur et ses parents. En raison de sa faiblesse, l'enfant mineur a besoin d'être protégé. Il doit aussi être élevé, aussi bien pour son épanouissement personnel que pour favoriser son intégration dans la société. À cette fin, les parents doivent exercer l'autorité parentale et assurer l'entretien de l'enfant.

C'est pourquoi, dans cette seconde partie, après avoir étudié la **filiation** de l'enfant (Livre 1), nous serons conduits à examiner les **relations** de celui-ci avec ses parents (Livre 2).

Livre 1

La filiation

981. ***Définition***. La filiation est le lien de droit qui unit l'enfant à ses parents, et qui est plus ou moins dépendant du fait biologique. Il n'y a pas nécessairement coïncidence, et c'est l'une des grandes questions, posée à intervalles réguliers, de savoir si le lien de droit doit traduire fidèlement la vérité biologique. Il faut toutefois préciser que la notion juridique de filiation est aussi une construction du réel et elle ajoute toujours aux données naturelles pour établir un statut. Il existe même des filiations qui sont entièrement détachées de la biologie et ne reposent que sur la volonté des adultes, comme les filiations adoptives.

L'enfant est relié par un lien de filiation à sa mère (filiation maternelle ou maternité) ou/et à son père (filiation paternelle ou paternité). Du fait de l'établissement d'un lien de filiation, l'enfant entre dans la famille de son auteur. Ce lien inscrit donc l'enfant dans un ordre généalogique. Il permet ainsi à l'enfant de s'insérer et de s'identifier au sein d'un groupe familial. Rouage essentiel dans la structuration de la personnalité, la filiation produit des effets juridiques variés et importants, tant en matière extrapatrimoniale (nom, autorité parentale) qu'en matière patrimoniale (obligation alimentaire, droits successoraux en droit civil, allocations familiales en droit social, quotient familial en droit fiscal).

982. ***Procréation***. Le lien de filiation peut correspondre à un lien biologique : il résulte alors de la création par la loi d'un rapport fondé directement sur la procréation, charnelle ou médicalement assistée.

983. ***Enfant légitime et naturel***. L'enfant ainsi conçu par procréation était traditionnellement appelé un enfant légitime ou un enfant naturel. Il était dit légitime s'il a été conçu alors que ses parents étaient mariés ensemble. C'était donc la conception pendant le mariage qui est la source de la légitimité. Ce fut pendant longtemps la filiation qui produisait les effets complets, par faveur pour le mariage. De son côté, l'enfant était dit « naturel » s'il est conçu hors mariage : ses parents n'étaient pas mariés ensemble, l'adjectif naturel étant ici employé dans sa signification juridique.

Lorsque l'enfant était appelé légitime, il était relié indivisiblement à son père et à sa mère. Solution qu'expliquait l'existence d'un lien juridique entre les père et mère : le mariage. En revanche, la filiation appelée naturelle s'établissait distinctement à l'égard de la mère et du père : l'enfant pouvait donc avoir un lien de filiation à l'égard de sa mère naturelle et non à l'égard de son père, ou inversement (quoique l'hypothèse soit beaucoup plus rare).

Si l'enfant était né de deux personnes célibataires, on disait que c'était un enfant naturel simple. Si l'un de ses parents était marié avec une autre personne au moment de la conception, il s'agissait d'un enfant adultérin. Si l'enfant était né de deux personnes qui n'avaient pas le droit de se marier en raison d'un empêchement à mariage fondé sur l'existence d'un lien de parenté, l'enfant était dit « enfant incestueux ». Mais le législateur n'emploie plus ces formules, à connotation péjorative. De sorte qu'à partir de 1972 tout enfant conçu hors mariage était appelé un enfant naturel. Cependant cet enfant pouvait être légitimé : il en était ainsi s'il était né avant le mariage et que ses parents se mariaient ultérieurement. Il pouvait aussi être légitimé par une décision de justice.

984. ***Abolition de la distinction***. L'ordonnance du 4 juillet 2005 portant réforme de la filiation a aboli cette distinction en supprimant les catégories d'enfant légitime et d'enfant naturel même si un certain nombre de différences subsistent entre l'établissement de la filiation de l'enfant selon qu'il est issu de personnes mariées ou non.

985. ***Procréation médicalement assistée***. Le fait que l'enfant soit né par procréation médicalement assistée ne modifie pas radicalement son état, parce qu'il n'existe pas une filiation spécifique à l'enfant conçu par l'un des modes de procréation assistée. Cependant, il existe quelques particularités qui tiennent essentiellement à la contestation de l'état de l'enfant : elles s'expliquent par l'existence plus ou moins grande d'artifices dans la procréation. Ceux-ci éloignent nécessairement la filiation qui en résulte de celle qui s'appuie sur un processus biologique traditionnel. Car le remède à la stérilité de l'un ou des deux partenaires peut conduire à faire intervenir un tiers donneur, lequel toutefois n'apparaît pas dans l'établissement du lien juridique de filiation.

986. ***Enfant sans filiation***. Il ne faut pas non plus oublier le cas de l'enfant sans filiation juridique. Sans doute a-t-il été le fruit d'une procréation. Mais l'enfant peut être privé de la correspondance juridique du lien biologique en raison des circonstances qui entourent sa naissance. Il pourra par la suite être placé en vue d'une adoption après qu'un délai de deux mois se sera écoulé (C. civ., art. 351, al. 2). Le placement fait alors échec à toute reconnaissance et à toute déclaration de filiation.

987. ***Histoire***. L'histoire du droit de la filiation révèle que la vérité biologique, accessible pour la maternité mais restée longtemps mystérieuse pour la paternité, n'a pas été le critère essentiel dans la détermination de la filiation juridique. La poursuite de certains objectifs, comme la faveur au mariage, d'où découlait la primauté de la filiation légitime, ainsi que la considération de valeurs jugées supérieures comme l'existence d'une seule famille, celle fondée sur le mariage, inspiraient le droit positif sous l'ancien droit aussi bien que dans le Code Napoléon. De sorte que jusqu'en 1972, la loi n'accordait pas aux enfants naturels le même statut qu'aux enfants légitimes, bien que la condition des enfants naturels ait été améliorée pendant le cours du XXe siècle. C'est la loi du 3 janvier 1972, entrée en vigueur le 1er août 1972, qui va bouleverser les conceptions traditionnelles, en renouvelant complètement la notion même de famille. Le projet de réforme [1], dû à la plume du doyen Jean Carbonnier, était fondé essentiellement sur des considérations de justice : il fallait rompre avec la situation des enfants naturels simples et, plus encore avec celle des enfants adultérins, qui étaient privés de droit sans être responsables pour autant des circonstances de leur conception. Cette discrimination était du reste condamnée par l'opinion publique et se trouvait en contradiction avec les traités internationaux [2].

988. ***Égalité***. La loi du 3 janvier 1972 fait partie des grandes réformes du droit de la famille réalisées au cours des dernières décennies [3]. Elle a poursuivi deux objectifs essentiels : instaurer d'abord l'égalité entre tous les enfants, quelle que soit la nature de leur

---

1. G. Cornu, « La naissance et la grâce. À propos du projet de loi sur la filiation », *D.* 1971. Chron. 165 ; J.-L. Aubert, G. Goubeaux et M.-J. Gebler, « Le projet de loi sur la filiation », *Defrénois* 1971. I. 29891 ; H. Mazeaud, « Une famille dans le vent, la famille hors mariage », *D.* 1971. Chron. 99 ; R. Savatier, « Le projet de loi sur la filiation. Mystique et réalisme », *JCP* 1971. I. 2400 et 2402.

2. V. notamment la Convention européenne des droits de l'Homme (non encore ratifiée par la France à cette époque) et CEDH 13 juin 1979, *Marckx, RTD civ.* 1979. 798, obs. R. Nerson et J. Rubellin-Devichi.

3. V. les commentaires : J. Massip, G. Morin et J.-L. Aubert, *La réforme de la filiation*, 3e éd., 1976 ; M. Dagot et P. Spiteri, *Le nouveau droit de la filiation*, 1972 ; C. Colombet, J. Foyer, D. Huet-Weiller et C. Labrusse-Riou, *La filiation légitime et naturelle. Étude de la loi du 3 janvier 1972 et de son interprétation*, 2e éd., 1977.

filiation. La famille naturelle est alors prise en compte par la loi parce qu'elle constitue une réalité sociale. L'enfant conçu en dehors du mariage a un statut semblable à celui de l'enfant légitime. En cela, la législation française s'est alignée sur les droits des pays d'Europe occidentale[1].

L'égalité suppose une assimilation de la condition juridique des enfants légitimes et de celle des enfants illégitimes, et à l'intérieur de cette catégorie, la suppression des distinctions entre les différents enfants naturels. C'est pourquoi la loi a permis l'établissement de toute filiation et instauré l'égalité successorale. Il existait sans doute des règles spécifiques à chaque filiation (nom, autorité parentale…), tandis que la famille légitime restait tout de même le modèle de référence. Ainsi, l'établissement de la filiation légitime et celui de la filiation naturelle étaient gouvernés par des règles différentes, qui tenaient à l'existence dans le premier cas et à l'absence dans le second cas d'un mariage entre les père et mère.

989. ***Vérité***. Le second objectif de la loi de 1972 a été la recherche de la vérité de la filiation. Le législateur a voulu que l'enfant puisse être rattaché à ses véritables auteurs biologiques, que soit proclamée la vérité du sang[2]. Principe non préjudiciable à l'enfant dès lors que la hiérarchie des filiations était abandonnée. Mais une place importante a été faite, aussi, à la vérité sociologique, la vérité affective, celle du cœur, qu'exprime la possession d'état, dont les effets ont été considérablement accrus. Le vrai père, en effet, peut être aussi bien celui qui est biologiquement le géniteur que celui qui élève l'enfant et l'entoure d'affection. La loi du 25 juin 1982 a d'ailleurs fait de la possession d'état un mode d'établissement de la filiation naturelle, comme elle l'était déjà pour la filiation légitime. Il faut relever, enfin, l'importance d'une loi plus récente : celle du 8 janvier 1993, qui a procédé à de nombreuses retouches, parfois sans harmonie entre elles ou avec le droit maintenu, en cherchant à privilégier surtout la recherche de la *vérité biologique*[3]. Mais cette loi a, aussi, légalisé la pratique de l'accouchement dans le secret, empêchant ainsi l'enfant de connaître l'identité de sa mère.

990. ***Réforme***. L'évolution des relations sociales, qui rendait contestable la distinction entre enfant légitime et enfant naturel, ainsi que la primauté des principes fondamentaux en droit positif, a conduit à une réforme d'ensemble du droit de la filiation en 2005. Les dispositions les plus critiquées étaient, d'abord, la distinction des enfants légitimes et des enfants naturels, alors que plus de la moitié des enfants naissent, désormais, hors mariage. Toute différence de traitement entre les enfants paraissait d'autant plus contestable que la Cour européenne des droits de l'Homme avait condamné la France pour discrimination

1. Sur le droit comparé, v. F. Boulanger, *Droit civil de la famille*, 1994, t. 2, *Aspects comparatifs et internationaux*, n° 24, avec les références citées aux réformes antérieures (RFA et Royaume-Uni en 1969, Pays-Bas et Autriche en 1970) ou postérieures (Italie en 1975, Suisse en 1976, Portugal en 1977, Espagne en 1981, Belgique et Irlande en 1987) à la loi du 3 janvier 1972 ; F. Granet, « Convergences et divergences des droits européens de la famille », *Dr. fam.* 2000, n° 12 *bis* HS, « Perspectives de réformes en droit de la famille », p. 6.

2. J. Vidal, « La place de la vérité biologique dans le droit de la filiation », *in Mélanges G. Marty*, 1978, p. 1113 ; J.-P. Gridel, « Vérité biologique et droit positif de la filiation (1972-1993) », *D.* 1993. Chron. 191.

3. V. les commentaires : J. Massip, *Gaz. Pal.* 1993. 2. Doctr. 1120 ; J. Rubellin-Devichi, *JCP* 1993. I. 3659 ; F. Granet, *D.* 1994. Chron. 2 ; C. Colombet, *in Mélanges D. Huet-Weiller*, 1994, p. 59 ; P. Courbe, *Audijuris* 1994, n° 38, p. 1.

fondée sur la naissance[1]. Au demeurant, la loi du 4 mars 2002 relative à l'autorité parentale avait posé le principe selon lequel « tous les enfants dont la filiation est légalement établie ont les mêmes droits et les mêmes devoirs dans leurs rapports avec leur père et mère. Ils entrent dans la famille de chacun d'eux » (C. civ., art. 310).

Ensuite, une différence de traitement demeurait quant à l'établissement de la maternité. Alors que l'indication du nom de la femme mariée, ayant accouché, dans l'acte de naissance de l'enfant suffisait à établir la filiation maternelle, la femme non mariée ayant fait indiquer son nom dans l'acte de naissance de l'enfant devait, en outre, le reconnaître pour que la filiation soit établie. C'était une discrimination au regard de la Convention européenne de sauvegarde des droits de l'Homme et des libertés fondamentales. Dans un arrêt *Marckx* du 13 juin 1979, la Cour européenne des droits de l'Homme avait ainsi condamné la loi belge similaire, considérant que le refus d'imposer aux mères naturelles un lien de filiation non voulu ne constituait pas une justification objective et raisonnable[2].

Par ailleurs, héritées de la faveur ancienne pour la famille légitime, persistaient dans le Code civil des règles distinctes d'établissement et de contestation judiciaires de la filiation, qui rendait le droit de la filiation peu lisible.

991. ***Réforme***. Une réforme du droit de la filiation était, pourtant, à réaliser. Un groupe de travail a été constitué en décembre 2002, associant aux représentants des administrations concernées, des universitaires, des praticiens ainsi que des parlementaires. Le choix de recourir à une ordonnance, inédit en la matière, fut justifié par le caractère supposé technique des mesures envisagées. Aussi, par la loi n° 2004-1343 du 9 décembre 2004, de simplification du droit[3], le Parlement a habilité le gouvernement à procéder par voie d'ordonnance à la rénovation du droit de la filiation. Mais le Sénat a tenu à limiter la sphère de l'habilitation aux objectifs énumérés dans l'article 4 de la loi :

– tirer en droit de la filiation les conséquences de l'égalité de statut entre enfants quelles que soient les circonstances de leur naissance ;
– unifier les modes d'établissement de la filiation maternelle ;
– préciser les conditions de la constatation de la possession d'état[4] ;
– harmoniser le régime procédural de l'établissement judiciaire de la filiation ;
– sécuriser le lien de filiation ;
– préserver les enfants des conflits de filiation ;
– simplifier et harmoniser le régime des actions en contestation, dans un souci d'égalité et de stabilité de la filiation.

992. ***Ordonnance du 4 juillet 2005***. C'est une réforme importante qui a été ainsi réalisée par l'ordonnance du 4 juillet 2005, portant réforme de la filiation, entrée en vigueur

---

1. CEDH 1er févr. 2000, *Mazureck c/ France, JCP* 2000. I. 10286, obs. A. Gouttenoire et F. Sudre ; *RTD civ*. 2000. 311, obs. J. Hauser ; *RTD civ*. 2000. 429, obs. J.-P. Marguénaud ; 22 déc. 2004, *Merger et Cros c/ France, RTD civ*. 2005. 335, obs. J.-P. Marguénaud.

2. F. Sudre (dir.), *Les grands arrêts de la Cour européenne des droits de l'Homme*, 7e éd., 2014, (*GACEDH*) p. 579 s.

3. *JO* 10 déc. 2004, p. 20857.

4. Avec l'évolution des mœurs, la possession d'état avait changé, et était devenue précaire : incertitude quant à la date d'établissement, quant à la possession d'état à prendre en compte lorsqu'il en existe plusieurs ou conflit avec la vérité biologique (cf. I. Théry, *Couple, filiation et parenté aujourd'hui. Le droit face aux mutations de la famille et de la vie privée. Rapport remis à la ministre de l'Emploi et de la solidarité et au garde des Sceaux*, mai 1998).

le 1er juillet 2006[1]. Sur le plan formel, la structure du Titre VII du Livre premier du Code civil, relatif à la filiation, a été profondément modifiée. Elle cesse d'être bâtie autour de la distinction de la filiation légitime et de la filiation naturelle. Elle est réorganisée en quatre chapitres, contre trois auparavant. Par ailleurs, un certain nombre de dispositions nouvelles restent inspirées du droit antérieur, le cas échéant par combinaison de règles issues de la loi de 1972 ou de la jurisprudence[2]. Cette restructuration a entraîné l'abrogation de nombreuses dispositions désormais inutiles, et, en particulier, la légitimation a été supprimée : elle ne présentait plus d'intérêt, dès lors qu'étaient abolies les catégories d'enfant légitime et d'enfant naturel. Enfin, l'action à fins de subsides, qui n'a pas pour effet d'établir la filiation, a été maintenue sous réserve de quelques retouches de coordination. Dans l'ensemble, l'objectif de simplification et de meilleure lisibilité des textes a été atteint.

Sur le plan du droit transitoire, il est prévu classiquement que « sous réserve des décisions de justice passées en force de chose jugée, la présente ordonnance est applicable aux enfants nés avant comme après son entrée en vigueur » (art. 20, I). Des dispositions spéciales sont prévues pour l'application des textes nouveaux aux donations, au nom de famille et à la nationalité (art. 20, II). Enfin, si l'instance a été introduite avant le 1er juillet 2006, « l'action est poursuivie et jugée conformément à la loi ancienne. Cette loi s'applique également en appel et en cassation » (art. 20, III).

993. ***Ratification***. L'ordonnance du 4 juillet 2005 a été ratifiée par la loi n° 2009-61 du 16 janvier 2009[3] qui lui a conféré valeur législative, de manière rétroactive. Toutefois le parlement ne s'est pas contenté d'approuver le travail effectué par le Gouvernement en matière de filiation, et il a, apporté une contribution relativement conséquente à la réforme, les nouvelles dispositions n'étant pas dotées d'une portée rétroactive.

994. ***Bioéthique***. Les lois du 29 juillet 1994 sur la bioéthique, dont l'objet aurait pu être limité à la réglementation de l'accès aux techniques médicales de procréation assistée, ont pris aussi position sur la filiation qui découle du recours à ces procédés, dans des termes qui risquent d'avoir des répercussions sur l'ensemble du droit de la filiation[4]. Les principes ainsi posés n'ont pas été remis en cause par les lois sur la bioéthique du 6 août 2004[5] et du 7 juillet 2011[6].

995. ***Adoption***. Ce qui vient d'être évoqué concerne la filiation résultant d'une procréation. Cependant, le lien de filiation peut exister en dehors de la procréation, dans le cas de l'adoption. Reposant sur la volonté, l'adoption permet l'établissement d'un lien

1. Sur les commentaires de l'ordonnance du 4 juillet 2005, v. H. Fulchiron, *Dr. et patr*. mars 2006, p. 44 ; T. Garé, *JCP* 2006. I. 144 ; F. Granet-Lambrechts, *AJ fam*. 2006. 283 ; F. Granet-Lambrechts et J. Hauser, *D*. 2006. Chron. 17 ; obs. A.-M. Leroyer, *RTD civ*. 2006. 836 ; A. Dionisi-Peyrusse, *D*. 2006. Chron. 612 ; Dossiers *AJ fam*. 2005. 424 ; *Dr. fam*. 2006, n° 1, p. 6.

2. F. Granet-Lambrechts et J. Hauser, article préc. *D*. 2006. 18.

3. Ratifiant l'ordonnance n° 2005-759 du 4 juillet 2005 portant réforme de la filiation et modifiant ou abrogeant diverses dispositions relatives à la filiation (*JORF* n° 0015 18 janv. 2009, p. 1062).

4. F. Dekeuwer-Défossez, « Réflexions sur les mythes fondateurs du droit contemporain de la famille », *RTD civ*. 1995. 249.

5. J.-C. Galloux, « La loi n° 2004-800 du 6 août 2004 sur la bioéthique », *D*. 2004. 2379 ; F. Bellivier, chron. lég. *RTD civ*. 2004. 787 ; D. Thouvenin, « La loi relative à la bioéthique ou comment accroître l'accès aux éléments biologiques d'origine humaine », *D*. 2005. 116 et 172.

6. N. Baillan-Wirtz, « La loi n° 2011-814 du 7 juillet 2011 relative à la bioéthique : le choix d'un relatif *statu quo* », *RLDC* 2011. 86.

de filiation en l'absence de lien biologique. L'adoption est simple ou plénière, selon qu'elle laisse subsister, ou non, la filiation reposant sur les liens du sang. Dans un cas comme dans l'autre, la filiation de l'enfant adopté obéit à un régime spécifique. Cette affirmation est particulièrement vraie depuis l'entrée en vigueur de la loi n° 2013-404 du 17 mai 2013 ouvrant le mariage aux couples de personnes de même sexe. En effet, cette loi ouvre l'adoption aux personnes de même sexe, mais exclut expressément que ces dernières puissent bénéficier des dispositions contenues dans le titre VII du livre I du Code civil relatif à la filiation charnelle. Ainsi seule la filiation adoptive est-elle applicable aux couples de même sexe.

C'est pourquoi il faut étudier séparément le lien de filiation résultant de la **procréation** (Titre 1) et le lien de filiation **en dehors de la procréation** (Titre 2).

Titre 1

La filiation par procréation

996. Le législateur a depuis bien longtemps édicté les règles relatives au lien de filiation en envisageant l'enfant issu d'une **procréation naturelle** (Sous-titre 1). Cependant, l'évolution des progrès scientifiques a multiplié les moyens de remédier à la stérilité des couples. Ces procédés ont, toutefois, appelé certaines réserves sur leur légitimité morale, de telle sorte que les juges d'abord, des comités d'éthique ensuite, ont effectué des distinctions entre les moyens admissibles et les autres. Une intervention législative a, finalement, paru souhaitable. Après des hésitations, le Parlement s'est décidé à sérier entre les procédés de procréation artificielle licites et illicites. Mais il a ajouté aussi certaines dispositions spécifiques relatives à la filiation de l'enfant issu d'une **procréation médicalement assistée**, ce qui justifie une étude séparée (Sous-titre 2).

Sous-titre 1

La filiation par procréation naturelle

997. L'ordonnance du 4 juillet 2005 a procédé à la suppression de toute distinction entre la filiation légitime, liée au mariage, et la filiation naturelle, fondée sur la naissance hors mariage[1]. La doctrine était plutôt favorable à l'unification du droit de la filiation. Celle-ci ne soulève pas de difficultés particulières pour ce qui concerne les effets du lien juridique, l'égalité des filiations devant être, à cet égard, absolue. Quant à l'établissement du lien juridique, la suppression des distinctions n'empêche pas de réserver un sort particulier à l'enfant dont les père et mère sont mariés, la présomption de paternité devant être conservée pour ne pas affaiblir la signification sociale et individuelle du mariage. La loi n° 2013-404 du 17 mai 2013 ouvrant le mariage et l'adoption aux couples de même sexe n'a eu aucune influence sur les dispositions du Code civil du titre VII du livre I. Par ailleurs, l'article 6-1 du Code civil issu de cette loi prévoit expressément que les dispositions contenues dans ce titre ne sont pas applicables aux couples de même sexe.

Le Titre VII du Livre I du Code civil est réorganisé en quatre chapitres : **Les dispositions générales** (Chapitre 1) ; **L'établissement non contentieux de la filiation** (Chapitre 2) ; **Le contentieux de la filiation** (Chapitre 3) ; **L'action à fins de subsides** (Chapitre 4). C'est ce plan qui sera suivi.

1. Y. Lequette, « Observations sur le « nominalisme législatif » en matière de filiation », *in Mélanges G. Viney*, 2008, p. 647.

Chapitre 1

Dispositions générales

998. ***Dispositions communes***. Ces dispositions sont communes parce qu'elles s'appliquent à l'ensemble du droit de la filiation. Plus précisément, elles concernent la preuve du lien biologique (Section 1) et la possession d'état (Section 2). Avant l'ordonnance du 4 juillet 2005, le régime des actions judiciaires en matière de filiation prenait place, également, dans ces dispositions communes. La réforme les a déplacées dans le troisième chapitre. Pourtant, la connaissance du régime commun de ces actions est indispensable à la compréhension des règles générales du droit de la filiation [1]. C'est la raison pour laquelle seront étudiées au sein des dispositions générales les règles communes aux différentes actions relatives à la filiation (Section 3).

Se trouvent dans le même chapitre (C. civ., art. 310-1 s.) les dispositions propres à la procréation médicalement assistée (art. 311-19 s.) qui seront étudiées ultérieurement, ainsi que les règles de conflit de lois relatives à l'établissement de la filiation (art. 311-14 s.). Ces dispositions de droit international privé, qui ne touchent pas directement le droit civil, font partie d'enseignements spécifiques. Seul le principe sera cité ici : la loi applicable à l'établissement de la filiation, dans les relations privées internationales, est la loi nationale de la mère (art. 311-14) [2]. Figurent également dans ces dispositions générales les règles de dévolution du nom de famille.

999. ***Égalité***. Parmi les nouvelles règles générales du droit de la filiation, il faut citer, d'emblée, le principe d'égalité entre tous les enfants, qui est rappelé à l'article 310 du Code civil, placé symboliquement avant même le premier chapitre du Titre VII selon lequel « *tous les enfants dont la filiation est légalement établie ont les mêmes droits et les mêmes devoirs dans leurs rapports avec leurs père et mère. Ils entrent dans la famille de chacun d'eux* ».

Dans le domaine extrapatrimonial, l'entrée de l'enfant dans la famille de ses auteurs produit de nombreuses conséquences sur les empêchements au mariage, les règles relatives à l'opposition et à l'autorisation en matière de mariage ; enfin, les ascendants de l'enfant peuvent bénéficier d'un droit de visite à l'égard de leurs petits-enfants (C. civ., art. 371-4).

Dans le domaine patrimonial, le statut d'égalité se manifeste, d'abord, dans le domaine des obligations alimentaires [3]. Dans le domaine successoral, ensuite, l'égalité constituait une des principales innovations de la réforme de 1972 et a définitivement consacré par la

---

1. V. en ce sens, P. Malaurie et H. Fulchiron, *La famille*, 4e éd., Defrénois, 2011, n° 981.

2. Sur la filiation en droit international privé : v. P. Courbe, *Droit international privé*, Hachette Supérieur, 2007.

3. V. ss 1586 s.

loi du 3 décembre 2001, relative aux droits du conjoint survivant et des enfants adultérins, qui a mis en conformité le statut de l'enfant adultérin avec les exigences de la Cour européenne des droits de l'Homme[1]. Toutes les restrictions qui frappaient les enfants adultérins sur le plan des successions et des libéralités ont donc disparu du droit positif. Pour étendre le plus possible le bénéfice des dispositions nouvelles, l'article 25 de la loi du 3 décembre 2001 prévoyait qu'elles sont applicables aux successions ouvertes à la date de publication de la présente loi (4 déc. 2001) et n'ayant pas donné lieu à partage avant cette date, sous réserve des accords amiables déjà intervenus et des décisions judiciaires irrévocables. Depuis l'ordonnance du 4 juillet 2005, le Code civil dispose que « *la loi ne distingue pas selon les modes d'établissement de la filiation pour déterminer les parents appelés à succéder* » (art. 733, al. 1er).

1000. ***Établissement de la filiation.*** Le chapitre 1er s'ouvre sur deux dispositions introductives. La première énumère en renvoyant au chapitre II du titre, les modes d'établissement de la filiation[2]. Celle-ci peut être établie de façon non contentieuse, par l'effet de la loi, par la reconnaissance volontaire ou par la possession d'état constatée par un acte de notoriété. Mais la filiation peut aussi être établie par jugement, dans les conditions du chapitre III[3].

1001. ***Inceste.*** L'article 310-2 maintient l'interdiction d'établir le lien de filiation de l'enfant à l'égard de ses deux parents en cas d'inceste absolu[4], c'est-à-dire de relations intimes entre parents en ligne directe, à tous les degrés (père et fille, mère et fils, grand-père et petite-fille…) et en ligne collatérale au deuxième degré (frère et sœur). La prohibition édictée par l'article 310-2 est à la fois fondée sur des raisons morales : ne pas dévoiler aux enfants concernés, de manière officielle, leur origine[5]. Et des nécessités pratiques : éviter les conséquences absurdes que l'établissement des deux filiations entraînerait au plan successoral[6]. D'où il résulte que la requête en adoption, présentée par le demi-frère de la mère biologique, contrevient aux dispositions d'ordre public édictées par l'article 334-10 interdisant l'établissement du double lien de filiation en cas d'inceste absolu[7]. L'ordonnance du 4 juillet 2005, consacrant cette jurisprudence de la Cour de cassation, précise qu'il est interdit d'établir le double lien de filiation « par quelque moyen que ce soit ».

1002. Cette interdiction d'établir un double lien de filiation en cas d'inceste absolu entre-t-elle en contradiction avec les exigences de la Convention européenne des droits de l'Homme ? Il y a compatibilité avec les dispositions de cette convention s'il peut être démontré, d'une part, que la prohibition a une justification objective et raisonnable,

1. [1298] Sur cette loi, v. F. Bellivier et J. Rochfeld, chron. lég. *RTD civ.* 2002. 156 ; J. Casey, *RJPF* 2002-1/11 et 2002-2/11 ; S. Piedelièvre, *Gaz. Pal.* 5-6 avr. 2002 ; B. Beignier, *Dr. fam.* 2002. Chron. 3 ; Gourdon, *JCP N* 2002. 1025.

2. V. ss 1077 s.

3. V. ss 1160 s.

4. L'inceste absolu est un empêchement à mariage qui ne peut être levé par dispense, contrairement aux relations incestueuses entre un oncle et sa nièce par exemple (v. ss 169).

5. C. Colombet et autres, nº 148. « Est-ce une violation de l'article 8 de la Convention EDH ? » ; A. Bénabent, nº 851.

6. J. Massip, G. Morin et J.-L. Aubert, nº 51.

7. Civ. 1re, 6 janv. 2004, *Bull. civ.* I, nº 2 ; *D.* 2004. 362, concl. J. Sainte-Rose, note D. Vigneau ; *ibid.* Somm. 1419, obs. F. Granet-Lambrechts ; *JCP* 2004. II. 10064, note C. Labrusse-Riou ; *Dr. fam.* 2004, nº 16, note D. Fenouillet ; *RTD civ.* 2004. 75, obs. J. Hauser.

c'est-à-dire qu'elle poursuit un « but légitime », d'autre part, qu'il y a un « rapport raisonnable de proportionnalité entre les moyens employés et le but visé »[1]. Le but légitime pourrait être la protection de la morale. Tandis que le rapport raisonnable de proportionnalité serait établi par la protection de l'intérêt même de l'enfant à ne pas voir les circonstances de sa conception officiellement reconnues, étant entendu que l'existence de l'action à fins de subsides lui permettrait de bénéficier d'une pension alimentaire. L'arrêt *B. L. c/Royaume Uni* du 13 septembre 2005[2] peut toutefois faire laisser présager une condamnation européenne. Dans cet arrêt, en effet, la Cour européenne condamne en effet le Royaume-Uni dont la législation prévoit, comme en droit civil français, l'interdiction du mariage entre beau-père ou belle-mère et gendre ou belle fille, sur le fondement du droit au mariage de l'article 12 de la Convention. Il reste que l'inceste envisagé n'est pas le même dans l'arrêt *B. L.*, qui concernait un beau-père et sa belle-fille, et dans l'article 310-2 du Code civil qui par hypothèse concerne un ascendant et un descendant ou un frère et une sœur. L'intérêt de l'enfant à ne pas voir établie sa double filiation incestueuse pourrait être qualifié d'intérêt légitime suffisant par la Cour européenne pour justifier l'atteinte au droit au respect de la vie familiale. Il semble cependant que l'impossibilité pour le père biologique d'adopter son enfant paraît difficile à justifier. Elle constitue en effet une solution susceptible de reconnaître le lien existant entre l'enfant et son père biologique, avec les conséquences qu'il implique, sans faire obligatoirement apparaître cette dernière qualité sur l'acte de naissance de l'enfant[3].

L'établissement de la filiation n'est pas complètement prohibé, même en cas d'inceste absolu. En effet, la filiation peut être établie à l'égard d'un des deux parents, d'une manière unilatérale. Mais, dans ce cas, la filiation ne peut pas être établie à l'égard de l'autre parent. C'est pourquoi la moins mauvaise des solutions pour l'enfant est d'avoir une filiation maternelle établie, car il ne lui est pas interdit alors de réclamer des subsides à l'homme qui a eu des relations incestueuses avec sa mère. Cette action, purement alimentaire, ne peut en effet être exercée que contre un homme. La filiation incestueuse ne va donc pas apparaître officiellement[4]. Serait donc nulle, de nullité absolue, la reconnaissance émanant du deuxième parent. De même une action en justice contre celui-ci devrait être jugée irrecevable.

La circulaire d'application du 30 juin 2006 prévoit qu'en cas de reconnaissance prénatale du père, le nom de la mère ne pourra être inscrit dans l'acte de naissance de l'enfant et qu'à défaut, le procureur de la République devra engager une action en annulation de la filiation maternelle. En dehors de cette hypothèse, et dans la mesure où la filiation maternelle est désormais établie par la mention du nom de la mère dans l'acte de naissance (art. 311-25), quelle que soit sa situation matrimoniale, c'est la filiation paternelle qui ne pourra le plus souvent être établie.

1003. ***Nom de l'enfant.*** La loi du 4 mars 2002 modifiée par la loi du 18 juin 2003 puis par l'ordonnance du 4 juillet 2005[5] a bouleversé le système d'attribution du nom de

---

1. Cf. *Les grands arrêts de la Cour européenne des droits de l'Homme*, *op. cit.*, p. 67 s.
2. *Dr. fam.* 2005, comm. n° 243, obs. M. Lamarche et A. Gouttenoire.
3. En ce sens, J. Hauser et D. Huet-Weiller, *Traité de droit civil. La famille*, 2e éd., LGDJ, 1993, n° 694.
4. L'autre parent pourrait-il adopter l'enfant ? L'ordre public justifiant la prohibition conduit à répondre négativement ; *contra* : Rennes, 24 janv. 2000, *D.* 2002. 2020, note F. Granet, cassé par Civ. 1re, 6 janv. 2004, préc.
5. J. Massip, « Incidences de l'ordonnance relative à la filiation sur le nom de famille », *Dr. fam.* 2006, étude n° 8.

l'enfant en faisant dépendre celle-ci du choix des parents. Le lien entre nom et filiation n'en est pas moins toujours essentiel puisque ce sont les circonstances de l'établissement de la filiation qui déterminent les titulaires de ce choix, que les parents de l'enfant soient ou non mariés. L'attribution du nom est en effet désormais indifférente à la nature de la filiation, cette indifférence ayant été d'ailleurs étendue à tout le droit de la famille par l'ordonnance du 4 juillet 2005. Selon l'article 311-23 du Code civil, « *lorsque la filiation n'est établie qu'à l'égard d'un parent à la déclaration de naissance, l'enfant prend le nom de ce parent.* » Selon l'article 311-21 du Code civil « *lorsque la filiation d'un enfant est établie à l'égard de ses deux parents au plus tard le jour de la déclaration de naissance ou par la suite mais simultanément, ces derniers choisissent le nom de famille qui lui est dévolu* ». Cette disposition offre aux parents une alternative à trois branches : ils peuvent attribuer à l'enfant soit le nom de l'un, soit le nom de l'autre, soit leurs deux noms accolés, dans l'ordre qu'ils souhaitent, sous réserve de donner le même nom à tous les enfants de la fratrie, et dans la limite de deux noms. Si les parents ne parviennent pas à se mettre d'accord, l'enfant portera, depuis l'entrée en vigueur de la loi n° 2013-404 du 17 mai 2013, leurs deux noms, dans la limite du premier nom de famille pour chacun d'eux, accolés selon l'ordre alphabétique. Le décret n° 2013-429 du 24 mai 2013 portant application de la loi n° 2013-404 du 17 mai 2013 ouvrant le mariage aux couples de personnes de même sexe et modifiant diverses dispositions relatives à l'état civil et du Code de procédure civile prévoit que les déclarations conjointes par lesquelles les parents choisissent le nom de leur enfant sont annexées à l'acte de naissance de l'enfant et portées sur le livret de famille. La Cour européenne des droits de l'Homme a validé dans l'arrêt *De Ram c/ France* du 27 août 2013 [1] le dispositif de mise en œuvre dans le temps de la loi n° 2002-304 du 4 mars 2002 relative à l'attribution du nom de l'enfant et particulièrement la disposition transitoire concernant les enfants nés avant l'entrée en vigueur de la loi. En effet seuls les enfants de moins de treize ans pouvaient se voir attribuer un nom composé des deux noms de leurs parents. Saisie sur le fondement du droit au respect de la vie privée et familiale, la Cour européenne des droits de l'Homme a déclaré la requête irrecevable en affirmant que la différence de traitement entre les enfants de moins de treize ans et ceux de plus de treize ans, comme en l'espèce, était raisonnablement et objectivement justifiée par la nécessité d'assurer la transition dans le temps de l'évolution des règles de dévolution du nom de famille, et par la légitimité du choix de tenir compte du respect dû aux principes de sécurité juridique et d'immutabilité du nom.

Section 1
La preuve du lien biologique

1004. ***Lien juridique***. La filiation ne repose pas toujours sur le lien biologique. Mais l'existence de celui-ci devient essentielle en cas de contestation. Alors, la preuve de la maternité et celle de la paternité se retrouvent au cœur du débat judiciaire. Et, en dehors même de tout contentieux, la loi fonde en règle générale – hormis le cas particulier de la procréation médicalement assistée [2] – le lien juridique sur la biologie, notamment depuis la loi du 3 janvier 1972.

1. Req. n° 38275/1 ; *AJ fam*. 2013. 645, C. Doublein.
2. V. ss 1253 s.

§ 1. Principes

1005. ***Modes de preuve***. La première section des *Dispositions générales* commence par un article 310-3 qui énumère, dans son premier alinéa, les différents modes de preuve de la filiation : indications figurant dans l'acte de naissance de l'enfant, ou dans l'acte de reconnaissance, ou résultant de l'acte de notoriété ayant constaté la possession d'état. Tous doivent être des actes authentiques.

1006. ***Acte authentique***. L'ordonnance du 4 juillet 2005 a innové en faisant de l'acte de naissance qui désigne la mère, à la fois le mode d'établissement et la preuve de la filiation maternelle hors mariage (C. civ., art. 311-25). La preuve de la filiation paternelle est également établie par l'acte de naissance sur lequel figure soit le nom du mari de la mère en qualité de père, soit une reconnaissance ou la mention d'une possession d'état en marge de l'acte.

Une reconnaissance maternelle ou paternelle doit, à peine de nullité, être faite en la forme authentique et dressée par un officier public. Elle est mentionnée en marge de l'acte de naissance.

Quant à la possession d'état, tant qu'elle n'a pas été constatée dans un acte de notoriété ou par un jugement, elle est insuffisante et ne saurait en elle-même établir le lien de filiation. Cette solution est guidée par un souci de sécurité juridique et la volonté d'éviter des filiations occultes. C'est pourquoi la constatation de la possession d'état se fait par un acte de notoriété, dont la mention est portée en marge de l'acte de naissance.

1007. ***Preuve libre***. Le second alinéa de l'article 310-3 du Code civil consacre le principe de la liberté de la preuve dans toutes les actions judiciaires. Toutefois, le principe de liberté de la preuve ne peut servir à écarter les règles qui conditionnent la recevabilité de l'action : absence d'intérêt à agir, fin de non-recevoir, prescription… C'est ce que précise l'article 310-3, *in fine*. Il s'agit d'éviter de débattre de la véracité du lien de filiation lorsque l'action est irrecevable, et d'empêcher, de cette manière, de faire réaliser une expertise biologique à des fins exclusives de curiosité [1].

Les progrès considérables des méthodes scientifiques ont bouleversé la question de la preuve de la filiation. Il est possible, désormais, d'établir scientifiquement la preuve de la maternité, comme celle de la paternité biologique. Mais il n'est pas concevable, socialement, de soumettre tous les enfants à des expertises biologiques pour que leurs parents soient connus. « Cette police scientifique des filiations » [2] serait contraire à la dignité humaine. C'est la raison pour laquelle les expertises biologiques sont réservées à la preuve de la filiation dans les situations contentieuses [3].

Si les faits à l'origine de la filiation sont intimes, ils sont moins secrets pour la maternité que pour la paternité.

1008. ***Preuve de la maternité***. La preuve de la maternité peut être faite en démontrant que tel enfant est né de telle femme. La grossesse et l'accouchement sont généralement

---

1. Exclue par la Cour de cassation dans une jurisprudence constante : en dernier lieu : Civ. 1re, 8 juin 2016, n° 15-16.696.

2. Ph. Malaurie et H. Fulchiron, *op. cit.*, n° 982.

3. V. ss 1018 s.

connus et le fait même de la naissance désigne la mère avec certitude : *mater semper certa est*, disaient les Anciens. La date de l'accouchement et l'identité de la mère[1] sont facilement établies.

1009. ***Preuve de la paternité.*** Il n'en va pas de même pour ce qui concerne la preuve de la paternité. Il n'est évidemment pas question de soumettre tous les pères à des examens biologiques pour vérifier la réalité de leur paternité ! Le respect de la liberté individuelle et la sauvegarde de la paix des familles interdisent une telle solution. Or, pendant longtemps, la preuve de la paternité étant restée un fait mystérieux, le droit a eu recours à la technique des présomptions[2]. Pour des raisons sociales, la méthode a été conservée. C'est pourquoi la preuve de la paternité est faite indirectement notamment par le recours à la présomption relative au moment de la conception[3]. Mais aujourd'hui il est possible de faire scientifiquement la preuve directe de la paternité. La probabilité dépasse même 99 % : il s'agit donc d'une quasi-certitude. Les règles relatives à la preuve directe du lien biologique ne figurent pas dans les dispositions communes à la filiation. Elles ont été introduites dans le Code civil par la loi du 29 juillet 1994 dans 16-11 qui prévoit notamment que l'identification d'une personne par ses empreintes génétiques ne peut être réalisée, en matière civile, que dans le cadre d'une action relative à l'établissement ou la contestation d'un lien de filiation ou à l'obtention ou la suppression de subsides. En outre, le consentement de la personne doit être préalablement recueilli. Toutefois la jurisprudence admet de manière constante que le juge peut tirer les conséquences du refus d'une personne de se soumettre à une expertise biologique dans le cadre d'une action relative à la filiation[4].

§ 2. Les présomptions relatives au moment de la conception

1010. ***Période de conception.*** Même si la preuve directe de la paternité peut aujourd'hui être faite, la paix sociale s'oppose à un recours systématique à la preuve scientifique. C'est pourquoi il est fait usage d'une présomption pour déterminer la période au cours de laquelle l'enfant a été conçu, d'où l'on déduit, en fonction des circonstances, l'établissement de la paternité. C'est la raison pour laquelle la détermination de la période de conception de l'enfant présente toujours un grand intérêt. En effet, par exemple, si la mère est mariée au moment où l'enfant a été conçu, celui-ci sera en principe rattaché à son mari (C. civ., art. 312).

Un problème demeure toutefois : en effet, la date exacte de la conception ne peut être, scientifiquement, prouvée avec certitude. C'est pourquoi l'article 311 pose deux présomptions légales qui, partant d'un fait connu, la date de la naissance d'un enfant, permettent de déduire le fait inconnu : le moment de la conception. Instituées par le Code Napoléon, ces présomptions avaient une portée irréfragable. La loi du 3 janvier 1972 les a reconduites mais en a admis la preuve contraire. Il faut donc étudier le contenu et l'autorité de ces présomptions.

---

1. Sous réserve de l'accouchement dans le secret (v. ss 1165).
2. C. Neirinck, « Comprendre le secret de la filiation », *RJPF* n° 3, 2003. 6.
3. V. ss 1010.
4. V. ss 1026.

A. Le contenu des présomptions

1011. Pour déterminer la date de la conception à partir de la date de la naissance, seul fait connu, la loi a posé deux présomptions : il s'agit, d'une part, d'une présomption relative à la période légale de la conception et, d'autre part, de la présomption relative à la date précise de la conception.

1) La période légale de la conception

1012. ***Trois cents à cinq quatre-vingt jours avant la naissance***. Selon l'article 311, alinéa 1er, du Code civil, l'enfant est présumé avoir été conçu dans la période qui s'étend du trois centième au cent-quatre-vingtième jour inclusivement avant la date de la naissance. Cette présomption est fondée sur des données scientifiques relatives à la durée de la gestation. En principe, celle-ci dure au minimum cent quatre-vingts jours (délai minimum pour qu'un enfant naisse viable) et au maximum trois cents jours. Ce sont les délais mêmes qui avaient été retenus en 1804 par le Code civil. Ils n'ont pas été modifiés depuis. La période retenue par la loi est sensiblement plus longue que le temps moyen. Mais l'objectif, en 1804 était d'inclure les situations pathologiques, en cas de naissance prématurée ou d'accouchement tardif.

La période au cours de laquelle l'enfant a pu être conçu est donc de cent vingt-et-un jours (au plus tôt trois cents jours et au plus tard cent quatre-vingts jours avant la naissance). Pour calculer le délai, il faut remonter dans le temps à partir de la date de l'accouchement et compter le délai jour après jour (intervalles de vingt-quatre heures comptées de zéro heure à minuit) en tenant compte du jour de départ et du jour d'arrivée du délai (le texte emploie le terme « inclusivement »). L'enfant né exactement le cent-quatre-vingtième jour après la célébration du mariage est donc présumé avoir été conçu pendant le mariage de sa mère et est couvert par la présomption de paternité[1].

2) La date de la conception

1013. ***Intérêt de l'enfant***. La période légale ainsi déterminée n'est qu'une approximation qui permet seulement de fixer les limites temporelles en deçà desquelles l'enfant est réputé avoir été conçu. Mais il est parfois nécessaire de rechercher avec plus de précision à quelle date exactement, dans cette période de cent vingt-et-un jours, l'enfant a été conçu. C'est l'objet de la deuxième présomption édictée par le même texte. L'alinéa 2 de l'article 311 du Code civil, complétant l'alinéa 1er, dispose que « la conception est présumée avoir eu lieu à un moment quelconque de cette période, suivant ce qui est demandé dans l'intérêt de l'enfant ». Cela signifie que l'enfant, ou son représentant légal s'il est mineur, peut choisir de placer la date précise de sa conception à un moment quelconque de la période légale prévue dans l'alinéa 1er.

Cependant, dans des cas exceptionnels, les deux présomptions de l'article 311 du Code civil peuvent ne pas correspondre à la réalité des faits. Est-il possible de les renverser ? C'est poser la question de leur autorité.

---

1. V. ss 1088 s.

B. L'autorité des présomptions

1014. L'article 311, alinéa 3, du Code civil est très clair à cet égard : les présomptions établies aux deux alinéas précédents sont des présomptions simples qui peuvent donc être renversées par la preuve contraire.

1) Présomptions simples

1015. ***Vérité biologique***. Cette solution, qui fut discutée au Parlement, s'explique par la recherche de la vérité biologique : la filiation fondée sur le jeu des présomptions peut ne pas être la vraie filiation.

Aujourd'hui, il n'est pas scientifiquement impossible de faire vivre un enfant lorsque la gestation aura duré moins de cent quatre-vingts jours. À l'inverse, l'enfant peut avoir été conçu plus de trois cents jours avant sa naissance dans le cas d'une procréation médicalement assistée et de congélation de l'embryon. C'est au regard de ces cas particuliers que le législateur autorise le renversement de la présomption relative à la durée de la période légale de la conception. La présomption relative à la date précise de la conception est pareillement réfragable. Car, l'intérêt de l'enfant n'est pas une valeur supérieure au respect de la vérité biologique. Donc, le choix fait par l'enfant ou son représentant légal peut être contesté par tout intéressé, recevable à rapporter la preuve du moment réel de la conception. Solution dont la portée était d'une ampleur insoupçonnée en 1972 : de fait, la pratique de la congélation de l'embryon, pendant une durée de plusieurs années, permettra de faire remonter la date réelle de la conception à une époque ancienne, détachée des données naturelles.

Il faut noter, enfin, que le caractère réfragable des deux présomptions est applicable à tous les textes qui font référence à la période légale de la conception de l'enfant (par ex. C. civ., art. 313) [1].

2) La preuve contraire

1016. ***Charge et mode de preuve***. Il faut d'abord préciser que la charge de la preuve pèse, conformément au droit commun (C. civ., art. 1315) sur celui qui invoque une date différente de celle établie par les présomptions. La preuve contraire aux présomptions peut être faite par tous moyens puisqu'il s'agit de fait juridique.

Cependant, l'administration de la preuve s'avère plutôt délicate. Bien sûr, on peut penser à utiliser les certificats médicaux établis au cours de la grossesse et lors de la naissance (constatations faites par le médecin accoucheur et la sage-femme). Mais il n'est pas certain que de telles constatations aient été faites et conservées. De plus, l'administration de la preuve peut être entravée par le secret médical qui serait opposé par le médecin accoucheur. C'est pourquoi il est loisible au juge d'ordonner d'office une expertise pour constater le degré de maturation du nouveau-né, l'expert ne pouvant se voir opposer le secret médical. Mais, lorsque le contentieux a lieu longtemps après la naissance, une telle expertise sera sans doute vaine [2].

---

1. En ce sens, J. Hauser et D. Huet-Weiller, nº 482 ; cf. Civ. 1re, 27 nov. 1979, *Bull. civ.* I, nº 297 ; *D.* 1980. IR 421, note D. Huet-Weiller ; *Gaz. Pal.* 1980. I. 259, note J. Massip ; Civ. 1re, 12 janv. 1983, *D.* 1983. IR 329, obs. D. Huet-Weiller ; *D.* 1984. 97, note J. Massip, et *ibid.* 201, note F. Boulanger.

2. La preuve pourrait être grandement facilitée lorsque la conception a lieu par le moyen d'une procréation médicalement assistée, laquelle est précisément datée.

§ 3. La preuve directe du lien biologique

1017. ***Preuves scientifiques***. Pendant longtemps, la procréation est restée un mystère biologique. Aujourd'hui, preuves positives et négatives sont possibles. Mais la preuve scientifique n'est utilisée que lorsqu'un procès est engagé, procès visant soit à contester une filiation établie, soit à faire déclarer en justice une filiation non encore établie.

Parmi les preuves scientifiques, les plus probantes sont d'abord les expertises sanguines (système des « marqueurs ») qui permettent aujourd'hui d'obtenir des probabilités de paternité de l'ordre de 99,999 %. Ensuite, les « empreintes génétiques » qui consistent à étudier l'empreinte génétique d'un individu à partir de quelques échantillons de sang, de peau, de sperme, de cheveux, d'ongle… [1] Cette empreinte est unique, et seuls des vrais jumeaux présentent les mêmes empreintes. Utilisée en matière de filiation, la méthode des empreintes génétiques permet d'établir avec certitude la maternité comme la paternité, par comparaison des codes génétiques des père et mère prétendus avec celui de l'enfant. Sa généralisation aboutirait à un bouleversement des principes établis. Aussi le régime procédural apparaît-il dans ces conditions essentiel.

De fait, le législateur a réglementé l'accès à la preuve scientifique tandis que la Cour de cassation a précisé le rôle du juge.

A. L'accès limité à la preuve scientifique

1018. ***Procédure judiciaire***. L'article 16-11 du Code civil, introduit par la loi n° 94-653 du 29 juillet 1994 relative au respect du corps humain, précise que l'identification d'une personne par ses empreintes génétiques peut avoir lieu à des fins médicales ou de recherche scientifique, ou bien lors d'une procédure judiciaire. En matière civile, le recours à cette méthode n'est possible « qu'en exécution d'une mesure d'instruction ordonnée par le juge saisi d'une action tendant soit à l'établissement ou la contestation d'un lien de filiation, soit à l'obtention ou la suppression de subsides ». La nécessité d'une décision judiciaire permet d'éviter les tests génétiques qui seraient sollicités par des particuliers pour des raisons de simple curiosité. La Cour de cassation applique avec fermeté l'article 16-11 du Code civil dont elle affirme qu'il ne prive pas le demandeur de son droit d'établir un lien de filiation avec l'enfant, ni de contester une paternité qui pourrait lui être imputée et qu'ainsi il ne porte pas atteinte à son droit au respect de sa vie privée et familiale, ni au droit de l'enfant de connaître ses parents et d'être élevé par eux. Elle rejette ainsi la demande d'un homme visant à obtenir en dehors d'une action relative à la filiation la réalisation d'un test de paternité [2].

Toutefois la Cour de cassation a admis que soit déclarée recevable la demande d'un homme qui avait découvert tardivement que l'homme qui l'avait naguère reconnu et légitimé par mariage n'était pas son géniteur et réclamait l'exhumation de son prétendu auteur au nom d'un intérêt primordial à connaître son ascendance génétique, sans pour autant remettre en cause la filiation légalement établie, désormais définitive en raison

---

1. A. Bottiau, « Empreintes génétiques et droit de la filiation », *D.* 1989. Chron. 271 ; B. Geninet, L'identification entre la filiation à établir et la vérité biologique, PA 2001 n° 72, p. 4 ; F. Bellivier, L. Brunet, C. Labrusse-Riou La filiation, la génétique et le juge : où est passée la loi ?, *RTD civ.* 1999. 529.
2. Civ. 1re, 8 juin 2016, n° 15-16.696.

de la prescription[1]. La cour d'appel qui avait rejeté la demande est censurée au visa des articles 8 et 14 de la Convention européenne des droits de l'Homme et l'article 125 du Code de procédure civile. La Cour de cassation consacre une « action tendant la reconnaissance d'une ascendance génétique par voie d'expertise ».

1019. ***Agrément***. En vertu de l'article 16-12 du Code civil, seules des personnes ayant reçu un agrément sont habilitées à procéder à des identifications par empreintes génétiques[2] et, dans le cadre d'une procédure judiciaire, elles doivent en outre figurer sur une liste d'experts judiciaires pour pouvoir pratiquer ces examens. Seul le juge est en droit d'ordonner une telle expertise. Un individu ne peut décider, de son propre chef, d'avoir recours à une telle méthode, par exemple pour apaiser ses doutes sur sa paternité.

1020. ***Consentement***. Le même texte ajoute que le consentement de l'intéressé doit être préalablement et expressément recueilli.

Par respect pour les défunts, il est prévu[3] que, sauf accord exprès de la personne manifesté de son vivant, aucune identification par empreintes génétiques ne peut être réalisée après sa mort[4].

1021. ***Connaissance des origines***. Les dispositions du droit français ne sont peut-être pas en accord avec les décisions rendues par la Cour européenne des droits de l'Homme. En effet, dans un arrêt du 13 juillet 2006, la Cour EDH a condamné la Suisse qui n'avait pas donné l'autorisation d'exhumer le cadavre du père éventuel pour procéder aux prélèvements d'ADN dont l'analyse aurait permis d'établir la vérité biologique. La Cour EDH estime qu'un tel refus constitue une violation du droit à la connaissance des origines du requérant, puisqu'il l'avait privé du droit de connaître son ascendance, laquelle fait partie intégrante de la notion de « vie privée » au sens de l'article 8 de la Convention EDH[5]. Cette décision est à mettre en relation avec un arrêt antérieur dans lequel a été proclamé l'intérêt supérieur de l'enfant à la connaissance de ses origines[6]. Dans l'arrêt *Pacaud c/ France* du 16 juin 2011, la Cour a également conclu à la violation de l'article 8 de la Convention dans une affaire dans laquelle le père biologique avait donné son consentement à l'expertise génétique, qui avait lieu de son vivant, mais dont le résultat avait ensuite été déclaré irrecevable par les juridictions françaises en raison de son placement sous sauvegarde de justice. Cette jurisprudence européenne n'a pas empêché le Conseil constitutionnel d'affirmer dans une décision du 30 septembre 2011[7] « *qu'en disposant*

---

1. Civ. 1re, 13 nov. 2014, nº 13-21.018, *Dr. fam.* 2015, comm. 9, note C. Neirinck et V. Egéa, chron. 1, nº 21 ; AJF 2015. 54, obs. F. Chénedé ; *RJPF* 2015-1/20, obs. T. Garé, *JCP* 2016. 992 obs. P. Murat ; H. Fulchiron, « Les actions du préteur : la Cour de cassation, l'article 8 de la Convention EDH et la droit à la reconnaissance de son ascendance génétique », *D.* 2015. 1070.

2. Décret du 6 février 1997 relatif aux conditions d'agrément (*JO* 9 févr.) ; décret du 11 juin 2002 (*JO* 14 juin) ; décret du 25 mai 2004 (*JO* 2 juin).

3. Loi du 6 août 2004, mod. C. civ., art. 16-11. Cette disposition est immédiatement applicable aux situations en cours : Civ. 1re, 2 avr. 2008, *D.* 2008. AJ 1145.

4. *Contra*, avant la loi du 6 août 2004 : Paris, 6 nov. 1997 (affaire *Y. Montand)*, *D.* 1998. 122, note P. Malaurie ; *D.* 1998. Somm. 161, obs. H. Gaumont-Prat ; *RTD civ.* 1998. 87, obs. J. Hauser ; comp. l'accord avait été donné par les héritiers du défunt : Civ. 1re, 3 juill. 2001, *D.* 2002. Somm. 2023, obs. F. Granet ; *RTD civ.* 2001. 863, obs. J. Hauser.

5. CEDH 13 juill. 2006, *Jäggi c/ Suisse, RTD civ.* 2006. 727, obs. J.-P. Marguénaud ; *RTD civ.* 2007. 99, obs. J. Hauser.

6. CEDH 7 févr. 2002, *Mikulic c/ Croatie, JCP* 2002. I. 157, nº 13, obs. F. Sudre.

7. Décis. nº 2011-173 QPC.

que les personnes décédées sont présumées ne pas avoir consenti à une identification par empreintes génétiques, le législateur a entendu faire obstacle aux exhumations afin d'assurer le respect dû aux morts » et « qu'il n'appartient pas au Conseil constitutionnel de substituer son appréciation à celle du législateur sur la prise en compte, en cette matière, du respect dû au corps humain », que « les griefs tirés de la méconnaissance du respect dû à la vie privée et au droit de mener une vie familiale normale doivent être écartés ».

1022. ***Expertises sanguines.*** Faut-il appliquer ces règles aux expertises sanguines ?[1] Le recours n'est expressément limité que pour la technique des empreintes génétiques. Il en résulte que l'expertise sanguine devait rester soumise au droit commun des mesures d'instruction, la décision étant laissée à l'appréciation souveraine des juges du fond.

B. Le rôle du juge

1) L'expertise de droit

1023. ***Obligation d'ordonner l'expertise.*** Les progrès considérables de la biologie offrent aux juges le moyen de connaître avec certitude les père et mère d'une personne. Dans un arrêt du 28 mars 2000[2], la Cour de cassation a décidé que « *l'expertise biologique est de droit en matière de filiation, sauf s'il existe un motif légitime de ne pas y procéder* ».

Le juge peut refuser de nouvelles mesures si celles-ci ne sont pas de nature à remettre en cause les résultats d'une première expertise[3], ou bien si l'action est irrecevable (art. 310-3, al. 2). Par ailleurs, il existe des motifs légitimes de ne pas faire droit à une demande d'expertise biologique, par exemple lorsque la mise en œuvre d'une telle mesure est matériellement impossible[4] ou lorsque la demande est abusive, parce qu'elle a été formée par simple curiosité ou dans un but dilatoire[5]. La Cour de cassation a également admis que la volonté constante du père d'assumer sa paternité, conjuguée à des difficultés matérielles pour procéder à l'expertise, permettait de caractériser le motif

---

1. Pour une réponse affirmative, v. C. Labrusse-Riou, *Rép. pr. civ.*, Dalloz, v° *Filiation*, n° 144 ; F. Bellivier, L. Brunet et C. Labrusse-Riou, « La filiation, la génétique et le juge : où est passée la loi ? », *RTD civ.* 1999. 529, spéc. 535.

2. Civ. 1re, 28 mars 2000, *Dr. fam.* 2000, n° 72, note P. Murat ; *RJPF* 2000, n° 5, p. 23, chron. J. Hauser ; *D.* 2000. 731, note T. Garé ; 12 juin 2001, *Dr. fam.* 2002, n° 2, note P. Murat ; 8 janv. 2002, *D.* 2002. 2023, obs. F. Granet ; 17 sept. 2003, *D.* 2004. 659, note J. Massip ; *D.* 2004. 1419, obs. F. Granet-Lambrechts ; *RTD civ.* 2004. 73, obs. J. Hauser. La jurisprudence est constante : F. Granet-Lambrechts, *D.* 2006. Pan. 1141 à 1144 ; v. en dernier lieu : Civ. 1re, 29 mai 2013, pourvoi n° 12-15901.

3. Civ. 1re, 12 janv. 1994, *Bull. civ.* I, n° 14 ; *D.* 1994. 449, note J. Massip ; *adde* : Civ. 1re, 17 juin 1995, *Bull. civ.* I, n° 239 ; *Defrénois* 1996. 323, obs. J. Massip et D. Mazeaud.

4. Civ. 1re, 14 juin 2005, *Dr. fam.* 2005, n° 182, obs. P. Murat.

5. Civ. 1re, 12 juin 2001, *RTD civ.* 2001. 574, obs. J. Hauser ; 24 sept. 2002, *D.* 2003. Somm. 1793, obs. I. Cocteau-Senn ; *RTD civ.* 2003. 71, obs. J. Hauser. Dans un arrêt du 30 septembre 2009 (pourvoi n° 08-18398), la Cour de cassation a également approuvé la cour d'appel qui a refusé d'ordonner une expertise génétique au motif que « *outre son caractère déstabilisateur sur une personne actuellement âgée de 62 ans, n'était causée que par un intérêt strictement financier, a ainsi caractérisé l'existence d'un motif légitime pour ne pas procéder à l'expertise sollicitée* ».

légitime rendant impossible l'expertise génétique [1]. Dans un arrêt du 13 juillet 2016 [2] la Cour de cassation affirme que « l'intérêt supérieur de l'enfant ne constitue pas en soi un motif légitime de refus de l'expertise biologique », confirmant la solution qui semblait déjà ressortir d'un arrêt du 29 mai 2013 [3] et mettant fin à toutes les hésitations sur cette question, soulevées par des décisions antérieures, et notamment un arrêt de la Haute juridiction du 25 avril 2007 [4]. Cette position tranchée, dont on peut se demander si elle est bien conforme au principe de primauté de l'intérêt supérieur de l'enfant consacré par l'article 3 de la Convention internationale des droits de l'enfant, renforce à n'en pas douter le caractère objectif du contentieux relatif à la filiation.

L'expertise est de droit dans les actions relatives à la filiation *stricto sensu* ainsi qu'en matière d'action à fins de subsides [5] mais elle est exclue pour établir la preuve de la possession d'état [6]. De même, la Cour de cassation a affirmé que « *l'action destinée à obtenir la copie intégrale d'un acte de naissance n'est pas une action relative à la filiation, de sorte que [dans cette hypothèse] l'expertise biologique, qui ne saurait être une expertise génétique, réglementée par l'article 16-11 du Code civil, n'est pas de droit* » [7]

1024. *Référé*. Le juge dispose-t-il du pouvoir d'ordonner en référé avant tout procès au fond une mesure d'expertise (dite en ce cas « *in futurum* »), technique des empreintes génétiques ou examen comparé des sangs ? Le recours aux expertises scientifiques est soumis aux dispositions du Code de procédure civile relatives aux mesures d'instruction. La Cour de cassation l'a admis pour les expertises sanguines en jugeant que « *l'article 145 du Code de procédure civile a vocation à s'appliquer à toutes les matières dont la connaissance appartient, quant au fond, aux tribunaux civils, dès lors qu'il existe un motif légitime de conserver ou d'établir, avant tout procès, la preuve de faits dont pourrait dépendre la solution du litige », et ajoutant qu'un tel motif légitime pouvait consister dans l'intérêt pour le demandeur « d'évaluer les chances de succès d'une action en contestation de reconnaissance* » [8]. Mais la solution est différente pour l'analyse des empreintes génétiques, du fait de la formulation restrictive de l'article 16-11. Dans un arrêt du 8 juin 2016 [9], la Cour de cassation approuve en effet une cour d'appel, saisi sur le fondement de l'article 145 du Code de procédure civile, d'avoir jugé qu'il résultait de l'article 16-11, alinéa 5, du Code civil « *qu'une mesure d'identification d'une personne par ses empreintes génétiques ne peut être ordonnée en référé mais seulement à l'occasion d'une instance au fond relative à la filiation* ».

1. Civ. 1re, 25 avr. 2007, pourvoi n° 06-13.872, *AJ fam*. 2007. 273, obs. F. Chénedé ; *Dr. fam*. 2007, comm. n° 170, obs. P. Murat ; *JCP* 2008. I. 102, obs. Y. Favier.
2. n° 15-22.848 ; *JCP* 2016. 992, obs. P. Murat.
3. N° 12-15.90.
4. N° 06-13.872, AJF 2007. 273, obs. A. Chénedé ; *Dr. fam*. 2007, comm. 170, P. Murat ; *JCP* 2008. I. 102, n° 3, obs. Y. Favier.
5. Civ. 1re, 9 févr. 2011, pourvoi n° 09-72009.
6. Civ. 1re, 16 juin 2011, pourvoi n° 08-20.475.
7. Civ. 1re, 27 janv. 2016, n° 14-25.559 : *Juris-Data* n° 2016-000997 ; *JCP* 2016. Doctr. 414, n° 10, obs. R. Libchaber
8. Civ. 1re, 4 mai 1994, *Bull. civ*. I, n° 159 ; *D*. 1994. 545, note J. Massip ; *D*. 1995. Somm. 72, obs. F. Granet ; Audijuris 1994, n° 44, p. 43, obs. P. Courbe.
9. N° 15-16.696, *AJ fam*. 2016. 388 obs. M. Saulier, *JCP* 2016. 992 obs. P. Murat.

1025. ***Résultats***. Le juge apprécie souverainement les résultats de l'expertise (C. pr. civ., art. 246). Il est bien entendu, cependant, qu'un rapport concluant à une possibilité de paternité de 99,999 % pourra difficilement ne pas être entériné [1].

2) Le refus de se soumettre à l'expertise

1026. ***Conséquences sur l'établissement de la filiation***. L'article 16-11, alinéa 2, du Code civil précise que le consentement de l'intéressé est requis pour requérir à une expertise génétique. Cependant, cette règle n'a pas empêché la jurisprudence d'autoriser le juge à apprécier souverainement la portée qu'il convenait d'attribuer au refus par une personne de se soumettre à un examen de sang. Le juge peut en tirer toute conséquence sur l'établissement ou la contestation de la filiation de celui qui refuse de se soumettre à l'examen comparatif des sangs [2] ou à une expertise génétique en l'absence de motif sérieux légitimant le refus [3].

Si l'une des parties refuse de se soumettre à l'expertise biologique, les juges du fond en déduisent le plus souvent un aveu implicite contre l'auteur du refus. Cependant, selon la Cour de cassation, si le demandeur n'établit aucun commencement de preuve ou ne produit aucun indice aux débats, le refus du défendeur peut être considéré comme justifié [4].

1027. ***Cour européenne***. Dans la décision d'irrecevabilité *Canonne c/ France* du 25 juin 2015 [5], la Cour européenne déclare manifestement mal fondée la requête d'un homme contre la décision judiciaire établissant sa paternité en tenant compte de son refus de se soumettre à une expertise génétique. La reconnaissance par les juridictions internes de la paternité du requérant, sur le fondement, notamment, de son refus de se soumettre à l'expertise génétique est analysée comme une ingérence dans l'exercice de son droit au respect de la vie privée. La Cour considère toutefois que cette ingérence est justifiée par le droit de l'enfant, même devenu adulte, de connaître son ascendance et de voir sa filiation établie, qui sont des éléments essentiels du droit au respect de sa vie privée, ne disparaissant pas avec l'âge. Reconnaissant à l'État une large marge d'appréciation lorsqu'il s'agit, comme en l'espèce, de mettre en balance les droits fondamentaux concurrents de deux individus, et constatant que les juridictions internes ne se sont pas fondées sur le seul refus du requérant de se soumettre à l'expertise génétique qu'elles avaient ordonnée, la Cour européenne refuse de condamner la solution française, conférant à la jurisprudence interne un *satisfecit* bienvenu.

---

1. Sauf contestations sur la manière dont l'expertise a été exécutée.
2. Civ. 1re, 5 mai 1982, *D.* 1982. IR 389 ; 6 mars 1996, *D.* 1996. Somm. 381, note F. Granet ; *RTD civ.* 1996. 373, obs. J. Hauser ; 16 juin 1998, *D.* 1999. 651, note J. Massip ; 17 sept. 2003, préc. ; 31 janv. 2006, *D.* 2006. IR 469 ; 7 juin 2006, *RTD civ.* 2006. 548, obs. J. Hauser. En sens inverse : Civ. 1re, 13 janv. 1993, *RTD civ.* 1993. 811, obs. J. Hauser. Mais le juge garde son pouvoir souverain d'appréciation : cf. Civ. 1re, 16 juin 1998, préc.
3. Civ. 1re, 7 juin 2006, pourvoi n° 03-1620, *D.* 2007. 1460, obs. F. Granet-Lambrechet ; Civ. 1re, 9 févr. 2011, pourvoi n° 10-1414 4 ; Civ. 1re, 18 nov. 2015, n° 14-23.096, *JCP* 2016. 992 obs. P. Murat.
4. Civ. 1re, 17 sept. 2003, *D.* 2004. 1420, obs. F. Granet-Lambrechts ; 25 oct. 2005, *RTD civ.* 2006. 98, obs. J. Hauser ; comp. note crit. J. Massip, *D.* 2004. 659, qui considère, s'appuyant sur les exemples étrangers (Grande-Bretagne, Allemagne, Autriche, Suisse) que le refus d'apporter son concours à la manifestation de la vérité doit être sanctionné, à moins qu'il n'existe des motifs légitimes et sérieux que le défendeur doit établir et que le juge devrait expliciter dans sa décision ; cf. M. Mignot, « L'accès à la preuve scientifique dans le droit de la filiation », *RRJ* n° 2, 2003. 667.
5. N° 22037/13 ; *JCP* 2016. 992 obs. P. Murat.

1028. ***Refus de l'enfant.*** Alors qu'un arrêt de la Cour de cassation du 8 juillet 2010 avait approuvé la cour d'appel qui a estimé, « dans l'exercice de son pouvoir souverain d'appréciation, qu'en l'état de ces éléments et de l'absence d'expertise, du fait de l'opposition de l'enfant, il n'était pas possible d'affirmer que M. X... n'était pas le père d'Olivier et qu'il y avait lieu en conséquence de le débouter de son action en contestation de sa paternité »[1], un arrêt du 24 octobre 2012[2] semble considérer que le juge peut déduire du refus de l'enfant des conséquences sur sa filiation. Dans le cadre d'une contestation de filiation, l'arrêt approuve en effet la cour d'appel qui « ayant pris en considération, après avoir entendu Baptiste, l'intérêt supérieur de l'enfant qui justifie de mettre fin à une situation d'insécurité psychologique et juridique et constaté qu'aucun motif légitime ne venait au soutien du refus de l'enfant de se soumettre à l'expertise biologique ordonnée », a considéré que des éléments suffisants permettaient d'établir la filiation de l'enfant à l'égard du demandeur et donc de contester la paternité du défendeur.

1029. ***Expertise post-motem.*** La nécessité du consentement de l'intéressé s'oppose à ce que le juge ordonne une expertise d'identification par les empreintes génétiques sur le corps d'un défunt, à moins que celui-ci n'ait autorisé la mesure de son vivant (art. 16-11, al. 2). La Cour de cassation a logiquement affirmé que la prohibition de l'article 16-11 du Code civil était d'application immédiate et s'appliquait même lorsqu'on disposait d'un échantillon de sperme du défunt[3]. Cette interdiction de procéder à une expertise post-mortem ne paraît pas conforme à la jurisprudence de la Cour européenne des droits de l'Homme qui a affirmé dans l'arrêt *Jäggi c/Suisse* du 13 juillet 2006[4] qu'un État ne pouvait refuser à un homme l'exhumation du corps de son géniteur présumé pour effectuer une expertise génétique sur le corps. Le Conseil constitutionnel a déclaré cependant conforme à la Constitution l'impossibilité de recourir à une telle expertise sur une personne décédée dans une décision du 30 septembre 2011[5]. Ni la loi ni la jurisprudence ne répond à la question de savoir s'il faut admettre, en cas de refus ou de décès de l'intéressé, que l'examen génétique puisse être ordonné sur ses plus proches parents.

Section 2
La possession d'état

1030. ***Apparence de filiation.*** La possession d'état est l'une des notions clé du droit de la filiation. Comme toute possession, elle est un fait qui produit des conséquences juridiques, car dans la très grande majorité des cas, il est conforme à la réalité. Plus précisément, on dit d'une personne qu'elle possède un état lorsqu'elle se comporte et est considérée comme ayant cet état, qu'elle en soit ou non titulaire en réalité. La possession d'état est fondée sur l'apparence. Il s'agit ici de la possession d'état d'enfant. C'est une présomption légale relative à la filiation : d'un ensemble de faits connus qui font apparaître un enfant comme issu de tel parent, c'est-à-dire à partir d'une vérité sociologique, la

1. Pourvoi n° 09-65172, dans le même sens, Civ. 1re, 16 juin 1998, pourvoi n° 96-17819.
2. N° 11-22.202.
3. Civ. 1re, 2 avr. 2008 (pourvoi n° 07-11.639).
4. *RTD civ.* 2006. 727, obs. J.-P. Marguénaud.
5. Décis. n° 2011-173 QPC du 30 sept. 2011, *RJPF* 2011. 28, obs. T. Garé ; *D.* 2012. 1432, obs. F. Granet-Lambrechts.

loi déduit l'existence du fait inconnu, c'est-à-dire le rapport de filiation et de parenté entre un individu et la famille à laquelle il est dit appartenir (C. civ., art. 311-1). De même que la possession d'un bien fait présumer l'existence d'un droit de propriété, la possession d'état d'enfant fait présumer la filiation [1].

§ 1. La notion de possession d'état

1031. L'apparence du lien de filiation suppose que des faits caractérisés soient répétés. La notion repose sur des éléments ayant certaines caractéristiques. Lorsque ces éléments constitutifs sont réunis, la possession d'état doit présenter les qualités requises.

A. Les éléments constitutifs

1032. L'article 311-1 du Code civil énonce les trois principaux éléments de fait à partir desquels l'existence d'une possession d'état peut être induite. Encore ces composants, pris isolément, ne sont-ils guère probants, car la reconnaissance d'une possession d'état suppose l'existence d'un faisceau d'indices [2].

1) Les trois principaux éléments

1033. ***Énumération***. Conformément à la tradition canonique, ces trois éléments sont, le traitement, la renommée et le nom. Les énumérant, la loi les qualifie de principaux : c'est dire que d'autres faits, accessoires, peuvent aussi intervenir [3]. Depuis l'ordonnance du 4 juillet 2005, le nom, qui figurait, auparavant en tête de l'énumération légale, est placé à la fin car il a perdu beaucoup de sa signification depuis que l'enfant peut porter le nom de l'autre parent, notamment par suite des lois du 4 mars 2002 et du 18 juin 2003 relatives à la dévolution du nom de famille (C. civ., art. 311-21 s.) [4].

1034. ***Traitement***. Le traitement (*tractatus*) est l'élément certainement le plus important [5] : les parents prétendus doivent avoir traité l'enfant comme leur enfant, ils doivent avoir pourvu à son éducation, à son entretien ou à son installation en qualité de parents, c'est-à-dire « l'aide aux études, la participation aux frais d'installation professionnels ou matériels (caution, aide à l'équipement du logement...) », selon la circulaire du 30 juin 2006.

La formulation de l'article 311-1, alinéa 2, 1°, du Code civil concerne aussi bien la filiation issue du mariage, puisque les deux parents sont envisagés, que la filiation hors mariage qui est divisible. Dans ce cas, le traitement peut n'exister qu'entre l'enfant et l'un de ses auteurs.

---

1. J.-C. Groslière, « La possession d'état, pivot du droit de la filiation ou le danger d'une vérité sociologique », *D.* 1991. Chron. 149 ; M.-T. Meulders-Klein, « Réflexions sur la destinée de la possession d'état d'enfant », *in Mélanges D. Huet-Weiller*, 1994, p. 319.
2. M. Rémond-Gouilloud, article préc., *RTD civ.* 1975. 459, n° 13.
3. Ainsi pour la déclaration de naissance effectuée à l'état civil par le père prétendu (TGI Béthune, 24 avr. 1974, *D.* 1974. 635, note D. Huet-Weiller) ou pour la croyance du mari en sa paternité (Paris, 5 févr. 1976, *D.* 1976. 573, note G. Paire ; *JCP* 1976. II. 18487, note J.-C. Groslière) ou encore le fait que l'enfant détienne des photographies de membres de la famille à laquelle il est dit appartenir (Civ. 1re, 1er déc. 1987, *Bull. civ.* I, n° 317).
4. V. ss 1003.
5. En ce sens, v. F. Granet-Lambrechts, *in Droit de la famille*, Dalloz Action, n° 211.121

Quatre précisions méritent d'être apportées. D'une part, le traitement doit être réciproque et l'enfant doit avoir traité ses prétendus parents comme ses père et mère[1]. D'autre part, les actes constitutifs du traitement doivent avoir été accomplis en qualité de père ou de mère, et non à la suite d'une condamnation en justice[2]. Ensuite, les faits constitutifs de ce traitement doivent revêtir un caractère habituel, visant les relations quotidiennes de l'enfant avec ses parents, même s'il ne vit pas, ou ne vit plus, avec ses père et mère[3]. Enfin, les juges ont à déjouer toute manœuvre de l'un des parents prétendus qui chercherait à détruire unilatéralement une possession d'état existante, soit en faisant obstacle aux relations de l'enfant avec l'autre parent[4] soit en cessant de traiter l'enfant comme le sien[5].

1035. ***Renommée.*** La renommée (*fama*) peut être définie comme la reconnaissance du lien de filiation par le milieu familial et social : il est reconnu comme l'enfant de telle personne dans la société et par la famille, l'autorité publique le considère comme tel (C. civ., art. 311-1, al. 2, 4°). C'est donc l'opinion commune de l'entourage familial et social : par exemple, la reconnaissance du lien de filiation à l'école ou par les administrations, notamment lors de la délivrance de documents tels qu'une carte d'identité ou un passeport, ainsi que la reconnaissance par le médecin de famille ou des autorités comme la Sécurité sociale.

C'est donc l'aspect public de la possession d'état, qui joue un rôle déterminant en cas de décès, en particulier pour constater une possession d'état prénatale. En ce sens, l'article 317 du Code civil permet, conformément à la jurisprudence antérieure, de prendre en considération des faits de possession d'état qui se sont produits avant la naissance, ce qui peut éviter à la mère d'avoir à engager une action judiciaire en recherche de paternité, contre les parents du père, si celui-ci vient à décéder avant la naissance (v. Circ. du 30 juin 2006).

1036. ***Nom.*** Le nom, élément de la possession d'état, signifie que l'individu a toujours porté le nom de celui ou de ceux dont on le dit issu (C. civ., art. 311-1, al. 2, 5°). Cependant, cet élément est loin d'être toujours probant, notamment dans le domaine de la filiation hors mariage. Le fait de ne pas porter le nom du père ne signifie pas nécessairement que l'enfant ne jouit pas de la possession d'état à son égard. En effet, les règles d'attribution du nom de l'enfant naturel ne préjudicient point aux effets de la possession d'état. C'est dire que si l'enfant ne porte pas le nom du parent prétendu, cela n'affecte pas l'existence de la possession d'état, d'autant plus que la possession d'état n'est pas un mode autonome d'acquisition du nom[6].

---

1. V. cependant J. Hauser et D. Huet-Weiller, n° 494, qui considèrent qu'il faut se contenter d'un traitement unilatéral lorsque l'enfant est très jeune ; dans le même sens, v. C. Labrusse-Riou, *Rép. civ.*, Dalloz, préc., n° 157.
2. Civ. 1re, 28 mai 1991, *Bull. civ.* I, n° 166 : condamnation à verser une contribution pour l'entretien de l'enfant.
3. Civ. 1re, 3 mars 1992, *RTD civ.* 1993. 109, obs. J. Hauser.
4. Civ. 1re, 30 juin 1992, *Bull. civ.* I, n° 207 ; *RTD civ.* 1993. 108, obs. J. Hauser ; 14 févr. 2006, *Bull. civ.* I, n° 70.
5. Civ. 1re, 15 juill. 1993, *Bull. civ.* I, n° 256 ; *D.* 1994. Somm. 115, obs. F. Granet ; *JCP* 1994. II. 22352, obs. X. Lagarde ; *RTD civ.* 1993. 806, obs. J. Hauser ; *Audijuris* 1993, n° 35, p. 62, obs. P. Courbe ; 14 juin 2000, *D.* 2001. Somm. 969, obs. F. Granet-Lambrechts.
6. Civ. 1re, 16 juin 1998, *Dr. fam.* 1998, n° 151, note P. Murat.

Même dans le domaine de la filiation issue du mariage, le nom n'est pas toujours décisif : ainsi, le fait que l'enfant ait été déclaré sous le nom du mari de sa mère n'est pas déterminant de l'existence d'une possession d'état à l'égard de celui-ci [1].

Sans doute devrait-on aussi avoir égard au « nom d'usage », porté par l'enfant dans la vie courante (L. du 23 déc. 1985, art. 47). Si le parent prétendu a laissé l'enfant porter son nom, c'est un élément qui pourra être retenu [2].

2) L'existence d'un faisceau d'indices

1037. ***Réunion suffisante de fait.*** L'article 311-1 du Code civil exige une « *réunion suffisante de faits* ». Il faut donc un ensemble d'indices concordants pour que soit reconnue l'existence d'une possession d'état.

Ainsi, à titre d'illustration, les juges du fond reconnaissent au profit de trois enfants devenus majeurs l'existence d'une possession d'état en relevant que le père, qui était marié, a traité ceux qui se prétendaient ses enfants comme tels, leur a rendu régulièrement visite, a passé chaque année quelques jours de vacances avec eux et leur mère, est tenu dans l'entourage de la mère pour leur père, et a contribué pendant toute la jeunesse des enfants à leur entretien et à leur éducation [3]. En revanche, la possession d'état n'a pas été reconnue au profit d'un enfant adulte qui invoquait la présence de l'homme concerné à son mariage, sa présence aux obsèques de sa mère et le fait qu'il était enterré auprès de cette dernière, la cour d'appel, ayant pu considérer que ces éléments « *ne suffisaient pas à caractériser la possession d'état dont elle se prévalait dès lors, d'une part qu'elle avait été élevée seule par sa mère avant d'être placée par les services sociaux en famille d'accueil* [...], *de sorte que la preuve n'était pas rapportée que M. Y... l'eût élevée ou eût pourvu à son entretien et à son éducation, d'autre part, qu'il n'était pas établi que M. Y... l'eût traitée comme sa fille, ni que cette dernière l'eût traitée comme son père* » [4].

1038. ***Appréciation souveraine.*** Les juges du fond apprécient souverainement s'il existe, dans chaque cas, des faits probants dont la réunion établit une possession d'état suffisante, ce qui peut conduire à des solutions disparates. Cependant, la Cour de cassation contrôle les conditions d'efficacité de la possession d'état. Elle censure les juges du fond qui constatent l'existence d'une possession d'état sans avoir recherché « *s'il existait en la cause un ensemble d'éléments de la nature de ceux énumérés par l'article 311-2* » [5] (art. 311-1, actuel), ou qui ne tient pas compte du contexte spécifique des faits allégués [6]. Dans un arrêt du 15 mai 2013 [7], la Cour de cassation a admis que la cour d'appel puisse souverainement conclure que l'absence de possession d'état résultait d'une part des

---

1. Paris, 19 janv. 1982, *Defrénois* 1983. I. 323, obs. J. Massip.
2. V. en ce sens, J. Hauser et D. Huet-Weiller, n° 493, qui font remarquer avec raison que lorsqu'il s'agit d'un enfant en bas âge, il est impossible de déterminer le nom qu'il porte dans la vie courante.
3. Civ. 1re, 5 juill. 1998, *D.* 1989. 398 ; v. également, Civ. 1re, 3 mars 1992, *D.* 1993. 133, obs. J. Massip.
4. Civ. 1re, 9 févr. 2011, pourvoi n° 09-71691.
5. Civ. 1re, 12 juin 1990, *Bull. civ.* I, n° 157 ; 28 mai 1991, préc. ; 12 juill. 2001, *Defrénois* 2002. 188, obs. J. Massip ; *Dr. fam.* 2002, n° 56, note P. Murat ; 25 oct. 2005, *D.* 2006. Pan. 1142, obs. F. Granet-Lambrechts.
6. Civ. 1re, 25 oct. 2005, pourvoi n° 0319274, *D.* 2006. Pan. 1142, obs. F. Granet-Lambrechts ; *Dr. fam.* 2006, comm. n° 2, obs. P. Murat.
7. Pourvoi n° 11-27125.

doutes de l'enfant sur sa filiation paternelle et du fait que l'information selon laquelle elle n'était pas la fille du demandeur s'était propagée dans le cercle, familial et social, d'autre part du refus de l'enfant de voir son père, qui a été consacré par la suspension du droit de visite de ce dernier sollicitée par la mère. La réunion de tous les éléments énumérés par l'article 311-1 n'est pas nécessaire pour que la possession d'état puisse être considérée comme établie, le juge pouvant retenir certains éléments et en exclure d'autres [1]. En outre la liste des éléments de l'article 311-1 n'est pas limitative et le juge peut donc tenir compte d'autres indices.

B. Les qualités

1039. La possession d'état doit être continue, paisible, publique et dépourvue d'équivoque, par transposition des conditions prévues pour la possession d'un bien (C. civ., art. 2229).

1) Possession d'état continue

1040. ***Durée***. L'exigence d'une possession d'état « continue » (art. 311-2) signifie qu'un comportement passager ou des faits isolés ne peuvent être constitutifs d'une possession d'état. Les juges du fond doivent donc relever que les faits invoqués s'échelonnent sur une assez longue période [2], à moins que l'enfant ne soit décédé de façon précoce [3]. Cependant, l'existence d'une communauté de vie avec les parents, pas plus que des relations constantes avec eux ne sont exigées par la Cour de cassation [4], qui contrôle cette notion de continuité. Ainsi considère-t-elle qu'il suffit que les faits constitutifs de possession d'état puissent être relevés habituellement [5], et non occasionnellement [6].

L'ordonnance du 4 juillet 2005 a consacré à l'article 317, alinéa 2, du Code civil la possibilité de retenir des circonstances antérieures à la naissance [7].

1041. ***Point de départ***. Il est raisonnable d'exiger que la possession d'état ait, au moins, commencé dès la naissance de l'enfant, notamment lorsqu'elle est invoquée comme preuve de la filiation [8]. Cependant, cette exigence que posait la loi du 3 janvier 1972 (anc. art. 311-2), n'est plus imposée aujourd'hui, et on peut admettre que la

---

1. Civ. 1re, 5 juill. 1988, préc. ; 2 mars 1999, *Dr. fam.* 1999, nº 96, note P. Murat ; 16 mars 1999, *D.* 1999. Somm. 195, obs. F. Granet. Le juge pourrait ainsi privilégier le traitement et négliger la reconnaissance par la famille.

2. La Cour de cassation estime que les juges ont caractérisé la continuité en relevant que les faits invoqués s'échelonnent sur une longue période (Civ. 1re, 5 juill. 1988, préc.) ou « sur la majeure partie de la vie de l'enfant » (Civ. 1re, 2 juin 1993, *Bull. civ.* I, nº 194).

3. Civ. 1re, 25 oct. 2005, *D.* 2006. Pan. 1142, obs. F. Granet-Lambrechts ; *Dr. fam.* 2006, nº 2, note P. Murat

4. Civ. 1re, 3 mars 1992, *Bull. civ.* I, nº 69 ; *D.* 1993. 133, note J. Massip ; *RTD civ.* 1993. 109, obs. J. Hauser.

5. Civ. 1re, 3 mars 1992, préc. ; 2 juin 1993, *Bull. civ.* I, nº 194. De même, il n'est pas nécessaire que chacun des faits de possession d'état, pris isolément, ait existé pendant toute la durée de la période considérée : Civ. 1re, 6 mars 1996, *D.* 1997. 48, note J. Massip ; *RTD civ.* 1996. 374, obs. J. Hauser.

6. Civ. 1re, 24 mars 1993, *D.* 1994. 346, note J. Massip.

7. P. Murat, « L'action de l'ordonnance du 4 juillet 2005 sur la possession d'état », *Dr. fam.* 2006. étude nº 5.

8. Civ. 1re, 15 juill. 1993, *Bull. civ.* I, nº 256.

possession d'état soit établie après la naissance, et notamment qu'elle existe à la date où elle est invoquée. Mais il n'est pas logique d'admettre une possession d'état postérieure à la naissance mais de très courte durée [1], sauf décès prématuré du père prétendu [2].

La continuité exigée pour que la possession d'état puisse valablement se constituer, n'étant pas définie, elle dépend largement des circonstances de l'espèce.

1042. ***Fin***. La possession d'état doit-elle être actuelle ? Les termes de l'article 311-2 du Code civil ne sont guère éclairants. Lorsque la possession d'état est invoquée comme preuve de la filiation hors mariage, il n'est pas nécessaire qu'elle soit actuelle. Ainsi, lorsque le prétendu père est décédé, ou qu'après avoir traité l'enfant comme le sien il s'en est désintéressé sans l'avoir reconnu. En revanche, dans d'autres cas, il faudra exiger une possession d'état actuelle, par exemple lorsque la possession d'état permet le rétablissement de la présomption de paternité qui a été écartée (C. civ., art. 313, al. 2). Mais alors il n'est pas exigé que la possession d'état ait existé depuis la naissance de l'enfant.

1043. ***Conflit***. En cas de conflit entre plusieurs possessions d'état, les juges donnaient le plus souvent la préférence à la possession d'état actuelle [3]. Toutefois, l'interprétation de l'article 320 pourrait conduire à faire application du principe chronologique, et à faire prévaloir la possession d'état constatée la première, du moins tant qu'elle n'a pas été contestée avec succès [4].

2) Paisible

1044. ***Exempte de vice***. La Cour de cassation affirme régulièrement que la possession d'état doit être exempte de vices [5]. Par adaptation des conditions posées pour la possession d'un bien (C. civ., art. 2229), il faut en déduire que la possession d'état ne doit pas avoir été constituée à la suite d'une violence. À la suite, la jurisprudence sanctionne le comportement de la mère et d'un nouveau partenaire destiné à neutraliser les effets d'une possession d'état antérieure régulière [6].

3) Publique

1045. L'article 311-2, issu de l'ordonnance du 4 juillet 2005, exige de la possession d'état qu'elle soit « publique ». C'est une consécration de la jurisprudence antérieure. De fait, le caractère public de la possession d'état découle logiquement de ses éléments constitutifs, et notamment de la *fama* [7], qui consiste en la croyance par les tiers

---

1. Rouen, 21 nov. 1979, *D.* 1981. 30, obs. D. Huet-Weiller ; Paris, 29 mars 1984, *D.* 1986. IR 57, obs. D. Huet-Weiller ; 4 avr. 2003, *AJ fam.* 2003. 231, obs. F. Bicheron.
2. Civ. 1re, 25 oct. 2005, préc.
3. Civ. 1re, 25 nov. 1980, *D.* 1981. IR 296, obs. D. Huet-Weiller ; 23 juin 1987, *Bull. civ.* I, nº 204 ; 5 nov. 1991, *Bull. civ.* I, nº 298 ; 18 févr. 1992, *Bull. civ.* I, nº 50 ; *D.* 1992. Somm. 317, obs. F. Granet.
4. V. en ce sens, F. Granet-Lambrechts, Dalloz Action, nº 211.165.
5. Civ. 1re, 7 déc. 1983, *Bull. civ.* I, nº 289 ; *D.* 1984. 191, note D. Huet-Weiller ; 19 mars 1985, *Bull. civ.* I, nº 101 ; *D.* 1986. 34, note J. Massip ; 15 juill. 1993, préc.
6. Paris, 15 févr. 1976, *D.* 1976. 573, note G. Paire ; 15 mars 1977, *D.* 1978. 266, note J. Massip ; *adde* : Civ. 1re, 30 juin 1992, et 15 juill. 1993, préc.
7. V. ss 1035.

et par l'autorité publique de l'existence du lien de filiation entre l'enfant et le ou les parents qui l'élèvent en tant que père et mère[1].

4) Dépourvue d'équivoque

1046. ***Ambiguïté***. Avant même que l'ordonnance du 4 juillet 2005 inscrive l'exigence d'une possession d'état non équivoque (art. 311-2), la jurisprudence avait imposé cette qualité, par transposition des conditions de la possession d'un bien[2]. Il ne peut, en effet, y avoir de possession d'état si le comportement d'une personne est ambigu et s'explique par d'autres raisons que l'existence d'un lien de filiation[3].

1047. ***Conflit***. En pratique, l'équivoque peut résulter de l'existence de deux possessions d'état contradictoires, par exemple une possession d'état d'enfant du mari et une possession d'état d'enfant de l'amant de la mère. Dans ce cas, on devrait considérer qu'elles sont toutes deux équivoques, donc viciées, et qu'elles se neutralisent mutuellement[4].

1048. ***Fraude***. Selon la circulaire du 30 juin 2006, le caractère équivoque peut résulter d'une fraude ou d'une violation de la loi. Il peut en être ainsi lorsque la possession d'état est invoquée pour contourner les règles régissant l'adoption, l'interdiction d'établir la filiation incestueuse ou de la gestation pour le compte d'autrui. Le caractère équivoque peut également résulter du conflit de possessions d'état successives ou concurrentes. Les dispositions de l'article 320 devraient faciliter la résolution d'un tel conflit en privilégiant la filiation établie la première et, partant, la possession d'état constatée en premier lieu, à moins qu'elle n'ait été contestée dans les termes de l'article 335 du Code civil.

§ 2. Le régime de la possession d'état

1049. Institution essentielle, la possession d'état produit des effets nombreux lorsqu'elle est prouvée. Elle constitue une notion importante dans le droit contemporain de la filiation, parce qu'elle représente la vérité affective[5]. En prenant en compte la filiation « vécue », la possession d'état intervient en contrepoids des considérations strictement biologiques[6].

A. Rôle de la possession d'état

1050. Pour le comprendre, il convient d'envisager la possession d'état suivant qu'elle intervient seule ou qu'il existe un titre.

---

1. F. Granet-Lambrechts, article préc., n° 211.131. Sur la relativité de cette qualité, v. P. Malaurie et H. Fulchiron, *op. cit.*, n° 1004.
2. Civ. 1re, 23 juin 1987, *D.* 1987. 613, note J. Massip.
3. Ainsi lorsque l'attitude du parent prétendu peut s'expliquer par l'affection.
4. V. en ce sens, J. Hauser et D. Huet-Weiller, n° 501 ; P. Malaurie et H. Fulchiron, *op. cit.*, n° 1005 ; Lyon, 29 oct. 1992 et 6 janv. 1994, *RTD civ.* 1994. 337, obs. J. Hauser ; Civ. 1re, 5 nov. 1991, *Bull. civ.* I, n° 298.
5. F. Millet, « La vérité affective ou le nouveau dogme de la filiation », *JCP* 2006. I. Doctr. 112.
6. P. Murat, « L'action de l'ordonnance du 4 juillet 2005 sur la possession d'état », *Dr. fam.* 2006, n° 5.

1) En l'absence de titre

1051. ***Mode d'établissement de la filiation.*** La possession d'état est un mode d'établissement de la filiation. En l'absence de titre, c'est-à-dire d'acte de l'état civil, ou d'acte notarié s'il s'agit d'une reconnaissance d'enfant, la possession d'état prouve l'existence d'une filiation (C. civ., art. 317). Mais c'est une présomption simple qui peut, dans certaines conditions (C. civ., art. 335) être renversée par la preuve d'une vérité biologique contraire.

2) En présence d'un titre

1052. ***Renforcement.*** Lorsque la filiation est établie par un titre et une possession d'état concordants, le lien de filiation se trouve renforcé. Il devient alors beaucoup plus difficile de le contester[1]. Le souci d'assurer la paix des familles et le respect de la stabilité de l'état des personnes expliquent cette solution, qui peut aboutir à contredire la vérité biologique.

En outre, en matière de filiation issue du mariage, ce rôle de consolidation est particulièrement important, puisque l'existence d'une possession d'état d'enfant à l'égard de chacun des époux rétablit la présomption de paternité du mari (C. civ., art. 314).

1053. ***Fragilisation.*** En revanche, lorsque la possession d'état ne vient pas conforter le titre, le lien de filiation est fragilisé et pourra être plus facilement contesté. Ainsi, l'article 334 du Code civil facilite l'action en contestation de la filiation d'un enfant à défaut de possession d'état conforme au titre, tandis que l'article 314 du même code écarte la possibilité de rétablir la présomption de paternité lorsque l'acte de naissance de l'enfant ne désigne pas le mari en qualité de père et que l'enfant n'a pas de possession d'état à son égard.

B. Constatation de la possession d'état

1054. La possession d'état est un fait juridique, dont la preuve pouvait être établie par tous moyens[2]. Le rôle de la possession d'état ayant été accru par la loi du 3 janvier 1972, celle-ci a prévu un mode extrajudiciaire de constatation de la possession d'état. De surcroît, la loi du 9 décembre 2004 habilitant le gouvernement à réformer le droit de la filiation avait, de manière expresse, assigné comme mission à l'ordonnance de préciser les contours de la constatation de la possession d'état, afin de sécuriser la preuve de celle-ci.

1) Constatation extrajudiciaire

1055. ***Acte de notoriété.*** Depuis l'ordonnance du 4 juillet 2005, l'existence de la possession d'état doit être constatée dans un acte de notoriété délivré par le juge d'instance. D'un côté, l'article 310-1 énonce que « *la filiation est légalement établie… ou par la possession d'état constatée par un acte de notoriété* ». D'autre part, l'article 310-3 dispose désormais que « *la filiation se prouve… ou par l'acte de notoriété constatant la*

1. Mais non impossible ; v. C. civ., art. 333.
2. Civ. 1re, 20 déc. 1993, *D.* 1994. 398, note J. Massip.

possession d'état ». Enfin, l'article 317 dispose que « *la filiation établie par la possession d'état constatée dans l'acte de notoriété est mentionnée en marge de l'acte de naissance de l'enfant* » (al. 4) [1]. Il s'en déduit, conformément du reste aux objectifs de la loi d'habilitation du gouvernement à légiférer par ordonnance, que la possession d'état est un mode efficace d'établissement de la filiation que si elle est établie par un acte de notoriété.

L'acte de notoriété est établi, dans les conditions prévues aux articles 71 et 72 du Code civil [2], sur la déclaration de trois témoins qui attestent de l'existence des éléments de la possession d'état. La décision du juge des tutelles, de délivrer l'acte ou de le refuser, est sans recours (C. civ., art. 72). Depuis la loi du 8 janvier 1993, le lien de filiation ainsi constaté est mentionné en marge de l'acte de naissance de l'enfant (C. civ., art. 317, al. 4). Ce qui n'empêche pas sa contestation.

1056. ***Preuve contraire***. Effectivement, l'acte de notoriété fait preuve de la possession d'état seulement jusqu'à preuve du contraire [3]. Ceux qui contestent l'acte de notoriété doivent démontrer l'absence de possession d'état [4]. Ils peuvent le faire par tous moyens devant le tribunal de grande instance dans le cadre d'une action en contestation de la possession d'état, au cours de laquelle le titulaire de l'acte de notoriété aura la position de défendeur [5].

Mais la constatation de la possession d'état peut résulter aussi d'un jugement.

2) Constatation judiciaire

1057. ***Action en justice***. Une action en justice peut avoir pour objet la constatation de l'existence de la possession d'état en l'absence d'acte de notoriété : en effet, le juge des tutelles a la faculté de refuser de le délivrer. L'action est désormais prévue par l'article 330, qui dispose que « *la possession d'état peut être constatée à la demande de toute personne qui y a intérêt dans le délai mentionné à l'article 321* ». La Cour de cassation interdit au juge d'ordonner une expertise génétique pour établir la réalité de la possession d'état [6].

Cette action est notamment exercée à des fins successorales. Mais la demande en constatation de la possession d'état peut aussi être présentée en défense à une action en contestation de l'acte de notoriété. De fait, les conditions dans lesquelles cet acte de notoriété est délivré ont suscité des critiques et certains auteurs souhaitent que le juge des tutelles soit tenu de consulter une série de documents destinés à l'éclairer de façon objective [7].

---

1. P. Murat, article préc., *Dr. fam.* 2006, n° 5.

2. C. pr. civ., art. 1157 et 1157-1.

3. Civ. 1re, 6 janv. 2004, *D.* 2004. Somm. 1423, obs. F. Granet-Lambrechts ; 19 avr. 2005, *Dr. fam.* 2005, n° 181, note P. Murat.

4. Civ. 1re, 7 févr. 1989, *Bull. civ.* I, n° 64 ; *D.* 1989. 396, note J. Massip ; 16 avr. 1996, *D.* 1996. Somm. 381, obs. F. Granet ; 25 févr. 1997, *Defrénois* 1997. 991, obs. J. Massip. Encore le juge doit-il vérifier que cet acte a été délivré à la requête de l'enfant ou de ses parents : Civ. 1re, 16 mai 2000, *D.* 2001. Somm. 975, obs. F. Granet ; *Dr. fam.* 2000, n° 84, note P. Murat ; cf. art. 317, al. 1er, nouv.

5. Civ. 1re, 7 févr. 1989, préc. ; 20 févr. 2001, *Defrénois* 2001. 1008, obs. J. Massip.

6. Civ. 1re, 16 juin 2011, pourvoi n° 08-20.475.

7. F. Dekeuwer-Défossez, « Le droit de la filiation à l'épreuve des pratiques administratives et judiciaires », *D.* 1986. Chron. 307, spéc. 315. L'auteur suggère d'imposer la consultation de documents tels que jugements de divorce, attestations des caisses de Sécurité sociale ou d'allocations familiales, livret scolaire de l'enfant…

1058. ***Qualité et délai pour agir.*** L'article 330 du Code civil ouvrant l'action en constatation de la possession d'état à toute personne ayant un intérêt légitime l'action est ouverte à d'autres personnes que l'enfant et ses père et mère tels que par exemple les grands-parents comme la Cour de cassation l'avait jugé avant 2005 [1]. L'action est désormais prescriptible par dix ans, comme toutes les actions relatives à la filiation. L'existence comme l'absence de la possession d'état, fait juridique, peut être établie en justice par tous moyens [2].

1059. ***Contestation.*** L'article 335 dispose, contrairement à ce qu'avait jugé la Cour de cassation avant 2005 [3], que « *la filiation établie par la possession d'état constatée par un acte de notoriété peut être contestée par toute personne qui y a intérêt en rapportant la preuve contraire, dans le délai de cinq ans à compter de la délivrance de l'acte* ».

Section 3
Les actions relatives à la filiation

1060. ***État de la personne.*** Une action est relative à la filiation lorsque la question de fond ou d'état est discutée, c'est-à-dire qu'une filiation est réclamée ou, au contraire, contestée. En revanche, l'action en rectification d'un acte de l'état civil n'est pas une action relative à la filiation, dès lors du moins qu'elle ne modifie pas l'état de la personne.

Les dispositions générales applicables aux actions relatives à la filiation sont régies par les articles 318 et suivants du Code civil, et figurent dans la section première du Chapitre III consacrées aux actions relatives à la filiation. Ces textes, issus de la réforme de 1972, et qui reprenaient certains principes antérieurs édictés dans le Code civil à propos de la filiation légitime, ont été considérablement modifiés par l'ordonnance du 4 juillet 2005. Il est vrai que la loi d'habilitation du 9 décembre 2004 donnait mission au gouvernement d'harmoniser le régime procédural de l'établissement judiciaire de la filiation, de préserver les enfants des conflits de filiation et de « simplifier et harmoniser le régime des actions en contestation, dans un souci d'égalité et de stabilité de la filiation ».

Aussi, les rédacteurs de l'ordonnance ont-ils tenté de parvenir à un équilibre entre les composantes biologique et affective qui fondent le lien de filiation. À cette fin, ils ont simplifié le régime des actions, en tenant compte du développement des moyens de preuve, ils ont stabilisé le lien de filiation en réduisant les délais et ont modifié la solution des conflits de filiation.

D'où le particularisme de ces dispositions, qui concernent la procédure (§ 1) et le règlement des conflits de filiation (§ 2).

---

1. Civ. 1re, 10 mars 1998, *Bull. civ.* I, n° 99 ; *Dr. fam.* 1998, n° 96, note P. Murat ; *RTD civ.* 1998. 665, obs. J. Hauser ; *D.* 1998. Somm. 355, obs. F. Granet.

2. Civ. 1re, 20 déc. 1993, *D.* 1994. 398, note J. Massip ; cf. Paris, 4 avr. 2003, *D.* 2004. 2119, obs. F. Granet-Lambrechts ; *RTD civ.* 2003. 487, obs. J. Hauser : absence d'éléments suffisants pour établir la possession d'état.

3. Civ. 1re, 16 mai 2000, *D.* 2001. Somm. 971, obs. F. Granet ; *ibid.* 392, note J. Massip ; *RTD civ.* 2001. 345, obs. J. Hauser.

§ 1. Procédure

1061. ***Enfant né viable***. Premier texte de cette section, l'article 318 du Code civil précise qu'aucune action ne peut être reçue concernant la filiation d'un enfant qui n'est pas né viable[1]. Solution conforme au principe que cet enfant n'est pas doté de la personnalité juridique ; si bien qu'une telle action n'aurait qu'un intérêt moral[2].

Plus importantes en pratique sont les dispositions procédurales relatives aux sujets des actions, à la compétence, au régime des actions, et à l'autorité des jugements.

A. Sujets des actions

1062. ***Actions attitrées***. De nombreuses actions ne peuvent être exercées que par certaines personnes : ce sont des actions attitrées. Il en est ainsi, par exemple, de l'action en recherche de maternité : seul l'enfant a le pouvoir d'agir (C. civ., art. 325). D'autres actions, en revanche, peuvent être intentées par tout intéressé **:** la loi le prévoit elle-même parfois, comme pour la contestation de la filiation établie par la possession d'état (C. civ., art. 335). Mais toutes les actions ont un caractère personnel.

1063. ***Caractère personnel***. Les actions relatives à la filiation ne peuvent donc pas être intentées par les créanciers, agissant par voie oblique (C. civ., art. 1166) au nom de la personne intéressée. Il s'en déduit aussi que les actions sont intransmissibles aux héritiers de l'intéressé, sauf application des dispositions particulières de l'article 322 du Code civil. Celles-ci apportent deux tempéraments à l'intransmissibilité : l'action relative à la filiation peut être exercée par les héritiers de l'intéressé, s'il est décédé avant l'expiration du délai qui lui était imparti pour agir, d'une part ; les héritiers sont en droit de poursuivre l'action que l'intéressé avait engagée[3], d'autre part. En revanche, en cas de décès du défendeur, elles peuvent être intentées ou poursuivies contre les héritiers.

La Cour de cassation dans un arrêt du 2 avril 2014[4], a déclaré irrecevable, l'action en contestation de paternité, intentée par la sœur du défunt, légataire universelle, contre la fille de celui-ci au motif, que « le légataire universel du titulaire de l'action prévue par l'article 333 du Code civil, n'étant pas un héritier de celui-ci au sens de l'article 322 du même code, n'a pas qualité pour exercer cette action ». La Cour de cassation donne ici au mot héritier son sens étroit de successeur désigné par la loi, écartant les successeurs testamentaires.

---

1. Sur la notion de viabilité d'un enfant, v. P. Salvage, *RTD civ.* 1976. 725 ; C. Philippe, *D.* 1996. Chron. 29.

2. Un acte d'enfant sans vie peut être dressé par l'officier de l'état civil (art. 79-1, al. 2). La Cour de cassation a précisé, dans trois arrêts du même jour, que ce texte ne subordonne l'établissement d'un acte d'enfant sans vie ni au poids du fœtus, ni à la durée de la grossesse : Civ. 1re, 6 févr. 2008, *D.* 2008. Pan. 1371, obs. F. Granet-Lambrechts.

3. À moins qu'il n'y ait eu désistement d'instance (Civ. 1re, 20 janv. 1981, *Bull. civ.* I, no 22 ; *D.* 1981. IR 297, obs. D. Huet-Weiller) ou péremption (art. 322, al. 2). Le principe de l'intransmissibilité aux héritiers de l'action appartenant à une personne quant à sa filiation ne peut être opposé à une demande tendant seulement à faire constater la possession d'état d'enfant naturel : Civ. 1re, 2 mars 1999, *Dr. fam.* 1999, no 96, note P. Murat ; *D.* 2000. Somm. 173, obs. F. Le Doujet-Thomas.

4. Civ. 1re, 2 avr. 2014, no 13-12.480, *Dr. fam.* 2014, comm. 97, obs. C. Neirinck ; *JCP N* 1245, note J.-D. Azincourt, *AJ fam.* 2014, obs. V. Georget, *JCP* 2016. 992 obs. P. Murat.

1064. ***Enfant mineur***. Lorsque l'enfant mineur agit en justice, ou défend à une action, il est représenté dans la procédure par son représentant légal.

1065. ***Administrateur ad hoc***. L'article 388-2 du Code civil prévoit que si, dans le cadre d'une procédure judiciaire, les intérêts de l'enfant apparaissent en contradiction avec ceux de ses représentants légaux, notamment si l'enfant agit contre son père ou sa mère représentant légal, le juge doit nommer un administrateur *ad hoc* (c'est-à-dire désigné pour les besoins de la cause) chargé de représenter l'enfant dans la procédure. En outre, depuis la loi du 8 janvier 1993, l'article 388-1 du Code civil prévoit que dans les procédures le concernant, le mineur capable de discernement peut être entendu. Cette audition est de droit lorsque le mineur en fait la demande. Ce droit de l'enfant d'être entendu a été mis en œuvre dans le cadre d'action relative à la filiation[1].

B. Compétence

1066. ***Tribunal de grande instance***. Les actions relatives à la filiation relèvent de la compétence exclusive du tribunal de grande instance (C. civ., art. 318-1). Solution qui s'explique par l'importance de l'enjeu : l'état des personnes.

Cette compétence étant exclusive, elle aboutit à l'exclusion de la compétence de toute autre juridiction, même si la question de filiation est soulevée à titre accessoire : c'est une exception préjudicielle.

Il en résulte que dans le cas d'une infraction portant atteinte à la filiation d'un individu (faux commis par l'officier de l'état civil, destruction des registres de l'état civil, substitution ou supposition d'enfant) la juridiction pénale ne peut se prononcer que si la juridiction civile a tranché la question de la filiation par une décision passée en force de chose jugée (C. civ., art. 319).

L'instance se déroule en chambre du conseil (C. pr. civ., art. 1149, al. 1er), les débats ne sont pas publics afin de protéger la vie privée, mais le jugement est rendu en audience publique (C. pr. civ., art. 1149, al. 2). Le dossier doit être communiqué au ministère public (C. pr. civ., art. 425) car l'ordre public est en jeu.

C. Régime juridique des actions

1067. ***Indisponibilité***. En raison du principe d'indisponibilité de l'état des personnes, la filiation est indisponible[2]. Il est impossible en conséquence de renoncer, par avance, à exercer une action (C. civ., art. 323). Par exemple, l'enfant ne peut valablement renoncer par avance à rechercher sa filiation en justice, pas plus que le mari ne peut renoncer à contester sa paternité[3]. L'action est *incessible* et ne peut être l'objet de conventions (C. civ., art. 1128). La Cour de cassation en a déduit que la convention par laquelle une femme s'engage, fût-ce à titre gratuit, à concevoir et à porter un enfant pour l'abandonner

---

1. Par exemple : Civ. 1re, 1, 6 oct. 2010, pourvoi n° n° 09-16.335.
2. D. Huet-Weiller, « Réflexions sur l'indisponibilité des actions relatives à la filiation », *D.* 1978. Chron. 233 ; P. Murat, « Indisponibilité de la filiation et perspectives d'avenir », *in Mélanges D. Huet-Weiller*, 1994, p. 341 s.
3. Comp., en cas de procréation médicalement assistée, l'article 311-20 du Code civil.

à sa naissance contrevient tant aux principes d'ordre public de l'indisponibilité du corps humain qu'à celui de l'indisponibilité de l'état des personnes [1]. Cette nullité de la convention de gestation pour autrui est consacrée par l'article 16-17 du Code civil. L'indisponibilité de la filiation exclut également le désistement d'action [2] et la transaction (C. civ., art. 2044).

1068. ***Prescription***. Une innovation remarquable de l'ordonnance du 4 juillet 2005 consiste dans la réduction du délai de prescription de droit commun des actions relatives à la filiation. L'objectif est de garantir une plus grande stabilité de l'état de l'enfant. Les actions relatives à la filiation étaient, antérieurement, soumises à la prescription extinctive trentenaire. Édictée par la réforme de 1972, la solution constituait une rupture avec la jurisprudence antérieure qui admettait l'imprescriptibilité des actions relatives à la filiation [3]. Depuis 2005, à ce délai trentenaire s'est substitué un délai de dix ans. Du reste, le principe, inscrit à l'article 321 du Code civil, connaît des exceptions lorsque la loi a prévu un délai d'action plus court. Ainsi, lorsque la possession d'état est conforme au titre, l'action en contestation de la filiation se prescrit par cinq ans à compter du jour où la possession d'état a cessé (art. 333).

Il s'agit d'un véritable délai de prescription. D'où il résulte que la prescription est suspendue pendant la minorité de l'enfant. Elle ne court pas contre les mineurs non émancipés [4]. L'enfant peut donc agir pendant dix ans à compter de son accession à la majorité, de sorte qu'il pourra agir jusqu'à l'âge de vingt-huit ans.

1069. ***Point de départ***. Le point de départ du délai de prescription est le jour où l'individu a été privé de l'état qu'il réclame, ou a commencé à jouir de l'état qui lui est contesté (C. civ., art. 321). La formule est susceptible de plusieurs interprétations [5].

La plus logique consiste sans doute à fixer le point de départ du délai pour agir en établissement de la filiation au jour de la naissance : c'est ce jour-là que l'individu est « privé de son état » s'il n'en a pas le titre Quant aux actions en contestation, le plus simple est de retenir la date du titre établissant la filiation [6], ou bien le jour où la possession d'état a cessé [7]. Pour l'action en constatation de la possession d'état, le délai court à partir de la date de la possession d'état ou à compter du décès du parent prétendu (C. civ., art. 330).

---

1. Ass. plén. 31 mai 1991, *D.* 1991. 417, rapp. Y. Chartier, note D. Thouvenin ; *JCP* 1991. II. 21752, communic. J. Bernard, concl. F. Dontenwille, note F. Terré, *RTD civ.* 1991. 517, obs. D. Huet-Weiller ; *Defrénois* 1991. 948, obs. J. Massip.

2. Mais non d'instance (C. civ., art. 322, al. 2) ; v. aussi l'inefficacité d'un accord relatif à la contestation d'une reconnaissance d'enfant naturel : Civ. 1re, 16 juin 1992, *Bull. civ.* I, nº 183 ; *D.* 1993. Somm. 50, obs. F. Granet ; *RTD civ.* 1992. 748, obs. J. Hauser ; Sur la possibilité d'acquiescement, v. Civ. 1re, 7 mars 2000, *Defrénois* 2000. 1058, obs. J. Massip.

3. L'état des personnes étant indisponible, on considérait alors qu'il ne pouvait s'acquérir ni se perdre par l'écoulement du temps (P. Malaurie et H. Fulchiron, *op. cit.*, nº 1075).

4. C. civ., art. 2235 ; v. Civ. 1re, 10 janv. 1990, *Bull. civ.* I, nº 8 ; *D.* 1990. 193, note D. Huet-Weiller ; 10 févr. 1993, *RTD civ.* 1993. 337 obs. J. Hauser : cet arrêt soumet l'action en constatation de possession d'état à la prescription trentenaire, donc aujourd'hui décennale (art. 330) ; Civ. 1re, 27 nov. 2001, *Bull. civ.* I, nº 293.

5. J. Hauser et D. Huet-Weiller, nº 523.

6. Par ex., C. civ., art. 335.

7. C. civ., art. 333.

D. Autorité des jugements

1070. ***Effet déclaratif.*** Les jugements rendus en matière de filiation ont un effet déclaratif, c'est-à-dire qu'ils constatent une situation existant antérieurement à la demande, plus précisément depuis la naissance de l'enfant.

1071. ***Opposabilité.*** L'état des personnes est indivisible : consacré par un jugement, l'état doit pouvoir être opposé à tous. À cette fin, l'article 324 du Code civil édicte l'opposabilité des jugements rendus en matière de filiation : les jugements sont opposables même aux personnes qui n'ont pas été parties à la procédure. Ce qui revient à instituer l'autorité absolue de la chose jugée. Cependant, les tiers peuvent exercer contre le jugement, une tierce opposition (C. pr. civ., art. 582 s.) si leur action leur était ouverte. Par cette voie de recours, les tiers ont le droit, dans un délai que l'ordonnance du 4 juillet 2005 a réduit à *dix ans*, par substitution à l'ancien délai de trente ans, en vue de favoriser la stabilité de l'état, de demander au juge qui a rendu la décision de la *rétracter*. Encore faut-il que l'action leur ait été ouverte à l'origine (art. 324, al. 1er). La plupart des actions relatives à la filiation étant des actions réservées, la tierce opposition n'est envisageable que dans quelques actions à savoir les actions en constatation ou contestation de la possession d'état, et les actions en contestation de paternité ou de maternité lorsque le titre n'est pas corroboré par la possession d'état. Pour atténuer certains inconvénients, et conférer au jugement rendu la plus grande autorité possible, la loi prévoit que les juges peuvent d'office ordonner que soient mis en cause tous les intéressés auxquels ils estiment que le jugement doit être rendu commun (C. civ., art. 324, al. 2) : les tiers devenant parties au procès, ils perdent le droit de former tierce opposition au jugement.

1072. ***Pourvoi en cassation.*** Le délai de pourvoi en cassation ou le pourvoi lui-même suspend l'exécution de la décision qui établit ou modifie le lien de filiation (C. pr. civ., art. 1150).

§ 2. Règlement des conflits de filiation

1073. ***Conflits de paternité.*** Le juge peut avoir à résoudre un conflit de filiation, par exemple lorsqu'un enfant issu du mariage a été reconnu par un autre homme que le mari de la mère. Ces conflits sont en règle générale des conflits de paternité, qui surgissent lorsque l'application des règles de droit à un enfant conduit à lui attribuer plusieurs pères.

1074. ***Principe chronologique.*** L'article 311-12, issu de la loi du 3 janvier 1972, prescrivait au juge de résoudre le conflit en recherchant « *par tous les moyens de preuve la filiation la plus vraisemblable* » et, à défaut d'éléments suffisants, de prendre en considération la possession d'état. Tenant compte, précisément, des progrès des expertises biologiques, qui permettent aujourd'hui de déterminer avec certitude la filiation d'un enfant, l'ordonnance du 4 juillet 2005 a abandonné ce que certains ont appelé la « conception probabiliste »[1] sur laquelle reposait la loi de 1972 et a généralisé l'application du principe chronologique, afin de mettre l'enfant à l'abri des conflits de filiation. C'est,

1. H. de Richemont, Rapport, préc., p. 34.

effectivement, le moyen d'empêcher la coexistence en droit de deux liens contraires de filiation [1]. À cette fin, l'article 320 du Code civil a adopté une disposition dont l'objet est de prévenir la pluralité de filiations. Il dispose : « *tant qu'elle n'a pas été contestée en justice, la filiation légalement établie fait obstacle à l'établissement d'une autre filiation qui la contredirait* ».

Ainsi les conflits avec une autre filiation sont taris à la source par des dispositions préventives : l'existence d'une reconnaissance d'enfant rend irrecevable l'établissement d'une autre filiation qui la contredirait, tant que la reconnaissance n'a pas été annulée. La reconnaissance seconde en date est donc nulle, et la filiation déjà établie est seule valable. Il en va de même lorsque la filiation existante a été établie par jugement, puisque les décisions rendues en matière de filiation ont autorité à l'égard de tous.

La circulaire du 30 juin 2006, prise pour l'application de l'ordonnance du 4 juillet 2005 portant réforme de la filiation, comporte un certain nombre de dispositions destinées à l'officier de l'état civil qui reçoit une reconnaissance concernant un enfant ayant déjà une filiation établie envers un tiers. L'officier de l'état civil doit en référer sans délai au ministère public, afin que celui-ci informe l'auteur de la reconnaissance de l'existence d'une filiation contradictoire dans l'acte de naissance de l'enfant. L'auteur de la reconnaissance peut alors engager une action en contestation de la filiation (cf. art. 332) [2].

1075. ***Action en recherche de maternité ou paternité*****.** Du principe chronologique il résulte, que « Tant qu'elle n'a pas été contestée en justice, la filiation légalement établie fait obstacle à l'établissement d'une autre filiation qui la contredirait » (C. civ. art. 320). Lorsqu'un enfant ayant été valablement reconnu, intente une action en recherche de maternité, l'enfant doit démontrer l'inexactitude de la filiation établie antérieurement par suite de la reconnaissance. La Cour EDH, condamne l'impossibilité pour le père biologique de contester la filiation déjà judiciairement constatée de sa fille âgée de quarante ans [3].

1076. ***Filiations établies à la même date*****.** Le principe chronologique n'a toutefois pas supprimé toutes les hypothèses de conflit de filiations et notamment pas celle dans laquelle un enfant, dont l'acte de naissance mentionne le nom de sa mère et celui du mari de celle-ci, fait également l'objet d'une reconnaissance prénatale par un autre homme. La présomption de paternité jouant à partir de la naissance, et la reconnaissance prenant effet à cette même date, les deux filiations sont établies à la même date, ce qui devrait provoquer un conflit de filiations, conformément au principe de l'égalité des filiations. La loi n° 2009-61 du 16 janvier 2009 ratifiant et modifiant l'ordonnance du 4 juillet 2005, a prévu dans l'article 336-1 du Code civil que « *lorsqu'il détient une reconnaissance paternelle prénatale dont les énonciations relatives à son auteur sont contredites par les informations concernant le père que lui communique le déclarant, l'officier de l'état civil [...] établit l'acte de naissance en vue des informations communiquées par le déclarant. Il en avise sans délai le procureur de la République qui élève le conflit de paternité sur le fondement de l'article 336* ».

---

1. F. Granet-Lambrechts, *in Droit de la famille*, Dalloz Action, n° 213.71.
2. Il est envisagé d'insérer dans le Code civil une disposition tendant à trancher ainsi le conflit de filiation, lorsque la filiation paternelle du mari est inscrite dans l'acte de naissance alors qu'une reconnaissance paternelle prénatale a été dressée auparavant : le procureur de la République saisirait la juridiction compétente aux fins de résoudre le conflit ; v. F. Granet-Lambrechts, obs. *D.* 2008. Pan. 1375.
3. CEDH 10 oct. 2006, *Paulik c/ Slovaquie, RLDC* 2007/38, note F. Dekeuwer-Défossez.

Chapitre 2

L'établissement de la filiation

1077. ***Unification***. Le cœur du dispositif de l'ordonnance du 4 juillet 2005 est l'unification des filiations, réalisée par la suppression de la distinction établie traditionnellement entre la filiation légitime et la filiation naturelle. Par voie de conséquence, le Chapitre II du Titre VII du Code civil relatif à la filiation est désormais intitulé : « De l'établissement de la filiation » et prévoit les différents modes d'établissement non contentieux de la filiation maternelle et de la filiation paternelle.

L'établissement non contentieux de la filiation est ordonné en trois sections distinctes, selon que l'établissement de la filiation résulte de l'effet de la loi (Section 1), de la reconnaissance (Section 2) ou de la possession d'état (Section 3).

Section 1
L'établissement par l'effet de la loi

1078. Que la mère soit ou non mariée, la filiation maternelle est établie par l'acte de naissance (§ 1). Quant à l'établissement de la filiation paternelle, l'existence du mariage de la mère continue d'avoir une incidence directe en raison des devoirs réciproques qui résultent du mariage. C'est la raison pour laquelle a été maintenue la présomption de paternité du mari (§ 2).

§ 1. L'établissement de la filiation maternelle par l'acte de naissance

A. Contenu de la règle

1079. ***Preuve normale***. L'acte de naissance est, en vertu de l'article 311-25 du Code civil, la preuve normale de la maternité. Alors que l'acte de naissance ne suffisait pas à prouver la maternité naturelle avant 2005, l'acte de naissance établit aujourd'hui la maternité, que la mère soit ou non mariée conformément à la jurisprudence ancienne de la Cour européenne des droits de l'Homme qui avait condamné depuis longtemps la discrimination résultant de l'obligation faite à la femme non mariée de reconnaître son enfant, alors que la filiation de la mère mariée était établie automatiquement par la mention de son nom dans l'acte de naissance [1]. Le droit français se trouve, ainsi, en conformité avec la législation des autres pays européens, qui font application, en général, de l'adage *mater semper certa est*.

1. Cour EDH 13 juin 1979, *Marckx c/ Belgique*, *AFDI* 1980. 317, obs. Pelloux ; *JDI* 1982. 183, obs. P. Rolland ; *GACEDH*, n° 51

1080. ***Titre***. Ainsi, l'acte de naissance est un titre établissant le lien de filiation. En pratique, il faut produire une copie ou un extrait de l'acte de naissance, c'est-à-dire une pièce établie d'après l'acte de naissance et en reproduisant tout ou partie du contenu [1]. L'acte de naissance prouve la maternité. Il est indispensable, néanmoins, que cet acte remplisse les conditions requises pour constituer une preuve valable de la filiation paternelle.

1081. ***Mention non obligatoire du nom de la mère***. D'une part, l'acte de naissance doit comporter les indications énoncées par l'article 57 du Code civil : jour, heure et lieu de la naissance ; sexe et prénoms de l'enfant ; le nom de famille, suivi le cas échéant de la mention de la déclaration conjointe de ses parents quant au choix effectué (L. du 18 juin 2003) ; prénoms, noms, âges, professions et domiciles des père et mère et, s'il y a lieu, ceux du déclarant. Mais la personne qui déclare la naissance n'est pas tenue d'indiquer le nom de la mère de l'enfant, celle-ci ayant le droit de ne pas faire figurer son nom dans l'acte de naissance, sans pour autant se placer dans le cadre de l'accouchement anonyme, et ce qu'elle soit ou non mariée. Si le nom de la mère n'apparaît pas dans l'acte de naissance, celui-ci ne saurait établir de filiation de l'enfant à l'égard de la femme qui l'a mis au monde. Il apparaît ainsi, que l'acte de naissance est le reflet de la volonté de la mère [2] dans la filiation hors mariage comme pour la filiation en mariage.

1082. ***Nom du père***. D'autre part, si l'acte de naissance fait apparaître le nom de la mère de l'enfant, deux hypothèses doivent être envisagées selon que le nom de son mari apparaît ou non, en qualité de père. Lorsque la mère de l'enfant et son mari sont désignés, dans l'acte de naissance, comme les parents de l'enfant, le titre établit la filiation issue du mariage [3]. Aucune preuve positive de la paternité du mari n'est alors à rapporter. Mais, même si la mère et son mari sont désignés, dans l'acte, le titre ne peut établir la filiation en mariage si la présomption de paternité se trouve écartée par la loi en raison des circonstances qui entourent la conception de l'enfant. Il en est ainsi, lorsque celui-ci a été conçu pendant une période de séparation légale des époux (C. civ., art. 313, al. 1er). Si l'acte de naissance n'indique que le nom de la mère [4] et si l'enfant n'a pas de possession d'état à l'égard du mari, le titre de naissance ne saurait établir la filiation issue du mariage, car la présomption de paternité est exclue dans cette hypothèse (C. civ., art. 314) [5]. Le titre ne peut établir alors qu'une filiation maternelle.

1083. ***Disposition transitoire***. L'application dans le temps de l'article 311-25 du Code civil, tel qu'il résulte de l'ordonnance du 4 juillet 2005, est régie par une disposition transitoire particulière. Si, en effet, il est de principe que l'ordonnance « *est applicable aux enfants nés avant comme après son entrée en vigueur* » (art. I), il est prévu explicitement que l'application de l'article 311-25, tel qu'il résulte de l'ordonnance, aux enfants nés avant le 1er juillet 2006 « *ne peut avoir pour effet de changer leur nom* » (art. 20-2, 3°).

En vertu du principe général, la filiation maternelle de tous les enfants nés avant le 1er juillet 2006 se trouve désormais légalement établie, dès lors que l'acte de naissance

---

1. Livret de famille, par ex., qui constitue un recueil d'extraits d'actes de l'état civil.
2. A.-M. Leroyer, obs. *RTD civ.* 2005. 840.
3. [1444] Civ. 1re, 3 juin 1980, *D.* 1981. 119, note J. Massip ; *RTD civ.* 1981. 370, obs. R. Nerson et J. Rubellin-Devichi.
4. Nom de naissance ou nom de femme mariée : v. Civ. 1re, 3 juin 1980, préc.
5. V. ss 1097.

désigne la mère [1]. La Cour de cassation avait anticipé la mise en œuvre de la réforme par un revirement spectaculaire dans les arrêts du 14 février 2006 [2] et du 25 avril 2006 [3], dans des espèces dans lesquelles l'établissement de la filiation maternelle avait pour enjeu la nationalité de l'enfant en cause, en se fondant sur les articles 8 et 14 de la Convention, alors même qu'elle avait refusé d'admettre la même solution antérieurement [4]. Elle a, logiquement, dans une décision du 15 décembre 2010 [5], adopté la même solution dans une affaire dans laquelle l'établissement de la filiation maternelle avait cette fois pour enjeu les droits successoraux de l'enfant concerné. Toutefois en réponse à la jurisprudence de la Cour de cassation selon laquelle en vertu des articles 8 et 14 de la Convention européenne des droits de l'Homme, les enfants nés avant le 1er juillet 2006, dont la mère française est indiquée sur l'acte de naissance, peuvent se prétendre français [6], la loi nº 2006-91 du 24 juillet 2006 relative à l'immigration [7] a ajouté un article 20, I, 6° dans l'ordonnance de 2005 selon lequel « *les dispositions de la présente ordonnance ne modifient pas la nationalité des personnes majeures à la date de son entrée en vigueur* ». Selon cette affirmation, les enfants dont le nom de la mère, française, figure sur leur acte de naissance sans autre preuve d'établissement de filiation, ne peuvent, en principe, revendiquer la nationalité française au titre de l'article 18 du Code civil que s'ils étaient mineurs le 1er juillet 2006.

B. Portée de la règle

1084. L'établissement de la maternité par l'indication du nom de la mère dans l'acte de naissance emporte deux conséquences pratiques importantes.

1085. ***Autorité parentale***. Tout d'abord, la mère de l'enfant né hors mariage, dont le nom est indiqué dans l'acte de naissance, bénéficie de plein droit de l'autorité parentale dès le jour de l'établissement de l'acte, et elle en bénéficie seule tant que le père n'a pas reconnu l'enfant. En effet, pour que l'autorité parentale soit exercée en commun, la reconnaissance paternelle doit intervenir dans l'année qui suit la naissance de l'enfant. À défaut, une déclaration conjointe des parents ou une décision de justice sont nécessaires [8].

1086. ***Nom***. Ensuite, l'enfant né hors mariage portera le nom de la mère, sauf en cas de reconnaissance prénatale du père. Dans cette hypothèse, l'enfant prendra le nom choisi par ses parents ou, à défaut de choix, il prendra le nom du père ou les deux noms dans l'ordre alphabétique en cas de désaccord. En cas de reconnaissance paternelle postnatale, une déclaration de changement de nom pourra être faite [9].

---

1. F. Granet-Lambrechts, *in Droit de la famille*, Dalloz Action, nº 212.13.
2. Civ. 1re, 14 févr. 2006, *D.* 2006. 1029, note G. Kessler et *ibid.* 1139, obs. F. Granet-Lambrechts, *AJ fam.* 2006. 162, obs. F. Chénedé, *RTD civ.* 2006. 294, obs. J. Hauser.
3. Pourvoi nº 04-19.341.
4. Civ. 1re, 14 juin 2005, *Bull. civ.* I, nº 256 ; *D.* 2005. IR 883.
5. Pourvoi nº 09-16968.
6. Civ. 1re, 25 avr. 2006 (cf. *supra*).
7. *JO* 25 juill., p. 11047 ; *Rect. JO* 16 sept., p. 13642 ; *D.* 2007. 1460, obs. F. Granet-Lambrechts.
8. C. civ., art. 372 s. ; v. ss 1473 s.
9. C. civ., art. 311-21 s.

1087. ***Accouchement anonyme***. La mère peut en outre exiger le secret de son identité lors de l'accouchement[1]. Dans cette hypothèse, l'enfant ne pourra connaître l'identité de sa mère. La loi n° 2002-93 du 22 janvier 2002[2] a cependant mis en place un dispositif permettant la réversibilité du secret sollicité par la mère lors de l'accouchement à travers la médiation du Conseil national d'accès aux origines personnelles (CNAOP). Si l'enfant parvient tout de même à découvrir le nom de sa mère, il pourra cependant établir sa filiation à l'égard de cette dernière puisque depuis 2009, l'accouchement dans le secret ne constitue plus une fin de non-recevoir à l'action en recherche de maternité.

§ 2. La présomption de paternité du mari

1088. ***Présomption légale***. Pour que l'enfant soit rattaché au mariage, il faut non seulement que sa filiation maternelle soit établie, mais également qu'il soit issu des œuvres du mari de sa mère. En théorie, il faudrait donc démontrer que le mari de la mère a réellement conçu l'enfant. Cette preuve positive, longtemps impossible, peut aujourd'hui être faite scientifiquement. Toutefois, elle ne peut être exigée systématiquement en pratique, en l'absence de contentieux : la paix des familles doit être respectée. C'est pourquoi l'article 312 du Code civil est toujours d'actualité, après l'ordonnance du 4 juillet 2005. Il pose une présomption légale, la présomption de paternité du mari : *pater is est quem nuptiae demonstrant*, selon la célèbre formule des jurisconsultes romains[3]. L'enfant conçu pendant le mariage de sa mère est présumé être l'enfant du mari de celle-ci.

1089. ***Fondement***. D'un fait connu (la mise au monde, par une femme mariée, d'un enfant qu'elle a conçu pendant son mariage), la loi déduit l'existence d'un fait inconnu (la paternité du mari de la mère) : elle dispense ainsi d'en faire la preuve directe. On fonde généralement la présomption sur les devoirs de fidélité et de cohabitation incombant à la femme mariée[4]. L'affirmation n'est que partiellement exacte. En effet, la présomption est applicable à des situations dans lesquelles l'obligation de fidélité n'existe pas encore[5]. Inversement, elle est parfois exclue alors que les devoirs du mariage sont imposés aux époux[6]. C'est pourquoi certains auteurs préfèrent lui conférer un fondement empirique, la forte probabilité de la paternité du mari : l'immense majorité des enfants nés de femmes mariées sont issus des maris de celles-ci[7]. La présomption de paternité du mari est, aussi, un effet du mariage : c'est même, selon l'expression du doyen Carbonnier, le « cœur du mariage », et elle ne saurait être remise en cause sans faire perdre à cette institution son sens et sa valeur[8]. En outre, on peut aussi considérer que par le mariage, le mari a pris l'engagement de se voir rattacher les enfants de son épouse.

---

1. C. civ., art. 326 ; Environ 400 accouchements dans le secret sont recensés chaque année.

2. J. Rubellin-Devichi, La recherche des origines personnelles et le droit à l'accouchement sous X dans la loi du 22 janvier 2002, *Dr. fam.* 2002, chron. n° 11.

3. À propos de cette formule, A. Lefebvre-Teillard, « *Pater is est quem nuptiae demonstrant* : jalons pour une histoire de la présomption de paternité », *Rev. hist. droit* 1991. 331.

4. H. L. et J. Mazeaud par L. Leveneur, *op. cit.*, n° 871 ; comp. Ph. Malaurie et H. Fulchiron, *op. cit.*, n° 1131.

5. Lorsque l'enfant est conçu avant le mariage.

6. C. civ., art. 313 ; v. ss 1095.

7. J. Carbonnier, *op. cit.*, p. 251 ; G. Cornu, *op. cit.*, n° 217.

8. H. de Richemont, Rapport, préc., p. 28.

Pour la Cour européenne des droits de l'Homme, il existe des motifs légitimes, liés à la fois à la nécessité de garantir la certitude juridique et à la sécurité des relations familiales, qui justifient l'application à un homme marié d'une présomption générale de paternité à l'égard des enfants de son épouse[1].

Lorsque la paternité du mari est improbable, la loi de 1972, suivie en cela par l'ordonnance du 4 juillet 2005, a voulu faire triompher la vérité biologique : aussi a-t-elle réduit le domaine de la présomption de paternité (A), qui pourra toutefois, lorsqu'elle est écartée, être rétablie (B).

A. Le domaine de la présomption de paternité

1090. En principe, l'enfant conçu pendant le mariage est couvert par la présomption de paternité. Cependant, le domaine de celle-ci a été restreint dans un souci de vérité biologique : la loi exclut certains enfants, pourtant conçus pendant le mariage de leur mère, dans des cas où la paternité est peu vraisemblable. Mais la loi inclut inversement certains enfants conçus avant le mariage de la mère et nés après la célébration.

1) L'enfant conçu pendant le mariage de sa mère

1091. La conception de l'enfant pendant le mariage est la source normale de la présomption. La loi n'exige pas, toutefois, la preuve de la paternité : elle la présume. En ce sens, l'article 312 du Code civil, dispose : « *L'enfant conçu ou né pendant le mariage a pour père le mari* ».

1092. ***Présomptions légales***. Pour savoir si un enfant a pour père le mari, il est donc nécessaire de connaître la date de sa conception : si celle-ci a lieu pendant le mariage de sa mère, l'enfant est couvert par la présomption de l'article 312 du Code civil. Cependant, il est encore impossible, aujourd'hui, de fixer le moment précis de la conception d'un enfant[2]. Il faut donc avoir recours aux deux présomptions légales posées par l'article 311 du Code civil : la présomption de durée de la grossesse (al. 1er) et la présomption *omni meliore momento* (al. 2)[3]. La période de conception est comprise entre le trois centième et le cent quatre-vingtième jour avant la naissance, la date précise étant fixée à un moment quelconque de cette période, suivant ce qui est demandé dans l'intérêt de l'enfant. Il s'en déduit que l'enfant est issu du mari s'il naît au plus tôt le cent quatre-vingtième jour suivant la célébration du mariage, et au plus tard le trois centième jour après la dissolution de celui-ci.

1093. ***Absence***. Pose problème le cas particulier de l'absence du mari. La présomption de paternité ne s'applique pas à l'enfant né plus de trois cents jours après la disparition du mari (qui s'entend du moment où l'on n'a plus eu de ses nouvelles). Mais encore faut-il que l'absence ait été présumée (art. 112) ou déclarée, c'est-à-dire qu'un jugement déclaratif d'absence dissolvant le mariage ait été rendu par le tribunal de grande instance (C. civ., art. 122).

---

1. CEDH 19 oct. 1999, *Yildrim/Autriche*, req. nº 34-308/96.
2. Sauf dans l'hypothèse d'une procréation médicalement assistée.
3. V. ss 1010.

2) L'enfant né pendant le mariage de sa mère

1094. ***Assimilation***. L'ordonnance du 4 juillet 2005 a complètement assimilé l'enfant né pendant le mariage à celui qui a été conçu après sa célébration [1]. Il est réputé par la loi couvert par la présomption de paternité du mari depuis sa conception. Sa situation n'est pas plus fragile que celle de l'enfant conçu pendant le mariage, puisque le mari de la mère peut contester la filiation de l'enfant par une action en justice, qui obéit dans les deux cas au même régime, et oblige le mari à apporter la preuve de sa non-paternité (art. 332).

Quelle est la filiation de l'enfant conçu avant mais né après la dissolution du mariage de ses parents, parce que son père est mort peu de temps après la célébration du mariage ? Le jeu de la présomption de paternité du mari ne peut résulter ni de sa conception ni de sa naissance pendant le mariage de sa mère. Cependant, il est couvert quand même par la présomption de paternité : conçu avant le mariage, il est né, en principe, moins de trois cents jours après sa dissolution [2].

B. L'exclusion de la présomption de paternité

1095. Depuis 1972, le législateur a prévu des cas d'exclusion de la présomption de paternité, lorsque l'enfant a été conçu dans des circonstances rendant la paternité du mari de la mère peu vraisemblable. Mais la présomption peut être rétablie. La loi n° 2009-61 du 16 janvier 2009 ratifiant l'ordonnance du 4 juillet 2005 a harmonisé le régime des hypothèses dans lesquelles la présomption de paternité est écartée. Alors que les articles 313 et 314 du Code civil issus de l'ordonnance du 4 juillet 2005 prévoyaient deux régimes différents selon l'hypothèse dans laquelle la présomption de paternité est écartée (enfant né plus de trois cents jours après une séparation judiciaire ou absence du nom du mari en qualité de père dans l'acte de naissance), le nouvel article 313 du Code civil prévoit les deux cas dans lesquels la présomption est écartée, tandis que les articles 314 et 315 du Code civil prévoient, dans les deux hypothèses d'exclusion, les conditions de son rétablissement.

1) Cas d'exclusion

1096. La présomption est écartée, de plein droit, afin de ne pas imposer à l'enfant l'exercice d'une action en justice destinée à combattre une paternité certainement artificielle. C'est la primauté de la vérité biologique qui inspire les cas d'exclusion et leurs conséquences.

a) L'enfant inscrit à l'état civil sans l'indication du nom du mari

1097. ***Qualité de père***. En vertu de l'article 313 du Code civil, la présomption de paternité n'est pas applicable à l'enfant d'une femme mariée, conçu pendant le mariage de celle-ci, lorsque l'acte de naissance de l'enfant ne désigne pas le mari en qualité de père. Bien souvent, cette situation correspond à une situation où les époux sont séparés

---

1. Bien avant la réforme de 1972, la Cour de cassation avait déjà affirmé cette solution dans le célèbre arrêt *Degas :* Civ. 8 janv. 1930, *DP* 1930. 1. 51, note G. P. ; *S.* 1930. 1. 257, note Gény.

2. Cette solution était déjà admise par la Cour de cassation avant la réforme de 1972 : Civ. 2 juill. 1936, *Dewalle*, *DP* 1936. 1. 118, note E. Gaudin de Lagrange.

de fait[1]. Le mari peut même ignorer la naissance. C'est pourquoi le législateur a préféré exclure la paternité dans cette hypothèse, quitte à permettre son rétablissement éventuel. La présomption de paternité est écartée alors que la mère est désignée par son nom de femme mariée, dans l'acte de naissance dès lors que son mari n'est mentionné en qualité de père.

La mère a donc la faculté de ne pas faire apparaître, dans l'acte de naissance, le nom de son mari à son insu, même si celui-ci est réellement le père de l'enfant (dans le cas où la séparation de fait a eu lieu après la conception de l'enfant). La mère peut par conséquent soustraire l'enfant à son mari et empêcher ainsi une possession d'état d'enfant de se constituer à son égard[2].

b) L'enfant conçu pendant une période de séparation légale

1098. ***Divorce***. En vertu de l'article 313 du Code civil, lorsque les époux sont séparés légalement, la présomption de paternité n'est pas applicable à l'enfant né plus [3] de trois cents jours après la date soit de l'homologation de la convention réglant l'ensemble des conséquences du divorce ou des mesures provisoires, soit de l'ordonnance de non-conciliation, et moins de cent quatre-vingts jours depuis le rejet de la demande, ou depuis la réconciliation.

1099. ***Ordonnance de non-conciliation***. Est ici envisagée l'hypothèse d'une instance en divorce ou en séparation de corps. Dans les deux cas, la suppression du devoir de cohabitation fait évidemment douter de la paternité du mari : son épouse a probablement conçu l'enfant avec un autre homme. S'il s'agit d'un divorce contentieux, c'est le juge qui autorise la résidence séparée ou qui statue « *sur les modalités de la résidence séparée des époux* » (C. civ., art. 255, 3°) : le point de départ du délai est donc l'ordonnance de non-conciliation rendue par le juge aux affaires familiales. Dans l'hypothèse d'un divorce par consentement mutuel, le délai commence à courir à partir de l'ordonnance du juge donnant force exécutoire à la convention des époux.

1100. ***Rejet de la demande***. Si le divorce est prononcé, la naissance de l'enfant plus de trois cents jours après l'ordonnance rendue par le juge aux affaires familiales est la seule condition de l'exclusion de la présomption de paternité. Mais le divorce ou la séparation de corps peut, finalement, ne pas être prononcé par le juge soit parce que celui-ci rejette la demande, soit parce que les époux se sont réconciliés. L'enfant n'est alors exclu de la présomption de paternité que s'il est né plus de trois cents jours après l'ordonnance de non-conciliation et moins de cent quatre-vingts jours depuis le rejet de la demande ou la réconciliation[4].

1101. ***Conséquences de l'exclusion de la présomption de paternité***. Lorsque les conditions d'application de l'article 313 sont remplies, la présomption de paternité est

---

1. Mais la séparation de fait n'est pas une condition d'application du texte.
2. Douai, 12 janv. 1977, *D.* 1979. IR 242, obs. D. Huet-Weiller ; *RTD civ.* 1979. 774, obs. R. Nerson et J. Rubellin-Devichi.
3. La règle n'est pas applicable à l'enfant né exactement trois cents jours après l'autorisation de résidence séparée (v. Paris, 15 mars 1977, *D.* 1978. 266, note J. Massip ; *JCP* 1979. II. 19084, note P. Salvage-Gerest) sauf s'il a choisi de placer la date de sa conception au cours de la séparation légale.
4. Montpellier, 10 juin 1996, *Dr. fam.* 1997, n° 39, obs. P. Murat.

exclue de plein droit : une décision de justice n'est pas nécessaire. Toutefois, il n'est pas interdit de faire constater par le juge l'exclusion de la présomption de paternité et l'impossibilité de son rétablissement. En cas de séparation légale (art. 313), lorsque le nom du mari a été inscrit sur l'acte de naissance, il y a lieu à rectification de l'acte de l'état civil. L'enfant a alors une filiation maternelle et n'a pas de filiation paternelle.

2) Le rétablissement de la présomption de paternité

1102. La présomption de paternité peut être rétablie lorsque la paternité du mari apparaît crédible. Il en est ainsi lorsque l'enfant jouit d'une possession d'état à son égard : c'est alors la vérité sociologique qui s'impose. Est aussi susceptible d'être prouvée l'existence d'une filiation paternelle biologique. La loi de 2009 a en outre permis au mari de reconnaître l'enfant de sa femme.

a) L'existence d'une possession d'état

1103. ***Possession d'état à l'égard du mari***. Lorsque la présomption de paternité est écartée en vertu de l'article 313 du Code civil, elle se trouve rétablie de plein droit si l'enfant a la possession d'état à l'égard du mari. Élevé par sa mère et son époux, l'enfant retrouve sa filiation à l'égard de chacun des époux de plein droit, parce que la paternité du mari est probable. Vraisemblable mais non certaine car l'enfant n'a peut-être pas été conçu par le mari. Seulement, celui-ci l'accepte. La paternité de l'enfant est alors fondée sur la vérité affective[1]. Cependant, la reprise de la vie commune n'est pas une condition d'application du texte. Ce qui importe, c'est que le mari de la mère considère l'enfant comme le sien, même s'il ne vit plus avec son épouse.

1104. ***Absence de filiation paternelle***. Toutefois la présomption de paternité ne peut être rétablie que si l'enfant n'a pas une filiation paternelle déjà établie à l'égard d'un tiers (C. civ., art. 31, a, *in fine*). Cette condition est conforme au principe chronologique, en cas de conflit de paternité, et a pour objectif de prévenir les conflits de filiation. Ainsi, la volonté conjointe des époux de finalement se rattacher l'enfant ne suffira pas à combattre la filiation établie par la reconnaissance dont celui-ci a fait l'objet. C'est vrai que la possession d'état devant être paisible, publique et non équivoque, la présomption de paternité ne pourrait être rétablie par le jeu de la possession d'état à l'égard du mari si l'enfant avait déjà une possession d'état paternelle envers un tiers[2]. Et puis, la filiation peut être déjà établie envers un tiers qui se trouve être le véritable père de l'enfant, de sorte que la constitution ultérieure de la possession d'état à l'égard du mari de la mère ne saurait priver le père de sa paternité. Dans le cas d'une reconnaissance prénatale, par le tiers, le conflit de filiation sera évité en application du principe chronologique (art. 320). En revanche, si la possession d'état du mari existait avant la reconnaissance effectuée par le tiers, la constatation, même ultérieure, de la possession d'état permet de rétablir de plein droit la présomption de paternité[3].

---

1. Mais cette paternité pourrait être contestée ultérieurement, par ex. si le mari découvre qu'il n'est pas le véritable père de l'enfant ou qu'une nouvelle crise survient au sein du couple (cf. art. 332, al. 2).
2. F. Granet-Lambrechts et J. Hauser, « Le nouveau droit de la filiation », *D.* 2006. 17, spéc. 20.
3. P. Malaurie et H. Fulchiron, *op. cit.*, n° 1148.

1105. ***Acte de notoriété.*** Si les conditions de rétablissement de la présomption de paternité énoncées à l'article 314 du Code civil sont réunies, celle-ci recouvre son empire de plein droit, et il est donc inutile d'agir en justice. L'un ou l'autre des époux, ainsi d'ailleurs que l'enfant peut établir la paternité du mari de la mère en faisant constater la possession d'état par un acte de notoriété, qui permet d'obtenir la rectification de l'acte de naissance de l'enfant. Toutefois, la faculté du mari de reconnaître l'enfant, lorsque sa présomption de paternité est écartée, pourrait être préférée par les époux qui l'estimeraient plus simple que la demande au juge d'instance d'un acte de notoriété établissant la possession d'état, en vue de rétablir la présomption de paternité [1].

b) Le rétablissement judiciaire de la présomption de paternité

1106. ***Preuve de la paternité.*** Dans les deux hypothèses d'exclusion prévues par l'article 313 du Code civil, la présomption de paternité peut être rétablie en justice dans les conditions prévues à l'article 329 du Code civil, c'est-à-dire en prouvant que le mari est le père. Cette preuve est établie par le recours à une expertise biologique qui est de droit.

1107. ***Action en justice.*** Le rétablissement des effets de la présomption doit être « demandé » : c'est dire qu'il ne peut être obtenu qu'au moyen d'une action en justice. L'action est ouverte aux deux époux – ensemble ou séparément – durant la minorité de l'enfant et à ce dernier pendant les dix années qui suivent sa majorité. L'action est donc une action attitrée. C'est le titre d'époux qui confère la qualité pour agir. Cependant, même divorcés, la mère et son ex-mari ont toujours un intérêt à agir en rétablissement de la présomption de paternité [2]. Si l'action aboutit, l'enfant est déclaré issu des deux époux. L'acte de naissance de l'enfant sera rectifié afin que soit indiqué le nom du mari de la mère.

1108. ***Reconnaissance préalable.*** Si l'enfant a déjà été reconnu par l'amant de la mère, la recevabilité de l'action n'est pas subordonnée à la démonstration préalable de l'inexactitude de la reconnaissance : il ne s'agit pas d'une action soumise au droit commun de l'article 320, mais qui est régie par des dispositions particulières [3]. Pour la même raison, l'action échappe aux restrictions qui sont imposées par l'article 333 du Code civil [4].

c) La reconnaissance de l'enfant par le mari de la mère

1109. ***Volonté du mari.*** La loi n° 2009-67 du 16 janvier 2009 a ajouté dans l'article 315 du Code civil un troisième mode de rétablissement de la présomption de paternité en permettant au mari de la mère de reconnaître l'enfant lorsque la présomption de paternité a été écartée en vertu de l'article 313 du Code civil. L'enfant est alors rattaché au mari de sa mère par la seule volonté de celui-ci, puisqu'aucune preuve du lien biologique ni de l'existence d'une possession d'état ne sera alors exigée. Le mari, qui n'a pas de possession d'état à l'égard de l'enfant, pourrait donc contrer la volonté de la mère de ne pas le

---

1. F. Granet-Lambrechts, article préc., n° 212.45.
2. En ce sens, v. G. Sutton, *Rép. pr. civ.*, Dalloz, v° *Filiation*, 1988, n° 379.
3. P. Malaurie et H. Fulchiron, *op. cit.*, n° 1156.
4. V. ss 1218.

rattacher à l'enfant, en ne mentionnant pas son nom dans l'acte de naissance. La formulation du texte semble conditionner la reconnaissance au fait que la présomption est écartée, et donc imposer d'attendre la naissance pour le savoir, ce qui fermerait au mari la voie de la reconnaissance prénatale effectuée soit pour éviter que l'enfant soit reconnu par un autre homme soit que l'enfant porte le nom de sa mère. La reconnaissance antérieure de l'enfant par un tiers ferme en effet au mari la possibilité de reconnaître l'enfant.

Section 2
L'établissement de la filiation par la reconnaissance

1110. ***Filiation divisible.*** L'enfant dont les parents ne sont pas mariés ensemble au moment de la conception ou de la naissance, a une filiation divisible : elle peut être établie à l'égard d'un seul parent. Si tel est le cas, c'est en général la filiation maternelle qui est établie par la désignation de celle-ci dans l'acte de naissance (art. 311-25). Contrairement à ce qui se passe pour la filiation en mariage, l'établissement d'un lien de filiation maternelle n'a aucune conséquence sur la filiation paternelle. Les deux liens de filiation sont indépendants. Filiation maternelle et filiation paternelle doivent donc être séparément établies.

1111. ***Histoire.*** Il est enseigné traditionnellement qu'un jeu d'équilibre peut expliquer la situation juridique faite aux enfants naturels au cours de l'histoire : plus difficiles sont les conditions d'établissement de leur filiation, et plus importants sont leurs droits. Certains auteurs parlent même de « loi historique »[1]. L'observation est exacte à partir de l'ancien droit et jusqu'à une époque récente.

Le Code Napoléon, ainsi, reconnaît à l'enfant naturel certains droits, notamment successoraux, quoique de quotité inférieure à ceux de l'enfant légitime, mais il maintient l'interdiction de l'établissement judiciaire de la paternité naturelle. De plus, l'enfant adultérin comme l'enfant incestueux (c'est-à-dire l'enfant naturel dont les père et mère ne peuvent contracter mariage en raison de l'existence d'un empêchement pour cause de parenté ou d'alliance) sont placés dans une situation d'infériorité radicale puisqu'aucun lien de filiation ne peut être établi. Quelques réformes partielles vont, en un siècle, bouleverser ces données juridiques.

Parmi les lois qui se succèdent, l'une en 1896 accroît les droits successoraux des enfants naturels simples, une autre en 1912 autorise la recherche en justice de la paternité naturelle, dans des conditions toutefois strictement définies, tandis qu'une loi de 1955 accorde des droits alimentaires aux enfants adultérins, dont la légitimation est par ailleurs libéralisée. De telle sorte que la « loi historique » ne trouve plus à s'appliquer puisque les droits augmentent en même temps qu'est facilité l'établissement de la filiation.

Surtout, une réforme d'ensemble paraît alors nécessaire[2], pour corriger les incohérences du droit positif que ces lois particulières ont mises en relief. D'un côté, la condition d'infériorité des enfants naturels semble injuste, puisqu'ils supportent les conséquences d'un comportement, éventuellement répréhensible, dont seuls leurs auteurs devraient assumer la responsabilité. De l'autre, les réformes partielles, souvent accentuées dans

---

1. Ph. Malaurie et H. Fulchiron, n° 930.
2. M. Gobert, « Réflexions pour une indispensable réforme de la filiation », *JCP* 1968. I. 2207.

leur portée par la jurisprudence, améliorent la situation de certains enfants naturels mais non de tous, et sans que soit rejoint pour autant le sort favorable des enfants légitimes. Car le principe d'inégalité reste posé en vue de défendre l'institution du mariage. Pourtant, la loi de 1966 sur l'adoption, en autorisant l'adoption plénière par une personne célibataire et conférant à l'enfant le même statut qu'un enfant légitime, vient consacrer une légitimité ne reposant plus sur le mariage.

1112. ***XIXe siècle***. La loi du 3 janvier 1972 s'est efforcée de réaliser l'égalité de la filiation légitime et de la filiation naturelle, tentant de respecter, ainsi, les engagements internationaux de la France, qui prohibent toute discrimination fondée sur la naissance, tels que la Déclaration universelle des droits de l'Homme ou la Convention européenne de sauvegarde des droits de l'Homme et des libertés fondamentales. Pour la Cour européenne des droits de l'Homme, il faut que des raisons vraiment impérieuses soient avancées pour qu'une distinction de traitement fondée sur la naissance hors mariage puisse être considérée comme compatible avec la convention [1].

En vue de rapprocher encore les deux filiations, la loi du 8 janvier 1993 a facilité l'établissement judiciaire de la filiation, et notamment la recherche de paternité naturelle. Malgré tout, l'égalité n'était pas totale parce que l'existence du mariage facilite l'établissement non judiciaire de la filiation. C'est bien la raison pour laquelle existe traditionnellement une présomption de paternité du mari, comme on l'a vu antérieurement [2].

D'un autre côté, la protection du conjoint victime de l'adultère a conduit longtemps à une restriction des droits successoraux des enfants adultérins. Enfin, l'enfant incestueux demeure dans une condition défavorable [3]. Toutefois, des lois récentes ont poursuivi la marche vers l'égalité des effets de la filiation naturelle et légitime. Ainsi, la loi n° 2001-1135 du 3 décembre 2001 a supprimé les restrictions successorales frappant les enfants adultérins, tandis que la loi n° 2002-305 du 4 mars 2002 relative à l'autorité parentale a fait disparaître toute distinction entre les filiations légitime et naturelle.

1113. ***Différences entre la filiation légitime et naturelle avant 2005***. À la différence de la filiation légitime, l'acte de naissance de l'enfant naturel n'établissait pas la filiation, même s'il comportait les nom et prénom des père et mère. Une autre formalité était requise. Dans le Code Napoléon, comme dans la loi du 3 janvier 1972, seule la reconnaissance permettait l'établissement extrajudiciaire de la filiation naturelle. Toutefois, depuis une loi du 25 juin 1982, il est également possible d'établir le lien de filiation naturelle par la possession d'état. En revanche, la reconnaissance n'avait aucune utilité en matière de filiation légitime, puisque celle-ci résultait de la mention du nom de la mère dans l'acte de naissance, qui faisait naître la présomption de paternité, ou bien de la possession d'état rattachant indivisiblement l'enfant à deux époux.

1114. ***Ordonnance du 4 juillet 2005***. L'ordonnance du 4 juillet 2005 a souhaité uniformiser les modes d'établissement de la filiation, en supprimant les catégories d'enfant légitime et d'enfant naturel.

D'emblée, la reconnaissance apparaît comme un mode subsidiaire d'établissement de la filiation par rapport à l'effet de la loi. La réalité peut, toutefois, s'avérer plus complexe,

---

1. CEDH 3 oct. 2000, *Camp et Bourimi*, req. n° 28369/95.
2. V. ss 1088.
3. A. Breton, « L'enfant incestueux », *in Mélanges M. Ancel*, 1976, p. 309.

notamment du fait de l'existence de reconnaissances faites avant la naissance de l'enfant, à un moment où les modes d'établissement de la filiation par l'effet de la loi ne peuvent produire leur effet[1]. Il faut donc s'attacher à définir la notion de reconnaissance (§ 1), avant d'envisager sa valeur (§ 2).

§ 1. La notion de reconnaissance d'enfant

A. Caractères de la reconnaissance

1115. ***Acte unilatéral***. La reconnaissance d'enfant est un acte juridique solennel par lequel une personne affirme sa paternité ou sa maternité à l'égard d'un enfant. La reconnaissance est un acte juridique unilatéral, qui ne nécessite pas le consentement de l'enfant dont la filiation est déclarée[2].

1116. ***Acte volontaire***. Cet acte est souscrit librement, il résulte de la seule volonté de son auteur. La reconnaissance n'a donc aucun caractère obligatoire. L'enfant ne peut pas rechercher la responsabilité de ses parents, s'ils s'abstiennent de le reconnaître, ce qui ne l'empêche pas de faire établir en justice l'existence du lien de filiation[3]. Il est toutefois dérogé au caractère facultatif de la reconnaissance d'enfant naturel en cas de procréation médicalement assistée[4].

1117. ***Acte individuel***. La reconnaissance est un acte individuel. En particulier, la reconnaissance du père n'est pas subordonnée à l'accord de la mère : elle pourrait refuser son assentiment pour des raisons étrangères à l'intérêt de l'enfant[5], qui pourrait se trouver privé de sa filiation paternelle, par le fait de la mère, contrairement aux principes posés par les conventions internationales[6]. Toutefois l'article 57-1 du Code civil dispose que l'officier de l'état civil du lieu de naissance, qui porte mention en marge de l'acte de naissance de la reconnaissance de cet enfant, en avise l'autre parent.

La reconnaissance étant un acte individuel n'établit le lien de filiation qu'à l'égard de son auteur, même si l'identité de l'autre parent est révélée à cette occasion. Les reconnaissances maternelle et paternelle sont, en principe, indépendantes l'une de l'autre. C'est ce que prévoit l'article 316 du Code civil : « *la reconnaissance n'établit la filiation qu'à l'égard de son auteur* » (al. 2). L'officier public qui reçoit une reconnaissance d'enfant doit indiquer à son auteur le caractère divisible du lien de filiation ainsi établie et en porter mention dans l'acte. La reconnaissance de l'enfant par son parent engagé dans les liens du mariage avec une autre personne que le second parent n'est soumise à aucune condition particulière : notamment le consentement de son conjoint n'est pas exigé.

1118. ***Acte personnel***. La reconnaissance est un acte personnel, elle ne peut être souscrite que par le parent lui-même, à l'exclusion des héritiers et *a fortiori* des créanciers.

---

1. P. Malaurie et H. Fulchiron, *op. cit.*, n° 1176.
2. Ce consentement est exigé dans certains États européens, comme les Pays-Bas, l'Allemagne, l'Espagne ou encore l'Italie : v. F. Boulanger, t. 2, n° 51.
3. V. ss 1160 s.
4. C. civ., art. 311-20, al. 4 (v. ss 1298 s.).
5. Par ex. du fait de l'animosité ressentie à l'égard de l'amant avec qui elle a rompu.
6. Convention des Nations unies sur les droits de l'enfant, art. 7 s.

Seuls le père et la mère peuvent reconnaître l'enfant. L'article 458 du Code civil classe la reconnaissance d'un enfant parmi les actes strictement personnels qui ne peuvent donner lieu à représentation. Ainsi le parent incapable mineur, ou majeur protégé, peut et doit reconnaître son enfant lui-même.

B. Domaine de la reconnaissance

1119. ***Tous les enfants.*** Depuis 1972, toute filiation naturelle peut être établie, même s'il s'agit d'une filiation adultérine, contrairement à ce qui était admis par le droit antérieur. L'article 310-3 du Code civil, qui énumère les modes d'établissement de la filiation, ne distingue pas selon les différentes catégories d'enfants. Quelles que soient les conditions de leur naissance, tous les enfants peuvent être reconnus. La Cour de cassation a jugé contraires à l'ordre public les lois étrangères qui n'admettent pas l'établissement d'une filiation adultérine [1].

1120. ***Reconnaissance prénatale.*** Admise depuis longtemps en jurisprudence [2], la reconnaissance prénatale, consistant à reconnaître un enfant avant sa naissance, a été consacrée par la réforme du 4 juillet 2005 et figure formellement dans l'article 316 du Code civil. La reconnaissance prénatale permet au père d'être certain d'établir sa filiation à l'égard de l'enfant quel que soit le comportement de la mère, y compris si elle décide d'accoucher dans le secret. En établissant la filiation au jour de la naissance, la reconnaissance prénatale du père évite que l'enfant porte seulement le nom de sa mère dont la maternité ne pourrait produire effet avant cette date.

1121. ***Conflit de filiations.*** Il faut rappeler que l'article 320 du Code civil prévoit que tant qu'elle n'a pas été contestée en justice, une reconnaissance rend irrecevable l'établissement d'une autre filiation qui la contredirait. L'enfant ne pourra être rattaché à une personne du même sexe que celle qui l'a déjà reconnu, à moins que la fausseté de la première reconnaissance soit établie. La seconde reconnaissance serait entachée de nullité absolue. L'officier de l'état civil ne peut cependant pas refuser de recevoir la reconnaissance seconde en date, car il n'est pas juge de sa validité. Simplement, il ne peut la mentionner en marge de l'acte de naissance, elle est privée d'effet et l'officier de l'état civil doit aviser le ministère public.

L'article 336-1 du Code civil issu de la loi du 16 janvier 2009 prévoit l'hypothèse particulière d'un conflit de filiation provoqué par une reconnaissance prénatale et la mention du mari de la mère en qualité de père dans l'acte de naissance de l'enfant. Le texte prévoit que « *lorsqu'il détient une reconnaissance paternelle prénatale dont les énonciations relatives à son auteur sont contredites par les informations concernant le père que lui communique le déclarant, l'officier de l'état civil compétent en application de l'article 55 établit l'acre acte de naissance au vu des informations communiquées par le déclarant. Il en avise sans délai le procureur de la République qui élève le conflit de paternités sur le fondement de l'article 336.* »

---

1. Civ. 1re, 12 mai 1987, *JDI* 1988. 101, note M.-L. Niboyet-Hoegy, *Gaz. Pal.* 1988. 321, note J. Massip.
2. Civ. 16 déc. 1811, *S.* 1809-1811. I. 433.

1122. ***Maternité***. Dès lors que l'indication du nom de la mère dans l'acte de naissance suffit à établir la filiation de l'enfant à son égard (art. 311-25), la reconnaissance de maternité devient, en principe, inutile. Elle doit rester possible, cependant, pour l'hypothèse où le nom de la mère ne figurerait pas sur l'acte de naissance de l'enfant, soit par la suite d'une erreur, soit par volonté de la mère. En effet, celle-ci peut décider d'accoucher dans le secret. Toutefois, elle doit pouvoir alors demander la restitution de son enfant dans le délai légal de deux mois, à compter du jour où l'enfant a été recueilli par le service de l'aide sociale à l'enfance (art. 351). Il lui faut alors reconnaître l'enfant. Mais si la mère est mariée, la reconnaissance n'aura-t-elle d'effet qu'à son égard, par exception au principe d'indivisibilité de la filiation dans le mariage, ou entraînera-t-elle le jeu de la présomption de paternité ?[1] La lettre de l'article 316 inclinerait vers la divisibilité (al. 2). Tandis que les principes conduisent à mettre en œuvre la présomption de paternité, dès lors qu'elle n'est pas écartée par l'article 313 du Code civil.

1123. ***Père marié***. Précisément, si le père est marié, la reconnaissance de paternité est *a priori* inutile. En effet, sauf exclusion prévue par la loi, la paternité est établie automatiquement. On a vu, toutefois[2], que la loi du 16 janvier 2009 a autorisé le mari de la mère à faire établir sa paternité au moyen d'une reconnaissance lorsque la présomption de paternité est écartée.

1124. ***Père non marié***. La reconnaissance d'enfant constitue le mode d'établissement normal de la paternité de l'enfant à l'égard de son père non marié, comme c'était le cas avant 2005.

1125. ***Absence de maternité***. Si la maternité n'est pas établie, le père dispose de la faculté de reconnaître l'enfant pour établir sa paternité de façon indépendante, ce qui lui est particulièrement utile si la mère a choisi d'accoucher dans le secret. En effet, la Cour de cassation décide que l'usage par la mère de cette faculté n'a d'effet qu'à son égard et ne peut avoir pour conséquence de priver le père de ses droits et de lui interdire d'établir, par une reconnaissance volontaire, la filiation paternelle de l'enfant[3]. Priver, en effet, le père du droit d'établir par une reconnaissance volontaire sa paternité méconnaît le droit de l'enfant de connaître ses parents, tel que l'énonce l'article 7-1 de la Convention de New York du 26 janvier 1990 relative aux droits de l'enfant. Au demeurant, l'article 62-1 du Code civil, inséré par la loi du 22 janvier 2002, prévoit qu'en cas d'impossibilité de transcrire la reconnaissance paternelle sur les registres de l'état civil, du fait du secret de son identité opposé par la mère, le père peut en informer le procureur de la République, lequel procède à la recherche des date et lieu d'établissement de l'acte de naissance de l'enfant.

La reconnaissance doit remplir un certain nombre de conditions de validité pour pouvoir produire des effets de droit. Elle pourra dans certains cas, être remise en cause dans sa validité ou son exactitude.

---

1. P. Salvage-Gerest, « La reconnaissance d'enfant, ou de quelques surprises réservées par l'ordonnance du 4 juillet 2005 », *Dr. fam.* janv. 2006, p. 13.

2. V. ss 1109.

3. Civ. 1re, 7 avr. 2006, *D.* 2007. Pan. 1461, obs. F. Granet-Lambrechts ; *RTD civ.* 2006. 273, obs. P. Rémy-Corlay ; *ibid.* 292, obs. J. Hauser.

C. Conditions de validité

1126. Comme pour tout acte juridique, la validité de la reconnaissance est soumise à des conditions de fond. Mais parce qu'il s'agit de déclarer l'existence d'un lien de filiation, la loi impose un certain formalisme, destiné aussi bien à attirer l'attention de l'auteur sur l'importance de l'acte qu'à en assurer la conservation.

1) Conditions de fond

1127. ***Consentement.*** La reconnaissance étant un acte juridique, elle suppose d'abord le consentement de son auteur. Il est donc possible de contester une reconnaissance en démontrant l'absence de consentement de la personne qui l'a souscrite du fait de l'aliénation, ou d'un affaiblissement des facultés mentales lié à son grand âge, par exemple. De même, on peut critiquer cet acte en arguant de l'absence de discernement d'un mineur. Également, la reconnaissance serait nulle s'il était prouvé l'existence d'un vice du consentement : erreur, dol ou violence.

1128. ***Enfant né vivant et viable.*** S'agissant de l'enfant dont le lien de filiation va être déclaré, il faut évidemment que sa filiation puisse être établie. Cette condition remplie, peu importe alors le moment de la reconnaissance, dès lors que certains principes relatifs à l'existence de la personne sont respectés. S'il est possible de reconnaître un enfant conçu mais non encore né c'est à condition que l'enfant naisse vivant et viable. Elle prend date au moment où elle a été souscrite [1] mais ne produit des effets que lors de la naissance de l'enfant. En vertu de ces principes, la reconnaissance prénatale par un homme d'un enfant né ultérieurement d'un accouchement dans le secret ne peut être privée d'efficacité [2].

1129. ***Enfant majeur.*** Un enfant peut être reconnu à tout moment de sa vie, et même s'il est majeur. Le consentement de l'enfant n'est jamais requis : la reconnaissance peut avoir lieu contre son gré. Il lui est loisible, toutefois, de contester la reconnaissance.

1130. ***Enfant décédé.*** Enfin, un enfant décédé peut être reconnu. Il s'agit d'une « reconnaissance posthume » : acte dont les mobiles paraissent suspects, puisque le père ou la mère qui s'est désintéressé de son enfant le reconnaît seulement après sa mort, vraisemblablement pour des raisons successorales [3].

2) Conditions de forme

1131. ***Formalisme.*** La reconnaissance d'enfant naturel est un acte solennel. La loi impose qu'elle soit faite par acte authentique en raison de l'importance de la déclaration souscrite. Cette exigence est contenue dans l'article 316 du Code civil. Il s'en déduit qu'une reconnaissance faite par un acte sous seing privé est nulle. Mais seule est requise l'authenticité, et non la preuve de la filiation déclarée [4].

---

1. TGI Lille, 3 févr. 1987, *JCP* 1990. II. 21447, note X. Labbée ; cf. Villani-Rondeau, *RJPF* 2000-6/11.
2. Civ. 1re, 7 avr. 2006, préc., n° 731 ; *adde* : F. Mallet-Bricout, *D.* 2006. 1177 ; P. Salvage-Gerest, *D.* 2007. 879.
3. Ph. Malaurie et H. Fulchiron, n° 1186.
4. F. Dekeuwer-Défossez, « Le droit de la filiation à l'épreuve des pratiques administratives et judiciaires », *D.* 1986. Chron. 305, spéc. 309.

1132. ***Officier d'état civil***. Une reconnaissance est normalement souscrite devant l'officier de l'état civil, soit au moment où la naissance est déclarée, soit antérieurement ou postérieurement à cette déclaration. Dans la première hypothèse, la reconnaissance sera inscrite dans l'acte de naissance (C. civ., art. 316). Dans les autres cas, elle est constatée dans un acte séparé, qui est inscrit à sa date sur les registres de l'état civil. Par conséquent, si la reconnaissance est faite au moment du mariage des parents, elle doit figurer dans un acte séparé de l'acte de mariage mais l'inobservation de cette exigence n'entraîne pas la nullité de la reconnaissance, car l'acte de mariage est un acte authentique[1]. Lorsque la reconnaissance est reçue par acte séparé, celui-ci doit comporter les énonciations prévues à l'article 62 du Code civil : identité de l'auteur de la reconnaissance et celle de l'enfant.

1133. ***Mention en marge***. La reconnaissance est mentionnée en marge de l'acte de naissance de l'enfant. Il faut noter que la reconnaissance peut être reçue par l'officier de l'état civil d'une commune quelconque : il ne s'agit donc pas nécessairement de la commune du lieu de naissance de l'enfant. D'où il résulte que plusieurs reconnaissances peuvent être faites en des lieux différents, ce que la transcription à l'état civil révélera. Le conflit sera alors tranché selon l'ordre chronologique[2].

1134. ***Acte notarié***. Une reconnaissance peut également être reçue par un notaire, soit dans un acte spécialement dressé à cet effet, soit à l'occasion d'un autre acte : contrat de mariage, donation ou surtout testament authentique. En revanche, une reconnaissance contenue dans un testament olographe est nulle[3]. La reconnaissance reçue par le notaire peut ainsi rester secrète, si son auteur le souhaite, et ne sera pas alors mentionnée à l'état civil. Le notaire informera l'enfant, au décès de son auteur, des droits dont il bénéficie dans la succession du défunt.

1135. ***Acte judiciaire***. Une reconnaissance peut être faite lors d'une procédure judiciaire, soit par aveu dans des conclusions signées, soit par aveu fait directement devant le juge et régulièrement constaté par le greffier[4]. C'est le cas par exemple d'une déclaration faite lors d'une comparution personnelle ordonnée par le juge au cours d'une action en recherche de maternité ou de paternité.

D. Effets de la reconnaissance

1136. ***Établissement de la filiation***. La reconnaissance établit l'existence d'un lien de filiation entre son auteur et l'enfant concerné. Du fait de la divisibilité de la filiation ainsi

---

1. La reconnaissance peut même figurer dans un acte de décès : Civ. 1re, 1er juill. 1981, *D.* 1982. 105, note D. Huet-Weiller ; *Gaz. Pal.* 1982. 1. 258, note J. Massip.
2. F. Granet-Lambrechts, article préc., no 212.72 ; L'absence de mention en marge ne remet pas en cause la validité de la reconnaissance : Civ. 1re, 17 févr. 1982, *Bull. civ.* I, no 78.
3. Civ. 1re, 2 févr. 1977, *Bull. civ.* I, no 63 ; *D.* 1977. IR 276, obs. D. Huet-Weiller, affirmant nettement la nullité d'une reconnaissance faite dans un testament olographe déposé chez un notaire.
4. Civ. 1re, 1er juill. 1981, *Gaz. Pal.* 1982. 1. 258, 2e esp., note J. Massip. Le principe d'indisponibilité des actions relatives à la filiation ne s'oppose pas à la possibilité pour le père prétendu d'acquiescer au jugement déclarant sa paternité, cet acquiescement revenant à reconnaître l'enfant, ce qu'il pouvait faire librement : Civ. 1re, 7 mars 2000, *Defrénois* 2000. 1058, obs. J. Massip.

établie, et du caractère personnel de la reconnaissance, celle-ci ne peut prouver l'existence d'un lien de filiation à l'égard de l'autre parent. En outre, l'enfant qui se prévaut de cette reconnaissance doit prouver son identité, si elle est contestée, avec l'enfant qui fait l'objet de la reconnaissance.

1137. ***Effet erga omnes***. La reconnaissance a effet *erga omnes*. C'est-à-dire qu'elle est opposable, non seulement à son auteur et à ses héritiers, mais aussi à tous [1]. Celui qui voudrait établir un autre lien de filiation devrait donc, au préalable, anéantir la reconnaissance (C. civ., art. 320) [2].

1138. ***Acte déclaratif***. La reconnaissance de l'enfant est un acte déclaratif, en ce sens qu'elle ne fait que constater une situation préexistante, à savoir la maternité ou la paternité de son auteur. Elle ne crée pas le lien de filiation et n'est donc pas un acte constitutif, malgré son effet absolu. C'est pourquoi elle a un effet rétroactif. Ses effets remontent à la naissance de l'enfant ou même à sa conception si tel est son intérêt [3]. C'est dire que si une succession a été ouverte, dans laquelle l'enfant aurait pu faire valoir des droits, une nouvelle liquidation devra avoir lieu, encore que le décès fut antérieur à la reconnaissance.

1139. ***Irrévocabilité***. L'auteur d'une reconnaissance sincère et régulière ne peut revenir sur l'aveu de sa maternité ou de sa paternité, même dans ce dernier cas avec l'accord de la mère [4]. Le principe d'irrévocabilité, cependant, donne lieu à discussion lorsque la reconnaissance figure dans un testament, acte révocable par nature.

Pour certains auteurs, la reconnaissance tombe avec le testament en cas de révocation [5]. Pour d'autres, la reconnaissance, étant l'aveu d'un fait, est irrévocable et n'est donc pas atteinte par la révocation du testament [6]. Solution sans doute plus logique : l'aveu devant un notaire de l'existence du lien de filiation n'a pas moins de valeur que la même déclaration devant l'officier de l'état civil.

1140. ***Double nature***. Une étude célèbre a mis en lumière la double nature de la reconnaissance d'enfant naturel [7]. C'est une admission, c'est-à-dire un acte juridique par lequel le père ou la mère, en déclarant le lien de filiation, fait entrer l'enfant dans la famille. C'est une confession, c'est-à-dire l'aveu d'un fait, la filiation, que la reconnaissance est destinée à constater, à prouver. Sous ces deux aspects, cet acte de volonté unilatérale peut être critiqué, quant à sa validité (nullité) ou son exactitude (contestation).

---

1. Comme les actes d'un officier de l'état civil, d'un notaire ou d'un juge : v. Civ. 1re, 16 mars 1999, *D.* 2000. Somm. 175, obs. B. Bossu.
2. Civ. 1re, 8 juin 1999, *Dr. fam.* 1999, n° 123, note P. Murat.
3. Cf., à propos d'un jugement d'homologation de changement d'un régime matrimonial, Civ. 1re, 12 déc. 2000, *Bull. civ.* I, n° 318 ; *D.* 2001. 3496, note T. Garé ; *JCP* 2001. II. 10478, note F. Casey ; *Dr. fam.* 2001, n° 32, note B. Beignier ; *RTD civ.* 2001. 120, obs. J. Hauser ; *ibid.* 425, obs. B. Vareille.
4. Civ. 1re, 4 juill. 1995, *Bull. civ.* I, n° 192 ; *RTD civ.* 1995. 872, obs. J. Hauser.
5. H. L. et J. Mazeaud et L. Leveneur, n° 932.
6. J. Hauser et D. Huet-Weiller, n° 746, avec les références citées.
7. A. Colin, « La protection de la descendance illégitime au point de vue de la preuve de la filiation », *RTD civ.* 1902. 256.

§ 2. La remise en cause de la reconnaissance d'enfant

A. Nullité de la reconnaissance

1141. ***Action en nullité.*** La reconnaissance est un acte juridique : si ses conditions de validité ne sont pas respectées, la nullité peut être invoquée quelle que soit la conformité de la reconnaissance avec la vérité biologique. Lorsque l'action en nullité est exercée, elle doit l'être contre l'auteur de la reconnaissance. Mais elle doit l'être aussi contre l'enfant et son représentant légal, ou un administrateur *ad hoc* si les intérêts du représentant légal sont en contradiction avec ceux de l'enfant, à moins que l'un ou l'autre ne soit demandeur à l'action.

1142. ***Nullité absolue.*** L'action étant soumise au droit commun des nullités, les cas de nullité absolue seront distingués des cas de nullité relative. La reconnaissance est entachée d'une cause de nullité absolue si l'enfant est reconnu alors qu'il était déjà doté d'une filiation ou si l'enfant, né d'un inceste absolu, a déjà été reconnu par l'autre parent. Il en va de même de la reconnaissance d'un enfant par un transsexuel après son changement d'état [1].

1143. ***Forme.*** La nullité est également absolue si les conditions de forme n'ont pas été respectées : violation de l'exigence d'authenticité, comme pour une reconnaissance faite par acte sous seing privé. Il en va de même si la reconnaissance est contraire à l'ordre public, par exemple si elle est frauduleuse, ce qui permet au ministère public d'intervenir. La nullité peut être invoquée par tout intéressé. L'action est prescrite par dix ans (art. 321). Le délai commence à courir à partir de la reconnaissance, mais la nullité peut toujours être invoquée par voie d'exception [2]. La nullité étant absolue ne peut être confirmée.

1144. ***Nullité relative.*** L'action en nullité relative peut être intentée, soit pour insanité d'esprit (C. civ., art. 414-1), soit pour vice du consentement [3] de l'auteur de la reconnaissance. L'action en nullité ne peut alors être intentée que par l'auteur de la reconnaissance ou ses héritiers. C'est la prescription quinquennale (C. civ., art. 1304) qui s'applique.

1145. ***Rétroactivité.*** Si la nullité est prononcée, la reconnaissance est rétroactivement anéantie, ce qui entraîne la disparition également rétroactive du lien de filiation, avoué dans la reconnaissance.

1146. ***Publicité.*** Le jugement accueillant l'action en nullité de la reconnaissance doit faire l'objet d'une publicité sur les registres de l'état civil : il est mentionné en marge de l'acte de naissance de l'enfant et en marge de la reconnaissance. Puisque le jugement entraîne l'anéantissement rétroactif du lien de filiation, l'auteur de la reconnaissance

---

1. Aix-en-Provence, 12 mars 2002, *D.* 2003. 1528, note E. Cadou.
2. Civ. 1re, 21 déc. 1982, *Bull. civ.* I, nº 371 ; *D.* 1983. IR 331, obs. D. Huet-Weiller.
3. Erreur, dol ou violence : v. cependant, à propos de l'erreur, H. L. et J. Mazeaud et L. Leveneur, nº 941, estimant que l'erreur de l'auteur de la reconnaissance doit donner lieu à une action en contestation et non à une action en nullité car la filiation constatée est inexacte (Comp. Ph. Malaurie et H. Fulchiron, nº 1116) ; *contra* : J. Hauser et D. Huet-Weiller, nº 748, et références citées ; A. Bénabent, nº 490.

doit pouvoir demander la répétition des sommes qu'il aurait versées pour l'entretien de l'enfant, les versements se trouvant rétroactivement dépourvus de cause [1].

B. Contestation de l'exactitude de la reconnaissance

1147. ***Filiation mensongère.*** Au moment où il souscrit la reconnaissance d'un enfant, son auteur n'a pas à justifier de sa maternité ou de sa paternité. Or, certaines reconnaissances conformes aux conditions de validité posées par la loi peuvent se révéler inexactes : soit parce que l'auteur de la reconnaissance l'ignore, soit parce qu'il s'agit d'une reconnaissance de complaisance, son auteur agissant par intérêt ou par générosité tout en sachant qu'elle ne repose pas sur la vérité biologique [2]. C'est pourquoi le Code civil a prévu qu'une reconnaissance inexacte peut faire l'objet d'une action en contestation [3].

1148. ***Droit commun.*** Toutefois, l'action spécifique en contestation de reconnaissance a été supprimée par la réforme de 2005 qui à la dizaine d'actions en justice préexistantes, dont les règles s'avéraient complexes et de surcroît contraires au principe d'égalité des filiations, a substitué une action unique en contestation de la maternité et une autre en contestation de la paternité, dont les conditions d'exercice sont unifiées. C'est dans ce droit commun que s'inscrit désormais l'action en contestation de la reconnaissance d'enfant.

Section 3

L'établissement de la filiation par la possession d'état

1149. Deux articles du Code civil consacrent l'établissement de la filiation par la possession d'état : l'article 310-1 dispose que « *la filiation est légalement établie... par la possession d'état constatée par un acte de notoriété* ». et l'article 310-3 ajoute que « *la filiation se prouve... par l'acte de notoriété constatant la possession d'état* ». Dans un souci de sécurité juridique, l'ordonnance du 4 juillet 2005 a transformé la faculté d'établir la possession d'état en obligation. Ainsi, à côté de la constatation judiciaire de la possession d'état [4], la possession d'état doit être prouvée par un acte de notoriété, dont on verra le contenu (A), avant d'en apprécier la portée (B).

A. Preuve de la possession d'état par l'acte de notoriété

1150. ***Preuve extrajudiciaire.*** La preuve de la filiation par la possession d'état suppose d'abord la preuve de la possession d'état elle-même. Cette preuve est extrajudiciaire

---

1. En ce sens, v. J. Hauser et D. Huet-Weiller, n° 750 ; P. Malaurie et H. Fulchiron, *op. cit.*, n° 1207.
2. Le cas le plus fréquent est celui de l'homme qui épouse ou vit en concubinage une mère célibataire et qui reconnaît l'enfant de celle-ci afin de permettre son intégration dans le nouveau foyer. S'il rompt ultérieurement avec la mère, il souhaitera le plus souvent se libérer de la reconnaissance. D'où l'importance du contentieux : 1 500 actions par an.
3. Les lois étrangères qui n'admettent pas la faculté pour l'auteur de la reconnaissance de contester celle-ci en vue de faire établir la véritable filiation sont contraires à l'ordre public : v. Paris, 3 juin 1997, *JCP* 1998. I. 151, obs. M. Farge.
4. V. ss 1227.

ou judiciaire. En dehors de tout procès, la preuve de l'existence d'une possession d'état ne peut résulter que de la délivrance par le juge d'instance d'un acte de notoriété, qui constate la réunion de plusieurs éléments de la possession d'état. Si le juge estime insuffisants les témoignages et documents produits, il peut faire recueillir d'office par toute personne de son choix des renseignements sur les faits qu'il y a lieu de constater (C. pr. civ., art. 1157).

Cet acte constitue une condition de l'efficacité de la possession d'état et en fait foi jusqu'à preuve contraire. Il s'en déduit (C. civ., art. 310-1) un lien de filiation qui est mentionné en marge de l'acte de naissance de l'enfant (C. civ., art. 317, al. 4). Si le juge d'instance refuse de délivrer l'acte de notoriété, ou si l'existence de la possession d'état, constatée dans un acte de notoriété, est contestée, il faudra prouver en justice la possession d'état d'enfant.

1151. ***Paternité***. Dans la mesure où la filiation maternelle est désormais établie par la mention du nom de la mère dans l'acte de naissance (art. 311-25), la possession d'état servira essentiellement à établir la paternité hors mariage. Spécialement dans le cas où le père n'a pas reconnu l'enfant, mais l'a élevé, et où, à la suite de son décès, l'enfant invoque cette filiation, notamment dans la succession à liquider.

1152. ***Qualité pour demander l'acte de notoriété***. L'article 317 du Code civil précise que « *chacun des parents ou l'enfant* » peut demander la délivrance d'un acte de notoriété.

1153. ***Délai pour demander l'acte de notoriété***. L'acte de notoriété doit être demandé dans les cinq ans qui suivent la cessation de la possession d'état alléguée (art. 317, al. 3). Le point de départ du délai est « *la cessation de la possession d'état alléguée ou à compter du décès du parent prétendu* » (art. 317, al. 3). Passé le délai de cinq ans, il restera la possibilité aux intéressés d'engager une action judiciaire en constatation de possession d'état, ouverte dans le délai décennal de droit commun (art. 321).

1154. ***Possession d'état prénatale***. En cas de décès du père prétendu avant la déclaration de naissance de l'enfant, et sans qu'il n'ait procédé à une reconnaissance prénatale, la mère peut solliciter la délivrance d'un acte de notoriété en établissant l'existence d'une possession d'état prénatale. Elle peut se fonder sur le fait que le père prétendu a participé au choix du prénom de l'enfant, ou bien l'a accompagnée lors des examens prénataux, ou a annoncé à sa famille et aux tiers la grossesse de la mère, ou encore accompli diverses démarches comme l'achat de vêtements pour l'enfant ou la recherche d'une place en crèche… (cf. Circ. du 30 juin 2006). La circulaire du 30 juin 2006 indique que la délivrance de l'acte de notoriété peut être sollicitée avant l'accouchement, cet acte n'ayant d'efficacité que si l'enfant naît vivant et viable. L'intérêt de cette délivrance tient dans la possibilité de transmettre à l'enfant le nom de son père défunt (comp. art. 311-21).

B. Effets de la possession d'état prouvée par l'acte de notoriété

1155. ***Établissement et preuve de la filiation***. L'existence d'une possession d'état d'enfant place l'enfant dans la même situation, du moins en théorie, qu'un enfant dont la filiation est établie par l'effet de la loi ou par une reconnaissance. L'acte de notoriété constatant la possession d'état produit donc un effet probatoire et un effet déclaratif de filiation.

1156. ***Présomption simple.*** L'existence d'une possession d'état constatée par un acte de notoriété fait présumer l'existence d'un lien de filiation. Mais il ne s'agit que d'une présomption simple qui peut être renversée par la preuve du contraire, dans le délai de cinq ans à compter de la délivrance de l'acte (C. civ., art. 335).

Est ouverte, à tout intéressé une action en contestation de la filiation établie par la possession d'état. Cette action spécifique peut avoir pour objet, soit de critiquer la possession d'état en démontrant ses insuffisances, soit de prouver que la possession d'état ne correspond pas à la vérité biologique [1]. La preuve peut en être rapportée par tous moyens, et spécialement par un examen comparé des sangs ou le recours aux empreintes génétiques.

1157. ***Effet rétroactif.*** La démonstration de l'existence d'une possession d'état constatée par acte de notoriété a un effet déclaratif, tout comme la reconnaissance. C'est dire que la filiation remonte rétroactivement au jour de la naissance de l'enfant ou au jour de sa conception s'il y va de son intérêt. La filiation ainsi établie par la possession d'état produit les mêmes conséquences qu'une filiation résultant de la loi ou d'une reconnaissance volontaire.

1158. ***Mention en marge.*** Pour rendre publique la filiation établie par la possession d'état, l'acte de notoriété doit être mentionné en marge de l'acte de naissance de l'enfant (art. 317, al. 4). C'est pourquoi la circulaire du 30 juin 2006 invite les juges d'instance à faire preuve de la plus grande vigilance dans la délivrance de l'acte de notoriété. Notamment, du fait de la proclamation du principe chronologique (art. 320), le juge doit vérifier que l'enfant n'a pas une filiation contraire déjà établie à l'égard d'un tiers. Ainsi doit-il exiger la production d'une copie de l'acte de naissance. Si le juge constate l'établissement d'un lien de filiation antérieur, la circulaire du 30 juin 2006 l'enjoint de « *refuser de dresser l'acte de notoriété tant que cette filiation n'a pas été valablement contestée et d'en informer le demandeur* ». Ces diligences sont d'autant plus importantes que la filiation établie par une possession d'état constatée dans un acte de notoriété ne peut plus être contestée à l'expiration d'un délai de cinq ans à compter de la délivrance de l'acte (art. 335).

---

1. Civ. 1re, 4 déc. 1990, *Bull. civ.* I, n° 277 ; *Defrénois* 1991. 672, note J. Massip, *RTD civ.* 1991. 511, obs. D. Huet-Weiller.

Chapitre 3

Le contentieux de la filiation

1159. ***Actions judiciaires***. Lorsque la filiation ne peut être établie conformément aux dispositions précédentes, « *elle peut aussi l'être par jugement dans les conditions prévues au chapitre III du présent titre* » (art. 310-1, al. 2). C'est pourquoi il convient d'envisager à présent les différentes actions relatives à la filiation, étant rappelé que les dispositions générales les concernant ont été examinées antérieurement[1].

L'état du droit antérieur à l'ordonnance du 4 juillet 2005 était caractérisé par un foisonnement d'actions en justice. Pas moins de neuf actions différentes existaient pour contester un lien de filiation légalement établi. La simplification de l'ensemble était donc une nécessité impérieuse[2].

Le rapport de présentation de l'ordonnance au président de la République souligne qu'un équilibre a été recherché entre les composantes biologique et affective qui fondent le lien de filiation : en effet, ce lien ne saurait être réduit à sa seule composante génétique. Par ailleurs, la modification du régime des actions a été rendue nécessaire aussi par le développement des moyens de preuve, qui appelle une plus grande rigueur dans les délais, afin de mettre l'enfant à l'abri de revendications tardives affectant la stabilité de son état. C'est la raison pour laquelle les délais ont été considérablement abrégés.

L'unification du régime des actions laisse toutefois subsister une distinction fondamentale entre les actions aux fins d'établissement de la filiation (Section 1) et les actions aux fins de contestation de la filiation (Section 2).

Section 1
Les actions aux fins d'établissement de la filiation

1160. Si l'on met à part l'action en rétablissement des effets de la présomption de paternité du mari, déjà envisagée[3], les actions qui tendent à l'établissement de la filiation concernent la maternité (§ 1), la paternité hors mariage (§ 2) et la constatation de la possession d'état (§ 3).

L'ordonnance du 4 juillet 2005 prévoit, pour chacune de ces actions, que le tribunal statuera, s'il y a lieu, sur l'exercice de l'autorité parentale, la contribution à l'entretien et à l'éducation de l'enfant, et l'attribution du nom (art. 331), autrement dit sur les effets de la filiation.

---

1. V. ss 1060 s.
2. T. Garé, « L'ordonnance portant réforme de la filiation », *JCP* 2006. I. 144.
3. V. ss 1106 s.

§ 1. L'action en recherche de maternité

1161. ***Unification.*** Lorsque la filiation maternelle n'est pas établie par l'acte de naissance, ni par une reconnaissance, ni par la possession d'état, l'enfant doit faire établir judiciairement son lien de filiation, qu'il s'agisse de la maternité d'une femme mariée ou non.

1162. ***Rareté.*** L'expérience démontre que de telles actions, déjà très rares en pratique, le seront plus encore. En effet, la recherche en justice de la maternité n'est nécessaire que lorsque le nom de la mère n'a pas été inscrit dans l'acte de naissance de l'enfant. De ce fait, le contentieux ne peut que rester exceptionnel : celui des enfants abandonnés par leur mère à la naissance. La recherche de maternité pourrait aussi correspondre à l'hypothèse d'enlèvement, de supposition ou de substitution d'enfant.

L'action est régie par l'article 325 du Code civil, issu de l'ordonnance du 4 juillet 2005. Seront successivement étudiées, les conditions de recevabilité, les conditions d'admission, et le régime de l'action.

A. Les conditions de recevabilité de l'action

1163. ***Ni titre ni possession d'état.*** Une action en recherche de maternité n'est pas recevable si la filiation est établie par le titre ou la possession d'état d'enfant (C. civ., art. 325) ou si l'enfant a fait l'objet d'une adoption plénière ou même est placé en vue d'une telle adoption (C. civ., art. 352). En revanche, l'action peut être reçue si l'enfant n'a ni titre ni possession d'état d'enfant ou s'il a un titre inapte à établir le lien de filiation à l'égard de la mère à laquelle il souhaite être rattaché [1].

1164. ***Principe chronologique.*** Par ailleurs, la recherche de maternité intentée par un enfant incestueux n'est admise que si la filiation paternelle de cet enfant n'est pas établie, dès lors qu'il s'agit d'un empêchement absolu au mariage [2]. De même, une action en recherche de maternité n'est pas recevable si une autre filiation maternelle a déjà été établie (art. 320). C'est l'application du principe chronologique : il faut d'abord contester en justice la filiation légalement instituée, pour faire établir une autre filiation qui la contredirait. Ces situations sont tout à fait exceptionnelles en pratique.

1165. ***Accouchement dans le secret.*** L'article 326 du Code civil, issu de la loi du 8 janvier 1993, dispose : que « *Lors de l'accouchement, la mère peut demander que le secret de son admission et de son identité soit préservé* » [3]. En revanche, l'article 325 qui prévoyait que dans ce cas l'enfant est privé du droit d'agir en recherche de maternité [4] a

---

1. Par ex. le nom de la mère ne figure pas dans l'acte de naissance ou l'enfant a été inscrit sous de faux noms.
2. V. ss 158, 167.
3. F. Dreifuss-Netter, « L'accouchement sous X », *in Mélanges D. Huet-Weiller*, 1994, p. 99 ; B. Trillat, « L'accouchement anonyme : de l'opprobre à la consécration », *in Mélanges D. Huet-Weiller*, 1994, p. 513 ; *adde* : I. Ardeef, *D.* 2001. 868 ; H. Gaumont-Prat, *Dr. fam.* 1999. Chron. 17 ; I. Laurent-Merle, *D.* 1998. Chron. 373 ; L. Leveneur, *Dr. patrimoine* 2002. 42 ; C. Neyrinck, *JCP* 1996. I. 3922 ; J. Rubellin-Devichi, *JCP* 2001. I. 332.
4. F. Granet, « L'établissement judiciaire de la filiation depuis la loi n° 93-22 du 8 janvier 1993 », *D.* 1994. Chron. 21.

été supprimé par la loi du 16 janvier 2009, l'accouchement dans le secret de la mère ne constitue donc plus une fin de non-recevoir à l'action en recherche de maternité. L'enfant qui retrouverait sa mère, et qui n'aurait pas été adopté peut ainsi intenter une action en recherche de maternité jusqu'à ce qu'il ait vingt-huit ans puisque la prescription décennale ne lui est pas opposable pendant sa minorité. Cette suppression fondée sur le droit de l'enfant de voir sa filiation établie et sur la volonté de faire disparaître une inégalité entre le père – qui ne peut échapper à une recherche de paternité – et la mère, soi-disant susceptible de conduire à une condamnation de la France devant la Cour européenne des droits de l'Homme[1], est de nature à remettre en cause la réversibilité de l'accouchement dans le secret organisée par la loi n° 2002-93 du 22 janvier 2002 relative à l'accès aux origines personnelles et au CNAOP. En effet, cette fin de non-recevoir constituait sans doute un argument supplémentaire pour convaincre la mère de rendre réversible le secret sur son identité en vertu de cette loi, assurée qu'elle était de ne pas voir l'enfant établir sa filiation à son égard si elle décidait de lever le secret.

L'enfant né dans le secret est recueilli par les services de l'aide sociale à l'enfance et peut faire l'objet d'une adoption plénière à l'expiration d'un délai de deux mois (art. 351, al. 2) pendant lequel la mère peut changer d'avis et reconnaître l'enfant.

1166. ***Conformité à la Convention européenne des droits de l'Homme***. Le dispositif de l'accouchement dans le secret qui permet à la mère de cacher son identité à l'enfant a été validé par la Cour européenne des droits de l'Homme[2] qui a jugé que la loi du 22 janvier 2002, sur l'accès aux origines personnelles, s'efforce d'assurer équitablement la conciliation entre la protection du secret de la mère et la demande légitime de l'enfant concernant ses origines. Le juge européen a, à l'inverse, condamné le dispositif italien d'accouchement dans le secret qui ne permet aucune réversibilité du secret même partielle dans l'arrêt *Godelli c/ Italie* du 25 septembre 2012[3].

1167. ***Accès aux origines***. La loi du 22 janvier 2002, relative à l'accès aux origines des personnes adoptées et pupilles de l'État, a tenté de réaliser un compromis conciliant le droit de la mère au secret et le droit de l'enfant à la connaissance de son histoire[4]. À cette fin, elle crée un Conseil national pour l'accès aux origines personnelles (CNAOP), placé auprès du ministre chargé des Affaires sociales, et destiné à organiser une procédure de levée du secret lorsque les père et mère consentent à ce que soit révélée leur identité.

La liberté de l'accouchement dans le secret est donc maintenue, mais la loi s'attache à favoriser la connaissance des origines des enfants adoptés et pupilles de l'État en organisant la réversibilité du secret de la naissance. La procédure se fonde toutefois sur la nécessité d'un accord express du parent concerné, qu'il s'agisse de la mère ou du père, et de

---

1. H. de Richemont, rapp. n° 145 2007-2008, fait au nom de la commission des lois déposé le 19 décembre 2007 p. 32.

2. Cour EDH 13 févr. 2003, *Odièvre c/ France*, *D.* 2003. Chron. 1240, par B. Mallet-Bricout ; *JCP* 2003. II. 10049, note A. Gouttenoire et F. Sudre ; *Dr. fam.* 2003, n° 58, note P. Murat ; *RTD civ.* 2003. 276, obs. J. Hauser ; 375, obs. J.-P. Marguénaud ; *RDSS* 2003. 219, étude F. Monéger ; 10 janv. 2008, *Kearns c/ France*, *RJPF* n° 4, 2008. 23 obs. T. Garé ; 25 sept. 2012, *Godelli c/ Italie*.

3. *RLDC* 2013, n° 100, p. 35, obs. M.C. Le Boursicot ; *JDJ* n° 325, mai 213, p. 41, obs. G. Mathieu.

4. Sur cette loi, v. F. Bellivier, chron. lég. *RTD civ.* 2002. 368 ; B. Mallet-Bricout, *JCP* 2002. I. 119 ; J. Rubellin-Devichi, *Dr. fam.* 2002. Chron. 11 ; H. Gaumont-Prat, *Dr. fam.* 2003. Chron. 14 ; M.-C. Le Boursicot, *RJPF* 2002-3/11 ; C. Neirinck, *RDSS* 2202. 189 ; v. aussi J. Carbonnier, *ibid.* 306. Sur l'information donnée à la mère au moment de l'accouchement et les renseignements qu'elle est invitée à laisser, v. C. fam., art. L. 222-6.

l'enfant, il n'y a pas de levée automatique du secret de l'identité des parents biologiques à la majorité de l'enfant qui la demande. Le CNAOP joue un rôle d'intermédiaire entre les personnes impliquées dans le processus de levée du secret. Ainsi, le CNAOP pourra recevoir la demande d'accès à la connaissance de ses origines de l'enfant lui-même, avec l'accord de ses représentants légaux s'il est mineur, voire de ses descendants en ligne directe majeurs s'il est décédé. De leur côté, la mère ou le père de naissance de l'enfant adresseront au CNAOP la déclaration par laquelle elle ou il autorise la levée du secret de sa propre identité. Dans tous les cas, les intéressés seront informés que leur déclaration expresse ne sera communiquée à la personne concernée que si celle-ci fait elle-même une demande d'accès à ses origines. En d'autres termes, la loi pose le principe de la concordance nécessaire des volontés de l'enfant et de ses parents pour que le secret de l'identité de l'un ou de l'autre de ces derniers puisse être levé. L'ensemble de la procédure est régi par les dispositions du Code de l'action sociale et des familles (art. L. 147-1 s.).

1168. ***Droits des pères***. Alors que certaines décisions des juridictions du fond [1] ont considéré que la reconnaissance prénatale du père prétendu s'est trouvée privée de toute efficacité du fait de la décision de la mère d'accoucher dans le secret et de dissimuler à celui-ci tous les éléments susceptibles de retrouver l'enfant, la Cour de cassation a affirmé au contraire que si un enfant né ultérieurement d'un accouchement dans le secret fait l'objet d'une reconnaissance prénatale par le père, celle-ci établit la filiation paternelle de l'enfant avec effet au jour de sa naissance [2]. La solution a été explicitement fondée sur l'article 7.1 de la Convention internationale sur les droits de l'enfant, qui interdit aux États contractants de méconnaître le droit de l'enfant de connaître son père déclaré. La Haute juridiction a, en conséquence, cassé l'arrêt qui avait déclaré irrecevable la demande de restitution formée par le père, alors que le conseil de famille, qui était de surcroît informé de cette reconnaissance, avait consenti à l'adoption de l'enfant. Ce consentement relevait du seul pouvoir du père qui avait reconnu l'enfant.

La loi du 22 janvier 2002 sur l'accès aux origines personnelles, a introduit dans le Code civil une disposition qui permet au père de faire constater ses droits, dans les termes suivants : « *si la transcription de la reconnaissance paternelle s'avère impossible, du fait du secret de son identité opposé par la mère, le père peut en informer le procureur de la République. Celui-ci procède à la recherche des date et lieu d'établissement de l'acte de naissance de l'enfant* » (art. 62-1). Ainsi, le procureur de la République viendra en aide au père qui veut voir établie sa paternité, en recherchant le lieu et la date de l'accouchement permettant de retrouver l'enfant.

B. Conditions d'admission

1169. ***Accouchement***. Lorsque l'action est recevable, son succès suppose que la preuve de la maternité soit rapportée. L'enfant doit, pour cela, prouver qu'il est bien

---

1. Nancy, 23 févr. 2004, *D.* 2004. Somm. 1422, obs. F. Granet-Lambrechts ; *JCP* 2004. II. 10073, note M. Garnier ; *Dr. fam.* 2004, nº 48, note P. Murat ; *RJPF* 2004-4/33, note M.-C. Le Boursicot ; *RTD civ.* 2004. 275, obs. J. Hauser.

2. Civ. 1re, 7 avr. 2006, *D.* 2006. 2293, note E. Poisson-Drocourt ; *D.* 2007. Pan. 1461, obs. F. Granet-Lambrechts ; *RTD civ.* 2006. 273, obs. P. Rémy-Corlay ; *ibid.* 292, obs. J. Hauser ; *JCP* 2006. I. 199, obs. J. Rubellin-Devichi ; *adde* : B. Mallet-Bricout, *D.* 2006. 1177 ; P. Salvage-Gerest, *D.* 2007. 879.

l'enfant dont la mère prétendue a accouché. Il doit donc prouver, d'une part, que la mère prétendue a accouché d'un enfant, et d'autre part, son identité avec cet enfant. Ces deux faits peuvent être prouvés par tous moyens.

Avant 2005, l'enfant, devait au préalable établir qu'il existait « des *présomptions ou indices graves* » (C. civ., anc art. 341) rendant vraisemblable la maternité : écrits, lettres, témoignages, photographies, versements d'argent par la mère, marques de linge, bijou de famille porté par l'enfant, ressemblance frappante avec la mère[1]... L'ordonnance du 4 juillet 2005 a supprimé l'existence de ces adminicules, destinés à prévenir les actions abusives. L'enfant peut désormais prouver directement la maternité par tous moyens, notamment la preuve scientifique, car le juge ordonnera une expertise biologique, à sa demande.

1170. ***Filiation paternelle***. Le succès de l'action en recherche de maternité n'aura pas de répercussion sur la filiation paternelle de l'enfant. En effet, celle-ci doit être établie de manière autonome, même en cas de mariage de la mère, puisque la présomption de paternité de son mari se trouvera, par hypothèse, écartée en application de l'article 313 du Code civil (absence de désignation du mari en qualité de père sur l'acte de naissance). La présomption de paternité ne pourra donc être rétablie qu'en vertu des dispositions de l'article 329 du Code civil[2].

C. Régime de l'action

1171. ***Action attitrée***. L'action en recherche de maternité est une action attitrée réservée à l'enfant (C. civ., art. 325, al. 2). C'est donc l'enfant qui est demandeur à l'action. Mineur, il est représenté par son père si celui-ci l'a reconnu (C. civ., art. 328, al. 1er). Si l'enfant n'a aucune filiation établie, il sera sous tutelle et représenté par son tuteur autorisé par le conseil de famille (C. civ., art. 464, al. 3). Les héritiers de l'enfant peuvent agir dans les conditions de l'article 322 s'il est décédé avant l'expiration du délai qui était imparti à celui-ci pour agir. Ils peuvent également continuer l'action que celui-ci aurait engagée avant son décès.

1172. ***Défendeur***. L'action est exercée contre la mère prétendue. Si celle-ci est mineure, elle est représentée. Si la mère est décédée, l'action est intentée contre ses héritiers, et à défaut d'héritiers, ou si ceux-ci ont renoncé à la succession, l'action est dirigée contre l'État (C. civ., art. 328, al. 3)[3]. Si la défenderesse est mariée, la circulaire du 30 juin 2006 préconise de mettre en cause le mari, afin qu'il puisse le cas échéant soulever la question de sa paternité, et qu'elle soit tranchée en même temps que celle de la maternité, le jugement étant rendu commun aux deux époux.

1173. ***Prescription***. L'action est prescrite par dix ans à compter de la naissance de l'enfant (art. 321), ce qui abrège considérablement le délai par rapport au droit antérieur,

---

1. Les juges du fond appréciaient souverainement la valeur des présomptions ou indices graves : Civ. 1re, 13 janv. 1998, *Bull. civ.* I, n° 11 ; *D.* 1998. Somm. 358, obs. F. Granet ; *RTD civ.* 1998. 356, obs. J. Hauser ; 24 mars 1998, *Bull. civ.* I, n° 123 ; *D.* 1998. Somm. 358, obs. F. Granet ; *RTD civ.* 1999. 73, obs. J. Hauser.

2. V. ss 1106.

3. Civ. 1re, 1er juill. 2003, *Bull. civ.* I, n° 152 ; *D.* 2004. Somm. 1421, obs. F. Granet-Lambrechts ; *Dr. fam.* 2003, n° 99, note P. Murat ; *RTD civ.* 2003. 693, obs. J. Hauser.

qui était alors de trente ans. Ce délai est suspendu, à l'égard de l'enfant, pendant sa minorité, de telle sorte qu'il peut agir jusqu'à l'âge de vingt-huit ans. Mais, pendant la minorité de l'enfant, son père ou son tuteur peut exercer l'action en recherche de maternité en son nom.

§ 2. L'action en recherche de paternité

1174. ***Histoire***. La recherche en justice de la paternité naturelle a connu une histoire mouvementée. Elle était dans l'ancien droit largement admise, du fait que le père prétendu était seulement tenu de fournir des aliments à l'enfant. Accordant à l'enfant naturel des droits plus étendus, notamment successoraux, la Révolution supprima la recherche de paternité, considérant qu'on ne devait admettre la filiation naturelle que si le père le voulait, volonté manifestée par une reconnaissance. Bien qu'il réduisît considérablement les droits des enfants naturels, le Code Napoléon maintint la prohibition, ne la faisant céder que dans le cas hypothétique d'enlèvement.

1175. ***Obligation d'entretien***. Aussi, pour atténuer la rigueur de la loi, les tribunaux avaient considéré que le père était tenu d'une obligation naturelle d'entretien envers l'enfant non reconnu. En conséquence, dès lors qu'il s'était engagé à subvenir aux besoins de son enfant, l'obligation naturelle était novée en obligation civile et la promesse d'exécuter cette obligation naturelle devenait civilement obligatoire.

1176. ***Admission limitée***. Cette jurisprudence ne palliait qu'incomplètement les insuffisances de la loi. Mais elle avait préparé l'intervention du législateur, réalisée par la loi du 16 novembre 1912. Celle-ci n'a pas supprimé la prohibition de la recherche de paternité naturelle, mais elle l'a autorisée, dans l'article 340 du Code civil, sous certaines conditions qui ont été assouplies par une loi du 15 juillet 1955. Cette dernière créait, parallèlement à l'action en recherche de paternité naturelle, une action purement alimentaire mais dont seuls les enfants adultérins et incestueux pouvaient bénéficier.

L'essentiel de ces solutions a été maintenu en 1972. Il a paru nécessaire de conserver un régime relativement restrictif dès lors que la preuve positive de la paternité ne pouvait pas être apportée scientifiquement. Mais, retenant les leçons de l'ancien droit, le législateur a consacré en marge de cette action en recherche de paternité naturelle une action purement alimentaire, plus facilement acceptée par les familles, et souvent aussi avantageuse pour l'enfant et la mère. Ce système dualiste a été critiqué. Cependant, la loi du 25 juin 1982 a paré indirectement à nombre des inconvénients reprochés, en faisant de la possession d'état une preuve directe de la filiation naturelle. L'action judiciaire perdait donc beaucoup de son intérêt. Surtout, le développement des procédés de preuve scientifique rendait obsolète l'architecture du Code civil : cas d'ouverture, fins de non-recevoir, preuve de la paternité. En effet, la preuve positive de la paternité biologique peut être aujourd'hui rapportée. C'est pourquoi la loi du 8 janvier 1993 a supprimé les cas d'ouverture et fins de non-recevoir[1]. Toutefois, parce que la filiation n'a pas seulement une dimension biologique, il était prévu comme pour la maternité naturelle que le demandeur devait établir l'existence de « *présomptions ou indices graves* ». Or, la Cour de cassation a vidé de toute

---

1. V. F. Granet, *D.* 1994. Chron. 21 ; J.-P. Gridel, *D.* 1993. Chron. 191 ; J. Massip, *Defrénois* 1993. 609 et 673 ; J. Rubellin-Devichi, *JCP* 1993. I. 3659 ; P. Courbe, *Audijuris* 1994, n° 38, p. 1.

substance cette exigence en décidant que les résultats de l'expertise biologique pouvaient constituer ces présomptions ou indices graves [1]. La suppression de cet obstacle à l'établissement de la paternité, réalisée par l'ordonnance du 4 juillet 2005, paraît donc d'autant plus logique qu'elle rend le droit français de la filiation plus conforme à la Convention européenne des droits de l'Homme, telle qu'interprétée par la Cour EDH, qui affirme de manière constante le droit pour l'enfant d'établir sa filiation [2].

1177. ***Rétablissement de la présomption de paternité***. Le droit positif distingue l'action en recherche de la paternité hors mariage (art. 327) et l'action en rétablissement des effets de la présomption de paternité du mari (art. 329), envisagées antérieurement [3].

A. Les conditions de recevabilité de l'action

1178. ***Suppression des adminicules***. L'évolution des progrès scientifiques a mis au jour la nécessité de changer le système issu de la loi de 1912, modifiée par celle du 8 janvier 1993. Depuis l'ordonnance du 4 juillet 2005, l'article 327 du Code civil est rédigé comme suit : « *La paternité hors mariage peut être judiciairement déclarée* ». Ainsi, l'ordonnance a-t-elle procédé à une rupture avec la loi antérieure, qui subordonnait la preuve de la paternité naturelle, comme celle de la maternité, que si la demande était rendue vraisemblable par d'autres preuves, plus objectives, et habituellement qualifiées d'adminicules. Avec la suppression de ces derniers, le demandeur ne rencontre donc plus désormais d'obstacle pour faire la preuve de la paternité, cette preuve de la vérité biologique étant devenue nécessaire et suffisante sous réserve de certaines hypothèses.

1179. ***Filiation antérieure ou placement de l'enfant en vue d'une adoption***. L'action en recherche de paternité est soumise à plusieurs conditions de recevabilité. Ainsi, elle n'est pas recevable s'il s'agit de faire établir une filiation incestueuse, en cas d'inceste absolu, lorsque la filiation maternelle de l'enfant est déjà établie. Pareillement, l'action est irrecevable si l'enfant a déjà une paternité établie (art. 320) tant que cette filiation n'a pas été contestée en justice. Enfin, le placement de l'enfant en vue d'une adoption plénière est un obstacle à toute recherche de paternité (art. 356), mais le prononcé d'une adoption simple n'interdit pas à l'enfant de rechercher son père biologique (art. 369).

La fin de non-recevoir à l'action en recherche de paternité résultant d'une filiation antérieure a été jugée conforme aux droits fondamentaux par la Cour de cassation dans un arrêt du 5 octobre 2016 [4]. En l'espèce, une femme souhaitait remettre en cause la filiation établie par reconnaissance à l'égard du mari de sa mère qui l'avait élevée, pour faire établir, grâce à une expertise génétique, sa filiation à l'égard de l'auteur d'une reconnaissance ultérieure. Pour la Cour de cassation, si l'impossibilité pour une personne de faire reconnaître son lien de filiation paternelle constitue une ingérence dans l'exercice du droit au respect de sa vie privée et familiale garanti par l'article 8 de la Convention européenne des droits de l'Homme, l'obstacle opposé est prévu à

---

1. Civ. 1re, 11 févr. 1997, *D.* 1997. 502, note J. Massip ; *D.* 1998. Somm. 29, obs. F. Granet ; *Dr. fam.* 1997, nº 57, note P. Murat ; 27 janv. 1998, *D.* 1998. Somm. 356, obs. F. Granet.
2. A. Gouttenoire, « Les actions relatives à la filiation après la réforme du 4 juillet 2005 », *Dr. fam.* janv. 2006. 21.
3. V. ss 1106.
4. Nº 15-25.507.

l'article 320 du Code civil et poursuit un but légitime en ce qu'il tend à garantir la stabilité du lien de filiation et à mettre les enfants à l'abri des conflits de filiations. Ayant constaté que l'intéressée avait disposé de procédures lui permettant de mettre sa situation juridique en conformité avec la réalité biologique, la cour d'appel a pu en déduire que l'atteinte portée au droit au respect de sa vie privée n'était pas disproportionnée au regard du but légitime poursuivi.

1180. ***Procréation médicalement assistée.*** Lorsque la procréation médicalement assistée est effectuée avec tiers donneur, « *aucun lien de filiation ne peut être établi entre l'auteur du don et l'enfant issu de la procréation* » (C. civ., art. 311-19, al. 1er). De telle sorte que, si par l'effet d'une violation de l'anonymat, l'identité du tiers donneur venait à être connue, aucune action en recherche de paternité naturelle ne pourrait être exercée contre lui.

1181. ***Autorité de la chose jugée.*** Par ailleurs, si l'enfant agit après son accession à la majorité, il peut lui être opposé une fin de non-recevoir tirée de l'autorité de la chose jugée d'une décision qui aurait conclu à l'impossibilité de la paternité du défendeur à la suite d'une action intentée par sa mère durant sa minorité.

1182. ***Indifférence de la volonté du père.*** Certains géniteurs, à qui la paternité a été imposée ont tenté de s'opposer à la recevabilité de l'action. L'un d'entre eux n'a pas hésité à soulever devant la Cour de cassation une question prioritaire de constitutionnalité pour s'opposer à l'action en recherche de paternité intentée contre lui par la mère de l'enfant, vraisemblablement né d'une relation éphémère, et non désiré par le défendeur. Il s'agissait de savoir si « *L'article 327 du Code civil instituant l'action en recherche judiciaire de paternité hors mariage, en ce qu'il empêche tout homme géniteur de se soustraire à l'établissement d'une filiation non désirée, est[-il] contraire à la Constitution, ensemble les articles 1er et 4 de la Déclaration des droits de l'Homme et du citoyen de 1789, l'article 3 du Préambule de la Constitution du 27 octobre 1946 et l'article 1er de la Constitution du 4 octobre 1958 ?* ». La Cour de cassation dans une décision du 28 mars 2013 [1] a refusé de transmettre cette QPC en considérant que « *la question posée ne présente pas de caractère sérieux au regard du principe d'égalité entre les hommes et les femmes, dès lors que la maternité hors mariage est susceptible d'être judiciairement déclarée, comme la paternité hors mariage et dans les mêmes conditions procédurales, y compris en cas d'accouchement dans le secret, lequel ne constitue plus une fin de non-recevoir à l'action en recherche de maternité, ensuite, que ni la question elle-même, ni le mémoire qui la soutient, n'exposent en quoi le texte critiqué méconnaîtrait les principes fondés sur les dispositions de l'article 4 de la Déclaration des droits de l'Homme et du citoyen* ».

1183. ***Action d'état.*** L'action en recherche de paternité hors mariage est une action d'état qui obéit au régime général des actions relatives à la filiation [2]. Cette action présente, toutefois, quelques traits spécifiques relatifs aux parties à l'action et au délai pour agir.

---

1. Pourvoi n° 13-40.001.
2. V. ss 1060.

1184. ***Action attitrée***. L'action est réservée à l'enfant (C. civ., art. 327, al. 2). C'est dire que l'action en recherche de paternité est une action attitrée (C. pr. civ., art. 31). Cependant, en vertu de l'article 322 du Code civil, l'action peut être poursuivie par ses héritiers si l'enfant l'avait engagée avant son décès. Les héritiers, en outre, peuvent exercer l'action si l'enfant est décédé mineur avant que les délais de l'action ne soient expirés.

Lorsque l'enfant est mineur, il doit être représenté : seule la mère a qualité pour intenter l'action au nom de l'enfant, même si elle est mineure elle-même, à condition que la filiation soit établie à son égard (art. 328, al. 1er). Elle peut donc agir seule, lorsqu'elle est mineure, sans son représentant légal, car l'action est exercée par elle ès qualités de mère.

Elle n'a pas, non plus, à être autorisée par le juge des tutelles [1]. Si la mère est décédée ou hors d'état de manifester sa volonté, l'action est intentée par le tuteur du mineur autorisé par le conseil de famille [2]. Il en est de même si la mère n'a pas reconnu l'enfant, car elle ne peut alors le représenter. Elle pourrait, néanmoins, régulariser l'action intentée par elle en reconnaissant l'enfant en cours d'instance, puisque la reconnaissance a un effet déclaratif [3]. L'enfant mineur capable de discernement peut être entendu (C. civ., art. 388-1). Quant à l'enfant émancipé, il peut agir seul. Enfin, l'enfant majeur placé sous un régime de protection sera représenté (tutelle) ou assisté (curatelle).

1185. ***Défendeur***. L'action en recherche de paternité naturelle est exercée contre le père prétendu. Si ce dernier est mineur, il est personnellement partie à l'instance en présence de son représentant légal [4].

Si le père prétendu est un majeur protégé, l'action sera dirigée contre le père prétendu et son tuteur [5] ou contre le père prétendu et son curateur. En cas de décès du père prétendu [6], l'action est exercée contre ses héritiers s'ils acceptent la succession, ou même contre le conjoint survivant appelé en usufruit [7]. Si tous les héritiers ont renoncé à la succession, l'action est dirigée contre l'État représenté par le ministère public (C. pr. civ., art. 1151). Mais les héritiers renonçants sont appelés à la procédure pour y faire valoir leurs droits extrapatrimoniaux (art. 328, al. 3).

1186. ***Prescription***. Depuis l'entrée en vigueur de l'ordonnance du 4 juillet 2005 l'action doit être exercée dans un délai de dix ans (au lieu de deux ans dans le droit antérieur) à compter de la naissance, la prescription étant suspendue durant la minorité de l'enfant. C'est l'application du droit commun (art. 321). En conséquence, sa mère ou son tuteur peut agir durant toute sa minorité, et l'enfant lui-même peut agir jusqu'à ses vingt-huit ans. Ainsi, non seulement la durée du délai est allongée, mais il s'agit dorénavant d'un délai de prescription. Cet allongement substantiel de la durée du délai de prescription peut prendre appui sur le droit de l'enfant à la connaissance de ses origines, proclamé par l'article 7.1 de la Convention de New York du 20 novembre 1989 relative aux droits

---

1. Civ. 1re, 12 oct. 1983, *Bull. civ.* I, n° 230 ; *D.* 1984. 238, note J. Massip.
2. L'article 328, alinéa 2, du Code civil renvoie à l'article 464, alinéa 3, du même code.
3. Chambéry, 8 févr. 1994, *D.* 1995. Somm. 118, obs. F. Granet, avec les références citées.
4. Civ. 1re, 8 janv. 1957, *D.* 1957. 464 ; 12 nov. 1969, *JCP* 1970. II. 16195.
5. En ce sens, v. J. Hauser et D. Huet-Weiller, n° 817.
6. A. Breton, « La recherche de paternité naturelle après le décès du père prétendu », *in Mélanges G. Marty*, 1979, p. 121.
7. Il n'est pas nécessaire d'appeler en cause tous les héritiers (Civ. 1re, 16 déc. 1992, *Bull. civ.* I, n° 312) puisque le jugement qui sera rendu sera opposable à tous (C. civ., art. 324, al. 1er).

de l'enfant[1]. Il a paru, aussi, raisonnable de donner à l'enfant un temps suffisamment long pour recueillir des éléments de preuve et atteindre une certaine maturité afin de décider de rechercher son père en justice[2]. La France a été cependant condamnée par la Cour EDH pour la durée excessive d'une procédure en recherche de paternité naturelle qui avait duré onze ans[3].

B. Les conditions d'admission de l'action

1187. ***Liberté de la preuve***. Pour que l'action en recherche de paternité hors mariage réussisse, il faut que la preuve de la paternité du défendeur soit faite. Celle-ci peut être établie par tous moyens. Cette preuve est libre : l'article 327 n'édicte aucune restriction. Il est possible ainsi de recourir à la preuve scientifique, examen comparé des sangs ou méthode des empreintes génétiques, qui est évidemment la preuve la plus fiable. Le juge doit donc ordonner une expertise biologique, à la demande de l'enfant ou d'office : désormais, en effet, il y est tenu[4]. Si le défendeur refuse de se soumettre à la mesure d'expertise, le juge pourra tirer toutes les conséquences de ce refus (C. pr. civ., art. 11).

Le défendeur à l'action peut tenter de démontrer sa non-paternité. Il peut demander au juge d'ordonner une expertise si celle-ci n'a pas déjà été demandée par l'enfant ou ordonnée d'office par le juge. Et le juge est tenu d'ordonner cette expertise. En revanche, il peut refuser d'ordonner une contre-expertise dès lors qu'un résultat a été déjà obtenu selon une méthode médicale certaine[5]. Depuis la loi du 6 août 2004 relative à la bioéthique, aucune identification par empreintes génétiques ne peut être réalisée *post mortem*, « sauf accord exprès de la personne manifesté de son vivant » (C. civ., nouv. art. 16-11, al. 2).

1188. ***Procréation médicalement assistée***. L'une des deux lois du 29 juillet 1994 sur la bioéthique a prévu un cas particulier où la preuve de la paternité hors mariage n'a pas à être positivement rapportée. Lorsqu'un le concubin a, en effet, consenti à une procréation médicalement assistée, il doit reconnaître l'enfant. S'il refuse, il peut faire l'objet d'une action en recherche de paternité, qu'il soit le père (procréation médicalement assistée « interne ») ou non (procréation médicalement assistée avec tiers donneur). C'est ce qui résulte de l'article 311-20, alinéa 5, du Code civil : la paternité sera alors judiciairement déclarée sur le seul fondement du consentement et non sur la preuve (impossible en cas de tiers donneur) de sa paternité biologique.

C. L'issue de l'action

1189. ***Établissement de la paternité***. Le jugement peut accueillir ou rejeter l'action. Le tribunal prononce la paternité du défendeur s'il estime que la preuve de celle-ci a été suffisamment établie. Le prononcé de la filiation est déclaratif. Cela signifie que la filiation est établie rétroactivement : l'effet du jugement va remonter au jour de la naissance[6],

---

1. H. de Richemont, Rapport, préc., p. 37.
2. F. Granet-Lambrechts, article préc., n° 213.161.
3. CEDH 15 juill. 2003, *RTD civ.* 2003. 691, obs. J. Hauser.
4. Civ. 1re, 28 mars 2000, préc., n° 911
5. Civ. 1re, 12 juin 2001, *Bull. civ.* I, n° 169 ; *Dr. fam.* 2002, n° 2, note P. Murat ; *RTD civ.* 2001. 574, obs. J. Hauser
6. Civ. 1re, 16 févr. 1982, *Bull. civ.* I, n° 69.

et même au jour de la conception de l'enfant s'il y va de son intérêt. C'est comme si l'enfant avait fait l'objet d'une reconnaissance volontaire. La filiation est établie à l'égard de tous (C. civ., art. 324).

1190. ***Pension alimentaire***. Le père déclaré peut donc être condamné à verser une pension alimentaire pour l'enfant à compter de l'assignation [1], et à rembourser les frais d'entretien de l'enfant à la personne qui les avait déboursés depuis la naissance de celui-ci [2]. De même, la mère est fondée à réclamer au père le remboursement de la part qui lui incombe dans les frais exposés pour l'enfant et qu'elle a supportés seule depuis la naissance [3]. Le père peut également être condamné à verser à la mère, à la demande de celle-ci, des dommages et intérêts sur le fondement des articles 1382 et 1383 du Code civil, si une faute et un préjudice sont établis [4].

1191. ***Nom***. Le tribunal peut également statuer sur le changement de nom de l'enfant (art. 331). La Cour de cassation, dans un avis du 13 septembre 2010 [5] a reconnu la compétence du tribunal de grande instance, dans le cadre d'une action aux fins d'établissement judiciaire d'un second lien de filiation pour statuer sur l'attribution du nom de l'enfant en cas de désaccord entre les parents et pour décider, en considération « de *l'ensemble des intérêts en présence et plus particulièrement de celui supérieur de l'enfant, soit de la substitution du nom du parent à l'égard duquel la filiation est établie judiciairement en second lieu, au nom jusque-là porté par l'enfant, soit de l'adjonction de l'un des noms à l'autre* » [6]. Un arrêt de la première chambre civile du 9 février 2011 a toutefois opportunément rappelé que la substitution du nom de l'enfant, au profit du nom du père dont la filiation est établie judiciairement ne saurait répondre à la seule demande de la mère.

Deux arrêts, en sens opposé, concernant le changement du nom de l'enfant dont la filiation paternelle a été établie judiciairement à l'initiative de sa mère, laquelle demandait au tribunal d'attribuer à l'enfant le nom de son père, alors que ce dernier avait clairement exprimé son intention de n'avoir aucun rapport avec l'enfant., ont été rendus par la Cour de cassation les 8 juillet 2015 [7] et 11 mai 2016 [8]. Le premier a rejeté *le pouvoir contre un arrêt avait estimé que « la substitution de nom sollicitée était de nature à rattacher de manière apparente et symbolique l'enfant à un père qui refusait toute relation avec lui et persistait à nier sa paternité alors qu'il s'était abstenu de se soumettre à une mesure propre à l'établir ou à l'écarter avec certitude ». Le second a approuvé la cour d'appel qui avait relevé « d'une part que le nom de l'enfant n'avait pas d'incidence sur le lien de filiation, qui était judiciairement établi et n'était plus contesté, d'autre part, qu'accoler au nom de la mère celui d'un père qui n'entendait pas s'impliquer dans la vie de l'enfant et s'intéresser à lui risquait de confronter en permanence ce dernier au rejet dont il était l'objet de la part de son père ». La Cour de cassation rappelle ainsi le pouvoir d'appréciation des juges du fond en la matière.*

---

1. Civ. 1re, 1er juill. 1986, *D.* 1987. Somm. 318, obs. D. Huet-Weiller.
2. Civ. 1re, 16 févr. 1982, *Bull. civ.* I, nº 69 ; 12 juill. 1994, *Bull. civ.* I, nº 247.
3. Paris, 23 janv. 1976, et 18 oct. 1977, *Gaz. Pal.* 1978. 2.369, note J. Massip.
4. Paris, 12 mai 1977, *Gaz. Pal.* 1978. 2. 369 (3e esp.), note J. Massip.
5. Pourvi nº 10-00.004.
6. Pourvoi nº 10-14144.
7. Pourvoi nº 14-20417.
8. Pourvoi nº 15-17185, *JCP* 2016. 992, obs. A. Gouttenoire

1192. ***Autorité parentale***. Les juges se prononcent également sur l'exercice de l'autorité parentale (C. civ., art. 331). L'établissement judiciaire du second lien de filiation, constitue une hypothèse dans laquelle l'exercice en commun de l'autorité parentale n'est pas automatique, le parent à l'égard de qui la filiation a été établie en premier conserve l'exercice exclusif de l'autorité parentale, sauf si le juge décide qu'il doit en être autrement dans l'intérêt de l'enfant ou si les parents sont d'accord pour mettre en place un exercice en commun de l'autorité parentale. (C. civ., art. 372, al. 2).

1193. ***Rejet de la demande***. Si les juges sont convaincus de l'impossibilité pour le défendeur d'être le père de l'enfant, ils rejettent la demande[1]. Ce jugement, d'une part, a l'autorité de la chose jugée. C'est pourquoi le rejet de l'action de la mère, pendant la minorité de l'enfant, sera opposable à l'enfant qui ne pourra agir après son accession à la majorité.

L'ordonnance du 4 juillet 2005 a abrogé l'ancien article 340-7 du Code civil qui permettait au juge qui rejetait l'action en recherche de paternité naturelle d'allouer des subsides à l'enfant, même d'office, si l'existence de relations intimes entre le défendeur à l'action et la mère avait été établie lors du procès. Cette disposition ne présentait plus d'utilité, dans la mesure où elle suppose une incertitude sur la paternité. Or, si la preuve de l'existence de relations intimes entre le défendeur et la mère a été faite, l'expertise scientifique va permettre d'établir avec certitude la paternité ou la non-paternité de celui-ci. Dans le premier cas, l'action en recherche sera accueillie. Dans le second, des subsides ne pourront être attribués. C'est pourquoi l'action à fins de subsides a perdu une grande partie de son intérêt. C'est d'ailleurs ce qui sera constaté dans le chapitre suivant.

§ 3. L'action en constatation de la possession d'état

1194. ***Spécificité***. Issu de l'ordonnance du 4 juillet 2005, l'article 330 du Code civil consacre expressément l'action judiciaire en constatation de la possession d'état, qui avait été admise par la jurisprudence de la Cour de cassation[2]. L'objet de cette action n'était pas d'établir directement en justice la vérité d'une filiation, mais seulement de démontrer l'existence des éléments constitutifs d'une possession d'état, celle-ci ayant été érigée par la loi du 25 juin 1982 en mode de preuve autonome et non contentieux de la filiation[3]. Il s'agissait donc moins pour l'enfant de réclamer un état, puisqu'il en jouissait déjà, mais de demander au juge une constatation judiciaire de cette filiation[4]. L'ordonnance du 4 juillet 2005 classe cette action dans la section relative aux actions aux fins d'établissement de la filiation, en la soumettant à un certain nombre de dispositions du droit commun des actions relatives à la filiation.

1195. ***Absence d'acte de notoriété***. Cette action judiciaire est indépendante de la constatation de la possession d'état par un acte de notoriété[5]. Si, en effet, un acte de

---

1. Si le demandeur avait exercé l'action dans un esprit de chantage, il encourt des sanctions pénales (C. pén., art. 312-10 : cinq ans d'emprisonnement et une amende).

2. Civ. 1re, 11 juill. 1988, *Bull. civ.* I, no 238.

3. P. Murat, « L'action de l'ordonnance du 4 juillet 2005 sur la possession d'état », *Dr. fam.* janv. 2006, p. 19.

4. J. Hauser et D. Huet-Weiller, *op. cit.*, no 762.

5. V. ss 1055.

notoriété a été délivré, à la demande des père et mère ou de l'enfant, cet acte fait foi de la possession d'état jusqu'à preuve contraire (art. 317, al. 1er). C'est donc essentiellement lorsque le délai pour obtenir un acte de notoriété est expiré (« *cinq ans à compter de la cessation de la possession d'état alléguée* » : art. 317, al. 3), ou bien si le juge d'instance a refusé de délivrer l'acte sollicité, ou enfin parce que le père non marié qui a élevé l'enfant est décédé sans l'avoir reconnu, que l'action judiciaire en constatation de la possession d'état trouve son utilité. Elle obéit, toutefois, à un certain nombre de dispositions originales, qui tiennent pour partie à la nature ambiguë de l'objet de cette action.

A. L'objet de l'action

1196. ***Constat judiciaire***. Pour prouver judiciairement l'existence de la possession d'état, l'enfant doit intenter une action en justice, appelée action en constatation de possession d'état, devant le tribunal de grande instance. Elle a pour objet de faire constater par cette juridiction l'existence d'une possession d'état d'enfant. Parallèlement, celui qui conteste l'existence ou les qualités de la possession d'état attestée par la délivrance d'un acte de notoriété saisira le tribunal de grande instance par une action en contestation de possession d'état.

1197. ***Prescription***. Les deux actions obéissent à un régime procédural identique. D'une part, les juges du fond apprécient souverainement si les faits dont la réunion établit la possession d'état existent[1]. Mais la Cour de cassation contrôle la notion de possession d'état et les conditions de son efficacité[2]. D'autre part, cette action est prescrite par dix ans (art. 321). Ce délai commence à courir à compter du jour où la possession d'état a cessé ou du jour du décès du père prétendu pour la constatation de la possession d'état. Inversement, le délai commence à courir à partir du jour où l'enfant a commencé à jouir de la possession d'état contestée : ce n'est pas le jour de la délivrance de l'acte de notoriété, mais le jour où la possession d'état s'est constituée, qui lui est, par la force des choses, antérieur.

1198. ***Expertise biologique***. Contrairement aux actions qui tendent à établir que la filiation est conforme à la vérité biologique, comme l'action en recherche de maternité ou l'action en recherche de paternité, l'objet de l'action en constatation judiciaire de la possession d'état est de prouver la réalité sociale et affective du lien vécu, en rapportant l'existence d'une réunion de faits constitutifs de la possession d'état. Celle-ci, au surplus, doit être continue, paisible, publique et non équivoque. La preuve de ces éléments, comme de leur qualité, peut se faire par tous moyens, sous réserve de la recevabilité de l'action.

Mais dans la mesure où la demande repose sur le fondement sociologique de la filiation, et non sur sa composante biologique, la question se posait de savoir si le juge qui aurait des doutes sur la vérité de la filiation pourrait ordonner une expertise biologique. Toutefois, alors que les liens entre possession d'état et expertise génétique restaient encore flous, la première chambre civile de la Cour de cassation, dans un arrêt du 16 juin

1. Civ. 1re, 11 juill. 1988, *Bull. civ.* I, no 238.
2. iv. 1re, 12 juin 1990, *Bull. civ.* I, no 157 ; 28 mai 1991, *Bull. civ.* I, no 166 ; 12 juill. 2001, *Dr. fam.* 2002, no 56, note P. Murat.

2011[1], a levé toute ambiguïté en affirmant que « *qu'en matière de constatation de possession d'état, il ne peut y avoir lieu à prescription d'une expertise biologique* ». Cette exclusion sans appel, inédite met en lumière la spécificité de l'action en constatation de possession d'état, et la distingue plus nettement des actions dont l'objet consiste à établir directement la filiation

B. Le régime de l'action

1199. ***Qualité pour agir***. Comme l'avait affirmé la Cour de cassation elle-même, « l'action en constatation de possession d'état, précisément parce qu'elle est distincte de l'action en réclamation ou en contestation d'état, est ouverte à toute personne justifiant d'un intérêt légitime », et notamment aux grands-parents de l'enfant[2]. L'article 330 du Code civil, issu de la réforme de 2005, consacre d'ailleurs cette solution jurisprudentielle. Cet intérêt à agir peut être d'ordre moral, et elle est alors dirigée contre l'autre parent. Mais cette action peut poursuivre aussi des fins successorales, et elle sera alors dirigée contre les héritiers du parent prétendu.

1200. ***Délai pour agir***. Cette action étant destinée à établir la filiation, il s'agit d'une véritable action d'état soumise, par conséquent, au délai décennal de droit commun. C'est ce que prévoit l'article 330 du Code civil, qui fait référence à l'article 321 du même code, issu de l'ordonnance du 4 juillet 2005, qui soumet en principe les actions relatives à la filiation à une prescription décennale. À l'égard de l'enfant, ce délai est suspendu pendant sa minorité. Le point de départ de la prescription est le jour « *où la personne a été privée de l'état qu'elle réclame* ». C'est dire que le délai court à partir du jour où la possession d'état a cessé, ce qui sera le plus souvent le jour du décès du parent prétendu qui l'avait élevé auparavant (cf. Circ. du 30 juin 2006), à moins que la possession d'état ait pris fin du vivant du parent prétendu[3]. Le point de départ de la prescription n'est donc pas la naissance, comme dans les autres actions tendant à l'établissement du lien de filiation.

La possession d'état étant un fait juridique qui se constitue dans la durée, il peut être difficile de déterminer la date à laquelle la possession d'état a cessé. C'est ce que relève la Circulaire du 30 juin 2006 : « *il en est ainsi quand le lien entre le père prétendu et l'enfant s'est progressivement délité au point que* tractatus *et* fama *sont devenus inexistants ou qu'ils n'ont eu qu'une brève durée en raison d'une situation particulière. Il appartient alors au juge du fond d'apprécier la date au vu des éléments de preuve fournis et des circonstances de l'espèce* ».

Pour les enfants nés avant l'entrée en vigueur de l'ordonnance du 4 juillet 2005, alors que l'action était soumise à la prescription trentenaire, le délai de dix ans institué par l'article 321 du Code civil ne commence à courir qu'à compter du 1er juillet 2006 (Circ. du 30 juin 2006)[4].

1201. ***Principe chronologique***. Si l'enfant a déjà un lien de filiation légalement établi, le principe chronologique posé par l'article 320 du Code civil s'oppose à la constatation

---

1. Pourvoi n° 08-20475.
2. Civ. 1re, 10 mars 1998, *D.* 1998. 355, obs. F. Granet-Lambrechts ; *RTD civ.* 1998. 665, obs. J. Hauser ; *Dr. fam.* 1998, n° 96, note P. Murat.
3. F. Granet-Lambrechts, article préc., n° 213.272, avec les références citées.
4. V. en ce sens F. Granet-Lambrechts et J. Hauser, « Le nouveau droit de la filiation », *D.* 2006. 17.

de la possession d'état à l'égard d'un tiers, tant que la filiation contraire établie en premier lieu n'a pas été valablement contestée. En revanche, l'échec d'une action en recherche de paternité n'élève pas de fin de non-recevoir à la demande de constatation de la possession d'état, dans la mesure où, comme la Cour de cassation l'avait jugé sous l'empire du droit antérieur, il n'y a pas d'identité d'objet ni de cause dans ces deux actions [1].

1202. ***Effet déclaratif.*** Si l'action en constatation de la possession d'état est jugée fondée, le jugement a autorité de la chose jugée, et il est déclaratif de filiation : c'est dire que la filiation établie est réputée l'être rétroactivement depuis la naissance. Mention en sera portée en marge de l'acte de naissance (cf. Circ. du 30 juin 2006).

1203. ***Tierce opposition.*** Le jugement rendu est opposable à tous (art. 324), mais dans la mesure où il est rendu à l'issue d'une action ouverte à tout intéressé, le jugement peut être critiqué par la voie de la tierce opposition, ouverte pendant dix ans à compter du jugement (art. 321 et 324). Le tiers opposant peut ainsi prouver que la possession d'état n'existe pas réellement, en contestant ses éléments constitutifs, ou bien que cette possession d'état est viciée et n'a donc pas les qualités requises par l'article 311-2 du Code civil pour produire ses effets légaux. Mais le jugement peut aussi être critiqué en arguant de la non-conformité de la filiation résultant de la possession d'état à la vérité biologique, ce qui lui ouvre le droit de réclamer une expertise biologique (cf. Circ. du 30 juin 2006).

Section 2
Les actions en contestation de la filiation

1204. ***Simplification.*** C'est principalement dans ce domaine que l'œuvre de simplification réalisée par l'ordonnance du 4 juillet 2005 est la plus spectaculaire. En effet, dans le droit antérieur existait une dizaine d'actions en justice différentes, distinguant entre maternité et paternité, et entre filiation légitime et filiation naturelle. L'ensemble était d'une grande complexité, et manquait singulièrement de cohérence

1205. ***Droit antérieur.*** Pour prendre la pleine mesure de la réforme réalisée, il suffit de rappeler que dans le domaine de la filiation légitime, existait une action en contestation de la maternité, dite « action en contestation d'état », qui avait pour objet de détruire le lien de maternité légitime. Conformément aux dispositions de droit commun concernant les actions relatives à la filiation, l'action était prescriptible par trente ans. Tout intéressé pouvait agir, y compris l'enfant lui-même. L'intérêt à agir devait rester d'ordre familial. Le demandeur à l'action devait établir que la femme mariée n'avait jamais accouché ou qu'elle n'avait pas mis au monde l'enfant avec lequel un lien de filiation a été créé. Le demandeur pouvait contester l'exactitude de la maternité par tous moyens. Si le juge accueillait l'action, la filiation maternelle et, par voie de conséquence, la filiation paternelle, étaient anéanties. L'enfant était alors dépourvu de filiation.

L'autorité de la présomption de paternité légitime, avant la réforme de 1972, était très grande. Seul le mari pouvait la contester : on parlait de « monopole marital ». Il disposait de l'action en désaveu de paternité, dont les conditions étaient très strictes. De telle sorte

---

1. Civ. 1re, 27 juin 2000, *D.* 2001. Somm. 974, obs. F. Granet-Lambrechts ; *RTD civ.* 2001. 121, obs. J. Hauser ; *Dr. fam.* 2000. comm. n° 140, note P. Murat.

que, ni la mère ni un tiers prétendant être le véritable père de l'enfant, ne pouvaient renverser la présomption. Il pouvait ainsi paralyser l'établissement de la véritable filiation de l'enfant. La recherche de la vérité biologique, objectif majeur de la loi de 1972, impliquait que la paternité légitime fictive puisse être plus facilement détruite afin que l'enfant soit rattaché à son véritable père. Elle passait donc par un affaiblissement de l'autorité de la présomption de paternité légitime. C'est pourquoi le législateur avait assoupli les conditions du désaveu de paternité[1]. En outre, il avait conféré à la mère de l'enfant le droit de renverser la présomption de paternité, si elle s'était remariée avec le véritable père de l'enfant. Ces deux actions attitrées étaient strictement réglementées dans le Code civil. Mais, postérieurement à la réforme, la Cour de cassation avait affaibli davantage la présomption : en procédant à une interprétation *a contrario* de certains articles, elle avait créé de nouvelles actions en contestation, ruinant la logique de la construction édifiée par le législateur. Ces actions étaient largement ouvertes. En définitive, l'édifice bâti par le législateur, en 1972, avait été sinon détruit par la Cour de cassation, du moins fortement ébranlé au nom de la vérité biologique. Dès lors, en effet, que l'enfant était dépourvu d'une possession d'état d'enfant légitime actuelle, l'action en contestation fondée sur l'article 322 *a contrario* rendait sans intérêt les autres actions[2]. Mais les lois bioéthiques promulguées en 1994 affichaient des objectifs peu compatibles avec la recherche à tout prix de la filiation biologique, de sorte que le droit positif avait beaucoup perdu de sa cohérence. S'agissant, enfin, de la paternité naturelle, une action en contestation de la reconnaissance effectuée par le père pouvait être exercée par tout intéressé, dans le délai trentenaire du droit commun, réduit toutefois à dix ans lorsque la reconnaissance était corroborée par la possession d'état.

1206. ***Ordonnance du 4 juillet 2005***. L'ordonnance du 4 juillet 2005 simplifie de manière radicale le système antérieur en y substituant une action en contestation de la maternité et une action en contestation de la paternité, dont elle unifie et modifie les conditions d'exercice (§ 1). Elle y ajoute une action en contestation de la possession d'état qui obéit à des règles spécifiques (§ 2).

§ 1. L'action en contestation de la maternité ou de la paternité

1207. Le régime juridique de la contestation de filiation résulte désormais de quelques textes seulement. Il pose des règles générales relatives à la preuve (A), et établit des distinctions en fonction de la vraisemblance plus ou moins forte de la filiation (B).

A. Règles de preuve

1208. ***Unité***. L'article 332 du Code civil pose un principe général selon lequel la maternité ou la paternité peut être contestée en prouvant, selon le cas, que la mère n'a pas accouché de l'enfant (al. 1er), ou que le mari ou l'auteur de la reconnaissance n'est pas le père de l'enfant (al. 2).

---

1. Le terme de « désaveu » n'était utilisé que lorsque la présomption de paternité était renversée par le mari de la mère. Si une autre personne que le mari tentait de renverser la présomption de paternité, il s'agissait alors d'une « contestation ».
2. Civ. 1re, 5 nov. 1991, *Audijuris* 1992, no 15-16, p. 5, obs. P. Courbe.

1209. ***Absence d'accouchement.*** La contestation de la maternité est admise « *en rapportant la preuve que la mère n'a pas accouché de l'enfant* ». Cette disposition s'inscrit dans la logique du droit positif, qui consacre expressément le principe selon lequel la mère est celle qui accouche de l'enfant. La maternité étant désormais établie par indication du nom de la mère dans l'acte de naissance, les seuls cas désormais possibles de contestation de la maternité reposent sur une supposition ou une substitution d'enfant.

Il y a substitution d'enfant lorsque deux femmes ont accouché au même moment et que, volontairement ou non, l'enfant de l'une est attribué à l'autre et réciproquement. Cette situation est, le plus souvent, le résultat d'une erreur commise à la clinique. La supposition se produit lorsqu'une femme, simulant un accouchement, s'attribue un enfant qui n'est pas le sien et que sa vraie mère accepte d'abandonner. Elle est, en général, volontaire [1] et constitue une fraude à l'adoption. La substitution et la supposition d'enfant sont des délits punissables d'emprisonnement (C. pén., art. 227-13).

1210. ***Mère mariée.*** Lorsque l'action en contestation est dirigée contre une femme mariée, alors que la présomption de paternité n'avait pas été écartée, la disparition de la maternité entraîne l'annulation de la paternité du mari, en raison de l'indivisibilité de la filiation en mariage. Il semble donc logique que le mari soit mis en cause, afin que le jugement lui soit rendu commun (art. 324).

1211. ***Liberté de la preuve de la maternité.*** La preuve est libre, s'agissant d'éléments de fait à établir ; la solution est confirmée par l'article 310-3, qui précise que « *la filiation se prouve et se conteste par tous moyens, sous réserve de la recevabilité de l'action* » (al. 2). Une expertise biologique peut être ordonnée, puisqu'elle est de droit dès que l'une des parties en fait la demande [2]. Toutefois, dans le cadre de la contestation de la maternité, l'objet de la preuve est l'accouchement ; or, en cas de maternité de substitution, la mère peut avoir accouché de l'enfant sans en être la mère génétique et inversement. La mère au sens juridique étant celle qui a accouché de l'enfant, la filiation établie à l'égard de la mère d'intention, fût-elle la mère génétique est possible puisqu'il sera possible de prouver qu'elle n'a pas accouché.

1212. ***Liberté de la preuve de la paternité.*** Le même principe est applicable à la contestation de la paternité. Celle-ci suppose que soit rapportée, par tous moyens, la preuve que le mari n'est pas le père de l'enfant, ou que l'auteur de la reconnaissance ne l'est pas (art. 332, al. 2). L'expertise biologique étant de droit, la vérité de la filiation doit pouvoir être établie, ce qui assure, indirectement, la stabilité de la situation de l'enfant.

1213. ***Droit fondamental de contester sa paternité.*** La Cour européenne des droits de l'Homme a consacré, sur le fondement du droit à la vie privée, un droit de contester sa paternité juridique lorsque celle-ci ne correspond pas à la réalité biologique [3]. Mais la Cour européenne limite la portée du droit de contester sa paternité par le recours à

---

1. Sauf dans l'hypothèse où le mari déclarerait sous le nom de sa femme un enfant qu'il a eu de sa maîtresse (Aix, 25 nov. 1940, préc.) ou de son ex-femme (TGI Paris, 26 janv. 1982, *D.* 1983. IR 327, obs. D. Huet-Weiller).

2. Civ. 1re, 28 mars 2000, préc.

3. *Shofman c/ Russie* 24 nov. 2005, *Mizzi c/ Italie*, 12 janv. 2006, *Paulik c/ Slovaquie*, 10 oct. 2006 ; *Grönmark c/ Finlande* et *Backlund c/ Finlande*, 6 juill. 2010.

l'intérêt de l'enfant. Dans l'arrêt *Iyilik c/ Turquie* du 6 décembre 2011 [1], elle admet que les autorités nationales aient pu faire primer l'intérêt de l'enfant, en prenant en considération le long laps de temps pendant lequel il a bénéficié de son état civil de manière stable. Toutefois, ce recours à l'intérêt de l'enfant n'emporte pas toujours les mêmes conséquences. Ainsi, selon l'arrêt *A.L. c/ Pologne* du 18 février 2014 [2] l'irrecevabilité pour prescription d'une action en contestation de paternité est justifiée par l'intérêt général de protection de la sécurité juridique des relations familiales et l'intérêt de l'enfant. En revanche, si dans l'arrêt *Ostace c/ Roumanie* du 25 février 2014, la Cour estime qu'en l'espèce, en déclarant irrecevable la demande de réouverture de la procédure en recherche de paternité de l'enfant né hors mariage, alors que tous les intéressés semblaient favorables à l'établissement de la vérité biologique, les autorités nationales n'ont pas eu égard au juste équilibre à ménager entre les intérêts en présence.

1214. ***Intérêt de l'enfant de connaître sa filiation biologique***. Dans l'arrêt *Mandet c/ France* [3], la Cour européenne approuve les juridictions internes qui ont considéré que l'intérêt de l'enfant «*était avant tout de connaître la vérité sur ses origines*» même s'il avait noué des liens affectifs très forts avec le mari de sa mère dont la paternité était contestée. La Cour considère que dans la mesure où la mère de l'enfant continue à exercer l'autorité parentale, les décisions relatives à la filiation de l'enfant n'empêchent pas celui-ci de vivre au quotidien avec sa famille constituée de sa mère et de son beau-père « *conformément à ses souhaits* ».

B. Distinctions selon la vraisemblance de la filiation

1215. L'ordonnance du 4 juillet 2005 établit une distinction essentielle, pour déterminer les titulaires du droit d'agir et le délai des actions en contestation, suivant que la filiation est établie par un titre corroboré par la possession d'état (1) ou par un titre seul (2). Toutefois, le droit d'action du ministère public en contestation d'une filiation légalement établie échappe à cette distinction (3).

1) Le titre corroboré par la possession d'état

1216. ***Protection renforcée de la filiation***. La conformité du titre et de la possession d'état justifie une protection renforcée de la filiation. Aussi, l'ordonnance du 4 juillet 2005 en déduit-elle deux solutions. D'un côté, elle limite les titulaires de l'action et le délai pour agir (a). D'un autre côté, elle interdit la contestation de la filiation quand la possession d'état conforme au titre a duré au moins cinq ans (b).

a) Conditions d'ouverture de l'action

1217. ***Action réservée***. Lorsque l'enfant dispose d'un titre corroboré par la possession d'état, il a paru légitime, dans un souci de protection de la paix des familles, de restreindre la possibilité de contestation de la filiation, tant est grande sa vraisemblance [4]. C'est

---

1. *JCP* 2012. 498, obs. G. Gonzalez.
2. *AJ fam*. 2014. 186, obs. M. Rouillard.
3. *Mandet c/ France* : n° 30955/12 ; *JCP* 2016. 305, T. Garé.
4. H. de Richemont, Rapport, préc., p. 41.

pourquoi, l'article 333, alinéa 1er, du Code civil dispose que si « *la possession d'état est conforme au titre, seuls peuvent agir l'enfant, l'un de ses père et mère ou celui qui se prétend le parent véritable* ». L'expression « *parent véritable* » désigne le parent dont la filiation biologique est susceptible d'être établie.

Conformément au principe chronologique de l'article 320 du Code civil, deux actions peuvent être jointes, l'une tendant à l'annulation de la filiation légalement établie, et l'autre ayant pour objet d'établir la filiation à l'égard d'un tiers.

Si la mère conteste sa maternité, ou le père sa paternité, la demande est formée contre l'enfant, mais la présence de l'autre parent aux débats s'impose, en raison du caractère personnel des faits. Le tribunal a, du reste, le pouvoir d'ordonner d'office que soient mis en cause tous les intéressés auxquels il estime que le jugement doit être rendu commun (art. 324, al. 2). Si l'action en contestation est exercée par le parent qui se prétend véritable, elle est dirigée contre l'enfant et ses parents légaux.

1218. ***Prescription réduite***. L'action en contestation ne peut être exercée que dans un délai de cinq ans à compter de la cessation de la possession d'état ou du décès du parent dont le lien de filiation est contesté (art. 333, al. 1er) Le délai est plus bref que la prescription décennale de droit commun (art. 321.) Il est également plus réduit par rapport au délai de contestation de la reconnaissance d'enfant naturel avant la réforme. En revanche, pour l'enfant né dans le mariage, la conformité de l'acte de naissance et de la possession d'état constituait en général une fin de non-recevoir à toute contestation de filiation (anc. art. 322), tandis que les exceptions au principe étaient réservées à quelques titulaires seulement et enfermées dans des délais très courts. De telle sorte que l'on a pu dire que les règles posées par l'ordonnance du 4 juillet 2005 sont ainsi moins protectrices de la paix des familles mariées qu'avant la réforme, puisque les titulaires de l'action sont plus nombreux et peuvent agir pendant cinq ans, mais qu'elles sont bien plus protectrices de celles des familles non mariées, puisque les délais de prescription ont été sensiblement réduits [1].

Dans un arrêt du 6 juillet 2016 [2] la Cour de cassation affirme que le délai quinquennal de l'action en contestation de paternité « *poursuit un but légitime, en ce qu'elle tend à protéger les droits et libertés des tiers ainsi que la sécurité juridique* » et se livre à une appréciation de la proportionnalité des moyens mis en œuvre pour atteindre ce but : le demandeur initial dont la filiation était concernée étant décédé en cours d'instance et ses descendants ne soutenant pas avoir subi, personnellement, une atteinte à leur vie privée, l'action engagée ne poursuivait, d'après la cour d'appel, qu'un but patrimonial. La Haute Cour en conclut que les juges du fond ont pu décider que le délai de l'article 333 du Code civil ne portait pas au droit au respect de la vie privé une atteinte excessive au regard du but légitime poursuivi.

Par ailleurs, selon la Cour de cassation, la loi étrangère qui ne soumet l'exercice de l'action en constatation judiciaire de paternité à aucun délai de prescription n'est pas contraire à l'ordre public international français la loi étrangère [3].

S'agissant d'un délai de prescription, il est suspendu, à l'égard de l'enfant, pendant sa minorité (art. 321). C'est dire que l'enfant peut agir en contestation dans les cinq ans qui suivent sa majorité, quelle que soit la date à laquelle la possession d'état a cessé.

---

1. H. de Richemont, Rapport, préc., p. 42 ; P. Malaurie et H. Fulchiron, *op. cit.*, n° 1316.
2. N° 15-19583 ; *JCP* 2016. 992, obs. P. Murat.
3. Civ. 1re, 7 oct. 2015, n° 1414.702, *RJPF* 2016-4/25.

b) Fin de non-recevoir

1219. ***Possession d'état de cinq ans***. Afin d'assurer la stabilité de la filiation, il est prévu que « *nul ne peut contester la filiation lorsque la possession d'état conforme au titre a duré au moins cinq ans depuis la naissance ou la reconnaissance, si elle a été faite ultérieurement* » (art. 333, al. 2). Ainsi toute action en contestation est-elle irrecevable quand l'enfant jouit d'une possession d'état conforme à son acte de naissance ou à son titre de reconnaissance, depuis au moins cinq années. Si le titre de filiation est l'acte de naissance, l'action est donc éteinte lorsque l'enfant est âgé de cinq ans. Lorsque la filiation est établie par une reconnaissance, le délai de cinq ans court à compter de celle-ci. Lorsque le délai est expiré, toute demande en contestation devient irrecevable. d'une possession d'état de cinq ans [1].

1220. ***Délai préfix***. Selon la circulaire du 30 juin 2006, ce délai de cinq ans posés par l'article 333, alinéa 2, du Code civil est un délai préfix. Il est institué à peine de déchéance et est susceptible d'être relevé d'office par le juge (C. pr. civ., art. 125). C'est dire que la filiation établie par la conjonction du titre et de la possession d'état est inattaquable dès l'expiration du délai de cinq ans.

Si l'action en contestation est définitivement fermée, y compris aux principaux intéressés, pour la raison qu'une possession d'état conforme au titre a duré cinq ans, c'est dans le but manifeste de faire prévaloir la vérité sociologique sur la vérité biologique [2]. Mais cette vérité sociologique qui s'est manifestée *ab initio* va emporter des conséquences inéluctables, passé le délai de cinq ans, alors que les liens du couple constitué par la mère et son concubin sont susceptibles de se défaire, de sorte que le père sociologique se désintéressera d'un enfant qui n'est pas le sien après s'être séparé de sa mère. Une reconnaissance mensongère confortée par cinq ans de possession d'état devient ainsi inattaquable, sans que la vérité biologique puisse être finalement établie [3]. L'une des portes de sortie consistera à discuter des qualités et de la durée de la possession d'état de cinq ans. Ainsi, dans un arrêt du 15 mai 2013 [4], la Cour de cassation a déduit des doutes de l'enfant et de son entourage sur sa filiation paternelle et de l'absence de relations personnelles avec le demandeur depuis le divorce, que l'enfant ne bénéficiait pas d'une possession d'état conforme à son titre de naissance de sorte qu'était recevable l'action en contestation de paternité.

2) Le titre non corroboré par la possession d'état

1221. ***Filiation plus fragile***. La vraisemblance d'une filiation établie par l'acte de naissance ou un titre de reconnaissance qui n'est pas confortée par la possession d'état est beaucoup plus fragile. C'est pourquoi l'action en contestation est plus largement ouverte. En ce sens, l'article 334 du Code civil dispose : « *à défaut de possession d'état conforme au titre, l'action en contestation peut être engagée par toute personne qui y a intérêt dans le délai prévu à l'article 321* ».

---

1. En ce sens, P. Malaurie et H. Fulchiron, *op. cit.*, n° 1318.
2. F. Millet, « La vérité affective ou le nouveau dogme de la filiation », *JCP* 2006. I. 112, spéc. n° 15.
3. P. Malaurie et H. Fulchiron, *op. cit.*, n° 1321.
4. Pourvoi n° 11-27125.

1222. ***Qualité pour agir.*** L'action en contestation peut être exercée par tout intéressé, dès lors qu'il peut justifier d'un intérêt matériel ou moral : le père, la mère, celui qui se prétend le véritable parent, l'enfant lui-même, les autres enfants issus du parent à l'égard duquel la filiation est contestée, ses héritiers, ainsi que le ministère public. En revanche, s'agissant d'une action attachée à la personne, elle n'est pas ouverte aux créanciers du parent à l'égard duquel la filiation est contestée, ni aux créanciers de l'enfant, ni enfin aux membres de la famille qui ne sont pas héritiers puisqu'ils ne peuvent justifier d'un intérêt pertinent.

1223. ***Prescription.*** Cette action en contestation est soumise à la prescription de droit commun de dix ans (art. 321). Elle est suspendue en faveur de l'enfant durant sa minorité.

Le délai de dix ans commence à courir à compter du jour de l'établissement de la filiation contestée. C'est donc le jour où l'acte de naissance a été dressé, lorsque la filiation a été établie par l'effet de la loi (cas de contestation de la maternité ou de contestation de la paternité du mari). C'est le jour de la naissance lorsqu'il y a eu une reconnaissance prénatale, celle-ci produisant effet à compter de la naissance de l'enfant. Ou bien c'est la date à laquelle a été effectuée la reconnaissance si la reconnaissance a été faite postérieurement à l'établissement de l'acte de naissance.

3) L'action du ministère public

1224. ***Indifférence de la possession d'état.*** La loi du 16 janvier 2009 a formellement donné au ministère public la possibilité d'agir en contestation de la filiation, dans le cadre de l'article 336 du Code civil, alors même que la filiation est fondée sur un titre et une possession d'état de cinq ans. En insérant les mots « *à l'exception du ministère public* » dans le second alinéa de l'article 333, la loi permet en effet au ministère public de contester la filiation de l'enfant en cas de fraude ou d'indices contenus dans l'acte rendant la filiation invraisemblable même si la filiation est confortée par une possession d'état supérieure à cinq ans. Ce faisant, la loi ouvre au ministère public la voie de la contestation dans des hypothèses où personne d'autre, même pas l'enfant, ne peut agir. Cette action permettrait la remise en cause de la filiation d'un enfant, par exemple issu d'une mère porteuse, pendant dix ans alors même que cet enfant a tissé avec ceux qui l'élèvent des relations particulièrement fortes.

Un arrêt du 10 juin 2015 [1], illustre le recours au ministère public pour contourner la fin de non-recevoir de la possession d'état de cinq ans. Après son divorce, la mère d'un enfant né en 1992 s'était remariée avec le prétendu père de ce dernier et avait entrepris, avec l'appui de tous les protagonistes, de contester la paternité de son premier mari. L'enfant ayant bénéficié d'une possession d'état conforme à son titre légal de plus de cinq ans, nul ne pouvait en principe en contester la filiation. Afin de tourner cet obstacle, la mère utilise l'exception qui ouvre la contestation au ministère public : elle saisit le parquet afin que celui-ci agisse en contestation. L'arrêt d'appel qui, se fondant sur l'article 336 du Code civil. Autorisant le ministère public à agir seulement si des indices tirés des actes eux-mêmes rendent la filiation invraisemblable ou en cas de fraude, refuse de faire droit à la demande en soulignant, à la suite d'une longue tradition, que la contestation de la filiation

1. N° 14-20.790.

concerne des intérêts familiaux privés est cassé : selon la Cour de cassation, la cour d'appel n'a pas répondu aux conclusions qui faisaient valoir qu'un juste équilibre devait être ménagé, dans la mise en œuvre de l'article 8 de la CEDH, entre le droit de l'enfant de voir établir sa filiation biologique et les intérêts des héritiers du second mari (entre-temps décédé) qui s'opposaient à ce que l'enfant hérite.

1225. ***Fraude***. Selon l'article 336 du Code civil, le ministère public est recevable à contester un lien de filiation légalement établi « *si des indices tirés des actes eux-mêmes la rendent invraisemblable ou en cas de fraude à la loi* ». Il en résulte que toute filiation, qu'elle soit corroborée ou non par la possession d'état, peut désormais être contestée par le ministère public. Le texte ne donnant pas de précision quant au délai pour agir, il convient de se reporter à la disposition de droit commun, selon laquelle « *les actions relatives à la filiation se prescrivent par dix ans* » (art. 321). Le point de départ est le jour où la personne « *a commencé à jouir de l'état qui lui est contesté* » (*ibid.*).

Deux hypothèses sont envisagées. D'une part, lorsque des indices tirés des actes eux-mêmes rendent invraisemblable la filiation légalement établie. Il s'agit d'une preuve intrinsèque, tirée de l'acte de naissance ou de la reconnaissance. C'est le cas, par exemple, si la différence d'âge entre le parent et l'enfant est trop faible.

D'autre part, le droit d'action du ministère public est élargi à toute filiation mensongère établie en fraude à la loi, formule suffisamment large pour englober aussi bien les reconnaissances destinées à frauder les règles relatives à l'adoption, que les filiations maternelles établies en contravention de l'interdiction des procréations et gestation pour le compte d'autrui (C. civ., art. 16-7 et 16-9).

1226. ***Convention de mère porteuse***. La doctrine avait spécialement envisagé l'hypothèse de la reconnaissance maternelle d'un enfant né à la suite d'une convention de maternité pour autrui réalisée à l'étranger, en violation des principes d'ordre public international[1]. C'est ainsi que dans un arrêt remarqué, la cour d'appel de Paris avait jugé que le ministère public n'était pas recevable à solliciter l'annulation de la transcription des actes de naissance d'enfants, conçus dans le cadre d'une convention de mère porteuse conclue aux États-Unis, sur les registres de l'état civil français, au motif que ces actes étaient contraires à l'ordre public international. La Cour de cassation a, à plusieurs reprises, infirmé cette solution, considérant d'une part que le ministère public était recevable à contester les effets en France d'une filiation établie à l'étranger dans le cadre d'une convention de gestation pour autrui[2] et d'autre part que ces effets devaient être écartés comme étaient contraires à l'ordre public international français nonobstant l'intérêt supérieur de l'enfant[3]. Une circulaire du 25 janvier 2013[4] a cependant précisé que le seul soupçon du recours à une convention de gestation pour autrui conclue à l'étranger ne peut suffire à opposer un refus à une demande de certification de nationalité française dès lors que les actes d'état civil local attestant du lien de filiation avec un français sont probants.

---

1. F. Granet-Lambrechts et J. Hauser, « Le nouveau droit de la filiation », *D.* 2006. 17, spéc. 24.
2. Civ. 1re, 17 déc. 2008, pourvoi nº 07-20. 468.
3. Civ. 1re, 6 avr. 2011, pourvois nº 09-66.486, 10-19.053 et 09-17.130.
4. Circ. JUS130152 du 25 janv. 2013, « Délivrance des certificats de nationalité. Convention de mère porteuse. État civil étranger », *Dr. fam.* 2013, comm. 42, obs. C. Neirinck.

§ 2. L'action en contestation de la possession d'état

1227. La contestation de la possession d'état obéit à des règles différentes dans selon que cette dernière a été établie par un acte de notoriété (A) ou par un jugement (B).

A. Possession d'état établie par un acte de notoriété

1228. ***Qualité pour agir***. Reprenant la solution admise antérieurement par la jurisprudence, l'ordonnance du 4 juillet 2005 permet la contestation de la filiation établie par la possession d'état, constatée par un acte de notoriété, « *par toute personne qui y a intérêt en rapportant la preuve contraire, dans le délai de dix ans à compter de la délivrance de l'acte* » (art. 335). Ainsi l'action est-elle ouverte à toute personne justifiant d'un intérêt légitime, comme l'action en contestation de maternité ou de paternité est ouverte à tout intéressé lorsque la filiation est établie par un titre seul[1]. Naturellement, le ministère public peut également contester la filiation établie par la possession d'état, constatée par un acte de notoriété, « *si des indices tirés des actes eux-mêmes la rendent invraisemblable ou en cas de fraude à la loi* » (art. 336). C'est ce que confirme la Circulaire du 30 juin 2006, qui prévoit que le ministère public peut contester la filiation lorsque l'acte de notoriété a été sollicité afin de contourner les règles légales interdisant d'établir la filiation, notamment en cas de fraude aux règles régissant l'adoption ou interdisant la gestation pour le compte d'autrui. Dans un arrêt du 6 avril 2011[2], la Cour de cassation a admis que le ministère public puisse s'opposer à la transcription à l'état civil d'un acte de notoriété constatant la possession d'état d'un enfant né d'une convention de gestation pour autrui à l'étranger. En pratique, l'action sera le plus souvent exercée par les cohéritiers d'un enfant qui se prévaut d'un acte de notoriété pour revendiquer ses droits dans la succession de son père[3].

1229. ***Délai pour agir***. À l'origine dans l'ordonnance du 4 juillet 2005, le délai pour agir était de cinq ans à compter de la délivrance de l'acte. Le texte écartait en effet le délai de droit commun au profit d'un délai plus court qui, de surcroît, avait pour point de départ la date de la délivrance de l'acte. Ce délai était d'autant plus sévère pour celui à l'égard de qui la filiation a été établie, ou de ses héritiers, qu'il n'était pas prévu qu'ils soient informés de la mention de l'acte de notoriété en marge de l'acte de naissance. Il aboutissait en outre à la mise en place de deux régimes de prescription différents selon que la filiation fondée sur la possession d'état a été constatée par un acte de notoriété ou par un jugement. Pour répondre à ces critiques, la loi ratifiant l'ordonnance du 4 juillet 2005 a remplacé le délai de cinq ans de l'article 335 du Code civil par un délai de dix ans à compter de la délivrance de l'acte.

1230. ***Objet de la preuve***. On sait que l'acte de notoriété pose une présomption simple de filiation qui peut être combattue. La preuve a alors pour objet le défaut d'existence de la possession d'état, ou un vice affectant celle-ci et de nature à la priver de ses effets légaux. Mais peut-il y avoir aussi preuve que la filiation ne correspond pas à la vérité biologique ? Si l'on considère que l'action en contestation de la filiation établie par la

---

1. V. ss 1221.
2. Pourvoi n° 09-17.130.
3. Civ. 1re, 19 sept. 2007, *D.* 2008. Pan. 1374, obs. F. Granet-Lambrechts.

possession d'état prend place dans une section relative aux actions « en contestation de la filiation », il faut en déduire que c'est bien la filiation elle-même constatée par la possession d'état, qui se trouve contestée par l'action engagée. Dès lors, la Cour de cassation ayant jugé que l'expertise biologique est de droit dans les actions relatives à la filiation, sauf motif légitime de ne pas y procéder, l'usage de la preuve biologique pour contester la filiation établie par la possession d'état doit être admise [1], ce que confirme du reste la circulaire du 30 juin 2006.

B. Possession d'état établie par jugement

1231. ***Absence d'action spécifique***. Le Code civil n'envisage pas spécifiquement la contestation d'une filiation fondée sur une possession d'état constatée par un jugement ; il convient donc de lui appliquer le droit commun même si cette application soulève certaines difficultés. La contestation judiciaire de la possession d'état constatée par jugement se heurte en effet à l'autorité de la chose jugée ; elle pourrait toutefois faire l'objet d'une contestation par des tiers au jugement par la voie de la tierce opposition. Cette voie de recours est permise par le fait que l'action en constatation de la possession d'état est ouverte à tout intéressé en vertu de l'article 330 du Code civil et n'est pas une action attitrée.

Il est également possible de contester directement la filiation fondée sur une possession d'état constatée par jugement sans se heurter à l'autorité de la chose jugée puisque l'objet de la demande est la contestation de la filiation et non de la possession d'état. Dans une telle hypothèse, il semble que le régime de l'action est le régime de l'article 334 du Code civil, puisqu'on se trouve dans l'hypothèse visée par ce texte, dans laquelle il n'y a pas de possession d'état conforme au titre. Il ne paraît en effet pas possible d'appliquer le régime de l'action spécifique de l'article 335 du Code civil à une hypothèse qui ne répond pas aux mêmes conditions puisque ce texte vise précisément «*la possession d'état constatée par un acte de notoriété*».

1232. ***Délai pour agir***. Dans le cadre de la tierce opposition comme de la contestation directe de la filiation, le délai pour agir est de dix ans conformément au droit commun. On se heurte cependant à une difficulté concernant le point de départ du délai de dix ans : est-ce le jour du jugement, ou le jour où a commencé à être établie la possession d'état, laquelle peut avoir plus de dix ans avant même que le jugement n'ait été rendu [2]. Il semble en effet que si une filiation établie par une possession d'état ayant duré plus de dix ans a été constatée par un jugement, elle ne peut plus être contestée. C'est l'un des résultats de l'objectif de stabilité des filiations recherché par les rédacteurs de l'ordonnance. En outre, si l'article 335 a prévu un point de départ spécifique de l'action en contestation de la filiation fondée sur une possession d'état constatée par un acte de notoriété – à savoir la délivrance de l'acte – il n'en va pas de même pour la contestation d'une filiation fondée sur une possession d'état constatée par un jugement.

---

1. V. en ce sens, P. Murat, « L'action de l'ordonnance du 4 juillet 2005 sur la possession d'état », article préc., n° 16 ; F. Granet-Lambrechts, article préc., n° 213.364 ; P. Malaurie et H. Fulchiron, *op. cit.*, n° 1330.
2. V. en ce sens, P. Malaurie et H. Fulchiron, *op. cit.*, n° 1332.

1233. ***Expertise génétique***. On peut également se demander, dans quelle mesure peut être admis le recours à une expertise génétique dans le cadre de la contestation de la filiation fondée sur une possession d'état constaté par jugement. L'interdiction faite au juge par la Cour de cassation d'ordonner une telle expertise dans le cadre de la constatation de la possession d'état[1] peut sans doute être transposée à la contestation de la possession d'état. Ainsi peut-on considérer que si l'action a pour seul objet la contestation de la possession d'état, ce qui sera le cas de la tierce opposition au jugement constatant la possession d'état, l'expertise génétique ne pourra être admise. En revanche, s'il s'agit de contester la filiation elle-même, le recours à l'expertise génétique est de droit.

§ 3. Les effets de la contestation de la filiation

1234. ***Anéantissement rétroactif du lien de filiation***. Si l'action en contestation de la filiation aboutit, elle a pour conséquence d'annuler le lien de filiation de manière rétroactive. Les actes de l'état civil concernés doivent donc être mis à jour, dès lors que la décision est devenue définitive. L'anéantissement rétroactif du lien de filiation fait disparaître l'obligation d'entretien et la responsabilité attachées à l'autorité parentale, de manière également rétroactive. Ainsi la jurisprudence avait-elle accordé un droit à répétition de l'indu au mari[2], comme elle avait, en cas de dommages causés par l'enfant, effacé rétroactivement la responsabilité parentale de l'homme dont la paternité avait été annulée[3].

1235. ***Changement de nom***. L'annulation du lien de filiation entraîne de plein droit le changement de nom de l'enfant mineur. Dans un arrêt du 17 mars 2010[4], la Cour de cassation considère que « *la cour d'appel, qui a pris en compte l'intérêt supérieur de l'enfant et n'a pas refusé de le faire prévaloir, a souverainement estimé qu'en l'espèce, cet intérêt ne justifiait pas le maintien du nom de l'auteur de la reconnaissance annulée* ». Si l'on peut sans doute regretter que l'enfant voie son identité modifiée à un âge déjà avancé (neuf ans), il ne paraît en effet pas opportun – au regard de l'intérêt supérieur de l'enfant – de maintenir une partie de son ancienne identité alors qu'elle ne correspond plus à sa filiation. En revanche, l'article 61-3, alinéa 2, du Code civil précise que « *L'établissement ou la modification du lien de filiation n'emporte cependant le changement du nom de famille des enfants majeurs que sous réserve de leur consentement* ».

1236. ***Paternité***. Enfin, l'annulation de la maternité d'une femme mariée entraîne l'anéantissement de la présomption de paternité du mari, en vertu du principe de l'indivisibilité de la filiation en mariage.

1237. ***Relations personnelles***. Si la contestation de la filiation entraîne la disparition de l'autorité parentale, le Code civil prévoit, dans l'intérêt de l'enfant, que le tribunal peut « *fixer les modalités des relations de celui-ci avec la personne qui l'élevait* » (art. 337).

---

1. Civ. 1re, 16 juin 2011, pourvoi n° 08-20475, préc. ; v. ss 1198.
2. Civ. 1re, 1er févr. 1984, *D.* 1984. 388, note J. Massip ; 13 févr. 1985, *D.* 1986. IR 57, obs. D. Huet-Weiller.
3. Crim. 8 déc. 2004, *Dr. fam.* 2005, n° 50, note P. Murat.
4. Pourvoi n° 08-14.619 ; *Lexbase Hebdo* n° 391, Édition privée générale, n° N7504BNA, obs. A. Gouttenoire.

L'objectif est d'éviter une rupture définitive de l'enfant avec la personne qui prenait soin de lui[1]. Le tribunal peut donc décider d'un droit de correspondance, d'un droit de visite plus ou moins large, mais ne peut pas de fixer la résidence de l'enfant chez le parent dont la filiation a été annulée. Le juge aux affaires familiales pourra cependant confier à l'enfant à cette personne au titre de l'article sauf en se fondant sur l'article 373-3 qui permet au juge de fixer la résidence de l'enfant chez un tiers[2].

1. V. en application du droit antérieur (anc. art. 311-13) : Civ. 1re, 17 mai 1993, *D*. 1994. Somm. 114, obs. F. Granet-Lambrechts.
2. Civ. 1re, 25 févr. 2009, nº 07-14849.

Chapitre 4

L'action à fins de subsides

1238. ***Absence de filiation paternelle.*** Il arrive qu'un enfant n'ait aucune filiation établie du côté maternel, ce qui induit du reste l'absence quasi systématique de filiation paternelle. Il est alors pris en charge par des institutions telles que le service de l'Aide sociale à l'enfance, conformément aux dispositions du Code de l'action sociale et des familles, le plus souvent dans l'attente d'une adoption. En fait, presque tous les enfants nés hors mariage sont reconnus par leur mère. Et beaucoup (92 %) le sont aussi par leur père. De sorte qu'il faut évoquer le cas particulier de l'enfant dont la filiation paternelle n'est pas établie. La loi prévoit qu'il peut obtenir des subsides de celui qui a eu des relations intimes avec sa mère pendant la période légale de la conception. Pour cela, il doit intenter une action à fins de subsides.

1239. ***Historique.*** La loi du 3 janvier 1972, qui a maintenu les conditions restrictives de l'action en recherche de paternité naturelle, a substitué à une action alimentaire créée en 1955 au bénéfice des enfants adultérins, une nouvelle action dite « à fins de subsides », régie par les articles 342 et suivants du Code civil[1]. Selon ces dispositions, tout enfant naturel, dont la filiation paternelle n'est pas légalement établie, a le droit de réclamer des subsides à l'homme qui a eu des relations sexuelles avec sa mère pendant la période légale de la conception.

1240. ***Fondement.*** L'action créée en 1972 a un fondement indemnitaire. Il s'agit, en quelque sorte, d'une action en responsabilité intentée contre un homme qui a pris le risque d'avoir des relations avec la mère pendant la période légale de la conception de l'enfant : cet homme est tenu de participer à l'entretien de l'enfant dont il peut être le père. L'action à fins de subsides n'a donc pas pour objet d'établir la paternité du défendeur. Cependant, elle suppose que la paternité soit possible[2], sinon certaine.

L'utilité de l'action alimentaire est d'autant moins négligeable que le choix entre celle-ci et l'action d'état est effectué par la mère. Elle pourra préférer se contenter d'une aide matérielle plutôt que de partager le nom et l'autorité parentale avec un homme qui ne voulait pas de l'enfant. Et, devenu majeur, ce dernier pourra agir en recherche de paternité. En pratique, toutefois, le nombre d'actions à fins de subsides intentées chaque année reste peu élevé (environ cinq cents).

1. M.-C. Catala de Roton, « L'action à fins de subsides et la pratique des tribunaux », *RTD civ.* 1990. 1.
2. Civ. 1re, 21 oct. 1980, *Bull. civ.* I, n° 262 ; *Gaz. Pal.* 1981. 2.475, note J. Massip.

1241. ***Maintien***. L'action à fins de subsides n'entrait pas dans le champ de la loi du 9 décembre 2004 ayant habilité le gouvernement à procéder par voie d'ordonnance à rénover le droit de la filiation. Elle a donc été maintenue, notamment parce qu'il est des cas dans lesquels le lien de filiation est impossible à établir, notamment en cas d'inceste. Elle a toutefois perdu beaucoup de son intérêt depuis que les expertises biologiques permettent d'établir de façon certaine la paternité ou la non-paternité. Il aurait pu sembler paradoxal de maintenir une action fondée sur la simple possibilité de paternité, mais ce sont des raisons d'opportunité qui ont conduit à maintenir cette action à l'article 342 du Code civil. L'ordonnance du 4 juillet 2005 ne l'a que très modifiée : seulement pour tenir compte de la disparition des catégories d'enfant naturel et d'enfant légitime.

§ 1. Conditions de l'action

A. Les bénéficiaires de l'action

1242. ***Tout enfant***. L'article 342, alinéa 1er, prévoit que tout enfant peut intenter l'action à fins de subsides, à condition que sa filiation paternelle ne soit pas légalement établie. Car si elle l'est, l'obligation de subvenir aux besoins de l'enfant incombe au père légal.

B. Conditions d'admission de l'action

1243. ***Preuve de relations intimes***. Le succès de l'action est subordonné à la démonstration de l'existence de relations intimes entre la mère de l'enfant et le défendeur pendant la période légale de la conception de l'enfant. Cette preuve peut être faite par tous moyens [1]. En complément des modes de preuve apportés par le demandeur, voire selon la Cour de cassation à titre d'élément unique [2], le juge peut ordonner une expertise. Du reste, la Cour de cassation a jugé que l'expertise biologique est de droit en matière d'action à fins de subsides, sauf s'il existe un motif légitime de ne pas y procéder [3]. Il n'est pas nécessaire de prouver que le défendeur est bien le père de l'enfant [4] : par-là, l'action à fins de subsides se distingue bien de l'action en recherche de paternité [5]. Il n'est pas non plus nécessaire de prouver que le défendeur a commis une faute.

---

1. Écrits, présomptions, témoignages : Civ. 1re, 15 juin 1977, *Bull. civ.* I, n° 283 ; 21 oct. 1980, *Gaz. Pal.* 1981. 2.475, note J. M. ; 5 mai 1993, *Bull. civ.* I, n° 155 ; Paris, 5 mai 1998, *D.* 2000. Somm. 160, obs. F. Granet ; 30 janv. 2003, *RTD civ.* 2003. 491, obs. J. Hauser.
2. La Cour de cassation juge que les résultats d'un examen comparé des sangs figurent au nombre des présomptions qui peuvent former la conviction du juge, étant précisé que l'article 1353 du Code civil ne s'oppose pas à ce que les juges forment leur conviction uniquement sur cet examen si celui-ci leur paraît de nature à établir la preuve nécessaire : Civ. 1re, 14 févr. 1995, *JCP* 1996.II.22569, note C. Puigelier ; *D.* 1996. 111, note J. Massip.
3. Civ. 1re, 14 juin 2005, *Defrénois* 2205. 1848, obs. J. Massip ; *Dr. fam.* 2005, n° 182, note P. Murat ; 6 déc. 2005, *D.* 2006. IR 14.
4. Civ. 1re, 21 oct. 1980, préc.
5. En l'absence d'éléments probants, les juges du fond peuvent estimer que le seul refus de se soumettre à une expertise sanguine n'établit pas la nature des liens exigés par l'article 342 du Code civil : Civ. 1re, 17 sept. 2003, *D.* 2004. 1420, obs. F. Granet-Lambrechts ; *Dr. fam.* 2004, n° 3, note P. Murat.

1244. ***Pluralité de défendeurs***. La loi du 3 janvier 1972 avait envisagé le cas où la mère avait eu des relations avec plusieurs hommes pendant la période légale de la conception. Le législateur avait voulu que l'enfant ne soit pas, dans ce cas, privé d'aliments. Dans cette hypothèse, si plusieurs d'entre eux apparaissaient comme des pères possibles, le juge pouvait les condamner tous à verser une « indemnité » à l'enfant, à supposer qu'il soit impossible de déterminer celui qui est le père de l'enfant. En fait, ce texte ne devait plus avoir d'application pratique puisqu'il était possible, en recourant à la preuve scientifique, de déterminer lequel des amants de la mère était le vrai père de l'enfant. C'est pourquoi l'ordonnance du 4 juillet 2005 a abrogé l'ancien article 342-3 du Code civil.

§ 2. Procédure

1245. ***Tribunal de grande instance***. Bien qu'il ne s'agisse pas d'une action d'état, les liens avec la recherche de paternité expliquent certaines dispositions communes aux deux procédures.

Ainsi, elle relève, comme les actions relatives à la filiation, de la compétence exclusive du tribunal de grande instance[1]. De même, la communication au ministère public des causes relatives à la filiation étant d'ordre public, elle s'applique à l'action à fins de subsides[2].

1246. ***Prescription***. Dans la loi de 1972, le délai était le même que celui de l'action en recherche de paternité. Depuis la loi du 29 décembre 1977[3], l'action peut être intentée pendant toute la minorité de l'enfant. Depuis la loi du 16 janvier 2009, celui-ci, devenu majeur, peut encore agir dans les dix ans qui suivent son accession à la majorité, si l'action n'a pas été intentée auparavant (C. civ., art. 342, al. 2).

1247. ***Qualité pour agir***. L'action appartient à l'enfant mais celui-ci, pendant sa minorité, est représenté par sa mère si celle-ci l'a reconnu[4]. Si la mère n'a pas reconnu l'enfant, c'est le tuteur qui représente ce dernier, après avoir été autorisé par le conseil de famille à exercer l'action.

1248. ***Défendeur***. L'action est forcément intentée contre un homme. Cela signifie que l'enfant dont la filiation maternelle n'est pas établie ne peut exercer l'action à fins de subsides contre la femme dont il pense qu'elle pourrait être sa mère. Notamment, l'enfant né d'un inceste absolu, si sa paternité est établie, ne peut obtenir de subsides de la femme qui l'a mis au monde.

Le défendeur peut être célibataire ou marié avec une autre femme que la mère de l'enfant (C. civ., art. 342, al. 3). Le texte précise que l'action peut être intentée même s'il existe entre le défendeur et la mère de l'enfant un empêchement absolu à mariage. Si le défendeur est décédé, l'action est dirigée contre ses héritiers (C. civ., art. 342-6).

---

1. Civ. 1re, 27 oct. 1981, *D.* 1982. 305, note J. Massip.

2. Civ. 1re, 29 mai 1985, *Bull. civ.* I, n° 168 ; 12 mai 1987, *Bull. civ.* I, n° 149.

3. J. Massip, « La loi du 29 décembre 1977 relative au délai d'exercice de l'action à fins de subsides », *D.* 1978. Chron. 139.

4. L'article 342-6 du Code civil renvoie, en effet, aux articles 327, alinéa 2, et 328 du même code applicable en matière de recherche de paternité.

Si la preuve de l'existence de relations intimes est rapportée, le défendeur peut faire échec à la demande en démontrant qu'il ne peut être le père de l'enfant (art. 342-4) [1].

§ 3. Effets de l'action

A. Incidences sur l'action en recherche de paternité

1249. ***Filiation.*** Si l'action à fins de subsides réussit, elle ne fait pas obstacle à l'exercice ultérieur d'une action en recherche de paternité (C. civ., art. 342-8) : l'absence d'autorité de chose jugée s'explique par la cause et l'objet différents de chacune des actions. Aussi la recherche de paternité pourrait-elle être intentée, soit contre le même homme [2], soit contre un autre. Si la filiation est établie à l'égard d'un autre homme, la loi prévoit que l'allocation de subsides ne produit plus d'effet pour l'avenir (art. 342-8, al. 2). En revanche, le débiteur des subsides ne peut demander la répétition des sommes qu'il a déjà versées : ces versements étaient fondés, en effet, sur la possibilité de paternité et non sur l'existence de la filiation. La solution contredit, toutefois, ouvertement l'effet déclaratif du jugement proclamant la paternité.

B. L'allocation de subsides

1250. ***Pension alimentaire.*** Si elle réussit, l'action à fins de subsides a pour résultat de voir condamner l'homme qui a eu des relations avec la mère de l'enfant pendant la période de la conception, à verser à celui-ci des subsides pour son entretien sous la forme selon l'article 342-2, alinéa 1er, du Code civil d'une pension. Son montant est établi en fonction des besoins de l'enfant, des ressources du débiteur [3] et de la situation familiale de celui-ci. C'est dire que le juge doit tenir compte de la présence d'un conjoint et d'enfants issus du mariage. Les subsides, dus seulement à compter de l'assignation [4], peuvent faire l'objet d'une indexation.

1251. ***Transmission.*** Ces dispositions empruntent beaucoup au régime des obligations alimentaires. Mais la loi prévoit qu'en cas de décès du débiteur, la charge des subsides est transmise à la succession, dans les conditions de l'article 767 du Code civil (art. 342-5). C'est dire que le délai pour réclamer les subsides à la succession est d'un an à partir du décès, et que les subsides sont prélevés sur l'hérédité. En revanche, le jugement

---

1. Le défendeur ne peut faire appel d'une ordonnance du juge de la mise en état ordonnant une mesure d'expertise, puisque l'appel n'est possible que sur les jugements qui tranchent dans leur dispositif une partie du principal (C. pr. civ., art. 544) : v. Paris, 29 avr. 2003, *RTD civ.* 2003. 491, obs. J. Hauser.

2. Civ. 1re, 4 janv. 1995, *Bull. civ.* I, no 7 ; *D.* 1995. Somm. 225, obs. F. Granet ; *D.* 1996. 49, note J. Massip

3. La mère est en droit de réclamer des subsides, quelle que soit sa situation matérielle (Civ. 1re, 22 juill. 1986, *Bull. civ.* I, no 220 ; *Defrénois* 1986, art. 33821, no 102, note J. Massip), même si la détermination du montant des subsides, qui ont le caractère d'une pension alimentaire, implique la prise en considération de ses ressources et charges puisq'elle est aussi débitrice d'une obligation alimentaire envers l'enfant (Civ. 1re, 6 oct. 1982, *D.* 1982. IR 537).

4. La décision accordant des subsides est constitutive, et non déclarative de droit comme un jugement déclarant une filiation ; Civ. 1re, 19 mars 1985, *Bull. civ.* I, no 100 ; *D.* 1985. 533, note J. Massip ; *D.* 1986. IR 61, obs. D. Huet-Weiller.

accueillant l'action à fins de subsides n'entraîne aucun autre effet patrimonial, et notamment aucun effet d'ordre successoral. Enfin, par analogie supplémentaire avec l'action en recherche de paternité, une condamnation au paiement de dommages et intérêts en cas de faute du défendeur, peut être ordonnée par le tribunal, à la demande de la mère [1].

C. Effet extrapatrimonial

1252. ***Empêchement à mariage***. Le jugement accueillant l'action à fins de subsides n'entraîne qu'un seul effet extrapatrimonial contenu dans l'article 342-en vertu duquel est créé entre le débiteur et le bénéficiaire des subsides ainsi que, le cas échéant, entre chacun d'eux et les parents ou le conjoint de l'autre, un empêchement à mariage : la paternité reste en effet possible, il faut donc éviter le risque d'inceste.

Il n'existe aucun autre effet extrapatrimonial : d'où l'absence d'incidence sur le nom de l'enfant, sur l'autorité parentale, sur la filiation. Cependant, un droit de correspondance ou de visite pourrait, à titre tout à fait exceptionnel, être accordé au débiteur des subsides (C. civ., art. 371-4, al. 2).

---

1. Civ. 1re, 6 mars 2007, *D.* 2008. Pan. 1375, obs. F. Granet-Lambrechts.

Sous-titre 2

La filiation par assistance médicale à la procréation

1253. ***Reproduction artificielle***. Au cours des dernières décennies, les progrès scientifiques ont permis à l'homme d'acquérir des connaissances essentielles sur le processus de la procréation. Ce savoir lui a permis de découvrir, puis de maîtriser peu à peu les techniques de reproduction artificielle, c'est-à-dire se réalisant sans l'union charnelle de l'homme et de la femme. Initialement destinées à remédier à la stérilité du couple, ont été ainsi pratiquées l'insémination artificielle de la femme avec le sperme de son conjoint, depuis longtemps [1], ou avec celui d'un tiers donneur, plus récemment [2], puis des méthodes de fécondation en dehors du corps humain, comme la fécondation *in vitro* [3], enfin la conservation par congélation des embryons obtenus. Et il est permis de penser que ce qui relève pour quelque temps encore de la science-fiction, pourrait probablement réalité : clonage [4], parthénogenèse [5], ectogenèse [6]...

1254. ***Lois bioéthiques***. Dès 1983, les pouvoirs publics se sont inquiétés des problèmes juridiques soulevés par ces nouvelles techniques [7] et une abondante littérature juridique commençait à apparaître [8]. Les débats portaient aussi sur certaines solutions qui

1. Dite « IAC » : insémination artificielle avec le sperme du conjoint ou du concubin.
2. Dite « IAD » : insémination artificielle avec « donneur ». Créés depuis 1973, les CECOS (Centre d'étude et de conservation du sperme) avaient pratiqué en 1984 plus de 10 000 inséminations, et plus de 25 000 dix ans plus tard.
3. Le premier « bébé-éprouvette » français, Amandine, vint au monde en 1982.
4. Reproduction à l'identique d'un individu avec ses seules forces génétiques.
5. Conception d'une fille par une femme sans semence masculine.
6. Gestation se déroulant entièrement *in vitro*.
7. Décret du 23 février 1983 instituant le Comité national d'éthique pour les sciences de la vie et de la santé.
8. Parmi une littérature considérable, v. M. Bandrac, « Réflexions sur la maternité », *in Mélanges P. Raynaud*, 1988, p. 273 ; J.-L. Baudouin et C. Labrusse-Riou, *Produire l'homme : de quel droit ? Étude juridique et éthique des procréations artificielles*, Paris, PUF, 1987 ; F. Granet, « L'enfant conçu par procréation médicalement assistée et les projets de loi sur la bioéthique », *in Mélanges D. Huet-Weiller*, 1994, p. 219 ; P. Kayser, « Les limites morales et juridiques de la procréation artificielle », *D.* 1987. Chron. 189 ; « Documents sur l'embryon humain et la procréation assistée », *D.* 1989. Chron. 193 ; Ph. Malaurie, « L'homme, être juridique. À propos des projets de loi sur la bioéthique », *D.* 1994. Chron. 97 ; H. Mazeaud, « Le droit de la famille face aux progrès de la science médicale », *in Mélanges M. de Juglart*, p. 46 s. ; M.-T. Meulders-Klein, « Le droit de l'enfant face au droit à l'enfant », *RTD civ.* 1988. 465 ; P. Murat, « Procréation assistée et droits de l'enfant », *RDSS* 1991. 387 ; G. Raymond, « La procréation artificielle et le droit français », *JCP* 1983. I. 3114 ; J. Rubellin-

pouvaient être apportées en droit. Des colloques furent organisés [1], des rapports rédigés [2] et des projets de lois déposés en 1992 sur le bureau de l'Assemblée nationale.

Après le changement de majorité consécutif aux élections législatives de 1993, le professeur Mattei fut chargé par le Gouvernement d'élaborer un nouveau rapport et les projets de lois aboutirent enfin au vote de deux lois importantes : la loi n° 94-653 du 29 juillet 1994 relative au respect du corps humain et la loi n° 94-654 relative au don et à l'utilisation des éléments et produits du corps humain, à l'assistance médicale à la procréation et au diagnostic prénatal. Ces lois ont été déclarées conformes à la Constitution par une décision du Conseil constitutionnel en date du 27 juillet 1994 [3] et suivis de deux décrets d'application : l'un, du 24 février 1995, relatif au consentement à la procréation médicalement assistée, et l'autre, du 6 mai 1995, relatif aux activités d'assistance médicale à la procréation.

1255. ***Pratiques autorisées et pratiques prohibées***. Le recours aux divers modes de procréation artificielle ne laisse pas de susciter question sur question. Et d'abord de savoir s'il fallait ou non légiférer. Ce débat aujourd'hui est clos : non seulement le législateur a décidé d'intervenir, par deux lois complémentaires, en même temps que complexes, mais surtout des législations voisines ont aussi été votées dans plusieurs pays européens (Allemagne, Belgique, Espagne, Royaume-Uni...) [4], dont la diversité pourrait être heureusement surmontée depuis l'adoption de la convention élaborée par le Conseil de l'Europe [5]. Ce qui ne met pas fin à toute discussion.

On peut se demander, en effet, quels sont les procédés d'assistance médicale à la procréation que le législateur doit rendre licites ou, autrement formulé, quelles techniques faut-il prohiber ? La réponse n'est pas du tout évidente : ainsi, pour la pratique des mères porteuses, l'insémination artificielle *post mortem*, l'accès des célibataires et des couples homosexuels à la procréation médicalement assistée, etc. Quelle que soit la réponse, il faut aussi s'interroger sur les répercussions que ces techniques de procréation artificielle ont entraînées sur la nature des produits du corps humain, sur celle de l'embryon et plus largement, sur le sens de la procréation d'un enfant (existe-t-il un *droit à l'enfant* ?), enfin sur l'essence de la personne humaine [6].

Devichi, « Les procréations assistées : état des questions », *RTD civ.* 1987. 457 ; « Procréations assistées et stratégies en matière de filiation », *JCP* 1991. I. 3505 ; A. Sériaux, « Droit naturel et procréation artificielle » *D.* 1985. Chron. 53 ; « La procréation artificielle sans artifice », *D.* 1988. Chron. 201 ; F. Terré, « L'enfant de l'esclave. Génétique et droit », Paris, Flammarion, 1987.

1. V. par ex. : *Génétique, procréation et droit*, Actes Sud, 1985 ; *Procréation artificielle, génétique et droit*, Institut suisse de droit comparé, 1986, *La vie prénatale. Biologie, morale et droit*, Acte du VIe colloque national des juristes catholiques, Tequi, 1986.

2. *Rapport du Comité national d'éthique*, La Documentation française, 1986 ; « Rapport du Conseil d'État, Sciences de la vie : de l'éthique au droit », *Notes et études documentaires*, 1988 ; N. Lenoir, *Aux frontières de la vie, une éthique biomédicale à la française*, La Documentation française, 1992.

3. *D.* 1995. 237, note B. Mathieu. V. B. Edeldman, « Le Conseil constitutionnel et l'embryon », *D.* 1995. Chron. 205.

4. J.-J. Lemouland, « Filiation et procréation médicalement assistée (PMA) », *Dict. perm. bioéthique et biotechnologies*, n° 10 et 38 ; *La gestation pour autrui*, Doc. Sénat, n° LC 182, 2008.

5. Le 19 novembre 1996, le Comité des ministres du Conseil de l'Europe adoptait la première « Convention sur les droits de l'Homme et la biomédecine ». Il s'agit d'un texte établissant une série de grands principes qui a été signée à Oviedo (Espagne) le 4 avril 1997. Pour ses promoteurs, « ce texte fondateur est appelé à devenir le droit commun de l'Europe en matière de bioéthique » ; v. H. Chanteloup et autres, Chron., *LPA* 1998, n° 127, p. 3 s.

6. « Biologie, personne et droit », *Droits*, 1991, n° 13.

Or, les lois de 1994 sont loin d'avoir apporté une réponse à toutes ces questions, il est vrai autant morales que juridiques. Mais sur le plan même du droit, le législateur n'a sans doute pas pris l'exacte mesure du bouleversement de notre droit de la filiation que les textes récents allaient provoquer, notamment lorsque l'enfant est conçu à l'aide des forces génétiques de personnes auxquelles il n'est pas juridiquement rattaché.

1256. ***Révision***. C'est pourquoi, du reste, le législateur avait prévu une révision de la loi dans les cinq ans. Seulement, les divergences d'opinion sont apparues si profondes que le processus législatif, qui avait pris du retard, a lui-même duré trois ans, alors même que le projet de loi n'avait prévu qu'une « actualisation »[1]. Finalement, la loi qui a été votée par le Parlement puis promulguée le 6 août 2004[2], après validation par le Conseil constitutionnel[3], s'est bornée à adapter les textes initiaux à l'évolution des sciences biologiques, mais sans toucher aux grands principes posés une décennie plus tôt[4]. La deuxième révision des lois bioéthiques, contenue dans la loi n° 2011-814, 7 juillet 2011 n'a pas non plus apporté de changements significatifs[5].

1257. ***Codification***. Les dispositions des lois du 29 juillet 1994[6], du 6 août 2004 et du 7 juillet 2011 sont réparties dans le Code civil et dans le Code de la santé publique (outre les textes répressifs insérés dans le Code pénal).

Dans le Code civil, il faut désormais se référer aux Chapitres II et III du Titre Ier (« Des droits civils ») du Livre I (« Des personnes »). Le chapitre II intitulé « Du respect du corps humain » (art. 16 à 16-9) comporte certaines dispositions intéressant l'assistance médicale à la procréation ; le Chapitre III intitulé « De l'examen des caractéristiques génétiques d'une personne et de l'identification d'une personne par ses empreintes génétiques », est composé des articles 16-10 à 16-13 du Code civil. En outre, deux articles 311-19 et 311-20 ont été insérés dans une Section III intitulée, depuis l'ordonnance du 4 juillet 2005 réformant la filiation, « De l'assistance médicale à la procréation », au sein du Chapitre I (« Dispositions générales ») du Titre VII consacré à la filiation. Des dispositions relatives au don et à l'utilisation des éléments et produits du corps humain, à l'identification génétique et à l'assistance médicale à la procréation figurent également dans le Code de la santé publique. Ces dernières se trouvent intégrées aux articles L. 2141-1 et suivants (Titre IV « Assistance médicale à la procréation » du

1. *Projet de loi relatif à la bioéthique*, Assemblée nationale n° 3166, p. 4.
2. *JO* 7 août 2004, p. 14040.
3. Décis. n° 2004-498 DC du 29 juill. 2004.
4. Sur la loi du 6 août 2004, v. F. Bellivier, chron. lég. *RTD civ*. 2004. 787 ; P. Egéa, *RJPF*, sept. 2004, p. 6 ; J.-C. Galloux, *D*. 2004. 2379 ; D. Thouvenin, *D*. 2005. 116 et 172.
5. L. n° 2011-814 du 7 juill. 2011 (*JO* 8 juill. 2011, p. 11826) ; A. Chenet de Beaupré, « La révision de la loi bioéthique » : *D*. 2011. Chron. 2217 ; A. Dionosi-Peyrusse, « La protection de la vie humaine dans la loi relative à la bioéthique du 7 juillet 2011 » : *RJPF* n° 9, 2011. 8 ; A.-M. Leroyer, « La loi du 7 juillet 2001 relative à la bioéthique » : *RTD civ*. 2011. 603 s. ; D. Vigneau, « Les dispositions de la loi « bioéthique » du 7 juillet 2011 relative à l'embryon et au fœtus humain » : *D*. 2011. Chron. 2224.
6. Commentaires : C. Byk, *JCP* 1994. I. 3788 et *JCP* 1995. I. 3848 ; G. Raymond, *JCP* 1994. I. 3796 ; C. Neyrinck, *LPA* 14 déc. 1994 ; J. Massip, *Defrénois* 1995, art. 35975, p. 65 et art. 35992, p. 129 ; C. Jamin, *RTD civ*. 1994. 934 et 1995. 974. Sur la révision de ces lois, v. M.-I. Malauzat, « Le projet de loi « bioéthique » », *D*. 2002. Chron. 2688.

Livre I, de la deuxième partie intitulée « Santé de la famille, de la mère et de l'enfant »)[1]. En France, environ 7 000 naissances par an sont le fruit d'une assistance médicale à la procréation.

Le législateur s'est efforcé de réglementer les **conditions de l'assistance médicale à la procréation** (Chapitre 1) et a prévu des **dispositions particulières** relatives à la filiation de l'enfant né grâce à cette assistance (Chapitre 2).

1. V. aussi, sur l'émergence d'un droit communautaire spécialisé, J.-S. Bergé, « Droit communautaire, biomédecine et biotechnologies : entre concordance et antinomie », *RTD eur.* 2002. 627.

Chapitre 1

Les conditions de l'assistance médicale à la procréation

1258. ***Définition***. Définie par l'article L. 2141-1 du Code de la santé publique, l'assistance médicale à la procréation « *L'assistance médicale à la procréation s'entend des pratiques cliniques et biologiques permettant la conception in vitro, la conservation des gamètes, des tissus germinaux et des embryons, le transfert d'embryons et l'insémination artificielle. La liste des procédés biologiques utilisés en assistance médicale à la procréation est fixée par arrêté du ministre chargé de la santé après avis de l'Agence de la biomédecine. Un décret en Conseil d'État précise les modalités et les critères d'inscription des procédés sur cette liste. Les critères portent notamment sur le respect des principes fondamentaux de la bioéthique prévus en particulier aux articles 16 à 16-8 du Code civil, l'efficacité, la reproductibilité du procédé ainsi que la sécurité de son utilisation pour la femme et l'enfant à naître* ». L'article L. 2141-2 précise l'objectif de l'assistance médicale à la procréation : « *L'assistance médicale à la procréation a pour objet de remédier à l'infertilité d'un couple ou d'éviter la transmission à l'enfant ou à un membre du couple d'une maladie d'une particulière gravité. Le caractère pathologique de l'infertilité doit être médicalement diagnostiqué* ».

L'assistance médicale à la procréation est étroitement réglementée. La loi n'autorise pas toutes les interventions médicales (Section 1). Elles doivent être destinées à satisfaire la demande parentale de certains couples, dans le cadre d'un accès limité à l'assistance médicale à la procréation (Section 2).

Section 1

La nécessité d'une autorisation légale

1259. ***Agrément***. En matière d'assistance à la procréation, l'un des principes directeurs est de soumettre les praticiens habilités à pratiquer des actes d'assistance médicale à la procréation à un agrément, comme de soumettre les établissements de santé à une autorisation administrative. Ainsi, à l'exception de l'insémination artificielle et de la stimulation ovarienne, l'activité d'assistance médicale à la procréation est réservée à des établissements de santé ou à des laboratoires autorisés à pratiquer des actes cliniques ou biologiques d'assistance médicale à la procréation. Par ces autorisations et agréments, l'État contrôle l'assistance médicale à la procréation, d'un point de vue purement médical et aussi d'un point de vue déontologique.

En outre, ces actes doivent être effectués sous la responsabilité d'un praticien nommément agréé à cet effet dans chaque établissement ou laboratoire autorisé à les pratiquer.

L'autorisation est délivrée pour cinq ans. Sont seuls habilités à procéder aux activités cliniques et biologiques d'assistance médicale à la procréation les praticiens ayant été agréés à cet effet par l'Agence de la biomédecine (C. santé publ., art. R. 2142-10). L'Agence de la biomédecine est un établissement public administratif de l'État, placé sous la tutelle du ministre chargé de la Santé, créé par la loi du 6 août 2004.

1260. ***Droit d'être parent par assistance médicale à la procréation*** Dans l'arrêt *Dickson c/Royaume-Uni* du 4 décembre 2007 [1], le refus d'autoriser le requérant détenu et son épouse à recourir à l'insémination artificielle, a été qualifié d'atteinte disproportionnée à leur droit au respect de leur vie privée et familiale. La Cour a également considéré dans l'arrêt *S-H et autres c/Autriche* du 1er avril 2010 que des restrictions au don de spermes et d'ovules aux fins de fécondation *in vitro* sont discriminatoires par rapport aux couples qui n'ont pas besoin de ces dons. Dans cette décision la Cour affirme que « *le droit des couples à procréer en faisant appel à la procréation médicalement assistée entre dans le champ d'application de l'article 8, pareil choix s'analysant manifestement en une forme d'exercice du droit à la vie privée et familiale.* »

Cependant, en droit français, seules certaines activités d'assistance médicale à la procréation sont autorisées par la loi, les autres étant interdites.

§ 1. Les assistances médicales à la procréation autorisées par la loi

1261. ***Liste***. L'article L. 2141-1 du Code de la santé publique énonce les activités d'assistance médicale à la procréation qui sont autorisées. Il en est ainsi des « *pratiques cliniques et biologiques permettant la conception in vitro, la conservation des gamètes, des tissus germinaux et des embryons, le transfert d'embryons et l'insémination artificielle* ». Le texte précise en outre que « *La technique de congélation ultrarapide des ovocytes est autorisée* ». Le texte prévoit que « *La liste des procédés biologiques utilisés en assistance médicale à la procréation est fixée par arrêté du ministre chargé de la santé après avis de l'Agence de la biomédecine. Un décret en Conseil d'État précise les modalités et les critères d'inscription des procédés sur cette liste* ». Il en résulte que la liste des procédés autorisés peut être complétée. L'article L. 2141-1 du Code de la santé publique précise les critères permettant à une activité de reproduction de figurer sur cette liste. Ils portent notamment sur le respect des principes fondamentaux de la bioéthique prévus en particulier aux articles 16 à 16-8 du Code civil, l'efficacité, la reproductibilité du procédé ainsi que la sécurité de son utilisation pour la femme et l'enfant à naître.

Les techniques d'assistante à la procréation autorisées concernent deux hypothèses, qui ne posent pas les mêmes problèmes juridiques : la procréation assistée endogène (qui est produite par quelque chose en dehors de tout apport extérieur) et la procréation assistée exogène (qui implique l'intervention de matériel génétique provenant d'une tierce personne).

A. La procréation assistée endogène

1262. ***Insémination artificielle***. L'assistance médicale peut consister à obtenir une procréation à l'intérieur du couple, lorsque cette procréation ne peut être réalisée naturellement

1. *JCP* 2008. I. 110, obs. F. Sudre.

pour des raisons physiologiques ou médicales. Ainsi, une femme peut être inséminée artificiellement avec les spermatozoïdes de son mari ou de son compagnon parce que l'insémination ne peut se produire à l'occasion d'un rapport charnel. On peut également concevoir *in vitro* un embryon avec les gamètes [1] des deux membres du couple, embryon que l'on va ensuite implanter dans l'utérus de la femme pour une gestation normale.

Ici, l'enfant est donc issu génétiquement des deux membres du couple. La seule différence avec la procréation « naturelle », c'est que l'union des gamètes est le résultat d'un processus artificiel, d'une intervention médicale. Pour cette raison, la réglementation n'est guère contraignante. L'insémination artificielle provenant du conjoint (IAC) n'est pas soumise au monopole des établissements autorisés et le consentement du couple est requis. En revanche, la fécondation *in vitro* endogène est soumise au monopole des établissements autorisés.

La procréation endogène ne pose pas de problème juridique particulier. Aussi, le législateur a-t-il institué, en 1994, la primauté de la procréation à l'intérieur du couple sur la procréation exogène. Et c'est seulement lorsqu'elle ne pouvait aboutir que la loi autorisait le recours à l'assistance médicale à la procréation avec tiers donneur (C. santé publ., art. L. 2141-7). Mais avec la loi du 6 août 2004, le recours à un tiers donneur a perdu son caractère subsidiaire.

B. La procréation assistée exogène

1263. ***Tiers donneur***. La loi autorise, lorsqu'il existe un risque de transmission d'une maladie d'une particulière gravité à l'enfant ou à un membre du couple, ou lorsque la procréation endogène ne peut aboutir (par exemple à cause de la stérilité d'un des membres du couple), ou encore lorsque le couple y renonce, la procréation assistée exogène, c'est-à-dire avec l'intervention d'un tiers donneur (C. santé publ., art. L. 2141-7). La procréation assistée avec deux donneurs est autorisée : il s'agit du don d'embryon lorsque les techniques d'assistance médicale à la procréation au sein du couple ne peuvent aboutir ou lorsque le couple y renonce. (C. santé publ., art. L. 2141-6).

Tous les États n'admettent pas la procréation assistée exogène. Dans l'arrêt *S.H. c/ Autriche* du 3 novembre 2011 [2], la Cour européenne des droits de l'Homme refuse de condamner l'interdiction autrichienne de la procréation exogène. Elle considère que le consensus européen en la matière manque de solidité et en déduit une large marge d'appréciation pour les États. Le juge européen suggère toutefois au Parlement national de procéder à un nouvel examen complet de la législation relative aux procréations médicalement assistées. La cour relève par ailleurs que les personnes concernées peuvent se rendre à l'étranger pour y subir un traitement contre la stérilité faisant appel à des techniques de procréations médicalement assistées interdites en Autriche.

1) La procréation assistée avec un donneur

1264. ***Gamètes extérieurs au couple***. Dans cette technique, on utilise des gamètes extérieurs au couple. Il est possible d'utiliser des spermatozoïdes d'un tiers donneur

1. Cellule reproductrice mâle ou femelle dont le noyau ne contient qu'un seul chromosome de chaque paire et qui ne peut se multiplier seul, mais peut s'unir au gamète du sexe opposé pour former un œuf, première cellule d'un nouvel être vivant.
2. *Dr. fam*. 2012, étude n° 6, obs. A. Gouttenoire.

en cas de stérilité masculine pour inséminer une femme : insémination artificielle avec donneur. Il peut s'agir également d'une fécondation *in vitro* d'un embryon conçu grâce à l'ovule d'une femme extérieure au couple (stérilité féminine).

La procréation assistée exogène est réglementée strictement. Des règles de sécurité sanitaire, d'abord, ont été introduites par le Code de la santé publique : dépistage des maladies transmissibles, interdiction de l'insémination réalisée avec du sperme frais ou mélangé, limitation à cinq du nombre des enfants pouvant être issus des gamètes d'un même donneur. En outre, le donneur doit faire partie d'un couple ayant déjà procréé. La violation de ces exigences est pénalement sanctionnée. Des règles déontologiques ont également été mises en place. Les gamètes ne peuvent être obtenus que gratuitement du « tiers donneur » (C. civ., art. 16-6). En outre, le don est anonyme, le donneur ne peut connaître le couple receveur et ne peut être connu par lui (C. civ., art. 16-8 ; C. santé publ., art. L. 1211-5). L'anonymat du don a été imposé aussi dans la plupart des pays, mais certaines législations autorisent au contraire l'enfant à se faire communiquer des renseignements relatifs au donneur[1]. Il est vrai que ce principe d'anonymat, dont la transgression est pénalement sanctionnée, peut susciter des interrogations quant au droit reconnu à l'enfant par les conventions internationales de connaître ses origines[2]. Il existe au demeurant une exception à la règle en cas de nécessité thérapeutique, seuls les médecins du donneur et du receveur pouvant avoir accès aux informations permettant l'identification des donneurs et receveurs (C. civ., art. 16-8 ; C. santé publ., art. L. 1211-5, al. 2).

2) La procréation assistée avec deux donneurs : le don d'embryon

1265. ***Caractère exceptionnel.*** L'article L. 2141-3 du Code de la santé publique interdit, en principe, la conception *in vitro* d'un embryon « *avec des gamètes ne provenant pas d'un au moins des membres du couple* ».

À titre exceptionnel, le don d'embryon est admis : un embryon conçu *in vitro* avec les gamètes d'un couple est réimplanté chez une femme étrangère au couple. Mais il ne peut être réalisé que dans certaines conditions prévues par les articles L. 2141-5 et 2141-6 du Code de la santé publique, dont une autorisation judiciaire. En outre, le don ne peut porter que sur des embryons conçus par un premier couple en vue d'une fécondation *in vitro*, conservés mais non utilisés, et qu'on appelle des embryons « surnuméraires ». Le don d'embryon par un couple, à des fins de procréation, ne peut donc porter sur des embryons conçus *ad hoc*, uniquement pour en faire bénéficier un autre couple qui serait stérile.

De fait, le souci de réussir, malgré les nombreux obstacles biologiques, les implantations d'embryons fécondés *in vitro*, en même temps que la volonté de satisfaire le désir d'enfant manifesté par des couples ayant des difficultés à concevoir naturellement, ont conduit les établissements pratiquant l'assistance médicale à la procréation à procéder à la fécondation de plusieurs ovules, puis à congeler les embryons ainsi obtenus pour être ultérieurement utilisés afin de pallier l'échec d'une implantation. Le procédé a été validé par la loi (C. santé publ., art. L. 2141-3, al. 2.) mais il est prévu que si certains embryons ne sont pas utilisés (dits « surnuméraires »). La loi du 6 août 2004 a prévu que les deux membres du couple dont des embryons sont conservés sont consultés chaque

---

1. Il en est ainsi en Suède et en Suisse.

2. M.-F. Nicolas-Maguin, « L'enfant et les sortilèges : Réflexions à propos du sort que réservent les lois sur la bioéthique au droit de connaître ses origines », *D.* 1995. Chron. 75 ; H. Gaumont-Prat, *Dr. fam.* 1999. Chron. 17 ; *Dr. fam.* 2001. Chron. 2 ; L. Leveneur, *Dr. et patr.* mars 2002, p. 42.

année sur le point de savoir s'ils maintiennent leur projet parental. Dans la négative, ils peuvent consentir à ce que leurs embryons soient accueillis par un autre couple, qu'ils fassent l'objet d'une recherche, ou qu'il soit mis fin à leur conservation (C. santé publ., art. L. 2141-4).

La conservation des embryons a naturellement conduit à s'interroger sur leur utilisation à des fins d'expérimentation ou de recherche. Au départ, l'expérimentation sur l'embryon a été interdite par la loi du 29 juillet 1994. Quant à la recherche sur l'embryon, elle est devenue un enjeu scientifique majeur, en raison notamment de la possibilité de cultiver des cellules-souches embryonnaires [1]. La loi du 6 juillet 2004 relatif à la bioéthique a donc choisi d'autoriser la recherche lorsque les embryons surnuméraires ne font plus l'objet d'un projet parental (C. santé publ., art. L. 2141-3, al. 3). Ces recherches peuvent être autorisées par l'Agence de la biomédecine « *lorsqu'elles sont susceptibles de permettre des progrès thérapeutiques majeurs et à la condition de ne pouvoir être poursuivies par une méthode alternative d'efficacité comparable, en l'état des connaissances scientifiques* » (C. santé publ., art. L. 2151-5).

1266. ***Nature juridique de l'embryon***. La licéité du don d'embryon fait rebondir la discussion sur sa nature juridique : est-il, ou non, une personne ? C'est un être humain : certitude qui résulte d'une proclamation légale [2]. Mais les travaux parlementaires, préparatoires à la législation de 1994, révèlent que le Parlement a refusé d'affirmer que dès la première étape de la conception, l'être humain est une personne [3]. Mais comme il ne s'agit pas non plus d'une chose [4], peut-on dire que le législateur a fait des embryons des « choses humaines », un embryon de personnalité ? [5] La *summa divisio* des personnes et des choses, fondement de notre système juridique, est, pour certains [6], remise en cause. Sans doute, l'article 16-1 du Code civil rappelle l'indisponibilité du corps humain. Cependant, en reconnaissant la validité du don, le droit reconnaît à l'organe ou au produit cédé la qualité de « chose » dans le commerce juridique. Le législateur a fait des embryons des « forces génétiques » [7], qui doivent être protégées contre toute manipulation dangereuse et utilisation à d'autres fins que la procréation, et dans certaines conditions la recherche [8] (C. santé publ., art. L. 2141-3 s.), dispositions assorties de

---

1. D. Thouvenin, article préc., *D.* 2005. 121.
2. « La loi garantit le respect de tout être humain dès le commencement de la vie » (L. du 17 janv. 1975 relative à l'interruption volontaire de grossesse, art. 1er).
3. G. Mémeteau, « L'embryon législatif », *D.* 1994. Chron. 355. Rappelons que dans son premier avis, rendu le 22 mai 1984, le Comité national d'éthique pour les sciences de la vie et de la santé avait qualifié l'embryon de « personne humaine potentielle ».
4. J. Carbonnier, *Flexible droit*, 7e éd., 1992, p. 176 ; comp. J.-C. Galloux, chron. préc., *D.* 2004. 2380.
5. F. Piec-Vansteeger, « De la filiation issue de la procréation médicalement assistée », *JCP N* 1995. Doctr. 59.
6. J. Hauser, obs. *RTD civ.* 1994. 579 sous l'intitulé « Le siècle des espérances congelées a droit à ses catégories juridiques », l'auteur tranche en faveur de l'appartenance de l'embryon à la catégorie des « droits ». Pour G. Farjat, l'embryon n'est ni une chose, ni une personne, mais constitue un centre d'intérêt protégé par des législations spécifiques : « Entre les personnes et les choses, les centres d'intérêt », *RTD civ.* 2002. 221, spéc. 228 ; *contra* : v. M. Herzog-Evans, « Homme, homme juridique et humanité de l'embryon », *RTD civ.* 2000. 65 : « L'embryon est réellement et absolument une personne humaine » (p. 72).
7. Comp. G. Cornu, nos 298 s.
8. Sauf à préciser que quelques exceptions à la prohibition de l'expérimentation sur l'embryon sont néanmoins prévues (C. santé publ., art. L. 2151-5, al. 2). Cf. Groupe européen d'éthique des sciences et des nouvelles technologies, 14 nov. 2000, avis n° 15, *D.* 2001. 1431, obs. H. Gaumont-Prat.

lourdes sanctions pénales (C. pén., art. 511-16 s.). Mais ces éléments humains peuvent faire l'objet à titre exceptionnel de destruction ou de don.

§ 2. Les techniques prohibées par la loi

Les deux techniques prohibées sont des pratiques de procréation artificielle qui concernent la maternité. Leur prohibition en droit français (A) n'a cependant pas permis d'éviter le recours à ces techniques à l'étranger et le questionnement sur la filiation des enfants qui ont été conçus dans ce dernier cadre (B).

A. La prohibition du droit français

1267. ***Maternité de substitution.*** Est prohibée la maternité de substitution c'est-à-dire la technique selon laquelle une femme accepte d'être inséminée artificiellement avec le sperme d'un homme dont la femme ou la concubine est stérile (ou ne veut pas d'une grossesse), ou qui n'a pas de partenaire féminin. Elle s'engage à mener à bien sa grossesse et, à la naissance, à remettre l'enfant au couple demandeur. Cela peut se faire sans rémunération de la mère de substitution (par exemple, s'il s'agit d'un membre de la famille de la femme stérile) mais il peut aussi s'agir d'un contrat à titre onéreux. À partir de 1980, des associations ont même été créées pour favoriser la rencontre entre des mères porteuses et des couples demandeurs ou « parents d'intention ». Dans un arrêt du 13 décembre 1989 [1], la Cour de cassation a considéré que de telles associations étaient illicites par leur objet. Mais la dissolution de ces associations n'empêcha pas pour autant la pratique des contrats portant sur la maternité de substitution. La question fut alors de savoir si le juge devait prononcer l'adoption d'un enfant né à la suite d'un tel contrat, qu'il soit à titre onéreux ou à titre gratuit. La cour d'appel de Paris, dans un arrêt du 15 juin 1990 [2], valida l'opération, la déclarant non contraire à l'ordre public, et prononça l'adoption par l'épouse du père naturel de l'enfant, reconnaissant l'existence d'un « droit naturel à la procréation ». Mais un pourvoi dans l'intérêt de la loi fut exercé contre cet arrêt par le Procureur général près la Cour de cassation [3]. Le 31 mai 1991 [4], l'Assemblée plénière cassait l'arrêt de la cour d'appel de Paris. Elle estimait que l'enfant issu d'une mère porteuse ne pouvait faire l'objet d'une adoption plénière par le couple dont l'épouse était stérile : « *cette adoption n'était que l'ultime phase d'un processus d'ensemble destiné à permettre à un couple l'accueil à son foyer d'un enfant conçu en exécution d'un contrat tendant à l'abandon à sa naissance par sa mère et que, portant atteinte aux principes de l'indisponibilité du corps humain et de l'état des personnes, ce processus constituait un détournement de l'institution de l'adoption* ».

---

1. Civ. 1re, 13 déc. 1989, n° 88-15655.

2. *JCP* 1991. II. 21653, note B. Edelman et C. Labrusse-Riou. « Un arrêt quelque peu provocateur » (J. Carbonnier, p. 239).

3. Ce pourvoi ne peut aboutir à un arrêt permettant aux parties d'échapper aux dispositions de la décision cassée (article 17 de la loi du 3 juillet 1967 relative à la Cour de cassation). En clair, l'adoption prononcée en l'espèce par la cour d'appel de Paris ne fut pas remise en cause.

4. Ass. plén. 31 mai 1991 *D.* 1991. 417, rapp. Y. Chartier, note D. Thouvenin ; *JCP* 1991. II. 21752, communic. J. Bernard, concl. F. Dontenwille, note F. Terré, *RTD civ.* 1991. 517, obs. D. Huet-Weiller ; *Defrénois* 1991. 948, obs. J. Massip. Dans le même sens, v. Rennes, 4 juill. 2002, *D.* 2002. 2902, note F. Granet ; Civ. 1re, 23 avr. 2003, *RTD civ.* 2003. 693, obs. J. Hauser.

1268. ***Fondements de l'illégalité.*** Trois raisons parmi d'autres expliquaient cette solution[1]. La Cour de cassation tient une telle convention pour contraire au principe de l'indisponibilité du corps humain, parce qu'elle porte sur les facultés reproductrices et gestationnelles de la mère. La Cour de cassation a, en outre, jugé qu'il y a atteinte à l'indisponibilité de l'état des personnes puisque l'on veut donner à l'enfant un état qui ne correspond pas à sa filiation réelle. La mère qui a porté l'enfant renonce par avance à sa future qualité de mère. Enfin, l'Assemblée plénière sanctionne le détournement d'une institution comme l'adoption, celle-ci ayant été créée pour donner des parents à des enfants qui en sont privés, et dans l'intérêt de ces derniers, alors que dans le processus de la maternité de substitution, l'enfant est conçu en vue de l'adoption pour la satisfaction du désir des adultes[2]. La Cour de cassation maintient, avec constance, sa jurisprudence, jugeant « *que la maternité pour autrui, dont le caractère illicite se déduit des principes généraux du Code civil et, aujourd'hui, de son article 16-7, réalise un détournement de l'institution de l'adoption* »[3].

1269. ***Gestation pour autrui.*** Il s'agit ici d'une convention portant uniquement sur la gestation de l'enfant. Cela signifie qu'il n'y a pas de stérilité d'un des membres du couple demandeur mais la femme ne peut (ou ne veut) pas porter l'enfant. Un embryon est donc conçu *in vitro* avec les gamètes du couple et l'enfant sera donc génétiquement le leur. L'autre femme n'intervient que pour porter l'embryon qui aura été transféré dans son utérus. En d'autres termes, cette femme porte un enfant qui n'est pas génétiquement le sien. Il y a donc dissociation entre la mère gestatrice et la mère génitrice, ce qui conduit à une réflexion sur la notion même de maternité. Certains auteurs avaient envisagé la légitimité de cette dernière pratique, puisque l'enfant reviendrait à sa mère génétique[4]. Mais le législateur, en condamnant également cette technique, a implicitement rappelé que la mère est celle qui accouche de l'enfant.

1270. ***Ordre public.*** La solution jurisprudentielle relative à la maternité de substitution a finalement été consacrée par le législateur en 1994 et élargi à la gestation pour autrui. L'article 16-7 du Code civil affirme, dans les termes suivants, l'illicéité de ce type de convention : « *toute convention portant sur la procréation ou la gestation pour le compte d'autrui est nulle* ». Le texte vise toute convention, qu'elle soit à titre gratuit ou à titre onéreux, et la procréation pour le compte d'autrui comme la simple gestation pour le compte d'autrui. L'article 16-7 du Code civil est d'ordre public, aux termes de l'article 16-9 du même code, et les conventions portant sur la maternité ou la simple gestation pour le compte d'autrui sont nulles d'une nullité absolue. Celle-ci peut être invoquée pendant dix ans par tout intéressé, y compris par le ministère public. En outre, le juge, s'il est informé de l'existence de la convention, doit refuser de prononcer l'adoption qui est la conséquence de cette convention[5]. D'où il résulte que la mère qui accouche peut garder l'enfant qu'elle a porté. Mais cette solution, si elle peut prévenir le développement

---

1. Pour une appréciation critique, v. M. Gobert, « Réflexions sur les sources du droit et les « principes » d'indisponibilité du corps humain et de l'état des personnes », *RTD civ.* 1992. 489
2. Civ. 1re, 16 févr. 1999, *Bull. civ.* I, n° 53 ; *D.* 1999. 692, note J. Massip ; *RTD civ.* 1999. 372, obs. J. Hauser.
3. Civ. 1re, 9 déc. 2003, *Bull. civ.* I, n° 252 ; *Dr. fam.* 2004, n° 17, note P. Murat ; *RTD civ.* 2004. 75, obs. J. Hauser.
4. M. Bandrac, « Réflexions sur la maternité », *in Mélanges P. Raynaud*, 1988, p. 27.
5. Civ. 1re, 16 févr. 1999 et 9 déc. 2003, préc.

d'un marché de la procréation ou de la gestation pour autrui, n'aura qu'une portée limitée dès lors que les législations étrangères valident ces procédés. L'arsenal législatif est complété par des dispositions répressives. Le fait de s'entremettre entre un couple et une mère porteuse constitue une infraction pénale punie d'emprisonnement et d'amende (C. pén., art. 227-12). Les associations qui auraient cet objet sont évidemment illicites [1].

B. Les conventions de gestion pour autrui ou de maternité de substitution contractées à l'étranger

1271. ***Recours à des conventions légales à l'étranger.*** Pour contourner les interdictions posées par la législation française, certains couples se rendent dans des pays étrangers où la gestation pour autrui est autorisée. C'est le cas, en Europe, de la Belgique et du Danemark, ainsi que du Royaume-Uni, de la Grèce et de la Roumanie. Au Canada, les règles varient d'une province à l'autre, et aux États-Unis d'un État à l'autre, ceux qui acceptent la gestation pour autrui constituant une minorité, dont la Californie fait partie.

La question de la filiation de ces enfants nés de convention de gestation pour autrui, ou de maternité de substitution à l'étranger a fait l'objet de débats doctrinaux et jurisprudentiels abondants, en attendant une intervention législative qui reste très hypothétique [2].

Section 2
L'accès limité à l'assistance médicale à la procréation

1272. ***Stérilité.*** Selon l'article L. 2141-2, alinéa 1er, du Code de la santé publique, la procréation médicalement assistée est destinée à répondre à « *la demande parentale d'un couple* ». Mais, poursuit le même texte, l'assistance médicale à la procréation n'est possible que si elle vise à remédier à une infertilité pathologique médicalement constatée ou à éviter la transmission à l'enfant ou à un membre du couple d'une maladie d'une particulière gravité. Sa finalité ne peut être que thérapeutique, et non de pure convenance personnelle. En outre, sont imposées des conditions concernant d'abord les couples qui peuvent avoir recours à une procréation médicalement assistée, ensuite les précautions exigées pour l'expression de leur consentement.

§ 1. Les bénéficiaires de la procréation médicalement assistée

A. Un couple

1273. ***Exclusion des femmes célibataires.*** La procréation médicalement assistée a été envisagée comme le remède à la stérilité d'un couple et non comme la réponse au désir d'enfant, ce que certains avaient cru pouvoir qualifier de « droit à l'enfant » [3]. Par

---

1. A. Prothais, « Les paradoxes de la pénalisation. Enquête en matière d'assistance médicale à la procréation et d'adoption », *JCP* 1997. I. 4055.
2. Cf. *infra*, chapitre 2.
3. P. Raynaud, « L'enfant peut-il être objet de droit ? », *D.* 1988. Chron. 109 ; M.-T. Meulders-Klein, « Le droit de l'enfant face au droit à l'enfant et les procréations médicalement assistées », *RTD civ.* 1988. 645.

conséquent, seul un couple a, en l'état de la législation française, le droit de recourir à la procréation assistée. Toutefois, cette solution pourrait évoluer, plusieurs États européens admettant l'accès des femmes célibataires à l'assistance à la procréation [1], il en va notamment ainsi de la Belgique, du Danemark, de l'Espagne et des Pays-Bas.

B. Les qualités du couple demandeur

1) Existence d'un mariage ou d'une communauté de vie

1274. L'homme et la femme formant le couple doivent être mariés ou justifier d'une vie commune

1275. ***Vie commune***. Depuis 2011, le Code de la santé publique n'exige plus que les concubins justifient d'une vie commune de deux ans. Toutefois, il précise que la cessation de la vie commune fait obstacle à la poursuite du processus de procréation médicalement assistée, ce qui impose aux concubins d'établir la réalité de leur vie commune par tous moyens, s'agissant d'un fait juridique : témoignages, quittances, déclarations fiscales... C'est le médecin (ou l'équipe médicale), le juge ou le notaire qui recevra la preuve. Toutefois aucune sanction n'est prévue si une assistance médicale à la procréation est apportée à un couple ne présentant pas les conditions exigées par la loi (sauf le retrait d'autorisation s'il y a violation constatée des dispositions prévues par la loi).

1276. ***Divorce***. L'article L. 2141-2, aliéna 2, dispose que fait également obstacle à l'insémination ou au transfert des embryons « *le dépôt d'une requête en divorce ou en séparation de corps* ». En effet, l'assistance médicale à la procréation est mise en œuvre dans le cadre d'un projet parental, qui, selon la loi, ne peut être pleinement réalisé dans l'intérêt de l'enfant que si un couple stable est décidé à l'accueillir [2].

2) Un couple hétérosexuel

1277. ***Exclusion du couple homosexuel***. Le deuxième alinéa de l'article L. 2141-2 du Code de la santé publique vise « *un homme et d'une femme* », selon une formule qui écarte la demande d'un couple homosexuel. La procréation artificielle ne peut, aboutir que dans le cadre d'une famille composée d'un père et d'une mère, et non de deux parents de même sexe : sont donc exclues les familles homosexuelles ou monoparentales. La réforme du 17 mai 2013 ouvrant le mariage et l'adoption aux couples de même sexe n'a pas modifié les conditions d'accès à la procréation médicalement assistée.

La loi est muette, en revanche, sur le cas des transsexuels. Toutefois, dès lors que le changement de sexe à l'état civil a été admis par la Cour de cassation et que la Cour européenne des droits de l'Homme a affirmé que celui-ci constituait une obligation positive pour les États [3], on peut considérer qu'un couple dont l'un des membres est transsexuel peut accéder à la procréation médicalement assistée dès lors qu'il constitue pour l'état

1. Sénat, Étude de législation comparée n° 193, janv. 2009, *L'accès à l'assistance médicale à la procréation*.
2. Cf. *JO Sénat*, 29 janv. 2003, p. 459 s.
3. *Goodwin c/ Royaume Uni*, 11 juill. 2002, *GACEDH*, n° 49.

civil un couple hétérosexuel. La stérilité résultant de la conversion sexuelle de l'un d'entre eux peut sans doute être analysée comme une infertilité pathologique.

3) L'âge de procréer

1278. ***Intérêt de l'enfant.*** Aux termes de l'article L. 2141-2, alinéa 3, du Code de la santé publique, les membres du couple doivent être en âge de procréer en vertu de l'affirmation selon laquelle l'accès à l'assistance médicale à la procréation d'une femme qui ne peut plus naturellement enfanter en raison de son âge est contraire à l'intérêt de l'enfant. L'intérêt de l'enfant ne figure pas parmi les conditions édictées par l'article L. 2141-2 du Code de la santé publique ; il y est fait seulement allusion pour justifier le droit du médecin d'imposer aux requérants un délai de réflexion supplémentaire (C. santé publ., art. L. 2141-10, al. 6).

4) L'interdiction de la procréation assistée *post mortem*

1279. ***Couple vivant.*** Avant la réforme de 1994, les tribunaux étaient partagés sur le point de savoir si le juge devait autoriser la remise à la veuve du sperme de l'époux après son décès. Le tribunal de Créteil l'avait autorisé [1], tandis que le tribunal de Toulouse l'avait refusé [2]. Plusieurs juridictions du fond avaient également refusé à la veuve l'implantation d'un embryon congelé après le décès du mari [3]. La loi consacre cette solution puisque l'article L. 2141-2, alinéa 3, du Code de la santé publique précise que les deux membres du couple doivent être vivants. Cette solution peut se justifier par le souci de ne pas faire naître un enfant sans père.

1280. ***Perspective de réforme.*** Les réflexions menées à l'occasion du processus de révision des lois bioéthiques du 29 juillet 1994 en 2004 et 2011 auraient pu conduire à une évolution de la législation, vers une autorisation du transfert d'embryon *post mortem* [4]. Dans un avis du 10 février 2011 [5], le Comité national d'éthique a ainsi recommandé que le transfert *in utero* d'un embryon après le décès de l'homme faisant partie du couple soit autorisé si l'homme a, de son vivant, donné son consentement exprès au transfert après son décès d'un embryon cryoconservé et après un délai de réflexion minimum après le décès. Mais le Parlement a finalement rejeté cette pratique en 2004 [6] comme en 2011, en raison des interrogations éthiques et psychologiques que peut susciter la mise au monde consciente d'un enfant orphelin. Le législateur a été soucieux de donner à l'enfant à naître

---

1. TGI Créteil, 1er août 1984, *JCP* 1984. II. 20321, note S. Corone ; *RTD civ.* 1984. 703, obs. R. Nerson et J. Rubellin-Devichi.
2. TGI Toulouse, 26 mars 1991, *D.* 1992. Somm. 61, obs. X. Labbée ; *RTD civ.* 1991. 310, obs. J. Hauser.
3. TGI Toulouse, 11 mai 1993 ; en appel, Toulouse, 18 avr. 1994, *JCP* 1995. II. 22472, note C. Neirinck ; sur pourvoi : Civ. 1re, 9 janv. 1996, *D.* 1996. 376, note F. Dreifuss-Netter ; TGI Rennes, 30 juin 1993, *JCP* 1994. II. 22250, note C. Neirinck ; *contra* : TGI Angers, 10 nov. 1992, *D.* 1994. Somm. 30, obs. X. Labbée, qui constate que l'épouse avait fait le choix, qui relève de sa liberté de conscience, d'une grossesse après le décès de son compagnon, pour respecter la volonté de son mari qui souhaitait un troisième enfant.
4. C. Chabault, « À propos de l'autorisation du transfert d'embryon post-mortem », *D.* 2001. 1395.
5. N° 113.
6. V. Morin, « L'interdiction opportune de l'implantation *post mortem* d'embryon », *Defrénois* 2004, n° 37892.

un cadre familial traditionnel, tenant compte aussi du regard que la société porterait sur un enfant né quelques années après la mort de son père. D'un point de vue strictement juridique, la naissance d'un enfant issu d'un transfert d'embryon *post mortem* pourrait en outre susciter des difficultés en droit de la filiation et droit des successions.

1281. ***Autorisation d'exporter à l'étranger des gamètes du mari prédécédé.*** Dans un arrêt du 31 mai 2016, le Conseil d'État[1] a accepté que soient remis à une veuve les gamètes de son mari prédécédé et conservées en France, afin de réaliser en Espagne l'insémination *post-mortem* qui lui est interdit en France. Le droit espagnol permet en effet l'utilisation des gamètes dans les douze mois qui suivent le décès de l'intéressé, dès lors que celui-ci y avait consenti dans le cadre de son projet parental de couple. Le Conseil d'État estime que le refus d'exporter les gamètes porterait une atteinte excessive à son droit au respect de sa vie privée et familiale (Conv. EDH, art. 8). L'exportation est admise au regard de l'absence manifeste de fraude de la part de la requérante qui vit, auprès de ses proches, en Espagne, son pays d'origine et du fait qu'elle pensait pouvoir avoir recours à l'insémination *post-mortem* puisqu'elle était autorisée en Espagne.

§ 2. Le consentement à l'assistance médicale à la procréation

1282. ***Demande parentale.*** L'assistance médicale à la procréation vise à répondre à la demande parentale d'un couple (C. santé publ., art. L. 2141-2, al. 1er). Il est donc nécessaire que les futurs parents expriment leur plein consentement antérieurement à l'intervention, et que ce consentement soit maintenu jusqu'au moment de l'assistance médicale à la procréation.

A. La manifestation du consentement

1) Principes

1283. ***Information.*** Il est essentiel que les demandeurs, qui vont consentir à l'insémination ou au transfert d'embryons (art. L. 2141-2, al. 3) soient parfaitement éclairés sur la technique de procréation médicalement assistée. Aussi, le consentement préalable du couple demandeur est-il recueilli par l'équipe médicale chargée de la mise en œuvre de la procréation. L'article L. 2141-10 du Code de la santé publique définit de manière détaillée les conditions dans lesquelles le couple doit être informé.

1284. ***Délai de réflexion.*** Le consentement doit être précédé d'entretiens des demandeurs avec l'équipe médicale. Celle-ci doit vérifier la motivation du couple, lui rappeler les possibilités ouvertes par la loi en matière d'adoption, s'assurer qu'il remplit les conditions légales et l'avertir des chances de succès et des risques d'échec des techniques de procréation assistée, ainsi que de leur caractère pénible. À l'expiration d'un délai de réflexion d'un mois, après le dernier entretien, la demande doit être réitérée par écrit. Mais le médecin pourrait imposer un nouveau délai de réflexion dans l'intérêt de l'enfant à naître.

---

1. n° 396848 : *Juris-Data* n° 2016-010489 ; *RFDA* 2016. 754, P. Delvolvé ; *AJDA* 2016. 1092, M.-C. de Montecler ; *D.* 2016. 1472, H. Fulchiron, *JCP* 2016. 992, obs. H. Bosse-Platière

2) Formalités propres à la procréation exogène

1285. ***Formalisme accru***. Lorsque la procréation médicalement assistée ne peut être réalisée à l'intérieur du couple, le formalisme est accru, car la loi a institué une hiérarchie en donnant la primauté à la procréation endogène. Les formalités diffèrent suivant qu'il s'agit d'un don de gamètes ou d'un don d'embryon.

1286. ***Don de gamètes***. Le don de gamètes est défini par l'article L. 1244-1 du Code de la santé publique comme l'apport par un tiers de spermatozoïdes ou d'ovocytes en vue d'une assistance médicale à la procréation. Il nécessite le consentement de deux couples concernés.

Le consentement du couple demandeur doit, dans ce cas, être donné en la forme authentique, devant un juge ou un notaire, dans des conditions garantissant le secret[1]. Avant de recueillir le consentement, le juge comme le notaire doivent informer le couple des conséquences du recours à la procréation assistée avec tiers donneur « au regard de la filiation » (art. 311-20). Mais ils ne semblent pas être chargés d'un contrôle de légalité ou d'opportunité. Le consentement ainsi donné au juge ou au notaire s'ajoute à celui qui est recueilli par l'équipe médicale[2].

Dans cette forme de procréation médicalement assistée, le donneur devait faire partie d'un couple ayant déjà procréé, dans la loi du 29 juillet 1994. Mais, pour améliorer l'approvisionnement des banques de gamètes, le donneur devra seulement, depuis la loi du 6 août 2004, « avoir procréé » (C. santé publ., art. L. 1244-2, al. 1er). La loi exige le consentement du donneur et celui de l'autre membre du couple. Ces consentements doivent être recueillis par écrit, et ils peuvent être révoqués à tout moment jusqu'à l'utilisation des gamètes. Il en est de même du consentement des deux membres du couple receveur (C. santé publ., art. L. 1244-2).

1287. ***Accueil d'un embryon***. L'accueil de l'embryon est soumis à un formalisme encore plus rigoureux, puisqu'il est subordonné à une décision judiciaire (C. santé publ., art. L. 2141-6, al. 2). Préalablement, le consentement du couple donneur doit être exprimé devant le juge. Celui-ci reçoit ce consentement par écrit. Le juge recueille également le consentement du couple demandeur. Il doit vérifier qu'il remplit bien les conditions légales exigées par l'article L. 2141-2 du Code de la santé publique. En outre, le juge fait procéder à une enquête sociale pour déterminer si ce couple peut accueillir l'enfant à naître : investigations d'ordre familial, éducatif et psychologique, similaires à celles qui sont pratiquées lors d'une demande d'adoption. La loi du 6 août 2004 prévoit que l'autorisation d'accueil est délivrée pour une durée de trois ans renouvelable. À l'évidence, cette procédure judiciaire vient en complément, sans substitution, de l'intervention de l'équipe médicale pour éclairer et recueillir le consentement du couple receveur à l'acte de procréation médicalement assistée[3].

---

1. C. pr. civ., art. 1157-2 et 1157-3.

2. En ce sens, v. F. Terré et D. Fenouillet, n° 848. Ces auteurs s'interrogent aussi sur la chronologie des consentements donnés respectivement au juge ou au notaire, d'une part, à l'équipe médicale, d'autre part : le caractère préalable de ce dernier paraît s'imposer effectivement.

3. En ce sens, v. F. Terré et D. Fenouillet, n° 848.

B. La persistance du consentement

1) La révocation du consentement

1288. ***Révocation écrite***. Chacun des « *membres du couple receveur* » peut révoquer son consentement tant que la procréation n'a pas été réalisée : c'est ce qui résulte des dispositions des articles L. 1244-2 du Code de la santé publique et 311-20 du Code civil. Ce dernier texte précise que la révocation doit être faite par écrit auprès du médecin chargé de mettre en œuvre l'assistance médicale à la procréation.

Une difficulté surgit, cependant, du fait que le même article L. 1244-2 ne vise que la procréation assistée exogène, tandis que l'article 311-20 du Code civil ouvre la faculté de révocation sans distinguer entre les différentes techniques d'assistance. Dans ces conditions, la révocation est-elle possible pour toute assistance médicale à la procréation, y compris endogène ? La réponse affirmative paraît s'imposer[1].

1289. ***Droit de ne pas être parent génétique***. Les dispositions relatives au retrait du consentement relèvent de la marge d'appréciation laissée aux États, compte tenu de l'absence de consensus international en la matière, dès lors que n'est pas rompu le juste équilibre entre les intérêts en présence exigé par l'article 8 de la Convention EDH[2]. Celle-ci a pu admettre, au nom du droit de devenir parent génétique et de son corollaire, le droit de ne pas le devenir, que les autorités britanniques puissent refuser à une femme, l'implantation de l'embryon conçu avec ses gamètes et celle de son ancien compagnon au motif que celui-ci avait rétracté son consentement à l'assistance médicale à la procréation, et ce même si cette implantation constituait la dernière chance de la requérante de devenir mère.

2) La caducité du consentement

1290. ***Séparation***. L'article 311-20, alinéa 3, du Code civil énonce que le consentement à la procréation artificielle est caduc si l'un des membres du couple décède[3], ainsi qu'en cas de demande en divorce ou en séparation de corps, ou enfin en cas de cessation de la vie commune pour un couple non marié. Pour certains, la cessation de la vie commune dans un couple marié (séparation de fait) devrait rendre également caduc le consentement, car il n'y a plus alors de couple[4]. Mais n'est-il pas plus réaliste de penser qu'en une telle hypothèse, il y aura révocation plutôt que caducité du consentement ?[5] Par ailleurs, la cessation de la communauté de vie pourra donner lieu à des difficultés de preuve (qui disparaissent précisément en cas de révocation).

---

1. En ce sens, F. Terré et D. Fenouillet, n° 871
2. CEDH, *Evans c/ Royaume-Uni*, 10 avr. 2007, *D*. 2007. AJ 1202, obs. D. Delaporte-Carré ; *D*. 2008. Pan. 1375, obs. F. Granet-Lambrechts.
3. Si l'un des membres du couple décède, le survivant peut consentir par écrit à l'accueil de l'embryon par un autre couple, ou qu'il fasse l'objet d'une recherche dans les conditions prévues à l'article L. 2151-5, ou à ce qu'il soit mis fin à sa conservation (C. santé publ., art. L. 2141-4).
4. J. Massip, article préc., p. 136.
5. En ce sens, v. J. Rubellin-Devichi, *loc. cit.*

Chapitre 2

La filiation de l'enfant né par assistance médicale à la procréation

1291. Le législateur n'a pas seulement défini les conditions dans lesquelles peut intervenir une procréation médicalement assistée, il a aussi statué sur les conséquences qui en résultent « *au regard de la filiation* » (C. civ., art. 311-20, al. 1er). Ce faisant, il n'a envisagé que la filiation de l'enfant né d'une procréation médicalement assistée autorisée (Section 1), sans régler le problème lorsque l'enfant naît d'un procédé illicite (Section 2).

Section 1
Procédés licites d'assistance médicale à la procréation

1292. Les auteurs s'étaient interrogés, avant 1994, sur la nécessité d'une intervention législative à propos de la filiation des enfants nés d'une procréation médicalement assistée. Le Parlement a finalement tranché en introduisant dans le Code civil deux articles nouveaux (art. 311-19 et 311-20) qui constituent, depuis l'ordonnance du 4 juillet 2005 réformant la filiation, une Section III (« De l'assistance médicale à la procréation »), du Chapitre I consacré aux dispositions générales sur la filiation. De ces textes très directifs, il faut retenir, d'abord, que la règle fondamentale du droit de la filiation n'est pas abandonnée : la mère est celle qui accouche de l'enfant, même si cet enfant a été conçu avec les gamètes d'une autre femme[1]. Il faut ensuite envisager deux hypothèses : celle de la procréation médicalement assistée endogène puis celle de la procréation exogène.

§ 1. La filiation de l'enfant né d'une procréation médicalement assistée endogène

1293. ***Couple marié.*** Si le couple est marié, l'acte de naissance établit la filiation maternelle et la présomption de paternité s'applique. Dans une telle situation, le mari est le père biologique de l'enfant, l'action en contestation de paternité est donc vouée à l'échec. Il serait fait exception, toutefois, si l'enfant n'était pas né de la procréation médicalement assistée, hypothèse d'école en cas de fécondation *in vitro*, mais envisageable en cas d'insémination artificielle au sein du couple.

1. J.-J. Lemouland, « Filiation et procréation médicalement assistée (PMA) », *Dictionnaire Permanent Bioéthique et Biotechnologies*, n° 46.

1294. ***Couple non marié***. S'il s'agit d'un couple non marié, la reconnaissance par le père ne pourra être contestée, puisqu'elle est conforme à la vérité biologique. S'il n'y a pas de reconnaissance, la loi prévoit deux conséquences. D'une part, le concubin « *engage sa responsabilité envers la mère et envers l'enfant* » (art. 311-20, al. 4). D'autre part, une action en recherche de paternité pourra être intentée. La situation est finalement identique à celle d'une procréation naturelle, sauf que la paternité sera ici nécessairement déclarée. Une autre question est de savoir si l'action à fins de subsides est envisageable ? Certains auteurs penchent pour l'affirmative, au motif qu'on doit assimiler l'insémination artificielle par le sperme du concubin à une relation intime[1].

1295. ***Recherche de paternité***. Dans un arrêt du 16 mars 2016, la Cour de cassation retient que les règles ordinaires du droit de la filiation sont pleinement applicables à un enfant né d'une assistance médicale à la procréation pratiquée avec les gamètes du couple demandeur et que la preuve de la paternité peut être rapportée par tous moyens, y compris par des éléments tirés de la réalisation de l'assistance médicale à la procréation[2]. En l'espèce, l'homme poursuivi (et marié par ailleurs) prétendait ne plus vivre en couple depuis de nombreuses années avec la femme inséminée et que celle-ci se serait engagée à ne jamais le solliciter. Cette défense s'est révélée inefficace, l'action en recherche de paternité pouvant être mise en œuvre à l'égard d'un homme qui, par suite d'une assistance médicale à la procréation sans tiers donneur, refuse d'établir sa paternité et les articles 311-19 et 311-20 du Code civil, réservés à la filiation par assistance médicale à la procréation avec tiers donneur, ne sont quant à eux pas applicables.

§ 2. La filiation de l'enfant né d'une procréation médicalement assistée exogène

1296. ***Tiers donneur***. *Lorsque l'enfant naît d'une procréation médicalement assistée avec tiers donneur, la loi impose l'éta*blissement de la filiation à l'égard du couple receveur, mais prohibe l'existence de tout lien entre l'enfant et le donneur.

A. Exclusion de tout lien entre l'enfant et le tiers donneur

1297. ***Fin de non-recevoir***. L'article 311-19, alinéa 1 du Code civil dispose qu'« *aucun lien de filiation ne peut être établi entre l'auteur du don et l'enfant issu de la procréation* ». C'est une conséquence du principe de l'anonymat du donneur (C. civ., art. 16-8). Ce principe exclut tout établissement volontaire (reconnaissance) ou judiciaire (action en recherche) de la filiation maternelle ou paternelle, ce qui serait en pratique, d'ailleurs, difficilement réalisable du fait de l'anonymat du don. Il s'agit, en d'autres termes, d'une fin de non-recevoir à la recherche de la filiation en justice[3].

---

1. J. Massip, article préc., n° 23 et 24 ; *contra* : F. Terré et D. Fenouillet, n° 866. Pour la condamnation à des subsides, mais dans une espèce antérieure à la loi de 1994, v. Paris, 5 mai 1998, *D.* 2000. Somm. 160, obs. F. Granet.
2. Civ. 1re, 16 mars 2016, n° 15-13.427 ; *JCP* 2016. 532, J.-R. Binet ; 992 obs. P. Murat ; *D.* 2016. 977, note F. Viney
3. Pour une approche critique, V. Depadt-Sebag, « Le don de gamètes ou d'embryon dans les procréations médicalement assistées : d'un anonymat imposé à une transparence autorisée », *D.* 2004. Chron. 891.

L'article 311-19, alinéa 2, précise qu'aucune action en responsabilité n'est recevable contre le donneur. On peut effectivement se demander quelle faute pourrait être reprochée au donneur, de nature à causer un préjudice réparable [1]. Et en cas de maladie, c'est plutôt la responsabilité des équipes médicales qui devra être recherchée [2].

B. Le statut juridique de l'enfant

1298. ***Exclusion de la vérité biologique.*** Il faut envisager différemment le statut de l'enfant né d'un couple marié, et celui de l'enfant né d'un couple de concubins. Mais, dans les deux cas, la recherche de la vérité biologique a été écartée, au profit de considérations sociales jugées supérieures.

1) La filiation de l'enfant d'un couple marié

1299. ***Droit commun.*** Curieusement, le législateur n'a pas envisagé l'établissement de la filiation de l'enfant né par procréation assistée avec tiers donneur dans un couple marié. Il faut donc s'en tenir au droit commun : la filiation sera établie par l'acte de naissance, s'il mentionne le nom de la mère et de son mari [3]. Toutefois, si l'enfant inscrit à l'état civil sans l'indication du nom du mari, n'a pas de possession d'état à son égard, la présomption de paternité est écartée (C. civ., art. 314). D'où il résulte que l'enfant pourrait être rattaché à la mère seule si les deux époux en étaient d'accord. Le mari peut toutefois reconnaître l'enfant en vertu de l'article 315 du Code civil.

1300. ***Contestation interdite.*** Selon l'article 311-20, alinéa 2, du Code civil, lorsque le mari a donné régulièrement son consentement à la procréation assistée avec donneur, la filiation juridique ne peut être contestée, ni par lui ni par d'autres. Sont donc irrecevables les actions en contestation de paternité (C. civ., art. 332 s.). La filiation de l'enfant est ainsi fondée sur la « volonté procréative », sur le consentement. Le lien entre l'enfant et le mari, fondé sur l'engagement volontaire de traiter l'enfant comme le sien, est irrévocable.

1301. ***Exceptions.*** L'article 311-20, alinéa 2, du Code civil admet deux exceptions au principe d'interdiction, la filiation pouvant, dans ces circonstances exceptionnelles, être contestée.

1302. ***Adultère.*** Dans la première hypothèse, il faut démontrer que l'enfant n'est pas issu de l'assistance médicale à la procréation, mais d'un adultère de la mère. La preuve risque d'être difficile. D'abord, compte tenu de la règle de l'anonymat du donneur [4]. Ensuite, s'il peut être démontré que l'enfant est né de l'amant de la mère, il existe, cependant, une difficulté procédurale puisque l'amant n'est pas partie à l'instance [5]. Il est vrai que l'article 324 du Code civil donne au juge le pouvoir de mettre en cause un tiers,

---

1. F. Granet-Lambrechts, *Droit de la famille*, Dalloz Action, *op. cit.*, n° 215-22.
2. Sur le principe de l'anonymat dans l'assistance médicale à la procréation, v. H. Gaumont-Prat, *Dr. fam.* 2001. Chron. 2.
3. J.-J. Lemouland, article préc., n° 49.
4. F. Terré et D. Fenouillet, n° 871. Ces auteurs sont d'avis que le juge pourrait demander à connaître les caractères génétiques du donneur, afin de voir s'ils sont compatibles avec ceux de l'enfant : mais est-ce possible alors que le donneur ne peut pas être partie à l'instance ?
5. V. obs. D. Huet-Weiller, *RTD civ.* 1991. 519.

d'office, dès lors qu'il estime que le jugement doit lui être rendu commun. Au demeurant, cette disposition est critiquable en ce qu'elle autorise la contestation de paternité de l'enfant sur la base de simples allégations (s'il est « soutenu »), pour n'aboutir parfois à aucun résultat, tant la preuve que l'enfant n'est pas issu de la procréation médicalement assistée est difficile [1].

1303. ***Consentement privé d'effet.*** Dans certains cas prévus par l'article 311-20, alinéa 3, du Code civil, le consentement à l'assistance médicale à la procréation est privé d'effet [2]. Il s'agit des cas où le couple disparaît (décès, instance en divorce ou en séparation de corps). Si, malgré ces événements, la procréation était pratiquée, la filiation de l'enfant pourrait être contestée. Il en serait de même si le consentement du mari avait été révoqué [3].

2) La filiation de l'enfant d'un couple non marié

1304. ***Reconnaissance irrévocable.*** Lorsque les parents ne sont pas mariés, la filiation est établie par reconnaissance. Mais, contrairement au droit commun, la loi confère au lien de filiation une force exceptionnelle. En effet, la reconnaissance faite par le concubin devient ici irrévocable puisque toute action aux fins de contestation de la filiation est interdite (art. 311-20, al. 2). Aucune contestation de reconnaissance n'est recevable, sauf s'il est soutenu que l'enfant n'est pas né de la procréation assistée, ou que le consentement se trouve privé d'effet (décès, cessation de la communauté de vie, révocation du consentement).

1305. ***Maternité.*** Le législateur a, étrangement, passé sous silence le cas de défaut de reconnaissance de l'enfant par la femme qui a consenti à une procréation médicalement assistée. La maternité sera, certes en principe, établie par l'acte de naissance, la possession d'état ou par une action en recherche de maternité. Toutefois, l'établissement de la maternité sera, cependant, impossible si la mère choisit d'accoucher sous X et abandonne l'enfant à la naissance.

1306. ***Responsabilité.*** Celui qui, après avoir consenti à la procréation, ne reconnaît pas l'enfant qui en est issu, engage sa responsabilité envers la mère et envers l'enfant (C. civ., art. 311-20, al. 4). C'est ce qu'avait décidé la jurisprudence avant la loi de 1994, certaines décisions fondant la responsabilité sur le fait d'avoir conclu un contrat illicite de procréation assistée, d'autres ayant reconnu une faute du concubin à l'égard de l'enfant qu'il avait contribué à faire naître orphelin de père.

Dans un arrêt du 10 juillet 1990 [4], la Cour de cassation a considéré qu'en donnant son consentement à la procréation artificielle, le concubin contracte l'obligation à l'égard de l'enfant de se comporter comme un père, et notamment de subvenir à ses besoins. L'inexécution de cet engagement, ajoute le même arrêt, par suite de l'annulation (impossible

---

1. F. Granet-Lambrechts, *Droit de la famille*, Dalloz Action, *op. cit.*, n° 215-27.
2. V. ss 1288 s.
3. Certains auteurs posent la question suivante : faut-il tenir compte de la révocation par le mari de son consentement lorsque la procréation assistée est endogène ? Une réponse affirmative autoriserait le père biologique de l'enfant à contester sa paternité, solution pour le moins curieuse (v. F. Terré et D. Fenouillet, n° 871).
4. Civ. 1re, 10 juill. 1990, *Bull. civ.* I, n° 196 ; *D.* 1990. 517, note D. Huet-Weiller, *RTD civ.* 1991. 311, obs. J. Hauser.

aujourd'hui)[1] de la reconnaissance à l'initiative du concubin, est génératrice d'un préjudice matériel et moral pour l'enfant et engage la responsabilité civile du concubin.

La loi précise que l'homme qui a consenti à la procréation médicalement assistée engage aussi sa responsabilité envers la mère. Celle-ci pourrait obtenir une indemnisation du préjudice moral et matériel qu'elle subit en suite du défaut de reconnaissance de l'enfant.

1307. ***Paternité forcée.*** Outre l'action en responsabilité, l'article 311-20, alinéa 5, du Code civil permet d'exercer contre le concubin qui, après avoir consenti à la procréation médicalement assistée, ne reconnaît pas l'enfant qui en est issu, une action en recherche de paternité qui aboutit obligatoirement à une paternité.

Pour certains auteurs, le législateur aurait dû décider que le consentement à la procréation, donné par acte authentique, valait reconnaissance. Celle-ci aurait pu, ensuite, être contestée, mais avec mise en œuvre de la responsabilité civile du concubin[2]. Le Parlement n'a pas choisi cette voie et a préféré laisser à la mère, représentant l'enfant, la faculté d'agir en justice. C'est dire que la mère peut s'abstenir de faire établir la paternité d'un homme qui n'a pas de lien biologique avec l'enfant et, par hypothèse, s'en désintéresse. Au cas contraire, la paternité résultera de la possession d'état d'enfant. Mais si elle choisit d'agir en recherche de paternité, alors cette paternité est « *judiciairement déclarée* » (art. 311-20, al. 5). En d'autres termes, la loi prévoit que le consentement du concubin à la procréation peut entraîner sa paternité forcée. Tandis qu'en droit commun la paternité n'est déclarée que si la preuve du lien biologique est rapportée en justice, ici cette preuve biologique est impossible puisqu'il y a procréation médicalement assistée avec tiers donneur ; mais cette preuve n'a pas à être discutée puisque la loi institue la paternité obligatoire : si l'action est intentée, le juge doit l'accueillir, alors qu'il est certain que le défendeur n'est pas le père biologique.

1308. ***Action à fins de subsides.*** La mère pourrait-elle aussi intenter une action à fins de subsides ? La loi ne répond pas explicitement à cette question, mais elle le fait implicitement : l'article 311-20, alinéa 5, du Code civil renvoie aux articles 328 et 331 du même code et non à l'article 342[3].

Enfin, il peut paraître étonnant que le législateur n'ait pas envisagé le cas des enfants issus d'une procréation médicalement assistée illicite, et qui ne sont sans doute pas des hypothèses d'école.

Section 2
Procédés illicites d'assistance médicale à la procréation

1309. ***Droit commun.*** Les lois « bioéthique » n'ont pas réglé le sort des enfants issus de techniques illicites de procréation médicalement assistée. Or, les conditions strictes qui doivent être remplies pour que soit autorisée légalement une procréation artificielle

---

1. V. ss 1300.
2. F. Granet, article préc., *in Mélanges D. Huet-Weiller*, p. 219, spéc. p. 230, avec les références citées.
3. Jugé que l'article 311-19 du Code civil ne fait pas obstacle à une action à fins de subsides dès lors qu'est rapportée par ailleurs la preuve de relations intimes entre la mère et l'auteur du « don » pendant la période légale de la conception : Paris, 5 mai 1998, *D.* 2000. Somm. 160, obs. F. Granet ; v. J.-J. Lemouland, article préc., n° 45.

donnent à penser que certaines personnes passeront outre : une femme célibataire, un couple homosexuel s'adresseront à des centres non agréés, concluront des contrats de mère porteuse, voire franchiront les frontières pour obtenir satisfaction. Quelle sera la filiation des enfants qui naîtront dans ces circonstances ? Dans le silence de la loi, le droit commun retrouve son empire. La situation n'est cependant pas la même selon qu'il s'agit d'une convention de gestation pour autrui ou d'insémination artificielle.

A. L'insémination artificielle ne satisfaisant pas les conditions de la loi française

1310. ***Insémination artificielle artisanale***. Lorsque la femme célibataire ou homosexuelle a recours à une insémination en dehors d'un centre agréé par la technique dite artisanale, la filiation de l'enfant à l'égard de sa mère ne suscite aucune difficulté et relève du droit commun ; elle est établie par l'inscription du nom de la mère sur l'acte de naissance. Les règles relatives à l'assistance médicale à la procréation [1] ne s'appliquent cependant pas. Le tiers donneur n'est pas par hypothèse anonyme et il peut revendiquer sa paternité sans que la mère ne s'y oppose. À l'inverse, la mère peut décider d'établir judiciairement la filiation paternelle de l'enfant sans que le géniteur puisse l'en empêcher. Si tel n'est pas le cas et que l'enfant n'a pas de filiation paternelle, ou si le père y consent, l'enfant peut être adopté par l'épouse de sa mère le cas échéant.

1311. ***Insémination artificielle à l'étranger***. Pour contourner l'interdiction française faite aux femmes célibataires ou homosexuelles d'accéder à l'assistance médicale à la procréation, nombre de femmes ont recours à une insémination artificielle pratiquée à l'étranger, notamment en Europe. Dans la mesure où le procédé de procréation n'apparaît pas lors de la naissance de l'enfant, la filiation à l'égard de la femme qui a accouché est établie sans difficulté, conformément au droit commun. En revanche, le cas échéant, l'établissement de la filiation de l'enfant à l'égard de la compagne de la mère est impossible. Les couples de femmes homosexuelles ont alors recours à l'adoption. Avant 2013, cette solution était impossible puisque la Cour de cassation refusait l'adoption de l'enfant par la compagne de la mère au motif qu'elle entraînerait la perte par la mère biologique de ses droits parentaux [2]. Après en vigueur de la loi du 17 mai 2013 ouvrant le mariage aux couples de même sexe et admettant dans ce cadre l'adoption de l'enfant du conjoint, le droit permet le rattachement de l'enfant à l'épouse de la mère. Toutefois certaines juridictions [3] ont refusé cette adoption au motif qu'elle constituait l'aboutissement d'un processus frauduleux consistant à contourner les conditions du recours à l'assistance médicale à la procréation, sous la forme d'une insémination artificielle avec donneur exigées en France par le recours à cette technique à l'étranger. Saisie pour avis, la Cour de cassation a clairement tranché le débat dans un avis du 22 septembre 2014 [4] en affirmant que « *Le recours à l'assistance médicale à la procréation, sous la forme d'une insémination artificielle avec donneur anonyme à l'étranger, ne fait pas obstacle au prononcé de l'adoption, par l'épouse de la mère, de l'enfant né de cette procréation, dès lors que les conditions*

---

1. V. ss 1297.
2. Civ. 1re, 20 févr. 2007, pourvoi n° 06-15647, *AJ fam.* 2007. 182, obs. Chénedé ; *Dr. fam.* 2077, comm. n° 80, obs. P. Murat ;
3. TGI Versailles, 29 avr. 2014, n° 13/00168 ; TGI Aix-en-Provence, 23 juin 2014, n° 14/01472.
4. N° 15010, *JCP* 2014. 1650, obs. P. Murat.

légales de l'adoption sont réunies et qu'elle est conforme à l'intérêt de l'enfant ». Ainsi, l'illicéité originaire des conditions de conception est indifférente pour l'établissement ultérieur d'une filiation adoptive. La Cour de cassation évite aux couples de femmes qui ont conçu ensemble un projet parental passant par le recours au mariage, la PMA et l'adoption de l'enfant par le conjoint, de se retrouver dans une situation d'insécurité juridique. Il n'en demeure pas moins qu'une évolution de la législation française dans le sens d'un accès à la PMA pour les couples de femmes serait plus logique.

B. La gestation pour autrui

1312. ***Prohibition de la maternité de substitution en France***. Dans le cas de la maternité de substitution (« mère porteuse »), l'enfant ne peut être rattaché juridiquement qu'à la mère qui l'a porté puisque l'article 16-7 du Code civil déniant tout effet à la convention de gestation pour autrui interdit que la filiation de l'enfant soit établie à l'égard de la mère d'intention. Mais le refus d'autoriser l'adoption, par la femme stérile, de l'enfant conçu avec le sperme de son mari ou de son concubin, a été justement critiqué au nom de l'intérêt de l'enfant [1]. Le cas échéant, le ministère public peut contester judiciairement la filiation établie à l'égard de la mère d'intention [2]. En outre, si l'accouchement et l'abandon de l'enfant par la mère porteuse ont lieu sur le territoire français, les parents d'intention peuvent poursuivis pour l'infraction d'incitation à l'abandon d'enfants [3].

1313. ***Enfants conçus par recours à une GPA à l'étranger***. Dans un premier temps, dans trois arrêts du 6 avril 2011 [4], la Cour de cassation a refusé de faire produire quelque effet que ce soit aux conventions de maternité de substitutions conclues légalement à l'étranger, considérant qu'elles se heurtent à l'ordre public international français. Un enfant né d'une mère porteuse à l'étranger, voit donc sa filiation établie à l'égard de ses « parents d'intention français » à l'étranger, mais l'acte ou le jugement étranger qui établit cette filiation n'a aucun effet en France, et ce même si ces « parents d'intention » sont également les parents biologiques de l'enfant. La Cour de cassation a affirmé « *qu'il est contraire au principe de l'indisponibilité de l'état des personnes, principe essentiel en droit français, de faire produire effet, au regard de la filiation, à une convention portant sur la gestation pour le compte d'autrui, qui fût-elle licite à l'étranger, est nulle d'une nullité d'ordre public, aux termes des articles 16-7 et 16-9 du Code civil* ».

Abandonnant le fondement de l'ordre public des arrêts du 6 avril 2011, la Cour de cassation a ensuite utilisé dans deux arrêts du 13 septembre 2013 [5] et du 19 mars 2014 [6],

---

1. F. Dekeuwer-Défossez, article préc., *RTD civ*. 1995. 268 s. ; J. Rubellin-Devichi, article préc., *RTD civ*. 1987. 457.

2. C'est ainsi que la cour d'appel de Rennes a privé deux petites filles dont la conception était fondée sur une convention de mère porteuse de leur filiation maternelle à l'égard de celle qui les avait désirées et élevées depuis leur naissance (Rennes, 4 juill. 2002, *D*. 2002. 2902, note F. Granet ; *JCP* 2003. II. 101, obs. J. Rubellin-Devichi ; *Dr. fam*. 2002, comm. n° 142, obs. P. Murat)

3. TGI Bordeaux, 5e, 1er juill. 2015, n° 14 322 000 193, *Lexbase hebo* édition privée n°621 du 16 juillet 2015, obs. A. Gouttenoire

4. Civ. 1re, 6 avr. 2011, n° 09-66.486, n° 10-19.053, n° 09-17.130 : *Juris-Data* n° 2011-005607 ; *Dr. fam*. 2011, étude n° 14, obs. C. Neirinck.

5. Civ. 1re, 13 sept. 2013, n° 12-30138 et 12-18315 ; *RJPF* 2013, n° 11, p. 6, obs. M.-C. Le Boursicot, *D*. 2014. 1171, obs. F. Granet-Lambrechts.

6. Civ. 1re, 19 mars 2014, n° 12-50005, *RJPF* 2014 n° 5, obs. I. Corpart ; *D*. 2014. 905, obs. H. Fulchiron et C. Bidaud-Garon.

la fraude pour exclure à nouveau toute reconnaissance du lien de filiation paternelle d'un enfant né d'une convention de gestation pour autrui à l'étranger. Dans les deux arrêts, il s'agissait d'un homme qui avait conçu un enfant avec une femme indienne, vraisemblablement dans le cadre d'une convention de gestation pour autrui. Après sa naissance, l'enfant reconnu par ses deux parents (y compris donc la mère porteuse), est abandonné par sa mère au profit de son père qui le ramène en France. À son retour, le père avait tenté, d'une part de faire transcrire l'acte de naissance indien sur les actes d'état civil français, d'autre part de faire valoir la reconnaissance anténatale des enfants qu'il a effectuée en France. En se fondant sur la fraude, la Cour de cassation exclut toute possibilité pour l'enfant né d'une mère porteuse de voir sa filiation paternelle reconnue en France à la fois en refusant la transcription de l'acte d'État civil étranger et en annulant la reconnaissance effectuée par le père en France. En outre, elle affirme de manière radicale « *qu'en présence de cette fraude, ni l'intérêt supérieur de l'enfant que garantit l'article 3 § 1 de la Convention internationale des droits de l'enfant, ni le respect de la vie privée et familiale au sens de l'article 8 de la Convention de sauvegarde des droits de l'Homme et des libertés fondamentales ne sauraient être utilement invoqués* ».

1314. ***Condamnation européenne*** C'est le refus français de reconnaître à l'enfant sa filiation paternelle conforme à la vérité biologique qui a provoqué la condamnation de la France par la Cour européenne des droits de l'Homme dans les arrêts *Mennesson c/ France* et *Labasse c/ France* du 26 juin 2014[1] au nom de l'intérêt supérieur de l'enfant. Excluant la violation du droit des parents d'intention et des enfants au respect de leur vie familiale au motif que les requérants sont en mesure de vivre ensemble en France « dans des conditions globalement comparables à celles dans lesquelles vivent les autres familles », la Cour admet en revanche la violation du droit au respect de la vie privée des seuls enfants dont la filiation est un élément essentiel. La Cour concentre plus particulièrement son analyse sur la filiation paternelle et affirme qu'« on ne saurait prétendre qu'il est conforme à l'intérêt d'un enfant de le priver d'un lien juridique de cette nature alors que la réalité biologique de ce lien est établie et que l'enfant et le parent concerné revendiquent sa pleine reconnaissance. » Le refus de la Cour de cassation de permettre la reconnaissance de la filiation paternelle des enfants, que ce soit par la voie de la transcription de l'acte de naissance étranger, d'une reconnaissance paternelle ou encore de l'adoption ou de la possession d'État, est analysé par la cour comme une grave restriction du droit à l'identité qui va au-delà de ce que permettait la marge d'appréciation de l'État, « étant donné aussi le poids qu'il y a lieu d'accorder à l'intérêt de l'enfant lorsqu'on procède à la balance des intérêts en présence ». Ainsi, la Cour conclut à une violation du droit au respect de la vie privée des enfants. La formulation de l'arrêt permet de penser que seul le défaut de reconnaissance de la filiation paternelle est condamné par la cour à l'exclusion de la non-reconnaissance de la filiation maternelle, ce qui ne résout qu'une partie des difficultés des enfants concernés.

1315. Une nouvelle fois confrontée à la difficile situation des enfants nés de mère porteuse dans un pays dans lequel cette pratique est légale et organisée, mais dont la filiation n'est pas reconnue dans leur pays de résidence dans l'arrêt *Paradiso et Campanelli*

---

1. CEDH 26 juin 2014, n° 65192/11 ; CEDH 26 juin 2014, n° 65941/11 ; *JCP* 2014. 877, A. Gouttenoire ; *JCP* 2014, act. 827, obs. B. Pastre-Belda.

c/ Italie du 27 janvier 2015 [1], la Cour européenne a condamné, cette fois sur le fondement du droit au respect de la vie familiale, le placement de l'enfant né par GPA auprès d'une famille d'accueil et la séparation définitive d'avec ses parents d'intention qui en est résultée.

C'est le Conseil d'État qui le premier a tiré les conséquences de la condamnation de la France par la Cour européenne en matière de gestation pour autrui. En effet, dans un arrêt du 12 décembre 2014 [2], la Haute juridiction administrative a validé la circulaire du 25 janvier 2013 de la garde des Sceaux, dite « circulaire Taubira » [3] qui invite les procureurs de la République et les greffiers de tribunaux de grande instance à délivrer des certificats de nationalité aux enfants nés à l'étranger de parents français nonobstant le soupçon du recours à une convention de gestation pour autrui. Dans cette décision le Conseil d'État se fonde principalement, à la suite de la Cour européenne des droits de l'Homme, sur le droit de l'enfant à son identité, composante de son droit à la vie privée. Il considère que « *la seule circonstance que la naissance d'un enfant à l'étranger ait pour origine un contrat qui est entaché de nullité au regard de l'ordre public français, ne peut, sans porter une atteinte disproportionnée à ce qu'implique, en termes de nationalité, le droit de l'enfant au respect de sa vie privée, garanti par l'article 8 de la Conv. EDH, conduire à priver cet enfant de la nationalité française à laquelle il a droit, en vertu de l'article 18 du Code civil et sous le contrôle de l'autorité judiciaire, lorsque sa filiation avec un français est établie* ». Cette position du Conseil d'État plus favorable aux enfants nés de gestation pour autrui à l'étranger s'inscrit dans la jurisprudence antérieure de la juridiction administrative qui dans les arrêts du 4 mai 2011 [4] et du 3 août 2016 [5] a sanctionné le refus du ministère des affaires étrangères de délivrer des documents de voyage aux enfants placés dans cette situation pour rentrer en France avec leur père (premier arrêt) ou leur mère (deuxième arrêt) d'intention.

1316. ***Revirement de la Cour de cassation***. Dans deux arrêts d'Assemblée plénière du 3 juillet 2015 [6], la Cour de cassation, sans aucun doute influencée par la condamnation de la France par la Cour européenne des droits de l'Homme, opère un revirement de jurisprudence et considère que la conception de l'enfant dans le cadre d'une GPA ne constitue pas un obstacle à la transcription de l'acte de naissance de l'enfant né à l'étranger en vertu de l'article 47 du Code civil, pour ce qui est de la filiation paternelle. Dans les deux espèces, l'acte de naissance russe de l'enfant, dont la transcription sur les registres d'État civil français était sollicitée, mentionnait comme père l'homme qui avait sollicité les services de la mère porteuse russe et qui se présentait comme son géniteur – ce qu'il était probablement –, et en qualité de mère, la femme qui avait porté et accouché de l'enfant et l'avait ensuite l'abandonné. Pour rejeter le pourvoi dans l'un des arrêts, la Cour de cassation affirme que la cour d'appel « *ayant constaté que l'acte de naissance n'était ni*

---

1. Req. n° 25358/12 ; *JCP* act. 2015 p. 194, obs. F. Sudre ; *Dr. fam.* 2015, étude n° 11, obs. J.-B. Walter, *RJPF* 2015-4/11, obs. I. Corpart ; *AJ fam.* 2015. 165, obs. E. Viganotti.

2. 2/7 SSR, n° 367324, 366989, 366710, 365779, 367317, 368861 ; *JCP* 2015. 144, obs. A. Gouttenoire.

3. NOR JUSC 1301528 ; *JCP* 2013. 162, obs. N. Mathey, *Dr. fam.* 2013 comm. n° 42, obs. C. Neirinck.

4. n° 348778, Lexbase Hebdo, édition privée générale, éd. n° 444, obs. A. Gouttenoire ; *RJPF* 2011. 1/26, obs. I. Corpart.

5. CE, ord. 3 août 2016, *ministre* des *Affaires étrangères et du développement international c/ Mme A.*, n° 401924.

6. Ass. plén., n° 14-21.323 et n° 15-50.002, 3 juill. 2015, Lexbase Hebdo N8350BUS.

irrégulier, ni falsifié et que les faits qui y étaient déclarés correspondaient à la réalité, en a déduit à bon droit que la convention de gestation pour autrui conclue [entre le père et la mère indiqués par ledit acte] ne faisait pas obstacle à la transcription de l'acte de naissance ». Dans l'autre arrêt, la Haute juridiction casse pour violation de la loi l'arrêt d'appel qui avait refusé la transcription de l'acte de naissance de l'enfant sur les registres d'état civil français, au motif « *qu'il existe un faisceau de preuves de nature à caractériser l'existence d'un processus frauduleux comportant une convention de gestation pour le compte d'autrui conclue entre le père et la mère mentionnés dans l'acte* ». Selon la Cour de cassation, « *en statuant ainsi, alors qu'elle n'avait pas constaté que l'acte était irrégulier, falsifié ou que les faits qui y étaient déclarés ne correspondaient pas à la réalité, la cour d'appel a violé les textes susvisés* ». si la Cour de cassation affirme que la convention de gestation pour autrui ne fait pas obstacle à la transcription de l'acte de naissance dès lors que les faits correspondent à la réalité, elle laisse en suspens la question de la filiation de l'enfant à l'égard de la mère d'intention.

En outre, la portée du revirement de la Cour de cassation pour les enfants nés avant 2015 reste incertaine, ce qui a valu à la France une nouvelle condamnation de Cour EDH dans un arrêt *Foulon et Bouvet c/ France* du 21 juillet 2016 [1]. Selon le juge européen, le Gouvernement français n'apportait pas de garanties suffisantes que le revirement de jurisprudence de 2015 puisse permettre la reconnaissance en France de la filiation paternelle des enfants établie à l'étranger et nés antérieurement.

1. N° 9063/14 et n° 10410/14.

Titre 2

La filiation sans procréation : l'adoption

1317. ***Absence de lien juridique***. Un rapport de filiation peut parfois être établi entre deux personnes qui ne sont unies par aucun lien biologique. C'est le cas de l'adoption, acte juridique. La finalité de l'adoption est aujourd'hui de créer, sous le contrôle du juge, une filiation fictive pour donner un foyer à un enfant qui n'en a pas ou n'en a plus. Le but de l'institution a toutefois varié au cours de l'histoire.

1318. ***Histoire***. Fiction de la loi, l'adoption a connu au cours de l'histoire bien des vicissitudes. Pratiquée déjà à Rome, elle servait à assurer la continuité du culte domestique (les *sacra*). En revanche, l'ancien droit français l'a ignorée. La Révolution française souhaitait rénover l'institution, par imitation de l'Antiquité romaine et dans le but de diviser les héritages. Mais c'est le Code Napoléon qui, après des hésitations, va restaurer l'adoption, sous l'influence personnelle de Bonaparte, qui songeait alors à s'assurer par ce moyen une descendance. Seulement, la physionomie de l'institution était très particulière. D'un côté, elle était réservée aux majeurs. D'un autre côté, l'adopté n'entrait pas dans la famille de l'adoptant et restait lié juridiquement à sa famille par le sang. Enfin, les conditions de son prononcé étaient très strictes. L'institution, très éloignée de l'adoption contemporaine, présentait néanmoins deux avantages : le nom de l'adoptant était transmis à l'adopté et celui-ci recueillait de l'adoptant la succession.

1319. ***Consécration***. C'est la loi du 19 juin 1923 qui, dans l'intérêt des orphelins de guerre, a réalisé la première réforme importante en permettant l'adoption des mineurs. Celle-ci devint une institution charitable qui offrait aussi pour l'adopté de réels avantages, en lui redonnant un foyer que la guerre lui avait fait perdre. Mais les effets restrictifs du Code Napoléon subsistaient. Aussi le décret-loi du 29 juillet 1939 a-t-il encore transformé l'institution en vue de satisfaire deux exigences essentielles : que l'adopté soit assimilé à un enfant légitime ; qu'il n'ait plus de lien avec sa famille d'origine. C'est pourquoi le tribunal était autorisé à prononcer la rupture des liens de l'adopté avec sa famille par le sang. Surtout, à côté de ce contrat d'adoption traditionnel, était instituée la légitimation adoptive, qui plaçait l'adopté dans une situation comparable à celle de l'enfant légitime. L'adoption pouvait dès lors apparaître comme un palliatif de la stérilité des couples. La réforme fut complétée en 1963 par une loi de circonstance votée à la suite d'affaires retentissantes opposant des parents par le sang aux familles adoptives et qui limita les recours contre la légitimation adoptive. Cette suite de modifications bienveillantes pour l'institution a eu pour effet d'accroître de manière impressionnante le nombre des adoptions prononcées : 50 en 1900, 1 500 en 1928 ; 2 200 adoptions et 1 700 légitimations adoptives en 1959.

1320. ***Réforme de 1966***. Une loi du 11 juillet 1966 a procédé à une refonte globale de l'institution et changé à nouveau sa nature. D'une part, de nouvelles appellations ont été données : adoption plénière et adoption simple. D'autre part, prononcée par le juge, l'adoption a quitté le champ contractuel au profit du domaine institutionnel. Enfin, la transformation est caractérisée par la faculté, ouverte aux personnes ne vivant pas en couple, de créer sous le contrôle du juge un rapport de parenté assimilable à la parenté légitime, sans mariage ni procréation. Ainsi, l'adoption plénière est-elle apparue comme « un instrument de remodelage de la famille »[1].

Le régime instauré en 1966 a néanmoins révélé certaines insuffisances, que deux lois promulguées en 1976 et 1993 ont tenté de combler, mais en des sens opposés[2]. Puis, le chiffre toujours croissant des candidats à l'adoption[3] d'un côté, et le développement de l'adoption internationale de l'autre, celle-ci constituant la réponse au problème résultant du faible nombre d'enfants adoptables, ont conduit à une réflexion sur l'opportunité d'une nouvelle intervention législative[4]. En outre, les procédures administratives ne paraissaient plus adaptées aux désirs des couples stériles souhaitant accueillir un enfant. C'est pourquoi à la suite d'un rapport sur l'adoption, remis le 31 janvier 1995[5], la loi n° 96-604 du 5 juillet 1996 a modifié de nombreux articles du Code civil et du Code de la famille et de l'aide sociale (devenu le Code de l'action sociale et des familles par l'ordonnance du 21 décembre 2000). L'importance de l'adoption internationale a conduit, enfin, à l'introduction dans le Code civil, par la loi du 6 février 2001, de règles de droit international privé sur l'adoption internationale (art. 370-3 à 370-5)[6].

La loi du 5 juillet 1996 a été elle-même complétée par une loi du 4 juillet 2005[7]. Il ne s'agissait toutefois que de modifications ponctuelles. D'un côté, la déclaration judiciaire d'abandon a été facilitée. D'un autre côté, la procédure d'agrément a été améliorée. Enfin, une Agence française de l'adoption a été créée en vue d'informer et de conseiller les candidats à l'adoption d'enfants étrangers (CASF, art. L. 225-15 s.).

1. J. Carbonnier, p. 385 ; v. M. Gobert, « Réflexions pour une indispensable réforme de la filiation », *JCP* 1968. I. 2207.

2. Commentaires de la loi du 22 décembre 1976 : F. Boulanger, *JCP* 1977. I. 2845 ; Dumas, *Defrénois* 1977. 417 ; P. Salvage-Gerest, *JCP* 1981. I. 3071. Commentaires de la loi du 8 janvier 1993 : J. Massip, *Defrénois* 1993. 609 ; Vassaux-Vanoverschelde, *ALD* 1994. 4.

3. Ainsi, au 1er janvier 1993, il y avait 13 500 familles ayant reçu l'agrément à l'adoption, tandis qu'à la même époque, seuls 1 355 pupilles de l'État étaient placés en vue de l'adoption et 2 778 visas étaient délivrés pour que des enfants étrangers soient adoptés par des Français.

4. V. notamment J. Rubellin-Devichi, « Réflexions pour d'indispensables réformes en matière d'adoption », *D.* 1991. Chron. 209.

5. *Enfant d'ici, enfant d'ailleurs. L'adoption sans frontière*, La Documentation française, 1995.

6. Sur la loi du 6 février 2001, v. dossier *AJ fam.* 2002. 8 s. ; F. Boulanger, *Dr. patrimoine*, nov. 2001, p. 44 ; B. Bourdelois, *Gaz. Pal.* 2001. Doctr. 1926 ; C. Brière, *LPA* 29 mai 2002 ; P. Lagarde, *Rev. crit. DIP* 2001. 275 ; M. Josselin-Gall, *JCP N* 2002. 1255 ; F. Monéger, *Dr. fam.* 2001. Chron. 15 ; H. Muir Watt, *JDI* 2001. 995 ; E. Poisson-Drocourt, *D.* 2001. Chron. 1444 ; M. Revillard, *Defrénois* 2001. 333.

7. V. E. Poisson-Drocourt, *D.* 2005. 2028 ; I. Corpart, *JCP* 2005. 1381 ; P. Salvage-Gerest, *AJ fam.* 2005. 350.

1321. ***Ouverture de l'adoption aux couples de même sexe.*** L'ouverture du mariage aux couples de personnes de même sexe par la loi n° 213-404 du 17 mai 2013, conjuguée avec la règle de l'article 6-1 du Code civil (issu de cette même loi), qui confère au mariage les mêmes effets que les époux soient de même sexe ou de sexe différent aboutit incontestablement à permettre l'adoption par les couples de même sexe ainsi que l'adoption au sein de tels couples. Cette réforme modifie sensiblement la physionomie de la filiation adoptive qui permet désormais aux couples de même sexe d'accéder à la parenté. Ce type de filiation est même la seule à leur offrir cette possibilité puisque la loi de 2013 précise expressément que les effets, droits et obligation reconnus par le titre VII du livre I du Code civil relatif à la filiation charnelle ne peut bénéficier aux couples de même sexe. À propos de l'ouverture de l'adoption aux couples de même sexe, le Conseil constitutionnel rappelle la compétence que le législateur tire de l'article 34 de la Constitution au titre des règles relatives à l'état et à la capacité des personnes. Dès lors que celui-ci a estimé que « *l'identité de sexe des adoptants ne constituait pas, en elle-même, un obstacle à l'établissement d'un lien de filiation adoptive* », il n'appartient pas au Conseil constitutionnel de substituer son appréciation à celle du législateur sur la prise en compte, pour l'établissement d'un lien de filiation adoptive, de la différence entre les couples de personnes de même sexe et les couples formés d'un homme et d'une femme.

Les différentes évolutions de la législation relative à l'adoption n'ont pas modifié la coexistence de deux types d'adoption dont les effets sont différents : **l'adoption plénière** (Chapitre 1) et **l'adoption simple** (Chapitre 2).

Chapitre 1

L'adoption plénière

1322. Considérée comme la reproduction de la filiation charnelle, l'adoption plénière en produit les mêmes effets, tout en reposant sur la volonté. Les conditions de l'adoption plénière (Section 1) expliquent ses effets radicaux en ce qu'elle fait disparaître la filiation d'origine pour instaurer une nouvelle filiation (Section 2).

Section 1

Les conditions de l'adoption plénière

1323. ***Décision judiciaire***. L'adoption est un acte de volonté privée soumis au contrôle juridictionnel du tribunal de grande instance. En conséquence, le prononcé de l'adoption plénière suppose l'existence de conditions de fond et de conditions de forme ou de procédure.

1324. ***Vie familiale***. La Cour EDH considère que la Convention EDH ne garantit pas, en tant que tel, un droit d'adopter. Le seul désir de fonder une famille, notamment par la voie de l'adoption n'est protégé par l'article 8 de la Convention qu'au titre du droit à la vie privée[1]. Le droit au respect d'une vie familiale présuppose l'existence d'une famille et ne protège pas le simple désir de fonder une famille[2]. Mais lorsqu'une adoption a été prononcée, la relation qui en résulte est constitutive de la vie familiale[3].

§ 1. Conditions de fond

1325. Selon la formule célèbre de Bonaparte, « l'adoption est une fiction qui singe la nature »[4]. Il s'en déduit que les conditions de l'adoption ont pour objectif d'établir un lien qui ressemble à une filiation par le sang. Certaines de ces conditions concernent l'adoptant, d'autres l'adopté ou, pour les dernières, à la fois l'adoptant et l'adopté.

---

1. *E. B. c/ France*, 22 janv. 2008, *JCP* 2008. II. 10071, comm. A. Gouttenoire et F. Sudre.
2. CEDH 26 févr. 2002, *Fretté c/ France*, *D.* 2002. Somm. 2024, obs. F. Granet ; *JCP* 2002. II. 10074, note A. Gouttenoire-Cornut et F. Sudre ; *RTD civ.* 2002. 281, obs. J. Hauser ; *ibid.* 389, obs. J.-P. Marguénaud.
3. CEDH 22 juin 2004, *Pini et Bertani*, et *Manera et Atripadi c/ Roumanie*, *Dr. fam.* 2004, étude, n° 30, comm. A. Gouttenoire et P. Salvage-Gerest ; *Wagner et J. M. W. L. c/ Luxembourg*, 28 juin 2007, *RTD civ.* 2007. 738, obs. J.-P. Marguénaud.
4. Fenet, *Recueil de travaux préparatoires du Code civil*, t. 1, p. 101.

A. Conditions concernant l'adoptant

1) Le consentement de l'adoptant

1326. Il est évident que le consentement de l'adoptant est indispensable : il n'y a pas d'adoption forcée. Ce consentement, qui doit être sain[1], est exprimé dans la requête par laquelle l'adoptant demande au tribunal de prononcer l'adoption (C. civ., art. 353).

Cependant, une adoption posthume, c'est-à-dire prononcée après le décès de l'adoptant, est parfois possible. En effet, l'article 353, alinéa 3, dispose que si l'adoptant décède, après avoir régulièrement recueilli l'enfant en vue de son adoption, la requête peut être présentée en son nom par le conjoint survivant ou l'un des héritiers de l'adoptant. Mais l'adoption produisant ses effets à compter du jour du dépôt de la requête (C. civ., art. 355) n'a pas de conséquence sur la dévolution de la succession de l'adoptant[2].

Si l'adoptant décède après le dépôt de la requête, le tribunal n'est pas dessaisi et il doit simplement poursuivre l'instance en adoption, laquelle produit effet au jour du dépôt de la requête[3].

2) L'adoption par deux époux

1327. ***Mariage***. L'adoption peut être demandée par deux époux, y compris deux époux de même sexe depuis l'entrée en vigueur de la loi n° 2013-404 du 17 mai 2013, mais non par deux concubins. Si ces derniers refusent le mariage, ils doivent, en l'état du droit positif, recourir à l'adoption individuelle. Car l'union légale est encore considérée comme une structure d'accueil que le concubinage, plus instable, ne peut offrir[4]. Le Conseil constitutionnel dans sa décision du 6 octobre 2010 a affirmé que la responsabilité de décider qu'il ne fallait pas aligner le régime de l'adoption de l'enfant du concubin sur celui de l'adoption de l'enfant du conjoint relève de la compétence du législateur[5].

1328. ***Couples de même sexe***. L'ouverture du mariage aux couples de personnes de même sexe, conjuguée avec la règle de l'article 6-1 du Code civil qui confère au mariage les mêmes effets que les époux soient de même sexe ou de sexe différent, aboutit incontestablement à permettre l'adoption par les couples de même sexe ainsi que l'adoption au sein de tels couples. Le Conseil consacre une part importante de sa décision du 17 mars 2013[6] à la question de la constitutionnalité de l'ouverture de l'adoption aux couples de personnes de même sexe. Il rappelle la compétence que le législateur tire de l'article 34 de la Constitution au titre des règles relatives à l'état et à la capacité des personnes. Dès lors que celui-ci a estimé que « *l'identité de sexe des adoptants ne constituait pas, en elle-même, un obstacle à l'établissement d'un lien de filiation adoptive* », il n'appartient pas au Conseil constitutionnel de substituer son appréciation à celle du législateur sur la prise en compte, pour l'établissement d'un lien de filiation adoptive, de la différence entre les

---

1. Civ. 1re, 10 juin 1981, *Bull. civ.* I, n° 202.
2. Si l'adoptant décède au cours de la procédure, donc après le dépôt de la requête, l'adoption produira des effets successoraux.
3. Civ. 1re, 13 mars 2007, *AJ fam.* 2007. 231, obs. F. C.
4. En ce sens, v. J. Rubellin-Devichi, article préc., *JCP* 1996. I. 3979, n° 14
5. Cons. const., décision n° 2010-39 QPC du 6 octobre 2010 (n° Lexbase : A9923GAR) : *JCP* 2010. 2158, obs. A. Gouttenoire et Ch. Radé ; *RTD civ.* 2010. 776, obs. J. Hauser.
6. Cons. const., Décis. n° 2013-669 DC du 17 mai 2013.

couples de personnes de même sexe et les couples formés d'un homme et d'une femme. À l'argument selon lequel l'adoption d'un enfant par deux personnes de même sexe conduirait nécessairement à révéler l'orientation sexuelle des adoptants et la nature adoptive de la filiation et, partant, porterait atteinte à la protection de la vie privée et à l'égalité devant la loi, le Conseil constitutionnel répond logiquement « *qu'aucune exigence constitutionnelle n'impose ni que le caractère adoptif de la filiation soit dissimulé ni que les liens de parenté établis par la filiation adoptive imitent ceux de la filiation biologique* ». Il n'en reste pas moins évident que la loi du 17 mai 2013 emporte un changement notable de perception de l'adoption : désormais, l'adoption ne doit plus « singer la nature », puisqu'elle est le seul moyen d'établir à l'égard d'un enfant deux filiations maternelles ou deux filiations paternelles. C'est en cela que la loi nouvelle traduit un choix de société avec lequel on peut ne pas être d'accord, mais qui n'est contraire à aucun droit ni aucune liberté fondamentale. Le Conseil constitutionnel affirme solennellement que l'ouverture de l'adoption aux couples de personnes de même sexe n'a « *ni pour objet ni pour effet de reconnaître aux couples de personnes de même sexe un droit à l'enfant* » puisque ces derniers seront soumis, comme ceux qui sont formés d'un homme et d'une femme, à une procédure destinée à constater leur capacité à recueillir un enfant en vue de son adoption.

1329. ***Durée***. Lorsqu'un couple marié veut adopter un enfant, l'article 343 du Code civil exige que les époux, non séparés de corps, soient mariés depuis deux ans. Il s'agit à la fois d'un gage de la stabilité du mariage et d'un temps d'épreuve de la fécondité du couple (C. civ., art. 343).

1330. ***Âge des époux***. La condition de durée du mariage peut être écartée si les époux sont âgés l'un et l'autre âgés de plus de vingt-huit ans qui correspond à l'âge légal pour que chacun procède à une adoption individuelle.

3) L'adoption par une personne seule

1331. ***Personne célibataire***. Rompant le lien traditionnel entre légitimité et mariage, la loi du 11 juillet 1966 a autorisé l'adoption par une personne seule. Depuis la loi du 5 juillet 1996, l'article 343-1 énonce que l'âge requis pour cette personne est de vingt-huit ans.

1332. ***Personne mariée***. Par exception, la condition d'âge n'est pas imposée lorsqu'une personne adopte l'enfant de son conjoint (art. 343-2). Si l'adoptant est marié et non séparé de corps, le consentement de son conjoint est nécessaire, à moins que celui-ci soit dans l'impossibilité de manifester sa volonté (art. 343-1, al. 2)[1].

1333. ***Personne homosexuelle***. Alors que dans l'arrêt *Fretté c/France* du 26 février 2002[2], la Cour européenne avait considéré que le refus fondé sur l'homosexualité du requérant de délivrer un agrément pour adopter, poursuivait un but légitime : la protection de la santé et des droits des enfants susceptibles d'être concernés par une procédure

---

1. La faculté de rétractation ouverte aux parents de l'adopté par l'article 348-3, alinéa 2 ne peut être étendue au consentement donné par le conjoint de l'adoptant : Civ. 1re, 2 déc. 1997, *Bull. civ*. I, n° 333 ; *Defrénois* 1998. 1026, obs. J. Massip ; *Dr. fam*. 1998, n° 3, note P. Murat ; *JCP* 1998. II. 10028, concl. Sainte-Rose et 10038, note F. Dreifuss-Netter.
2. Préc.

d'adoption, elle a condamné dans l'arrêt *E. B c/France* du 22 janvier 2008 [1], la différence de traitement à laquelle les autorités françaises procédaient selon que le candidat à l'adoption est hétérosexuel ou homosexuel. Si l'homosexualité du candidat à l'adoption doit être prise en compte dans l'appréciation des conditions d'accueil qu'il est susceptible d'offrir à un enfant, elle ne saurait constituer un obstacle de principe à l'examen de la demande de l'adoptant.

1334. ***Présence d'enfants***. La présence d'enfants biologiques de l'adoptant n'est plus, depuis la loi du 22 décembre 1976, un obstacle à l'adoption plénière. La réforme avait été diversement appréciée [2]. Pour concilier les contraires, la loi de 1976 a autorisé l'adoption en présence de descendants [3], mais le tribunal doit vérifier si l'adoption n'est pas de nature à compromettre la vie familiale [4]. Depuis cette réforme, l'idée que l'adoption est une consolation réservée aux couples stériles est, ainsi, nettement en recul.

B. Conditions concernant l'adopté

1335. La loi du 5 juillet 1996 a autorisé, dans l'article 353, alinéa 4, du Code civil, l'adoption d'un enfant décédé qui, avant son décès, avait été régulièrement recueilli en vue d'une adoption [5]. Le jugement prononçant l'adoption produit effet le jour précédant le décès et entraîne uniquement la modification de l'état civil de l'enfant.

1) Intérêt de l'enfant

1336. ***Condition fondamentale***. L'adoption ne peut être prononcée que si elle correspond à l'intérêt de l'enfant [6]. (art. 353). Il s'agit là d'une condition fondamentale, qui traduit la vraie nature de l'institution. Le Conseil constitutionnel, dans sa décision du 17 mai 2013 [7], a conféré, de manière inédite, une valeur constitutionnelle au principe selon lequel l'adoption doit être conforme à l'intérêt de l'enfant, en se fondant sur le dixième alinéa du Préambule de la Constitution de 1946 en vertu duquel « *la Nation assure à l'individu et à la famille les conditions nécessaires à leur développement* ».

Le juge est souverain dans cette appréciation [8]. Il peut ainsi faire obstacle à l'utilisation de l'adoption à des fins étrangères à l'institution [9], voire empêcher un véritable détournement de l'adoption [10].

---

1. Préc.
2. Y. Patureau, « L'adoption en présence de descendants », *D.* 1977. Chron. 259.
3. Quelle que soit la qualité de la filiation ; v. à cet égard, Paris, 8 janv. 1981, *Gaz. Pal.* 1981. II. 572, note J. Viatte.
4. Art. 353, al. 2. Les juges du fond apprécient souverainement si l'adoption est de nature à compromettre la vie familiale : Civ. 1re, 2 mai 1990, *Bull. civ.* I, no 93.
5. Dans le même sens, sont autorisés le mariage et la reconnaissance *post mortem*.
6. F. Millet, « L'adoption : d'un intérêt à l'autre », *RRJ* n° 3, 2003. 1777.
7. Cons. const., Décis. n° 2013-669 DC du 17 mai 2013.
8. Civ. 1re, 11 juill. 2006, *Dr. fam.* 2006, no 205, note P. Murat ; *RJPF* 2006-11/35, obs. T. Garé ; *RTD civ.* 2006. 750, obs. J. Hauser.
9. Par ex.., pour empêcher le père naturel de faire établir sa filiation : v. Bordeaux, 21 janv. 1988, *D.* 1988. 453, note J. Hauser.
10. V. ainsi la prohibition de l'adoption entre concubins : Civ. 1re, 4 mai 2011 (pourvoi no 10-13996).

Il a cependant pu être jugé que le désir de l'adoptant d'éviter à l'adopté d'être expulsé du territoire français n'est pas incompatible avec une réelle volonté d'adopter[1]. De même, la conscience de l'adoptant des effets successoraux de l'adoption n'est pas un détournement de l'institution en raison, en l'espèce, des liens d'affection existant entre l'adoptant et l'adopté[2].

1337. ***Couples de même sexe***. L'adoption par les couples de même sexe étant soumise aux mêmes conditions que l'adoption par les couples de sexe différent, et particulièrement au principe de conformité à l'intérêt de l'enfant, le Conseil constitutionnel dans sa décision du 17 mai 2013[3] considère que les droits de l'enfant ne sont pas moins protégés lorsqu'il est adopté par des parents de même sexe que lorsqu'il est adopté par des parents de sexe différent. En ce qui concerne l'admission d'une filiation doublement maternelle ou doublement paternelle que permettra l'ouverture de l'adoption aux couples homosexuels, le Conseil constitutionnel rappelle, comme il l'a fait à propos de la différence de sexe dans le mariage, que ni « *la tradition républicaine* » ni aucun principe fondamental reconnu par les lois de la République ne consacrent le principe du caractère bilinéaire de la filiation fondé sur l'altérité sexuelle. Il n'existe aucun principe constitutionnel garantissant le droit de tout enfant de voir sa filiation concurremment établie à l'égard d'un père et d'une mère.

2) L'âge de l'adopté

1338. ***Enfant de moins de 15 ans***. C'est l'une des conditions les plus révélatrices de la nature de l'adoption. Selon l'article 345 du Code civil, un enfant peut faire l'objet d'une adoption plénière s'il est âgé de moins de 15 ans car on pense qu'à cet âge son intégration dans sa nouvelle famille sera facilitée[4]. Cependant, l'article 345, alinéa 2, prévoit que cet âge peut être dépassé dans deux cas : lorsque l'enfant a été accueilli avant l'âge de quinze ans par des personnes qui ne remplissaient pas les conditions légales pour adopter (par exemple, les conditions d'âge) et lorsque l'enfant a fait, avant cet âge, l'objet d'une adoption simple[5]. Alors, l'adoption plénière peut être demandée pendant la minorité de l'enfant et même, depuis la loi du 5 juillet 1996, dans les deux ans suivant sa majorité.

3) Le consentement de l'adopté

1339. ***Enfant de moins de treize ans***. Si l'enfant est âgé de plus de treize ans, il doit consentir à son adoption (art. 345, al. 3). Le consentement doit être donné par acte authentique[6]. La Cour de cassation a décidé, à propos d'un majeur sous tutelle, que ce consentement est un acte strictement personnel qui ne saurait donner lieu à représentation[7]. Cette solution aboutit à empêcher l'adoption du majeur sous tutelle dont les

---

1. Civ. 1re, 14 mai 1996, *Bull. civ.* I, no 204 ; *RTD civ.* 1996. 597, obs. J. Hauser.
2. Civ. 1re, 11 juill. 2006, préc.
3. Cons. const., Décis. n° 2013-669 DC du 17 mai 2013
4. Ph. Malaurie et H. Fulchiron, no 1416.
5. Ce qui permet alors la transformation de l'adoption simple en adoption plénière.
6. P. Bonfils et A. Gouttenoire, *Droit des mineurs*, Dalloz, coll. « Précis », no 407.
7. Civ. 1re, 4 juin 2007, pourvoi no 05-20243, *D.* 2007. 1791, note T. Fossier ; *AJ fam.* 2007. 355, obs. Pécaut-Rivolier ; *Dr. fam.* 2007, comm. no 192, note P. Murat, *RTD civ.* 2007. 547, obs. J. Hauser.

facultés mentales sont altérées. Elle est transposable à l'enfant de plus de 15 ans qui ne peut être représenté pour donner son consentement [1].

1340. ***Audition de l'enfant.*** Pour permettre une meilleure prise en compte de la volonté de l'enfant dans le cadre de son adoption, l'article 353 du Code civil issu de la loi n° 2016-297 du 14 mars 2016 relative à la protection de l'enfant prévoit que le mineur capable de discernement doit être entendu par le tribunal ou lorsque son intérêt le commande par une personne désignée par lui. Il doit être entendu selon des modalités adaptées à son âge et à son degré de maturité.

4) Les catégories d'enfants adoptables

1341. ***Classement tripartite.*** L'enfant doit faire partie d'une catégorie légalement définie d'enfants adoptables. Cette condition est, aujourd'hui, l'obstacle majeur à l'adoption plénière, puisque le nombre d'enfants adoptables en France est nettement inférieur au nombre de candidats adoptants. C'est l'article 347 du Code civil qui détermine quels sont les enfants adoptables, en effectuant un classement tripartite :

« Peuvent être adoptés :

– les enfants pour lesquels les père et mère ou le conseil de famille ont valablement consenti à l'adoption,

– les pupilles de l'État,

– les enfants déclarés abandonnés dans les conditions prévues par les articles 381-1 et 381-2. »

a) Consentement des parents à l'adoption de leur enfant

1342. ***Renonciation des parents.*** Les parents par le sang peuvent consentir à ce que leur enfant fasse l'objet d'une adoption plénière. Ce transfert du lien de filiation par l'effet des volontés privées paraît contredire le principe selon lequel l'état des personnes est inaliénable [2]. Mais cette exception n'est admise que dans la mesure où elle est conforme à l'intérêt de l'enfant, ce qui fait l'objet d'un contrôle judiciaire [3].

Si l'enfant est âgé de moins de deux ans, il ne peut faire l'objet d'une adoption directe et les parents par le sang ne choisissent pas ouvertement les adoptants. L'enfant doit être remis à l'Aide sociale à l'enfance ou à un organisme autorisé pour l'adoption. En revanche, si l'enfant est âgé de plus de deux ans (art. 348-5), les parents peuvent organiser l'adoption en faveur de personnes nommément désignées. La remise de l'enfant de moins de deux ans au service de l'aide sociale à l'enfance ou à un organisme autorisé pour l'adoption est imposée, depuis 1966, afin d'éviter tout risque de trafic d'enfant en bas âge ou de pression sur une mère en détresse. Mais le système a lui-même engendré des fraudes [4].

---

1. *Contra* : TI Châlons sur Marne, 1er juin 197, *Gaz. Pal.* 1978. 1, p. 175 note Decheix, qui avit désigné un administrateur *ad hoc* pour représenter l'enfant et consentir à l'adoption en son nom
2. En ce sens, J. Carbonnier, p. 366.
3. Sur la conformité à la convention européenne des droits de l'Homme d'une adoption, par le mari de la mère, malgré le refus de consentement du père, compte tenu de l'intérêt supérieur de l'enfant, v. CEDH 28 oct. 1998, *Söderback*, *RTD civ.* 1999. 501, obs. J.-P. Marguénaud.
4. J. Rubellin-Devichi, article préc., *JCP* 1996. I. 3979, n° 10.

1343. ***Double consentement***. Lorsque la filiation est établie à l'égard des deux parents, l'article 348 exige le consentement de chacun d'eux. En revanche, en cas de décès de l'un des parents, le consentement de l'autre suffit. La solution est identique si l'un des parents est hors d'état de manifester sa volonté, a perdu ses droits d'autorité parentale (art. 348), ou lorsque la filiation de l'enfant n'est établie qu'à l'égard de l'un de ses auteurs (art. 348-1).

Lorsque les père et mère sont décédés, hors d'état de manifester leur volonté ou lorsqu'on leur a retiré l'autorité parentale, c'est le conseil de famille formé par le juge des tutelles qui doit consentir à l'adoption, après avis de la personne qui, en fait, prend soin de l'enfant (art. 348-2, al. 1er). Il en est de même lorsque l'enfant n'a pas de filiation établie (art. 348-2, al. 2).

1344. ***Forme du consentement***. Le consentement à l'adoption est un acte grave. Il est prévu, en conséquence, que ce consentement doit être donné par acte authentique, soit devant le greffier en chef du tribunal d'instance du domicile de la personne qui consent, soit devant un notaire, ou devant un agent diplomatique ou consulaire français (art. 348-3). Lorsque l'enfant a été remis au service de l'aide sociale à l'enfance, ou à un organisme autorisé pour l'adoption (condition obligatoire pour les enfants de moins de deux ans : art. 348-5), ce service peut recevoir le consentement à l'adoption.

1345. ***Rétractation***. Les parents de l'enfant peuvent donner leur consentement à l'adoption dans un moment de désarroi. La loi prévoit donc une faculté de repentir dans un délai de deux mois à compter du jour où il a été donné (art. 348-3, al. 2). Le délai ne commence à courir que si le consentement a été valablement donné [1]. La rétractation est soumise à un certain formalisme : elle doit être exprimée par lettre recommandée avec demande d'avis de réception.

1346. ***Refus***. Lorsque les parents par le sang ou le conseil de famille refusent de consentir à l'adoption de l'enfant, le tribunal peut passer outre à ce refus si deux conditions sont remplies [2] : d'une part, il doit s'agir d'un refus *abusif*, d'autre part, le ou les parents doivent s'être désintéressés de l'enfant au risque de compromettre sa santé ou sa moralité (art. 348-6) [3].

b) Pupilles de l'État

1347. ***Décision administrative***. Les pupilles de l'État sont des enfants abandonnés qui sont « *admis en qualité de pupilles de l'État* » selon une procédure administrative prévue par le Code de l'action sociale et des familles (art. L. 224-6). Leur statut est régi par les articles L. 225-1 et suivants du même code. Les enfants admis en qualité de pupilles de l'État, par arrêté du président du conseil général [4], deviennent adoptables et doivent faire rapidement l'objet d'un projet d'adoption (CASF, art. L. 225-1).

---

1. Civ. 1re, 5 juill. 1973, *D*. 1974. 289, note P. Raynaud.
2. Les deux conditions sont cumulatives : Civ. 1re, 16 déc. 1980, *D*. 1981. 514, note J. M.
3. Le désintérêt doit être volontaire : v. Civ. 1re, 19 juill. 1989, *JCP* 1990. II. 21443, note P. Salvage-Gerest.
4. Susceptible de recours dans les trente jours devant le tribunal de grande instance. La cour d'appel d'Angers dans une décision du 26 janvier 2011 (n° 10/01339) a ainsi annulé l'arrêté admettant un enfant né sous x en qualité de pupille de l'État à la demande de ses grands-parents biologiques, et

1348. ***Catégories de pupilles de l'État.*** Tous les enfants pris en charge par le service de l'aide sociale à l'enfance ne sont pas des pupilles de l'État[1]. Mais sont adoptables les pupilles de l'État, dont les diverses catégories sont énumérées par l'article L. 224-4 du CASF. Il s'agit, d'enfants orphelins qui ont été confiés à l'aide sociale à l'enfance depuis plus de deux mois, d'enfants dont les parents ont perdu l'autorité parentale et qui ont été recueillis par le service de l'aide sociale à l'enfance, d'enfants dont la filiation est inconnue et recueillis depuis plus de deux mois, d'enfants expressément abandonnés par les titulaires de l'autorité parentale depuis plus de deux mois ou depuis six mois par l'un des parents et dont l'autre parent n'a pas fait connaître son intention d'en assumer la charge.

1349. ***Arrêté d'admission en qualité de pupille de l'État.*** Le Conseil constitutionnel a considéré que l'absence de notification de l'arrêté admettant l'enfant en qualité de pupille de l'État rendait le recours de l'article L. 224-8 du Code de l'action sociale et des familles contraire à la Constitution[2]. La Cour de cassation en a déduit que le délai de recours contre la décision d'admission d'un enfant en qualité de pupille de l'État de l'article L. 224-8 du Code de la santé publique n'est pas opposable aux grands-parents qui ne se sont pas vus notifier la décision[3]. Pour répondre à ces critiques, la loi n° 2013-673 du 26 juillet 2013 relative à l'arrêté d'admission en qualité de pupille de l'État[4] a précisé le régime du recours contre l'arrêté d'admission en qualité de pupille de l'État. L'article L. 224-8 du CASF établit désormais une liste précise des personnes ayant qualité pour intenter un recours contre l'arrêté d'admission de l'enfant en qualité de pupille de l'État. Cette liste vise les parents de l'enfant, au sens des personnes à l'égard de qui la filiation de l'enfant est établie, les membres de sa famille, c'est-à-dire les personnes qui ont un lien de filiation de d'alliance avec les parents entendus juridiquement. Le recours est en outre ouvert au père de naissance de l'enfant, ainsi qu'aux membres de la famille de sa mère de naissance ou de son père de naissance, c'est les parents ou les membres de la famille de l'enfant alors que celui-ci n'a pas vu sa filiation établie. Cette nouveauté est destinée à s'appliquer particulièrement aux cas des enfants nés dans le secret ou sans filiation et dont les parents biologiques seraient connus. Elle permet plus particulièrement au père dont l'enfant est né dans le secret ou aux grands-parents dont le petit-enfant est né dans les mêmes conditions de s'opposer à l'admission de l'enfant en qualité de pupille de l'État et donc à son adoption.

1350. ***Tutelle spécifique.*** Ces enfants sont soumis à un régime de tutelle particulier, dont les organes sont d'un côté le préfet, qui exerce la fonction de tuteur, et d'un autre

---

leur confié, à charge pour eux de requérir l'organisation d'une tutelle. Pour établir le lien qui permettait aux grands-parents d'agir en annulation de l'arrêté, la Cour se fonde sur leur volonté contrecarrée d'établir un lien avec un enfant, conjuguée à la parenté biologique que personne finalement ne conteste qui constituent les éléments constitutifs d'une vie familiale au sens de la jurisprudence de la Cour européenne des droits de l'Homme.

1. Le rapport de l'Oned de février 2016 sur la situation des pupilles de l'État au 31 décembre 2014, fait état de 2 435 enfants qui ont le statut de pupille de l'État en France, soit un ratio de 16,6 pour 100 000 mineurs. À cette date, plus de quatre enfants sur dix vivaient dans une famille en vue d'adoption.

2. Cons. const., Décis. n° 2012-268 QPC du 27 juill. 2012.

3. Civ. 1re, 9 avr. 2013, pourvoi n° 11-27071.

4. *JORF* n° 0173, 27 juill. 2013, p. 12556, texte n° 2 ; *AJ fam.* 2013. 462, obs. F. Eudier ; *RLDC* 2014, n° 111, p. 38, obs. M.-C. Leboursicot.

côté le conseil de famille des pupilles de l'État[1]. Il n'y a pas de juge des tutelles ni de subrogé tuteur. C'est le conseil de famille qui consent à l'adoption, sauf lorsque les parents par le sang des pupilles de l'État ont eux-mêmes consenti à l'adoption (C. civ., art. 349).

c) Enfants délaissés

1351. ***Évolution.*** Il existe une dernière catégorie d'enfants adoptables : ceux qui ont été délaissés par leurs parents. Mais pour tenter de mettre fin aux conflits entre les adoptants et les parents par le sang, illustrés naguère par la célèbre affaire *Novack*[2], la loi de 1966 a institué une procédure judiciaire à l'issue de laquelle est rendu un jugement déclarant les enfants abandonnés. Toutefois, le compromis est délicat à établir et les modifications du texte de l'article 350 du Code civil se sont succédé en 1976, 1993, 1996, 2005 et 2016 (qui l'a même déplacé dans le Code civil à l'article 381-1 dans la partie relative à l'autorité parentale).

1352. ***Définition du délaissement.*** L'article 381-1 du Code civil dispose qu'« *un enfant est considéré comme délaissé lorsque ses parents n'ont pas entretenu avec lui les relations nécessaires à son éducation ou à son développement pendant l'année qui précède l'introduction de la requête, sans que ces derniers en aient été empêchés par quelque cause que ce soit* ». Cette définition, issue de la loi du 14 mars 2016 est plutôt objective. Toutefois, le fait que le délaissement ne puisse être prononcé si les parents ont été empêchés de s'occuper de leur enfant « *pour quelque cause que ce soit* », implique, comme sous le droit antérieur[3] que le délaissement des parents a un caractère volontaire du délaissement des parents. Les parents pourront ainsi s'opposer au prononcé d'une déclaration judiciaire d'abandon en prouvant que le délaissement n'était pas volontaire[4]. Le caractère involontaire du désintérêt, qui doit être démontré par les parents, peut résulter de l'état de santé de ces derniers comme des difficultés d'emploi[5]. Les signes d'intérêt pour l'enfant, manifestés par les parents postérieurement au dépôt de la requête, ne comptent pas[6], si les parents se sont effectivement désintéressés de l'enfant pendant l'année qui précède ce dépôt. Cette exigence du caractère volontaire du délaissement rend le prononcé de la déclaration judiciaire particulièrement difficile et en pratique relativement rare.

---

1. P. Salvage-Gerest, *Droit de la famille*, Dalloz Action, n° 221-231.
2. Civ. 6 juill. 1960, *D.* 1960. 510, note G. Holleaux, *JCP* 1960. II. 11815, note A. Rouast ; 20 juin 1963, *D.* 1964. 1. note P. Hébraud ; ass. plén. 10 juin 1966, *D.* 1966. 604.
3. V. en ce sens A. Bénabent, n° 1015 ; *adde* : Y. Patureau, « Le désintérêt de l'enfant déclaré judiciairement abandonné », *D.* 1978. Chron. 167. V. Civ. 1re, 8 déc. 1998, *Bull. civ.* I, n° 347 ; *LPA* 14 juin 1999, note J. Massip.
4. pour un exemple récent antérieur à la réforme de 2016 mais dont la solution aurait sans doute été la même après : Civ. 1re, 16 mars 2016 (n° 15-10.780 ; *RTD civ.* 2016. 338, J. Hauser ; *JCP* 2016. 992, obs. H. Bosse-Platière) qui refuse la déclaration judiciaire d'abandon aux motifs que le père avait été incarcéré à plusieurs reprises de 2011 à 2012, qu'il ne savait pas correctement écrire et que l'examen psychiatrique de sa personnalité avait révélé d'importantes difficultés d'élaboration, le tout exclusif du désintéressement volontaire exigé par l'article 350 du Code civil.
5. Civ. 1re, 12 oct. 1999, *Dr. fam.* 2000, n° 3, note P. Murat ; 28 nov. 2000, *Dr. fam.* 2001, n° 56, note P. Murat.
6. Civ. 1re, 15 nov. 1994, *Bull. civ.* I, n° 329 ; 6 janv. 1981, *D.* 1981. 425, note P. Raynaud ; 20 nov. 1985, préc.

1353. ***Intérêt de l'enfant.*** Dans un arrêt du 3 décembre 2014[1], la Cour de cassation a approuvé la cour d'appel qui avait rejeté la demande du président du Conseil général de voir prononcer une déclaration judiciaire d'abandon, au motif que celle-ci n'était pas conforme à l'intérêt de l'enfant. La Cour de cassation avait déjà affirmé dans un arrêt du 6 janvier 1981[2] que « *même lorsque les conditions de l'application de ce texte sont réunies, l'intérêt de l'enfant peut justifier le rejet d'une requête aux fins de déclaration d'abandon* ». Cette exigence peut aujourd'hui trouver son fondement dans l'article 3, § 1, de la Convention internationale des droits de l'enfant qui impose que dans toute décision concernant l'enfant, son intérêt supérieur soit une considération primordiale. L'intérêt de l'enfant constitue à l'évidence le but ultime de toutes les mesures relatives à l'autorité parentale et il est indispensable qu'il en soit également ainsi pour une décision lourde de conséquences puisqu'elle prive les parents de toutes leurs prérogatives, y compris celui de consentir à son adoption.

1354. ***Cour européenne des droits de l'Homme.*** L'arrêt *Zambotto Perrin c/ France*, rendu par la Cour EDH, le 26 septembre 2013[3] valide le dispositif de déclaration de délaissement judiciaire (antérieur à la loi du 14 mars 2016) ; il concerne une affaire dans laquelle une mère, qui n'avait établi aucun contact avec sa fille depuis sa naissance, en dehors d'une visite à la pouponnière et d'un colis pour son premier anniversaire, a vu prononcer à son encontre une déclaration judiciaire d'abandon sur le fondement l'article 350 du Code civil, suivie un an plus tard d'un jugement d'adoption plénière de l'enfant. La Cour européenne s'attache tout d'abord à vérifier si, préalablement à la déclaration d'abandon et au prononcé de l'adoption, l'État avait rempli son obligation de favoriser le développement du lien familial. Elle affirme ensuite que l'[ancien] article 350 du Code civil vise à préserver la santé et la moralité des mineurs, et à protéger leurs droits, en permettant de déclarer abandonné l'enfant dont les parents se sont manifestement désintéressés pendant une durée d'un an et de le rendre adoptable. Elle relève que la mère n'avait pas investi le lien de filiation de manière significative et en déduit que les autorités locales ont pu, sans outrepasser leur marge d'appréciation, estimer que la déclaration d'abandon était une mesure correspondant à l'intérêt supérieur de l'enfant et proportionnée au but légitime poursuivi. Une fois la déclaration d'abandon décidée, l'intérêt supérieur de l'enfant était de voir sa situation personnelle stabilisée et sécurisée par l'établissement d'un lien légalement reconnu avec sa famille d'accueil ; la Cour en déduit que le délai d'un an entre la déclaration judiciaire d'abandon et l'adoption n'est pas contraire aux exigences de l'article 8.

1355. ***Obstacle à la déclaration judiciaire de délaissement.*** L'article 381-2 précise dans son alinéa 2 que la simple rétractation du consentement à l'adoption, la demande de nouvelles ou l'intention exprimée mais non suivie d'effet de reprendre l'enfant ne constituent pas un acte suffisant pour empêcher de plein droit la déclaration de délaissement parental. En revanche l'alinéa 3 du même texte précise « *le délaissement parental n'est pas déclaré si, au cours du délai mentionné au premier alinéa, un membre de la famille a demandé à assumer la charge de l'enfant et si cette demande est jugée conforme à l'intérêt de ce dernier* ».

---

1. N° 13-24.268, *JCP* 2016. 992, obs. H. Bosse-Platière.
2. Civ. 1re, 6 janv. 1981, n° 79-15.746.
3. N° 04962/11 : *Juris-Data* n° 2013-022197 ; *JCP* 2013, act. 1080, obs. K. Blay-Grabarczyk.

1356. ***Délaissement par un seul parent.*** Contrairement au droit antérieur à la loi du 14 mars 2016[1], l'article 381-2 du Code civil permet que soit prononcé le délaissement judiciaire d'un enfant l'enfant à l'égard des deux parents ou d'un seul d'entre eux. Cette nouvelle possibilité pourrait permettre de rendre adoptable un enfant dont l'un des parents a consenti à l'adoption, une déclaration judiciaire de délaissement pouvant alors être prononcée à l'égard de l'autre.

1357. ***Délégation d'autorité parentale.*** Lorsqu'il déclare l'enfant délaissé, le tribunal délègue par la même décision l'autorité parentale sur l'enfant à la personne, à l'établissement ou au service départemental de l'aide sociale à l'enfance qui a recueilli l'enfant ou à qui ce dernier a été confié.

1358. ***Adoption.*** Si l'enfant est déclaré judiciairement abandonné, il est alors adoptable mais, tant qu'il n'a pas fait l'objet d'un placement en vue de l'adoption, il peut être restitué à ses parents par le sang si le juge estime que cela va dans son intérêt[2]. Dans l'arrêt *S.H. c/ Italie* du 13 octobre 2015[3], la Cour européenne des droits de l'Homme affirme que l'adoptabilité d'un enfant ne peut être prononcée qu'à titre très exceptionnel et seulement si l'État a envisagé toutes les mesures alternatives possibles et mesuré l'impact d'une telle décision sur les personnes concernées.

5) Les obstacles à l'adoption plénière tenant à la situation de l'adopté

1359. ***Nouvelle adoption.*** En vertu de l'article 346, alinéa 1er, un enfant ne peut être adopté plénièrement par deux personnes à la fois, sauf s'il s'agit de deux époux : signe de l'assimilation de l'adoption plénière à la filiation en mariage. Cependant, une nouvelle adoption est possible soit après le décès de l'adoptant ou des deux adoptants (art. 346, al. 2), soit après le décès de l'un des deux adoptants, si la demande est présentée par le nouveau conjoint du survivant (art. 346, al. 2).

1360. ***Adoption de l'enfant du conjoint.*** Pour éviter la rupture des liens d'un enfant avec la famille de son parent décédé et notamment de grands-parents, qui serait la conséquence d'une adoption plénière de cet enfant par le conjoint de son parent survivant, l'article 345-1 du Code civil issu de la loi n° 96-604 du 5 juillet 1996 permet l'adoption plénière de l'enfant du conjoint uniquement dans quatre hypothèses : lorsque l'enfant n'a de filiation légalement établie qu'à l'égard de ce conjoint[4], lorsque l'enfant a fait l'objet d'une adoption plénière par ce seul conjoint et n'a de filiation établie qu'à son égard, lorsque l'autre parent s'est vu retirer totalement l'autorité parentale, lorsque l'autre parent de l'enfant est décédé sans laisser d'ascendant au premier degré ou lorsque ceux-ci se sont désintéressés de l'enfant

1361. ***Enfant dont la loi nationale prohibe l'adoption.*** Selon l'article 370-3, alinéa 2, du Code civil, issu de la loi n° 2001-111 du 6 février 2001, « *l'adoption d'un*

---

1. Civ. 1re, 6 mai 2003, *Defrénois* 2003. 1493, obs. J. Massip.
2. Civ. 1re, 22 juill. 1986, *Bull. civ.* I, n° 218 ; *RTD civ.* 1987. 730, obs. J. Rubellin-Devichi ; 2 juin 1987, *Bull. civ.* I, n° 176 ; *Defrénois* 1987. 1. 1077, obs. J. Massip.
3. N° 52557/14.
4. Ainsi, le mari ne peut adopter l'enfant de sa femme si cet enfant a été reconnu par son père sauf dans certaines circonstances particulières

mineur étranger ne peut être prononcée si sa loi personnelle prohibe cette institution, sauf si ce mineur est né et réside habituellement en France ». Cette solution évite les adoptions qui ne sont pas reconnues dans le pays d'origine de l'enfant et assure le respect des législations étrangères. Elle aboutit toutefois à priver un certain nombre d'enfants d'une famille de substitution dans le cadre d'un statut juridique stable. Certains d'entre eux font alors l'objet d'un recueil légal dans le cadre d'une *kafala*, notamment au Maroc ou en Algérie qui n'assure cependant pas à l'enfant et ses « parents » une situation juridique satisfaisante puisqu'elle n'entraîne pas l'établissement d'un lien de filiation[1]. La Cour de cassation refuse que l'enfant recueilli dans le cadre d'une *kafala* puisse être adopté en France[2] et la Cour européenne a considéré que l'impossibilité pour les enfants de statut prohibitif d'être adoptés ne constitue pas une violation du droit à la vie privée et familiale[3]. Toutefois dans l'arrêt rendu le 4 décembre 2013[4], la Cour de cassation a admis la possibilité de procéder à l'adoption d'un enfant dont la loi personnelle prohibe l'adoption dès lors qu'il a acquis la nationalité française sous réserve que les conditions requises du droit français, notamment relatives au consentement des parents d'origine ou du tuteur de l'enfant soient réunies. Or, l'article 21-12 du Code civil permet à l'enfant qui, depuis au moins trois années, est recueilli sur décision de justice et élevé par une personne de nationalité française d'acquérir la nationalité française.

1362. ***Enfant né d'un inceste***. Consacrant la solution posée par la Cour de cassation dans un arrêt du 6 janvier 2004[5], l'ordonnance du 4 juillet 2005 réformant la filiation a étendu à l'adoption l'interdiction d'établir la filiation d'un enfant né d'une relation incestueuse à l'égard de ses deux parents. Ainsi, dans cette hypothèse, le père ne peut établir la filiation de l'enfant à son égard, dès lors qu'il a déjà une filiation maternelle, par quelque moyen que soit, ce qui interdit également le recours à l'adoption.

1363. ***Enfant né d'une convention de gestation pour autrui***. Dans un arrêt de l'assemblée plénière du 31 mai 1991[6], la Cour de cassation a considéré que l'adoption par la « mère d'intention » de l'enfant né d'une convention de gestation pour autrui « n'était que l'ultime phase d'un processus d'ensemble destiné à permettre à un couple l'accueil à son foyer d'un enfant, conçu en exécution d'un contrat tendant à l'abandon à sa naissance par sa mère, et que, portant atteinte aux principes de l'indisponibilité du corps humain et de l'état des personnes, ce processus constituait un détournement de l'institution de l'adoption ».

---

1. Institution de droit musulman qui n'est pas une adoption mais s'assimile à une délégation de l'autorité parentale ; dossier spécial Kafala, *Dr. fam.* 2009, n° 1.

2. Civ. 1re, 10 oct. 2006 (2 arrêts), *JCP* 2006. II. 10072, comm. M. Farge ; *Defrénois* 2007. 307, obs. J Massip et p. 135 obs. M. Revillard ; *AJ fam.* 2006. 33, obs. A. Boiché ; *D.* 2007. 816, obs. H. Fulchiron ; *RJPF* 2007-1/35, p. 22 obs. M.-C. Le Boursicot ; *JCP* 2007. I. 170, obs. J. Rubellin-Devichi ; A. Gouttenoire, « Les enfants interdits d'adoption : la Cour de cassation refuse le recours aux droits fondamentaux », *JCP* 2009. II. 10072 ; Civ. 1re, 17 nov. 2010, n° 09-68.399, *Dr. fam.* 2011, n° 1, p. 32, obs. C. Neirinck ; *RJPF* 2011, n° 78, p. 50, obs. J. Gallois

3. CEDH 4 oct. 2012, *Harroudj c/ France*, *AJ fam.* 2012. 546, obs. A. Boiché ; *JCP* 2012. 49, obs. Y. Favier.

4. N° 12-26.161.

5. *D.* 2004. 362, concl. J. Sainte-Rose, obs. T. Vigneaux ; *RTD civ.* 2004. 75, obs. J. Hauser.

6. Pourvoi n° 90-20.105, *GAJC*, 11e éd., t. 1 n° 49.

C. Conditions concernant à la fois l'adoptant et l'adopté

1) Différence d'âge

1364. ***Quinze ans***. Puisque, selon le mot de Bonaparte, par l'adoption la société « veut singer la nature », le Code civil exige une différence d'âge suffisante entre l'adoptant et l'adopté, différence qui a été fixée à quinze ans (art. 344, al. 1er). Cependant, dans le cas de l'adoption de l'enfant du conjoint, le même texte réduit cette différence à dix ans. En outre, dans tous les cas, le tribunal peut prononcer l'adoption, s'il a de justes motifs, lorsque la différence d'âge est inférieure à la différence légale (art. 344, al. 2). Il n'y a pas, en revanche, dans la loi un écart d'âge maximum entre l'adoptant et l'adopté.

2) Existence d'un lien entre l'adoptant et l'adopté

1365. ***Adoption intra-familiale***. L'existence d'un lien de parenté ou d'alliance entre l'adoptant et l'adopté n'est pas un obstacle à l'adoption [1]. L'existence d'un lien d'alliance n'a pas plus été un empêchement à l'adoption : le mari peut adopter l'enfant de sa femme. L'adoption d'un enfant par le conjoint de son père ou de sa mère constitue une hypothèse fréquente et soumise à un régime spécifique tant dans ses conditions que dans ses effets. Dans les adoptions réalisées au sein de la famille, le juge doit veiller particulièrement à ce qu'il n'y ait pas détournement de l'adoption [2]. D'autant plus que ces adoptions intrafamiliales bénéficient d'un avantage indéniable, puisque le consentement à l'adoption des enfants de moins de deux ans est valable sans qu'il soit nécessaire de remettre l'enfant au service de l'aide sociale à l'enfance ou à un organisme autorisé pour l'adoption (art. 348-5). Toutefois la jurisprudence fait preuve d'une certaine réticence à l'égard de ces adoptions qui provoquent un bouleversement familial, en faisant notamment d'un enfant adopté par ses grands-parents, le frère ou la sœur de l'un de ses parents, particulièrement lorsque ces derniers sont vivants [3].

§ 2. Conditions de forme

1366. La création d'un lien de filiation qui n'a pas de support biologique suppose l'examen attentif de la qualité des candidats à l'adoption, la vérification des conditions exigées par la loi et l'appréciation de l'intérêt de l'enfant. Aussi la procédure d'adoption est-elle relativement complexe. Toutefois, l'un des objectifs de la loi du 5 juillet 1996 a été de simplifier le dispositif existant et de réduire les délais. Actuellement la procédure de l'adoption plénière comporte deux phases : le placement, phase préparatoire et le jugement, phase judiciaire.

---

1. Civ. 1er avr. 1846, *D*. 46. 1. 81 ; Pour un exemple d'adoption plénière d'un enfant naturel par son grand-père, v. Besançon, 1er févr. 1994, *RTD civ*. 1995. 344, obs. J. Hauser.

2. Versailles, 26 févr. 2004, *RTD civ*. 2004. 497, obs. J. Hauser. Sur la place des grands-parents, v. T. Garé, *AJ fam*. 2002. 84 ; Schmitt, *AJ fam*. 2002. 91.

3. En dernier lieu : Civ. 1re, 6 mars 2013, n° 12-17.183, *AJ fam*. 2013. 229, obs. P. Salvage-Gerest.

A. La phase préparatoire

1) Agrément

1367. Pour l'adoption d'enfants pupilles de l'État, d'enfants étrangers ou d'enfants recueillis par un organisme autorisé pour l'adoption, le futur adoptant doit obtenir, avant que l'enfant puisse être placé dans son foyer, un agrément administratif. La loi n° 2005-744 du 4 juillet 2005 portant réforme de l'adoption a amélioré la procédure d'agrément, et elle a favorisé l'information et l'accompagnement des candidats à l'adoption et des enfants concernés [1].

Cet agrément est délivré par le président du conseil général (CASF, art. L. 225-2, réd. L. du 5 juill. 1996), après une enquête administrative qui permet de déterminer si le candidat à l'adoption est susceptible d'offrir à l'enfant de bonnes conditions d'accueil, tant morales que matérielles, et après l'avis d'une commission [2]. L'agrément est donné, dans un délai de neuf mois, pour une période de cinq ans, période au cours de laquelle le candidat à l'adoption doit « trouver » un enfant adoptable. Depuis la loi du 5 juillet 1996, l'agrément est valable au plan national. Le refus de l'agrément doit être motivé et peut faire l'objet d'un recours devant les juridictions administratives [3]. Après refus d'un premier agrément, une nouvelle demande peut être faite dans un délai de trente mois. Le Conseil constitutionnel, dans sa décision du 17 mai 2013 ouvrant le mariage aux personnes de même sexe a vérifié la conformité à la Constitution des articles L. 225-2 et L. 225-17 du Code de l'action sociale et des familles relatifs à l'agrément pour adopter. Constatant que ces textes ne subordonnent pas l'agrément à sa conformité à l'intérêt de l'enfant, il a émis une réserve d'interprétation en affirmant que « *les dispositions relatives à l'agrément du ou des adoptants, qu'ils soient de sexe différent ou de même sexe, ne sauraient conduire à ce que cet agrément soit délivré sans que l'autorité administrative ait vérifié, dans chaque cas, le respect de l'exigence de conformité de l'adoption à l'intérêt de l'enfant qu'implique le dixième alinéa du Préambule de la Constitution de 1946* ». Ce n'est que sous cette réserve que les dispositions relatives à l'agrément sont déclarées conforme à la Constitution.

---

1. A. Ton Nu Lan, « Les dispositions de la loi du 4 juillet 2005 relatives à l'agrément et à l'accompagnement des candidats à l'adoption », *AJ fam.* 2005. 345

2. Décret n° 2006-981 du 1er août 2006 relatif à l'agrément des personnes souhaitant adopter un pupille de l'État ou un enfant étranger et modifiant le Code de l'action sociale et des familles (*JO* 4 août, p. 11691).

3. Sur le contrôle du juge administratif, v. notamment : CE 24 avr. 1992, *D.* 1993. 234, note I. Rouvière-Perrier ; *RTD civ.* 1992. 550, obs. J. Hauser, jugeant légitime le refus d'agrément opposé à un couple de Témoins de Jéhovah en raison de son opposition aux transfusions sanguines. Dans le même sens, v. CAA Douai, 3 mai 2001, *LPA* 14 nov. 2001, note Laugier ; *adde* : TA Paris, 25 janv. 1995, *D.* 1995. 647, note F. Boulanger, décidant qu'il n'y avait pas d'obstacle de principe à l'adoption d'un enfant par un célibataire homosexuel, décision annulée par le Conseil d'État, 9 oct. 1996, *D.* 1997. 117, note Ph. Malaurie ; *RTD civ.* 1997. 408, obs. J. Hauser. Cette décision a été jugée conforme à la Convention EDH, car le refus d'agrément peut être considéré comme poursuivant le but légitime de protéger l'intérêt supérieur de l'enfant et comme ne violant pas le principe de proportionnalité entre les moyens employés et le but visé : CEDH 26 févr. 2002, *JCP* 2002. II. 10074, note A. Gouttenoire et F. Sudre ; *RTD civ.* 2002. 280, obs. J. Hauser ; *ibid.* 389, obs. J.-P. Marguénaud. Mais voir le revirement opéré par CEDH 22 janv. 2008, *E. B./ France*, *D.* 2008. 351, obs. E. Royer, jugeant la distinction fondée sur l'orientation sexuelle discriminatoire au sens de l'article 14 de la Conv. EDH. Cette affaire s'est terminée par une injonction du tribunal administratif au président du Conseil général de délivrer l'agrément : TA Besançon, 10 nov. 2009, *AJ fam.* 2009. 489, obs. F. Chénedé.

1368. ***Demandeur à l'agrément homosexuel.*** Alors que dans l'arrêt *Fretté c/France* du 26 février 2002[1], la Cour européenne avait considéré que le refus fondé sur l'homosexualité du requérant de délivrer un agrément, poursuivait le but légitime de la protection de la santé et des droits des enfants susceptibles d'être concernés par une procédure d'adoption., en se fondant sur l'absence de consensus dans les États européens à propos de l'adoption par une personne homosexuelle, elle a affirmé dans l'arrêt *E.B. c/France* du 22 janvier 2008[2], que « *les autorités internes ont, pour rejeter la demande d'agrément en vue d'adopter présentée par la requérante, opéré une distinction dictée par des considérations tenant à son orientation sexuelle, distinction qu'on ne saurait tolérer selon la Convention* ». Les autorités françaises ne font pas état, selon la cour, « d'arguments particulièrement graves et convaincants » pour justifier la différence de traitement à laquelle elles procèdent selon que le candidat à l'adoption est hétérosexuel ou homosexuel.

L'agrément, qui vaut d'une manière générale pour cinq ans, est d'une nature distincte du jugement d'adoption qui concerne un enfant en particulier. Aussi l'article 353-1 du Code civil précise-t-il que si l'agrément a été refusé ou n'a pas été délivré dans le délai légal, le tribunal peut néanmoins prononcer l'adoption s'il estime que les requérants sont aptes à recueillir l'enfant et que celle-ci est conforme à son intérêt.

2) Placement

1369. ***Conditions.*** Pour que l'adoption plénière soit prononcée, il faut encore que l'enfant adoptable ait été placé, c'est-à-dire remis officiellement soit par l'aide sociale à l'enfance, soit par un organisme autorisé pour l'adoption, aux personnes qui ont formé le projet de l'adopter. Il faut rappeler, cependant, que l'enfant de plus de deux ans pourrait avoir été remis directement au futur adoptant par ses parents, lorsque ces derniers ont consenti officiellement à l'adoption (C. civ., art. 348-5). Quant à l'enfant dont la filiation n'est pas établie, il ne peut être placé en vue de l'adoption pendant un délai de deux mois suivant son recueil.

Un enfant déclaré judiciairement abandonné peut être restitué à ses père et mère dès lors qu'il n'a pas été placé en vue de l'adoption, mais à la condition que cette restitution soit conforme à son intérêt[3].

1370. ***Effets.*** L'article 352 précise les effets notables du placement : celui-ci fait échec à toute déclaration de filiation comme à toute reconnaissance, et il met obstacle à une restitution de l'enfant à sa famille d'origine. On peut dire que le placement est une véritable « pré-adoption »[4].

1371. ***Accouchement dans le secret.*** Une difficulté particulière est apparue dans certaines décisions des juridictions du fond lorsque le père a reconnu un enfant dont la mère a accouché ultérieurement dans le secret, des juges ayant considéré que le placement de l'enfant en vue de l'adoption mettait obstacle à toute restitution de l'enfant à son père[5].

---

1. Précité.
2. *Dr. fam.* 2008, étude n° 14, obs. A. Gouttenoire.
3. Civ. 1re, 22 juill. 1986, *RTD civ.* 1986. 730, obs. J. Rubellin-Devichi.
4. J. Carbonnier, p. 369 ; J. Hauser et D. Huet-Weiller, n° 950.
5. Nancy, 23 févr. 2004, préc., *D.* 2004. Somm. 1422, obs. F. Granet-Lambrechts ; *JCP* 2004. II. 10073, note M. Garnier ; *Dr. fam.* 2004, n° 48, note P. Murat ; *RJPF* 2004-4/33, note M.-C. Le Boursicot ; *RTD civ.* 2004. 275, obs. J. Hauser.

Mais la Cour de cassation a jugé, en sens contraire, sur le fondement du droit de l'enfant de connaître son père déclaré (Convention internationale sur les droits de l'enfant, article 7, § 1), que l'enfant ayant été identifié par le père à une date antérieure au consentement à l'adoption, la reconnaissance prénatale avait établi la filiation paternelle de l'enfant avec effet au jour de sa naissance, de sorte que le conseil de famille des pupilles de l'État, qui était informé de cette reconnaissance, ne pouvait plus consentir valablement à l'adoption de l'enfant, ce qui relevait du seul pouvoir de son père [1].

B. La phase judiciaire

1372. L'adoption nécessitait dans le Code Napoléon tant la volonté de l'adoptant que le consentement de l'adopté. Aujourd'hui, elle reste un acte juridique qui nécessite le consentement de l'adoptant : mais ce consentement n'est pas suffisant. L'adoption est en effet prononcée par le juge qui exerce un strict contrôle. La dimension judiciaire a pris le pas sur la nature contractuelle de l'institution.

1) Requête au tribunal de grande instance

1373. ***Adoptant***. Une requête doit être déposée par le ou les adoptants auprès du tribunal de grande instance du lieu où demeure le requérant (C. pr. civ., art. 1166). Cette requête formalise le consentement de l'adoptant [2]. Ce consentement peut, d'ailleurs, être rétracté jusqu'à ce que la décision judiciaire devienne définitive. Cette procédure est de nature gracieuse (C. pr. civ., art. 1167). Elle ne peut être engagée que si le placement a duré au moins six mois (C. civ., art. 345 al. 1er).

1374. ***Intervention des tiers***. En matière gracieuse, le juge peut ordonner la mise en cause des personnes dont les droits ou les charges risquent d'être affectés par la décision à prendre (C. pr. civ., art. 332). Toutefois, l'intervention dans la procédure d'adoption des grands-parents de la mère d'un enfant décédée après avoir accouché dans le secret est irrecevable au motif qu'ils n'avaient aucun lien de parenté avec l'enfant [3].

2) Instruction de la demande

1375. ***Appréciation souveraine***. L'instruction et les débats ont lieu en chambre du conseil, le ministère public devant être entendu. Le tribunal dispose de pouvoirs importants. Naturellement, il doit contrôler l'existence des conditions légales de validité de l'adoption. Surtout, il lui faut s'assurer de l'opportunité de cette adoption relativement à l'intérêt de l'enfant (art. 353, al. 1er). Il peut faire procéder à une enquête, demander un examen médical, entendre les personnes intéressées et notamment l'enfant, ainsi que les descendants de l'adoptant s'il en a (C. pr. civ., art. 1171). Le juge doit, en effet, vérifier que l'adoption ne va pas compromettre la vie familiale de l'adoptant, si celui-ci a des

---

1. Civ. 1re, 7 avr. 2006 (cassant Nancy, 23 févr. 2004, préc.), *D.* 2006. IR 1065, obs. I. Gallmeister ; *D.* 2006. 2293, note E. Poisson-Drocourt ; *D.* 2007. Pan. 1461, obs. F. Granet-Lambrechts ; *RTD civ.* 2006. 273, obs. P. Rémy-Corlay ; *RTD civ.* 2006. 292, obs. J. Hauser.
2. Sur les conséquences du décès de l'adoptant, v. ss 1326.
3. Civ. 1re, 8 juill. 2009, pourvoi no 08-20153, *Dr. fam.* 2009, comm. no 108, obs. P. Murat, *D.* 2009. 1973, obs. Le Douaron, *AJ fam.* 2009. 350, obs. F. Chénedé.

descendants[1]. Le juge est souverain dans son appréciation[2]. Depuis la loi du 8 janvier 1993, l'instruction de la demande doit, dans un délai maximum de six mois, aboutir à une décision (art. 353).

1376. ***Audition de l'enfant adopté.*** L'article 353 du Code civil, issu de la loi du 14 mars 2016 relative à la protection de l'enfant, prévoit que l'enfant capable de discernement doit être entendu par le tribunal ou une personne désigné par lui, si l'intérêt de l'enfant le commande. Cette nouvelle hypothèse d'audition systématique du mineur, renforce, de manière bienvenue, la participation de l'enfant à la procédure d'adoption, particulièrement lorsqu'il est âgé de moins de treize ans et qu'il n'est pas appelé à y consentir.

3) Jugement

1377. ***Motivation.*** L'adoption étant « prononcée » (art. 353, al. 1er) par le tribunal, son jugement a un caractère constitutif[3]. Il est rendu en audience publique et doit être motivé s'il rejette la requête. À l'inverse, si le juge accueille la requête, il n'a pas à motiver sa décision (art. 353, dern. al.).

1378. ***Prénom de l'enfant.*** Le juge qui prononce l'adoption statue également sur une éventuelle demande de changement de prénom de l'enfant (art. 357, al. 3).

1379. ***Nom de l'enfant.*** Le changement de nom de l'adopté est automatique selon l'article 357 du Code civil, le tribunal n'a donc pas à statuer sur ce point.

1380. ***Adoption simple.*** Le juge a, également, la faculté de prononcer seulement l'adoption simple de l'enfant, s'il estime qu'il n'est pas dans son intérêt d'être coupé de sa famille d'origine (C. pr. civ., art. 1173). Ce n'est possible, toutefois, qu'avec l'accord du requérant[4].

4) Voies de recours

1381. ***Appel.*** Le jugement peut faire l'objet d'un appel et d'un pourvoi en cassation, ces voies de recours étant ouvertes également au ministère public (C. pr. civ., art. 1176). L'appel peut être formé par toute partie en cause intéressée, mais également par les tiers comme les grands-parents de l'adopté auxquels le jugement aura été notifié (en vertu du C. pr. civ., art. 546, al. 2), puisque l'adoption relève de la matière gracieuse.

1382. ***Tierce opposition.*** Les tiers auxquels le jugement n'a pas été notifié peuvent former tierce opposition au jugement dans un délai de trente ans. Mais, pour assurer

---

1. C. civ., art. 353, al. 2 ; par ex., v. Civ. 1re, 2 mai 1990, *Bull. civ.* I, nº 93, pour l'opposition à l'adoption de deux des enfants légitimes de l'adoptant.
2. V. Civ. 1re, 2 mai 1990, préc.
3. Pour une conséquence pratique, v. Soc. 21 juill. 1986, *D.* 1987. 142, note J. Massip ; *RTD civ.* 1988. 715, obs. J. Rubellin-Devichi.
4. Civ. 1re, 5 nov. 2008, pourvoi nº 07-20.426, *RTD civ.* 2009. 107, obs. J. Hauser ; *Defrénois* 2009. 552, obs. J. Massip.

la sécurité des adoptants, la tierce opposition est ouverte seulement en cas de dol[1] ou de fraude imputable aux adoptants (art. 353-4)[2].

Ce régime restrictif peut être critiqué parce qu'il sacrifie les intérêts légitimes des parents par le sang lorsque l'adoption n'a pas été régulière. Pour autant, le jugement d'adoption plénière ne peut faire l'objet d'une action en nullité pour vice du consentement[3] : « voies de nullité n'ont lieu contre les jugements ». Mais le jugement d'adoption paraît susceptible de recours en révision puisque ni l'article 593 ni aucune autre disposition du Code de procédure civile n'exclut le recours en révision contre les jugements rendus en matière gracieuse[4]. La loi n° 2013-404 du 17 mai 2013 ouvrant le mariage aux couples de personnes de même sexe, qui a instauré un droit au maintien des liens avec du tiers qui a résidé avec lui et un de ses parents[5], a précisé, dans l'alinéa 2 de l'article 353-2 du Code civil, que constitue un dol au sens du premier alinéa la dissimulation au tribunal du maintien de ces liens, décidé par le juge aux affaires familiales sur le fondement de l'article 371-4 du Code civil.

1383. ***Pourvoi en cassation***. Depuis 2006[6], l'article 1178-1 du Code de procédure civile dispose que « *le délai de pourvoi en cassation suspend l'exécution de la décision relative à l'adoption. Le pourvoi en cassation exercé dans ce délai est également suspensif* ».

5) Transcription du jugement

1384. ***État civil***. La décision d'adoption doit être transcrite, dans les quinze jours de la date à laquelle elle est passée en force de chose jugée, sur les registres de l'état civil du lieu de naissance de l'adopté (C. civ., art. 354). La transcription énonce tous les éléments identifiants de l'enfant, mais ne contient aucune indication relative à sa filiation réelle (C. civ., art. 354, al. 3), sauf dans le cas de l'adoption de l'enfant du conjoint. Toutefois la Cour de cassation a affirmé que le fait que soit délivrée à l'adopté une copie intégrale de son acte de naissance mentionnant qu'il avait fait l'objet d'une adoption et contenant des indications sur sa filiation d'origine, considérant ainsi qu'il n'existait pas de secret de l'adoption à l'égard de l'intéressé[7].

Cette transcription tient lieu d'acte de naissance pour l'adopté (C. civ., art. 354, al. 4).

---

1. Par ex., Civ. 1re, 7 mars 1989, *Bull. civ.* I, n° 112 ; *D.* 1989. 477, note J. Hauser : dissimulation de la procédure d'adoption aux grands-parents par le sang.

2. Civ. 1re, 4 mai 2011 (pourvoi n° 10-13996) qui précise que la recevabilité de la tierce opposition au jugement d'adoption ne doit pas être confondue avec le bien fondé de la demande en adoption ; dans le cadre de l'adoption d'une concubine, c'est le fait que l'adoptante a gardé le silence sur la nature véritable de ses relations avec l'adopté lors de la procédure d'adoption qui caractérise, la fraude, et rend la tierce opposition recevable et non les relations en elles-mêmes.

3. En ce sens, v. A. Bénabent, n° 1022 ; Ph. Malaurie et H. Fulchiron, n° 1420 ; Paris, 28 avr. 1988, *D.* 1988. IR 145 ; Pau, 26 juin 1995, *D.* 1996. 214, note V. Larribau-Terneyre : cet auteur propose d'admettre la recevabilité du recours en révision.

4. Versailles, 22 nov. 2001, *RTD civ.* 2002. 282, obs. J. Hauser ; *D.* 2003. Somm. 654, obs. G. Serra.

5. V. ss 1523.

6. Décret n° 2006-640 du 1er juin 2006 pris pour application de l'ordonnance n° 2005-759 portant réforme de la filiation et relatif au livret de famille et à la procédure en matière de filiation.

7. Civ. 1re, 31 mars 2016, n° 15-13147, *Dr. fam.* 2016. Alerte 39, obs. M. Lamarche ; *JCP* 2016. 992, H. BOsse-Platière

L'acte de naissance originaire va porter la mention « adoption » et sera considéré comme nul. Ainsi, toutes les traces des origines de l'adopté sont-elles effacées, du moins à l'état civil [1]. Solution qui s'explique par la spécificité de l'adoption plénière, qui entraîne la rupture définitive des liens existant entre l'enfant et sa famille d'origine. C'est l'effet radical de l'adoption plénière.

1385. ***Refus de transcription***. Le parquet de Nantes en la personne du procureur de la République du tribunal de grande instance de Nantes qui est exclusivement compétent pour ordonner la transcription sur les registres d'État civil français d'une décision étrangère produisant en France les effets d'une adoption, lorsque cette adoption concerne un adoptant français et un adopté né à l'étranger peut refuser la transcription lorsque ces conditions ne sont pas satisfaites. Le parquet ne doit pas vérifier le jugement étranger en ce qui concerne son opportunité au regard de l'intérêt de l'enfant mais seulement sa régularité internationale *a priori*. Face au refus de transcription du parquet de Nantes, les adoptants peuvent assigner ce dernier devant le Tribunal de grande instance de Nantes en transcription de la décision étrangère. Dans un arrêt du 9 mars 2011 [2], la Cour de cassation a approuvé le refus de transcription fondé sur le fait que consentement de la mère à l'adoption de son enfant ne satisfaisait pas les exigences de l'article 370-3, alinéa 3, du Code civil : le consentement doit être libre, obtenu sans aucune contrepartie, après la naissance de l'enfant et éclairé.

Section 2
Les effets de l'adoption plénière

1386. L'effet majeur de l'adoption plénière est la substitution d'une nouvelle filiation à la filiation par le sang (art. 356 C. civ.) Les liens avec la famille par le sang sont définitivement rompus. Cette substitution produit ses effets au jour du dépôt de la requête en adoption (art. 355). Par exception, l'enfant qui a fait l'objet d'une adoption plénière se voit attribuer la nationalité française dès la naissance (C. civ., art. 20).

§ 1. La création d'un nouveau lien de filiation

A. Sur le plan extrapatrimonial

1387. ***Nom***. Selon l'article 357, « *L'adoption confère à l'enfant le nom de l'adoptant* ». Pour ce qui est de son nom, l'enfant qui a fait l'objet d'une adoption plénière se trouve dans la même situation à l'égard de ses adoptants que l'enfant à l'égard de ses parents par le sang. Ainsi, l'adopté prend le nom de l'adoptant s'il s'agit d'une adoption individuelle. Si c'est un couple marié qui adopte l'enfant, ou s'il s'agit de l'adoption de l'enfant du conjoint, selon l'article 357 du Code civil, l'enfant prend le nom de famille choisi par les époux soit le nom de l'un d'eux, soit leurs deux noms accolés dans l'ordre choisi par eux, dans la limite d'un nom de famille pour chacun d'entre eux. Cette faculté

---

1. Car rien n'empêche l'adopté d'obtenir une expédition du jugement d'adoption ; v. J. Hauser et D. Huet-Weiller, n° 956.
2. Pourvoi n° 09-72371.

de choix ne peut être exercée qu'une seule fois. Le décret n° 2013-429 du 24 mai 2013 portant application de la loi n° 2013-404 du 17 mai 2013 ouvrant le mariage aux couples de personnes de même sexe prévoit que les déclarations conjointes par lesquelles les parents choisissent le nom de leur enfant est faite par écrit et jointe à la requête en adoption plénière ; elles sont ensuite portées sur le livret de famille

En l'absence de déclaration conjointe mentionnant le choix de l'enfant, celui-ci prend le nom de l'adoptant et de son conjoint ou de chacun des adoptants, dans la limite du nom de famille pour chacun d'eux, accolés selon l'ordre alphabétique. Lorsqu'un enfant commun s'est vu antérieurement attribuer un double nom en vertu des articles 311-21, 311-23 ou 353 du Code civil, le nom précédemment choisi ou dévolu vaut pour l'adopté.

1388. ***Autorité parentale***. Concernant l'autorité parentale, l'enfant adoptif est soumis aux mêmes dispositions que l'enfant par le sang. S'il est adopté par un couple, les deux époux exercent, en conséquence, cette autorité conjointement. De même, le régime de l'administration légale et de la tutelle est identique. Enfin, la nationalité française lui est attribuée dans les mêmes conditions que l'enfant par le sang, par filiation (C. civ., art. 18 et 18-1) ou par naissance en France (C. civ., art. 19-1 s.)[1].

B. Sur le plan patrimonial

1389. ***Obligation alimentaire***. Le principe d'assimilation déploie pareillement ses effets sur le plan patrimonial. Ainsi, les règles de l'obligation alimentaire s'appliquent de la même façon que pour un enfant par le sang et avec la même réciprocité, entre l'adopté, l'adoptant et les ascendants de celui-ci. En effet, l'enfant adopté est complètement intégré à la famille de l'adoptant.

1390. ***Droits successoraux***. L'enfant adopté bénéficie de droits successoraux, non seulement à l'égard de l'adoptant mais également à l'égard des membres de la famille de ce dernier. Il devient, en particulier, héritier réservataire de l'adoptant et de ses ascendants. Réciproquement, si l'enfant adopté décède sans enfant, sa succession est dévolue comme le serait celle d'un enfant par le sang.

§ 2. La rupture des liens avec la famille par le sang

L'enfant qui a fait l'objet d'une adoption plénière perd tous ses droits dans sa famille d'origine et se trouve affranchi de toute obligation à son égard. Il existe cependant quelques tempéraments à la rupture totale des liens de l'adopté avec sa famille d'origine.

A. Le principe

1391. ***Rupture pour l'avenir***. L'adoption plénière entraîne automatiquement, pour l'avenir[2], une rupture complète des liens de l'enfant adopté avec sa famille par le sang : nom d'origine, vocation alimentaire, droits successoraux disparaissent. Cette rupture se

---

1. C. civ., art. 20, al. 2. Sur les conséquences de l'assimilation au regard de la condition des étrangers, v. CE 9 juin 1995, *D.* 1996. Somm. 110, obs. F. Julien-Laferrière.
2. À partir du jour du dépôt de la requête (C. civ., art. 355).

manifeste par la « nullité » (art. 354) de l'acte de naissance originaire, la transcription du jugement tenant lieu désormais d'acte de naissance. Il faut rappeler, au demeurant, que depuis le placement, il n'était déjà plus possible d'établir des liens juridiques avec cette famille par le sang. Mais l'enfant garde les droits qu'il aurait acquis avant la date du dépôt de la requête [1].

1392. ***Connaissances des origines***. La rupture des liens avec la famille d'origine est une garantie essentielle pour les adoptants. Le consentement de la mère à l'adoption entraîne pour celle-ci la perte de son droit d'entretenir des relations avec ses enfants et les juridictions allemandes n'ont pas, selon la Cour européenne, dans l'arrêt *I S. c/ Allemagne* du 5 juin 2014 [2], porté une atteinte excessive à la vie privée de la mère d'origine en privilégiant l'intérêt des enfants de s'épanouir au sein de leur famille adoptive, nonobstant l'accord verbal entre la mère et les parents adoptifs selon lequel, chaque année, ceux-ci lui adresseraient un bref compte rendu sur les enfants, avec des photographies. Elle tranche, il est vrai, avec la recherche de la vérité biologique proclamée en 1972 [3]. Surtout, la rupture avec la famille par le sang, qui se traduit juridiquement par la destruction de la filiation d'origine, paraît en contradiction avec le besoin aujourd'hui plus pressant pour l'enfant de connaître son origine [4].

1393. ***Loi du 22 janvier 2002***. La loi n° 2002-93 du 22 janvier 2002 relative à l'accès aux origines des personnes adoptées et pupilles de l'État a amélioré le système existant, particulièrement lorsque la mère de l'enfant a accouché dans le secret. La mère peut demander, lors de l'accouchement, que soit préservé le secret de son admission et de son identité. Elle peut cependant accepter de donner son identité pour que l'enfant l'obtienne s'il entreprend des démarches en ce sens. Si elle refuse de donner directement son identité, elle est invitée à laisser, si elle l'accepte, des renseignements sur sa santé et celle du père, les origines de l'enfant et les circonstances de la naissance ainsi que, sous pli fermé, son identité. Elle est informée de la possibilité qu'elle a de lever à tout moment le secret de son identité et, qu'à défaut, son identité ne pourra être communiquée que dans certaines conditions (CASS, art. L. 222-6). Ces renseignements sont conservés sous la responsabilité du président du Conseil général qui les transmet au Conseil national pour l'accès aux origines personnelles (CNAOP), placé auprès du ministre chargé des Affaires sociales. Cet organisme reçoit les demandes d'accès à la connaissance des origines de l'enfant qui peuvent être formulées par celui-ci s'il est majeur avec l'accord de ses représentants légaux s'il est mineur, voire par ses descendants en ligne directe majeurs, si l'enfant est décédé. Les informations non-identifiantes seront donc communiquées à l'enfant s'il en fait la demande, ce qui lui permettra d'avoir une connaissance plus précise de ses origines. En revanche, l'identité de la mère ou du père de naissance ne sera révélée à l'enfant que s'ils y ont consenti par volonté expresse.

---

1. Par ex., des droits successoraux nés avant cette date, ou le droit personnel à une pension d'orphelin : v. Soc. 21 juill. 1986, *Bull. civ.* V, n° 446, *D.* 1987. 142, note J. Massip ; *RTD civ.* 1988. 715, obs. J. Rubellin-Devichi.
2. N° 31021/08, *AJ fam.* 2014. 426, obs. E. Viganotti.
3. J. Hauser et D. Huet-Weiller, n° 965.
4. G. Delaisi de Parceval, « Origines ou histoire ? Plutôt tenter de se construire une identité narrative », *AJ fam.* 2003. 94 ; C. Neirinck, « La loi relative à l'accès aux origines des personnes adoptées et des pupilles de l'État : la découverte de la face cachée de la lune », *RDSS* 2002. 189.

La Cour EDH a jugé que le dispositif institué par la loi du 22 janvier 2002 respectait le droit de chacun à la vie privée et familiale reconnu par l'article 8 de la Convention EDH [1]. La Cour relève que les intérêts en présence font apparaître, d'une part le droit à la connaissance de ses origines et l'intérêt vital de l'enfant dans son épanouissement, et d'autre part l'intérêt d'une femme à conserver l'anonymat pour sauvegarder sa santé en accouchant dans des conditions médicales appropriées. Elle met également en avant le fait que l'accouchement dans le secret permet de sauvegarder la santé de l'enfant et de la mère. La Cour juge que le dispositif français, qui permet à l'enfant d'établir quelques racines de son histoire, tente ainsi d'atteindre un équilibre et une proportionnalité suffisante entre les intérêts en cause. Elle considère, en conséquence, que la France n'a pas excédé la marge d'appréciation qui doit lui être reconnue en raison du caractère complexe et délicat de la question que soulève le secret des origines au regard du droit de chacun à son histoire, du choix des parents biologiques, du lien familial existant et des parents adoptifs. En revanche, elle a condamné le dispositif italien d'accouchement dans le secret qui excluait toute possibilité de limiter le secret et de permettre à l'enfant d'accéder à quelques informations que ce soit [2].

B. Les exceptions

1394. La fiction de rupture des liens avec la famille biologique comporte des limites posées par la loi elle-même, auxquelles la jurisprudence a ajouté certains tempéraments discutables.

1) Limites légales

1395. ***Empêchements à mariage.*** L'interdit de l'inceste, ici encore, est plus fort que la fiction. C'est pourquoi l'article 356, alinéa 1er, laisse subsister les empêchements à mariage tenant aux anciens liens de parenté ou d'alliance existant dans la famille d'origine. Ce maintien est pourtant très théorique, puisque l'identité des parents par le sang n'est, en principe, pas connue.

1396. ***Adoption de l'enfant du conjoint.*** Dans le cas particulier de l'adoption de l'enfant du conjoint, il est prévu le maintien de la filiation d'origine à l'égard du conjoint de l'adoptant et de sa famille. L'enfant a donc une filiation par le sang à l'égard de l'un des époux et une filiation adoptive à l'égard de l'autre. Mais la loi précise que cette situation produit les effets d'une adoption par les deux époux pour le surplus, c'est-à-dire essentiellement pour le nom et l'autorité parentale (C. civ., art. 356, al. 2).

Toutefois, cette disposition ne s'applique qu'à un couple marié. Lorsqu'il s'agit de l'adoption de l'enfant du concubin, le texte n'est pas applicable : par conséquent, la filiation par le sang disparaît à l'égard de l'autre concubin. Pour éviter cet inconvénient, il vaut mieux recourir à une adoption simple.

---

1. CEDH 13 févr. 2003, *Odièvre c/ France*, *D.* 2003. 1240, chron. B. Mallet-Bricout ; *JCP* 2003. II. 10049, note A. Gouttenoire et F. Sudre ; *Dr. fam.* 2003, nº 58, note P. Murat ; *RTD civ.* 2003. 276, obs. J. Hauser ; *ibid.* 375, obs. J.-P. Marguénaud ; *RDSS* 2003. 219, étude F. Monéger ; 22 sept. 2012, *Godelli c/ France*, qui condamne le système italie en comparaison du système français, parce qu'il ne satisfait pas les mêmes exigences.
2. *Parillo c/ Italie*, 27 août 2015, req. n° 46470/11.

2) Tempéraments jurisprudentiels

1397. Quelques décisions manifestent une tendance des juges à échapper à la rigueur du principe légal. Ainsi, la pension d'orphelin obtenue par l'enfant avant son adoption a-t-elle été maintenue [1]. Surtout, un droit de visite a été parfois accordé aux parents par le sang qui avaient une relation affective avec l'enfant [2].

La solution peut s'expliquer, pour les grands-parents, puisqu'ils ne sont pas consultés au moment de l'adoption, alors qu'ils peuvent être effectivement attachés à l'enfant. Mais la solution n'en reste pas moins difficilement compatible avec la philosophie de l'adoption plénière et avec l'ensemble du dispositif légal [3].

Section 3
La durée de l'adoption

1398. L'adoption plénière est, en principe, irrévocable, à la différence de l'adoption simple. Ce principe comporte, néanmoins, des tempéraments.

§ 1. L'irrévocabilité de l'adoption plénière

1399. L'enfant qui bénéficie d'une adoption plénière est assimilé irrévocablement (C. civ., art. 359) à un enfant par le sang [4]. L'adoption plénière est définitive. Elle ne peut être révoquée, quelle que soit la gravité des motifs susceptibles d'être invoqués. Seules des mesures d'assistance éducative ou de retrait de l'autorité parentale pourraient être ordonnées, comme s'il s'agissait de parents par le sang.

§ 2. Les tempéraments au principe

1400. ***Décès de l'adoptant***. Il n'y a pas, dans le Code civil, d'exception véritable au principe d'irrévocabilité. L'article 346, alinéa 2, prévoit cependant, depuis 1976, la possibilité d'une nouvelle adoption après le décès du ou des adoptants, ou encore après le décès de l'un d'eux si la demande est présentée par le nouveau conjoint de l'adoptant survivant.

1401. ***Adoption simple***. À dire vrai, le problème soulevé en pratique tient aux échecs de certaines adoptions, lesquels se sont multipliés avec le développement de l'adoption internationale. L'irrévocabilité de l'adoption plénière a été interprétée comme interdisant, dans ce cas, aux adoptants de donner leur enfant en adoption, comme pourraient

---

1. Soc. 21 juill. 1986, préc.

2. Civ. 1re, 5 mai 1986, *D.* 1986. 496, note J. Massip ; *RTD civ.* 1986. 736, obs. J. Rubellin-Devichi ; 21 juill. 1987, *Bull. civ.* I, n° 235 ; *RTD civ.* 1988. 319, obs. J. Rubellin-Devichi.

3. Mais, dans l'exercice de son pouvoir souverain d'appréciation de l'intérêt de l'enfant, lequel doit toujours prévaloir, le juge peut refuser le droit de visite aux grands parents par le sang : Civ. 1re, 16 juill. 1997, *Dr. fam.* 1997, n° 173, obs. P. Murat ; *Defrénois* 1998. 720, obs. J. Massip.

4. L'adoption plénière n'est irrévocable que si le jugement qui la prononce est passé en force de chose jugée : Civ. 1re, 7 mars 1989, *Bull. civ.* I, n° 111 ; *Defrénois* 1989. 694, obs. J. Massip.

le faire des parents par le sang[1]. Le Parlement a souhaité trouver une solution. Il l'a fait en autorisant l'adoption simple d'un enfant qui a déjà fait l'objet d'une adoption plénière (art. 360, al. 2). Par conséquent, en cas d'échec d'une adoption plénière, il sera désormais possible d'envisager une autre adoption, mais seulement une adoption simple[2]. Néanmoins, celle-ci diffère considérablement de l'adoption plénière en ce qui concerne ses effets.

1. J. Rubellin-Devichi, article préc., *D.* 1991. Chron. 209, p. 212.

2. Certains auteurs approuvent cette solution (v. J. Rubellin-Devichi, article préc., *JCP* 1996. I. 3979, nº 12), d'autres considèrent qu'il eut été plus réaliste de revenir dans certains cas sur le principe de l'irrévocabilité de l'adoption plénière (v. J. Boulanger, article préc., *D.* 1996. Chron. 307, p. 312). Pour un rejet de cette demande, v. Paris, 16 janv. 2003, *AJ fam.* 2003. 181, obs. F. B. ; *RTD civ.* 2003. 280, obs. J. Hauser.

Chapitre 2

L'adoption simple

1402. L'adoption simple se distingue essentiellement de l'adoption plénière en ce qu'elle ne rompt pas les liens avec la famille par le sang. L'adoption simple a été longtemps moins recherchée que l'adoption plénière [1], et a été surtout utilisée dans le cadre familial(adoption de l'enfant du conjoint) alors qu'elle peut répondre à la même finalité : offrir un foyer à un enfant qui en est privé [2]. Aussi le législateur a-t-il cherché en 1996 puis en 2016 à la revaloriser. En raison de ses effets plus limités (Section 2), l'adoption simple obéit à des conditions moins strictes (Section 1).

Section 1
Les conditions de l'adoption simple

§ 1. Conditions de fond

1403. En règle générale, l'adoption simple est possible quand l'adoption plénière l'est. Mais elle peut aussi être prononcée dans d'autres cas.

A. Le renvoi aux conditions de l'adoption plénière

1404. ***Renvoi.*** L'article 361 par un renvoi aux textes relatifs à l'adoption plénière soumet à l'adoption simple aux principales conditions de fond comme de procédure de cette dernière.

---

1. Mais les statistiques révèlent qu'en 1998, par ex., les requêtes en adoption simple étaient plus nombreuses (6 310) que celles en adoption plénière (4 394), de même en 2000 : 6 394 et 3 632 (v. J. Hauser, *RTD civ.* 2003. 693). En 2007, 5 300 adoptions plénières ont été prononcées ou transcrites, et 9 400 adoptions simples prononcées

2. Dans l'arrêt *Zhou c/ Italie* du 21 janvier 2014 (req. 33773/11), la Cour européenne des droits de l'Homme critique particulièrement le refus des autorités italiennes de prononcer une adoption simple qui aurait pu permettre le maintien des liens entre la mère, considérée comme incapable de prendre en charge son enfant, et ce dernier. La Cour se dit bien consciente du fait que le refus par les tribunaux de prononcer une adoption simple résultait de l'absence dans la législation italienne de dispositions permettant de procéder à ce type d'adoption, mais elle note également que certains tribunaux italiens avaient prononcé, par le biais d'une interprétation extensive des textes, l'adoption simple dans certains cas où il n'y avait pas abandon. Cette décision s'inscrit dans le débat actuel sur l'opportunité de favoriser l'adoption simple des enfants confiés à l'Aide sociale à l'enfance et dont le retour dans leur famille est fort improbable.

1405. ***Conditions de fond.*** Les mêmes conditions de fond sont requises pour l'adoptant : condition d'âge, durée du mariage ; comme est exigée une même différence d'âge entre l'adoptant et l'adopté [1]. L'existence d'un lien de parenté ou d'alliance n'est pas non plus un obstacle à l'adoption simple [2], à moins que la requête contrevienne aux dispositions d'ordre public édictées par l'article 310-2 du Code civil interdisant l'établissement du double lien de filiation en cas d'inceste absolu [3].

Pour faire l'objet d'une adoption simple, l'enfant mineur doit appartenir à l'une des catégories d'enfants adoptables [4]. Les conditions relatives au consentement sont identiques. L'adoption simple doit, également, être conforme à l'intérêt de l'adopté, apprécié souverainement par le juge. Enfin, la prohibition de l'adoption consécutive à une convention de mère porteuse s'applique aussi à l'adoption simple [5].

1406. ***Détournements.*** Le juge doit empêcher les détournements possibles de l'adoption simple. Il en va ainsi de l'adoption entre concubins [6] afin de créer entre eux un lien de droit. Ce qui compte est la volonté réelle d'établir juridiquement un lien filial. D'où il résulte que le désir de l'adoptant d'éviter à l'adopté d'être expulsé du territoire français n'est pas nécessairement incompatible avec cette volonté [7]. Mais, l'adoption simple concernant essentiellement des majeurs, la volonté de se constituer un héritier, dès lors qu'existe une relation affective avec l'adopté, peut être conforme à la finalité de l'institution [8]. A cependant été jugé comme constituant un détournement de l'adoption, une adoption d'une nièce par son neveu qui avait pour objectif de priver les autres neveux de leur héritage [9]. En revanche, ne constitue pas un détournement d'institution l'adoption simple d'une jeune femme par l'ancien mari de sa mère, dès lors qu'il la considère comme sa propre fille et qu'il entretient avec les enfants de cette dernière des relations fréquentes et chaleureuses, les considérant comme ses propres petits-enfants [10].

1407. ***Adoption par une seule personne.*** L'article 346 du Code civil selon lequel « *nul ne peut être adopté par plusieurs personnes si ce n'est pas deux époux* » est applicable à l'adoption simple. Il en résulte qu'une personne ne saurait être adoptée successivement par son beau-père et par sa belle-mère, la Cour de cassation ayant affirmé que « *le droit au respect de la vie privée et familiale n'interdit pas de limiter le nombre d'adoptions successives dont une même personne peut faire l'objet, ni ne commande de consacrer par*

---

1. V. ss 1325 s.
2. Civ. 1re, 16 oct. 2001, *D.* 2002. 1097, note F. Boulanger ; *Dr. fam.* 2002, n° 41, note P. Murat ; *RTD civ.* 2002. 84, obs. J. Hauser.
3. Civ. 1re, 6 janv. 2004, *D.* 2004. 362, concl. J. Sainte-Rose, note D. Vigneau ; Somm. 1419, obs. F. Granet-Lambrechts ; *JCP* 2004. II. 10064, note C. Labrusse-Riou ; *Dr. fam.* 2004, n° 16, note D. Fenouillet ; *RJPF* 2004-3/34, note T. Garé ; *RTD civ.* 2004. 75, obs. J. Hauser.
4. V. ss 1341.
5. V. Civ. 1re, 29 juin 1994, *D.* 1994. 581, note Y. Chartier ; *RTD civ.* 1994. 842, obs. J. Hauser.
6. Civ. 1re, 4 mai 2011 (pourvoi n° 10-13996).
7. Civ. 1re, 14 mai 1996, *RTD civ.* 1996. 597, obs. J. Hauser.
8. *Contra* : Paris, 29 avr. 2003, *RTD civ.* 2003. 491, obs. critiques J. Hauser : une demande d'adoption motivée seulement par la volonté de transmettre un bien à l'adopté est contraire au but poursuivi par l'institution.
9. Civ. 1re, 11 juill. 2006, pourvoi n° 04-10.839 ; *AJ fam.* 2006. 374, obs. F. Chénedé ; *RTD civ.* 2006. 750, obs. J. Hauser ; *Dr. fam.* 2006, comm. n° 205, obs. P. Murat.
10. Civ. 1re, 10 févr. 2016, n° 14-23.326, *RJPF* 2016-4/26

une adoption, tous les liens d'affection fussent-ils anciens et bien établis »[1]. Toutefois, la loi n° 2013-404 du 17 mai 2013 a ajouté une hypothèse d'adoption par deux personnes en permettant, dans le deuxième alinéa de l'article 360 du Code civil que « *l'enfant précédemment adopté par une seule personne, en la forme simple ou plénière, peut l'être une seconde fois par le conjoint de cette dernière, en la forme simple* ».

B. Règles particulières à l'adoption simple

1408. ***Absence de condition d'âge***. Parce qu'elle produit des effets moins énergiques, l'adoption simple est permise quel que soit l'âge de l'adopté, même s'il est majeur en vertu de l'article 360 du Code civil. C'est là une différence fondamentale entre les deux modalités de l'institution. Dans le cas où il est majeur, le futur adopté doit consentir seul à l'adoption. En outre, l'adoption de l'enfant du conjoint est permise, même si cet enfant a déjà une filiation établie à l'égard d'une personne du même sexe que l'adoptant.

1409. ***Adoption de l'enfant de la concubine homosexuelle***. La Cour de cassation prohibe l'adoption par une femme, de l'enfant de sa concubine, cette adoption entraînant le transfert des droits d'autorité parentale à l'adoptante seule[2] et privant la mère biologique, qui entendait continuer à élever l'enfant, de ses propres droits, peu important le consentement de cette dernière à l'adoption[3]. La Cour européenne des droits de l'Homme, admettant la différence de traitement entre les couples mariés et non mariés, a considéré dans l'arrêt *Gas et Dubois* rendu le 15 mars 2012[4], que cette jurisprudence n'était pas constitutive d'une violation du droit au respect de la vie privée et de la vie familiale. Elle relève en outre que les concubines homosexuelles sont soumises au même régime que les concubins hétérosexuels pour ce qui est de l'adoption par l'un de membre du couple de l'enfant de l'autre[5]. Le Conseil constitutionnel avait déjà admis que cette impossibilité pour une concubine d'adopter l'enfant de sa compagne n'était pas contraire à la Constitution[6]. Toutefois, la Cour européenne des droits de l'Homme a condamné dans l'arrêt *X c/ Autriche* du 19 février 2013[7], une législation qui prohibe l'adoption de l'enfant du concubin dans le cadre du concubinage homosexuel alors qu'elle l'autorise dans le cadre du concubinage hétérosexuel. La Cour considère que les requérants n'ont pas été traités comme l'aurait été un couple hétérosexuel non marié dont l'un des membres aurait souhaité adopter l'enfant de l'autre. Dès lors que le traitement différent qui leur a été réservé était indissociablement lié au fait qu'elles formaient un couple homosexuel, il était fondé

---

1. Civ. 1re, 12 janv. 2011, pourvoi n° 09-16.527 ; *JCP* 2011. 688 obs. H. Bosse-Platière et A. Gouttenoire.
2. Ce qui n'est pas le cas, en vertu de l'article 365 du Code civil, lorsque l'adoptant est marié avec l'adopté.
3. Civ. 1re, 20 févr. 2007, *D.* 2007. 1047, note D. Vigneau ; *D.* 2007. AJ 721, obs. D. Delaporte-Carré ; *D.* 2007. Chron. 891, obs. Chauvin ; *D.* 2007. Pan. 1467, obs. F. Granet-Lambrechts ; *JCP* 2007. II. 10068, note C. Neirinck ; *Dr. fam.* 2007, n° 80, note P. Murat ; Civ. 1re, 9 mars 2011, *Gaz. Pal.* 2011 n° 147-148 p. 54.
4. *JCP* 2012. 961, obs. A. Gouttenoire et F. Sudre.
5. À l'inverse, la Cour européenne a condamné l'Autriche dans un arrêt *X. c/ Autriche* du 19 février 2013 (*AJ fam.* 2013. 227, obs. F. Chénedé) pour une législation qui n'accordait le droit d'adopter l'enfant de l'autre aux couples hétérosexuels non mariés et le déniait aux couples homosexuels non mariés.
6. Décis. n° 2010-39 QPC du 6 oct. 2010, *JCP* 2010. 2158, obs. A. Gouttenoire et C. Radé.
7. Req. n° n° 19010/07.

sur l'orientation sexuelle des intéressées. La situation devait donc être distinguée de l'affaire *Gas et Dubois* dans laquelle la Cour avait conclu à l'absence de différence de traitement fondée sur l'orientation sexuelle entre les couples hétérosexuels non mariés et les couples homosexuels au motif qu'en droit français l'interdiction de l'adoption coparentale frappait tant les premiers que les seconds.

1410. ***Adoption par l'épouse de la mère.*** Depuis l'ouverture du mariage aux couples de même sexe, les couples de femmes dont l'une a bénéficié d'une insémination artificielle peuvent construire leur projet parental sur le fondement de l'adoption simple sans que le recours à l'assistance médicale à la procréation à l'étranger en contrevenant aux exigences de la loi française ne soit un obstacle[8] et sans qu'une association de défense de l'intérêt de l'enfant puisse intervenir dans la procédure pour contester une telle adoption[9].

§ 2. Conditions de forme

1411. ***Procédure.*** La procédure judiciaire de l'adoption simple se déroule de la même façon, en principe, que pour l'adoption plénière. Il existe cependant quelques particularités procédurales.

D'une part, il n'est pas nécessaire que le futur adopté ait été placé depuis six mois au foyer du futur adoptant[10]. Mais si l'adoptant est décédé sans avoir déposé lui-même une requête, l'adoption posthume n'est possible que si l'enfant a été recueilli par l'adoptant en vue de son adoption[11]. D'autre part, le consentement à l'adoption et le jugement qui le constate et prononce l'adoption sont indivisibles ; en conséquence, la contestation du consentement ne peut se faire qu'au moyen d'une voie de recours exercée à l'encontre du jugement[12].

1412. ***Prononcé du jugement.*** Enfin, le jugement qui prononce l'adoption simple n'est pas obligatoirement transcrit sur les registres de l'état civil. Une mention de l'adoption en marge de l'acte de naissance de l'adopté suffit (art. 362). Son acte de naissance originaire est toujours valable. Solution qui s'explique par le fait que l'adopté garde tous ses liens avec sa famille d'origine.

Section 2

Les effets de l'adoption simple

1413. Les effets de l'adoption simple paraissent fondamentalement différents de ceux de l'adoption plénière. En effet, l'adopté continue à appartenir à sa famille d'origine,

---

8. Civ. 1re, 6 avr. 2011, nº 09-66.486, nº 10-19.053, nº 09-17.130 : JurisData nº 2011-005607 ; *Dr. fam.* 2011, étude n° 14, obs. C. Neirinck ; v. ss 1311.

9. Civ. 1re, 16 mars 2016, Pourvois nº 15-10576 et 15-15-10577, publié, 15-10578 et 15-10579 ; v. ss 1374.

10. L'article 361 du Code civil ne renvoie pas à l'article 351 du même code.

11. Cette disposition (art. 353, al. 3) est applicable à l'adoption simple par renvoi exprès de l'article 361. En ce sens, v. Civ. 1re, 20 nov. 1990, *D.* 1991. 230, note S. Betant-Robet. Sur l'adoption d'un enfant décédé, v. art. 353, al. 4.

12. Civ. 1re, 27 nov. 2001, *Bull. civ.* I, nº 292 ; *Dr. fam.* 2002, nº 57, note P. Murat ; *RTD civ.* 2002. 82, obs. J. Hauser.

même si de véritables liens de filiation sont créés avec la famille adoptive. Il existe toutefois un certain nombre de rapprochements : ainsi l'adoption simple prend-elle effet, comme l'adoption plénière, au jour du dépôt de la requête, donc sans rétroactivité [1]. Et puis, toutes les deux aboutissent à la création d'une filiation.

§ 1. La création d'une filiation avec la famille adoptive

A. Les rapports entre l'adopté et l'adoptant

1414. Un lien de parenté est créé avec l'adoptant, qui coexiste avec la parenté par le sang. La loi assure, toutefois, la primauté du lien d'adoption [2], mais seulement dans une certaine mesure [3].

L'article 12-1 du décret n° 74-449 du 15 mai 1974 relatif au livret de famille, issu du décret n° 2013-429 du 24 mai 2013 portant application de la loi n° 2013-404 du 17 mai 2013 ouvrant le mariage aux couples de personnes de même sexe et modifiant diverses dispositions relatives à l'état civil et du Code de procédure civile dispose qu' « *En cas d'adoption simple d'un mineur, l'extrait d'acte de naissance reproduit sur le livret de famille des parents d'origine de l'adopté est complété par la mention du jugement d'adoption simple. En outre, l'extrait d'acte de naissance de l'adopté est reproduit dans le livret de famille du ou des adoptants et mentionne en marge la filiation d'origine de l'adopté ainsi que la référence au jugement d'adoption simple* ».

1) Les rapports extrapatrimoniaux

1415. ***Nom***. L'adoption simple confère en principe, selon l'article 363 du Code civil, à l'adopté le nom de l'adoptant ajouté au sien. Exceptionnellement, le tribunal peut décider que l'adopté ne portera que le nom de l'adoptant à la demande de ce dernier. Cette demande peut également être formulée postérieurement à l'adoption. Cette substitution du nom de famille est subordonnée au consentement de l'adopté s'il est âgé de plus de treize ans. Selon une analyse sévère et sans doute peu opportune de la Cour de cassation, l'adopté ne pouvait conserver son seul nom d'origine et devait obligatoirement adjoindre le nom de l'adoptant au sien [4]. Il en résultait un changement parfois très tardif du nom de l'adopté, auquel celui-ci ne saurait se soustraire même avec le consentement de l'adoptant, et auquel il n'avait pas à consentir. La Cour de cassation déduisait en outre de l'article 366 du Code civil qui prévoit que « *le lien de parenté résultant de l'adoption s'étend aux enfants de l'adopté* » et des articles 61-2 et 61-3 du Code civil qui étendent l'effet du changement de nom aux enfants du bénéficiaire que « *dès lors que le nom de famille de l'adopté avait été modifié à la suite de son adoption simple par M. Y..., le nom de ses enfants mineurs nés avant cette adoption, à laquelle ils n'avaient pas à consentir,*

---

1. V. l'article 355 du Code civil auquel renvoie l'article 361 du même code.

2. CE 8 juin 1998, *JCP* 1998. II. 10182, note F. Monéger.

3. V. en matière de nationalité : « L'adoption simple n'exerce de plein droit aucun effet sur la nationalité de l'adopté » (C. civ., art. 21), et « l'enfant qui a fait l'objet d'une adoption simple par une personne de nationalité française peut, jusqu'à sa majorité, déclarer... qu'il réclame la qualité de Français, pourvu qu'à l'époque de sa déclaration il réside en France » (C. civ., art. 21-12).

4. Civ. 1re, 22 févr. 2005, *RTD civ.* 2005. 360, obs. J. Hauser.

était par voie de conséquence modifié de la même façon »[1]. La loi n° 2013-204 du 17 mai 2013 a mis fin à cette solution critiquable : l'article 363 du Code civil subordonne l'adjonction du nom de l'adoptant au nom de l'adopté au consentement de celui-ci s'il est majeur ; par ailleurs, en cas de l'adoption de l'enfant du conjoint, le tribunal pourra décider, à la demande de l'adoptant, que l'adopté conservera son nom d'origine.

En cas d'adoption par deux époux, le nom peut résulter soit d'une adjonction soit d'une substitution. Dans le premier cas, le nom ajouté à celui de l'adopté est, à la demande des adoptants celui de l'un d'eux dans la limite d'un nom. Si l'adopté porte un double nom de famille, le choix du nom conservé et l'ordre des noms adjoints appartient aux adoptants qui doivent recueillir le consentement de l'adopté de plus de treize ans. En cas de désaccord ou à défaut de choix le nom conféré à l'adopté, résulte de l'adjonction en seconde position du premier des adoptants selon l'ordre alphabétique au premier nom de l'adopté (C. civ., art. 363, al. 2). Les époux peuvent également procéder à une substitution de nom (art. 363, al. 3) : le nom de famille substitué à celui de l'adopté peut, au choix des adoptants être soit celui de l'un d'eux, soit leurs deux noms accolés dans l'ordre choisi par eux et dans la limite d'un seul nom pour chacun d'eux. Une telle demande de substitution peut être formée postérieurement à l'adoption. Si l'adopté est âgé de plus de treize ans, son consentement personnel à cette substitution du nom de famille est nécessaire.

1416. ***Prénom de l'adopté***. L'article 20 de la loi n° 2011-1862 du 13 décembre 2011 relative à la répartition des contentieux et à l'allégement de certaines procédures juridictionnelles a permis la modification du prénom de l'enfant en cas d'adoption simple. Cette faculté résulte de l'ajout du troisième alinéa de l'article 357 du Code civil à la liste des dispositions relatives aux effets de l'adoption plénière qui s'appliquent à l'adoption simple contenue dans l'article 361. Cette disposition permet d'éviter aux parents adoptifs qui souhaitent modifier le prénom de l'enfant adopté, de devoir, après la procédure d'adoption, intenter une nouvelle procédure devant le juge aux affaires familiales pour obtenir cette modification. Il faut préciser que la modification du prénom dans le cadre de l'adoption est seulement facultative et qu'elle nécessite une demande des parents acceptée par le juge. L'article 370-2 du Code civil prévoit en outre désormais que « *La révocation fait cesser pour l'avenir tous les effets de l'adoption, à l'exception de la modification des prénoms* ». En cas de révocation de l'adoption simple, l'enfant conserve ainsi son prénom sauf à formuler une demande en changement de prénom devant le juge aux affaires familiales.

1417. ***Empêchement à mariage***. L'article 366 du Code civil établit un empêchement à mariage entre l'adoptant, l'adopté et ses descendants, ainsi qu'entre l'adoptant, l'adopté et le conjoint de l'adoptant, et réciproquement, entre l'adoptant et le conjoint de l'adopté ; aussi entre les enfants adoptifs d'une même personne et entre l'adopté et les enfants de l'adoptant. Toutefois, seul l'empêchement en ligne directe (art. 366, al. 2, 1°) ne peut être levé par une dispense.

1418. ***Autorité parentale***. C'est l'adoptant qui va exercer l'autorité parentale sur l'adopté mineur (art. 365). Et les parents par le sang sont privés à cet égard de toute prérogative. Ils ne peuvent pas, notamment, contester les décisions prises par l'adoptant relativement à l'éducation du mineur. On pourrait cependant envisager que les parents

---

1. Civ. 1re, 8 oct. 2008, pourvoi n° 07-16.067/07-18.811, *Dr. fam.* 2009, comm. n° 6, obs. P. Murat.

d'origine se voit reconnaître le droit de maintenir des relations personnelles avec l'enfant notamment sous la forme d'un droit de droit de visite.

En cas d'adoption de l'enfant du conjoint, la loi déclare que « *l'adoptant a l'autorité parentale concurremment avec son conjoint* », mais celui-ci conserve l'exercice de l'autorité parentale, sauf déclaration conjointe aux fins d'un exercice en commun (art. 365, al. 1er).

Dès lors que les parents par le sang perdent totalement les droits d'autorité parentale, en cas de décès de l'adoptant, il y a lieu à ouverture de la tutelle avec constitution d'un conseil de famille : l'autorité parentale ne revient pas aux parents par le sang (art. 365, al. 3).

2) Les rapports patrimoniaux

1419. ***Obligation alimentaire***. Une obligation alimentaire réciproque est instituée entre l'adoptant, d'une part, et l'adopté, d'autre part (C. civ., art. 367). L'obligation alimentaire à l'égard des parents par le sang n'est que subsidiaire[1]. Mais comme « *le lien de parenté résultant de l'adoption s'étend aux enfants de l'adopté* » (C. civ., art. 366, al. 1er), l'obligation alimentaire réciproque existe aussi à l'égard des descendants de l'adopté. Il n'y a pas, en revanche, d'obligation alimentaire entre l'adopté et les ascendants de l'adoptant.

1420. ***Droits successoraux***. Remanié par la loi du 4 mars 2002, l'article 368 du Code civil énonce que l'adopté a, dans la famille de l'adoptant, les mêmes droits successoraux qu'un enfant par le sang[2]. Le texte précise, en outre, que les descendants de l'adopté ont également des droits successoraux dans la famille de l'adoptant. Sur le plan fiscal, la loi du 14 mars 2016 a manifesté sa faveur pour l'adoption simple par une disposition du Code général des impôts permettant à l'adopté mineur d'être considéré comme le descendant direct de l'adoption simple dans la succession de celui-ci lorsque le décès survient alors qu'il est mineur ou qu'il a été pris en charge par l'adoptant, soit dans sa minorité pendant cinq ans au moins, soit dans sa minorité et sa majorité et pendant dix ans au moins (CGI, art. 786).

Enfin, si l'adopté décède sans descendance ni conjoint survivant, les biens donnés par l'adoptant lui reviennent. Quant aux biens de l'adopté, ils sont partagés par moitié entre la famille par le sang et la famille de l'adoptant (art. 368-1, al. 2).

B. Les rapports entre l'adopté et la famille de l'adoptant

1421. ***Absence de lien de parenté***. L'idée générale est que l'adopté n'entre pas totalement dans la famille de l'adoptant. Aucun lien de parenté n'est créé entre l'adopté et les membres de la famille de l'adoptant. Ainsi, l'adopté n'est pas tenu d'une obligation alimentaire à l'égard des ascendants de l'adoptant.

---

1. V. ss 1428.
2. Sauf sur le plan fiscal : le lien d'adoption simple n'est pas pris en compte (à l'exception de l'enfant du conjoint) dans le calcul des droits de mutation à titre gratuit, pour éviter une évasion fiscale trop facile (CGI, art. 786). Outre l'enfant du conjoint, il existe d'autres exceptions, notamment en faveur de l'adopté, qui, soit dans sa minorité et pendant cinq ans au moins, soit dans sa minorité et sa majorité et pendant dix ans au moins, aura reçu de l'adoptant des secours et des soins non interrompus (CGI, art. 786, al. 2, 3°) ; cf. Limoges, 7 mai 2003, *RTD civ.* 2003. 693, obs. J. Hauser.

1422. ***Empêchements à mariage***. De même, il n'existe pas d'empêchement à mariage entre l'adopté et les ascendants ou collatéraux de l'adoptant. Toutefois, malgré l'absence de lien juridique, la loi institue des empêchements à mariage avec certains membres de la famille de l'adoptant : entre l'adopté et le conjoint de l'adoptant, entre les enfants adoptifs d'un même individu, ainsi qu'entre l'adopté et les enfants de l'adoptant (C. civ., art. 366). Mais, n'étant pas fondés sur des raisons d'ordre physiologique, ces empêchements sont susceptibles de dispense [1].

1423. ***Droits successoraux***. L'adopté acquiert, dans la famille de l'adoptant, les mêmes droits successoraux qu'un enfant par le sang. Mais parce qu'il n'y a pas de lien de parenté, la loi précise que l'adopté et ses descendants n'ont pas la qualité d'héritier réservataire à l'égard des ascendants de l'adoptant (art. 368, al. 2). En définitive, le lien de parenté n'existe vraiment qu'entre l'adoptant, l'adopté et les descendants de celui-ci.

§ 2. Le maintien des liens avec la famille d'origine

1424. ***Le lien de filiation n'est pas rompu avec les parents par le sang***. En conséquence, l'adoption simple ne fait pas obstacle à l'établissement ultérieur de la filiation réelle de l'enfant, laquelle n'exerce aucune influence sur l'adoption (C. civ., art. 369). Mais les effets de la parenté par le sang sont réduits.

1425. ***Empêchements à mariage***. Pour des raisons évidentes, la loi prévoit que les empêchements à mariage subsistent avec les membres de la famille d'origine (C. civ., art. 364, al. 2).

1426. ***Nom de l'adopté***. L'adopté conserve son nom d'origine auquel est accolé le nom de l'adoptant – cette adjonction pouvant, depuis l'entrée en vigueur de la loi n° 2013-404, être écartée dans certaines hypothèses – et ce n'est qu'exceptionnellement que l'adopté se verra conférer seulement le nom de l'adoptant [2].

1427. ***Autorité parentale***. En revanche, les père et mère d'origine perdent tous les droits d'autorité parentale sur l'adopté mineur [3]. Ils pourraient, cependant, obtenir un droit de visite (C. civ., art. 371-4). Mais lorsque l'adopté est l'enfant du conjoint, celui-ci conserve l'exercice de l'autorité parentale, sous réserve d'une déclaration conjointe en vue d'un exercice en commun (C. civ., art. 365, al. 1er). La Cour européenne a jugé dans l'arrêt *Gas et Dubois* du 15 mars 2012 [4] que la différence de traitement entre les couples de concubins et les couples mariés au regard de l'adoption de l'enfant d'un des membres du couple par l'autre n'était pas discriminatoire.

1428. ***Obligation alimentaire***. L'obligation alimentaire entre l'adopté et ses père et mère demeure. Cependant, la loi précise que les parents par le sang n'en sont tenus que

---

1. L'empêchement concernant les conjoints ne peut être levé que si la personne qui créait l'alliance est décédée (art. 366, dern. al.).
2. V. ss 1415.
3. Civ. 1re, 11 mai 1977, *JCP* 1978. II. 18833, note J. Carbonnier ; *RTD civ.* 1977. 552, obs. P. Raynaud.
4. Préc.

si l'adoptant ne peut fournir d'aliments à l'adopté (art. 367). Le régime de l'obligation alimentaire dans ce contexte particulier reflète en effet le caractère additionnel de l'adoption simple qui, au contraire de l'adoption plénière, laisse subsister les liens de l'adopté avec sa famille d'origine. Ce sont donc le ou les adoptants qui doivent assumer la prise en charge matérielle de l'adoptant, tandis que les parents d'origine ne sont que des débiteurs d'aliments subsidiaires. Dans un arrêt du 14 avril 2010[1] la Cour de cassation a admis que « *si les père et mère de l'adopté ne sont tenus qu'à titre subsidiaire de lui fournir des aliments, cette subsidiarité n'est pas exclusive d'une contribution partielle* ».

1429. ***Droits successoraux***. Les droits successoraux de l'enfant adopté sont également maintenus dans sa famille d'origine (art. 364). Mais si l'adopté meurt sans descendance, les biens reçus à titre gratuit des parents par le sang retournent à ces derniers, ou à leurs descendants, si ces biens existent toujours en nature lors du décès de l'adopté.

Section 3

La cessation de l'adoption simple

1430. À l'origine l'adoption simple n'était pas considérée comme définitive : c'était une différence considérable avec l'adoption plénière. Toutefois pour favoriser l'adoption simple, notamment des enfants placés sur le long terme, la loi du 14 mars 2016 a limité la révocation de l'adoption simple. En outre, celle-ci, peut parfois être transformée en adoption plénière. Elle conserve, en revanche, tous ses effets en cas d'établissement ultérieur d'un lien de filiation (C. civ., art. 369)[2].

§ 1. La révocation de l'adoption simple

1431. ***Motifs graves***. S'il est justifié de motifs graves, l'adoption peut être révoquée à la demande de l'adoptant ou à celle de l'adopté[3]. Introduite en 1923, la révocabilité de l'adoption simple n'est toutefois admise que de façon restrictive, et ne peut être prononcée que par jugement, non par consentement mutuel. La loi du 14 mars 2016 a réduit, dans l'intérêt de l'enfant les possibilités de révocation. Elle a ainsi supprimé dans le nouvel article 370 du Code civil, la révocabilité de l'adoption simple lorsque l'enfant est mineur sauf si elle est demandée par le ministère public. La révocation ne peut donc plus désormais avoir lieu, s'il est justifié de motifs graves, que lorsque l'adopté est majeur, à la demande de ce dernier ou de l'adoptant ou lorsque l'adopté est mineur, à la demande du ministère public

1432. ***Procédure***. Le demandeur doit justifier de motifs graves (art. 370), qui seront souverainement appréciés par les juges du fond[4]. À titre d'exemple, a été retenu le

---

1. Pourvoi nº 09-12456.

2. En cas de décès de l'adoptant, il est mis fin à l'adoption simple puisqu'il n'existe pas de lien entre l'adopté et la famille de l'adoptant ; en ce sens, v. H. L. et J. Mazeaud et L. Leveneur, nº 1057.

3. M. Le Bihan-Guénolé, « La révocation de l'adoption », *JCP* 1991. I. 3539 ; F. Granet, *AJ fam.* 1/2002, p. 24.

4. Civ. 1re, 10 juill. 1973, *Bull. civ.* I, nº 243. Une simple mésentente ne constitue pas un motif suffisamment grave : Versailles, 9 déc. 1999, *RDSS* 2000. 437, obs. F. Monéger. De même, la découverte comportement injurieux ou délictueux de l'adopté à l'égard de l'adoptant[1]. Inversement, peut justifier la révocation l'indignité de l'adoptant dans l'exercice de l'autorité parentale. Lorsque le demandeur est décédé après avoir intenté une action en révocation, celle-ci peut être poursuivie par ses héritiers[2].

§ 2. Les effets

1433. ***Effets***. La révocation judiciaire[3] de l'adoption simple fait cesser pour l'avenir[4] tous les effets de l'adoption (art. 370-2), à l'exception de son changement de prénom[5]. Partant, celle-ci continue à produire ses effets pour la période antérieure au moment où le jugement est passé en force de chose jugée.

---

que l'adopté n'est pas l'enfant biologique de l'adoptant, croyance ayant motivé l'adoption, n'est pas un motif de révocation : Civ. 1re, 28 févr. 2006, *RTD civ.* 2006. 297, obs. J. Hauser ; F. Granet, « Les motitfs des révocation d'une adoption simple », *AJ fam.* 2002. 24.

1. Civ. 1re, 12 janv. 1966, *Bull. civ.* I, no 30 ; Dijon, 28 janv. 1997, *JCP* 1997. IV. 1978.
2. Civ. 1re, 21 juin 1989, *Bull. civ.* I, no 249 ; *D.* 1990. 182, note Lesca ; *JCP* 1990. II. 21547, note Charles.
3. Le jugement doit être motivé et son dispositif mentionné en marge de l'acte de naissance de l'adopté (art. 370-1). Sur la procédure, de nature contentieuse, à la différence de la procédure d'adoption, v. C. pr. civ., art. 1177 et 1178.
4. Avec toutefois une certaine rétroactivité, puisque la révocation prend effet à la date de la demande (Civ. 1re, 21 juin 1989, préc.).
5. V. ss 1416.

Livre 2

Les relations entre parents et enfants

1434. ***Prépondérance de la famille.*** Le rôle éminent de la famille dans la structuration harmonieuse de la personnalité de l'enfant est mis en relief par le Préambule de la Convention internationale relative aux droits de l'enfant. Les États parties à la convention déclarent, en ce sens, être « *convaincus que la famille, unité fondamentale de la société et milieu naturel pour la croissance et le bien-être de tous ses membres, et en particulier des enfants, doit recevoir la protection et l'assistance dont elle a besoin pour pouvoir jouer pleinement son rôle dans la communauté* ».

Ces propos correspondent à une longue tradition française. De fait, notre pays a toujours accordé une grande importance à la famille qui remplit sa fonction par la voie de rapports juridiques qui se nouent entre parents et enfants. Certaines relations juridiques sont principalement d'ordre personnel et ont trait à la protection que doivent assurer les père et mère à leurs enfants mineurs, en vue de leur éducation, pour les faire parvenir dans les meilleures conditions possibles à l'âge adulte où, devenus indépendants de leurs parents, ils fonderont à leur tour une famille. Ces relations sont regroupées sous la notion d'**autorité parentale** (Titre 1).

D'autres rapports juridiques dans la famille sont plutôt de nature patrimoniale, et assez divers. Quelques-unes concernent les époux (les régimes matrimoniaux), d'autres n'intéressent pas seulement les parents et leurs enfants, mais aussi les collatéraux et ascendants (les successions). Ces domaines du droit civil font l'objet d'enseignements particuliers et sont donc étudiés dans d'autres ouvrages [1].

La solidarité familiale est, toutefois, le fondement traditionnel de relations pécuniaires au sein de la famille, essentielles entre parents et enfants, mais qui s'étendent aussi au-delà et se traduit sur le plan légal par les **obligations alimentaires** (Titre 2).

---

1. P. Simler et F. Terré, *Les régimes matrimoniaux*, 7e éd., Dalloz, coll. « Précis », 2015 ; A.-M. Leroyer, *Droit des successions*, 3e éd., Dalloz, coll. « Cours », 2014.

Titre 1

L'autorité parentale

1435. ***Droit-fonction***. L'autorité parentale est un ensemble de droits et de devoirs conférés aux père et mère pour assurer l'éducation de leur enfant mineur. C'est une fonction ayant pour finalité l'intérêt de l'enfant (art. 371-1). Elle est exercée dans un but de protection de l'enfant, et non en vue de satisfaire les désirs des parents.

1436. ***Égalité***. Le principe d'égalité explique en partie les réformes les plus récentes de l'autorité parentale, en 1987[1] comme en 1993[2] et en 2002. Elles ont eu pour finalité commune d'unifier peu à peu la situation des enfants, quelles que soient la qualité de la filiation et la situation des parents au regard du mariage. La même évolution est, au demeurant, perceptible dans les législations étrangères[3] notamment sous l'influence de la Cour européenne des droits de l'Homme[4]. La loi du 4 mars 2002 a parachevé l'évolution dans le sens d'une plus grande égalité entre les enfants, quel que soit le statut des parents, a pris en compte la liberté d'organisation de la vie des familles par les intéressés eux-mêmes[5], et a consacré l'autonomie des dispositions relatives à l'autorité parentale dans le Code civil (C. civ., art. 371 s.). Elle a en outre consacré le principe du maintien des liens de l'enfant avec ses deux parents séparés.

L'article 6-1 du Code civil issu de la loi n° 2013-404 du 17 mai 2013 ouvrant le mariage aux couples de personnes de même sexe prévoit que les dispositions relatives à l'autorité parentale sont applicables aux parents de même sexe comme aux parents de sexe différent. Les règles relatives à l'autorité parentale sont plus précisément applicables depuis 2013 aux couples de même sexe qui ont adopté un enfant ensemble ou dans le cadre de l'adoption de l'enfant du conjoint[6].

Les **attributs** de l'autorité parentale (Chapitre 1) sont indépendants de la nature de la filiation de l'enfant et il en va de même des **règles d'attribution** de l'autorité parentale (Chapitre 2) et du **contrôle** qui peut être exercé sur celle-ci (Chapitre 3).

---

1. L. n° 87-570 du 22 juill. 1987 ; comm. : M.-L. Morançais-Demeester, *D.* 1988. Chron. 7 ; F. Dekeuwer-Défossez et F. Vauvillé, *D.* 1988. Chron. 137 ; R. Legeais, *Defrénois* 1988. 625 ; G. Raymond, *JCP* 1987. I. 3299.

2. L. n° 93-22 du 8 janv. 1993 ; comm. : H. Fulchiron, *D.* 1993. Chron. 117 ; J. Massip, *Defrénois* 1993. 673 ; J. Rubellin-Devichi, *JCP* 1993. I. 3659 ; P. Courbe, *Audijuris* 1994, n° 38, I.

3. F. Boulanger, *op. cit.*, n°s 13 s., et références citées.

4. Par ex. : *Sporer c/ Autriche* du 3 févr. 2011, *Dr. fam.* 2012, étude n° 6, obs. A. Gouttenoire.

5. Loi n° 2002-305 du 4 mars 2002, relative à l'autorité parentale. Ses dispositions sont applicables aux instances en cours qui n'ont pas donné lieu à une décision passée en force de chose jugée (art. 11). Sur cette loi, cf. A. Gouttenoire-Cornut, C. Lienhard, P. Reynaud et F. Granet, dossier *AJ fam.* 2002. 125 ; F. Boulanger, *D.* 2002. Chron. 1571 ; F. Vauvillé, *LPA* 18 oct. 2002, p. 4 ; J. Rochfeld, chron. lég. *RTD civ.* 2002. 377 ; C. Brière, *RDSS* 2002. 567 ; H. Fulchiron, *Defrénois* 2002. 959 ; A. Gouttenoire, *Dr. fam.* 2002. Chron. 24.

6. V. ss 1360.

Chapitre 1

Les attributs de l'autorité parentale

1437. ***Droits et devoirs.*** L'autorité parentale confère à ses titulaires un certain nombre de prérogatives qui ne peuvent être analysées seulement en termes de droits subjectifs. Ces attributs sont, en effet, indissociablement des droits et des devoirs, que les père et mère n'exercent pas dans leur intérêt mais dans l'intérêt de l'enfant (art. 371-1, al. 1er). L'autorité parentale appartient aux père et mère pour protéger l'enfant « dans sa sécurité, sa santé et sa moralité, pour assurer son éducation et permettre son développement, dans le respect dû à sa personne » (C. civ., art. 371-1, al. 2). La loi du 4 mars 2002 a aussi ajouté que « les parents associent l'enfant aux décisions qui le concernent, selon son âge et son degré de maturité » (art. 371-1, al. 3).

1438. ***Intérêt de l'enfant.*** Cette définition de l'autorité parentale, centrée sur l'enfant, est la traduction de certaines dispositions de la Convention des Nations unies sur les droits de l'enfant du 20 novembre 1989, entré en vigueur en France le 6 septembre 1990, notamment, l'article 18 en vertu duquel « *la responsabilité d'élever l'enfant et d'assurer son développement incombe au premier chef aux parents ou, le cas échéant, à ses représentants légaux. Ceux-ci doivent être guidés avant tout par l'intérêt supérieur de l'enfant* ».

1439. ***Ordre public.*** L'autorité parentale est un pilier de l'organisation familiale, elle est d'ordre public et par nature hors du commerce, ce qui justifie la nullité de toute renonciation (C. civ., art. 376). Toutefois cet ordre public est atténué par la faculté pour le juge de prendre en compte les accords passés entre les père et mère[1].

1440. ***Droit pénal.*** Ce double visage – droit/devoir – de l'autorité parentale se retrouve dans les dispositions du Code pénal qui la concerne. En effet, celles-ci ont non seulement pour objet de protéger le lien existant entre l'enfant et ses deux parents, mais elles peuvent également avoir pour objectif de préserver l'intérêt de l'enfant dans le cadre de ses relations avec ses parents. Le Code pénal assure la protection de l'autorité parentale d'une part en sanctionnant les atteintes qui sont portées à l'autorité parentale par des tiers (soustraction de mineur : art. 227-7 C. pénal) ou par un parent contre l'autre (soustraction de mineur par ascendant : art. 227-7 C. pénal ; non-représentation d'enfant : art. 227-5 C. pénal ; défaut de notification d'un changement de domicile : art. 227-6 C. pénal). D'autre part, Le droit pénal érige en infraction des comportements émanant des titulaires de l'autorité parentale qui sont contraires à la finalité de celle-ci, c'est-à-dire l'intérêt de l'enfant (C. civ. art. 371-1). La protection de l'enfant passe par deux moyens : d'une part

1. V. ss 1513.

la répression de comportement particulièrement attentatoires à son intérêt (délaissement de mineur de moins de 15 ans : C. pén., art. 227-1 et 227-2 ; abandon matériel ou moral d'enfant : C. pén., art. 227-17 ; privation de soins ou d'aliments : C. pén., art. 227-15 ; non-respect de l'obligation scolaire : C. pén., art. 227-17-1) et d'autre part le retrait même de l'autorité parentale par le juge pénal en conséquence d'une infraction manifestement incompatible avec la protection de l'enfant[1].

1441. ***Droit de l'enfant et de ses parents d'être ensemble***. La Cour européenne des droits de l'Homme affirme que « *pour un parent et son enfant être ensemble représente un élément fondamental de la vie familiale* »[2]. La résidence de l'enfant est ainsi, en principe, celle des titulaires de l'autorité parentale[3]. Les États doivent également s'efforcer de prendre des dispositions spécifiques pour favoriser la vie commune de l'enfant et de son parent placés dans des circonstances particulières Ainsi, la Cour européenne se montre protectrice des liens familiaux de l'enfant lorsque l'un de ses parents, étranger, fait l'objet d'une mesure d'éloignement du territoire sur lequel ils vivent l'un et l'autre, l'éloignement entraînant une séparation de l'enfant et de son parent[4]. Le droit français érige également la relation d'un étranger et de son enfant en obstacle à son éloignement du territoire[5]. En outre, en vertu de l'article L. 411-1 du CESEDA[6], le ressortissant étranger qui séjourne régulièrement en France depuis au moins dix-huit mois, bénéficie du droit d'être rejoint, au titre du regroupement familial, par son conjoint et les enfants mineurs du couple. Bénéficient également du regroupement familial, les enfants du demandeur ou ceux de son conjoint lorsque leur autre parent est décédé ou que l'autorité parentale lui a été retirée[7], ou que le demandeur ou son conjoint se sont vus confier les enfants au titre de l'exercice de l'autorité parentale en vertu d'une décision étrangère[8]. L'article L. 314-11 du CESEDA définit l'enfant comme celui dont la filiation a été légalement établie, ou qui a été adopté en vertu d'un jugement régulier. Toutefois, le fait pour un parent et un enfant d'être ensemble ne saurait justifier que l'enfant soit placé avec ses parents dans un centre de rétention dans des conditions matérielles contraires au droit de ne pas subir de traitement inhumain et dégradant au sens de l'article 3 de la Convention européenne des droits de l'Homme[9]. L'État doit dans la mesure du possible trouver d'autres alternatives au placement de la famille en rétention[10]. Au titre du droit de l'enfant et de son parent d'être ensemble on peut également citer la loi n° 2014-459 du 9 mai 2014, permettant le

---

1. V. ss 1576.
2. *Olsson c/ Suède*, 24 mars 1988, *JDI* 1989. 789, obs. P. Tavernier ; *RSC* 1988. 573, obs. L.-E. Pettiti, § 59.
3. V. ss 1444.
4. *GACEDH*, n° 55.
5. P. Bonfils et A. Gouttenoire, *op. cit.*, n° 606.
6. Ord. n° 2004-1248 du 24 nov. 2004.
7. CESEDA, art. L. 411-2.
8. CESEDA, art. L. 411-3. En revanche, lorsque le demandeur est polygame, seuls les enfants issus de la femme qui a bénéficié du regroupement familial peuvent également prétendre à ce dernier, à l'exclusion des enfants d'une autre épouse, sauf si celle-ci est décédée ou si l'autorité parentale lui a été retirée : CESEDA, art. L. 411-7.
9. CEDH, *Popov c/ France*, 19 janv. 2012.
10. Circulaire du ministère de l'Intérieur du 6 juillet 2012 ; Dans deux arrêts du 30 avril 2014 (n° 13-11.587 et 13-11.589) la Cour de cassation considère que la rétention en cause respectaient les conditions d'accueil envisagées par la Cour européenne et la circulaire. Dans l'espèce jugée par la Cour de cassation, il semble que l'accueil de la famille soit concrètement adapté à l'accueil des enfants. Par ailleurs, la Cour de cassation prend soin de mentionner le fait que l'assignation à

don de jours de repos à un parent d'un enfant gravement malade, qui prévoit une cession anonyme des jours de repos non pris, avec l'accord de l'employeur et au-delà de quatre semaines annuelles, au bénéfice d'un autre salarié de l'entreprise qui assume la charge d'un enfant âgé de moins de vingt ans atteint d'une maladie, d'un handicap ou victime d'un accident d'une particulière gravité rendant indispensables une présence soutenue et des soins contraignants [1].

1442. ***Prérogatives particulières***. En marge des attributs généraux de l'autorité parentale, la loi octroie aux père et mère certaines prérogatives particulières qui mettent fin à leur autorité et peuvent être détachées de l'autorité parentale : le droit de consentir au mariage de l'enfant [2], de l'émanciper, de consentir à son adoption. Ces droits appartiennent aux père et mère en tant que titulaires de l'autorité parentale, indépendamment des modalités de son exercice. Certains droits sont, au décès des père et mère, transmis aux ascendants, tandis que d'autres subsistent malgré l'émancipation du mineur, qui fait pourtant cesser l'autorité parentale. L'un d'entre eux, le consentement au mariage est discrétionnaire, tandis que les autres sont soumis au contrôle du juge.

Le contenu de l'autorité parentale est toutefois essentiellement constitué par les attributs généraux de l'autorité parentale qui portent à la fois sur la personne de l'enfant (Section 1) et sur ses biens (Section 2).

Section 1
Contenu de l'autorité parentale sur la personne de l'enfant

1443. La protection de l'enfant était assurée, traditionnellement, par les droits et devoirs de garde, surveillance et éducation conférés aux père et mère par l'ancien article 371-2 du Code civil. Même si la loi du 4 mars 2002 a fait formellement disparaître cette trilogie, l'éducation est explicitement mentionnée par le nouvel article 371-1 et la surveillance de l'enfant est naturellement comprise dans la protection que ses père et mère doivent lui procurer.

Aussi peut-on considérer que les prérogatives d'autorité parentale sur la personne de l'enfant concernent la détermination de la résidence de l'enfant, la protection de celui-ci et son éducation.

§ 1. Résidence de l'enfant

1444. ***Père et mère***. La résidence de l'enfant est en principe située au lieu de la résidence des père et mère : c'est là que l'enfant mineur non émancipé est juridiquement domicilié (C. civ., art. 108-2). Les père et mère ont le pouvoir de fixer la résidence de

---

résidence n'était pas envisageable, satisfaisant ainsi l'exigence européenne, reprise dans la circulaire, selon laquelle la rétention des familles ne peut intervenir qu'en dernier recours, lorsque les solutions alternatives sont exclues.

1. C. trav., art. L. 1225-65-1.

2. Ce droit a vocation à être exercé de manière exceptionnelle depuis que la loi du 4 avril 2006 renforçant la prévention et la répression des violences au sein du couple ou commises contre les mineurs, a fixé l'âge du mariage à 18 ans pour toutes les personnes (C. civ., art. 148)

l'enfant et d'exiger qu'il y demeure effectivement. Si l'autorité parentale est exercée par l'un des deux parents, c'est celui-ci qui détermine le lieu de la résidence. Si les deux parents exercent l'autorité parentale, la détermination de la résidence de l'enfant relève d'une décision commune. En cas de *séparation*, la résidence de l'enfant est fixée d'un commun accord des parents et, à défaut, ou si cet accord paraît contraire à l'intérêt de l'enfant, le juge désigne le parent chez lequel l'enfant a sa résidence (art. 373-2-6, al. 1er) ou fixe une résidence alternée.

1445. Du droit de fixer la résidence de l'enfant, il résulte que celui-ci « *ne peut, sans permission des père et mère, quitter la maison familiale et il ne peut en être retiré que dans les cas de nécessité que détermine la loi* » (art. 371-3)[1]. La loi n° 2016-731 du 3 juin 2016, renforçant la lutte contre le crime organisé, le terrorisme et leur financement, et améliorant l'efficacité et les garanties de la procédure pénale, précise dans un nouvel article 371-6 que l'autorisation de sortie de territoire du mineur doit être signée par les deux titulaires de l'autorité parentale.

Pour renforcer le dispositif destiné à lutter contre le départ de mineurs pour s'engager dans des mouvements radicaux islamiques, « *en cas d'urgence, dès lors qu'il existe des éléments sérieux laissant supposer que l'enfant s'apprête à quitter le territoire national dans des conditions qui le mettraient en danger et que ses parents ne prennent pas de mesure pour l'en protéger* », une interdiction de sortie du territoire peut être décidée par le procureur de la République pour les enfants mineurs (C. civ., art. 375-5, al. 3) qui doit ensuite saisir le juge compétent pour qu'il maintienne la mesure – l'interdiction de sortie du territoire est alors inscrite au fi chier des personnes recherchées – ou en prononce la mainlevée.

1446. ***Sanction***. La violation du droit des parents de décider du lieu de vie de leur enfant est sanctionnée : l'enfant mineur en fugue peut être contraint de réintégrer la maison familiale au moyen, si besoin est, de la force publique. La personne qui enlèverait l'enfant ou refuserait de le représenter se rendrait coupable d'une infraction pénale[2].

1447. ***Vie familiale***. Les mesures prises par un État qui mettent obstacle au droit des parents de vivre avec leur enfant constituent une ingérence dans le droit au respect de la vie familiale protégé par l'article 8 de la Convention européenne des droits de l'Homme[3]. De surcroît, la Cour EDH met à la charge de l'État des obligations positives inhérentes au respect effectif de la vie familiale : lorsque l'existence d'un lien familial est établie, l'État doit en principe agir de manière à permettre à ce lien de se développer et prendre les mesures propres à réunir le parent et l'enfant concernés dans le cadre notamment des enlèvements internationaux d'enfant par un de ses parents[4]. Si la Cour européenne, contrairement au droit français et au droit de l'Union européenne[5], n'impose

1. L'enfant peut être retiré de la maison familiale par ex. dans le cadre de l'assistance éducative ; v. ss 1534 s.

2. C. pén., art. 227-5 s. : *Rép. pén.*, Dalloz, v° *Atteintes à l'autorité parentale.*

3. *GACEDH*, comm. n° 52, p. 586.

4. La Cour européenne par plusieurs arrêts impose aux États de mettre en œuvre toutes les mesures nécessaires pour permettre le retour de l'enfant déplacé illicitement par un de ses parents : *GACEDH*, comm. 52, p. 597.

5. Directive 2003/86/CE du Conseil du 22 septembre 2003 relative au droit au regroupement familial.

pas systématiquement aux États d'accepter de réunir la famille sur leur territoire en vertu du dispositif de regroupement familial, elle a tendance à l'admettre en faveur de l'enfant mineur[1].

1448. ***Devoir***. S'agissant d'un devoir, les parents ne peuvent s'y soustraire en chassant l'enfant du domicile familial : ce serait contraire à la loi civile (C. civ., art. 371-1) et à la loi pénale (C. pén., art. 227-1). En outre, les père et mère ont l'obligation de nourrir, entretenir et élever leurs enfants (cf. C. civ., art. 203). Des mesures d'assistance éducative ou de retrait de l'autorité parentale peuvent être ordonnées en cas de violation par les père et mère de ce devoir. Naturellement, les parents peuvent confier l'enfant à un tiers : grands-parents, pensionnat, colonie de vacances…

1449. ***Responsabilité***. La cohabitation de l'enfant avec ses parents constitue, avec l'exercice de l'autorité parentale, les conditions de mise en œuvre de la responsabilité de plein droit[2] des père et mère du fait de leur enfant (C. civ., art. 1384, al. 4)[3]. Toutefois, la cohabitation est entendue au sens large par la Cour de cassation qui l'assimile à la résidence légale ou judiciaire de l'enfant[4] ; elle persiste donc même si l'enfant n'est pas concrètement présent au domicile du parent responsable lors du dommage.

Ainsi, la présence d'un enfant mineur dans un établissement scolaire, même en régime d'internat, ne supprime pas la cohabitation de l'enfant avec ses parents[5]. De même, le fait que l'enfant séjourne en vacances chez ses grands-parents n'écarte pas la responsabilité de plein droit de ses père et mère, dès lors qu'il résidait habituellement avec eux[6]. Pareillement, le fait que les parents confient temporairement l'enfant à un centre médico-pédagogique ou à un organisme de vacances ne supprime pas leur responsabilité[7]. Il en va de même en cas de fugue du mineur[8].

En cas de séparation, est responsable le parent qui exerce l'autorité parentale et chez qui la résidence de l'enfant est fixée, l'exercice d'un droit de visite et d'hébergement par l'autre parent ne faisant pas cesser la cohabitation du mineur avec celui des parents qui exerce sur lui l'autorité parentale[9]. Il en va de même en cas d'exercice en commun de l'autorité parentale lorsque le mineur commet un dommage alors qu'il est chez le parent titulaire d'un droit de visite et d'hébergement : c'est le parent chez qui la résidence de l'enfant a été fixée par le jugement de divorce qui reste responsable[10].

---

1. *Sen c/ Pays-Bas*, 21 déc. 2001 ; *Tuquabo-Tekle c/ Pays-Bas* 1er déc. 2005.
2. Civ. 2e, 19 févr. 1997, *Bull. civ.* II, n° 56, *D.* 1997. 265, note P. Jourdain ; *Audijuris* 1997, n° 74, p. 4, obs. G. Amlon ; 2 déc. 1998, *Bull. civ.* II, n° 292 ; *RTD civ.* 1999. 411, obs. P. Jourdain ; 18 mai 2000, *Bull. civ.* II, n° 86 ; ass. plén. 13 déc. 2002, *Bull. civ.*, n° 4 ; *D.* 2003. 231, note P. Jourdain ; *JCP* 2003. I. 154, n° 46, obs. G. Viney ; Civ. 2e, 20 oct. 2005, *Dr. fam.* 2006, n° 78, note J. Julien.
3. V. J. Flour et J.-L. Aubert, *Les obligations*, vol. 2, *Le fait juridique*, nos 192 s.
4. Civ. 2e, 20 janv. 2000, pourvoi n° 98-14.479, *Bull. civ.* II, n° 14, *D.* 2000. Somm. 469, obs. Mazeaud.
5. Civ. 2e, 16 nov. 2000, *RTD civ.* 2001. 603, obs. P. Jourdain.
6. Civ. 2e, 5 févr. 2004, *Bull. civ.* II, n° 50.
7. Civ. 2e, 9 mars 2000, *Bull. civ.* II, n° 44 ; *D.* 2000. IR 109 ; Crim. 29 oct. 2002, *RTD civ.* 2003. 101, obs. P. Jourdain.
8. V. Civ. 2e, 24 nov. 1966, *Bull. civ.* II, n° 922.
9. V. Civ. 2e, 19 févr. 1997, *Bull. civ.* II, n° 55, *Audijuris* 1997, n° 74, p. 1, obs. G. Amlon ; *RTD civ.* 1997. 670, obs. P. Jourdain ; 20 janv. 2000, *Bull. civ.* II, n° 14 ; *RTD civ.* 2000. 340, obs. P. Jourdain.
10. Crim. 6 nov. 2012, pourvoi n° 11-86857, *Dr. fam.* 2013, comm. n° 35, obs. S. Rouxel ; *JCP* 2012. 50, obs. C. Coutant-Lapalus.

Seule la force majeure ou la faute de la victime peut exonérer les père et mère de la responsabilité de plein droit encourue du fait des dommages causés par l'enfant mineur habitant avec eux [1].

§ 2. Protection de l'enfant

1450. Si la loi du 4 mars 2002 a fait disparaître la notion de surveillance, elle n'a pas pour autant porté atteinte aux prérogatives d'autorité parentale qui en découlaient. Les parents ont le pouvoir de décider quelles relations l'enfant aura avec des tiers, de surveiller sa correspondance, ses communications, d'interdire les visites et fréquentations qu'ils estiment dangereuses ou inopportunes.

1451. ***Décisions relatives à la personne de l'enfant***. De manière générale, l'ensemble des décisions relatives à la personne de l'enfant sont prises par les titulaires de l'autorité parentale. Toutefois, pour certaines décisions le consentement du mineur est exigé : il en va ainsi du changement de nom (C. civ., art. 61-3), de prénom (C. civ., art. 60, al. 2) ou de l'adoption (C. civ., art. 345 ? al. 3) du mineur de plus de treize ans. Certains actes sont même soustraits à l'autorité parentale : il en va ainsi des actes médicaux relatifs à la contraception (C. santé publ., art. L. 5134-1), et des déclarations de nationalité pour le mineur de plus de seize ans (C. civ., art. 21-11).

1452. ***Droits fondamentaux***. Les parents sont garants du respect de la vie privée de l'enfant. Ils ont le droit d'interdire la divulgation de faits intimes concernant l'enfant [2] ou la photographie de celui-ci [3], peu importe que le mineur ait personnellement consenti à la divulgation du fait ou de l'image [4].

1453. ***Funérailles***. Découle de l'autorité parentale, le droit des parents de régler les funérailles de leur enfant et de choisir le lieu de sa sépulture. Dans l'arrêt *Hadri-Vionnet c/Suisse* du 14 mai 2008 [5], la Cour analyse l'inhumation d'un enfant mort-né par des agents communaux sans avoir consulté les parents, dans des conditions susceptibles de choquer leur sensibilité, comme une atteinte à leur « *droit au respect de la vie privée ou familiale* ».

1454. ***Santé***. Les parents doivent protéger l'enfant dans sa santé (art. 371-1, al. 2). Les actes médicaux relatifs à l'enfant doivent être consentis par les titulaires de l'exercice de l'autorité parentale (C. santé publ., art. L. 111-2), qu'il s'agisse de traitements à prescrire, de l'admission de l'enfant à l'hôpital (C. santé publ., art. R. 1112-34), ou d'une opération (C. santé publ., art. R. 1112-35). Les parents peuvent demander doivent autoriser un prélèvement d'organe sur le corps de l'enfant décédé (C. santé publ., art. L. 1231-3), sauf que toute personne mineure âgée de 13 ans au moins peut s'inscrire elle-même sur le registre

---

1. [2030] Ass. plén. 13 déc. 2002, préc. Le fait que l'enfant soit un grand adolescent n'est pas une cause d'exonération : Civ. 2e, 18 mai 2000, *D.* 2000. Somm. 468, obs. P. Jourdain.
2. Civ. 1re, 18 mai 1972, *JCP* 1972. II. 17209.
3. Civ. 1re, 27 mars 1990, *Bull. civ.* I, n° 72 ; Versailles, 11 sept. 2003, *RJPF* 2003-12/30, note F. Eudier ; CEDH 15 janv. 2009, *Reklos et Davourlis c/ Grèce*, *RTD civ.* 2009. 657, obs. J.-P. Marguénaud.
4. Civ. 1re, 18 mai 1972, préc.
5. *RTD civ.* 2008. 257, obs. J.-P. Marguénaud.

national des refus de prélèvement d'organe afin de faire connaître qu'elle refuse qu'un prélèvement soit opéré sur son corps après son décès (C. santé publ., art. R. 671-7-6). De manière générale, l'enfant doit être associé aux décisions médicales qui le concernent. L'article L. 1111-2 du Code de la santé publique prévoit que le mineur a le droit de recevoir lui-même une information et de participer à la prise de décision le concernant d'une manière adaptée à sa maturité. Le médecin doit s'efforcer de recueillir son consentement aux actes envisagés (C. santé publ., art. L. 1111-4).

Les droits et devoirs des parents relativement à la personne de l'enfant connaissent un certain nombre de limites [1]. L'article 1111-4 du Code de la santé publique prévoit en effet que « *dans le cas où le refus d'un traitement par la personne titulaire de l'autorité parentale ou par le tuteur risque d'entraîner des conséquences graves pour la santé du mineur ou du majeur sous tutelle, le médecin délivre les soins indispensables* ». Par ailleurs, un certain nombre de vaccinations est imposé par la loi aux parents, sous peine de sanction (C. santé publ., art. L. 3111-1 s. ; art. 227-17 C. pénal) [2]. Enfin, certains actes médicaux ont été soustraits par la loi du domaine de l'autorité parentale : il en va ainsi de la contraception (C. santé publ., art. L. 5134-1) et plus indirectement de l'interruption volontaire de grossesse, l'article L. 2212-7 du Code de la santé publique permettant à la mineure de procéder à cet acte sans le consentement de ses parents. Le mineur peut, de manière générale, solliciter seul certains actes médicaux « *afin de garder le secret sur son état de santé* » (C. santé publ., art. L. 1111-5), ce qui dispense alors le médecin de consulter les titulaires de l'autorité parentale lorsque le traitement ou l'intervention s'imposent pour sauvegarder la santé du mineur.

1455. ***Relations de l'enfant***. Si les parents exercent un droit de surveillance sur les relations de l'enfant, certaines de ces relations peuvent leur être imposées, il en va ainsi des relations de l'enfant avec ses grands-parents (C. civ., art. 371-4, al. 1er) ou avec certains tiers si tel est l'intérêt de l'enfant (C. civ., art. 371-4, al. 2).

1456. ***Grands-parents***. Selon l'alinéa 1er de l'article 371-4, « *L'enfant a le droit d'entretenir des relations personnelles avec ses ascendants. Seul l'intérêt de l'enfant peut faire obstacle à l'exercice de ce droit* ». Est ainsi consacré un droit de l'enfant, et non plus un droit des grands-parents ; il s'agit du droit d'entretenir des relations avec les ascendants de chacune de ses lignées, et non seulement ses grands-parents. À défaut d'accord entre les parents et les grands-parents de l'enfant, il appartiendra au juge aux affaires familiales de vérifier, au cours d'une procédure contentieuse, s'il existe des motifs contraires à l'intérêt de l'enfant qui empêchent ces relations personnelles [3] et d'organiser les modalités matérielles des relations de l'enfant et de ses grands-parents. La Cour européenne condamne dans l'arrêt *Manuello et Nevi c/ Italie* du 20 janvier 2015 [4], l'atteinte

---

1. A. Gouttenoire, *Rép. civ.*, Dalloz, v°*Autorité parentale*, nos 74 s.
2. Dans une décision du 20 mars 2015 (Cons. const. 20 mars 2015, n° 2015-458 QPC), le Conseil constitutionnel a décidé qu'il était loisible au législateur de définir une politique de vaccination afin de protéger la santé individuelle et collective.
3. V. par ex. Civ. 1re, 27 mai 2010, pourvoi n° 09-65.838, *D.* 2010. Pan. 1904, obs. Gouttenoire et Bonfils. La décision refusant un droit de visite à un grand-père soupçonné de s'être livré à des abus sexuels constitue une mesure nécessaire dans une société démocratique : CEDH 27 avr. 2000, *Tiemann*, req. n° 47457/99.
4. req. n° 62198/11 ; *RJPF* 2015-2/2 ; *AJ fam.* 2015. 101, obs. E. Viganotti

portée au droit au respect de la vie familiale de grands-parents dont la petite fille avait été placée en raison de poursuites pénales pour violences sexuelles à l'encontre de leur fils.

1457. ***Tiers***. En vertu de l'article 371-4, alinéa 2, un tiers, parent ou non, peut demander au juge aux affaires familiales de fixer les modalités de ses relations avec l'enfant, si tel est l'intérêt de celui-ci. Un tel droit de visite a été ainsi accordé à une marraine, tante maternelle des enfants [1] ou à des parents nourriciers [2]. De même, l'enfant qui a fait l'objet d'une adoption plénière a pu garder des relations personnelles avec ses grands-parents par le sang [3] et celui dont la filiation paternelle a été anéantie a pu bénéficier d'un droit de visite de l'ex-mari de sa mère à l'égard de qui sa filiation était établie [4]. Actuellement, cette disposition trouve un nouveau champ d'application dans les familles recomposées : elle joue en faveur du beau-parent ou de l'ex-compagnon qui pourra bénéficier d'un droit de correspondance ou de visite [5] à l'égard des enfants de son conjoint, s'il vient à s'en séparer [6] mais également au bénéfice des demi-frères ou sœurs [7]. Cette disposition pourra aussi trouver à s'appliquer dans les situations consécutives aux techniques d'assistance médicale à la procréation [8]. La loi n° 2013-404 du 17 mai 2013 ouvrant le mariage aux couples de personnes de même sexe a prévu une hypothèse particulière de maintien des liens de l'enfant avec un tiers, lorsque celui-ci a vécu avec lui et l'un de ses parents de manière stable, qu'il a pourvu à son éducation, à son entretien ou à son installation, et qu'il a noué avec lui des liens affectifs et stables.

Concernant le rôle des tiers, il faut rappeler que le juge aux affaires familiales peut avoir à statuer sur les modalités d'exercice de l'autorité parentale à la demande du ministère public, qui peut être saisi par un tiers, parent ou non (art. 372-2-8).

§ 3. Éducation

1458. Les père et mère ont le droit de diriger l'éducation de leur enfant [9]. Cette prérogative est affirmée solennellement par la Déclaration universelle des droits de

---

1. Civ. 1re, 1er déc. 1982, *Bull. civ.* I, n° 346 ; *D.* 1983. IR 143. V. aussi pour le second mari de la grand-mère : Civ. 1re, 17 mai 1972, *Bull. civ.* I, n° 131.
2. Civ. 1re, 20 mars 1979, *D.* 1979. IR 431.
3. Civ. 1re, 21 juill. 1987, *Defrénois* 1988, obs. J. Massip ; *RTD civ.* 1988. 319, obs. J. Rubellin-Devichi.
4. Civ. 1re, 17 mai 1993, pourvoi n° 92-13.143, *D.* 1993. 276, note Edimo-Nana.
5. La Cour de cassation a approuvé une cour d'appel d'avoir jugé qu'un droit d'hébergement ne constitue qu'une des modalités du droit de visite : Civ. 1re, 5 mai 1986, *D.* 1986. 496, note J. Massip ; *RTD civ.* 1986. 736, obs. J. Rubellin-Devichi.
6. H. Fulchiron, « Autorité parentale et familles recomposées », *in Mélanges D. Huet-Weiller*, 1994, p. 141. Sur un droit de visite reconnu au concubin de l'adoptante, après leur séparation : Grenoble, 15 déc. 1997, *Dr. fam.* 1998, n° 38, note P. Murat ; *adde* : Grenoble, 20 févr. 1996, *Dr. fam.* 1997, n° 96, note P. Murat. Sur l'octroi d'un droit de visite à un transsexuel, ex-concubine de la mère : Aix-en-Provence, 12 mars 2002, *D.* 2003. Somm. 2121, obs. F. Granet-Lambrechts, confirmé par Civ. 1re, 18 mai 2005, *D.* 2005. 2125, note J.-J. Lemouland. Sur l'octroi d'un droit de visite et d'hébergement à l'ex-compagne de la mère biologique d'un enfant : TGI Briey, 21 oct. 2010, *D.* 2010. 2649, obs. Gallmesiter ; *AJ fam.* 2010. 540, obs. Miloudi.
7. Rennes, 8 janv. 2001, RG n° 99/07652 ; Nîmes 19 avr. 2000, RG n° 99/281.
8. Pour un exemple de droit de visite accordé à une mère porteuse : Paris, 19 févr. 1988, *RTD civ.* 1988. 328, obs. J. Rubellin-Devichi.
9. Même si un droit de correction traditionnellement reconnu aux parents, celui-ci doit cependant être exercé de manière limitée, le juge civil comme le juge pénal veillant à ce que les parents ne

l'Homme du 10 décembre 1948 : « Les parents ont, par priorité, le droit de choisir le genre d'éducation à donner à leurs enfants » (art. 26.3). Elle est également consacrée par la jurisprudence de la Cour européenne des droits de l'Homme qui fait peser sur les États l'obligation de respecter un certain pluralisme éducatif permettant de ménager les convictions religieuses et philosophiques des parents, en se fondant sur une combinaison de l'article 2 du protocole 1, qui consacre le droit à l'instruction et le droit des parents au respect de leurs convictions religieuses et philosophiques, et de l'article 9 de la Convention consacrant la liberté de pensée et de conscience[1]. L'article 14, alinéa 3, de la Charte des droits fondamentaux de l'Union européenne consacre également le droit des parents d'assurer l'éducation et l'enseignement de leurs enfants conformément à leurs convictions religieuses, philosophiques et pédagogiques[2].

1459. ***Éducation scolaire***. Est ainsi conféré aux père et mère le pouvoir de choisir ensemble les modes de scolarisation de l'enfant (établissement public ou école privée), son orientation et ses filières, de déterminer le contenu de son instruction civique et politique, de sa formation professionnelle. Ils doivent cependant respecter l'obligation scolaire qui impose à l'enfant de fréquenter l'école jusqu'à 16 ans (C. éduc., art. L. 131-2)[3]. Le dispositif de privation des allocations familiales en cas d'absentéisme scolaire, instauré par la loi n° 2010-1127 du 28 septembre 2010, visant à lutter contre l'absentéisme scolaire, a été supprimé par la loi n° 2013-108 du 31 janvier 2013[4] et remplacé par un dispositif d'aide et d'accompagnement.

1460. ***Éducation religieuse***. C'est le choix de la religion de l'enfant qui a donné lieu au contentieux le plus abondant. Il appartient naturellement aux parents d'exercer ce choix[5]. Lorsque les deux parents exercent en commun l'autorité parentale, qu'ils soient mariés ou non, unis ou désunis, le père et la mère décident ensemble de l'éducation religieuse du mineur. En cas de conflit entre les père et mère, le juge aux affaires familiales tranchera le conflit en s'attachant à la pratique suivie antérieurement[6]. Dans un arrêt du 23 septembre 2015[7], la Cour de cassation accepte que la question du conflit parental relatif au baptême de l'enfant soit tranchée par le juge aux affaires familiales, au regard de l'intérêt supérieur de l'enfant.

---

confondent pas nécessités pédagogiques et maltraitance, une évolution se faisant par ailleurs jour en Europe et dans le cadre de certaines instances internationales pour prohiber formellement les châtiments corporels même les plus légers : *Rép. civ.*, Dalloz, v° *Autorité parentale*, n°s 110 s.

1. CEDH 7 déc. 1976, *Kjeldsen, Busk Madsen et Pedersen c/ Danemarck*, *GACEDH*, comm. n° 56 et références citées.

2. J. Pertek, « Article II-74 », *in* L. Burgorgue-Larsen, A. Levade et F. Picot (dir.), *Traité établissant une constitution pour l'Europe. Commentaire article par article. Partie II, La Charte des droits fondamentaux de l'Union européenne*, Bruylant, 2005, p. 203 ; G. Braibant, *La Charte des droits fondamentaux de l'Union européenne*, coll. « Points », Seuil, 2003, p. 129.

3. Le fait de ne pas inscrire un enfant à l'école constitue une infraction réprimée par l'article 227-17-1 du Code pénal. Le juge des enfants peut par ailleurs prendre des mesures permettant à l'enfant de poursuivre sa scolarité au-delà de 16 ans : C. éduc., art. L. 122-2.

4. L. n° 2013-108, 31 janv. 2013, tendant à abroger la loi n° 2010-1127 du 28 sept. 2010 visant à lutter contre l'absentéisme scolaire, *JO* 1er févr., p. 1961. ; *JDJ* n° 323, mars 2013, p. 35, obs. C. Daadouch.

5. « Les États parties respectent le droit de l'enfant à la liberté de pensée, de conscience, de religion. Les États parties respectent le droit et le devoir des parents ou, le cas échéant, des représentants légaux de l'enfant, de guider celui-ci dans l'exercice du droit susmentionné d'une manière qui corresponde au développement de ses capacités » (CIDE, art. 14, § 1 et 2).

6. Civ. 1re, 11 juin 1991, *Bull. civ.* I, n° 196 ; *D.* 1991. 521, note Ph. Malaurie.

7. Civ. 1re, 23 sept. 2015, n° 14-23.724, *D.* 2016. 1966, obs. A. Gouttenoire.

Toutefois, l'intérêt de l'enfant reste une considération primordiale qui doit conduire à faire échapper, par principe, l'enfant à l'emprise des mouvements sectaires. La Cour de cassation a ainsi considéré que l'interdiction faite par le juge à une mère de mettre ses enfants en contact avec une secte dont elle est membre n'est pas contraire aux articles de la Convention européenne des droits de l'Homme relatifs à la liberté de religion et au respect de la vie privée, dès lors que ses dispositions autorisent des limitations, commandées en l'espèce par le seul intérêt des enfants [1]. Lorsque les choix religieux des parents sont susceptibles de mettre l'enfant en danger, le juge des enfants peut prendre des mesures d'assistance éducative [2].

Les droits des parents en matière d'éducation religieuse de leur enfant trouvent une autre limitation dans la loi n° 2004-228 du 15 mars 2004, interdisant le port de signes ou de tenues manifestent ostensiblement une appartenance religieuse dans les écoles, collèges et lycées publics (C. éducation, art. L. 141-5-1) [3].

L'idée que l'enfant puisse exprimer son choix à partir d'un certain âge fait son chemin [4], mais n'est pas encore admise par les tribunaux, qui s'en tiennent au principe de l'incapacité du mineur et de sa soumission, en ce domaine, à l'autorité parentale [5].

Section 2
Contenu de l'autorité parentale sur les biens de l'enfant

1461. L'enfant mineur est juridiquement incapable : s'il possède des biens, il ne peut valablement les gérer. Aussi la loi a-t-elle confié ce soin aux père et mère ou, à défaut, au tuteur de l'enfant. L'administration légale et la tutelle sont deux institutions très liées, qui constituent des remèdes sur le plan patrimonial à l'incapacité du mineur (C. civ., art. 389 s.) [6].

1462. ***Administration légale*** Les titulaires de l'exercice de l'autorité parentale gèrent les biens de l'enfant dans le cadre de l'administration légale, sans qu'une différence soit faite depuis l'ordonnance n° 2015-1288 du 15 octobre 2015 portant simplification et modernisation du droit de la famille entre les hypothèses d'exercice en commun ou unilatéral de l'autorité parentale. Dans ce cadre, les parents peuvent accomplir tous les actes qui ne sont pas soumis à autorisation judiciaire par l'article 387-1 du Code civil ou totalement interdits par l'article 387-2. Les articles 387-3, 387-4 et 387-5 du Code civil instaurent un contrôle judiciaire exceptionnel des administrations légales dans les situations dans lesquelles serait identifié un risque d'atteinte aux intérêts du mineur. En outre, l'article 389-3 alinéa 3, du Code civil précise que « *Ne sont pas soumis à l'administration légale, les biens qui auraient été donnés ou légués au mineur sous la condition qu'ils seraient administrés par un tiers* ».

---

1. Civ. 1re, 22 févr. 2000, *Bull. civ.* I, n° 54 ; *D.* 2001. 398, note C. Courtin ; *D.* 2000. Somm. 273, obs. A. Lepage ; *LPA* 4 avr. 2001, note B. Belloir-Caux ; *RTD civ.* 2000. 558, obs. J. Hauser.
2. Civ. 1re, 7 avr. 1965, *RTD civ.* 1965. 804, obs. Nerson ; Civ. 1re, 7 juill. 1987, cité par Monéger, « Les musulmans devant le juge français », *JDI* 1994. 345, spéc. 356 ; Paris, 31 janv. 1986, *Juris-Data* n° 1986-021286. ; Nancy, 23 oct. 1989, *Rev. crit. DIP* 1990. 723.
3. Cette atteinte à la liberté religieuse a été admise par la Cour européenne des droits de l'Homme : *Dogru c/ France* 4 déc. 2008.
4. Certains pays européens (Allemagne, Angleterre, Suisse…) admettent le choix du mineur ayant atteint un certain âge (F. Boulanger, t. 2, n° 262).
5. Civ. 1re, 11 juin 1991, préc.
6. P. Bonfils et A. Gouttenoire, *Droit des mineurs*, Dalloz, coll. « Précis », 2008, n° 1000 s.

1463. ***Jouissance légale***. Une autre prérogative est attribuée aux seuls père et mère, en tant que titulaires de l'autorité parentale, sur les biens de leur enfant mineur : le droit de jouissance légale (C. civ., art. 386-1) qui est un usufruit à titre universel accordé par la loi aux administrateurs légaux sur tous les biens du mineur sur lequel il exerce l'autorité parentale. Ce droit permet aux père et mère de percevoir et de s'approprier les revenus des biens appartenant à leur enfant mineur de seize ans, sans avoir à les lui restituer au jour de sa majorité, à charge de les utiliser en vue de pourvoir à l'entretien de celui-ci. Cet usufruit est cependant soumis à des règles particulières compte tenu de son origine et de sa finalité [1] : à l'inverse de l'usufruit, la jouissance légale est incessible et insaisissable. Elle constitue, en effet, la contrepartie d'une charge, l'administration légale, qui ne peut appartenir qu'aux père et mère. En somme, c'est un usufruit particulier à affectation familiale. Le droit de jouissance légale porte sur l'ensemble des biens du mineur, à l'exception des biens que l'enfant acquiert par son travail, de « *ceux qui lui sont donnés ou légués sous la condition expresse que les père et mère n'en jouiront pas* » [2] et des sommes reçues au titre de l'indemnisation d'un préjudice extrapatrimonial dont le mineur a été victime (C. civ., art. 386-4) ainsi que des biens recueillis par les enfants d'un héritier indigne (C. civ., art. 729-1). La jouissance légale cesse lorsque le mineur a atteint l'âge de seize ans. À compter de cette date, la présomption selon laquelle l'administrateur légal a utilisé les biens dans l'intérêt du mineur cesse. Il doit, apporter la preuve que les revenus ont été utilisés dans l'intérêt du mineur ou à défaut les restituer [3]. Par ailleurs, la jouissance légale cesse quand il est mis fin à l'autorité parentale (retrait total, mariage de l'enfant… avant seize ans) ou à l'administration légale (ouverture d'une tutelle : art. 391), et enfin par les causes qui emportent l'extinction de l'usufruit (art. 386-2), comme l'abus de jouissance.

---

1. C. Caillé, *Rép. civ.*, Dalloz, v° *Jouissance légale*, n° 1.
2. Cette dernière exclusion permet, notamment lorsque les parents de l'enfant son séparés, d'éviter qu'un bien transmis à l'enfant profite à l'ex-conjoint, ou de permettre à des grands-parents de transmettre des biens à leurs petits enfants en évitant qu'ils soient gérés par leurs enfants ou gendre/belle-fille, en qui ils n'ont pas confiance.
3. Paris, 11 mai 1993, *JCP* 1993. IV. 2140, *RTD civ.* 1993. 813, obs. J. Hauser ; Paris 30 avr. 1997, *D.* 1998. Somm. 302, obs. Le Doujet-Thomas ; Grenoble, 14 févr. 2000, *Juris-Data* n° 114302.

Chapitre 2

L'attribution de l'exercice de l'autorité parentale

1464. ***Parents.*** L'autorité parentale n'appartient qu'aux parents au sens de père et/ou de mère. Nul autre membre de la famille par le sang ne peut en être attributaire. Les grands-parents, s'ils bénéficient d'un droit de visite [1], ne sont jamais titulaires de l'autorité parentale, même après le décès de ses parents, puisque c'est alors la tutelle qui s'ouvre. De même, dans les familles recomposées, le beau-parent ne dispose d'aucune prérogative d'autorité parentale sur les enfants de son conjoint, alors même que par la communauté de vie avec eux il les éduque, les héberge, les nourrit, les soigne. Toutefois la loi du 4 mars 2002 permet un partage de l'exercice de l'autorité parentale [2].

1465. ***Mineur non émancipé.*** L'autorité parentale n'existe que pour autant qu'elle s'exerce sur un enfant mineur. L'accession à la majorité, dont l'âge fixé à 21 ans par le Code Napoléon a été abaissé à 18 ans en 1974, fait disparaître l'autorité parentale. L'enfant devient alors pleinement capable.

Deux observations nuancent cependant cet effet instantané de la majorité. D'un côté, suivant l'article 371 du Code civil, « *l'enfant, à tout âge, doit honneur et respect à ses père et mère* » [3]. Cette déclaration de valeur morale produit quelques conséquences juridiques. En particulier, l'un des enfants peut demander une indemnité, sur le fondement de l'enrichissement sans cause, pour l'aide et l'assistance apportées à ses parents dans les dernières années de leur existence lorsque celles-ci dépassent l'exécution du devoir de piété filiale [4].

D'un autre côté, jusqu'à l'âge de 21 ans, toute personne majeure éprouvant de graves difficultés d'insertion sociale a la faculté de demander au juge des enfants la prolongation ou l'organisation d'une action de protection judiciaire. Le jeune majeur est alors protégé comme s'il n'était pas encore pleinement autonome.

En outre, l'émancipation qui résulte d'une décision judiciaire soustrait le mineur de plus de seize ans à l'autorité parentale et lui confère la capacité d'accomplir tous les actes de la vie civile (C. civ., art. 413-1 s.) [5].

---

1. V. ss 1518.

2. V. ss 1525.

3. A. Sériaux, « Tes père et mère honoreras. » Réflexions sur l'autorité parentale en droit français contemporain : *RTD civ.* 1986. 265.

4. Civ. 1re, 14 mai 1992 : *D.* 1992. 247, note Eschylle ; *RTD civ.* 1993. 171, obs. Patarin ; Civ. 1re, 12 juill. 1994 : *RTD civ.* 1995. 407, obs. Patarin ; Civ. 1re, 5 janv. et 6 juill. 1999, *RTD civ.* 2000. 605, obs. J. Patarin ; Civ. 1re, 23 janv. 2001 : *Bull. civ.* I, n° 9 ; *RTD civ.* 2001. 349 obs. J. Hauser

5. L'émancipation peut également résulter du mariage (C. civ., art. 413) mais depuis que la loi du 4 avril 2006 relative à la violence au sein du couple a fixé l'âge de la majorité matrimoniale à 18 ans pour les filles comme pour les garçons, ce cas d'émancipation devrait être extrêmement rare puisque

1466. ***Autonomie de l'autorité parentale*****.** Depuis l'entrée en vigueur de la loi du 4 mars 2002, les règles relatives à l'autorité parentale sont indifférentes au statut du couple parental et aucune disposition relative à l'autorité parentale ne figure plus dans le titre du Code civil relatif au divorce.

Tenant compte de l'émergence, dans la société, d'une forte revendication de coparentalité, la loi du 4 mars 2002 met en œuvre les principes posés par la Convention internationale sur les droits de l'enfant, et notamment son article 18 selon lequel « *les deux parents ont une responsabilité commune pour ce qui est d'élever l'enfant et d'assurer son développement* ». C'est la raison pour laquelle la loi nouvelle pose d'abord des principes généraux gouvernant l'exercice de l'autorité parentale (Section 1) et envisage ensuite l'exercice de l'autorité parentale par les parents séparés (Section 2), pour enfin prévoir le partage de l'exercice de l'autorité parentale avec un tiers (Section 3).

Section 1

Principes généraux relatifs à la dévolution de l'exercice de l'autorité parentale

1467. Les dispositions du Code civil relatives à l'autorité parentale, contenues aux articles 371 à 374, organisent la dévolution de l'exercice de l'autorité parentale (§ 1), et sa mise en œuvre (§ 2).

§ 1. Dévolution de l'exercice de l'autorité parentale

1468. Depuis l'entrée en vigueur de la loi du 4 mars 2002 le principe est l'exercice en commun de l'autorité parentale pour tous les enfants (A), sous réserve de certaines hypothèses exceptionnelles dans lesquelles l'exercice de l'autorité parentale est dévolu à un seul parent (B).

A. Principe : l'exercice conjoint de l'autorité parentale

1469. ***Conséquence de la parenté*****.** L'article 372 du Code civil dispose, de manière générale, que « *les père et mère exercent en commun l'autorité parentale* ». La conception de l'autorité parentale comme une conséquence de la parenté, quelle que soit la nature de la filiation. Selon l'article 310 du Code civil : « *Tous les enfants dont la filiation est légalement établie ont les mêmes droits et les mêmes devoirs dans leurs rapports avec leurs père et mère. Ils entrent dans la famille de chacun d'eux* ».

1470. ***Généralisation*****.** L'exercice en commun de l'autorité parentale est désormais le principe dans toutes les familles, qu'il y ait ou non mariage des parents, dès lors que la filiation de l'enfant est établie à l'égard de ses deux parents. Il s'applique également à l'enfant adopté par deux époux (C. civ., art. 358).

---

limité aux hypothèses dans lesquelles le procureur de la République accordera une dispense pour célébrer le mariage d'un mineur en raison de motifs graves, conformément à l'article 145 du Code civil.

1471. ***Application de la loi dans le temps***. Le principe de l'exercice en commun de l'autorité parentale s'applique aux enfants nés antérieurement à l'entrée en vigueur de la loi du 4 mars 2002, dès lors qu'ils ont été reconnus par leurs père et mère dans l'année de leur naissance[1].

B. Exception : exercice unilatéral de l'autorité parentale

1472. ***Établissement tardif de la filiation***. Lorsqu'un enfant n'est reconnu que par l'un de ses deux parents, il va de soi que ce dernier exerce seul l'autorité parentale. Lorsque la filiation est établie par les deux parents de l'enfant, la loi du 4 mars 2002 a opéré un renversement de perspective. En effet, alors que la réforme de 1993 ne prévoyait un exercice conjoint de plein droit qu'à certaines conditions, la loi de 2002 pose le principe de l'exercice en en commun l'autorité parentale, et c'est seulement dans certaines circonstances que l'exercice de l'autorité parentale est unilatéral.

L'article 372, alinéa 2, apporte deux exceptions au principe de l'exercice en commun :

– lorsque la filiation a été établie à l'égard du second parent plus d'un an après la naissance de l'enfant dont la filiation est déjà établie à l'égard de l'autre parent ;

– lorsque la filiation est judiciairement établie à l'égard du second parent de l'enfant.

Il s'agit d'hypothèses dans lesquelles l'un des parents manifeste un désintérêt suffisant pour que l'on puisse présumer qu'il est de l'intérêt de l'enfant que l'autre parent soit seul investi de l'exercice de l'autorité parentale.

1473. ***Déclaration conjointe***. Dans les cas de reconnaissance tardive ou judiciaire de l'enfant, l'autorité parentale pourra néanmoins être exercée en commun si les père et mère en font la déclaration conjointe devant le greffier en chef du tribunal de grande instance, ou sur décision du juge aux affaires familiales (C. civ., art. 372, al. 3). Désormais les parents peuvent effectuer cette déclaration par courrier[2].

1474. ***Décès***. En cas de décès d'un parent, l'autorité parentale exercée conjointement se trouve en entier dévolue au parent survivant (C. civ. art. 373-1). Si le survivant décède à son tour, l'autorité parentale disparaît, puisqu'il n'y a plus de parents, et la tutelle s'ouvre (C. civ., art. 390). Quelques prérogatives sont alors transmises aux ascendants : droit de consentir au mariage (art. 150), ou de former opposition au mariage (art. 173). Le dernier vivant des père et mère peut désigner le tuteur de l'enfant (C. civ., art. 403) En l'absence de tutelle testamentaire, le tuteur de l'enfant est désigné par le Conseil de famille, les ascendants ne bénéficiant plus de la tutelle légale depuis l'entrée en vigueur de la loi n° 2007-308 du 5 mars 2007 (C. civ., art. 404).

Au décès de l'un des père et mère, est assimilé le cas où l'un d'eux se trouve privé de l'exercice de l'autorité parentale car il est hors d'état de manifester sa volonté, en raison de son incapacité, de son absence ou de toute autre cause (art. 373) ; dans cette hypothèse, l'exercice de l'autorité parentale est dévolu entièrement à l'autre parent (art. 373-1).

1475. ***Enfant confié à un tiers***. Toutefois, l'article 373-3 du Code civil permet au juge aux affaires familiales, dans des circonstances exceptionnelles, après séparation

1. Loi n° 2002-305 du 4 mars 2002, article 11.
2. Loi n° 2011-1862 du 13 décembre 2011 relative à la répartition des contentieux et à l'allègement de certaines procédures juridictionnelles, art. 21.

des parents de décider, même de leur vivant, qu'en cas de décès de celui d'entre eux qui exerce l'autorité parentale, que l'enfant ne sera pas confié au survivant. Il peut, dans ce cas, désigner la personne à laquelle l'enfant est provisoirement confié.

§ 2. Mise en œuvre de l'exercice de l'autorité parentale

1476. ***Parent qui n'exerce pas l'autorité parentale.*** Le parent qui n'exerce pas l'autorité parentale conserve le droit et le devoir de surveiller l'entretien et l'éducation de l'enfant, et doit être informé, en conséquence, des choix importants relatifs à la vie de ce dernier (C. civ., art. 373-2-1, al. 4). Il bénéficie, en outre, d'un droit de visite et d'hébergement.

1477. ***Codécision.*** Il se déduit du principe de coparentalité que toute décision suppose, *a priori*, l'accord des deux parents. Ainsi, chacun des parents doit-il solliciter l'accord de l'autre pour accomplir un acte relatif à l'autorité parentale, les père et mère disposant des mêmes pouvoirs.

1478. ***Présomption d'accord.*** Cependant, la loi s'est voulue pragmatique parce que l'autorité parentale ne peut, dans la pratique quotidienne, fonctionner avec le concours systématique des père et mère. Pour faciliter cet exercice, la loi a posé une présomption d'accord : « *à l'égard des tiers de bonne foi, chacun des parents est réputé agir avec l'accord de l'autre, quand il fait seul un acte usuel de l'autorité parentale relativement à la personne de l'enfant* » (C. civ., art. 372-2).

1479. ***Actes usuels.*** *L'acte usuel n'est pas défini par la loi. Toutefois on peut considérer qu'il s'agit* d'un acte qui n'engagerait pas l'avenir de l'enfant, en général de faible gravité. En feraient partie les demandes administratives : demandes de carte d'identité, inscription de l'enfant sur le passeport du parent[1], inscriptions dans les établissements scolaires déjà fréquentés par l'enfant, demandes de documents concernant l'enfant comme la délivrance de diplômes ou de certains états administratifs, ainsi que les actes à l'égard d'institutions ou de personnes privées lorsqu'il n'y a pas lieu à une appréciation de principe essentielle et que, d'autre part, aucun risque grave n'apparaît pour l'enfant (cours de vacances, associations sportives et organisations de sorties scolaires). Peut également constituer un acte usuel un acte médical courant ou habituel. En revanche, la présomption d'accord ne suffit pas en cas d'intervention chirurgicale, fût-elle qualifiée de bénigne. Ainsi, le médecin peut-il être condamné s'il procède à la circoncision de l'enfant sans s'assurer du consentement des deux parents[2]. Le Conseil d'État a pu considérer qu'était engagée la responsabilité disciplinaire d'un médecin ayant prescrit un antidépresseur à un mineur sans consentement des deux parents[3]. De même, les actes relatifs à la protection ou à l'exercice des droits de la personnalité de l'enfant excèdent le caractère usuel. Il en va de même du choix de la religion de l'enfant. Le changement d'établissement scolaire doit également faire l'objet d'un consentement des deux parents.

1. CE 8 févr. 1999, *Dr. fam.* 1999, comm. 40, obs. P. Murat ; *D.* 2000. 161, obs. F. Vauvillé ; 4 déc. 2002, *Dr. fam.* 2003, comm. 12, obs. P. Murat.
2. Lyon, 25 juill. 2007, *RTD civ.* 2008. 99, obs. J. Hauser.
3. CE 7 mai 2014, n° 359076

1480. ***Tiers de bonne foi***. Les tiers de bonne foi ne risquent pas de voir engager leur responsabilité si l'acte passé par un seul des parents est un acte usuel. Ils l'engageraient en revanche, et l'acte pourrait être annulé, s'ils avaient eu connaissance du désaccord des parents, directement ou même indirectement. La bonne foi se présumant, il appartient à celui qui entend attaquer l'acte de prouver la mauvaise foi du tiers.

1481. ***Présomption***. Même pour les actes usuels l'accord de l'autre parent n'est que présumé et un parent peut manifester son opposition à l'acte envisagé. L'acte ne pourra être réalisé. L'égalité des père et mère ayant pour conséquence qu'en cas de désaccord, l'avis de l'un d'eux ne peut l'emporter, le parent le plus diligent pourra saisir le juge aux affaires familiales.

1482. ***Saisine du juge aux affaires familiales***. Selon l'article 373-2-6 du Code civil, le juge aux affaires familiales « *règle les questions qui lui sont soumises dans le cadre du présent chapitre en veillant spécialement à la sauvegarde des intérêts des enfants mineurs* ». La généralité de ce texte permet de considérer que le juge aux affaires familiales a compétence pour trancher les conflits parentaux résultant d'un exercice en commun de l'autorité parentale [1].

Section 2
Exercice de l'autorité parentale par les parents séparés

1483. ***Couples mariés ou non***. La rupture du couple contraint les parents à organiser les relations de chacun d'eux avec leurs enfants. Pour les couples mariés, cette organisation est déterminée dans le jugement de divorce. Les couples non mariés peuvent également demander au juge aux affaires familiales d'organiser ces relations.

1484. ***Autonomie de l'autorité parentale par rapport au divorce***. Depuis 2002, les règles relatives à l'exercice de l'autorité parentale par les parents séparés sont les mêmes que le couple ait été ou non marié. Dans les dispositions relatives au divorce ne subsiste plus qu'un article 286 qui dispose : « *les conséquences du divorce pour les enfants sont réglées selon les dispositions du chapitre I du Titre IX du présent Livre* ». Il persiste toutefois une exception à la séparation des règles relatives à l'autorité parentale et celles relatives au divorce. En effet, le Code civil continue d'affirmer que dans le divorce par consentement mutuel des époux, le juge aux affaires familiales peut refuser de prononcer le divorce « *s'il constate que la convention préserve insuffisamment les intérêts des enfants ou de l'un des époux* » (art. 232, al. 2). Il est permis d'en déduire que dans cette forme de divorce, la loi exige toujours un accord global des époux, qui devra être homologué par le juge, accord portant aussi bien sur le principe du divorce que sur ses effets, lesquels concernent les époux et leurs enfants. C'est aussi dans ce droit commun de l'autorité parentale que la loi du 4 mars 2002 a réglé le sort de la contribution à l'entretien et à l'éducation de l'enfant, qui sera étudié dans le titre suivant [2].

---

1. Civ. 1re, 8 nov. 2005, pourvoi n° 02-18360, *Dr. fam.* 2006, comm. 28, obs. A. Gouttenoire.
2. V. ss 1589 s.

1485. ***Conventions parentales*****.** Les parents peuvent se mettre d'accord au moment de la séparation pour organiser leurs relations 381-1respectives avec leur(s) enfants, dans le cadre d'accords parentaux non judiciaires, toutefois, ces accords n'auront pas de force obligatoire. Dans la plupart des hypothèses c'est une décision judiciaire qui fixe les modalités de ces relations, dont il convient d'examiner le régime (§ 1), le contenu (§ 2) et les critères (§ 3).

§ 1. Régime de la décision judiciaire relative à l'exercice de l'autorité parentale par les parents séparés

1486. ***Compétence du juge aux affaires familiales*****.** Le Code civil, dans la section relative à l'exercice de l'autorité parentale, contient un paragraphe 3 intitulé « *De l'intervention du juge aux affaires familiales* » (art. 373-2-6 à 373-2-13). Ce juge du tribunal de grande instance, délégué aux affaires familiales, connaît de toutes les actions liées à l'exercice de l'autorité parentale. L'article 1070 du Code de procédure civile prévoit que le juge territorialement compétent est en principe celui de la résidence de la famille ou de la résidence du parent avec lequel vivent les enfants. Les mesures portant sur l'exercice de l'autorité parentale et la contribution à l'entretien de l'enfant sont exécutoires de droit à titre provisoire (C. pr. civ., art. 1074-1). Dans toutes les procédures, le juge aux affaires familiales est le juge de la mise en état, le cas échéant, et il exerce aussi les fonctions de juge des référés (art. 1073). Les demandes sont formées, instruites et jugées en chambre du conseil (art. 1074). Lorsqu'il statue sur l'exercice de l'autorité parentale, le juge aux affaires familiales vérifie si une procédure d'assistance éducative est ouverte à l'égard du ou des mineurs. Le cas échéant il peut demander au juge des enfants de lui transmettre copie de pièces du dossier en cours (C. pr. civ., art. 1072-1).

1487. ***Caractère provisoire*****.** Selon l'article 373-2-13 du Code civil, les décisions relatives à l'exercice de l'autorité parentale peuvent à tout moment être modifiées ou complétées par le juge, à la demande d'un parent ou du ministère public, qui peut lui-même être saisi par un tiers, parent ou non. L'intérêt de l'enfant exige, en effet, une mise à jour permanente du régime de l'autorité parentale et impose, par voie de conséquence, le caractère provisoire de toute décision concernant l'éducation de l'enfant. Le juge aux affaires familiales peut être saisi par simple requête, datée et signée par celui qui la présente ou son avocat. Le juge statue sans formalités et sa décision est exécutoire à titre provisoire. Toutefois, elle est susceptible d'appel dans les quinze jours de sa notification.

1488. ***Médiation*****.** L'article 373-2-10, alinéa 2, du Code civil permet au juge de proposer aux parties une mesure de médiation et, après avoir recueilli leur accord, il peut désigner un médiateur familial pour y procéder. Le magistrat peut également enjoindre aux parents de rencontrer un médiateur familial qui les informera de l'objet et du déroulement de la médiation (C. civ., art. 373-2-10, al. 3). Le vœu du législateur, en offrant au juge la possibilité d'imposer aux parents une première rencontre avec un médiateur, est l'espoir que les parents étant dûment informés des avantages de cette mesure, ils seront naturellement conduits à tenter d'y avoir recours.

La loi n° 2011-1862 du 13 décembre 2011 relative à la répartition des contentieux et à l'allégement de certaines procédures juridictionnelles impose, à titre expérimental, dans certains tribunaux déterminés par arrêté [1], le recours préalable à la médiation avant de demander au juge de modifier les modalités d'exercice de l'autorité parentale ou de la contribution à l'entretien et à l'éducation des enfants. Le recours à la médiation n'est cependant pas obligatoire cas de motif légitime ou si, en raison des délais d'obtention d'un rendez-vous avec le médiateur, les parties courent le risque de se voir priver de leur droit d'accéder au juge dans un délai raisonnable ou lorsque la demande émane conjointement des deux parents afin de solliciter l'homologation d'une convention. En outre, la loi n° 2016-1547 du 17 novembre 2016 a exclu la médiation si des violences ont été commises par l'un des parents sur l'autre parent ou sur l'enfant.

§ 2. Contenu de la décision judiciaire relative à l'exercice de l'autorité parentale par les parents séparés

1489. ***Maintien du lien de l'enfant avec ses deux parents***. L'article 373-2 du Code civil qui introduit le paragraphe du Code intitulé « *De l'exercice de l'autorité parentale par les parents séparés* », dispose que « *La séparation des parents est sans incidence sur les règles de dévolution de l'exercice de l'autorité parentale. Chacun des père et mère doit maintenir des relations personnelles avec l'enfant et respecter les liens de celui-ci avec l'autre parent* ».

1490. C'est à la lumière de ces principes généraux que, saisi par des parents qui se séparent, le juge aux affaires familiales détermine le mode d'exercice de l'autorité parentale, la résidence de l'enfant et le droit de visite et d'hébergement du parent chez qui l'enfant ne vit pas.

A. Exercice de l'autorité parentale

1491. ***Principe de l'exercice en commun***. Dès lors que le principe de coparentalité domine désormais l'exercice de l'autorité parentale, parce que l'intérêt de l'enfant est d'être élevé par ses deux parents, il est logique d'en déduire que leur séparation ne doit pas altérer l'exercice en commun de l'autorité parentale. En conséquence, que les parents aient été ou non mariés, le principe reste l'exercice en commun de l'autorité parentale après la séparation sans que le juge n'ait à rechercher si l'exercice en commun de l'autorité parentale est ou non la meilleure solution pour l'enfant.

1492. ***Exercice unilatéral exceptionnel***. En vertu de l'article 373-2-1 le juge peut écarter l'exercice en commun de l'autorité parentale à l'issue de la séparation si l'intérêt de l'enfant le commande, à condition de s'en expliquer dans sa décision. La Cour de cassation vérifie que les juges du fond motivent particulièrement leur décision fixant un

1. Arr. n° AFSS1311619A du 16 mai 2013, désignant les juridictions habilitées à expérimenter la tentative de médiation familiale préalable à toute demande de modification de décisions relatives aux modalités de l'exercice de l'autorité parentale, à la contribution, à l'entretien et à l'éducation de l'enfant ainsi qu'aux dispositions contenues dans la convention homologuée, NOR : JUSB1312259A, *JO* 31 mai, p. 8959. Il s'agit des tribunaux de grande instance de Bordeaux et d'Arras.

exercice unilatéral de l'autorité parentale [1]. Cette décision est fréquemment motivée par un désintérêt de l'un des parents, l'impossibilité pour les parents de collaborer dans l'intérêt de l'enfant ou encore le non-respect manifeste par un parent des droits de l'autre [2]. L'exercice unilatéral de l'autorité parental peut également être fondé sur le comportement violent ou négligent pour l'enfant, de l'un des parents, l'exercice de l'autorité parentale par ce parent constituant alors un danger pour l'enfant. L'intérêt de l'enfant à ce que l'exercice de l'autorité parentale soit confié exclusivement à l'un des parents doit être apprécié *in concreto* par le juge. Le juge ne doit pas apprécier l'intérêt de l'enfant, dans le cadre d'une procédure relative à l'autorité parentale, en fonction de l'orientation sexuelle [3] ou religieuse [4] de chacun des parents.

B. Résidence de l'enfant

1493. ***Alternative***. L'article 373-2-9, alinéa 1er, du Code civil, issu de la loi n° 2002-305 du 4 mars 2002, prévoit que la résidence de l'enfant peut être fixée en alternance au domicile de chacun de ses parents, ou au domicile de l'un d'entre eux. À titre exceptionnel, le juge également confier l'enfant à un tiers après la séparation (art. 373-3, al. 2).

1494. ***Résidence alternée***. Depuis l'entrée en vigueur de la loi du 4 mars 2002, la résidence alternée constitue la première des branches de l'alternative offerte au juge, et aux parents, lorsqu'ils doivent fixer la résidence de l'enfant. En 2012, la résidence alternée était fixée dans 17 % des décisions relatives à l'autorité parentale, cette proportion s'élevant à 30 % dans les divorces par consentement mutuel [5]. Même s'il est préférable, que la résidence alternée soit fondée sur un accord des parents, elle n'est toutefois pas subordonnée à un tel accord.

1495. ***Débat***. Les avis restent partagés sur ce mode d'exercice de l'autorité parentale. Au cours des travaux parlementaires relatifs à la loi du 4 mars 2002, il a été mis en relief les contraintes d'organisation qu'impose la résidence alternée : domiciles proches, logements adéquats, contacts permanents entre les parents. S'y ajoute le dépassement nécessaire du conflit parental. Les spécialistes de l'enfance ont, sur le même sujet, des opinions assez diverses. Mais l'affirmation du principe de coparentalité devait logiquement conduire le législateur à consacrer ce mode de résidence de l'enfant. En outre, certains ont invoqué, en faveur de sa reconnaissance, les dispositions de la Convention européenne des droits de l'Homme relatives au respect de la vie privée et à l'interdiction des discriminations. Enfin, la résidence alternée peut être considérée comme le prolongement législatif des obligations imposées par la Convention internationale sur les droits de l'enfant, qui reconnaît le droit des enfants d'entretenir régulièrement des relations et des contacts personnels avec ses deux parents.

1496. ***Modalités***. L'alinéa 2 de l'article 373-2-9 permet [6] au juge, en cas de désaccord, de l'ordonner « *à titre provisoire* » pour une durée déterminée, au terme de laquelle il

1. Civ. 1re, 9 juill. 2008, pourvois n° 07-19217 et 07-19218.
2. H. Fulchiron et A. Gouttenoire, *Rép. civ.*, Dalloz, v° *Autorité parentale*, 2015 nos 188 s.
3. CEDH 21 déc. 1999, *Salgueiro Da Silva Mouta c/ Portugal*, *RTD civ.* 2000. 433, obs. J. Hauser.
4. CEDH 23 juin 1993, *Hoffmann c/ Autriche*, *D.* 1994. 326, obs. J. Hauser.
5. *Infostat Justice* n° 132, janv. 2015.
6. La Cour de cassation a précisé qu'il ne s'agissait pas pour le juge d'une obligation (Civ. 1re, 14 févr. 2006, pourvoi n° 05-13.202, *RTD civ.* 2006. 300, obs. Hauser ; *RJPF* 2006. 27, obs. Eudier).

statue définitivement sur la résidence de l'enfant. À l'inverse, l'accord des parents sur une résidence alternée n'exclut pas le contrôle d'opportunité du juge sur le principe et les modalités de la résidence alternée prévue par les parents, les magistrats n'hésitant pas à rappeler que la résidence alternée doit avant tout être justifiée par l'intérêt de l'enfant. Le rythme de la résidence alternée est laissé par la loi à l'appréciation du juge, qui le plus souvent entérine l'accord des parents. La résidence alternée n'implique pas nécessairement un partage égalitaire du temps de garde de chaque parent[1]. La loi belge du 18 juillet 2006 a, à l'inverse, imposé le principe d'un partage égalitaire du temps de l'enfant entre ses deux parents[2].

1497. ***Effets***. Selon l'article 196 du Code général des impôts, en cas de résidence alternée et sauf accord contraire des parents, le bénéfice de la majoration du quotient familial est partagé entre eux. Lorsque l'enfant réside alternativement chez ses parents, ces derniers partagent en principe les allocations familiales, sauf s'ils décident de faire autrement (CSS, art. R. 522-1).

1498. ***Résidence de l'enfant chez un de ses parents***. La détermination de la résidence de l'enfant chez l'un ou l'autre de ses parents peut relever d'un accord des parents ou d'une décision du juge qui dispose alors d'un pouvoir souverain d'appréciation. Comme toutes les décisions relatives à l'autorité parentale, la détermination de la résidence doit être fondée sur l'intérêt supérieur de l'enfant et nécessite un examen des circonstances concrètes de la vie de l'enfant Dans un arrêt 13 avril 2010[3], la Cour de cassation casse l'arrêt d'appel qui avait fixé la résidence de l'enfant chez sa mère en se fondant sur une motivation essentiellement centrée sur la mère et la légitimité de celle-ci à passer du temps avec son enfant après avoir vécu à l'étranger en laissant ce dernier à son père. Cette justification de la décision n'était à l'évidence pas suffisamment centrée sur l'intérêt de l'enfant qui n'apparaissait pas formellement dans le raisonnement du juge.

1499. ***Fratrie***. L'article 371-5 du Code civil selon lequel l'enfant ne peut être qu'exceptionnellement séparé de ses frères et sœurs[4] est appliqué à la détermination de la résidence des enfants dans le cadre d'une séparation parentale. Le principe est celui de la vie commune des frères et sœurs ; seule la démonstration que l'intérêt de l'enfant commande de séparer la fratrie permet de l'écarter[5].

1500. ***Déménagement***. Pour maintenir les liens de l'enfant avec ses deux parents, l'article 373-2, alinéa 3, du Code civil rend obligatoire l'information préalable de l'autre parent en cas de déménagement susceptible de changer les conditions de l'exercice de l'autorité parentale. Cette information doit être préalable et donnée en temps utile. En cas de désaccord, le parent le plus diligent peut saisir le juge aux affaires familiales qui statuera selon ce qu'exige l'intérêt de l'enfant. Il est même prévu que le juge doit

---

1. Civ. 1re, 25 avr. 2007, *AJ fam*. 2007. 276, obs. Chénedé, *RTD civ*. 2007. 560, obs. Hauser.
2. S. Hiernaux, « La loi du 18 juillet 2006 tendant à privilégier l'hébergement égalitaire de l'enfant dont les parents sont séparés et réglementant l'exécution forcée en matière d'hébergement de l'enfant », *RTD fam*., Larcier, Bruxelles, 2007, p. 9.
3. 14-24.841 ; *RJPF* 2016-5/29, obs. A. Cheynet de Beaupré.
4. P. Murat, « La loi du 30 décembre 1996 relative au maintien des liens entre frères et sœurs ou comment resurgit la question des droits de l'enfant », *Dr. fam*. 1997. 4.
5. Civ. 1re, 19 nov. 2009, pourvoi nº 09-68.179, *D*. 2010. Pan. 1904, obs. A. Gouttenoire et P. Bonfils.

répartir les frais de déplacement et ajuster en conséquence le montant de la contribution à l'entretien et à l'éducation de l'enfant (art. 373-2, al. 3). L'obligation d'information préalable du changement de résidence est sanctionnée par l'article 227-6 du Code pénal en vertu duquel « *le fait pour toute personne qui transfère son domicile en un autre lieu alors que ses enfants résident habituellement chez elle, de ne pas notifier son changement de domicile, dans un délai d'un mois à compter de ce changement, à ceux qui peuvent exercer à l'égard des enfants un droit de visite ou d'hébergement en vertu d'un jugement ou d'une convention judiciairement homologuée est puni de six mois d'emprisonnement et de 7 500 euros d'amende* ». En outre, le juge aux affaires familiales pourra indirectement sanctionner le parent qui n'a pas procédé à l'information nécessaire en modifiant les conditions de l'exercice de l'autorité parentale, au détriment du parent ayant manqué à son obligation d'information. L'objectif est d'éviter les coups de force, dans la mesure où le juge peut intervenir avant que l'enfant ne se soit adapté à son nouveau milieu de vie. C'est pourquoi le juge de l'ancienne résidence de l'enfant doit rester compétent en cas de non-information de l'autre parent.

1501. ***Responsabilité***. La responsabilité des parents du fait de leur enfant fondée sur l'article 1384, alinéa 4, du Code civil incombe au seul parent chez lequel la résidence habituelle de l'enfant est fixée, même en cas d'exercice en commun de l'autorité parentale et lorsque le dommage est commis lors du droit de visite de l'autre parent[1].

1502. ***Résidence chez un tiers***. Selon l'article 373-3, alinéa 2, du Code civil : « *Le juge peut, à titre exceptionnel et si l'intérêt de l'enfant l'exige, notamment lorsqu'un des parents est privé de l'exercice de l'autorité parentale, décider de confier l'enfant à un tiers, choisi de préférence dans sa parenté* »[2]. Le juge aux affaires familiales peut également, au moment de la séparation, prévoir que, en cas de décès du parent qui exerce l'autorité parentale ou chez qui la résidence de l'enfant a été fixée, l'enfant sera confié à un tiers. Une telle demande peut également lui être faite après le décès du parent. Le tiers qui souhaite se voir confier l'enfant ne peut saisir directement le juge aux affaires familiales et doit passer par l'intermédiaire du ministère public[3]. La personne à qui l'enfant a été confié « *accomplit tous les actes usuels relatifs à sa surveillance et à son éducation* » (C. civ., art. 373-4).

C. Droit de visite et d'hébergement

1503. ***Maintien des liens de l'enfant avec ses deux parents***. Le maintien des relations de l'enfant avec ses deux parents séparés constitue une obligation pour les parents, « *Chacun des père et mère doit maintenir des relations personnelles avec l'enfant et respecter les liens de celui-ci avec l'autre parent* » (art. 373-2) et pour le juge aux affaires familiales, « *le juge peut prendre les mesures permettant de garantir la continuité et l'effectivité du maintien des liens de l'enfant avec chacun de ses parents* » (art. 373-2-6, al. 2). Il s'agit de la mise en œuvre d'une obligation souscrite par la France lorsqu'elle a ratifié la Convention internationale sur les droits de l'enfant : « *les États parties respectent le*

1. Crim. 6 nov. 2012, pourvoi n° 11-86.857, *Dr. fam.* 2013, comm. n° 35, obs. S. Rouxel ; *JCP* 2012. 50, obs. C. Coutant-Lapalus.
2. Civ. 1re, 14 nov. 2007, pourvoi n° 06-18.104.
3. Civ. 1re, 25 févr. 2009, *D.* 2009. 1918, obs. Gouttenoire et Bonfils.

droit de l'enfant séparé de ses deux parents ou de l'un d'eux d'entretenir régulièrement des relations personnelles et des contacts directs avec ses deux parents, sauf si cela est contraire à l'intérêt supérieur de l'enfant » (art. 9, § 3).

1504. ***Parent chez qui l'enfant ne réside pas***. La loi prévoit que soit fixé un droit de visite et d'hébergement dans le cadre de l'exercice en commun de l'autorité parentale (C. civ., art. 373-2-9, al. 3)[1] comme dans le cadre de l'exercice unilatéral (C. civ., art. 373-2-1) au profit du parent chez qui l'enfant ne réside pas. L'étendue et les modalités d'exercice des droits de visite et d'hébergement sont déterminées par le juge ou par les parents sous le contrôle du juge

1505. ***Motifs graves***. Seul un motif grave peut permettre au juge de priver le parent chez qui l'enfant ne réside pas de droit de visite et d'hébergement. Ce critère, prévu par la loi dans le cadre de l'exercice unilatéral de l'autorité parentale (C. civ. art. 373-2-1), a été repris par la jurisprudence dans le cadre de l'exercice en commun de l'autorité parentale[2]. La Cour européenne des droits de l'Homme affirme que la suppression du droit de visite d'un parent ne saurait se fonder sur les convictions religieuses de celui-ci.

1506. ***Espace de rencontre***. La loi n° 2007-293 du 5 mars 2007 a prévu la possibilité pour le juge aux affaires familiales d'organiser le droit de visite dans un espace de rencontre[3] désigné à cet effet « *lorsque, conformément à l'intérêt de l'enfant, la continuité et l'effectivité des liens de l'enfant avec le parent qui n'a pas l'exercice de l'autorité parentale l'exigent* » (C. civ., art. 373-2-1 ; dans le même sens C. civ., art. 373-2-9, al. 3, en cas d'exercice en commun de l'autorité parentale). Le décret n° 2012-1312 du 27 novembre 2012 relatif à la fixation par le juge de l'exercice du droit de visite dans un espace de rencontre impose au juge de fixer la durée de la mesure, sa périodicité et la durée des rencontres. Sa décision peut à tout moment être modifiée ou rapportée, d'office, à la demande des parties ou du ministère public[4]. Le juge qui décide l'exercice d'un droit de visite dans un espace rencontre doit fixer la durée de la mesure[5].

1507. ***Remise de l'enfant***. L'article 373-2-1 du Code civil prévoit depuis la loi n° 2010-769 du 9 juillet 2010 relative aux violences faites spécifiquement aux femmes, aux violences au sein des couples et aux incidences de ces dernières sur les enfants que « *lorsque l'intérêt de l'enfant le commande ou lorsque la remise directe de l'enfant à l'autre parent présente un danger pour l'un d'eux, le juge en organise les modalités pour qu'elle*

---

1. La Cour de cassation a précisé que le juge doit obligatoirement fixé un droit de visite et d'hébergement en cas d'exercice en commun de l'autorité parentale nonobstant le silence des parties sur ce point : Civ. 1re, 23 nov. 2011, *Lexbase, Hebdo*, éd. privé, n° Lxb N9279BSH.

2. Civ. 1re, 14 mars 2006, pourvoi n° 05-13.360, *D.* 2006. 1947, note Huyette, *RTD civ.* 2006. 299, obs. Hauser.

3. Décret n° 2012-1153 du 15 octobre 2012 relatif aux espaces de rencontre destinés au maintien des liens entre un enfant et ses parents ou un tiers.

4. L. Gebler, Les points « rencontre », *AJ fam.* 2013. 171. Dans un arrêt du 18 mars 2015 (Civ. 1re, 18 mars 2015, n° 14-14.717RJPF 2015-5/30 obs. I. Corpart), la Cour de cassation approuve la cour d'appel qui a motivé le maintien du droit de visite dans un point rencontre, toutes les trois semaines, par le fait que «*lors des visites de leur mère, les enfants avaient manifesté des besoins d'accompagnement*» mettant cœur de son analyse le ressenti de l'enfant. Dans cette décision, la cour d'appel avait également invoqué l'état de santé psychique de la mère qui restait fluctuant et ses relations avec le service qui s'était dégradées, pour maintenir le placement des enfants.

5. Civ. 1re, 28 janv. 2015, n° 13-27983, *AJ fam.* 2015. 162.

présente toutes les garanties nécessaires. Il peut prévoir qu'elle s'effectue dans un espace de rencontre qu'il désigne, ou avec l'assistance d'un tiers de confiance ou du représentant d'une personne morale qualifiée ». Cette possibilité s'inscrit dans l'hypothèse où un parent qui a exercé des violences contre son conjoint, concubin ou partenaire, se verrait attribuer un droit de visite et d'hébergement à l'égard de son enfant. La remise de l'enfant peut ainsi avoir lieu en lieu neutre sans pour autant que le droit de visite lui-même soit médiatisé.

1508. ***Sanction***. Les droits de chacun des parents sont garantis par un certain nombre de dispositions pénales. Le fait pour un parent de ne pas laisser l'autre exercer son droit de visite est constitutif de non-représentation d'enfant (C. pén., art. 227-5) de même que le fait pour un parent de ne pas ramener l'enfant à l'issue de son droit de visite.

1509. ***Effectivité***. Le principe du maintien des relations de l'enfant avec ses deux parents séparés a conduit la Cour européenne à imposer aux États l'obligation positive de prendre les mesures propres à assurer l'exécution du droit de visite du parent non hébergeant. Dans plusieurs arrêts (*Fourchon c/France*, 28 sept. 2005 ; *Bove c/Italie*, 30 juin 2005 ; *Reigado Ramos c/Portugal*, 22 nov. 2005)[1], la Cour vérifie si l'on peut reprocher aux autorités une responsabilité fautive dans le défaut d'exécution du droit de visite. Elle considère cependant que l'obligation des autorités nationales de prendre des mesures positives pour réunir l'enfant et son parent n'est pas absolue et que leur recours à la coercition en la matière est limité, au regard de l'intérêt supérieur de l'enfant. Dans l'arrêt *Mitrova et Savik c/ République de Macédoine* du 11 février 2016, elle admet que les autorités étatiques puissent prononcer et faire exécuter une peine d'emprisonnement à l'encontre d'une mère qui a persisté pendant plusieurs années à ne pas respecter le droit de visite du père de son enfant malgré plusieurs procédures et décisions visant à l'y contraindre.

1510. ***Déplacement illicite d'enfant***. Pour garantir le maintien des liens de l'enfant avec ses deux parents, le juge aux affaires familiales peut notamment interdire à un parent de sortir l'enfant du territoire national sans l'accord de l'autre (C. civ., art. 373-2-6, al. 3, mod. L. n° 2010-769 du 9 juill. 2010). Cette interdiction de sortie du territoire sans l'autorisation des deux parents est inscrite au fichier des personnes recherchées par le procureur de la République, à la demande du greffe du juge aux affaires familiales qui a pris la décision[2] ; elle doit être justifiée par un risque suffisant de déplacement illicite de l'enfant[3]. Cette mesure s'inscrit dans la politique de lutte contre les enlèvements internationaux d'enfants, notamment fondée sur la Convention de La Haye du 25 octobre 1980 sur l'enlèvement international d'enfants et réglementée dans le cadre du règlement communautaire du 27 novembre 2003, relatif à la compétence, la reconnaissance et l'exécution des décisions en matière matrimoniale. L'objectif principal du dispositif consiste à assurer le retour immédiat des enfants déplacés ou retenus illicitement et à faire respecter effectivement dans les autres États les droits de garde et de visite accordés dans un État.

---

1. *GACEDH*, comm. n° 52, p. 599 ; CEDH 6 déc. 2011, *Cengiz-Kilic c/ Turquie* (*Dr. fam.* 2012, étude n° 6, obs. A. Gouttenoire) ; *Prizzia c/ Hongrie* du 11 juin 2013 req. n° 20255/12 (*AJ fam.* 2013. 439 obs. C. Baudouin) ; *Polidario c/ Suisse* du 30 juill. 2013, req. n° 33169/10 *AJ fam.* 2013. 575, obs. E. Viganotti.

2. Décret n° 2012-1037 du 10 septembre 2012 relatif à la mise en œuvre de l'interdiction de sortie du territoire du mineur sans l'autorisation des deux parents.

3. Civ. 1re, 3 mars 2010, pourvoi n° 08-21.059.

La Cour européenne des droits de l'Homme impose aux États l'obligation positive de prendre toutes les mesures nécessaires pour assurer le retour de l'enfant déplacé[1].

§ 3. Critères de la décision judiciaire relative à l'autorité parentale

1511. ***Éléments que le juge prend en considération***. L'article 373-2-11 du Code civil contient une liste des éléments que le juge aux affaires familiales doit prendre en compte lorsqu'il se prononce sur les modalités d'exercice de l'autorité parentale, cette liste n'étant pas exhaustive : pratique et accord parentaux, sentiments de l'enfant, aptitude de chacun des parents à respecter les droits de l'autre, résultats des expertises et enquêtes. Depuis la loi du 9 juillet 2010 relative aux violences familiales, elle contient aussi les pressions ou violences, à caractère physique ou psychologique, exercées par l'un des parents sur la personne de l'autre. Par ailleurs, même s'il ne figure pas dans la liste de l'article 373-2-11 du Code civil, l'intérêt supérieur de l'enfant est le critère incontournable de décision du juge aux affaires familiales en matière d'autorité parentale.

1512. ***Intérêt supérieur de l'enfant***. En matière d'autorité parentale, l'article 373-2-6 dispose que « *le juge aux affaires familiales règle les questions [...] en veillant spécialement à la sauvegarde des intérêts de l'enfant* ». Après le revirement de jurisprudence admettant l'applicabilité directe de certaines dispositions de la Convention internationale des droits de l'enfant du 18 mai 2005 et particulièrement de l'article 3-1 qui impose la primauté de l'intérêt supérieur de l'enfant dans toute décision le concernant, la Cour de cassation a imposé aux juges du fond une référence systématique à l'intérêt supérieur de l'enfant dans toutes les décisions relatives à l'autorité parentale[2]. L'intérêt de l'enfant sur lequel le juge se fonde en matière d'autorité parentale doit être apprécié *in concreto*[3].

1513. ***Accords et pratiques parentales***. L'article 373-2-11 du Code civil place, en première position, la pratique des parents et leurs accords dans la liste des éléments que le juge doit prendre en considération lorsqu'il se prononce sur les modalités d'exercice de l'autorité parentale. Il s'agit, en fait, de prolonger les accords intervenus antérieurement entre les parents et que le juge peut décider de maintenir s'il estime qu'aucun autre élément ne le conduit à modifier cette pratique. C'est une façon aussi d'assurer pour l'enfant une certaine stabilité, du moins si cette pratique était conforme à son intérêt. L'article 373-2-7 du Code civil permet en outre aux parents d'organiser les modalités de l'exercice de l'autorité parentale par une convention judiciairement homologuée. Le juge apprécie si la convention respecte l'intérêt de l'enfant et peut, si tel n'est pas le cas, refuser d'homologuer la convention.

---

1. *GACEDH*, comm. n° 52, p. 597.
2. Civ. 1re, 8 et 22 nov. 2005, *Dr. fam.* 2006, comm. n° 28, obs. A. Gouttenoire ; Civ. 1re, 13 mars 2007, pourvois n° 06-17869 et 06-12655, *D.* 2007. Pan. 2192, obs. Gouttenoire et P. Bonfils ; *RTD civ.* 2007. 330 obs. J. Hauser ; Civ. 1re, 8 et 22 nov. 2005, *Dr. fam.* 2006, comm. n° 28, obs. Gouttenoire ; Civ. 1re, 13 mars 2007, deux arrêts, n° 06-17.869 et n° 06-12.655, <ref type=»rev» refid=»RECUEIL/OBS/2008/0403»>*D.* 2007. Pan. 2192, obs. A. Gouttenoire</ref>, *RTD civ.* 2007. 330, obs. Hauser ; Civ. 1re, 13 avr. 20614-24.841 ; *RJPF* 2016-5/29, obs. A. Cheynet de Beaupré
3. CEDH 16 déc. 2003, *Palau Martinez c/ France*, *AJ fam.* 2004. 62, obs. Plana, *D.* 2004. 1261. Comm. Boulanger, *JCP* 2004. II. 10122, note A. Gouttenoire.

1514. ***Respect des droits de l'autre parent.*** Ce critère de décision, destiné à responsabiliser les parents, permet au juge aux affaires familiales de tenir compte des cas où l'un des parents s'éloigne de l'autre en emmenant les enfants, ou des parents qui ne respectent pas le rythme des changements de résidence en cas d'exercice en commun de l'autorité parentale, ou qui ne se plient pas au rythme des droits de visite et d'hébergement en cas d'exercice unilatéral. La prise en compte de l'aptitude d'un parent à respecter les droits de l'autre imposée par la loi en 2002 consacre une tendance déjà remarquée chez les juges aux affaires familiales à sanctionner le parent qui dénigre l'autre aux yeux de l'enfant. La Cour de cassation a mis en œuvre cette disposition dans un arrêt du 4 juillet 2006 [1] concernant une affaire dans laquelle la mère avait emmené les enfants en secret et sans concertation avec le père. Elle casse l'arrêt d'appel qui avait fixé la résidence des enfants chez la mère en lui reprochant de ne pas avoir recherché si le comportement de celle-ci ne traduisait pas son refus de respecter le droit des enfants à entretenir des relations régulières avec leur père. Le juge aux affaires familiales peut aussi fonder le transfert de la résidence de l'enfant chez son père lorsque la mère entretient le conflit conjugal dans une proportion susceptible de porter atteinte à l'intérêt de l'enfant [2].

Lorsque le conflit aboutit à placer l'enfant dans une situation de danger au sens de l'article 375 du Code civil, le juge des enfants peut être compétent, même après que le juge aux affaires familiales soit intervenu, dès lors qu'un élément nouveau le justifie (C. civ., art. 375-3) [3].

1515. ***Enquêtes et expertises.*** L'article 373-2-11, 4° et 5°, du Code civil vise les expertises et les enquêtes sociales. Cette dernière mesure, particulièrement adaptée aux procédures relatives à l'autorité parentale est prévue par l'article 373-2-12 du Code civil selon lequel « *Avant toute décision fixant les modalités de l'exercice de l'autorité parentale et du droit de visite ou confiant les enfants à un tiers, le juge peut donner mission à toute personne qualifiée d'effectuer une enquête sociale. Celle-ci a pour but de recueillir des renseignements sur la situation de la famille et les conditions dans lesquelles vivent et sont élevés les enfants* ». La personne qui effectue l'enquête doit indiquer les mesures qu'il y a lieu de prendre dans l'intérêt des enfants. Cette enquête revêt, en pratique, une grande importance car c'est bien souvent le seul élément de décision dont dispose le juge lorsque les époux ne sont pas d'accord. Le juge n'est pas cependant pas tenu d'ordonner une enquête sociale. La nécessité, imposée par la Cour EDH, d'apprécier la situation de l'enfant *in concreto* devrait toutefois renforcer l'utilité de l'enquête sociale. Dans l'arrêt *Palau Martinez c/France du 16 décembre 2003* [4], La Cour européenne a reproché à une cour d'appel son refus d'ordonner une enquête sociale lorsque celle-ci était le seul moyen de connaître concrètement l'influence que l'appartenance de la mère à un mouvement religieux pouvait avoir sur les conditions de vie et d'éducation de l'enfant. Le juge peut également s'appuyer sur les résultats des expertises médico-psychologiques qu'il a pu ordonner, et notamment lorsque l'enfant ne peut exprimer ses sentiments dans les conditions prévues à l'article 388-1,

1. Civ. 1re, 4 juill. 2006, *Dr. fam.* 2006, comm. n° 188, obs. Murat.
2. Civ. 1re, 18 déc. 2014, n° 14-10.041.
3. Par exemple Civ. 1re, 4 mars 2015 (n° 13-24.793), *RJPF* 2015-4/36, obs. A. Cheynet de Beaupré mineure.
4. *JCP* 2004. II. 10122, obs. A. Gouttenoire.

en raison de son trop jeune âge. Enquêtes et expertises sont évidemment soumises au principe du contradictoire. La cour d'appel qui ordonne la réalisation d'une enquête sociale reste saisie pour statuer après le dépôt du rapport qui apporte des éléments nouveaux [1].

1516. ***Dossier d'assistance éducative.*** Les compétences respectives du juge aux affaires familiales et du juge des enfants portant l'une et l'autre sur l'autorité parentale, il est impératif que soit instaurée une communication entre les deux magistrats pour éviter des décisions contradictoires susceptibles de porter atteinte à l'intérêt de l'enfant. Le décret n° 2009-398 du 10 avril 2009 relatif à la communication de pièces entre le juge aux affaires familiales, le juge des enfants et le juge des tutelles a repris sur ce point la solution posée par la Cour de cassation dans un avis du 1er mars 2004 [2] en systématisant l'information réciproque du juge des enfants et du juge aux affaires familiales. L'article 1072-1 du Code de procédure civile impose au juge aux affaires familiales, lorsqu'il statue sur l'exercice de l'autorité parentale, de vérifier si une procédure d'assistance éducative est ouverte à l'égard du ou des mineurs. Il peut alors demander au juge des enfants de lui transmettre copie de pièces du dossier en cours. Par ailleurs, une copie de la décision du juge aux affaires familiales est transmise au juge des enfants ainsi que toute pièce que ce dernier estime utile.

1517. ***Avis de l'enfant.*** L'opinion exprimée par les enfants eux-mêmes est incontestablement l'élément d'information le plus délicat à utiliser par le juge. D'un côté, il ne faut certainement pas que l'enfant ait l'impression qu'on lui demande d'exprimer une préférence affective pour l'un de ses parents. Mais, d'un autre côté, il n'est guère envisageable, lorsque l'enfant atteint un certain âge, d'ordonner des mesures qui pourraient susciter de sa part certaines craintes voire une franche hostilité. En visant les sentiments de l'enfant comme éléments d'appréciation du juge, l'article 373-2-11 du Code civil ne réaffirme pas seulement le principe du droit du mineur à être entendu dans la procédure relative à l'autorité parentale contenu dans l'article 388-1 du Code civil mais il incite également le juge à aller au-devant de l'enfant pour connaître ses sentiments. Les procédures relatives à l'autorité parentale constituent le cadre privilégié de l'audition du mineur en justice surtout depuis que la loi n° 2007-293 du 5 mars 2007 réformant la protection de l'enfance a instauré, dans l'article 388-1 du Code civil, l'obligation pour le juge d'entendre l'enfant qui le demande. L'article 338-1 du Code de procédure civile dispose, depuis l'entrée en vigueur du décret n° 2009-527 du 20 mai 2009 relatif à l'audition de l'enfant en justice, que le mineur capable de discernement est informé par les titulaires de l'exercice de l'autorité parentale, le tuteur ou, le cas échéant, par la personne ou le service à qui il a été confié de son droit d'être entendu et à être assisté d'un avocat dans toutes les procédures le concernant. Toutefois, la Cour de cassation considère que le juge ne peut subordonner sa décision et particulièrement le droit de visite et d'hébergement à l'accord de l'enfant [3].

---

1. Civ. 1re, 26 juin 2013, n° 12-14.392, *AJ fam.* 2013. 499.
2. *D.* 2004. 1627, comm. Huyette ; *RTD civ.* 2004. 498, obs. Hauser.
3. Civ. 2e, 7 oct. 1987, nos 86-15.026 et 86-15.198, *Bull. civ.* II, n° 190 ; Civ. 2e, 11 oct. 1995, n° 92-15.415 ; *Bull. civ.* II, n° 232 ; Civ. 1re, 3 déc. 2008, *Bull. civ.* I, n° 276, *Dr. fam.* 2008, n° 17, obs. Murat ; A. Gouttenoire et L Brunet, pan. droits de l'enfant, *D.* 2007. 2192 ; Civ. 1re, 6 mars 2013, n° 11-22.770, *Dr. fam.* 2013, comm. n° 68, obs. C. Neirinck.

Section 3
Droit des tiers à l'égard de l'enfant

§ 1. Le droit de visite des tiers

L'importance de l'entourage affectif de l'enfant conduit à présumer que certaines relations familiales sont conformes à son intérêt et, par voie de conséquence, à leur accorder une place particulière dans la vie du mineur à travers la reconnaissance de droits à des relations personnelles pour certains tiers, que sont les ascendants de l'enfant autre que ses père et mère (A) et les personnes ayant un lien particulier avec l'enfant (B).

A. Les relations de l'enfant avec ses ascendants [1]

1518. ***Droit de l'enfant.*** Le droit des grands-parents d'entretenir des relations personnelles avec leurs petits-enfants a été affirmé par la jurisprudence dès le milieu du XIXe siècle [2], et a finalement été consacré par la loi du 4 juin 1970. La loi du 4 mars 2002 a conféré à ces relations personnelles une portée nouvelle en instaurant dans l'article 371-4, alinéa 1er, du Code civil un droit de l'enfant d'entretenir des relations personnelles avec ses ascendants [3]. En pratique, les magistrats procèdent à une lecture de la disposition à la lumière de la jurisprudence antérieure et admettent la demande émanant des grands-parents [4].

1519. ***Bénéficiaires.*** L'application de ce texte aux ascendants [5] autres que les grands-parents entérine la solution jurisprudentielle [6]. Il n'est pas douteux que la loi vise tous les grands-parents sans distinguer selon que les parents de l'enfant sont ou non mariés. En cas d'adoption simple, les grands-parents par le sang continuent également à bénéficier d'un tel droit puisque, selon l'article 364, alinéa 1er, du Code civil, « *l'enfant reste dans sa famille d'origine et y conserve tous ses droits* ». S'il s'agit, en revanche, d'une adoption

1. C. Roth, « Droit de visite et d'hébergement des grands-parents : pour deux réformes textuelles », *AJ fam.* 2010. 430.
2. Civ. 8 juill. 1857, *DP* 1857. 1. 275. Req. 12 juill. 1870, *DP* 1871. 1. 218 ; *S.* 1871. 1. 28. Civ. 26 juill. 1870, *DP* 1871. 1. 217 ; *S.* 1871. 1. 28. Crim. 12 août 1880, *S.* 1881. 1. 385. Civ. 28 juill. 1891, *DP* 1892. 1. 70 ; *S.* 1891. 1. 385 ; Req. 24 févr. 1942, *DA* 1942. 90 ; *DC* 1942. 98, note A. Lebrun. Voir égal. les décisions citées *in* T. Garé, *Les grands parents dans le droit de la famille*, éd. du CNRS, 1989 ; du même auteur, « Les grands-parents dans le droit de la famille à la lumière de la Convention internationale sur les droits de l'enfant », *in Mélanges D. Huet-Weiller*, PUF Strasbourg/LGDJ, 1994, p. 181 ; H. Bosse-platière, « La présence des grands-parents dans le contentieux familial », *JCP* 1997. I. 4030 ; D. Bourgault-Coudeville, « Les relations de l'enfant avec d'autres personnes que ses père et mère », *Dr. et patr.* 2000. 71.
3. T. Garé, « Les grands-parents dans le droit de la famille : réflexions autour d'un thème d'actualité », *AJ fam.* 2002/3, p. 84 ; A. Gouttenoire et P. Murat, « L'intervention d'un tiers dans la vie de l'enfant », *Dr. fam.* 2003, chron n° 1 ; C. Lienhard, « Position procédurale des grands-parents lors de la séparation des parents », *AJ fam.* 2002/3, p. 88 ; N. Rexand-Pourias, « Les relations entre grands-parents et petits enfants depuis la loi du 4 mars 2002 sur l'autorité parentale », *JCP* 2003. I. 100.
4. A. Gouttenoire et P. Murat, « L'intervention d'un tiers dans la vie de l'enfant », *Dr. fam.* 2003, chron. n° 1.
5. Pour un droit de visite accordé à une arrière-grand-mère : Paris, 3 juill. 2003, *AJ fam.* 2004. 347.
6. TGI Paris, 3 juin 1976, *D.* 1977. 303, note Cazals.

plénière, le lien de filiation juridique est rompu entre l'adopté et sa famille d'origine : les grands-parents par le sang perdent donc leur droit propre à des relations personnelles avec l'enfant, mais peuvent agir sur le fondement de l'alinéa 2 de l'article 371-4 du Code civil[1]. La Cour de cassation a admis, dans un arrêt du 18 janvier 2007, que le mari de la grand-mère, qui a élevé la mère de l'enfant pendant neuf ans, est recevable à agir aux côtés de son épouse, pour obtenir un droit de visite et d'hébergement sur l'enfant sur le fondement de l'article 371-4, alinéa 1er[2].

1520. ***Intérêt de l'enfant*.** L'article 371-4, alinéa 1er, du Code civil dispose que « *Seul l'intérêt de l'enfant peut faire obstacle à l'exercice de ce droit.*» La Cour de cassation exige dans un arrêt du 27 mai 2010[3] que le rejet de la demande des grands-parents d'obtenir un droit de visite sur leurs petits-enfants soit fondé sur l'intérêt supérieur de l'enfant. Il appartient au juge aux affaires familiales, le cas échéant, d'apprécier quel est le meilleur aménagement pratique de ces relations personnelles.

1521. ***Placement*.** Dans un arrêt du 9 juin 2010[4], la Cour de cassation admet clairement, en cas de placement, la compétence exclusive du juge des enfants pour fixer les modalités des relations de l'enfant avec un tiers, parent ou non, en se fondant sur l'article 375-1 du Code civil.

B. Les relations personnelles de l'enfant avec un tiers privilégié

1522. ***Fondement*.** Prévue dès la loi du 4 juin 1970, la possibilité pour certains tiers d'entretenir des relations personnelles avec l'enfant a également bénéficié de la réforme du 4 mars 2002 qui a supprimé le caractère exceptionnel dont elles étaient revêtues à l'origine, l'alinéa 2 de l'article 371-4 du Code civil disposant désormais que « *si tel est l'intérêt de l'enfant, le juge aux affaires familiales fixe les modalités des relations de l'enfant avec un tiers, parent ou non* ». Cet élargissement de la possibilité d'octroyer un droit de visite à un tiers, et notamment à celui ou celle qui a vécu pendant plusieurs années avec l'enfant, est directement inspiré de la jurisprudence récente et des conventions telles que la Convention internationale des droits de l'enfant ou la Convention européenne relative aux relations personnelles de l'enfant.

1523. ***Bénéficiaires*.** Dès l'origine, et malgré l'avis d'une partie de la doctrine et de la jurisprudence, le législateur a pris soin de préciser que l'article 371-4, alinéa 2, pouvait bénéficier à des personnes parents de l'enfant ou non, le critère essentiel résidant dans l'intérêt de l'enfant et l'intensité des liens qui l'unissent au demandeur. Ainsi, un droit de visite est-il accordé à des membres de la famille, non pas en raison de la parenté elle-même, mais des liens affectifs existant entre les intéressés[5]. D'autres personnes qui ne

1. En principe l'exclusion de principe de l'adoption plénière de l'enfant du conjoint devrait cependant limiter de telles hypothèses : v. ss 1360.
2. Civ. 1re, 18 janv. 2007, n° 06-11.357, *RRJ* 2007-4, p. 29, obs. F. Eudier.
3. Civ. 1re, 27 mai 2010, n° 09-65.838, NP.
4. Civ. 1re, 9 juin 2010, n° 09-13.390, *Bull. civ.* I, n° 130 ; *AJ fam.* 2010. 325, obs. E. Durand.
5. Civ. 1re, 1er déc. 1982, *Bull. civ.* I, n° 346, *D.* 1983. IR 143, pour une tante maternelle, marraine d'un des enfants dont elle avait eu la charge pendant une courte période ; v. égal. Civ. 1re, 4 nov. 1987, *Bull. civ.* I, n° 284, pour des relations entre deux sœurs utérines.

sont pas membres de la famille, au sens strict, peuvent bénéficier de l'article 371-4, alinéa 2 : parrains et marraines[1], et surtout parents affectifs dans des familles dites reconstituées ou secondes familles[2]. La loi n° 2013-404 du 17 mai 2013 ouvrant le mariage aux couples de personnes de même sexe a prévu une hypothèse particulière de maintien des liens de l'enfant avec un tiers, lorsque celui-ci « a vécu avec lui et l'un de ses parents de manière stable, qu'il a pourvu à son éducation, à son entretien ou à son installation, et qu'il a noué avec lui des liens affectifs et stables ». Cette disposition peut bénéficier principalement au beau-parent séparé du parent de l'enfant[3] ou à la famille d'accueil chez qui l'enfant a été placé[4]. L'article 371-4, alinéa 2, peut être utilisé pour sauvegarder des liens affectifs découlant d'un lien juridique de filiation, anéanti depuis. L'article 371-4, alinéa 2, vient alors en renfort de l'article 337 du Code civil qui prévoit que : « Lorsqu'il accueille l'action en contestation, le tribunal peut, dans l'intérêt de l'enfant, fixer les relations de celui-ci avec la personne qui l'élevait ». Cette disposition permet notamment d'atténuer les conséquences d'une remise en cause du lien de filiation[5].

1524. ***Modalités des relations personnelles***. Dès avant l'entrée en vigueur de la loi du 4 mars 2002, la jurisprudence ne s'était pas tenue à la lettre du texte qui prévoyait seulement un « droit de correspondance ou de visite », la Cour de cassation ayant affirmé que le droit d'hébergement « *ne constitue qu'une des modalités du droit de visite* »[6]. Le texte issu de la loi du 4 mars 2002 confirme cette interprétation puisque l'alinéa 2 de l'article 371-4 prévoit que le juge fixe les modalités des relations entre l'enfant et le tiers sans restriction. Les juges disposent d'un pouvoir souverain d'appréciation pour aménager, au mieux de son intérêt, les relations de l'enfant avec les tiers selon les modalités qui lui semblent le mieux appropriées.

---

1. Civ. 1re, 1er déc. 1982, préc.

2. M. Rebourg, *La prise en charge de l'enfant par son beau parent*, coll. de thèses, *Defrénois*, 2003, no 704 s.

3. Avant l'ajout de la loi de 2013, un droit d'entretenir des relations personnelles avec l'enfant de leur compagne a été reconnu au concubin de l'adoptante après leur séparation : Grenoble, 15 déc. 1997, *Dr. fam.* 1998, comm. no 38, note P. Murat ; TGI Besançon, 6 janv. 2000, *D.* 2000. IR 88. : pourvoi no 12-20.560, *AJ fam.* 2013. 705, obs. G. Vial. Toutefois, la Cour de cassation dans un arrêt du 23 octobre 2013 approuve la cour d'appel qui a refusé d'accorder un droit de visite à l'ancienne concubine de la mère, qui avait vécu avec l'enfant durant les premières années de sa vie, au motif qu'un tel droit de visite serait contraire à l'intérêt de l'enfant.

4. L'article L. 221-1 du CASF, tel qu'il résulte de la loi du 5 mars 2007 réformant la protection de l'enfance, fait une application particulière de l'article 371-4 du Code civil au profit des familles ayant accueilli un enfant dans le cadre de l'assistance éducative. Il fixe en effet à l'Aide sociale à l'enfance une nouvelle mission consistant à « *Veiller à ce que les liens d'attachement noués par l'enfant avec d'autres personnes que ses parents soient maintenus, voire développés, dans son intérêt supérieur* ». Cette mesure vise à préserver les liens d'attachement développés par l'enfant avec sa famille d'accueil, ce dernier ayant particulièrement besoin, dans un contexte familial chaotique, de stabilité affective.

5. Paris, 25 juill. 1979 et 11 janv. 1980, *Gaz. Pal.* 1980. 2. 781, note J. M. ; *Defrénois* 1980, art. 32421, no 62, obs. J. Massip ; *RTD civ.* 1981. 388, obs. R. Nerson J. Rubellin-Devichi. Civ. 1re, 17 mai 1993, *Bull. civ.* I, no175 ; *D.* 1995. 276, note F. Edimo-Nana. Paris, 3 nov. 1999, *Juris-Data* no 117341. Reims, 8 juin 2000, *Juris-Data* no 124379. Rennes, 11 mai 2000, *Juris-Data* no 120016. Paris, 18 sept. 2003, *Juris-Data* no 222869.

6. Civ. 1re, 5 mai 1986, préc. *Adde* : Versailles, 6 févr. 1986, *D.* 1986. IR 262 ; rappr. TGI Paris, 3 juin 1976, *D.* 1977. 303, note J. Cazals.

§ 2. Le partage de l'exercice de l'autorité parentale

1525. ***Délégation-partage***. La loi n° 2002-305 du 4 mars 2002 (C. civ., art. 377-1) a permis l'utilisation du mécanisme de la délégation pour permettre un partage de tout ou partie de l'exercice de l'autorité parentale pour les besoins de l'éducation de l'enfant au profit d'une autre personne que les parents, notamment le beau-parent, qui, de fait, participe à la prise en charge quotidienne de l'enfant. L'objectif est de permettre à des tiers d'obtenir, grâce à une délégation, la consécration juridique de rapports de fait qu'ils entretiennent souvent déjà avec le mineur sans que le ou les parents titulaires de l'exercice de l'autorité parentale ne voient leurs droits diminués comme c'est le cas dans le cadre de la délégation traditionnelle[1].

A. Conditions du partage de l'exercice de l'autorité parentale

1526. ***Accord des parents homologués par le juge***. Le partage de l'exercice de l'autorité parentale est subordonné à l'accord de l'un et l'autre des parents dès lors qu'ils exercent l'autorité parentale. Toutefois, l'accord des titulaires de l'exercice de l'autorité parentale, et par hypothèse du tiers délégataire, n'est pas suffisant pour entraîner le partage de l'autorité parentale qui doit faire l'objet d'une décision du juge aux affaires familiales.

1527. ***Bénéficiaire de la délégation partage***. La Cour de cassation a admis la délégation de l'autorité parentale à la concubine de la mère[2] et considère qu'« *aucune disposition légale n'impose au juge de choisir, par priorité parmi les membres de la famille, le tiers à qui il délègue tout ou partie de l'autorité parentale* ».

1528. ***Circonstances particulières***. Conformément au texte, la Cour de cassation exige que la délégation-partage soit justifiée par des circonstances particulières. Par exemple, l'absence de filiation paternelle et les déplacements professionnels nombreux de la mère qui rendaient nécessaire la prise en charge des enfants par le délégataire en cas de défaillance du parent justifient le partage de l'exercice de l'autorité parentale[3]. Dans un arrêt du 8 juillet 2010[4] la Cour de cassation a cependant refusé le partage de l'exercice de l'autorité parentale en affirmant que « *si l'article 377, alinéa 1er, du Code civil ne s'oppose pas à ce qu'une mère seule titulaire de l'autorité parentale en délègue tout ou partie de l'exercice à la femme avec laquelle elle vit en union stable et continue, c'est à la condition que les circonstances l'exigent et que la mesure soit conforme à l'intérêt supérieur de l'enfant* » et en relevant qu'en l'espèce les deux femmes ne rapportaient pas la preuve de circonstances particulières qui imposeraient une délégation d'autorité parentale. En se fondant sur l'absence de circonstances particulières pour refuser la délégation de l'autorité parentale, la Cour de cassation exclut que ce mécanisme juridique puisse servir, de manière générale, de support au rattachement d'un enfant à la concubine de sa mère qui l'élève concrètement avec cette dernière. Cette position fait toutefois l'objet d'une résistance des juges du

---

1. V. ss 1564.
2. Civ. 1re, 24 févr. 2006, pourvoi n° 04-17.090, *D.* 2006. 897, note Vigneau, *D.* 2006. Pan. 1139, obs. Granet-Lambrechts, *Dr. fam.* 2006. Comm. n° 89, obs. Murat.
3. Civ. 1re, 24 févr. 2006, préc.
4. n° 09-12.623, *AJ fam.* 2010. 394, obs. Chénedé, *RTD civ.* 2010. 547, obs. Hauser, *JCP* 2010. 994, note Gouttenoire.

fond[1] qui adoptent une conception beaucoup plus souple des conditions dans lesquelles la délégation partage peut être admise. C'est à partir de cette analyse que le juge aux affaires familiales de Lille a pu accorder une délégation de l'exercice de l'autorité parentale « croisée » à deux concubines homosexuelles pour leur enfant respectif né d'une PMA[2].

B. Effets du partage de l'exercice de l'autorité parentale

1529. ***Étendue de la délégation partage***. Le jugement qui instaure la délégation partage de l'exercice de l'autorité parentale, peut en déterminer l'étendue, en décidant si est totale ou partielle, c'est-à-dire limitée à certaines prérogatives découlant de l'exercice de l'autorité parentale.

1530. ***Actes usuels***. L'article 377-1, alinéas 2 et 3, du Code civil prévoit qu'est applicable à ce partage de l'autorité parentale la présomption d'accord pour les actes usuels de l'article 372-2 et que le juge aux affaires familiales est compétent pour arbitrer les difficultés que cet exercice partagé de l'autorité parentale pourrait engendrer. Il devra statuer selon les critères habituels, notamment la pratique antérieure, les sentiments de l'enfant, les renseignements obtenus lors de l'enquête sociale et l'aptitude de chacun des parents à respecter ses devoirs et les droits de l'autre (art. 373-2-11, auquel renvoie l'art. 377-1).

1531. ***Durée***. La délégation-partage de l'autorité parentale peut cesser du fait d'un nouveau jugement. Le partage de l'exercice de l'autorité parentale cesse par hypothèse au décès du délégant. Le délégataire peut cependant demander au juge aux affaires familiales, par l'intermédiaire du ministère public, que l'enfant lui soit confié.

---

1. TGI Bayonne, 26 oct. 2011, *RTD civ*. 2012. 111, obs. J. Hauser.
2. Jugement du 11 déc. 2007, n° 06-05918, *AJ fam*. 2008. 119 ; *RLDC* 2008. 41.

Chapitre 3

Le contrôle étatique de l'autorité parentale

1532. Lorsque les parents n'exercent pas l'autorité parentale conformément à l'intérêt de l'enfant, soit qu'ils en abusent, soit au contraire qu'ils délaissent l'enfant, les autorités publiques interviennent en vue de protéger celui-ci.

1533. ***Aide sociale à l'enfance.*** Ce contrôle revêt diverses formes. Ce sont parfois des organismes de nature administrative qui agissent. C'est le cas, en particulier, des services de l'Aide sociale à l'enfance, service relevant du Conseil départemental, qui apportent un soutien matériel, éducatif et psychologique tant aux mineurs qu'à leurs familles, confrontés à des difficultés risquant de mettre en danger la santé et la sécurité ou la moralité de ces mineurs, et qui assurent des missions de prévention des risques d'inadaptation sociale (CASF, art. L. 221-1), de prise en charge des mineurs qui ne peuvent provisoirement être maintenus dans leur milieu de vie actuel ou qui sont confiés en application d'une mesure d'assistance éducative (CASF, art. L. 221-4). Aux mêmes fins, l'État, les collectivités territoriales et les organismes de sécurité sociale participent, dans les conditions prévues par le Code de la santé publique, à la protection et à la promotion de la santé maternelle et infantile (C. santé publ., art. L. 2111-1 s.).

1534. ***Réformes législatives relatives à la protection de l'enfance.*** La loi du 2 janvier 2004 relative à l'accueil et à la protection de l'enfance[1] a créé un Observatoire de l'enfance en danger (devenu Observatoire national de la protection de l'enfance en 2016) ; elle comporte des dispositions tendant à renforcer la lutte contre l'absentéisme scolaire, élargit les droits de constitution de partie civile des associations de défense de l'enfance maltraitée, et exempte de sanctions disciplinaires le médecin qui lève le secret médical lors du signalement de violences physiques ou sexuelles. Ensuite, la loi n° 2007-293 du 5 mars 2007 réformant la protection de l'enfance[2], promulguée le même jour que la loi n° 2007-297 du 5 mars 2007 relative à la prévention de la délinquance[3], a réaffirmé le principe de subsidiarité de l'intervention judiciaire, et mis en place un dispositif centralisé de recueil des informations préoccupantes relatives aux enfants en danger ou en risque de l'être, et diversifié les mesures d'assistance éducative tout en renforçant les droits de l'enfant et de ses parents. Elle crée en outre des observatoires départementaux de la protection de l'enfance. Enfin, la loi n° 2016-297 du 14 mars 2016, relative à la protection

1. *JO* 3 janv. 2004, p. 184.
2. A. Gouttenoire, « La loi du 5 mars 2007 réformant la protection de l'enfance : à la recherche de nouveaux équilibres », *D.* 2007. Chron. 1090 ; J. Rochefeld, obs. *RTD civ.* 2007. 408.
3. P. Bonfils, « Les dispositions relatives au droit pénal des mineurs délinquants dans la loi prévention de la délinquance », *D.* 2007. Chron. 1027.

de l'enfant, consacre un certain nombre de dispositions visant à stabiliser le parcours des enfants placés et permettre l'évolution de leur statut. Elle insère dans le Code pénal la qualification d'infractions incestueuses pour mineur et instaure un dispositif légal de prise en charge des mineurs étrangers non accompagnés sur le territoire français.

1535. ***Limitations de la puissance paternelle.*** Conformément à la tradition de l'ancien droit, les tribunaux ont considéré, au cours du XIXe siècle, que le silence du Code Napoléon sur le contrôle de la puissance paternelle ne les empêchait nullement de prendre certaines mesures. De fait, la révolution industrielle a multiplié au XIXe siècle les circonstances où l'intervention judiciaire dans les familles a paru nécessaire. Aussi les tribunaux ont-ils à cette époque décidé de priver les pères indignes du droit de garde et de confier l'enfant à la mère ou à une autre personne ou institution de confiance lorsque l'enfant se trouvait en danger. Mais ces décisions n'étaient pas suffisantes. Pour assurer la sauvegarde de l'enfant, l'intervention de l'État devenait indispensable. Elle s'est concrétisée par la loi du 24 juillet 1889 sur la protection des enfants maltraités et abandonnés, qui a institué la déchéance de la puissance paternelle et son dessaisissement volontaire ou délégation.

1536. ***Assistance éducative.*** Mais la déchéance est une mesure à la fois brutale et insuffisante. Elle suppose une faute des parents, dont elle constitue la sanction. Or, très souvent, le malheur de l'enfant est dû à des erreurs d'éducation ainsi qu'à des conditions sociales défavorables. D'où l'utilité de mesures apportant aide et assistance à la famille, sous la surveillance de l'autorité judiciaire, mais sans connotation répressive. C'est l'objet d'un décret-loi du 30 octobre 1935 qui a mis en place des mesures d'assistance éducative dont le champ d'application a été étendu par une ordonnance du 23 décembre 1958. La loi du 4 juin 1970 s'est inscrite dans cette évolution en assouplissant le régime de la déchéance, notion à laquelle a été substituée par la loi du 5 juillet 1996 celle de retrait total de l'autorité parentale. La procédure d'assistance éducative a été en outre réformée par le décret n° 2002-361 du 15 mars 2002, qui a renforcé les droits des parents et des enfants dans ce cadre.

Aussi, retrouve-t-on aujourd'hui ces trois mécanismes de contrôle de l'autorité parentale : l'assistance éducative (Section 1), la délégation (Section 2) et le retrait de l'autorité parentale (Section 3).

Section 1
L'assistance éducative

1537. Le contrôle des parents défaillants prend la forme de mesures d'assistance qui tendent à les soutenir et à les surveiller dans l'exécution de leurs tâches d'éducation. L'assistance éducative constitue le versant judiciaire de la protection de l'enfance en danger, dont la loi du 5 mars 2007 a réaffirmé la subsidiarité, renforçant ainsi considérablement le rôle des institutions administratives [1]. La loi du 14 mars 2016 est cependant quelque peu revenue sur cette subsidiarité en affirmant la compétence du juge des enfants en cas de maltraitance grave. L'assistance éducative constitue une limite à l'exercice de l'autorité

---

1. S. Bernigaud, *in Droit de la famille*, Dalloz Action, n°s 242 s. ; au 31 décembre 2013, 288 300 mineurs sont suivis en assistance éducative (*Annuaire statistique de la Justice*).

parentale, révélatrice du fait que les droits qui en découlent sont des droits-fonctions qui doivent être exercés dans l'intérêt de l'enfant. La plupart des pays européens [1] connaissent ce type de procédure, fondée sur un élément de fait, l'état de danger dans lequel se trouve l'enfant, qui justifie une mesure de protection prise par un juge généralement spécialisé, avec le concours des services sociaux dont le rôle est, en fait ou en droit, prépondérant.

§ 1. Domaine de l'assistance éducative

1538. ***Danger***. Les mesures d'assistance éducative peuvent être ordonnées dans deux séries de circonstances (C. civ., art. 375) qui révèlent que l'enfant se trouve en état de danger [2] : soit lorsque la santé, la sécurité ou la moralité du mineur non émancipé sont en péril soit lorsque les conditions de son éducation ou de son développement physique, affectif, intellectuel et social sont gravement compromises. Les termes de la loi sont restrictifs, afin d'éviter une intervention judiciaire trop extensive qui porte atteinte aux droits parentaux. Des conditions posées par le Code civil relèvent du pouvoir souverain des juges du fond [3], mais ceux-ci doivent expliquer en quoi le mineur se trouve en danger, et non invoquer seulement l'intérêt de l'enfant [4]. Il en est ainsi lorsqu'existe un risque de voir l'enfant soustrait aux soins que nécessite sa maladie, le risque résultant par exemple de l'intention de la mère d'emmener son enfant avec elle à l'étranger, où ne pourrait être poursuivi le traitement ou la rééducation appropriés à son état [5].

1539. ***Cour européenne des droits de l'Homme***. Ces solutions sont conformes à la jurisprudence de la Cour EDH. Celle-ci affirme que « *pour un parent et son enfant être ensemble représente un élément fondamental de la vie familiale* » [6]. Elle en déduit que la prise en charge de l'enfant par l'autorité publique constitue une ingérence dans le droit au respect de la vie familiale qui doit être prévue par la loi, être justifiée par l'intérêt de l'enfant [7] et être proportionnée au but recherché, c'est-à-dire nécessaire pour la protection de l'enfant [8].

1540. ***Hypothèses particulières***. Certaines dispositions légales prévoient l'intervention du juge des enfants dans des hypothèses particulières de danger pour l'enfant. En vertu de l'article 13-II de la loi n° 2002-305 du 4 mars 2002 relative à l'autorité parentale, tout mineur qui se livre à la prostitution, même occasionnellement, est ainsi réputé en danger et relève en conséquence de la compétence du juge des enfants au titre de l'assistance éducative. Par ailleurs, l'article L. 122-2 du Code de l'éducation issu de la loi n° 2005-380 du 23 avril 2005 prévoit également que le juge des enfants est compétent lorsqu'un mineur désireux de poursuivre sa scolarité au-delà de l'âge de seize ans se

---

1. R. Nérac-Croisier et J. Castaignède (dir.), *La protection judiciaire du mineur en danger. Aspect de droit internes et de droits européens*, L'Harmattan, 2000.
2. Ph. Robert, « Une autre assistance éducative », *RTD civ.* 1972. 26 ; T. Fossier, « Droits de la défense et personnes vulnérables », *RSC* 1998. 57.
3. Civ. 1re, 16 janv. 1979, *Bull. civ.* I, n° 22 ; 10 mars 1993, *D.* 1993. IR 86.
4. Civ. 1re, 18 oct. 1985 : *Bull. civ.* I, 1985, n° 247 ; *Defrénois* 1986, art. 33960, n° 2 ; Civ. 1re, 14 févr. 1990 : *Defrénois* 1990, art. 34791, n° 48, obs. Massip ; Civ. 25 juin 1991, *D.* 1992. 51, note Massip.
5. Civ. 1re, 25 nov. 1981, *JCP* 1983. II. 19952, note F. Boulanger ; v. A. Deiss, « Le juge des enfants et la santé des mineurs », *JCP* 1983. I. 3125.
6. CEDH 24 mars 1988, *Olsson*, *JDI* 1989. 789, obs. P. Tavernier.
7. CEDH 19 sept. 2000, *Gnahoré c/ France*, *RD publ.* 2001. 682, obs. A. Gouttenoire ; CEDH 12 juill. 2001, *K. et T. c/ Finlande*, *JCP* 2002. I. 105, obs. F. Sudre.
8. *GACEDH*, p. 588.

heurte à l'opposition de ses parents. Une mesure d'assistance éducative peut être ordonnée dans les conditions prévues aux articles 375 et suivants du Code civil afin de garantir le droit de l'enfant à l'éducation.

1541. ***Mesure administrative impossible*.** Le recours à l'autorité judiciaire n'est envisageable que lorsque l'intervention du service de l'Aide sociale à l'enfance a été impossible ou inefficace pour faire cesser l'état de danger dans lequel se trouve l'enfant ou lorsque lorsqu'elle s'est heurtée à l'opposition des représentants légaux de l'enfant (CASF, art. L. 226-4). Depuis 2016, en cas de « *danger grave et immédiat* », « *notamment dans les situations de maltraitance* », le président du Conseil départemental doit aviser « *sans délai* » le procureur de la République aux fins de saisine du juge des enfants (CASF, art. L. 226-4, 3). La saisine directe du procureur dans les situations les plus graves permet d'éviter le passage par une mesure administrative que le principe de subsidiarité imposait, même si, en pratique, le parquet était, la plupart du temps, directement saisi par les services de l'ASE en cas de maltraitance. L'article 375, alinéa 2, du Code civil, enjoint au procureur de la République de vérifier que l'intervention de l'autorité judiciaire correspond bien aux hypothèses prévues par la loi.

§ 2. Procédure

1542. ***Compétence du juge des enfants*.** Le juge exclusivement compétent en matière d'assistance éducative est un magistrat spécialisé du tribunal de grande instance, le juge des enfants. Le juge doit toujours s'efforcer de recueillir l'adhésion de la famille à la mesure envisagée, et se prononcer en stricte considération de l'intérêt de l'enfant. Mais les décisions du juge des enfants sont, en raison de leur importance, susceptibles d'appel (art. 375-1)[1]. La finalité de ces mesures justifie sa compétence, quelle que soit la nationalité des mineurs ou celle de leurs parents, du moment que l'enfant en état de danger se trouve sur le territoire français[2].

1543. ***Conflits de compétence juge des enfants / juge aux affaires familiales*.** La pratique révèle que les conflits de compétence ne sont pas rares lorsque les parents de l'enfant sont séparés et ont sollicité une décision sur la résidence et les droits de visite[3] : le juge aux affaires familiales ayant statué sur l'exercice de l'autorité parentale, faut-il revenir devant lui ou saisir le juge des enfants si l'enfant se trouve, ultérieurement, en situation de danger ? La loi résout la difficulté en réservant la compétence du juge des enfants au cas où « *un fait nouveau de nature à entraîner un danger pour le mineur s'est révélé postérieurement à la décision statuant sur les modalités de l'exercice de l'autorité parentale ou confiant l'enfant à un tiers* » (art. 375-3, al. 2)[4]. Si le danger invoqué existait

---

1. Sur la notification de la décision et le point de départ du délai d'appel, v. Civ. 1re, 3 févr. 2004, *D.* 2004. 1329, note M. Huyette.

2. La Cour de cassation a ainsi pu admettre la compétence du juge des enfants pour des mineurs se trouvant en zone d'attente, dont elle considère qu'elle fait partie du territoire francais : Civ. 1re, 25 mars 2009 (pourvoi n° 08-14.125) ; Panorama des Droits de l'enfant, *D.* 2009. 1918, obs. A. Gouttenoire et P. Bonfils.

3. E. Chauvet, « Le point de vue du juge des enfants », *in* C. Albiges, *L'autorité parentale et ses juges*, Litec, coll. « Carré droit », 2004, p. 129.

4. Civ. 1re, 10 juill. 1996, *Bull. civ.* I, n° 313 ; *D.* 1996. IR 205. Donc, en l'absence de fait nouveau, la modification des mesures relève du JAF : Civ. 1re, 2 déc. 1997, *Bull. civ.* I, n° 344 ; *RTD civ.* 1998.

déjà lorsque le juge aux affaires familiales a statué, ce dernier est censé en avoir déjà tenu compte dans sa décision et il n'est pas opportun qu'un autre juge revienne sur celle-ci alors que les circonstances n'ont pas évolué. Le juge des enfants, pour modifier les conditions de vie de l'enfant, doit exciper d'un élément qui n'existait pas lorsque le juge aux affaires familiales a statué et qui justifierait qu'une décision différente soit rendue [1].

1544. ***Saisine du juge***. La loi énumère les personnes qui peuvent saisir le juge des enfants : les père et mère conjointement, ou l'un d'eux, la personne [2] ou le service à qui l'enfant a été confié [3], le tuteur, l'enfant lui-même [4], le ministère public voire, à titre exceptionnel, le juge lui-même (art. 375, al. 1er).

1545. ***Garanties procédurales***. Les modalités de procédure sont fixées par les articles 1181 et suivants du Code de procédure civile issus du décret du 15 mars 2002 [5]. Ce dernier texte a renforcé les droits procéduraux des parents et du mineur dans la procédure d'assistance éducative, notamment en garantissant un meilleur respect du contradictoire par un accès direct des parties au dossier et une meilleure information sur leurs droits, conformément aux exigences de la Cour EDH [6].

1546. ***Mesures d'investigation***. Concrètement, il est loisible au juge des enfants de recourir à tous les modes d'investigation qu'il estime expédients pour découvrir si la santé, la sécurité, la moralité, l'éducation ou le développement d'un enfant sont compromis. Il procède, à cette fin, à l'audition de toute personne qui lui paraît utile. Il doit entendre le mineur, capable de discernement (C. pr. civ., art. 1182). Le juge peut aussi, même d'office, ordonner toute mesure d'information : enquête sociale, examens médicaux, expertises psychiatriques et psychologiques, etc. Ces documents doivent être communiqués aux père et mère pour satisfaire aux exigences du procès équitable [7]. Cette modification est intervenue par le décret du 15 mars 2002 qui prévoit que le dossier peut être consulté par ses parents, tuteur, personne ou service à qui l'enfant a été confié, services éducatifs, judiciaires et surtout, par le mineur capable de discernement [8]. Toutefois,

---

359, obs. J. Hauser ; 14 mars 2006, *D.* 2006. Pan. 2436, obs. M. Douchy-Oudot ; *Dr. fam.* 2006, n° 144, obs. A. Gouttenoire ; *RTD civ.* 2006. 299, obs. J. Hauser.

1. Civ. 1re, 14 mars 2006, *D.* 2006. 1947, note M. Huyette, et Pan. 2430, obs. M. Douchy-Oudot ; *AJ fam.* 2006. 288, obs. H. Gratadour ; Civ. 1re, 14 nov. 2007, *Dr. fam.* 2007. 22, obs. P. Murat, *RTD civ.* 2006. 299, obs. J. Hauser.

2. Civ. 1re, 11 mai 1976, *Bull. civ.* I, n° 162 : une nourrice ; 16 janv. 1979, *Bull. civ.* I, n° 22 : un « gardien de fait » ; 17 juill. 1985, *Bull. civ.* I, n° 226 : des grands-parents.

3. La qualité de gardien doit être reconnue au service départemental de l'aide sociale à l'enfance : Civ. 1re, 22 mai 1974, *RTD civ.* 1975. 95, obs. R. Nerson ; 28 mars 1995, *Bull. civ.* I, n° 141.

4. À condition qu'il possède un discernement suffisant pour exercer ces prérogatives : Civ. 1re, 21 nov. 1995, *Bull. civ.* I, n° 418, *RTD civ.* 1996. 140, obs. J. Hauser.

5. Décr. n° 2002-361 du 15 mars 2002, *D.* 2002. 1244 ; M. Huyette, « La nouvelle procédure d'assistance éducative. Décret n° 2002-361 du 15 mars 2002 », *D.* 2002. 1433 ; dossier *AJ fam.* 2002. 202 ; T. Garé, *RJPF* 2002-5/37 ; A. Gouttenoire, « La réforme imparfaite de l'assistance éducative », *Dr. fam.* 2002. Chron. n° 14.

6. *GACEDH*, comm. n° 52, p. 593.

7. Au regard de l'article 6 de la Convention européenne des droits de l'Homme, une procédure d'assistance éducative dans laquelle des documents aussi essentiels que les rapports sociaux n'ont pas été communiqués ne permet pas aux parents de bénéficier d'un « procès équitable » : CEDH 24 févr. 1995, *Mac Michael c/ France*, *D.* 1995. 449, note M. Huyette ; *RTD civ.* 1995. 875, obs. J. Hauser.

8. C. pr. civ., art. 1187 ; sur l'assistance d'un avocat, v. C. pr. civ., art. 1186.

ce dernier ne peut consulter le dossier qu'en présence de l'un de ses parents, ou de son avocat ou d'une personne désignée par le juge.

1547. ***Avocat.*** L'assistance d'un avocat n'est pas obligatoire en matière d'assistance éducative sauf devant la Cour de cassation [1]. Le juge des enfants doit cependant informer l'enfant et les parents de leur droit à être assisté d'un avocat.

1548. ***Accès au dossier.*** Lorsqu'il intervient dans la procédure, l'avocat peut se faire délivrer copie de tout ou partie des pièces du dossier pour l'usage exclusif de la procédure d'assistance éducative. Mais il ne peut transmettre les copies ainsi obtenues à son client (mineur, père, mère, tuteur, ou service à qui l'enfant a été confié). Enfin, en l'absence d'avocat, le juge peut, par décision motivée, exclure tout ou partie des pièces de la consultation par l'un ou l'autre des parents, le tuteur, ou le service à qui l'enfant a été confié ou le mineur, lorsque cette consultation ferait courir un danger physique ou moral grave au mineur, à une partie ou à un tiers (C. pr. civ., art. 1187, al. 4). Il en va ainsi lorsque certaines pièces du dossier d'assistance éducative risquent d'exposer l'enfant à un danger physique ou moral grave de la part de son père, en raison du climat familial très conflictuel et virulent et de nombreuses procédures opposant les parents de l'enfant [2]. Par ailleurs, la Cour de cassation a précisé que l'accès direct des parents au dossier, instauré par le décret du 15 mars 2002, qui a supprimé l'intermédiaire obligatoire de l'avocat, s'entend seulement d'une consultation et ne saurait permettre aux parents d'obtenir une copie du dossier : elle juge que cette limite ne constitue pas une violation du principe du contradictoire « *dès lors qu'il aménage l'accès au dossier dans des conditions permettant d'assurer la nécessaire protection due à l'enfant* » [3].

Le juge aux affaires familiales peut fonder sa décision relative à l'exercice de l'autorité parentale sur le dossier d'assistance éducative tel que communiqué par le juge des enfants, à deux réserves près : d'une part, que les parties à l'instance devant lui figurent parmi celles qui ont qualité pour accéder au dossier d'assistance éducative, d'autre part, que les pièces du dossier du juge des enfants soient soumises au débat contradictoire (C. pr. civ., art. 1187-1) [4].

§ 3. Contenu des mesures

1549. ***Mesures provisoires.*** Pendant l'instance, le juge a le pouvoir d'ordonner, à titre provisoire mais à charge d'appel, soit la remise provisoire du mineur à un centre d'accueil ou d'observation, soit l'une des mesures qu'il est habilité à prendre à titre définitif (art. 375-5) [5]. Lorsqu'il a ordonné le placement du mineur en urgence sans audition des parties, le juge doit convoquer celles-ci dans les quinze jours, et la décision sur le fond doit intervenir dans un délai de six mois à compter de la décision ordonnant les mesures

---

1. Décr. n° 2004-836 du 20 août 2004.
2. Civ. 1re, 6 juill. 2005, *D.* 2005. 2794, note M. Huyette ; *RTD civ.* 2005. 771, obs. J. Hauser.
3. Civ. 1re, 28 nov. 2006, *D.* 2007. 552, note M. Huyette ; *RJPF* 2007-2/28, obs. F. Eudier ; *Dr. fam.* 2007, n° 34, obs. P. Murat ; *RTD civ.* 2007. 101, obs. J. Hauser ; *D.* 2007. Pan. 2196, obs. A. Gouttenoire et L. Brunet.
4. Avis, 1er mars 2004, *D.* 2004. 1627, note M. Huyette.
5. « *La décision sur le fond doit intervenir dans un délai de six mois à compter de la décision ordonnant les mesures provisoires, faute de quoi l'enfant est remis à ses père, mère, tuteur, personne ou service à qui il a été confié, sur leur demande* » (C. pr. civ., art. 1185).

provisoires faute de quoi le mineur est remis, sur leur demande, à ses père et mère ou tuteur ou à la personne à qui il était confié (C. pr. civ., art. 1185). Le procureur de la République peut agir lui-même en cas d'urgence, sous réserve de l'obligation de saisir le juge des enfants compétent dans les huit jours. Le juge doit alors convoquer les parties et statuer dans un délai qui ne peut excéder quinze jours à compter de sa saisine (C. pr. civ., art. 1184). Dans ce délai, le procureur de la République peut fixer la nature et la fréquence du droit de correspondance, de visite et d'hébergement des parents, si la situation de l'enfant le permet (art. 375-5, mod. L. du 5 mars 2007). Les décisions du juge des enfants prescrivant des mesures d'assistance éducative à titre provisoire pendant l'instance sont immédiatement susceptibles d'appel [1].

1550. ***Principe du maintien du mineur dans son milieu actuel***. À l'issue de l'instance, de nombreuses mesures peuvent être ordonnées par le juge des enfants, entre lesquelles le législateur exprime une préférence pour le maintien du mineur dans son milieu actuel (art. 375-2). Chaque fois qu'il est possible, le juge doit retenir cette solution. La notion de milieu est plus juridique que factuelle : elle exprime la primauté des parents, puisque pour la Cour de cassation, c'est en principe « le milieu familial naturel de l'enfant » [2].

1551. ***Assistance éducative en milieu ouvert (AEMO)***. Lorsqu'il prend cette décision, le juge désigne soit une personne qualifiée, soit un service d'observation, d'éducation ou de rééducation en milieu ouvert, en lui donnant mission d'apporter aide et conseil à la famille, afin de surmonter les difficultés matérielles ou morales qu'elle rencontre (art. 375-2). La personne chargée de cette mission d'assistance éducative en milieu ouvert (dite couramment « AEMO ») doit en faire rapport au juge périodiquement.

1552. ***Obligations particulières***. Ce dernier peut aussi subordonner le maintien de l'enfant dans son milieu actuel à des obligations particulières, comme celle de fréquenter régulièrement tel établissement d'éducation, le cas échéant sous régime de l'internat, ou l'obligation de subir un examen médical [3], ou l'obligation pour le service de l'aide sociale à l'enfance d'orienter le mineur en famille d'accueil [4] (art. 375-2, al. 3). La loi du 5 mars 2007 a ajouté un nouvel alinéa à l'article 375-2 du Code civil, instaurant la possibilité pour un service d'observation, ou d'éducation en milieu ouvert, d'héberger un mineur à titre exceptionnel ou périodique, sous réserve d'en informer sans délai ses parents ou ses représentants légaux, ainsi que le juge des enfants et le président du conseil général (art. 375-2, al. 2). L'objectif est d'organiser l'éloignement du mineur de sa famille en période de crise, sans le priver pour autant, de façon permanente, d'une vie familiale. Cet accueil a, en fait, pour but de maintenir le lien de l'enfant avec ses parents et lui permettre de revenir chez lui rapidement, en toute sécurité [5].

---

1. Civ. 1re. 13 oct. 1992, *Defrénois* 1993. 724, obs. J. Massip.
2. Civ. 1re, 6 janv. 1981, *Bull. civ.* I, no 1 ; 17 nov. 1981, *Bull. civ.* I, no 336 ; 23 janv. 1985, *Bull. civ.* I, no 35.
3. Civ. 1re, 3 juin 1997, *Dr. fam.* 1997, no 118, obs. P. Murat.
4. Civ. 1re, 23 janv. 2001, *D.* 2001. 2151, note M. Huyette.
5. A. Gouttenoire, « La loi réformant la protection de l'enfant », *D.* 2007. 1090.

1553. ***Placement***. S'il est nécessaire [1] de retirer l'enfant de son milieu familial, c'est-à-dire dans les cas les plus graves, le juge peut ordonner le placement de l'enfant, en le confiant à celui des père et mère qui n'avait pas l'exercice de l'autorité parentale ou chez lequel l'enfant n'avait pas sa résidence habituelle, à un autre membre de la famille [2] ou à un tiers digne de confiance, à un établissement sanitaire ou d'éducation, à un service habilité pour l'accueil des mineurs à la journée, enfin à un service départemental de l'aide sociale à l'enfance [3]. En cas de placement, la responsabilité du fait du mineur se trouve transféré à l'Aide sociale à l'enfance [4], y compris, selon le Conseil d'État si les parents ont volontairement remis l'enfant à l'ASE [5].

1554. ***La Cour européenne des droits de l'Homme***. La Cour EDH admet que des mesures de placement sont compatibles avec le droit au respect de la vie familiale garanti par l'article 8 de la Convention EDH dès lors qu'elles constituent le seul moyen de protéger l'enfant [6]. Elle considère à l'inverse que le placement constitue une violation de l'article 8 lorsque d'autres mesures moins attentatoires à la vie familiale auraient pu être prises pour protéger l'enfant [7]. Il en va notamment ainsi lorsque les parents sont confrontés à une situation de grande pauvreté [8] ou à un handicap mental [9].

§ 4. Portée des mesures

1555. ***Modification***. La décision prise en matière d'assistance éducative peut être à tout moment modifiée ou rapportée par le juge qui l'a rendue (C. civ., art. 375-6). Il peut être saisi, à cette fin, par les père et mère, la personne ou le service à qui l'enfant a été confié, le tuteur, le mineur lui-même, le ministère public, voire se saisir d'office.

1556. ***Durée***. Le temps d'application d'une mesure d'assistance éducative est limité : la décision du juge des enfants fixe, en effet, la durée de la mesure qui ne peut excéder deux ans lorsqu'elle est exercée par un service ou une institution. Mais elle peut être renouvelée par décision motivée. Elle prend fin au moment de l'accession du mineur à la majorité, sauf à la prolonger à la demande du jeune majeur [10]. L'article 375, alinéa 4, permet toutefois au juge des enfants d'ordonner une mesure d'accueil pour une durée supérieure à deux ans « *lorsque les parents présentent des difficultés relationnelles et*

1. Ce que les juges du fond apprécient souverainement : Civ. 1re, 23 mars 1994, *Bull. civ.* I, n° 110.
2. Les grands-parents sont privés d'intérêt pour former tierce opposition à une décision ordonnant la remise des enfants à leur fille : Civ. 1re, 30 oct. 2006, *D.* 2007. Pan. 1467, obs. F. Granet-Lambrechts.
3. Sur la mission de ce service, v. Civ. 1re, 3 janv. 1980, *Bull. civ.* I, n° 1 ; 12 nov. 1985, *Bull. civ.* I, n° 293 : choix des parents nourriciers ; 3 oct. 2000, *D.* 2001. 1054, note M. Huyette : exercice des mesures d'AEMO.
4. C. Hugon, « La responsabilité civile délictuelle des services chargés d'une mesure d'assistance éducative », *Dr. fam.* 2004, étude n° 25.
5. CE 26 mai 2008, n° 290495, *RDSS* 208 p. 926, étude D. Cristoll ; CE 1er juill. 2016, n° 375046, *AJ fam.* 2016. 433, obs. L. Gebler.
6. CEDH 19 sept. 2000, *Gnahoré c/ France*, préc. ; CEDH 26 nov. 2009, *Vautier c/ France*.
7. *Kutzner c/ Allemagne*, 26 févr. 2002, *A manalachiorai c/ Roumanie*, 26 mai 2009.
8. *Soares de Melo c/ Portugal* du 16 févr. 2016 (n° 72850/14) ; *Dr. fam.* 2016, comm. 123, obs. Bernard, *GACEDH*, p. 589.
9. *Sergeyeva c/ Russie* du 29 mars 2016 (n° 16899/13), *Dr. fam.* 2016, étude n° 12, obs. H. Fulchiron, *GACEDH*, p. 589.
10. Civ. 1re, 16 mars 1999, *D.* 1999. 488, note M. Huyette.

éducatives graves, sévères et chroniques, évaluées comme telles dans l'état actuel des connaissances, affectant durablement leurs compétences dans l'exercice de leur responsabilité parentale » (nouv. art. 375, al. 4). L'objectif fixé par la loi est de permettre à l'enfant de bénéficier d'une continuité relationnelle, affective et géographique dans son lieu de vie dès lors qu'il est adapté à ses besoins immédiats et à venir.

1557. ***Droits des parents***. L'assistance éducative n'est pas une sanction mais une aide. Il en résulte que les père et mère dont l'enfant a donné lieu à une mesure d'assistance éducative conservent sur lui leur autorité parentale (C. civ., art. 375-7) [1]. Ils ne peuvent toutefois en exercer que les attributs qui ne sont pas inconciliables avec l'application de la mesure.

1558. ***Acte non usuel***. Le tiers à qui l'enfant est confié peut effectuer tous les actes usuels relatifs à la personne de l'enfant. Pour tous les actes qui ne relèvent pas de cette catégorie, les parents doivent donner leur accord. Toutefois, depuis la loi du 5 mars 2007, le juge des enfants peut, exceptionnellement, quand l'intérêt de l'enfant le justifie, autoriser la personne, le service ou l'établissement à qui est confié l'enfant, à exercer un acte relevant de l'autorité parentale en cas de refus abusif ou injustifié ou en cas de négligence des détenteurs de l'autorité parentale (nouv. art. 375-7, al. 2).

1559. ***Droit de visite et d'hébergement***. S'il a été nécessaire de placer l'enfant hors du domicile familial, ses parents conservent un droit de correspondance et un droit de visite et d'hébergement dont le juge fixe la nature et la fréquence. Le lieu d'accueil de l'enfant doit être recherché de manière à faciliter les relations de l'enfant avec ses parents et ses frères et sœurs (C. civ., art. 375-7, al. 3). Le juge peut toutefois, si l'intérêt de l'enfant l'exige, décider que l'exercice des droits de correspondance ainsi que de visite et d'hébergement sera provisoirement suspendu. Le juge peut aussi décider que le droit de visite des parents ne pourra être exercé qu'en présence d'un tiers désigné par l'établissement ou le service à qui l'enfant est confié. Enfin, si l'intérêt de l'enfant le nécessite, ou bien en cas de danger, le juge peut décider de l'anonymat du lieu d'accueil. En décidant ainsi de garder secret le lieu de placement de l'enfant, le juge porte atteinte aux prérogatives des parents de manière telle que cette décision ne peut être envisagée que dans des situations absolument dramatiques [2]. Il peut également prononcer une interdiction de sortie de territoire (art. 375-al. 7).

1560. ***Accord***. Le juge peut aussi décider que les conditions d'exercice du droit de visite et d'hébergement seront déterminées conjointement entre les titulaires de l'autorité parentale et la personne, le service ou l'établissement à qui l'enfant est confié, dans un document qui lui est transmis. La recherche d'un tel accord paraît favorable à l'enfant, à moins que des rapports de force ne l'emportent dans la négociation avec les père et mère [3].

---

1. Civ. 1re, 18 nov. 1986, *Defrénois* 1987. 322, obs. J. Massip : ils ont seuls qualité pour la représenter.
2. Cette décision a toutefois été admis par la Cour européenne dans un arrêt *Vautier c/ France*, 26 novembre 2009, *GACEDH*, p. 589
3. A. Gouttenoire, article préc., *D.* 2007. 1096.

1561. ***Émancipation***. Si, en principe la mesure d'assistance éducative n'a pas d'implication sur l'exercice de l'autorité parentale, l'enfant ne peut cependant être émancipé par ses père et mère sans l'autorisation du juge des enfants : l'émancipation ne doit pas être le moyen pour les parents d'échapper à leurs obligations, alors que l'enfant est en situation de danger. Dans le même sens, les père et mère restent tenus des frais d'entretien et d'éducation de l'enfant qui a fait l'objet d'une mesure d'assistance éducative (art. 375-8).

1562. ***Responsabilité***. Le placement de l'enfant entraîne le transfert de sa garde au service ou à l'établissement auquel il a été confié par la décision judiciaire. Le mineur ne cohabite plus avec ses parents et la responsabilité de ces derniers, du fait de leur enfant, disparaît, même si les faits dommageables sont commis alors que l'enfant était en visite chez l'un de ses parents [1].

1563. ***Mesure judiciaire d'aide à la gestion du budget familial***. La loi du 5 mars 2007 a mis en place un dispositif de soutien aux familles qui rencontrent des difficultés dans la gestion du budget familial. D'où l'insertion d'une nouvelle section, dans le Code civil, intitulée : « *Mesure judiciaire d'aide à la gestion du budget familial* ». Lorsque les prestations familiales ne sont pas utilisées pour les besoins liés au logement, à l'entretien, à la santé et à l'éducation des enfants, le juge des enfants peut ordonner qu'elles soient, en tout ou partie, versées à une personne physique ou morale qualifiée, dite « délégué aux prestations familiales ». Ce délégué prend toutes décisions permettant de répondre aux besoins de l'enfant, en s'efforçant de recueillir l'adhésion des bénéficiaires des prestations familiales. En outre, il exerce auprès de la famille une action éducative visant à rétablir les conditions d'une gestion autonome des prestations (nouv. art. 375-9-1). La durée de la mesure ne peut excéder deux ans, mais elle peut être renouvelée par une décision motivée. Par ailleurs, le maire ou son représentant au sein du conseil pour les droits et devoirs des familles peut saisir le juge des enfants, conjointement avec l'organisme débiteur des prestations familiales, pour lui signaler les difficultés d'une famille (C. civ. art. 375-9-2).

Section 2
La délégation de l'autorité parentale

1564. ***Indisponibilité***. Les droits de famille sont traditionnellement hors du commerce : aucune renonciation, aucune cession portant sur l'autorité parentale ne peut avoir d'effet [2]. Rappelant cette solution, l'article 376 du Code civil ajoute aussitôt une restriction : « *si ce n'est en vertu d'un jugement dans les cas déterminés ci-dessous* ». De fait, les articles qui suivent envisagent deux exceptions à l'indisponibilité de l'autorité parentale : les pactes conclus entre les père et mère (art. 376-1), antérieurement rencontrés mais qui

1. Sur la responsabilité civile de la mère d'un mineur confié à un centre socio-éducatif, pour des faits qui se sont produits à l'occasion des visites et de l'hébergement de l'enfant chez elle, v. Crim. 25 mars 1998, *Bull. crim.* n° 114 ; *RTD civ.* 1998. 918, obs. P. Jourdain ; A. Gouttenoire et C. Radé, « La responsabilité du fait du mineur placé », *AJ fam.* 2007. 69.

2. A. Lapoyade-Deschamps, « Les renonciations en droit de la famille », *D.* 1993. Chron. 259.

n'ont de force obligatoire qu'une fois homologués par le juge[1] et la délégation de l'autorité parentale prononcée par une décision judiciaire.

1565. ***Historique***. La délégation de l'autorité parentale trouve son origine dans la loi du 24 juillet 1889 qui réglementait le dessaisissement volontaire de la puissance paternelle. La loi du 4 juin 1970 a maintenu la nécessité d'un jugement[2], imposée par cette loi et a repris les trois cas où elle est possible : délégation volontaire lorsque les parents ont confié l'enfant ; délégation forcée d'une part, quand les parents se sont désintéressés de l'enfant qu'ils ont confié, d'autre part, lorsque l'enfant a été recueilli sans l'intervention des parents, enfin. La loi du 4 mars 2002[3] a rendu la délégation possible quel que soit l'âge du mineur, ne la subordonne plus à la remise du mineur à un tiers, et assouplit la procédure de délégation forcée. La loi du 14 mars 2016 permet au Procureur de la république de demander la délégation de l'autorité parentale avec l'accord du délégataire pressenti.

§ 1. Cas de délégation[4]

1566. ***Délégation volontaire***. La délégation volontaire peut être prononcée à la demande des père et mère, ensemble ou séparément, lorsque les circonstances l'exigent. Ils saisissent le juge en vue de voir déléguer tout ou partie de l'exercice de leur autorité parentale à un tiers, membre de la famille, proche digne de confiance, établissement agréé pour le recueil des enfants ou service départemental de l'aide sociale à l'enfance (C. civ., art. 377). La délégation résulte d'un jugement rendu par le juge aux affaires familiales, sur la requête conjointe des délégants et du délégataire. La volonté des parents fait donc l'objet d'un contrôle par l'autorité judiciaire, le juge aux affaires familiales disposant d'un pouvoir souverain pour apprécier si la mesure sollicitée est conforme ou non à l'intérêt de l'enfant.

1567. ***Délégation forcée***. Les procédures de délégation forcée ont été assouplies par la loi du 4 mars 2002. La réforme prend en considération le fait que le comportement des parents peut n'être aucunement fautif : c'est la différence avec le retrait de l'autorité parentale. La délégation devient ainsi un instrument de prise en charge de l'enfant par un tiers, particulier, établissement, ou le service départemental de l'aide sociale à l'enfance lorsque tel paraît être son intérêt. Le délégataire (ou le procureur de la République) peut alors former une demande pour se voir transférer l'autorité parentale, en tout ou en partie, dès lors que le désintérêt des parents, qui doit être volontaire et actuel est manifeste ou que les parents seront dans l'impossibilité effective d'exercer l'autorité parentale (art. 377, al. 2)[5].

---

1. V. ss 1485.
2. Sur la procédure, v. C. pr. civ., art. 1201 s.
3. D. Autem, « La nouvelle physionomie de la délégation d'autorité parentale », *RJPF* 2003-1/6 ; A. Gouttenoire et P. Murat, « L'intervention d'un tiers dans la vie de l'enfant », *Dr. fam.* 2003. Chron. 1.
4. En 2009, 3 608 délégations de l'exercice de l'autorité parentale ont été prononcées (*Annuaire des statistiques de la Justice*, 2012).
5. Le fait, pour le père de l'enfant, d'être difficilement joignable et de ne pas prendre réellement en compte les besoins de sa fille au regard de l'exercice de l'autorité parentale, caractérise l'impossibilité d'exercice visé à l'article 377, alinéa 2 : Civ. 1re, 5 avr. 2005, *Dr. fam.* 2005, n° 155, obs. P. Murat ; *RJPF* 2005-7-8/51, obs. F. Eudier.

1568. ***Procédure***. Dans tous les cas visés à l'article 377, les deux parents doivent être appelés à l'instance. En outre, si l'enfant concerné fait l'objet d'une mesure d'assistance éducative, la délégation ne peut intervenir sans l'avis du juge des enfants.

1569. ***Abandon***. L'article 381-2, alinéa 5, du Code civil relatif à l'abandon judiciaire de l'enfant[1] prévoit également que « lorsqu'il déclare l'enfant abandonné, le tribunal délègue par la même décision les droits d'autorité parentale sur l'enfant au service de l'Aide sociale à l'enfance, à l'établissement ou au particulier qui a recueilli l'enfant ou à qui ce dernier a été confié ».

§ 2. Effets de la délégation

1570. ***Transfert de droits***. La délégation de l'autorité parentale opère transfert total ou partiel des attributs de l'autorité parentale, mais non de l'autorité parentale elle-même. Dans le cadre de cette délégation, le parent perd une partie au moins de ses prérogatives. Il n'en va pas de même lorsque la délégation est fondée sur l'article 377-1 du Code civil et aboutit à un partage de l'exercice de l'autorité parentale entre le délégant et le délégataire pour les besoins de l'éducation de l'enfant[2].

1571. ***Étendue***. La délégation est totale ou partielle, le juge devant préciser quels sont les droits dont l'exercice est confié à des tiers. À défaut de précision, la délégation est nécessairement totale, et permet au délégataire d'exercer l'ensemble des prérogatives découlant de l'exercice de l'autorité parentale Dans ce cas, elle porte même sur les droits de consentir au mariage et à l'émancipation. Il n'est qu'un droit qui ne peut être délégué, celui de consentir à l'adoption (art. 337-3).

1572. ***Durée***. La délégation de l'exercice de l'autorité parentale est provisoire. En effet, la délégation peut prendre fin ou être transférée[3] par un nouveau jugement. Mais la demande doit être justifiée par des circonstances nouvelles. S'il y est mis fin, les parents se voient restituer les prérogatives déléguées. Mais le juge aux affaires familiales peut mettre à leur charge, s'ils ne sont indigents, le remboursement de tout ou partie des frais d'entretien (art. 377-2, al. 2).

1573. ***Kafala***. La jurisprudence française, judiciaire et administrative, assimile la *kafala*, institution d'origine musulmane qui consiste en un recueil et en une prise en charge d'un enfant, sans conséquence sur le lien de filiation, à la délégation de l'exercice de l'autorité parentale[4].

---

1. V. ss 1351.
2. V. ss 1525 s.
3. Sur le transfert de la délégation, v. J.-C. Chilou, *J.-Cl. Civ.*, art. 371 à 387, fasc. 30, n°s 90 s.
4. A. Gouttenoire et M. Lamarche, « La recherche d'équivalent : la délégation d'autorité parentale », *in* Dossier spécial, *Kafala*, *Dr. fam.* 2008, étude n° 9, et références citées.

Section 3
Le retrait de l'autorité parentale

1574. ***Parents indignes.*** C'est la troisième forme de contrôle judiciaire susceptible d'intervenir sur l'exercice de l'autorité parentale et la plus lourde. Lorsque les père et mère sont incapables de l'exercer, ou s'ils se trouvent dans une situation où ils ne peuvent s'acquitter de cette fonction, une aide leur est apportée : c'est l'assistance éducative. L'objectif de la délégation de l'autorité parentale est, en partie, analogue. Mais ce mode de contrôle répond aussi à la nécessité de régler la situation de l'enfant recueilli par un tiers, sans que soit mise en exergue pour autant la faute des père et mère. Quand ces derniers sont, en revanche, indignes d'exercer l'autorité parentale, elle leur est retirée : c'est la déchéance, suivant la terminologie issue de la loi de 1889, ou le retrait aujourd'hui. Présentée à l'origine exclusivement comme une sanction, la déchéance a été peu à peu considérée par la jurisprudence comme une mesure de protection de l'enfant. La loi du 5 juillet 1996 (relative à l'adoption) a tenu compte de cette mutation et substitué aux termes de déchéance de l'autorité parentale ceux de retrait total de celle-ci permettant ainsi de privilégier la protection de l'enfant, qu'il s'agisse des cas de retrait ou des effets de celui-ci.

§ 1. Cas de retrait de l'autorité parentale

1575. Depuis la loi du 4 juin 1970, il n'y a plus de retrait total de l'autorité parentale de plein droit. La mesure résulte nécessairement de la disposition expresse soit d'un jugement du tribunal de grande instance, soit d'un jugement pénal. Le retrait de l'autorité parentale doit rester l'ultime mesure de protection à envisager. Même si le retrait est conçu aujourd'hui comme destiné à protéger l'enfant, le comportement fautif des père et mère est, en règle générale, une condition du prononcé de la mesure qui reste, que celui-ci émane du juge pénal ou du juge civil.

A. Le retrait de l'autorité parentale par le juge pénal

1576. ***Infraction commise sur la personne de l'enfant.*** Le juge répressif peut prononcer le retrait total de l'autorité parentale lorsque les infractions commises par les parents révèlent une violation patente de leurs devoirs d'éducation. Ainsi, lorsque les père et mère sont condamnés, soit comme auteurs ou complices d'un crime ou délit commis sur la personne de l'enfant, soit comme auteurs ou complices d'un crime ou délit commis par leur enfant (C. civ., art. 378, al. 1er)[1]. Mais le délit d'abandon de famille ne constitue pas une infraction commise sur la personne de l'enfant[2]. Les articles 227-27-3 et 222-31-2 disposent que lorsque l'atteinte, l'agression sexuelle incestueuse ou le viol incestueux « *est commise par une personne titulaire de l'autorité parentale sur le mineur, la juridiction de jugement doit se prononcer sur le retrait total ou partiel de cette autorité en application des articles 378 et 379-1 du Code civil* ». Dans un certain nombre de situations, le retrait

1. Le retrait total de l'autorité parentale est d'ordre purement civil. La cour d'assises la prononce sans l'assistance du jury : Crim. 4 janv. 1985, *Gaz. Pal.* 1986. 1.19 ; 14 oct. 1992, *Bull. crim.* n° 322.
2. Crim. 11 déc. 1984, *Bull. crim.* n° 393.

de l'autorité parentale est indispensable pour assurer la sécurité physique et psychique de l'enfant après son agression, la condamnation pénale de son parent s'avérant insuffisante. En effet, celle-ci n'empêche pas le parent d'exiger d'exercer ses droits parentaux même si le juge aux affaires familiales peut le priver de droit de visite et d'hébergement et fixer un exercice unilatéral au profit de l'autre parent. En outre le tribunal de grande instance peut également prononcer le retrait de l'autorité parentale en cas de danger pour l'enfant ultérieurement à la condamnation pénale (C. civ. art. 378-1). Il est cependant beaucoup plus logique que le juge pénal prononce directement le retrait de l'autorité parentale lorsque l'intérêt de l'enfant l'exige, plutôt que d'obliger le parent à saisir le juge civil pour se prononcer sur cette question. Le retrait peut être total ou partiel.

1577. ***Violences commises sur l'autre parent.*** Par l'action conjuguée des lois n° 2010-769 du 9 juillet 2010, n° 2005-1549 du 12 décembre 2005 relative au traitement de la récidive des infractions pénales et n° 2016-297 du 14 mars 2016 relative à la protection de l'enfance le retrait de l'autorité parentale peut être prononcé par le juge pénal à l'encontre d'un parent qui a commis des violences à l'égard de l'autre parent de l'enfant, consacrant ainsi de manière bienvenue l'idée de l'impact dramatique de ces violences sur l'enfant. L'article 221-5-5 dispose qu' « *En cas de condamnation pour un crime ou un délit prévu à la présente section, commis par le père ou la mère sur la personne de son enfant ou de l'autre parent, la juridiction de jugement se prononce sur le retrait total ou partiel de l'autorité parentale, en application des articles 378, 379 et 379-1 du Code civil* ».

1578. ***Examen obligatoire.*** Les textes imposent au juge pénal de se prononcer sur l'autorité parentale, même si cette obligation n'enlève rien au pouvoir d'appréciation dont il dispose pour prononcer ou non le retrait de l'autorité parentale au regard de l'intérêt de l'enfant. Il semble malheureusement qu'en pratique le retrait de l'autorité parentale est très peu souvent prononcé par le juge pénal y compris dans le cas d'infractions très graves commises sur l'enfant ou son autre parent, ce qui paraît particulièrement regrettable. Il faut espérer que le juge pénal s'emparera à l'avenir des outils que lui donnent les nouveaux textes du Code pénal pour assurer le plus vite possible la sécurité de l'enfant victime, directe ou indirecte d'une infraction.

B. Décision civile

1579. ***Mauvais traitements.*** Peuvent se voir retirer l'autorité parentale les père et mère qui, soit par de mauvais traitements, soit par une consommation habituelle et excessive de boissons alcooliques ou un usage de stupéfiants, soit par une inconduite notoire ou des comportements délictueux, soit par un défaut de soins ou un manque de direction, mettent manifestement en danger la sécurité, la santé ou la moralité de l'enfant (C. civ., art. 378-1, al. 1er). Le retrait total de l'autorité parentale est soumis à une double condition : il faut d'une part qu'existe un des comportements incriminés par l'article 378-1 et il faut d'autre part que ce comportement engendre un danger pour l'enfant. Les actes des parents peuvent avoir été commis sans conscience [1], du moment que l'état de danger dans lequel se trouve l'enfant est caractérisé par le juge [2].

---

1. Civ. 1re, 14 avr. 1982, *D.* 1983. 294, note J. M.
2. Civ. 1re, 14 juin 1988, *Gaz. Pal.* 1988. 2. 797, note J. M. ; 15 mai 1990, *Bull. civ.* I, n° 107.

Le seul risque d'une éventuelle mise en danger de l'enfant ne permet pas de prononcer le retrait de l'autorité parentale[1]. De même, une demande de retrait de l'autorité parentale de la mère peut être rejetée, même s'il s'agit d'une « mère porteuse », qui s'est désintéressée de l'enfant, dès lors que le manque de soins et de direction ne met pas en danger l'enfant, de sorte que les conditions de l'article 378-1 du Code civil ne sont pas remplies[2]. Le juge doit se placer au jour où il statue et non à la date où les faits ont été commis par le parent pour apprécier le danger encouru par l'enfant et prononcer le retrait de l'autorité parentale[3]. Dans un arrêt du 27 mai 2010[4] en revanche, la Cour de cassation approuve une cour d'appel d'avoir retiré, sur le fondement de l'article 378-1 du Code civil, l'autorité parentale à des parents, condamnés pour des infractions commises sur leurs enfants et qui, malgré le placement de ces derniers, exerçaient sur eux des pressions visant à les faire revenir sur leurs accusations, lesquelles faisant obstacle aux actions éducatives mises en place pour les protéger.

1580. ***Violences conjugales***. La loi n° 2016-297 du 14 mars 2016 relative à la protection de l'enfant a inséré dans l'article 378-1 du Code civil une nouvelle hypothèse de retrait de l'autorité parentale par le juge civil « *lorsque l'enfant est témoin de pressions ou de violences, à caractère physique ou psychologique, exercées par l'un des parents sur la personne de l'autre* ».

1581. ***Désintérêt***. Sont également susceptibles de se voir retirer totalement l'autorité parentale les père et mère dont l'enfant a fait l'objet d'une mesure d'assistance éducative et qui, pendant plus de deux ans, se sont volontairement abstenus d'exercer les droits et de remplir les devoirs d'autorité parentale que leur laissait l'application de la mesure d'assistance éducative (par exemple un droit de visite).

§ 2. Effets du retrait de l'autorité parentale

A. Portée du retrait

1582. ***Retrait total***. En principe, le retrait de l'autorité parentale est total. Il porte de plein droit sur tous les attributs, tant patrimoniaux que personnels, de l'autorité parentale, et notamment : droit de consentir à l'adoption[5], à l'émancipation et au mariage, droit d'administrer le patrimoine de l'enfant et de bénéficier de la jouissance légale. En revanche, le devoir d'entretien doit subsister.

Le jugement a effet sur tous les enfants mineurs déjà nés, sauf disposition contraire : le retrait peut donc être écarté pour certains enfants.

---

1. Civ. 1re, 16 avr. 2008, pourvoi n° 06-21.405.</ref>
2. Civ. 1re, 23 avr. 2003, *Dr. fam.* 2003, n° 143, note P. Murat ; *RTD civ.* 2003. 693, obs. J. Hauser.
3. Civ. 1re, 20 févr. 2007, pourvoi n° 05-17618, *RDT civ.* 2007. 328, obs. J. Hauser ; *AJ fam.* 2007. 189, obs. F. Chénedé ; *Dr. fam.* 2007, comm. n° 104, obs. P. Murat.
4. Civ. 1re, 27 mai 2010, *Dalloz actualité*, 11 juin 2010, obs.V. Egéa.
5. Sont admis en qualité de pupilles de l'État les enfants dont les parents ont fait l'objet d'un retrait total de l'autorité parentale et qui ont été confiés au service de l'aide sociale à l'enfance, en application de l'article 380 du Code civil. Ainsi, l'adoption de ces enfants est-elle possible sans que les parents d'origine puissent s'y opposer (CASF, art. L. 224-4).

Corrélativement, l'enfant est dispensé de l'obligation alimentaire qui incombe aux descendants à l'égard des père et mère (art. 379, al. 2). Le parent qui s'est vu retirer l'autorité parentale, n'a pas le pouvoir de s'opposer au changement de nom de son enfant mineur au profit de celui de la mère de l'enfant[1].

1583. ***Retrait partiel.*** À la place du retrait total, le jugement peut prononcer un retrait partiel de l'autorité parentale limité aux attributs qu'il spécifie : en général, le tribunal retire le droit de fixer la résidence[2], pour assurer la sécurité de l'enfant.

1584. ***Restitution.*** Comme toute mesure relative à l'autorité parentale, le retrait total (ou partiel) est provisoire : les père et mère « déchus » sont en droit de demander au tribunal de grande instance, s'ils peuvent justifier de circonstances nouvelles, que leur soient restitués en tout ou partie les droits dont ils avaient été privés (art. 381, al. 1er). La demande en restitution ne peut être formée qu'un an au plus tôt après que le jugement prononçant le retrait total ou partiel est devenu irrévocable. Par exception, la demande est irrecevable et le retrait est définitif, lorsque l'enfant aura été placé en vue de l'adoption.

En cas de restitution de l'autorité parentale, et si la protection de l'enfant le commande, le ministère public requerra des mesures d'assistance éducative. Les parents « déchus » seront ainsi surveillés.

B. Situation de l'enfant

1585. ***Autre parent ou tiers.*** L'autorité parentale sera exercée par le parent non déchu. Mais s'il a lui-même déjà perdu l'exercice de l'autorité parentale, ou est décédé, le tribunal qui prononce le retrait doit désigner un tiers auquel l'enfant sera provisoirement confié à charge pour lui de requérir l'organisation de la tutelle, soit confier l'enfant au service départemental de l'aide sociale à l'enfance. Le tribunal pourra prendre les mêmes mesures lorsque l'autorité parentale est dévolue à l'un des parents par l'effet du retrait total de l'autorité parentale prononcé contre l'autre. Il s'agit d'éviter que l'enfant ne coure un danger en restant au foyer (du fait, par ex., de la promiscuité avec le parent déchu) ou de ne pas le confier à un parent qui ne se serait jamais occupé de l'enfant ou qui en paraîtrait incapable. Le tribunal apprécie souverainement l'opportunité de déroger aux règles de droit commun au regard de l'intérêt de l'enfant.

---

1. CE 4 déc. 2009, *AJ fam.* 2010. 36, obs. Gallmeister, *RJPF* n° 3, 2010. 14, obs. I. Corpart.
2. Ce qui produit des conséquences sur le versement des prestations familiales (CSS, art. R. 513-2).

Titre 2

Les obligations alimentaires

1586. ***Solidarité familiale.*** L'existence de la famille, en tant que structure élémentaire de la société, se traduit par des exigences de solidarité entre les membres du groupe. Sur le plan patrimonial, cette solidarité revêt deux aspects. L'un est plus lointain : c'est la réserve héréditaire. Elle est définie comme la portion du patrimoine dont une personne ne peut disposer à titre gratuit, parce qu'elle est réservée à ses héritiers les plus proches. L'autre, plus immédiat, est l'obligation alimentaire, qui incombe à une personne dont les ressources sont suffisantes, de fournir à une autre, en état de besoin, ce qui lui est nécessaire pour vivre.

1587. ***Solidarité étatique.*** L'obligation alimentaire se trouve, à l'époque contemporaine, sous l'influence d'un double mouvement. D'un côté, elle est relayée par la solidarité nationale sous la forme de prestations sociales diverses : prestations familiales du Code de la Sécurité sociale (art. L. 511-1 s.), revenu de solidarité active (RSA)[1], allocations (personnes âgées, adultes handicapés...) édictées par le Code de la Sécurité sociale (art. L. 815-1 s.), pensions de retraite prévues par le même code (art. L. 351-1), allocations-chômage et indemnités de licenciement du Code du travail (art. L. 1234-9 s.), autant de mesures auxquelles s'ajoutent des avantages plus spécifiques tels que réductions et exonérations fiscales instituées par le Code général des impôts, allocations de scolarité prévues par la législation scolaire, réduction sur les tarifs de transport par chemin de fer, prestations spéciales aux fonctionnaires... Les nombreuses manifestations de cette solidarité étatique, qui échappent à l'étude du droit civil, révèlent un effacement de l'obligation alimentaire, mécanisme traditionnel peu adapté aux besoins considérables d'une société bénéficiant des avantages de l'État-providence.

1588. ***Subsidiarité.*** Pourtant, l'importance des besoins à satisfaire est telle que certaines allocations sociales sont versées seulement à titre subsidiaire[2], et que les organismes qui prennent en charge les personnes dépourvues de ressources suffisantes sont en droit de se retourner contre les membres de la famille de l'indigent tenus, à l'égard de ce dernier, d'une obligation alimentaire : même si elle paraît en retrait, cette obligation reste, en fait, une institution bien vivante.

---

1. L. n° 2008-1249 du 1er déc. 2008 généralisant le revenu de solidarité active et réformant les politiques d'insertion.
2. Ainsi, le versement du RSA est subordonné à la condition que l'intéressé fasse valoir ses droits aux créances d'aliments qui lui sont dues au titre des obligations alimentaires instituées par le Code civil (CASF, art. L. 262-10).

D'un autre côté, l'obligation alimentaire au sens classique est parfois supplantée par des obligations d'une particulière intensité existant entre les membres de la famille les plus proches, ceux qui sont en règle générale réunis par la cohabitation : c'est le devoir de secours entre époux [1], déjà étudié, et l'obligation incombant aux père et mère d'entretenir leurs enfants mineurs. D'où les deux modalités qu'il convient à présent d'envisager : **l'obligation d'entretien** (Chapitre 1) et **l'obligation alimentaire** proprement dite (Chapitre 2).

---

1. V. ss 387 s.

Chapitre 1

L'obligation d'entretien

1589. ***Généralité de l'obligation d'entretien.*** L'article 371-2 du Code civil consacre une obligation d'entretien des parents, générale, qu'ils soient mariés ou non, séparés ou non, selon laquelle « *chacun des parents contribue à l'entretien et à l'éducation des enfants à proportion de ses ressources, de celles de l'autre parent, ainsi que des besoins de l'enfant. Cette obligation ne cesse pas de plein droit lorsque l'enfant est majeur* ». Ainsi « *l'obligation de nourrir, entretenir et élever leurs enfants* » explicitement, imposée seulement aux époux par l'article 203 du Code civil pèse en réalité sur tous les parents. Ce précepte de droit naturel, jadis formulé ainsi par Loysel : « Qui fait l'enfant doit le nourrir » est également consacré par la Convention des Nations unies sur les droits de l'enfant (art. 27-2) [1].

1590. ***Fondement.*** L'obligation d'entretien n'est pas fondée sur l'autorité parentale : celui des parents qui ne l'exerce pas est tenu d'exécuter cette obligation. Celle-ci repose sur la filiation, du moins si elle est établie [2]. En d'autres termes, l'enfant par le sang comme l'enfant adoptif en bénéficient, même si quelques nuances peuvent apparaître dans certaines hypothèses [3]. C'est dire que les père et mère sont tenus en tant que tels, à l'exclusion des autres ascendants [4]. Il s'agit là d'une première différence avec l'obligation alimentaire. Mais il en existe d'autres.

D'une part, en effet, l'objet de l'obligation d'entretien est plus large (Section 1). D'autre part, sa durée est plus limitée (Section 2). Ces modes d'exécution, enfin, présentent eux-mêmes quelques particularités (Section 3).

Section 1
L'objet de l'obligation d'entretien

1591. ***Développement de l'enfant.*** Les termes de l'article 203 du Code civil expriment les trois aspects de l'objet de l'obligation alimentaire : nourrir, entretenir et élever l'enfant. Les père et mère doivent fournir des aliments au sens courant du terme : tout ce qui est nécessaire à l'alimentation, à la subsistance physiologique. En un mot, les vivres. Cette obligation de nourrir est sanctionnée pénalement par la privation d'aliments

1. C. Neirinck, *Le droit de l'enfance après la Convention des Nations unies*, Delmas, 1993, p. 133.
2. À défaut, l'enfant pourra obtenir des subsides si certaines exigences déjà étudiées (v. ss 1238 s.) sont satisfaites.
3. Ainsi pour l'enfant ayant fait l'objet d'une adoption simple : v. ss 1419.
4. Qui peuvent cependant être tenus d'une obligation alimentaire (v. ss 1613 s.).

(C. pén., art. 227-15). La deuxième modalité est l'obligation d'entretenir l'enfant. Ce n'est plus la nourriture qui doit être donnée, mais tous les biens matériels qui permettent à l'enfant de vivre : vêtements, logement, soins [1]. La violation de cette obligation est également sanctionnée par diverses dispositions du Code pénal [2]. Enfin, le devoir parental est complété par l'obligation très large d'élever l'enfant. Les père et mère doivent procurer à ce dernier tout ce qui est nécessaire pour le développement harmonieux de la personnalité de l'enfant et son insertion dans la société : éducation, formation professionnelle [3], loisirs, etc.

1592. ***Établissement***. L'obligation d'élever l'enfant ne comporte pas, cependant, le devoir de lui procurer un établissement. C'est ce qu'exprime l'article 204 du Code civil : « *L'enfant n'a pas d'action contre ses père et mère pour un établissement par mariage ou autrement* ». Il signifie que les père et mère qui le peuvent n'ont pas l'obligation de donner à l'enfant un capital lui permettant de s'établir dans une profession (acheter un fonds de commerce, acquérir une clientèle civile…) ou de le doter en vue du mariage. Du moins est-il permis d'ériger l'établissement de l'enfant en obligation naturelle.

1593. ***Obligation unilatérale***. Du fait de son objet particulier – conduire l'enfant à l'âge adulte dans les meilleures conditions matérielles et morales possibles – l'obligation d'entretien ne peut être qu'unilatérale : elle pèse seulement sur les père et mère et ne bénéficie qu'à leurs enfants. Il en résulte que les grands-parents n'en sont pas tenus au décès des père et mère : l'obligation d'entretien cède alors la place à l'obligation alimentaire. Toutefois, du vivant des père et mère, l'obligation alimentaire des autres ascendants demeure, de façon subsidiaire. Ce qui veut dire que l'obligation alimentaire imposée en faveur de l'enfant aux autres ascendants ne peut être mise en œuvre que dans la mesure où les père et mère ne peuvent faire face en totalité à leurs propres obligations [4]. Obligation personnelle des père et mère, l'obligation d'entretien ne se transmet pas au conjoint du parent débiteur même si la jurisprudence a pu parfois admette que l'engagement du beau-parent de l'enfant à lui verser des subsides pouvait s'analyser comme la transformation d'une obligation naturelle en obligation civile [5].

Une innovation de la loi du 4 mars 2002 rapproche, cependant, les deux obligations : les père et mère doivent contribuer à l'entretien des enfants à proportion de leurs ressources, mais aussi selon les besoins des enfants [6]. En revanche, la faute du créancier alimentaire, qui peut en droit commun conduire le juge à décharger le débiteur de tout ou partie de la dette alimentaire, ne saurait altérer l'exécution de l'obligation d'entretien [7].

---

1. Ass. plén. 20 juill. 1979, *Gaz. Pal.* 1979. 2. 545, note J. Viatte.
2. Art. 227-15 à 227-17.
3. Civ. 1re, 19 oct. 1977, *D.* 1978. IR 89 ; *Gaz. Pal.* 1978. Somm. 8.
4. Civ. 1re, 6 mars 1990, *JCP* 1991. II. 21664, note T. Garé ; *Defrénois* 1990. 944, obs. J. Massip.
5. Civ. 1re, 3 oct. 2006, *Dr. fam.* 2007, comm. n° 3, obs. P. Murat ; *AJ fam.* 2006. 418, obs. F. Chenedé.
6. Obligation de prendre en compte les besoins des enfants, eu égard à leur âge et à leurs habitudes de vie : Civ. 1re, 22 mars 2005, *D.* 2005. IR 1112 ; *contra* : Civ. 2e, 2 mars 1994, *Bull. civ.* II, n° 77 ; *RTD civ.* 1994. 847, obs. J. Hauser.
7. Civ. 2e, 17 juill. 1985, *Gaz. Pal.* 1987. 1.175, note J. Massip ; cf. Civ. 1re, 19 juin 2007, *D.* 2008. Pan. 1377, obs. F. Granet-Lambrechts.

Section 2
La durée de l'obligation d'entretien

1594. ***Point de départ.*** Les parents sont tenus de l'obligation d'entretien dès la naissance de l'enfant. Le parent qui a subvenu seul aux besoins d'un enfant commun dispose contre l'autre parent d'un recours pour les sommes qu'il a payées, excédant sa part contributive, compte tenu de leurs facultés respectives [1]. C'est le tribunal de grande instance qui est compétent pour fixer l'obligation d'entretien, au moment de l'établissement d'un lien de filiation dont elle est la conséquence [2].

1595. ***Enfant majeur.*** Introduit par la loi du 4 mars 2002, l'article 371-2 (al. 2) du Code civil prévoit que n'est pas limitée à la minorité l'obligation des père et mère de contribuer à proportion de leurs facultés, à l'entretien et à l'éducation de leurs enfants ; ceux-ci, devenus majeurs, peuvent donc demander l'exécution de cette obligation. Il en est particulièrement ainsi lorsque les enfants, à leur majorité, n'ont pas terminé leurs études. Initiée par la jurisprudence [3], la solution avait d'abord été confirmée par la loi, en cas de divorce [4] puis a été généralisée en 2002 à tous les enfants quel que soit le statut du couple parental. C'est en effet justement dans les situations de séparation des parents que le contentieux est abondant.

1596. ***Action de l'enfant ou du parent qui en a la charge.*** Le jeune majeur qui a besoin d'être entretenu par ses parents peut agir lui-même, mais l'action peut aussi, en vertu de l'article 372-2-5 du Code civil, être exercée par celui des parents qui continue à assumer la charge de l'enfant sans qu'il ne soit nécessaire que ce dernier vive chez lui [5]. Cette facilité permet d'éviter à l'enfant d'agir en justice contre l'un de ses parents. Lorsque l'action est intentée par le parent qui assume la charge de l'enfant, le juge peut décider selon le texte que « *cette contribution sera versée tout ou partie entre les mains de l'enfant* », et ce sans que cette faculté ne soit subordonnée à une demande de l'enfant [6]. Étant majeurs, ces enfants sont libres de choisir leur résidence : la contribution d'un parent à leur entretien ne saurait donc être subordonnée à la condition qu'il vienne vivre avec lui [7].

1597. ***Suppression de la pension alimentaire.*** L'obligation d'entretien ne doit disparaître que lorsque l'enfant est apte à subvenir lui-même à ses besoins [8]. L'obligation

---

1. Civ. 2e, 6 mars 2003, *D.* 2003. IR 862.
2. Paris, 1er juill. 2004, *AJ fam.* 2004. 457, obs. F. Bicheron.
3. Civ. 2e, 12 juill. 1971, *D.* 1971. 689. V. déjà, Civ. 2e, 29 mai 1963, *JCP* 1964. II. 13651, note R. Savatier. En 1998, 1 895 recours d'enfants majeurs ; Civ. 2e, 8 févr. 1989, *Bull. civ.* II, no 32 ; *D.* 1990. Somm. 115, obs. A. Bénabent ; Crim. 9 juin 1993, *JCP* 1994. I. 3738, obs. M. Véron ; *Audijuris* 1993, no 35, p. 56, obs. P. Courbe. Appartient-il à l'enfant majeur d'établir qu'il se trouve en état de besoin ? Pour la négative, v. Civ. 2e, 11 déc. 1991, *Bull. civ.* II, no 341 ; 27 janv. 2000, *Dr. fam.* 2000, no 73.
4. C. civ., art. 295, abrogé et devenu art. 373-2-5.
5. Civ. 2e, 26 sept. 2002, *D.* 2002. IR 2848.
6. Civ. 1re, 11 févr. 2009, pourvoi no 08-11769.
7. Civ. 2e, 28 janv. 1981, *Bull. civ.* II, no 19 ; 22 janv. 1992, *Bull. civ.* II, no 27.
8. D'où le maintien de l'obligation d'entretien si l'enfant devenu majeur est au chômage (v. J. Hauser, *RTD civ.* 1994. 582). L'obligation disparaît, en revanche, si les études ne sont pas justifiées ; ainsi lorsqu'un diplôme intéressant a déjà été obtenu : Civ. 2e, 26 nov. 1970, *Bull. civ.* II, no 327.

d'entretien des parents à l'égard de leur enfant majeur ne peut semble-t-il pas durer au-delà de la période nécessaire à la recherche d'un emploi et le suivi d'une formation [1]. Il avait été jugé, avant la loi du 4 mars 2002, que l'obligation d'entretien cesse lorsque les enfants majeurs se sont mis, par leur faute, dans une situation d'impécuniosité [2]. Il paraît rationnel, pour limiter les abus, de maintenir cette solution. Le parent débiteur d'une pension alimentaire au titre de son obligation d'entretien ne peut cesser de verser celle-ci de sa propre initiative lorsque l'enfant devient majeur, sous peine de se voir condamné au paiement de dommages et intérêts du chef d'abandon de famille [3]. C'est au parent qui sollicite la diminution ou la suppression de la pension alimentaire de démontrer que l'enfant majeur n'a plus – ou moins – besoin d'être entretenu [4].

1598. ***Anéantissement de la filiation.*** L'anéantissement de la filiation prive de cause l'obligation d'entretien, qui disparaît rétroactivement par suite de l'effet déclaratif du jugement. Celui ou celle qui a exécuté en qualité de père ou de mère l'obligation d'entretien est en droit d'obtenir la répétition des sommes dépensées [5]. Mais si la cause de l'entretien est constituée par l'engagement volontairement pris par le débiteur (dans une reconnaissance de complaisance, notamment), la répétition est exclue [6]. En revanche, la dissolution ou l'annulation du mariage, le retrait total ou partiel de l'autorité parentale, le prononcé d'une mesure d'assistance éducative [7] ne mettent pas fin à l'obligation d'entretien.

Section 3

L'exécution de l'obligation d'entretien

§ 1. Modalités d'exécution

1599. ***Exécution en nature.*** La forme habituelle d'exécution de l'obligation d'entretien, mais qui n'apparaît pas, par hypothèse, dans le contentieux, est l'exécution en nature : les père et mère vivent avec l'enfant et lui procurent, au jour le jour, tout ce qui est nécessaire à la vie, c'est-à-dire la nourriture, les vêtements, les livres et fournitures scolaires, l'argent de poche… Ils effectuent, aussi, le paiement des frais de scolarité, assument le coût des soins, règlent le prix des activités de loisirs…

Lorsque les père et mère sont mariés, les dépenses que nécessite l'exécution de cette obligation entrent dans « les charges du mariage » (C. civ., art. 214) et entraînent l'engagement solidaire des deux époux (C. civ., art. 220).

---

1. Douai, 15 mars 2001, *D.* 2002. Somm. 1875, comm. D. Bourgault-Coudevylle.
2. Versailles, 27 nov. 1992, *Gaz. Pal.* 1993. 1. Somm. 164 ; Metz, 3 nov. 1994, *RTD civ.* 1996. 601, obs. J. Hauser ; Civ. 1re, 25 juin 1996, *RTD civ.* 1996. 890, obs. J. Hauser.
3. Crim. 7 févr. 2007, *AJ fam.* 2007. 188.
4. Civ. 1re, 22 mars 2005, *AJ fam.* 2005. 243 ; *RTD civ.* 2005. 379, obs. J. Hauser ; *RJPF* 2005-5/44, obs. S. Valory ; Civ. 1re, 14 févr. 2006, pourvoi nº 05-11.001, *AJ fam.* 2006. 167 ; *Dr. fam.* 2006, comm. nº 88, obs. P. Murat.
5. Civ. 1re, 1er févr. 1984, *Bull. civ.* I, nº 45, *D.* 1984. 388, note J. Massip ; *D.* 1984. IR 315, note D. Huet-Weiller ; *RTD civ.* 1984. 700, obs. R. Nerson et J. Rubellin-Devichi ; 13 févr. 1985, *Bull. civ.* I, nº 62. ; Civ. 1re, 13 févr. 1985, *Bull. civ.* I, nº 62.
6. Civ. 1re, 21 juill. 1987, *Bull. civ.* I, nº 246 ; *D.* 1988. 225, note J. Massip.
7. C. civ., art. 375-8.

1600. ***Parents séparés***. L'exécution du devoir d'entretien prend une autre forme lorsque l'enfant ne vit pas avec l'un de ses parents : parents séparés, enfant majeur n'habitant plus sous le toit familial, enfant confié à un tiers au titre d'une mesure de contrôle de l'autorité parentale… La contribution à l'entretien des enfants, en cas de séparation des parents, faisait auparavant l'objet de dispositions particulières dans le titre du Code civil relatif au divorce. La loi du 4 mars 2002 a abrogé ces dispositions et, après réécriture, les a reportées dans le paragraphe consacré à l'exercice de l'autorité parentale par les parents séparés (art. 373-2-2 s.).

1601. ***Pension alimentaire***. En cas de séparation, l'obligation d'entretien s'exécute alors sous la forme d'une pension alimentaire, mise à la charge du ou des parents avec lequel l'enfant ne vit pas. Elle est versée, selon le cas, par l'un des parents à l'autre, ou à la personne à laquelle l'enfant a été confié. La pension alimentaire doit être indexée.

Les modalités et les garanties de cette pension alimentaire sont fixées par le juge ou par la convention homologuée ou prenant la forme d'un acte sous signature privée contresigné par avocats déposé au rang des minutes d'un notaire visée à l'article 373-2-7. Par cette convention, les père et mère peuvent donc organiser les modalités d'exercice de l'autorité parentale et fixer, en même temps, la contribution à l'entretien et à l'éducation de l'enfant. Le montant de cette part contributive à l'entretien des enfants dépend naturellement des ressources et charges respectives des deux parents, ainsi que des besoins de l'enfant.

La loi du 4 mars 2002 a apporté deux innovations. En premier lieu, elle précise que la pension pourra prendre la forme de la prise en charge directe de frais engagés pour l'enfant. Elle indique, en second lieu, que la pension peut être en tout ou partie servie sous forme d'un droit d'usage et d'habitation, lequel présente l'avantage de ne pas donner lieu ultérieurement à des difficultés de paiement (art. 373-2-2).

1602. ***Critères***. Pour apprécier la situation financière des père et mère, les juges ont à tenir compte de la situation réelle de ces derniers[1]. Ils doivent donc prendre en considération l'état de concubinage éventuel, s'il a une incidence directe sur les ressources et charges de l'intéressé[2], ou les revenus de la nouvelle épouse du père de l'enfant[3], ou des charges liées à la naissance d'un nouvel enfant[4]. Il faut prendre en compte, dans les ressources du parent qui a la charge effective de l'enfant handicapé, de l'allocation d'éducation spéciale[5]. Selon la Cour de cassation, « *Pour la détermination de la contribution de chacun des parents, les allocations familiales peuvent être prises en compte au titre des ressources dont chacun d'eux dispose* »[6]. Les versements effectués au titre de l'obligation d'entretien sont déductibles du revenu imposable du parent débiteur, mais doivent être inclus dans les revenus déclarés à l'administration fiscale par le parent qui les reçoit pour le compte de l'enfant[7]. Des dispositions particulières sont applicables au régime fiscal de la pension alimentaire versée à l'enfant majeur.

---

1. Civ. 2e, 27 mars 2003, *Bull. civ.* II, n° 86.
2. Civ. 2e, 8 nov. 1989, *D.* 1990. Somm. 118, obs. A. Bénabent.
3. Civ. 1re, 22 mars 2005, *RTD civ.* 2005. 379, obs. J. Hauser.
4. Civ. 1re, 16 avr. 2008. *D.* 2008. 1271, obs. V. Avena-Robardet.
5. Civ. 2e, 7 juin 1990, *Gaz. Pal.* 1991. I.118, note Dagorne-Labbé ; 9 déc. 1999, *D.* 2000. 451, note Dagorne-Labbé.
6. Civ. 1re, 17 nov. 2010, n° 09-12.621
7. CGI, art. 156, II, 2° ; F. Douet, *Précis de droit fiscal de la famille*, 7e éd., Litec, 2009.

1603. ***Barème***. Par voie de circulaire de la direction des affaires civiles et du sceau [1], des tables de références en matière de contribution à l'entretien de l'enfant ont été proposées aux magistrats. Cet outil, facultatif, est de nature à faciliter la détermination des modalités de l'obligation d'entretien de l'enfant lorsque les parents sont séparés par la référence à des critères objectifs. Dans un arrêt rendu le 23 octobre 2013, la première chambre civile de la Cour de cassation [2] censure un arrêt de cour d'appel ayant fixé une contribution à l'entretien d'une enfant en se référant expressément à la table de référence annexée à la circulaire du 12 avril 2010 : « *en fondant sa décision sur une table de référence, fût-elle annexée à une circulaire, la cour d'appel, à laquelle il incombait de fixer le montant de la contribution litigieuse en considération des seules facultés contributives des parents de l'enfant et des besoins de celui-ci, a violé, par fausse application, l'article 371-2 du Code civil* ». La Cour de cassation reproche à la cour d'appel non pas d'avoir utilisé la table de référence mais plutôt d'avoir motivé sa décision en se référant à celle-ci et non aux critères légaux. Le barème outil d'aide à la décision n'enlève pas au juge son pouvoir souverain d'appréciation des éléments factuels que sont les ressources parentales et les besoins de l'enfant.

1604. ***Paiement en capital***. Lorsque la consistance des biens du parent débiteur s'y prête, la pension alimentaire peut être remplacée en tout ou en partie par le paiement d'un capital : cette solution ne se rencontre guère en pratique, pour des raisons déjà évoquées à propos de la prestation compensatoire après divorce. Le capital revêt alors l'une des trois formes suivantes : le versement d'une somme d'argent entre les mains d'un organisme accrédité chargé d'accorder en contrepartie à l'enfant une rente indexée ; l'abandon de biens en usufruit ; l'affectation de biens productifs de revenus (C. civ., art. 373-2-3). La jurisprudence admet aussi que la mise à disposition d'un logement peut constituer l'exécution de l'obligation d'entretien [3]. Pour le reste, le capital obéit au même régime que la pension.

1605. ***Révision***. Qu'elle s'exécute sous forme de pension ou de capital, la contribution à l'entretien des enfants est révisable, elle s'étend au-delà de la majorité et son inexécution donne lieu aux mêmes sanctions que les obligations alimentaires. Sa révision ne souffre donc aucune exception : son montant doit suivre l'évolution des besoins de l'enfant et des ressources de ses parents. Dans un arrêt du 7 octobre 2015 [4], la Cour de cassation rappelle que le juge doit se placer au jour où il statue – et non pas au jour du jugement attaqué – pour apprécier les ressources des parents. De plus, lorsque la pension a été fixée par une convention homologuée par le juge aux affaires familiales, il est toujours possible, sans condition particulière, de demander au juge la modification de son montant, en considération des changements intervenus [5]. Pareillement, si le capital versé à titre de contribution devient insuffisant pour couvrir les besoins de l'enfant, il est toujours possible de demander l'attribution d'un complément sous forme de pension alimentaire (C. civ., art. 373-2-4).

---

1. Circ. CIV/06/10 du 12 avr. 2010.
2. N° 12-25.301, *JCP* 2013. 1269, *É. Bazin* ; AJF 2013. 598, J.-C. Bardout.
3. Civ. 1re, 9 oct. 1990, *D.* 1990. IR 223.
4. Civ. 1re, 7 oct. 2015, n° 14-23.237.
5. Civ. 2e, 21 avr. 1982, *Bull. civ.* II, n° 57 ; *D.* 1983. 198, note Y. Floro ; *Defrénois* 1983. 314, note J. Massip ; 3 mars 1983, *Bull. civ.* II, n° 64 ; *RTD civ.* 1983. 525, obs. J. Rubellin-Devichi ; 29 mai 1996, *Bull. civ.* II, n° 114 ; 18 déc. 1996, *Bull. civ.* II, n° 293.

§ 2. Régime d'exécution

1606. ***Obligation alimentaire***. Le régime de l'obligation d'entretien emprunte nombre de caractères à celui des obligations alimentaires[1] : les sanctions sont identiques ; la contribution est toujours révisable ; le régime fiscal est analogue ; le recours des tiers[2] ou du parent qui a supporté seul les frais d'entretien obéit aux mêmes dispositions ; la renonciation éventuelle est atteinte de nullité[3]. Si l'un des parents s'est dérobé à son obligation, ou n'a pas supporté une part correspondant à ses ressources, l'autre parent a effectivement un recours contre le défaillant[4]. À moins que ce dernier ne démontre qu'il est dans l'impossibilité de s'en acquitter[5].

1607. ***« Aliments ne s'arréragent pas »***. L'objet de l'obligation d'entretien, notamment le devoir d'éducation qu'elle implique, justifie l'exclusion par la jurisprudence de l'adage « Aliments ne s'arréragent pas »[6]. En effet, la règle traditionnelle est fondée sur la présomption selon laquelle le créancier ne réclame pas les termes échus de la pension alimentaire parce qu'il est à l'abri du besoin. Or, par définition, l'enfant ne peut jamais se trouver dans cette situation tant qu'il est mineur. Quant à l'enfant majeur, il bénéficie de l'obligation d'entretien tant qu'il ne peut subvenir seul à ses besoins.

L'exclusion de la règle « aliments ne s'arréragent pas » peut avoir des conséquences redoutables dès lors que les effets d'une paternité légalement établie remontant à la naissance de l'enfant, c'est à compter de cette date que doit courir la contribution du père à l'entretien et à l'éducation de son enfant[7]. L'effet déclaratif de l'établissement du lien de filiation a en effet pour conséquence que l'obligation parentale d'entretien rétroagit au jour de la naissance de l'enfant, ce qui permet à la mère de l'enfant de réclamer une contribution depuis cette date. Dans trois arrêts récents, la Cour de cassation a cependant affirmé que « *si les effets d'une paternité judiciairement déclarée remontent à la naissance de l'enfant et si la règle « aliments ne s'arréragent pas » ne s'applique pas à l'obligation d'entretien, l'action en paiement d'une contribution à l'entretien et à l'éducation de l'enfant est soumise à la prescription quinquennale* »[8].

Cependant, le débiteur de la contribution à l'entretien de l'enfant peut solliciter en justice la suppression de la pension, à dater de l'événement qui la justifie ; par exemple lorsque l'enfant étant venu vivre avec lui, il a assuré seul son entretien à compter de ce

---

1. V. ss 1624 s.
2. Les créanciers peuvent alors saisir les prestations familiales : Soc. 4 juill. 1983, *Bull. civ.* V, n° 390 ; Civ. 2e, 25 mai 1987, *Bull. civ.* II, n° 118.
3. Req. 26 juill. 1928, *DP* 1929. 1. 9, note R. Savatier ; Civ. 1re, 29 mai 1985, *Bull. civ.* I, n° 167 ; Civ. 2e, 6 mars 2003, *Bull. civ.* II, n° 46 ; *D.* 2003. IR 862 ; Civ. 1re, 11 juill. 2006, *D.* 2006. IR 2123 ; *Dr. fam.* 2006, n° 203, note P. Murat.
4. Civ. 27 nov. 1935, *DP* 1936. 25, note A. Rouast ; Civ. 2e, 28 avr. 1980, *Bull. civ.* II, n° 90.
5. Civ. 2e, 18 mars 1992, *Bull. civ.* II, n° 91 ; 1er avr. 1992, *Audijuris* 1992, n° 21, p. 4, obs. P. Courbe.
6. Civ. 2e, 29 oct. 1980, *JCP* 1981. II. 19665, note R. Jambu-Merlin ; 8 déc. 1993, *Defrénois* 1994. 322, obs. J. Massip. Civ. 1re, 12 mai 2004, n° 02-17.441.
7. Civ. 1re, 12 mai 2004, *D.* 2004. IR 1559 ; Civ. 1re, 14 févr. 2006, n° 05-13.738 : *Juris-Data* n° 2006-032176 ; *Dr. fam.* 2006, comm. 87, P. Murat.
8. Civ. 1re, 25 mai 2016, n° 15-17.993 ; Civ. 1re, 8 juin 2016, n° 14-26.273 ; Civ. 1re, 22 juin 2016, n° 15-21.783, *JCP* 2016. 992, obs. M. Rebourg.

jour[1]. Mais le juge peut choisir une autre date[2] : ainsi, pour éviter de faire supporter à l'un des parents la répétition de sommes trop élevées. Ce sont des solutions différentes du droit commun des obligations alimentaires.

1608. ***Exécution forcée.*** L'action tendant à l'exécution de l'obligation d'entretien relève en principe de la compétence du juge aux affaires familiales. Le paiement de l'obligation d'entretien peut faire l'objet de voies d'exécution spécifiques tels que le paiement direct, le recouvrement public ou provoquer l'intervention des organismes débiteurs de prestations sociales[3]. La loi n° 2015-1702 de financement de la sécurité sociale pour 2016 du 21 décembre 2015 a généralisé le mécanisme de renforcement des garanties contre les impayés de pensions alimentaires mis en place à titre expérimental par la loi n° 2014-873 du 4 août 2014. Certaines prestations familiales versées au débiteur de l'obligation d'entretien peuvent être saisies pour le paiement des dettes liées à l'entretien de l'enfant[4].

---

1. Civ. 2e, 2 déc. 1987, *Bull. civ.* II, n° 257 ; *D.* 1990. Somm. 115, obs. A. Bénabent ; 17 mars 1993, *Bull. civ.* II, n° 112 ; *Defrénois* 1994. 325, obs. J. Massip.
2. Civ. 2e, 23 juin 1993, *Bull. civ.* II, n° 221, *RTD civ.* 1993. 816, obs. J. Hauser ; *Audijuris* 1993, n° 35, p. 55, obs. P. Courbe.
3. A. Gouttenoire, « Les voies d'exécution au service de la famille : le recouvrement des pensions alimentaires », *AJ fam.* 2005. 61.
4. CSS, art. L. 553-4, al. 2-2.

Chapitre 2

L'obligation alimentaire

1609. ***Parenté et alliance.*** C'est à propos des effets du mariage que le Code civil édicte le régime de l'obligation alimentaire, laquelle permet à une personne dans le besoin de réclamer une pension à ses parents ou alliés qui disposent de ressources suffisantes. C'est devenu aujourd'hui un effet de la parenté et de l'alliance. La présentation du Code Napoléon est en effet le vestige d'une conception passée où le droit ne prenait en considération que la famille fondée sur le mariage. Le principe d'égalité des filiations (C. civ., art. 310), d'un côté, l'œuvre de la jurisprudence, de l'autre, ont conduit à généraliser les dispositions établies en 1804.

1610. ***Obligations naturelles.*** Le caractère malgré tout restrictif du champ de l'obligation alimentaire explique, sans doute, que le domaine des aliments ait été le lieu d'éclosion par excellence des obligations naturelles : entre frère et sœur [1], d'abord, puis entre parents et enfants (lorsque les conditions légales ne sont pas remplies) [2], entre concubins [3] et anciens époux [4].

Du régime du Code civil, il convient d'étudier les conditions (Section 1), l'exécution (Section 2) et les caractères (Section 3) de l'obligation alimentaire.

Section 1
Les conditions de l'obligation alimentaire

1611. ***Fondement.*** Le fondement de l'obligation alimentaire est la solidarité familiale. Mais la notion reste vague et il faut déterminer entre quels parents ou alliés existe une obligation alimentaire. Ce cadre étant délimité, l'obligation alimentaire n'apparaît que dans les situations où la fortune de l'un correspond à l'indigence de l'autre.

1. Req. 7 mars 1911, *D.* 1913. 1.404.
2. Civ. 1re, 30 juin 1976, *D.* 1978. 489, note P. Guiho ; 5 avr. 1993, *Bull. civ.* I, n° 141 ; *D.* 1994. Somm. 33, obs. Everaert-Dumont ; *Audijuris* 1993, n° 33, p. 19, obs. P. Courbe. Le maintien de l'obligation, résultant de l'engagement pris par un homme d'entretenir un enfant naturel à l'égard duquel sa paternité n'est pas établie, lorsque l'enfant est ultérieurement reconnu et légitimé par un autre homme, est sans doute critiquable (v. en ce sens, P. Guiho, note préc.).
3. Civ. 1re, 6 oct. 1959, *D.* 1960. 515, note Ph. Malaurie ; 28 oct. 1986, *Bull. civ.* I, n° 244.
4. Civ. 2e, 9 mai 1988, *D.* 1989. 289, note J. Massip.

§ 1. Les conditions personnelles

1612. Par principe, l'obligation alimentaire n'existe qu'en ligne directe [1]. Elle est, en outre, réciproque : ce caractère signifie que les mêmes personnes sont susceptibles d'en être créancières ou débitrices, suivant leur situation matérielle respective.

A. Parents

1613. ***Ligne directe.*** L'obligation alimentaire est l'une des traductions juridiques de l'existence des liens du sang. En vertu des articles 203 et 205 du Code civil, les parents en ligne directe se doivent réciproquement des aliments, dans la famille fondée sur le mariage comme dans la famille hors mariage. Cette obligation existe indistinctement entre ascendants et descendants : ainsi, entre parents et enfants, entre grands-parents et petits-enfants, entre arrière-grands-parents et arrière-petits-enfants… Cependant, la jurisprudence établit une priorité : on ne peut s'adresser aux grands-parents qu'à titre subsidiaire, c'est-à-dire après s'être adressé aux parents (tenus de l'obligation d'entretien) dont la carence a été constatée [2].

En revanche, n'existe pas d'obligation alimentaire en ligne collatérale, notamment entre frères et sœurs. La jurisprudence reconnaît toutefois, on l'a vu, l'existence d'une obligation naturelle [3].

1614. ***Adoption.*** Dans le cas de l'adoption plénière, les bénéficiaires de l'obligation alimentaire sont les mêmes que dans le cas d'une filiation par le sang. L'obligation alimentaire existe donc à l'infini en ligne directe.

Il en va différemment dans le cas de l'adoption simple. L'adopté est tenu d'une obligation alimentaire envers ses parents par le sang et envers ses parents adoptifs (C. civ., art. 367). Mais il n'est pas tenu à l'égard des membres de la famille de l'adoptant : l'adoption simple ne remonte pas au-delà du premier degré de parenté [4]. Inversement, l'adoptant est tenu, ainsi que les parents par le sang, d'une obligation alimentaire à l'égard de l'adopté et de ses descendants. Cependant, l'obligation alimentaire des parents par le sang est subsidiaire par rapport à celle de l'adoptant [5], l'adopté ne pouvant se retourner contre ses parents par le sang que si l'adoptant ne peut lui fournir des aliments [6], étant précisé que cette subsidiarité n'est pas exclusive d'une contribution partielle, l'enfant pouvant demander à ses parents par le sang des aliments en complément de ceux versés par l'adoptant [7].

B. Alliés

1615. ***Beaux-parents / gendre et belle-fille.*** Le mariage crée des liens à effet alimentaire entre chaque époux et les père et mère de son conjoint. En ce sens, l'article 206 du

---

1. Le devoir de secours entre époux est une obligation alimentaire spécifique (v. ss 387).

2. Civ. 1re, 6 mars 1990, *JCP* 1991. II. 21664, note T. Garé.

3. J. Flour, J.-L. Aubert et É. Savaux, *Droit civil. Les obligations*, vol. 1, *L'acte juridique*, 13e éd., Sirey, coll. « Université », 2008, no 40.

4. V. ss 1419.

5. Civ. 1re, 22 mai 2007, no 06-17.980, *AJ fam.* 2007. 312, obs. F. Chénedé, *Dr. fam.* 2007. Comm. 173, note P. Murat, *RJPF* 2007-9/32, obs. S. Valory.

6. V. ss 1428.

7. Civ. 1re, 14 avr. 2010, pourvoi n° 09-12456.

Code civil institue une obligation alimentaire entre beaux-parents, d'un côté, gendre et belle-fille, de l'autre. Mais cette obligation est restreinte. En effet, la jurisprudence décide qu'elle ne s'étend pas au-delà du premier degré, ce qui signifie qu'un époux ne doit pas d'aliments aux grands-parents de son conjoint[1]. L'alliance ne produit pas non plus d'effet alimentaire entre l'enfant issu du premier mariage d'un époux et le second conjoint de celui-ci[2] (ce que l'on appelle aujourd'hui les familles « recomposées »).

1616. ***Dissolution du mariage***. Si le mariage est dissous par le divorce, l'obligation alimentaire disparaît dans tous les cas[3]. Si le mariage est dissous par le décès, l'obligation alimentaire à l'égard des beaux-parents ne subsiste que si les époux ont eu des enfants, et qu'ils sont toujours vivants[4] (C. civ., art. 206). La présence de ceux-ci maintient les rapports de famille entre un gendre ou une belle-fille et ses beaux-parents.

§ 2. Les conditions matérielles

1617. ***Circonstances***. L'existence de l'obligation alimentaire est virtuelle tant que les circonstances ne font pas apparaître concrètement la nécessité de la solidarité. C'est dire que l'existence de liens familiaux n'est pas une condition suffisante pour l'octroi des aliments. L'article 208 du Code civil prévoit, en effet, que « *les aliments ne sont accordés que dans la proportion du besoin de celui qui les réclame, et de la fortune de celui qui les doit* ». Deux conditions sont ainsi posées par le texte[5] : l'état de besoin du créancier d'aliments, l'existence de ressources du débiteur. Il faut ajouter quelques précisions sur l'office du juge.

1618. ***Objet***. Lorsque les conditions sont remplies, l'obligation alimentaire aura pour objet la fourniture de tout ce qui est indispensable pour vivre : il ne s'agit donc pas seulement de la nourriture, puisqu'il faut aussi y inclure les vêtements, le logement, le chauffage, les frais médicaux[6]... Sont également compris dans les aliments, les frais funéraires lorsqu'ils ne peuvent être supportés par la succession. Les frais funéraires sont alors considérés comme d'ultimes aliments et les obligés alimentaires ne peuvent échapper à leur charge en arguant de leur renonciation à la succession de leur créancier d'aliments[7].

1619. ***Besoin***. L'exigence de solidarité suppose, d'abord, que le créancier soit dans le besoin, c'est-à-dire qu'il n'ait pas de revenus suffisants pour vivre. Conformément au droit commun, c'est au créancier qu'il appartient de faire la preuve de cet état de besoin[8].

---

1. Lyon, 13 nov. 1952, *D.* 1953. 755, note Gervesie ; Angers, 5 févr. 1974, *D.* 1974. 585, note D. Martin ; *contra* : Paris, 31 oct. 1980, *Gaz. Pal.* 1982. 1. Somm. 74, note J.-M.

2. Paris, 19 mai 1992, *D.* 1993. Somm. 47, obs. F. Granet ; Somm. 127, obs. E. Blary-Clément. L'absence d'obligation alimentaire au sein des familles recomposées doit toutefois être nuancée du fait de la prise en compte des ressources du nouveau conjoint dans le calcul des revenus du parent débiteur (v. E. Blary-Clément, obs. préc.).

3. Civ. 13 juill. 1891, *DP* 93. 1. 353 ; Bordeaux, 4 mai 1972, *Gaz. Pal.* 1972. 2. 567.

4. Selon l'adage : « Morte ma fille, mort mon gendre ».

5. Il y a corrélation entre les deux conditions : le juge ne peut apprécier seulement la situation pécuniaire du créancier ou celle du débiteur, mais il doit envisager le rapport qui existe entre elles : Civ. 1re, 6 mars 1990, *Bull. civ.* I, n° 58 ; *Audijuris* 1990, n° 4, p. 6, obs. P. Courbe.

6. Civ. 28 févr. 1938, *DH* 1938. 241.

7. Civ. 1re, 14 mai 1992, *RTD civ.* 1993. 171, obs. J. Patarin, *D.* 1993. Somm. 224, obs. M. Grimaldi ; Civ ; 1re, 21 sept. 2005, pourvoi n° 03-10.679, *RJPF* 2005-11/42, obs. S. Valory.

8. Soc. 6 mars 1985, *Bull. civ.* V, n° 152.

1620. ***Notion***. On peut dire que se trouve dans cet état la personne qui n'est pas en mesure d'assurer elle-même sa propre subsistance et celle des proches dont elle a la charge. L'état de besoin n'est constitué que s'il procède d'un défaut de revenus. Même s'il dispose d'un capital, le créancier peut réclamer des aliments dès lors qu'il ne tire pas de ce capital des revenus suffisants[1], du moins s'il le gère utilement[2]. C'est dire que le travail demeure le meilleur moyen, pour le créancier, de se procurer des revenus. Il sera donc possible de lui opposer son oisiveté pour diminuer ou supprimer la pension alimentaire réclamée. Tous les revenus du demandeur doivent être pris en compte, y compris les prestations sociales.

1621. ***Ressources et charges***. Rationnellement, le devoir de générosité n'est imposé que si le débiteur en a les moyens. Par conséquent, l'obligation alimentaire ne peut peser que sur la personne qui, compte tenu de ses besoins et de ses ressources, est capable d'assurer non seulement sa propre subsistance et celle de ses proches, mais aussi d'assumer la charge supplémentaire des aliments réclamés. Il convient donc de vérifier que le débiteur a les moyens de vivre et de remplir ses devoirs primordiaux envers ceux dont il a la charge, conjoint et enfants notamment. Sa situation doit être envisagée compte tenu de l'ensemble de ses revenus[3]. Ses besoins sont appréciés, comme ceux du créancier, en tenant compte de son âge, de sa situation de famille et de sa condition sociale[4]. C'est seulement s'il lui reste un excédent de revenus, par rapport à ce qui lui est nécessaire pour lui-même et pour sa famille, que le débiteur doit assumer effectivement son obligation alimentaire.

1622. ***Montant***. L'état de besoin d'une personne, les ressources d'une autre faisant partie de la même famille font naître une obligation alimentaire. Le montant de celle-ci dépend de l'équilibre à trouver entre les deux critères : la subsistance du créancier ne doit être assurée que dans la mesure où elle ne conduit pas à l'indigence du débiteur. L'étendue de l'aide apportée peut être fixée par les intéressés eux-mêmes. À défaut, c'est le juge aux affaires familiales qui est compétent[5]. La détermination des besoins du créancier et des ressources du débiteur, qui relève de l'appréciation souveraine des juges du fond[6], permet au juge de déterminer le montant de la pension alimentaire qui sera imposée au débiteur. Pour faire cette appréciation, les juges doivent se placer au jour où ils statuent[7].

1623. ***Convention***. La fixation du montant de l'obligation alimentaire peut aussi faire l'objet d'une convention. Toutefois, en raison du caractère d'ordre public du droit aux

1. Req. 23 févr. 1898, *DP* 98. 1. 30.
2. Civ. 2e, 17 déc. 1965, *D.* 1966. 465, note R. Savatier ; 21 janv. 1976, *Bull. civ.* II, no 17.
3. Ainsi, doivent être prises en compte les pensions de retraite et d'invalidité, pour évaluer les ressources du débiteur et fixer, en conséquence, la pension qu'il sera tenu de verser : Civ. 1re, 5 févr. 1991, *Bull. civ.* I, no 42 ; *D.* 1993. Somm. 126, obs. Everaert ; *Audijuris* 1991, no 15-16, p. 12, obs. P. Courbe.
4. Le juge dispose d'un pouvoir correcteur en cas d'appauvrissement volontaire du débiteur s'il y a eu fraude de sa part : v. Civ. 2e, 2 juill. 1980, *D.* 1981. IR 272, obs. A. Bénabent ; Paris, 16 mars 1988, *D.* 1988. 467, note C. Philippe.
5. Cette compétence d'attribution résulte de la loi du 8 janvier 1993 (COJ, art. L. 312-1, al. 2, 2°). Territorialement, le juge aux affaires familiales compétent est celui du lieu où demeure le défendeur, ou, au choix du créancier d'aliments, celui du tribunal de son propre domicile (C. pr. civ., art. 46).
6. Civ. 1re, 17 févr. 1971, *Bull. civ.* I, no 54 ; Civ. 2e, 17 nov. 1982, *Bull. civ.* II, no 148.
7. Civ. 1re, 18 oct. 1994, *Bull. civ.* I, no 295 ; comp. Civ. 1re, 12 juill. 1994, *Bull. civ.* I, no 244.

aliments [1], le créancier comme le débiteur peuvent toujours demander au juge la révision ou la suppression de la pension convenue. Le bénéficiaire d'une vocation alimentaire ne peut renoncer par avance à s'en prévaloir ; l'indisponibilité des créances alimentaires interdit tout acte juridique portant sur l'existence même de la créance [2], alors que l'acte est valable s'il a seulement pour objet les modalités d'exécution de l'obligation alimentaire [3].

Section 2
L'exécution de l'obligation alimentaire

§ 1. Les modalités d'exécution

1624. Si les intéressés ne les ont pas définies eux-mêmes, c'est le juge aux affaires familiales qui déterminera les modalités de paiement de l'obligation alimentaire : en argent ou en nature. Quel que soit le mode de paiement, des modalités particulières sont à envisager s'il y a plusieurs débiteurs. Enfin, les organismes sociaux qui prennent en charge le créancier alimentaire ont un recours contre le ou les débiteurs.

A. Modes de paiement

1) En argent

1625. ***Pension alimentaire***. L'obligation alimentaire est, en principe, exécutée par le versement périodique d'une somme d'argent, appelée pension alimentaire. S'agissant de faire vivre le créancier, la pension est payable avant terme, et, lorsqu'elle a été fixée en justice, au domicile du créancier [4]. Cette pension peut être indexée, même d'office, sur tout indice de variation [5].

1626. ***Aliments ne s'arréragent pas***. L'exécution en argent de l'obligation alimentaire est soumise à une règle traditionnelle : « Aliments ne s'arréragent pas » [6]. Ce qui signifie que si le créancier a omis de réclamer l'un des termes (les arrérages sont les montants échus d'une redevance périodique ou d'une rente) de la pension, il ne peut pas exiger plus tard le paiement de l'arriéré [7].

1627. ***Fondement***. L'explication couramment avancée est la présomption que le créancier n'a pas réclamé la pension parce qu'il était à l'abri du besoin. Dépourvue de cause, sa créance a disparu pendant le temps de son inaction. Mais il s'agit d'une présomption

---

1. V. ss 1649.
2. Civ. 12 déc. 1921, *DP* 1921. 1. 153, note Capitant.
3. Civ. 1re, 6 janv. 1970, *JCP* 1970. II. 16215.
4. C. civ., art. 1247, al. 2. C'est une dérogation au principe (C. civ., art. 1247, al. 3). En matière d'obligation alimentaire, les paiements sont donc « portables » au lieu d'être « quérables ».
5. Civ. 2e, 2 oct. 1975, *Bull. civ.* II, no 239 ; 12 janv. 1977, *Bull. civ.* II, no 6.
6. J. Ghestin, « La règle : aliments ne s'arréragent », *in Mélanges J. Brethe de La Gressaye*, 1967, p. 295 ; L. Peyrefitte, « Considérations sur la règle : aliments ne s'arréragent pas », *RTD civ.* 1968. 286.
7. Req. 30 janv. 1933, *DH* 1933. 114.

simple, susceptible d'être combattue par la preuve contraire[1]. Le créancier peut démontrer, ainsi, qu'il était dans l'impossibilité d'agir plus tôt[2], ou qu'il n'est pas resté inactif[3], ou que, faute d'avoir perçu les termes de la pension, il a dû contracter des dettes pour subsister. En un mot, qu'il restait bien dans le besoin.

1628. ***Champ d'application.*** La jurisprudence, dans l'ensemble, est plutôt hostile à cet adage traditionnel. D'un côté, elle l'écarte chaque fois que la créance alimentaire a été fixée par une décision judiciaire : seule s'applique alors la prescription quinquennale de l'article 2224 du Code civil[4]. D'un autre côté, la règle est écartée pour les obligations alimentaires spécifiques : obligation d'entretien[5] et contribution aux charges du mariage[6]. Les recours des services d'aide sociale (CASF, art. L. 132-7) n'échappent pas, en revanche, à l'application de l'adage[7], pas plus que les actions directes des hôpitaux et hospices publics (C. santé publ., art. L. 6145-11)[8]. La jurisprudence en déduit notamment que les débiteurs d'aliments ne peuvent être condamnés à payer une pension pour la période antérieure à l'assignation en justice[9].

2) En nature

1629. L'obligation alimentaire peut faire l'objet d'une exécution en nature : le débiteur reçoit le créancier chez lui et lui fournit tout ce qui est nécessaire (nourriture, entretien, vêtements...). Ce mode d'exécution est en fait le plus fréquent pour le devoir de secours et l'obligation d'entretien. Mais, en droit commun des obligations alimentaires, il ne peut jamais être imposé au débiteur, parce qu'il porte atteinte à l'indépendance de celui-ci. Et il ne peut l'être au créancier que dans des cas exceptionnels, et encore sous le contrôle du juge. Il en est ainsi lorsque le débiteur justifie qu'il ne peut pas payer la pension (C. civ., art. 210), ou bien lorsqu'il s'agit pour le débiteur de recevoir l'un de ses enfants qui est dans le besoin (C. civ., art. 211).

B. Pluralité de débiteurs

1630. Il arrive souvent qu'une personne se trouve dans une situation où il lui est possible de réclamer des aliments à plus d'un débiteur : le père ou la mère dans le besoin a plusieurs enfants, ou le descendant peut s'adresser à ses parents comme à ses

---

1. Req. 30 janv. 1933, préc. ; Civ. 1re, 28 janv. 1963, *Gaz. Pal.* 1963. 1. 420.
2. Civ. 24 oct. 1951, *D.* 1952. 577 ; Civ. 1re, 28 avr. 1969, *D.* 1969. 411.
3. Civ. 1re, 18 janv. 1989, *Bull. civ.* I, nº 77 ; 3 avr. 1990, *Bull. civ.* I, nº 77.
4. Civ. 1re, 5 juill. 1988, *Bull. civ.* I, nº 213 ; *D.* 1989. 51, rapport J. Massip.
5. Civ. 2e, 29 oct. 1980, *Bull. civ.* II, nº 226 ; *JCP* 1981. II. 19665, note R. Jambu-Merlin ; 8 déc. 1993, *Defrénois* 1994. I. 322, obs. J. Massip ; Civ. 1re, 4 mars 1998, *Bull. civ.* I, nº 66 ; 12 mai 2004, *D.* 2004. IR 1559 (v. ss 1589).
6. Civ. 1re, 9 mai 1967, *Bull. civ.* I, nº 160 ; 8 nov. 1989, *Bull. civ.* I, nº 341.
7. Civ. 1re, 18 janv. 1989, *D.* 1989. 383, note J. Massip ; 6 mars 1990, *Bull. civ.* I, nº 57 ; 10 mars 1993, *Audijuris* 1993, nº 33, p. 17, obs. P. Courbe.
8. Civ. 1re, 5 févr. 1991, *D.* 1991. 469, note J. Massip ; 5 nov. 1996, *Bull. civ.* I, nº 373 ; 29 janv. 2002, *Defrénois* 2002. 683, obs. J. Massip ; 20 janv. 2004, *D.* 2004. IR 467.
9. Civ. 1re, 14 janv. 2003, *D.* 2003. 2265, note crit. Y. Dagorne-Labbé : le recours des établissements de santé constitue une action directe, et non une action subrogatoire dans les droits du créancier d'aliments, de sorte qu'elle ne devrait pas être soumise aux règles particulières de l'action alimentaire.

beaux-parents. Deux questions se posent alors : y a-t-il un ordre à respecter ? Les débiteurs sont-ils tenus solidairement ? Le droit positif donne deux réponses négatives [1].

1631. ***Absence de hiérarchie***. Le créancier peut-il choisir le débiteur (notamment le plus solvable) ou doit-il d'abord s'adresser à ses parents les plus proches, puis aux plus éloignés ? Après avoir hésité au XIXe siècle, la jurisprudence a finalement posé le principe d'absence de hiérarchie [2] : l'obligation alimentaire est simultanée. Partant, le créancier peut s'adresser à son gendre avant d'agir contre son fils.

1632. ***Subsidiarité***. Mais il existe trois exceptions au principe. Ainsi, la loi elle-même institue une hiérarchie dans le cas de l'adoption simple : l'adopté doit demander des aliments d'abord à l'adoptant, puis, si celui-ci ne peut subvenir à ses besoins, à ses parents par le sang [3]. Ensuite, deux obligations alimentaires spécifiques priment celle du droit commun. L'époux doit s'adresser en premier lieu à son conjoint, de même que l'enfant à ses père et mère : le devoir de secours et l'obligation d'entretien expriment des communautés d'intérêts plus étroites.

1633. ***Pluralité de débiteurs***. En l'absence de hiérarchie entre les débiteurs alimentaires, le créancier peut agir contre un seul de ses débiteurs d'aliments pour la totalité de sa créance alimentaire à charge pour ce dernier d'exercer ensuite un recours en contribution contre ses codébiteurs [4] ; la jurisprudence admet en effet que le *solvens* dispose d'un recours contre ses coobligés « *pour les sommes qu'il a payées excédant sa part contributive compte tenu des facultés respectives des débiteurs* » [5]. Le fondement de ce recours prête cependant à discussion [6]. Il est fondé, admettons-le, sur la subrogation légale (art. 1251-3°). Il est certain, en revanche, que les hôpitaux et hospices publics qui exercent une action directe contre les personnes tenues, à l'égard de l'hospitalisé, d'une obligation alimentaire ne sauraient bénéficier de cette garantie [7].

1634. ***Absence de solidarité***. Toutefois, si le créancier ne poursuit qu'un seul débiteur, celui-ci ne peut être condamné au-delà de sa dette alimentaire, déterminée au regard de ses ressources et charges [8]. La Cour de cassation a précisé que « *le montant de la dette alimentaire étant fixé en considération de ses ressources et charges, il n'y a ni solidarité ni obligation in solidum entre les codébiteurs d'aliments* » [9]. Il ne semble cependant

---

1. H. Lécuyer, « La pluralité de débiteurs de l'obligation alimentaire. De l'art de promouvoir la solidarité familiale », *Droit de la famille*, 1997, n° 2, p. 4.
2. Civ. 2 janv. 1929, *D.* 1929. 1. 137, note R. Savatier ; *S.* 1929. 1. 185, note E. Audinet ; *Grands arrêts* (12e éd.), n° 56 ; v. dans le même sens, Civ. 1re, 17 mars 1964, *Bull. civ.* I, n° 164 ; 18 mars 1968, *Bull. civ.* I, n° 102 ; 25 avr. 2007, *AJ fam.* 2007. 269, obs. F. Chénedé.
3. V. ss 1419.
4. Civ. 1re, 5 févr. 1991, pourvoi n° 89-13.559, *Bull. civ.* I, n° 43. Civ. 2e, 6 mars 2003, pourvoi n° 01-14.664, *RJPF* 2003-4/45, obs. S. Valory.
5. Civ. 1re, 29 mai 1974, *D.* 1975. 482, note F. Magnin ; Civ. 27 nov. 1935, *DP* 1936. 1. 125, note A. Rouast, *S.* 1936. 1. 103, *RTD civ.* 1936. 155, obs. G. Lagarde ; v. *Rép. civ.*, Dalloz, v° *Aliments*.
6. Ph. Malaurie et H. Fulchiron, n° 1751 ; Versailles, 29 sept. 1989, *RTD civ.* 1991. 729, obs. D. Huet-Weiller ; *D.* 1992. 67, note T. Garé.
7. J. Hauser et D. Huet-Weiller, n° 1296.
8. H. Lécuyer, « La pluralité des débiteurs de l'obligation alimentaire », *Dr. fam.* 1997. 2, p. 4.
9. Civ. 1re, 29 janv. 2002, pourvoi n° 99-16.519, *RJPF* 2002-3/45, obs. S. Valory ; 22 nov. 2005 (pourvoi n° 02-11.534), *RJPF* 2006-2/52, obs. S. Valory ; *AJ fam.* 2006. 69, obs. F. Chénedé ; *RTD civ.* 2006. 104, obs. J. Hauser ; C. Rieubernet, « Vers une évolution de la solidarité familiale », *Dr. fam.* 2007, étude n° 9.

pas que cette décision oblige les créanciers alimentaires à diviser leurs poursuites pour obtenir le paiement des aliments[1]. Le créancier d'aliments peut exercer une action à l'encontre du ou des débiteurs de son choix et le juge saisi d'une action commune doit déterminer la part contributive de chacun en fonction de leur situation financière respective[2].

C. Recours des organismes sociaux

1635. Les organismes sociaux qui ont fourni une aide matérielle au créancier d'aliments ou des soins en milieu hospitalier ont un recours contre les débiteurs d'aliments.

1636. ***Mention des créances alimentaires***. D'un côté, à l'occasion de toute demande d'aide sociale, les personnes tenues à l'obligation alimentaire doivent indiquer l'aide qu'elles peuvent accorder aux postulants et apporter, le cas échéant, la preuve de leur impossibilité de couvrir la totalité des frais (CASF, art. L. 132-6). En cas de litige, le président du Conseil général peut demander à l'autorité judiciaire la fixation de la dette alimentaire et le versement de son montant au département, à charge pour celui-ci de le reverser au bénéficiaire, augmenté le cas échéant de la quote-part de l'aide sociale[3] (CASF, art. L. 132-7).

1637. ***Juge aux affaires familiales***. D'un autre côté, les établissements publics de santé peuvent toujours exercer leur recours, s'il y a lieu, contre les débiteurs alimentaires des personnes hospitalisées, recours qui relève de la compétence du juge aux affaires familiales[4] (C. santé publ., art. L. 6145-11).

§ 2. Le recouvrement forcé de l'obligation alimentaire

1638. ***Procédures spécifiques***. Pour assurer l'efficacité de l'obligation alimentaire, devant la négligence ou la carence de nombreux débiteurs, des procédures spécifiques ont été créées à l'époque contemporaine. Elles répondent à l'idée, certainement justifiée, que si le débiteur n'exécute pas, le créancier indigent va tomber à la charge de la collectivité. Il convient par conséquent de faire jouer, lorsqu'elle peut intervenir, la solidarité familiale avant la solidarité nationale. Ces actions spécifiques, qui s'ajoutent aux voies d'exécution du droit commun (saisies) consistent à mettre en place un paiement direct, un recouvrement public de l'obligation alimentaire, ou une intervention des caisses d'allocations familiales.

---

1. Civ. 1re, 25 avr. 2007, pourvoi no 06-12.614, *RJPF* 2007-7-8/38 obs. S. Valory ; *AJ fam.* 2007. 269, obs. F. Chénedé.
2. Rép. min. Justice no 23758, *JO Sénat Q*, 26 avr. 2007 p. 868.
3. En vertu de la règle : « Aliments ne s'arréragent pas », la pension alimentaire ne peut être accordée qu'à compter de la demande en justice : Civ. 1re, 18 janv. 1989, *D.* 1989. 383, note J. Massip. L'action en justice ne peut être intentée que du vivant du créancier d'aliments : Civ. 1re, 7 juin 1989, *Bull. civ.* I, no 222.
4. es recours exercés par les établissements publics de santé contre les personnes tenues à l'obligation alimentaire, dont la nature est exclusivement civile, relèvent de la compétence du juge judiciaire : T. confl. 12 mai 1997, *Bull. civ.*, no 8 ; Civ. 1re, 22 juin 1999, *Bull. civ.* I, no 215.

1639. *Paiement direct*. Institué en 1973, le paiement direct permet au créancier de se faire payer directement le montant de la pension alimentaire par les débiteurs (employeurs, caisses de retraite, banques…) du débiteur de l'obligation alimentaire[1].

1640. *Conditions*. La demande en paiement direct est recevable dès qu'une échéance de pension alimentaire fixée par un jugement exécutoire n'a pas été payée à son terme. C'est un huissier de justice qui notifie, à la demande du créancier, le paiement direct au tiers, lequel est alors tenu de verser directement, en tant que personnellement obligé, les sommes qui en font l'objet (termes à échoir auxquels s'ajoutent les termes échus des six derniers mois) au bénéficiaire. Les frais incombent au débiteur de la pension, qui peut contester en justice[2] la demande de paiement direct.

1641. *Recouvrement public*. La procédure de paiement direct n'est pas toujours utilisable : soit parce que le débiteur de la pension alimentaire n'est pas salarié, soit parce que son adresse est inconnue du créancier. Sachant que 95 % des créances du Trésor public sont recouvrées, le législateur a créé en 1975[3] une procédure de recouvrement des pensions alimentaires par ce service.

1642. *Subsidiarité*. Cette procédure a un caractère subsidiaire. Elle ne peut être diligentée que si le créancier justifie d'une tentative préalable d'exécution de son titre de créance par les voies du droit privé et notamment par celle du paiement direct. La demande est adressée par le créancier au procureur de la République du tribunal de grande instance de son domicile. Le procureur établit un état exécutoire qu'il transmet au Trésor public.

La procédure ne paraît guère utilisée en pratique et elle se heurte à certaines difficultés (débiteurs insolvables, sans domicile connu…).

1643. *Caisse d'allocations familiales (CAF)*. Les procédures précédentes manquent souvent leur but. Le législateur a donc prévu que les caisses d'allocations familiales sont, non seulement habilitées à apporter leur aide au recouvrement des créances alimentaires[4], mais aussi tenues de verser à titre d'avance sur la créance alimentaire l'allocation de soutien familial. L'obligation d'avance est imposée lorsqu'au moins l'un des parents se soustrait totalement ou partiellement au versement d'une pension alimentaire pour enfant fixée par un jugement exécutoire[5]. La demande d'allocation emporte mandat du créancier d'aliments, au profit de l'organisme débiteur des prestations familiales, pour obtenir le paiement du surplus de la créance et des autres termes à échoir.

La Caisse d'allocations familiales qui dispose d'une ordonnance du juge aux affaires familiales exécutoire peut s'en prévaloir comme étant subrogée de plein droit dans les

---

1. M.-J. Gebler, « Le paiement direct des pensions alimentaires », *D.* 1973. Chron. 107 ; J. Massip et F. Barrairon, « La loi du 2 janvier 1973 relative au paiement direct des pensions alimentaires », *Defrénois* 1973. 1. 545. Jugé que le droit de préférence reconnu au créancier d'aliments ne s'applique à la fraction saisissable du salaire qu'en cas de demande de paiement direct : Civ. 2e, 28 sept. 2000, *Bull. civ.* II, no 137.

2. « Les contestations relatives à la procédure de paiement direct sont portées devant le tribunal d'instance du domicile du débiteur de la pension » (Décr. no 73-216 du 1er mars 1973, art. 5) ; cf. avis, 8 mars 1996, *Bull. civ.*, no 1.

3. Loi no 75-618 du 11 juillet 1975 relative au recouvrement public des pensions alimentaires.

4. CSS, art. L. 581-1

5. CSS, art. L. 581-2.

droits du créancier d'aliments et la procédure de recouvrement public ouverte à l'organisme qui a versé l'allocation de soutien familial à titre d'avance sur créance alimentaire n'est pas exclusive des voies d'exécution civile [1].

1644. ***Union européenne***. Le règlement communautaire du 18 décembre 2008 [2], entré en vigueur le 18 juin 2011 [3], favorise l'exécution forcée des pensions alimentaires dans les États européens.

§ 3. Les sanctions

1645. Le défaut d'exécution par le débiteur alimentaire trouve son meilleur remède dans les procédés de recouvrement forcé. Mais la défaillance est, en elle-même, une faute qui justifie le prononcé de sanctions, civiles ou pénales.

1646. ***Sanctions civiles***. Le refus d'exécuter son obligation alimentaire constitue une faute civile commise par le débiteur alimentaire, consistant en la violation d'une obligation juridique. Ces sanctions sont diverses : révocation de donation [4], déchéance du droit aux aliments [5], refus des délais de grâce pour reporter ou échelonner le paiement de la dette [6], etc.

1647. ***Saisies***. Ces sanctions particulières s'ajoutent à celles du droit commun que constituent les condamnations à des dommages et intérêts, ainsi que les saisies. Ces dernières présentent ici une originalité notable. Le créancier alimentaire peut, en effet, saisir tous les biens du débiteur, y compris ceux qui sont « insaisissables » : portion insaisissable des salaires (C. trav., art. L. 3252-5) et des pensions de retraite (CSS, art. L. 355-2), ainsi que les prestations familiales (CSS, art. L. 553-4) ou l'indemnité journalière après un accident du travail (CSS, art. L. 433-3) [7].

1648. ***Sanctions pénales***. Le caractère vital de la pension, pour le créancier alimentaire, a conduit le législateur à sanctionner pénalement le défaut de paiement. Depuis 1924, a été institué le délit d'abandon de famille, aujourd'hui défini comme le fait pour une personne de ne pas exécuter une décision judiciaire lui imposant de verser une pension alimentaire « *en demeurant plus de deux mois sans s'acquitter intégralement de cette obligation* » (C. pén., art. 227-3). C'est un délit intentionnel : le défaut de paiement de la pension alimentaire ne constitue une infraction que s'il est commis volontairement [8].

---

1. Civ. 2e, 9 déc. 2003, *D*. 2004. IR 189.
2. Règlement n° 4-2009 du Conseil de l'Union européenne du 18 décembre 2008 (*JOUE* L 7, 10 janv. 2009).
3. A. Boiché, « Entrée en vigueur du règlement CE n° 4/2009 sur les obligations alimentaires », *AJ fam*. 2011. 236.
4. C. civ., art. 955, 3° ; v. J. Revel, « La révocation des donations pour refus d'aliments », *RTD civ*. 1979. 276.
5. C. civ., art. 207, al. 2 (v. ss 1661).
6. C. civ., art. 1244-1, al. 4, selon lequel la possibilité pour le juge de reporter ou échelonner le paiement des sommes dues ne s'applique pas aux dettes d'aliments.
7. Sont en revanche totalement insaisissables : l'indemnité en capital destinée à réparer l'incapacité permanente après un accident du travail (CSS, art. L. 434-1, al. 3) ; les rentes d'accident du travail (CSS, art. L. 434-18).
8. L'élément intentionnel est caractérisé lorsque les juges constatent que le prévenu ne peut se prévaloir d'une impossilité matérielle de payer : Crim. 28 juin 2000, *Dr. pénal* 2001, comm. n° 1, obs. Véron.

Le coupable encourt une peine d'emprisonnement de deux ans et une peine d'amende[1]. Deux autres incriminations complètent la répression : le défaut de notification par le débiteur alimentaire de son changement de domicile (C. pén., art. 227-4) et l'organisation frauduleuse, par le débiteur alimentaire, de son insolvabilité (C. pén., art. 314-7).

Section 3
Les caractères de l'obligation alimentaire

1649. Le devoir de fournir des aliments n'est pas une obligation comme les autres : il s'inscrit dans le cercle de famille, et est destiné à assurer la subsistance d'une personne. L'obligation alimentaire est donc marquée à la fois par sa dimension familiale et par son objet humanitaire. Elle présente, en conséquence, des caractères spécifiques qui contribuent à façonner un régime juridique original. De fait, l'obligation alimentaire est personnelle, réciproque, variable et d'ordre public.

§ 1. Caractère personnel

1650. Dire que l'obligation alimentaire a un caractère personnel signifie simplement qu'elle est destinée à faire vivre telle personne, et non telle autre, qu'elle est donc liée à la personne du créancier comme à celle du débiteur. L'application pratique de ce caractère personnel se traduit par l'intransmissibilité et l'insaisissabilité de l'obligation alimentaire.

A. Intransmissibilité

1) Active

1651. ***Caractère viager***. L'obligation alimentaire n'est pas transmissible activement : c'est-à-dire qu'elle s'éteint à la mort du créancier, elle n'est pas transmise à ses héritiers avec l'ensemble des droits et obligations composant le patrimoine successoral[2]. Solution justifiée par cette évidence que l'obligation alimentaire est destinée à faire vivre le créancier…

1652. ***Frais d'obsèques***. Il convient toutefois de noter, dans un ordre d'idées comparable, que le décès d'une personne peut entraîner l'apparition d'une charge incombant aux descendants : « lorsque l'actif successoral ne permet pas de faire face aux frais d'obsèques, l'enfant, tenu de l'obligation alimentaire à l'égard de ses ascendants, doit, même s'il a renoncé à leur succession, assumer la charge de ces frais, dans la proportion de ses ressources »[3]. Cette charge pèse aussi sur les débiteurs de l'obligation alimentaire à l'égard de leurs descendants[4].

---

1. Des peines complémentaires s'y ajoutent : interdiction des droits civiques, civils et de famille, suspension du permis de conduire… (C. pén., art. 227-29).
2. Civ. 29 mars 1950, *D.* 1950. 593, note J. Carbonnier.
3. Civ. 1re, 14 mai 1992, *Bull. civ.* I, n° 140 ; *D.* 1993. 247, note Eschylle ; *JCP* 1993. II. 22097, note X. Testu ; *Defrénois* 1992. 1435, obs. J. Massip ; *RTD civ.* 1993. 171, obs. J. Patarin ; *Audijuris* 1992, n° 21, p. 10, obs. P. Courbe.
4. Civ. 1re, 21 sept. 2005, *Dr. fam.* 2005, n° 251, note B. Beignier.

2) Passive

1653. ***Intransmissibilité.*** L'obligation alimentaire n'est pas transmissible non plus aux héritiers du débiteur. L'intransmissibilité s'impose, du moins en principe[1]. En effet, l'obligation alimentaire n'existe que par la corrélation fondamentale des besoins du créancier et des ressources du débiteur. La disparition de ce dernier fait donc cesser l'obligation alimentaire existante. Elle n'empêche pas, cependant, une autre obligation alimentaire de naître par le jeu de la solidarité familiale, entre le créancier et d'autres membres de la famille, parmi lesquels peuvent figurer les héritiers du débiteur. Mais ils sont considérés alors, non pas en tant que successeurs du débiteur initial, mais comme étant tenus à titre personnel, s'ils ont du moins des ressources suffisantes.

1654. ***Exceptions.*** L'intransmissibilité passive est toutefois écartée par la loi dans quelques hypothèses. Trois exceptions sont à relever.

1655. ***Conjoint survivant.*** La succession de l'époux prédécédé doit des aliments au conjoint survivant qui est dans le besoin (C. civ., art. 767). C'est une survivance du devoir de secours destinée à compenser la faiblesse, dans certains cas, des droits du conjoint survivant dans la succession de l'époux prédécédé[2]. La pension alimentaire ne dépend pas toutefois, dans son montant, des ressources des héritiers mais uniquement des forces de la succession.

1656. ***Subsides.*** Les subsides versés à un enfant dépourvu de filiation paternelle se transmettent à la succession du débiteur, suivant les dispositions de l'article 767 du Code civil[3].

1657. ***Prestation compensatoire.*** La charge de la prestation compensatoire[4] passe aux héritiers de l'époux débiteur. Il apparaît clairement, dans ces trois cas, qu'il ne s'agit pas vraiment d'une obligation alimentaire : c'est plutôt un droit de nature successorale, destiné à compenser l'insuffisance ou l'absence de droits dans la succession du défunt.

B. Insaisissabilité

1658. ***Besoin vital.*** Les créanciers ne peuvent pas saisir les arrérages d'une pension alimentaire pour se payer de ce qui leur est dû à eux-mêmes par le créancier alimentaire[5]. En effet, la pension est insaisissable parce qu'elle est indispensable, vitale. Il est fait exception, néanmoins, lorsque le saisissant est lui-même créancier alimentaire ou fournisseur d'aliments. Pour la raison même qui justifie l'insaisissabilité, le mécanisme de la compensation est exclu, car il ne fournirait pas au créancier d'aliments ce qui lui

---

1. J.-J. Dupeyroux, « La transmissibilité passive des obligations alimentaires », *D.* 1959. Chron. 71.
2. Sur la loi n° 2001-1135 du 3 décembre 2001 relative aux droits du conjoint survivant et des enfants adultérins, v. M. Beaubrun, *Defrénois* 2003. 73 ; F. Bellivier et J. Rochfeld, chron. lég. *RTD civ.* 2002. 156.
3. C. civ., art. 342-5.
4. C. civ., art. 280 s.
5. Loi du 9 juillet 1991 portant réforme des procédures civiles d'exécution, article 14-2. Sur le « solde bancaire insaisissable », v. décret n° 2002-1150 du 11 septembre 2002 instituant un dispositif d'accès urgent aux sommes à caractère alimentaire figurant sur un compte saisi (*JO* 13 sept.).

est nécessaire pour vivre (C. civ., art. 1293, 3). Parce que l'obligation alimentaire reste exclusivement attachée à la personne qui en bénéficie, ses créanciers ne peuvent pas non plus réclamer à sa place, par la voie oblique, la pension alimentaire à laquelle leur débiteur pourrait prétendre [1]. D'où il résulte que la créance née de la pension alimentaire peut être payée sans avoir été déclarée au passif du débiteur soumis à une procédure collective [2]. Étant une dette personnelle de ce débiteur, elle doit être payée sur les revenus dont il conserve la disposition, ou bien être recouvrée par la voie de la procédure de paiement direct ou de recouvrement public des pensions alimentaires.

§ 2. Caractère réciproque

1659. ***Vocation***. L'obligation alimentaire est réciproque en ce sens que chacune des personnes qui figure dans le cercle de famille réunissant les parents et les alliés en ligne directe a vocation à bénéficier, concrètement, d'une pension si elle est dans le besoin, versée par celui ou celle qui a vocation à payer, en fait, parce qu'elle a des ressources suffisantes (C. civ., art. 207, al. 1er). Autrement dit, les mêmes personnes sont susceptibles d'être créancières ou débitrices de l'obligation alimentaire, suivant leur situation pécuniaire respective.

1660. ***Obligation d'entretien***. D'emblée, cependant, il faut écarter l'obligation d'entretien, qui ne saurait être réciproque : les père et mère sont tenus unilatéralement du devoir de nourrir et élever leurs enfants.

1661. ***Indignité***. Par ailleurs, le comportement d'un parent ou allié, créancier potentiel de l'obligation alimentaire, peut avoir des répercussions sur son droit aux aliments [3]. C'est ce qui résulte, de manière générale, d'une disposition introduite en 1972 dans le Code civil : « *quand le créancier aura lui-même manqué gravement à ses obligations envers le débiteur, le juge pourra décharger celui-ci de tout ou partie de la dette alimentaire* » (C. civ., art. 207, al. 2). Le plus souvent, la faute est commise par des parents qui n'ont pas veillé sur leur enfant, s'en sont désintéressés puis, tombés dans le besoin, s'adressent à lui pour obtenir une aide. La Cour de cassation a ainsi pu admettre que des messages téléphoniques réitérés et injurieux allant jusqu'au déni de paternité, adressés par un père à ses enfants, caractérisaient le manquement grave de ce dernier à ses obligations envers les débiteurs alimentaires et permettait de le priver de ses droits alimentaires sur le fondement de l'article 207, alinéa 2, du Code civil [4]. Cette sanction particulière ne s'applique pas aux devoirs alimentaires entre époux [5].

---

1. Req. 26 mai 1941, *DC* 1942. 133 ; Civ. 29 juin 1948, *D.* 1949. 129, note A. Ponsard.
2. Com. 8 oct. 2003, *D.* 2003. AJ 2367, obs. A. Lienhard ; *D.* 2004. Somm. 54, obs. F.-X. Lucas ; *AJ fam.* 2003. 422, obs. F.B. ; *Dr. fam.* 2003, n° 132, note H. Lécuyer ; 4 avr. 2006, *D.* 2006. 1166, obs. A. Lienhard.
3. Le retrait total de l'autorité parentale emporte pour l'enfant dispense de l'obligation alimentaire (C. civ., art. 379, al. 2).
4. Civ. 1re, 21 nov. 2012, pourvoi n° 11-201.40.
5. Civ. 1re, 17 janv. 1995, *JCP* 1995. II. 22407, note A. Bénabent ; *JCP* 1996. II. 179, note F. Pillebout ; *Defrénois* 1995. 1022, obs. J. Massip ; *RTD civ.* 1995. 348, obs. J. Hauser. Pour la même raison, la sanction ne s'applique pas non plus à la pension alimentaire que le conjoint survivant peut réclamer contre la succession de l'époux prédécédé : Civ. 1re, 9 mars 1994, *D.* 1995. Somm. 44, obs. M. Grimaldi.

§ 3. Caractère variable

1662. ***Révision***. L'obligation alimentaire existe à l'état virtuel tant que l'apparition des besoins de l'un et des ressources de l'autre ne l'a pas fait naître. Ultérieurement, l'obligation alimentaire va suivre l'évolution de ces deux facteurs (C. civ., art. 209). L'augmentation ou la réduction des besoins, d'un côté, l'accroissement ou la diminution des ressources, de l'autre, exercent directement une influence sur le montant de la pension alimentaire. En ce sens, celle-ci est variable. Même si la décision qui en arrête le *quantum* est définitive, la variation de l'un des deux facteurs est un fait nouveau qui permet de demander la révision ou la suppression de la pension alimentaire. Ni l'autorité de la chose jugée, ni la force obligatoire des contrats (lorsque le débiteur d'aliments a pris un engagement) ne constituent des obstacles à la variabilité, dès lors qu'apparaissent des éléments nouveaux [1].

1663. ***Date***. La date de la modification est fixée par le juge. Elle peut remonter au jour de la demande [2], ou à la date de l'événement qui justifie la suppression, par exemple le jour où a disparu l'état de besoin [3].

§ 4. Caractère d'ordre public

1664. ***Renonciation***. L'obligation alimentaire est indispensable à la vie du créancier : celui-ci ne peut donc pas valablement y renoncer [4]. Bien plus, toute renonciation aux garanties d'exécution de la pension alimentaire ou au droit de demander la révision est pareillement interdite [5].

1665. ***Convention***. Il résulte de ce caractère d'ordre public que toute convention fixant le montant d'une pension alimentaire reste provisoire. De même, toute renonciation anticipée, c'est-à-dire souscrite à une époque où le créancier n'est pas dans le besoin, est nulle. C'est pourquoi, la créance née de la pension alimentaire peut être payée sans avoir été déclarée au passif du débiteur soumis à une procédure collective. L'objectif, au fond, est plutôt pragmatique : il faut éviter que le créancier ne tombe à la charge de la collectivité dans des situations où la solidarité familiale peut être mise en œuvre.

---

1. Civ. 1re, 16 juin 1993, *Bull. civ.* I, nº 216 ; *Defrénois* 1993. 1360, obs. J. Massip.

2. Civ. 1re, 27 juin 1985, *JCP* 1986. II. 20644, note R. Lindon et A. Bénabent ; 19 mars 2002, *AJ fam*. 2002. 178.

3. Civ. 2e, 23 juin 1993, *Bull. civ.* II, nº 221 ; *RTD civ*. 1993. 816, obs. J. Hauser. Mais le créancier revenu à meilleure fortune n'est pas tenu de reverser ce qu'il a reçu (Civ. 1re, 25 oct. 1967, *D*. 1967. 745, note R. Lindon ; *RTD civ*. 1968. 349, obs. R. Nerson).

4. Req. 26 juill. 1928, *DP* 1929. 1, note R. Savatier ; Civ. 28 févr. 1949, *D*. 1949. 301, note G. Ripert.

5. Civ. 21 janv. 1930, *S*. 1930. 1. 322.

Index alphabétique

Les chiffres renvoient aux numéros des paragraphes.

E

P

R

S

T

V

Table des matières

TITRE 2

LES CONDITIONS DE FORMATION DU MARIAGE ET DU PACTE CIVIL DE SOLIDARITÉ

LIVRE 2

LA VIE DU COUPLE

TITRE 1

LES RELATIONS DES MEMBRES DU COUPLE

TITRE 2

LES RELATIONS DU COUPLE AVEC LES TIERS

LIVRE 3

LA SÉPARATION DU COUPLE

TITRE 1

LA SÉPARATION DU COUPLE MARIÉ

SOUS-TITRE 1

LA SÉPARATION DE CORPS

SOUS-TITRE 2

LE DIVORCE

TITRE 2

LA SÉPARATION EXTRAJUDICIAIRE DU COUPLE NON MARIÉ

TITRE 3

LES EFFETS DU DÉCÈS D'UN DES MEMBRES DU COUPLE

SECONDE PARTIE

L'ENFANT

LIVRE 1

LA FILIATION

TITRE 1

LA FILIATION PAR PROCRÉATION

SOUS-TITRE 1

LA FILIATION PAR PROCRÉATION NATURELLE

LIVRE 2

LES RELATIONS ENTRE PARENTS ET ENFANTS

TITRE 1

L'AUTORITÉ PARENTALE

716268 - CSB - G 70 g - JOU - HCH
Achevé d'imprimer en décembre 2016 sur les presses de l'Imprimerie CHIRAT
42540 Saint-Just-la-Pendue
Dépôt légal : janvier 2017 - N° 201612.0154

Imprimé en France